北京科技年鉴

BEIJING ALMANAC OF SCIENCE AND TECHNOLOGY

2005

北京市科学技术委员会　组编

北京科学技术出版社

8 月，北京市人大常委会副主任林文漪视察城市绿化项目

4 月 22 日，北京市科委主任马林在助飞企业 E 化 ASP 应用一期示范工程启动会上

4 月 9 日，北京市科学技术奖励暨 2004 年科技工作会召开

5 月 21−26 日，第七届中国北京国际科技博览会举办

8月18日，中国国际专利技术与产品交易会开幕

3月30日，召开北京知识产权保护状况新闻发布会

4月26日，保护知识产权宣传周期间，组织了领导签名活动

4月9日，北京市科学技术奖励暨2004年科技工作会召开

5月21-26日，第七届中国北京国际科技博览会举办

8月18日，中国国际专利技术与产品交易会开幕

3月30日，召开北京知识产权保护状况新闻发布会

4月26日，保护知识产权宣传周期间，组织了领导签名活动

5月22日，京津科技合作座谈会召开

10月13日，举行第七届北京科技交流学术月开幕式

10月21日，北京国家技术转移中心签约暨揭牌仪式上，中关村科技园区管理委员会与中国科学院高技术产业发展局签订合作协议

12 月 21 日，北京市校企合作产学研项目签约仪式暨新闻发布会举行

11 月 8 日，中国人民大学文化科技园揭牌仪式暨文化大厦开盘典礼举行

11 月 8 日，中关村科技园区接待联合国记者协会成员

9月8日，第七届中关村电脑节开幕

2月10日，国家知识产权局北京专利代办处正式开业

12月12日，北京天文馆新馆正式对外开放

国家植物检疫隔离场检疫隔离温室在京落成

6月27日，在中日共同举办的“2004年消防救助技术北京研讨会”上，进行消防救助演习

5月17日，移动指挥中心系统通过验收

编　辑　说　明

一、《北京科技年鉴》是一部反映北京科技事业发展变化的综合性资料工具和史料文献。在北京市科学技术委员会、中关村科技园区管理委员会、北京市科学技术协会、北京市教育委员会、北京市知识产权局共同参与下,由北京市科学技术委员会主持编纂。

二、本年鉴以马列主义、毛泽东思想和邓小平理论为指导,全面贯彻"三个代表"重要思想,遵循中国共产党十一届三中全会以来的路线、方针和政策,坚持四项基本原则,科学地反映客观情况。

三、本年鉴采用文章和条目两种体裁,以条目体为主,用规范的语体、记述体,直陈其事,文字力求言简意赅。

四、本年鉴从1987年开始,逐年编纂,至2003年出版时都是标注当年年度。自2004年起,循通行做法改为标注出版时间,即当年出版的年鉴,记述在上一年度里,北京市科技系统所发生的重大事件和新的情况,为领导决策提供可资参考的依据,为制定科技发展规划提供有价值的资料,为社会各界了解、研究北京科技事业提供最新信息,为开展科技交流、对外宣传提供基础资料。

五、本年鉴在记述北京市属科技系统各单位情况为主的前提下,对境域内中央科技部门所属单位情况也适当记述,使主体突出而又概括全貌。

六、本年鉴所载为本市科技事业基本情况,采用分类编纂法。根据年鉴的文字内容,设有特载、大事记、科技管理与服务、研究与开发、科技奥运、高新技术及其产业、中关村科技园区、知识产权、合作与交流、科学技术普及、区县科技、重大科技成果、政策法规选、统计资料、附录、索引等16个基本栏目。

七、本年鉴收有北京市科学技术委员会、中关村科技园区管理委员会、北京市科学技术协会、北京市知识产权局的主要负责人的名录,所列均以2004年内任职为限。

八、选入本年鉴的文章和条目,均通过北京市科学技术委员会、中关村科技园区管理委员会、北京市教育委员会、北京市知识产权局、北京市科学技术协会确定的专人负责撰写或提供,并经主要负责人审核。统计资料由北京市科技统计部门提供。

九、为便于读者查阅,卷首设有"目录",卷末有"索引"。"索引"采用主题索引法(也称内容索引法)编纂。主题词以《北京科技年鉴(2005)》版正文中出现的专业名词、名词词组、机构名称、表格名称等为主。

十、本年鉴反映2004年1月1日至12月31日期间北京科技事业发展变化情况(个别内容依据实际情况时限略有前后延伸),凡2004年事情,均直书月、日,不再写年份。

目　录

CONTENTS

特 载

SPECIAL ISSUE

在"留学人员庆国庆暨表彰大会"上的讲话

中共北京市委书记　刘　淇

（2004年9月24日）

今天中关村管委会以表彰归国留学人员这样一种形式，庆祝新中国成立55周年，喜迎中秋佳节，很有意义。首先我代表市委、市政府向受到表彰的归国留学人员表示热烈的祝贺。向在首都的全体归国留学人员和你们的家属致以亲切的问候！我借这个机会讲三点建议。

一、要按照科学发展观的要求把首都发展得更好

刚刚闭幕的中共十六届四中全会专题研究了加强党的执政能力建设问题，这是我们党应对严峻挑战，完成历史使命的迫切需要，是时代的要求、人民的要求。提高党的执政能力，首先提高党领导发展的能力。在社会主义的初级阶段，推动发展始终是党的中心任务。我们要紧紧抓住本世纪头20年这个战略机遇期，聚精会神搞建设，一心一意谋发展，不断增强首都的综合实力，不断提高首都人民的生活水平。当前首都进入一个新的发展阶段，改革和发展进入一个关键时期。实现长期全面可持续的发展，必须坚持以科学的发展观来指导首都的发展，使首都的发展更加符合和体现科学发展观的要求。

（一）我们要坚持大力发展首都经济的方向，按照走新型工业化道路的要求，加大经济结构调整的力度，着力转变经济的增长方式，大力发展高新技术产业和现代服务业，加快振兴现代制造业，不断用高新技术和先进的信息技术来改造和提升传统产业，全面提高首都经济的整体素质和竞争力。

（二）高度重视科学技术是第一生产力的作用，加大科技投入，重视自主创新，注重引进的技术消化吸收，积极开展产学研的结合，推动首都经济实现跨越式发展。

（三）要深入研究首都经济发展的规律，充分发挥社会主义制度的优越性和市场机制的作用，来不断增强发展的遇见性，把握发展与经济运行中的突出问题和主要矛盾，加强发展的薄弱环节，切实解决好关系首都发展和改革全局性的重大问题，把握好首都经济发展的主动权。

二、要充分发挥中关村科技园区在推动高新技术产业发展中的重要作用

中关村是我们国家乃至世界上都少有的高智力密集区，从1984年建立中关村电子一条街，1988年建立北京市高新技术产业开发试验区，1999年建立中关村科技园区，三个大的发展台阶，使中关村已经成为我们国家高新技术产业发展和创新创业中心之一。建设中关村，发展中关村，是党中央、国务院大力实施科教兴国战略，加强国家创新体系建设的重要战略部署上的一个重要环节。

把中关村建设好、发展好,是园区管委会、海淀区的重要责任,也是北京市委、市政府的重要责任。当前中关村科技园区正处于发展的最好时期,也是迈上一个新台阶的关键时期。中关村地区蕴藏着巨大的知识和智力优势,有着推动发展的巨大潜力。在加快中关村园区的发展中,广大的归国留学人员艰苦创业,取得了可喜的成绩,如星光中国芯工程,就受到国家领导人的高度评价。当前最重要的任务就是要不断地巩固这些成果,并通过改革把发展的潜能挖掘出来,把中关村地区的创造力释放出来。要积极参与国家创新体系的建设,围绕着增强自主知识产权的开发能力,提高科技创新水平,提高企业核心竞争力,形成重要产品产业链这样一个发展目标,推进中关村的建设上新的台阶,创一流水平,不断地提高园区核心竞争力,使中关村成为国家创新体系建设中的重要组成部分。努力掌握着自主开发权、掌握核心技术,缩小与发达国家的差距,为首都和国家高新技术产业的发展做出更大的贡献。要积极推动科技体制改革,调动和发挥各方面参与中关村建设的积极性,要建立和完善资金融通机制,产权和技术的流动机制,政府管理和调控的机制,努力营造一个良好的发展环境,使中关村成为落实科学发展观,实施科教兴国战略,推动制度创新、科技创新、文化创新的综合改革试验区,使中关村地区的劳动、知识、技术、管理和资本的活力充分迸发,使这个地区一切创造社会财富的源泉充分涌流。

三、大力实施人才强国战略

人才是兴国之本,富民之计,发展之源。只有英才荟萃,人尽其才,我们的事业才能始终充满生机和活力。党和政府历来重视人才,归国留学人员是首都人才大军中的一支重要力量,党和政府始终重视和关心这支队伍的建设和成长,始终对这支队伍寄予厚望。为了吸引留学人员回国参加建设,党和政府制定很多政策,采取很多措施,仅北京市就制定了包括创办企业税收减免,外汇管理方面一系列的外汇政策;建立了鼓励留学人员创业的绿色通道体系,创业孵化体系,创业扶持资金体系,项目融资体系等,为广大留学归国人员施展才华建立了广阔的舞台,创造了良好的环境。这些政策措施极大地调动了广大归国留学人员的积极性,目前仅中关村园区就有归国留学人员创办的企业2 000多家,吸引了5 000多名归国留学人员,为中关村高新技术产业的发展做出了重要贡献。在新的发展阶段,实现“新北京、新奥运”的战略构想,需要更多的优秀人才,希望广大归国留学人员一要热爱祖国、报效祖国,树立为中华民族的伟大振兴奋斗的崇高理想,积极投身到首都现代化建设的伟大事业;二要勇攀高峰,把所学知识奉献给祖国,奉献给人民,按照胡锦涛总书记的嘱托,努力研发一流的产品,创造一流的效益,为全面建设小康社会做贡献;三要大胆探索,勇于创新,抓住国内发展的大好机遇,把个人的发展和祖国的发展更好地结合起来,在产业发展的实践中为首都、为祖国的改革开放和现代化建设做出更大的贡献。同时我们也希望目前还在海外的留学人员时刻关心祖国的建设和发展,以各种方式为祖国服务。

伟大的祖国欢迎你们,首都北京欢迎你们,中关村科技园区欢迎你们。

全面推进科技进步
为构建和谐社会首善之区提供有力支撑

北京市科学技术委员会

一、2004 年科技工作情况

过去的一年,北京市的科技工作围绕深化“二四八重大创新工程”、实施“一个转变、两个加强、三大行动”的总体思路,进一步明确了“整合科技资源、服务社会发展”的定位,在科技创新、高新技术产业成长、区域创新环境改善等多方面取得了突破性进展,科技对首都发展的支撑作用进一步加强。

(一) 确立并实施深化“首都二四八重大创新工程”的总体工作思路

“首都二四八重大创新工程”实施五年来,全市的科技工作取得了巨大进步,对首都发展产生了重大而深远的影响。“二四八工程”已经成为集成首都科技资源、提升首都竞争力的旗帜。去年,市委、市政府肯定和批准了“深化二四八,实现一个转变,两个加强,实施三大行动”的科技工作思路,即实现由院所、高校为中心的技术主导型的创新体制向以企业为中心的市场主导型的创新体制转变;加强科技创新资源向郊区县的辐射、扩散,加强科技对城市建设、城市管理和社会发展的支撑;集中力量重点实施促进企业提高核心竞争力的“引擎行动”,实现市区与郊区县协同发展的“涌泉行动”和推进首都全面、协调、可持续发展的“科技奥运行动”。

贯彻实施“一个转变,两个加强,三大行动”的总体工作思路,科技管理工作要由主要着力于组织科技项目向发掘、整合首都科技资源转变,通过理顺科技资源整合机制,建立使社会各个群体广泛参与和充分利用首都各类科技资源的畅通渠道,形成群策群力推动科技进步、同心协力促进经济社会发展的局面,充分体现科学技术作为“第一生产力”的作用,变科技资源优势为首都发展的竞争优势。

为此,科技管理部门以服务型政府的理念为指导,按照“扶优扶强、因势利导、示范带动、项目引领”的原则,针对首都城市建设、城市管理和社会发展的需求合理布局科技工作;改变工作方式,实行政事分开,发挥中介机构在科技管理中的作用;再造管理流程,用公开征集等方式确定科技项目,用招投标等方式选择项目承担者,加强了项目的过程管理和绩效评估。通过一系列的改革实践,积累了经验,摸索出了“以大带小”、“以用带研”、“科技资源招商”等引导创新的模式,以及利用市场化的科技条件平台整合首都科技资源的途径。

实施“一个转变、两个加强、三大行动”的总体工作思路在全市得到贯彻落实。一些区县结合本地实际情况,实施重大科技示范项目,建立了产业孵化中心和产业化示范区。通过科技计划的引导,一些企业增加了科技投入,创新实力得到增强,加强产学研结合的意识有所提高。以软件产业为例,全市软件企业 2004 年的研发经费约为 96 亿元,同比增长 72% 。城区科技资源更多地涌入郊区,年内城八区流向郊区县的技术 1 576 项,成交额 9. 09 亿元,比前几年有了较大幅度的增长。区县的科技工作进一步得到加强。全市各部门科技工作之间的联系与合作得到强化，科技服务的渠道和手段不断丰富与完善，网络化的科技工作体系开始形成。

（二）科技创新硕果累累

2004年，我市在许多领域取得了一批有分量的科技成果。高温超导电缆研发及产业化示范项目取得重大进展，用国产超导线材制造的我国第一组超导电缆系统正式并网，标志着我国成为继美国、丹麦之后世界上第三个把超导电缆投入电网运行的国家。“非晶、纳米晶制品研究及产业化”重大项目突破了国外有关专利的制约，在家电和通讯电源用高品质纳米晶铁芯产业领域取得了自主知识产权，申请了18项国家发明专利，设立了3个国家标准，使我国非晶、纳米晶在材料体系、工艺装备及产业化能力等方面整体上实现了跨越式发展，跃居世界前三位。曙光计算机突破每秒11万亿次大关，使中国成为世界第三个能制造和应用10万亿次以上超级计算机的国家。北京天元网络公司的两项标准被国际电信联盟正式接纳，使我国在电信领域与国际标准的接轨程度有了进一步提高。科兴SARS灭活疫苗的研究处于世界领先水平，已经进入临床试验阶段。

在年度国家科学技术奖励获奖成果中，北京地区获得62项，占获奖项目总数的26.6%。其中，“‘星光’数字多媒体芯片”、“低碳铁素体/珠光体钢的超细晶强韧化与控制技术”等6项获国家科技进步一等奖，占国家科技进步一等奖获奖总数的60%；获得国家自然科学奖13项，占国家自然科学奖总数的46%；获得国家技术发明奖6项，占国家技术发明奖总数的30%。

2004年，全市专利申请量为18 402项，比上年度增长8.2%，其中发明专利8 608项，增长9.9%。市高新技术成果转化服务中心共认定成果转化项目362项，促进了一批科技成果的产业化。全年技术合同成交额突破400亿元，达到424.99亿元，占全国成交总额近1/3。其中，中关村科技园区技术合同15 434项，比上年增长31.41%，成交额175.24亿元，增长39.90%。全市专利技术合同500项，比上年增长近1倍，成交额6.21亿元，增长1倍。完成各类产权交易项目1 788项，其中技术产权交易71项，比上年增长1倍，成交额93.66亿元，增长5倍多。

（三）高新技术产业快速增长，对首都经济发展的带动作用进一步增强

高新技术产业是首都经济的重要组成部分。2004年，全市高新技术产业实现工业增加值377.7亿元，同比增长17.7%，占规模以上工业增加值的30%。中关村园区高新技术企业实现销售收入3 625.5亿元，同比增长24.5%；生产总值760.9亿元，同比增长22.4%，相当于当年北京市地区生产总值的17.8%。园区内一批符合市场经济运行机制要求，拥有自主知识产权的高新技术企业群体的形成，为首都高新技术产业发展奠定了重要基础。

软件业全年营业收入达到520亿元，同比增长35%，按可比口径计算，约占全国的33.8%。累计登记自主开发的软件产品突破6 000个。支持软件产业发展的公共平台日趋完善。国家软件出口（北京）基地正式获得批准。以“三库四平台”为主的软件公共技术支撑体系完成了主要建设内容，综合应用率达到80%，已为1 400余家企业提供了软件技术系列服务。面向中小企业信息化的重大科技项目“ASP企业E化平台”已发展了300多个用户，为一批中小企业管理水平的提高提供了有力支撑。

在“抓存量、促增量、培育重磅产品”的发展战略指导下，生物医药产业发展迅速，北京成为全国医药工业盈利能力最强的地区之一。生物医药全年实现销售收入190.9亿元，同比增长17.1%，实现利润23.7亿元，同比增长10.8%。新材料产业全年实现增加值40.3亿元，同比增长40.2%。

（四）科技对首都发展的支撑作用得到加强

科技对首都的城市建设、城市管理、奥运筹备、区县发展等各方面的支撑作用进一步加强。奥运科技工作已经进入到以项目为核心的全面实施阶段。“奥运绿色建筑标准及评估体系研究”作为科技奥运十大专项之一，已开始运用在国家游泳中心等奥运建设项目中，成为我市制定“公共建

筑节能评审标准”的重要基础。“奥运改扩建、临建场馆及设施环保指南”、“奥运场馆瞬间热启动金卤灯照明系统的开发”等项目取得初步成果，并已开始在场馆建设中得到应用，“奥运会射击用运动枪、弹研究”、“数字化三维人体运动的计算机仿真研究”、“兴奋剂检测芯片的研究”、“奥运会信息系统集成测试管理平台”、“奥运虚拟博物馆”、“奥运场馆中央控制管理系统”等项目的实施将为奥运会的成功举办提供保障。

东城区“依托数字技术创建城市管理新模式项目”建立了城市管理信息采集器和数据处理平台，首次在国内城市管理领域实现了众多信息技术的全面整合与应用创新，创造性地构建了万米单元格部件管理法，通过 GIS、GPS 实现了现代化城市管理流程的再造和实时的可视化、自动化管理，实现了对城市市政公共设施的精确、敏捷、高效、全时段、全方位覆盖和管理。完成了中国欧盟环境管理合作计划中的北京怀柔山水园林生态城市规划示范项目。“北京城区雨洪控制与利用技术研究”、“危险化学品相关紧急事故处理及决策信息支持系统研究”、“洁净能源示范工程”、“北京防沙治沙关键技术研究与示范工程”等一批项目已应用在城市建设中。

区县科技工作进一步加强。大力发展各类农村科技服务组织，重点扶持了“中介机构培育型”、“示范基地带动型”、“企业自主创新型”、“院校领办型”、“生产力促进体系型”等 5 种类型的农村科技服务新模式。“农村科技服务港”一头连通了全市的科研院所和高等院校，一头连通了区县的科技信息网和各类农村服务组织，为城乡居民获取科技和市场信息创造了条件。中介服务机构积极为郊区提供咨询和技术转让、技术服务。在科技项目的安排上，配合市农业“221”行动计划，重点支持了种养业一批优良品种的选育，为实现品种更新换代做准备。开展了板栗、大桃加工等适用技术的研究，提高农产品附加值，促进农民增收。

科普工作取得新进展。拥有世界一流天文科普设备的北京天文馆新馆让人耳目一新，参观者络绎不绝。新北京天文馆成为世界上规模较大的天文馆之一。启动了 2004—2008 北京区县科技活动中心(科技馆)振兴计划。科普税收优惠政策得到落实。启动了奥运科普行动计划。顺利完成了第三届 APEC 青年科学节北京市承担的任务。成功举办了科技周等一批科普活动。

(五) 区域创新环境日趋完善，首都科技资源得到有效利用

政策环境进一步改善，制订了《北京计算机软件保护办法》，修订了《软件双高人才的奖励办法》、《北京市实验动物管理条例》，开展了《技术创新条例》立法的前期调研工作。进一步规范了行政许可和行政审批工作。落实了高新技术成果转化政策，年内市财政专项资金分别对 362 个高新技术成果转化项目提供资金支持 1.3 亿元，为 35 个中小企业创新基金项目匹配资金 1 057 万元。中关村科技担保公司成立 5 年来，累计向 1 600 家中小企业提供了 70 亿元贷款担保支持，贷款额放大倍数超过 18 倍。园区创业投资引导资金总计投资 2 116 万元，帮助 13 家园区企业引进创业投资 1.1 亿元。

各方面协同合作，扶持软件产业发展。在税务部门的支持下，全年软件产品增值税退税 14.8 亿元，累计退税 47 亿元；在财政部门的支持下，近 400 家软件企业的 5 000 多名软件高级人才得到市政府专项奖励，奖励金额 5 000 多万元；在市商务局和北京海关的支持下，160 多家高新软件出口企业解决了通关归类问题，用友工程等多家通过 CMMI 三级以上评估的软件企业得到专项资助；在版权局、知识产权局和信息办等单位的支持下，政府部门使用正版软件工作圆满完成，验证了电子政务系统嵌套本国办公套件的正版化新路子，并建立起我市的两级著作权行政监管和执法体系；在相关委办局和各区县的支持下，年内政府投入软件领域的专项资金超过 5 亿元。

科研机构改革取得了新进展。市农科院畜牧所的改革和禽用疫苗产业化试点工作取得突破。市环保研究院建立起非营利性科研机构框架。一轻所凭借电脑绣花机技术，成功走向市场。人工晶体研究院成功地实施了战略性资产重组。

着眼资源整合,创造性地开展了首都科技条件平台建设。科技企业孵化器的管理者按照市场经济规律和企业技术创新规律的要求,积极探索新型孵化器的经营理念和运作模式,促进科技条件平台与科技企业孵化器建设的结合,提升孵化服务水平。平台建设摸索出了大学资源开放、行业资源集聚共享、专业孵化器整合创新等不同的资源整合方式,启动了"清华科技园公共测试平台"、"北京软件园软件产业公共技术与科技服务平台"、"北京中关村生物医药园农业生物技术专业设备共用服务平台"和"北京海银科医药技术孵化服务平台"等试点。除专业孵化器与科技条件平台的结合外,市委组织部、市人事局、市农委、市科委等部门合作,依托北京市农林科学院,按照市场机制建立的"北京农业育种基础研究创新平台",开展了以"通过应用研究带动基础研究"为宗旨的基础研究平台建设的探索,在全国产生良好反响。

推动了科技企业孵化器建设,目前全市孵化器总数为61家,其中经市科委批准的高新技术产业孵化基地有39家。孵化基地总面积86万平方米,在孵企业2 714家,累计毕业企业1 128家。2004年,孵化基地共实现技工贸总收入192亿元,缴纳税费7.7亿元,创造4万多个就业岗位。

大力发挥科技中介服务机构的作用,加强行业协会建设。北京科技咨询业协会首次通过民主的方式产生出由民营企业家领衔的新一届理事会,北京发明协会新一届领导都是在各自的工作领域做出重要贡献的科技人员。

主动、充分地利用北京人才、成果、信息等优势科技资源,吸引外部资金投入北京的科技研发活动,把科技资源对资本的隐性吸引力显性化,"科技资源招商"取得了实效。仅在生物制药领域,中生制药等一批大型国内医药企业和跨国医药集团已在京投资超过20亿元。

北京市自然科学基金对基础性研究形成了连续性支持,2004年共资助了244个项目。一批原创性科技成果获得北京市科技奖励。加强了软科学研究与专家顾问咨询工作。积极实施"科技新星"计划。抓好高新技术产业高端人才培养。积极开展国际合作与交流,成功组织了"科技奥运国际高层论坛"、"中国—欧盟数字奥运研讨会"、第八届北京生物医药产业发展论坛和第三届国际人类蛋白质组大会等活动。

在回顾2004年工作的同时,必须清醒地认识到,我们的工作还存在着一些问题和不足,主要表现为:

自主创新能力不足,企业创新主体的地位尚未真正确立,在原始创新、引进技术的消化吸收、集成创新能力的提高上还有较大差距;科技创新在促进经济增长方式的转变上还没有充分发挥作用,科技对城市建设、城市管理和社会发展以及城乡统筹发展方面的支撑不够;创新体系尚待完善,产学研结合的机制尚未形成。

二、2005年工作思路与工作重点

今年是实施"十五"计划的最后一年,是北京城市总体规划开始实施的第一年,也是编制"十一五"规划的关键一年。当前,党中央、国务院高度重视科技进步和自主创新,市委市政府要求将经济增长方式由投资拉动转变为创新驱动,全社会科技意识和对科技发展的重视程度进一步提高,依靠科技求发展正在融入各方面工作之中。

构建社会主义和谐社会首善之区的目标,实现新北京、新奥运的战略构想和新的城市总体规划的实施,对北京的科技工作提出了更高的要求。根据"以人为本、自主创新、重点跨越、支撑发展、引领未来"的国家科学技术发展指导方针,结合北京实际,要把增强自主创新能力作为首都经济由投资拉动向创新驱动转变、推进结构调整的中心环节。北京要走超常规、创新型的发展道路,必须加快推动自主创新,力促企业成为创新主体,使区域和部门不仅提高采用科学技术提升工作水平和质量的自觉性、能动性和积极性，而且有能力、有手段、有资源。要显著增强整体科技竞争力和持续创新能力，使科技创新成为首都全面发展的内在动力。为此，我们要努力实现以下八个重要转变：在科技管理方面，从注重科技项目管理向注重整合资源促进社会全面发展转变，从区县、各部门“分兵把口”向建立协调互动的网络型科技管理体系转变，从主要支持高校和院所的创新活动向形成以企业为主体的产学研结合的创新机制转变；在推动创新方面，发展路径要从跟踪模仿为主向加强自主创新转变，创新方式要从注重单项技术的研究开发向加强以重大产品和新兴产业为中心的集成创新转变，创新体制要从以科研院所改革为突破口向整体推进创新体系建设转变，发展部署要从研究开发为主向科技创新与科学普及并重转变，国际合作要从一般性科技交流向深层次、主动利用全球科技资源转变。

2005年科技工作的总体思路是：以邓小平理论和“三个代表”重要思想为指导，以科学发展观统领全局，大力实施“一个转变，两个加强，三大行动”，坚定不移地把推动自主创新摆在全市科技工作的突出位置，建立以企业为主体的技术创新体系，增强科技创新能力，在实践中走出一条具有首都特色的自主创新之路。

今年，要按照北京城市总体规划的要求，落实国家中长期科技发展规划，围绕变首都科技资源优势为经济社会发展竞争优势的目标，编制好北京市科技发展“十一五”规划。

切实转变政府职能，大力加强基础工作，启动“科技工作主题计划”，是贯彻总体工作思路的重要措施。主题计划针对首都城市建设、城市管理、社会发展的需求来配置政府资源和引导社会资源，统领科技管理部门的政策制定和落实、项目管理、人才培养、国际合作等各项工作，完善区县、委办局协调互动的网络型科技管理体系，集成企业、高校、研究机构等各类创新主体的科技创新活动，形成开放条件下具有首都特色的产学研结合的创新机制。今年开始，作为科技管理方式创新的重要措施，正式启动八个主题计划：“北京重点产业技术竞争力提升”主题计划、“科技进步促进区县发展”主题计划、“发展循环经济，建设节约型社会”主题计划、“北京现代服务业促进”主题计划、“北京市民科学普及行动”主题计划、“科技条件平台服务首都建设”主题计划、“应用基础研究与战略高技术”主题计划、“科技改善市民生活质量”主题计划。

2005年要重点抓好以下几个方面的工作：

（一）强化自主创新，提升产业竞争力

“自主创新是支撑一个国家崛起的筋骨”。加强自主创新是提高国家竞争力的迫切要求。胡锦涛同志明确指出，加快提高我国科技自主创新能力，对于我们全面建设小康社会，加快推进社会主义现代化，对于我国应对世界新一轮科技革命和产业革命的挑战，具有十分重大的意义。

实施“北京重点产业竞争力提升”主题计划，重点支持行业共性技术、关键技术的研究开发，加强先进实用技术的推广应用，增强北京重点产业的技术创新能力。鼓励发展多项技术集成的产品和产业，选择具有高度技术关联性和产业带动性的产品或项目，以实现关键领域的集成创新与突破；依托中关村科技园区，实现创新资源的优化配置和创新成果的充分利用，大力促进高新技术产业化。遵循“以大带小”的原则，在软件和集成电路设计等重点领域，以大型软件外包、芯片产业链建设为突破口，组织实施一批起点高、关联性强、辐射面广的科技项目，全面带动企业尤其中小企业技术创新水平的提高。遵循“以用定研”的原则，在电子信息、新材料、基因工程等重点领域，组织实施一批科技项目，促进首都产业的高度化。设立企业使用知识产权的专项资金，在软件、电子信息、光机电一体化、新材料、生物工程和新医药、节能环保等领域开展支持企业获取、形成和应用自主知识产权试点工作，培育一批拥有自主知识产权的龙头企业。实施技术标准战略，推进技术标准试点城市工作。

实施“应用基础研究与战略高技术”主题计划，增强北京地区基础研究相关计划与首都发展的关联性，从首都区域发展的高度，在城市管理（人口、交通、资源、环境等）、旧城保护方面及功能基因、蛋白质组学、纳米技术、超导技术等优势领域，开展面向首都城市功能定位、面向区域竞争力提升、面向公共事业的基础性研究和战略高技术研究，在未来几年力争解决若干满足北京重大战略需求的重要科学问题，促进若干具有战略性技术突破的形成，为城市建设和城市管理提供支撑，为区域的可持续发展提供保障。

实施“现代服务业促进”主题计划，利用科技资源推动现代服务业发展，为加速从高新技术产业中分蘖出现代服务业创造条件，提升产业竞争力与服务水平，促进内部结构优化，提升其综合竞争力，逐渐形成科技手段更突出、科技含量更高、结构更合理、竞争力更强的北京现代服务业体系，使北京更多地参与国际服务业的高端分工，成为全国最具优势的现代服务业聚集区、世界现代服务业发展的重要区域之一。重点领域是互联网信息服务、通信服务和科技创新服务等。推进下一代互联网关键技术研发及产业化和面向奥运的WLAN系统研发及产业化，建设面向奥运的多语言智能信息服务网络，推动国际化、开放式的银行核心业务系统研发及产业化。建设以石景山数码娱乐产业基地为代表的北京数字内容服务示范基地和以中关村软件园为代表的软件出口服务机构，大力支持软件外包服务、业务流程外包服务的发展。高度重视北京丰富的智力资源和北京具有的研发、测试、检测等能力在发展现代服务业中的条件优势，大力促进科技服务与科技中介、咨询行业的发展。要抓住继全球制造业转移之后研发服务业转移的机遇，调动首都资源，加快发展北京研发产业。工业设计是现代服务业中的高端业态，要大力发展以工业设计为核心的设计创意产业，建立北京工业设计资源协作基地，创立工业设计奖，搭建设计条件平台，创办设计企业专业孵化器，整合产业信息、人才等优势资源，探索设计产业化发展的资源共享模式，为企业创新和设计创意产业的快速发展提供有力保障。

（二）发挥科技引领作用，促进区县发展

新的北京城市总体发展规划提出了“两轴、两带、多中心”的空间布局调整思路，不仅在宏观上为北京市的发展指明了方向，也为各区县的经济与社会发展的走向及产业选择提出了新的要求。以科技进步促进区县发展，合理利用特色资源，提升区域竞争力，是区县经济社会发展的基础和关键。

实施“科技提升区县核心竞争力”主题计划，根据资源禀赋以及功能定位，通过“技术扩散”、“辐射效应”和“产业联动”，促进各区县形成具有地方特色的优势产业，实现协同发展。重点做好四个方面的工作：一是根据新规划对区县功能的定位，利用有能力的科技中介机构，为区县提供咨询服务，明确发展战略和确定发展重点与优先产业。二是加强新型工业园区建设工作，围绕工业小区的建设形成一个全市的工作网络，通过开展科技创新促进郊区发展的政策研究与示范和共性技术服务平台建设，优化郊区产业结构，扩大郊区经济总量。近期重点抓好顺义三高农业科技示范区、通州光机电一体化工业基地、大兴生物医药产业基地的建设。三是围绕落实北京城市总体规划，在改善、改造郊区生活、生态环境方面，抓好昌平卫星城东扩工程中的社会综合技术应用示范项目。制定门头沟生态修复总体规划、设计生态修复的技术方案并进行技术示范，推动密云生态县的建设。四是推进新型农村科技推广服务体系建设。进一步加强农村科技服务港建设。大力发展资源集约型和技术附加值高的农业产业，大力发展都市型农业，构筑生态农业基地。五是加强科技在城镇建设与公共管理中的应用，以科技推进城市化进程。在新城建设、旧城保护与改造等方面加强技术开发和应用，鼓励科技成果、传统文化与创意设计的高度结合，推动城区文化产业的发展。

（三）加强成果应用，建设节约型社会，使科技进步惠及全体市民

实施“发展循环经济，建设节约型社会”主题计划，以循环经济理论为指导，探索一条依靠科技进步、建设节约型宜居城市的发展道路，建立较为完善的循环经济和节约型社会的技术支撑体系、

政策保障体系,促进资源高效和循环利用,缓解资源短缺,保护生态环境,带动相关产业发展。从企业清洁生产、生态园区建设、全社会的资源循环利用及绿色消费等几个层面入手,开展煤、油、气、电等领域内的能源高效合理利用技术研究与示范,启动企业绿色管理、生态园区建设、资源综合利用技术研究示范,生态治理集成技术以及生态农业发展示范项目。根据奥运场馆建设的要求提供生态解决方案。应对北京地区水资源严重紧缺的状况,建立符合北京实际的供水关键技术体系,推广先进节水技术,提高供水水质,保证供水安全。促进工业用水重复利用率和城市污水再生回用率的提高。在绿地植物选育、灌溉水源、灌溉方式等方面开展研究,为绿化节水提供技术支持。开展绿色 GDP 体系建设、循环经济的地方政策、法规和战略研究。提高居民节约意识。

首都发展不仅要高度重视经济的快速发展,还要高度重视人的全面发展,不仅要保障市民物质需求,还要保障市民的健康需求、市民生活环境需求、市民提高自身素质等多方面的需求。实施"科技改善市民生活"主题计划,在医疗卫生、智能交通、全民健身、人居环境和食品安全等领域实现一批重大、关键技术的突破,建立相关的技术支撑体系,促使一批成熟的科技成果成功转化和应用,同时,要组织实施医疗服务网络科技示范和食品安全标准化基地示范工程。以社区医疗为基础,以科技成果为手段,建立疾病综合防治的社区医疗服务网络科技示范点。针对城市现代化过程中日益突出的精神、心理疾病和人口老龄化过程中的医疗卫生突出问题开展疾病防治与研究。建立突发公共卫生事件(如传染病的流行、食物中毒等)应急救助技术体系。通过路网接泊、交通模拟、信息平台和信号控制等技术研究,重点推进智能交通系统(ITS)建设,加快北京交通信息化建设。围绕市政府提出的"食品放心工程",实施食品安全标准化基地示范工程,开展食品标准、检测方法和检测评价体系研究,开展无公害食品生产技术开发与应用研究。

实施"科学技术普及"主题计划,发挥政府引导和市场调节的共同作用,大力加强科普场馆建设,积极打造一批科普项目品牌,努力培育一批职业化、专业化的科普工作者队伍,切实加强全方位的科普合作,有效促进科普的国际间合作交流,整合区域场馆、院所、高校及企业的资源,构建能够不断满足社会不同群体需求的北京大科技文化传播体系,引导人们建立科学的生产、生活方式,进一步提高全民科学素质。

(四)整合资源,完善首都区域创新体系

实施"首都科技条件平台建设"主题计划,按照"有效调控增量资源,激活存量资源"的思路,逐步加大对首都科技条件平台建设的投入力度;启动条件平台网络体系建设,制定平台运行监测指标体系,在重点专业领域内,注重与孵化器相结合的方式建设几个科技条件专业平台。规范平台建设的资金管理,完善资金管理制度和资金使用的绩效考评制度。制定相应政策,鼓励和引导社会资金参与平台建设,形成多渠道的投入格局,实现资源有序聚集并充分共享、产学研创新合作互动迭起、科技成果转化效益显著的目标。

进一步改善区域创新创业环境,推动中关村科技园区建设,促进创业孵化体系发展。通过创新基金、国家重点新产品计划的引导,促进成果转化。建立和完善技术创新评价体系。进一步加强知识产权的保护和应用。完善北京地区技术转移体系,逐步推进京津冀和环渤海地区技术合作,促进北京技术成果的辐射和扩散,把北京建成全国技术交易中心。适时推出促进科技发展的政策,进一步加强对科技成果转化、软件企业认定等政策的贯彻落实。努力探索院所改革的新途径。

加强软科学研究,为决策提供智力支持。抓好市政府专家顾问团工作。继续实施"科技新星"计划。加强各级科技管理部门工作人员的思想道德教育和业务培训,提高执政能力,建设一支高素质的现代化的科技管理队伍。加强国际交流与合作。

(五)深化改革,形成合力,开创科技工作新局面

做好基础工作是提高行政能力的前提,我们要认真分析存在的问题和薄弱环节,周密制定整改

措施，务必使决策的科学性和行政效能得到明显提高。在这方面，不能用“头痛医头、脚痛医脚”的简单办法，要从世界观、方法论的角度来分析存在的问题，从战略和全局的高度来研究解决问题的方法，从制度、体制和机制上寻找解决问题和推动事业发展的出路。转变政府职能不是简单的“简政放权”、改进服务态度，要明确目标并探索实现目标的手段和措施。要把握和遵循科技发展规律与市场经济规律，善于综合运用政策和项目等多种手段，充分发挥科学技术的先导、基础和战略作用，整合科技资源、吸纳和集聚广泛的社会资源并引导其服务于首都的现代化建设。要继续推进科技管理改革，建立以主题计划为基点、重大项目为杠杆的科技管理模式，突出科技计划的公共服务职能，更加注重科技项目的带动示范作用，着力资源整合，加强体制创新和创新与创业环境建设。努力实现科技项目管理的科学化，以“七步预算法”为核心，遵循项目选择的公开、公平、公正原则，使有限的资金发挥更大的效率。采用五种方式加强对科技项目的监督管理：强化科技管理部门内部管理和监督、建立监理机制、建立中期评估制度、委托社会中介机构进行结题审计、引入绩效考评机制。

各级科技管理部门要充分发挥中介机构和其他社会组织的作用，建立面向企业、区域和行业的咨询和技术中介服务系统，积极探索利用“外脑”和“外手”，建立网络化科技工作体系。

进一步加强科技工作与区县委办局核心工作的衔接，通过定向征集科技项目加速科技管理部门与区县委办局的合作，增强科技服务经济社会发展的能力和效率。通过做好科技政策和经济政策的相互协调，引导企业成为研究开发投入的主体、技术创新活动的主体、创新成果集成应用的主体。支持企业承担国家和地方的研究开发任务，促进企业之间、企业与大学和研究院所之间的知识流动和技术转移，重点支持科技型中小企业的技术创新，积极发展面向中小企业的投融资体系。深化科技体制改革，使各类科技资源各得其所，广大科技工作者和科技型创业家各尽其能，共同开创科技工作的新局面。

2004年中关村科技园区工作总结

中关村科技园区管理委员会

一、2004年园区发展建设情况

2004年是中关村科技园区迈向“五年上台阶”目标的关键之年。一年来，园区在国务院有关单位的关心指导、在市委市政府的直接领导下，在园区高新技术企业、高等院校、科研院所和社会各界的努力下，贯彻落实党的十六大、十六届三中全会、四中全会和市委各次全会的精神，牢固树立科学发展观，按照《五年上台阶行动纲要》的要求，始终坚持技术创新、制度创新和文化创新，各方面发展取得了新的成绩。

（一）高新技术产业快速增长

2004年，园区高新技术企业预计实现销售收入3 600亿元，同比增长25%；上缴税金133亿元，同比增长11%；生产总值760亿元，同比增长25%，相当于当年北京市地区生产总值的18%。新诞生高新技术企业 4 268 家。

（二）以企业为主体的技术创新体系不断完善，自主创新的技术和产品持续涌现

科技部组织专家预测，提出了未来 10 年我国可能实现高科技产业跨越式发展的 8 项重大核心技术。其中，中关村在系统级芯片、新一代移动通讯、音视频、疫苗、新材料等 7 项技术领域具有核心技术的研发队伍和基础。

2004 年，园区在电子信息、芯片设计、生物医药、新材料、先进制造业等方面继续取得了一些技术和产业化突破，涌现一批具有自主知识产权的核心技术和产品。在电子信息领域，曙光 4000A 超级计算机突破每秒 11 万亿次大关，使中国成为世界第三个能制造和应用 10 万亿次以上超级计算机的国家；德信无线公司率先开发设计成功 WCDMA 和 CDMA2000 手机并在国际市场得到广泛应用。在芯片设计与应用领域，方舟三代手机芯片打破了国外公司的垄断；佳讯飞鸿公司攻克了新一代互联网关键的路由技术和安全技术，开发出达到世界水平的路由器；港湾网络公司研制出国内首台 T 比特高端路由器；中芯国际公司建设的国内第一条 12 英寸集成电路芯片生产线顺利投产。在新材料领域，云电英纳超导公司牵头研制出我国第一组、世界第三组实用型高温超导电力电缆系统。在环保与新能源领域，神雾热能技术公司的高效节能技术和相关产品已累计为国家节省能源投资达 10 亿元以上。在生物技术领域，北京科兴公司牵头组织研制的"非典"灭活疫苗一期临床试验顺利完成。在先进制造业领域，时代光华公司拥有 4 项汽车电子领域的国外发明专利，其汽车安全预警系统处于世界先进水平。

园区内有国家工程中心 41 个，重点实验室 42 个，各类孵化器 44 家，国家级企业技术中心 10 家。成立了"中关村 SOC（系统级芯片）促进中心"，与中科院产业局共建了北京国家技术转移中心。科兴公司"非典"灭活疫苗的研发成功，是园区内以企业为主体，以市场为导向，以产业化为目标的产学研相结合的典型，为我国完善技术创新体系做了有益探索。

（三）高新技术产业的联动、辐射和国际化水平不断提升

以上下游产业价值链联系为特征的网络计算机和手机产业联盟继续发挥积极作用，又新组建了闪联、自主知识产权软件、移动多媒体技术、清新空气等产业联盟，北航科技园和中关村软件园被国家命名为"软件产业出口基地"，产业集聚效应日益显现。

信威公司 SCDMA、中星微电子公司多媒体芯片以及网络计算机等项目在中关村以外地区的产业化和推广应用，充分体现了中关村的技术辐射力和产业带动力。

联想集团收购 IBM 的 PC 业务，成为世界第三大 PC 厂商，是中关村高科技企业国际化发展的一个重要标志。中星微电子公司的星光系列多媒体图像处理芯片打入海外市场，占领了同类产品世界市场份额的 60%。2004 年，又有英特尔、法国电信、日本理光、汤姆逊、诺和诺德、AMD 等一批世界 500 强和国际知名企业落户园区。目前，跨国公司在园区设立的分支机构已达到 112 家，其中包括研发机构 41 家。与科技部联合在美国马里兰大学设立了海外孵化器，与哈萨克斯坦、韩国大德科技园、日本京都府开展了技术人才交流合作，一批国际著名媒体的驻京记者、驻京使馆的外交官和国际组织代表参加了"做客中关村"活动。

（四）大力落实人才强国战略，留学人员创业企业成为园区发展的一支生力军

几年来，园区吸引了一大批以留学人员为主体的国际化人才和创业团队，一批高端科技项目和成果出自留学人员企业。2004 年园区新注册留学人员企业 500 多家，留学人员创业企业累计达到 2 500 多家，从业留学人员近 6 000 人。在千余名留学人员参加的中关村留学人员庆国庆暨表彰大会上，全面展示了园区留学人员归国创业风貌和所取得的丰硕成果。

留学人员创业服务体系不断完善。留学人员创业孵化器达到 13 家；组织了赴日本、加拿大的留学人员工作路演团；成功举办了七次精品项目推介会；与著名高校共建的 6 家留学人员创业园各

具特色,充分发挥了大学的优势。

历年来,园区为社会提供了大量高素质就业岗位。2004 年园区企业录用应届大学毕业生 3 万人,其中非北京生源毕业生 4 500 多名。到年底,从业人员总量已突破 55 万人。

(五) 继续推进体制机制创新,各种公共政策的促进和扶持作用逐步显现

在知识产权促进与保护方面,启动了“专利引擎”计划,对企业的专利工作在政策上、经费上、服务上给予支持,其中资助企业申请国外专利的工作已经展开。启动了标准战略,对企业创制先进标准给予资助。北京天元网络公司的两项标准被国际电信联盟正式接纳,奠定了我国在下一代互联网方面的战略优势地位。中关村版权保护中心在园区实行“一站式”办公,使权利人“足不出楼”就能办理各类版权登记、双软认证等业务,当年办理各项业务均居全国之首。中关村电子产品贸易商会积极推动知识产权示范店的建设工作。

在财政资金使用方面,探索了公共财政支持园区建设和发展的新途径。目前,国家和市级财政支持园区发展的资金一是用于建设基础设施和改善硬环境;二是搭建公共技术支撑平台;三是引导社会各方面资金,支持重大核心技术的自主研发和产业化;四是建设创新创业服务体系,优化软环境。市政府和国家开发银行签订的园区建设金融合作协议,经过几年实践,探索形成了“贷前预审、联合推荐、快速评审、共筑信用、财政贴息”的中关村开发性金融合作模式。

在投融资和信用体系建设方面,解决中小科技企业融资难的系列举措已开始发挥作用。中关村科技担保公司成立 5 年来,累计向 1 600 家中小企业提供了 70 亿元贷款担保支持,贷款额放大倍数超过 18 倍;2004 年,100 多家园区企业通过“瞪羚计划”获得了超过 12 亿元的银行贷款担保,这些企业的销售收入和利润的增长均超过 50%;北京产权交易所预计实现技术产权交易 80 项;园区又有 9 家企业上市融资近 25 亿元,其中 3 家企业在香港上市,1 家企业在美国纳斯达克上市,目前园区上市公司达到 67 家;园区创业投资引导资金总计投入 2 116 万元,帮助 13 家园区企业引进创业投资近 1.1 亿元;大唐微电子、点击科技、百度等 30 多家园区企业获得了海外投资约 6 亿美元;留美博士胡晖创办的海纳维盛公司被纳斯达克上市公司以 1 800 万美元收购,引起了社会各界的高度关注。旨在促进园区企业与科研院所和金融机构交流合作的“银科企联谊会”活动在园区已成功举行 11 次,形成了品牌。参与北京市企业信用信息系统建设,建成了中关村网上信用平台;中关村企业信用促进会已拥有会员 278 家。

在中介与协会组织发展方面,中关村协会联席会通过组织园区协会组织赴浙江、上海、香港、日本等地交流考察和参加全国行业协会成就展等活动,共商园区发展大计,不断改进治理结构,提升服务水平。目前活跃在园区的 17 家协会组织的会员总数已经超过 8 000 家。财政专项资金共资助了 105 家中小高新技术企业购买中介服务 114 项。

在信息化建设方面,推进了数字电子城、软件园、空间地理信息系统和中关村数字图书馆等项目的建设;改进了园区信息统计工作系统;与市统计局共同编制并发布了中关村指数。

在政府专项支持方面,2004 年,园区有 24 个重大项目列入国家高技术产业发展专项,占全市立项总数的 92%;市发改委支持的 8 个汽车电子项目全部在园区;科技部中小企业创新基金批准园区项目 125 项,占全市立项总数的 70%;园区共有 65 个项目通过我市科技成果转化项目认定,占全市的 68%。园区发展专项资金的市级部分主要支持了重点产业化项目、技术创新示范工程和公共技术服务平台建设等。根据企业需要,建立了市场开拓支持平台,帮助园区企业争取政府采购的支持。

(六) 认真贯彻国家清理整顿开发区的有关指示,积极推进园区规划和硬环境建设

配合市相关主管部门完成了规划用地范围的调整工作,市政府决定核减原规划用地范围 112 平方千米,主要是山体和居住区等非高科技建设用地,园区规划用地调整为 270.5 平方千米。接受

了国务院开发区土地检查验收组的检查和验收。检查组实地考察并听取了园区的情况汇报后认为,园区土地开发利用整体上符合国家和北京市的相关政策要求,没有土地违法行为,对中关村科技园区的建设和发展给予了充分肯定。

2004 年重点推进了学院路地区控制性详细规划、园区城市夜景照明规划的实施工作。地铁十号线等重点市政道路建设加速,上庄等五个变电站已经正式供电,基本实现重点区域信息管道的互联互通,园区发展的硬环境进一步改善。全年累计开复工面积突破 480 万平方米,竣工面积超过 160 万平方米。

(七) 宣传中关村品牌,提升中关村投资价值

围绕"中关村投资价值",挖掘了有深度、有影响的主题,大力宣传中关村。《攻"芯"为上》展示了中关村企业家和科技人员的自主创新活力,《绝地之战》总结了用中关村机制、政策和品牌改造电子城老工业基地的成功经验,《中关村海归创业大舞台》、《海归海归》和《海归抢滩中关村》等全面介绍了大批海外留学人员在中关村的创业情况。组织多家媒体评选出了"2004 年中关村十大新闻"。中国人民大学成立了我国首家文化科技园,已有出版、传媒、新闻、网络、金融等多种类型的高科技公司入园。通过"中关村项目推介暨投资洽谈会"、"北京国际科技产业博览会"、"奥运科技行动计划"等活动,集中展示了中关村的创新项目。

《中关村科技园区志》的编纂工作正式启动。编委会主任由范伯元副市长担任,成员有科技部火炬中心、中科院、北大、清华、市政府有关部门以及园区各协会组织共计 36 个单位。按照中关村"先有企业,后有园区"的特定发展历史,动员企业参与写作的工作已开展并得到了积极回应。

(八) 一区七园共同发展,共筑中关村品牌

海淀园新组建了管委会,出台了支持中小高新技术企业发展的《绿色行动纲要》,成功引入了英特尔、AMD、法国电信等世界 500 强企业,经济增长速度超过 20%,经济总量占整个园区的一半以上。昌平园在经济增长、人才结构优化、电子政务和硬环境建设等方面,对本地区的发展继续做出重要贡献。丰台园总部基地建设初具规模,已全面进入招商引资阶段,正式签约和有意向入驻的企业达到 108 家。电子城科技园经过 10 年的环境改善、国企改制和产业改造,已经发展成为以电子信息产业为主导的高科技产业园,为我国老工业基地的改造探索出了重要经验。亦庄科技园基础和配套设施建设取得突破性进展,招商引资保持了较高的增速。德胜园进一步明确了功能定位,完善了创业服务和孵化体系建设。健翔园开展了发展规划的研究工作,建立了管委会和"一站两会"等机构。

(九) 完成了园区管理体制改革,团结各方力量共促中关村发展

按照市委市政府批复的园区管理体制改革方案,完成了中关村管委会的调整和海淀园管委会的组建工作。经过这次改革,加强了与国家有关部门和单位的联系,调动了区政府和园区企业参与园区建设的积极性。在园区重大事项决策过程中充分听取了企业家咨询委员会的意见。

中关村科技园区的发展建设和改革取得了一系列的成绩,得到了国务院和北京市的充分肯定。今年,刘淇书记、于均波主任、王岐山市长等市领导多次到园区调研和视察。经市委同意,市政府就园区近几年的发展情况向国务院做了专门的书面汇报和请示。2004 年 12 月 23 日,国务委员陈至立同志视察园区时,对中关村多年发展所取得的成绩给予了充分肯定。她指出:中关村科技园区在一些关键技术领域取得自主创新成果并实现了产业化,摸索出了以企业为主体、产学研结合的技术创新模式,建立了高校院所的智力资源和科技成果向现实生产力转化的多种模式,在吸引海外留学人员为国服务方面颇有成效,在市场化的机制创新方面积累了很多宝贵经验,实现了较高水平的国际化发展,在北京和全国起到了很好的技术辐射和产业扩散作用。

所有这些成绩,是在园区高新技术企业、高等院校、科研院所、有关建设单位、各级政府部门、社

会组织共同努力下，团结一致，开拓创新，奋力拼搏所取得的。在此，我们向所有为园区发展和改革做出贡献的单位和辛勤工作的同志们以及关心中关村的各界人士表示衷心的感谢！

在充分肯定成绩的同时，我们也要清醒地看到，国务院、市委市政府和社会各界对中关村的发展寄予了厚望，园区在贯彻和实践科学发展观方面还仅仅是开始，自主创新的能力和广度还需要进一步提升，投融资体制、知识产权保护、企业产权制度、信用制度等领域的改革还面临着一些突出的困难；现有的产业发展空间明显不足，硬环境建设方面还有很多工作要做；中关村的文化建设及其产业化发展刚刚开始探索；许多方面的基础工作还不够扎实。上述困难和问题，有些需要争取国家有关部门的更大支持，更重要的是我们要以务实的态度和创新的精神努力研究解决。

二、2005年园区重点工作安排

2005年是中关村科技园区实施"五年上台阶"行动纲要和"十五"计划的最后一年。今年工作的总体要求是：以邓小平理论和"三个代表"重要思想为指导，以科学发展观统领全局，认真贯彻十六大和十六届三中全会、四中全会精神以及国务院、市委市政府对中关村发展的一系列决策，通过改革创新、优化环境、整合资源和统筹协调，搭建体制机制创新、组织创新、技术创新的平台，进一步发挥综合改革和创新示范的作用，同时大力推动以自主创新为核心的高新技术产业的快速发展，努力全面完成《中关村科技园区五年上台阶行动纲要》确定的各项任务，使园区综合竞争力和企业核心竞争力迈上新台阶，努力为首都经济结构调整和增长方式的转变做出应有的贡献。全年力争实现总收入4 280亿元，同比增长18%；生产总值900亿元，同比增长18%；上缴税金150亿元，同比增长12%。

为此，今年要做好以下重点工作：

（一）系统地研究和完善鼓励创新的政策体系，制订园区"十一五"发展规划和"十年创一流"行动纲要

按照国务院领导同志的要求，在研究并把握高新技术产业发展规律的基础上，系统性地调查和评价现有促进技术创新和科技成果产业化的各项政策与措施的实施情况，提出进一步促进园区发展的有关财政税收、投融资、政府采购、用地等方面的系列政策建议，提交国务院研究审议。

按照全市的统一部署，要在去年已开展的各项预研究工作基础上，全面启动园区"十一五"发展规划和"十年创一流"行动纲要的研究和制订工作，争取三季度完成规划的讨论稿，征求有关方面的意见，四季度提交市委市政府和领导小组审议。根据国家和北京市对"十一五"规划编制工作提出的新要求，园区发展规划的编制要具备以下特点：第一，以研究制订产业规划为核心，配套研究制订园区人才资源规划、投融资体系发展规划、国际化发展规划、空间和土地利用规划、信息化规划等专项实施规划；第二，要注重规划的引导性和可实施性，通过创新的思维、科学的组织、合理的工作流程促进企业、大学与研究机构、中介组织和政府之间形成共识、协调互动；第三，要注重规划编制和实施的工作体系和工作方法，要研究中关村科技园区整体和七园协同作战的制度和措施。在此基础上，制定详细、具体、操作性强的园区"十年创一流"行动纲要，指导园区未来五年工作。各园要按照中关村科技园区的整体发展目标和部署，结合本区域的资源特点和产业特色，同步完成本园的"十一五"发展规划。

（二）建立促进产业发展的工作体系，大力提升企业自主创新能力和市场竞争力

在认真调研园区产业发展现状、研究分析产业发展规律的基础上，建立促进产业发展的四大工作平台体系，实现促进产业工作的科学性、系统性和主动性。四大工作平台体系包括："技术创新体系"主要是通过深化科技体制改革和完善鼓励创新的系列政策，激发创新活力，努力建立以高新

技术企业为主体，高等院校、科研院所为依托的技术集成和创新体系，促进企业加大研发投入，同时整合区域各种创新要素，提高技术创新效率，在重点技术领域形成一批具有自主知识产权的核心技术。“市场拓展体系”以推进供需信息对称、扩大应用为目标，为园区企业的技术、产品和服务进入市场提供支持。围绕园区具有自主知识产权核心技术的企业，利用跨国公司采购平台，争取更多的园区产品纳入跨国公司全球采购目录。提供多种服务手段，促进区域采购和区域技术、产品、服务相配套，提高区域产业的市场竞争能力。“重点产业要素引进体系”为引进园区重点产业发展所急需的战略性人才、关键技术、重大项目、重点企业和跨国公司研发中心等重点要素资源创造良好条件，优化优质要素资源的配置，完善各园产业布局，促进产业链条形成。“重大产业化项目培育体系”要发挥核心企业对产业带动的龙头作用，通过打造高端技术联盟和产业联盟，合理布局产业链，促进产业集群，形成“以大带小、以小促大”的创新企业集聚的产业新生态。

（三）推动关键技术在园区产业化，逐步形成具有中关村品牌的特色产业

在继续大力推进软件、集成电路设计、疫苗、新材料、新能源等园区重点产业快速发展的基础上，抓住目前园区拥有自主知识产权核心技术的若干新兴领域，如系统级芯片、第三代移动通讯、下一代互联网、动漫与网络游戏等数字内容产业以及信息家电等，促进相关产业联盟的建立，形成特有的中关村产业品牌。抓住园区高新技术产业转型的良好势头，促进高新技术产业和服务业融合，积极推进电子商务、信息增值服务、综合技术服务等知识型服务业的发展。实施园区“牵手奥运行动计划”，推动园区企业产品、技术和服务进军科技奥运市场。积极推动军民融合平台搭建工作。把软件园和上地信息产业基地中现有的软件产业资源整合为统一的国家软件产业基地和出口基地，巩固软件和集成电路设计产业的国内领先地位。吸引更多的国家与北京市的资源向园区倾斜，支持一批关键、共性技术的研发和一批具有战略意义的产业，争取在有关部门形成“中关村板块”，促进我市产业结构调整。继续做好中关村指数的研究编制、发布和宣传工作，逐步建立起高新技术企业基础数据资源库，为监测我市高新技术产业和园区经济运行情况及制定相关政策提供依据。

（四）以知识产权示范园区建设为中心，继续加强园区知识产权工作

加快园区“先进标准战略”和“知识产权战略”工作的具体落实，以推动园区企业抢占未来发展制高点，从而确立并巩固中关村作为全球区域创新中心之一的地位。通过实施中关村“专利引擎”计划，开展专利试点和企业知识产权扶持工作，逐步建立较为完善的知识产权工作体系，提高园区知识产权整体水平。继续大力支持园区企业创制先进标准和申报国外发明专利。建设知识产权保护示范市场，使其在北京乃至全国起到良好的先导作用。制定并出台中关村科技园区知识产权促进办法。基本建立园区知识产权产生、使用和保护的机制。

（五）按照分类促进和重点扶持的原则，大力推动园区投融资和信用体系建设

加强宏观调研、全面准确掌握园区投融资宏观情况和趋势，重点构建投融资促进平台和投资引导放大机制。抓紧落实“园区非上市股份公司进入证券公司代办股份转让系统交易”工作，制定园区企业的股权托管办法、交易规则、信息披露和监管制度，积极推动园区企业产权和股权的流动、交易和并购，进一步完善创业资本的进入和退出机制。设计实施中关村“种子资金”工作方案，设立创业投资种子基金，重点支持园区优质创业企业。加大“瞪羚计划”实施力度，进一步推动“信、保、贷”联动业务，支持以瞪羚企业为主体的高成长型企业的发展，争取为200家以上的瞪羚企业提供担保贷款达到20亿左右。设计实施中关村“小巨人计划”，建立对小巨人企业的发掘和跟踪机制，通过综合运用各种促进措施，集中培育园区50家小巨人企业。实施园区“精品上市工程”，大力发展和引进更多中介机构为园区企业改制上市服务，引导园区企业多渠道、多方式在境内外证券市场上市，争取使园区上市公司达到80家，形成“中关村板块”的品牌效应。依照以资本国际化带动产业国际化的战略，积极实施“中关村海外融资行动计划”，争取促进园区企业全年引进海外风险投

资100亿元。积极推动园区企业发行企业债券和融资信托计划，今年信贷资金总量争取达到200亿元。全面推动“中关村投融资促进中心”开展投融资基础服务，建立和完善园区投融资服务平台。

探索新的信用产品，加强信用服务，营造园区良好的信用需求环境；在园区开展企业征信活动，进一步树立“信用中关村”品牌；制订《中关村科技园区信用体系建设行动纲要》，加强对信用体系建设的指导。

（六）加大对留学人员等战略性人才资源的开发力度，基本建立起人才培养、吸引和激励的机制

开展园区企业人才政策和服务的调研以及留学人员企业发展状况调研，研究特殊人才群体服务工作的目标、手段、方法，召开一区七园人才服务经验交流会。

继续提升留学人员创业服务体系的工作水平和质量。今年努力实现园区从业留学人员达到6 500人，新创办留学人员企业400家。重点提升留学人员创业园、孵化器服务功能，依据各创业园、孵化器的特点和优势，重点推进中介服务体系、实验室资源共享体系、内部管理体系的完善工作。着力扶持重点留学人员企业和重点项目。策划组织“中关村留学人员创业成就展”，全面展示园区留学人员创业发展形势和成果。组织赴美国、欧洲等留学人员密集国家和地区的宣讲团，宣传中关村发展建设形势和投资价值，宣传对留学人员回国创业发展的政策服务。

要在国家有关部门组织指导下，开展智力要素参与分配的企业产权激励试点工作，探索建立有利于自主创新的人才激励机制。

（七）实施“走出去”战略，加快园区国际化发展步伐

利用举办国际科技园区协会2005年年会的机会，在国际舞台上展示园区的建设成就，力争将本届大会办成一次高水平、有特色的大会，推动中关村与世界各国科技园区的交流与合作，提高中关村的国际知名度。

支持企业到境外设立分支机构、研发中心和生产基地，发挥马里兰科技园等境外机构的作用，建立帮助企业进入国际市场的服务平台，将开拓发展中国家的科技产品市场作为突破口参与国际竞争。加强与国家外国专家局的工作联系，积极争取国家人才引进专项资金支持，鼓励园区企业接纳和输送国际性人才参与园区重点发展领域瓶颈技术攻关和产业合作计划。加强与国务院相关部门、驻京外交机构等的工作联系，发挥园区海外联络处地缘优势，为企业建立国际交流新渠道。

积极介入国家级政府间的科技合作，支持园区机构申请国际合作项目和科技计划。争取与具有共同合作基础的国际科技园建立长期战略合作伙伴关系，继续推进与哈萨克斯坦、韩国大德科技园、日本京都府的合作。推动中关村协会商会组织与国外协会建立联系，鼓励协会、商会开展国际交流工作。吸引境内外的投资机构来园区考察，推动以专业技术研讨会为载体的国际学术交流活动，继续举办“做客中关村”活动，努力营造政府层面和商社层面良好的国际交流工作环境。

（八）继续推进园区协会组织建设升级，充分发挥园区企业家咨询委员会的作用

继续大力支持协会商会工作，鼓励开展多样化的为会员服务工作，支持更多的协会商会开展行业统计和分析工作，提升协会策划研究能力，为行业健康发展和政府决策提供支持。进一步推动协会联席会议建设，加强协会间的合作与交流，促进协会整体发展。鼓励协会“走出去”，加强国际间的交流与合作。积极推进电子市场全面升级工作，将市场经营者改善经营场所、提供多方位服务的升级同电子产品经销商建立自律机制、保护知识产权、促进信用体系建设结合起来，同开拓园区新产品的新市场结合起来，探索电子产品制造商、经销商、电子市场经营商和政府多方共赢的新途径。改革资助中小高新技术企业购买中介服务资助办法、加强资助力度，使园区中小企业得到更多的专业服务。进一步完善企业家咨询委员会的议事规则，完成换届工作，充分发挥企业家咨询委员会在

园区发展和战略决策中的咨询参谋作用。

（九）继续协调和推进园区硬环境建设，初步形成富有文化内涵的、数字化的、生态化的园区

认真学习和贯彻土地清理整顿的有关精神，加强园区土地宏观管理工作，开展土地承载力课题研究，提出土地高效、合理使用的有关政策性建议和园区土地资源可持续利用的构想。做好园区土地资源信息的收集与整理和园区建设项目土地使用计划统计工作。加强对建设用地的监管力度，严格园区各类建设用地使用手续。研究提出园区空间发展规划实施方案。

要加快推进园区生态规划、综合交通规划、夜景照明规划等专项规划的实施。将生态规划作为园区各项规划和建设的主要控制要素，并开始实施园区生态保护计划；要根据园区综合交通规划，研究并加快推进重点地区的市政道路建设；结合夜景照明规划，统一园区标识，提升园区形象。继续加快推进道路、污水处理厂、变电站、电信等市政基础设施建设以及文化、娱乐、商务等配套服务设施建设。重点推进上地信息路改造和上地南口整治以及农大北路、农大南路、地铁四号线、十号线以及一亩园交通枢纽建设；完成学院路环境整治。2005 年要实现绿化面积 100 万平方米，其中 1 万平方米以上的绿地 10 个。

要继续加快各专业园和产业基地的建设。海淀园要基本完成中关村西区、软件园一期、永丰产业基地一期、清华科技园等项目的建设；中科院科技园要完成部分拆迁并启动建设；北大科技园等项目要完成土地一级开发并启动二级开发。昌平园三期要完成土地一级开发，同时启动东区建设；要基本完成生命园一期建设；中关村国际生命医疗园、国际商城要基本完成土地一级开发和部分二级项目建设。丰台园要完成二期市政基础设施建设；完成总部基地二期建设。电子城要完成标准厂房建设和 IT 产业园部分项目建设；加快推进摩托罗拉研发中心、北电网络等重点项目建设。德胜园要加快推进中国工程院项目的建设。健翔园要基本完成周边环境整治工作。各重点项目要实现开复工总面积 470 万平方米，竣工总面积 250 万平方米。基本完成“五年上台阶”行动纲要所确定的重点专业园和重点基础设施项目。

继续加强园区信息化建设，做好园区信息化建设的“十一五”发展规划的编制，推进“数字园区”的二期建设，推进海淀园网上协同办公试点，提升一区七园网站的质量和水平，完成园区地理信息系统和数字图书馆开发工程并投入使用。

（十）围绕园区建设“五年上台阶”的工作主线，积极开展园区宣传和文化建设活动

围绕“五年上台阶”的发展目标深入调研，认真总结各专项工作的规律和经验，特别要重点总结园区自主创新道路中的典型企业、典型人物的经验并广泛宣传。充分利用新型网络媒体手段展开新闻宣传、政务公开和面向公众与企业的服务。做好《中关村科技园区志》的编纂工作，通过园区企业和各相关单位的积极参与，深入挖掘园区发展的原始资料，真实再现园区发展轨迹，争取年底完成《中关村科技园区志》的初稿。办好第八届中关村电脑节，在继续提升中关村的知名度和影响力的前提下，以企业为主角，加大对企业及其技术和产品的推介与宣传力度。做好第三届中关村优秀企业家、优秀创业者的评选活动，并进行广泛、深入的宣传。

（十一）以“保持共产党员先进性教育活动”为契机，努力加强基础工作

按照中央和市委市政府的部署，要在园区管理机构中认真开展好先进性教育活动。同时贯彻市政府“基础工作年”的要求，今年要努力提高基础工作的质量和水平。做好基础工作是我们履行好职责、提高工作效率和改革创新的前提。作为中关村园区的工作者，面对高新技术产业飞速发展不断出现的新情况和新要求，面对建设世界一流科技园区的使命，我们更要高度重视基础工作的重要性，特别要注重以下几方面：一是要明确职责，要按照市委市政府关于园区管理体制的要求，明晰每个部门和每个人的职责，切实履行好在园区建设方面的责任；二是要提高素质，要加强对党的方针政策的学习，要加强对本岗位业务知识特别是高新技术产业发展规律的学习；三是要了解情况，

要对分管工作的现状、趋势和问题做到心中有数,要了解高新技术产业和市场的发展;四是要掌握数据,相关领域的基础数据要努力做到全面、准确、及时,今年园区要重点抓好产业发展、土地利用、投融资和知识产权等领域的基础数据工作。争取通过一年的时间,园区各有关单位、各方面的基础工作水平再上一个新台阶。

牢固树立和落实科学发展观,举全市之力,努力开创知识产权工作的新局面

北京市知识产权局

2004年,北京市知识产权局认真贯彻党的十六大精神和"三个代表"重要思想,牢固树立科学发展观,全面落实市委、市政府提出的各项工作目标和要求,狠抓知识产权管理和制度建设,创新工作机制,进一步加强依法行政,推动勤政廉政建设和工作作风建设整体水平的提高,充分发挥专利制度在促进北京市科技、经济发展和社会进步中的重要作用,各项工作取得了新的进展。

截至11月底,北京地区本年专利申请量已达到16 338件,同比增长6.74%,专利授权量8 199件,同比增长11.52%。其中,具有较高技术含量的发明专利申请量为7 517件,授权量2 929件,继续位居全国第一。同时,北京向国外申请专利的数量多年来也一直稳居全国首位,2003年达到473件。共发放专利申请资助金707万元,共资助专利申请8 838件。

1—11月份,我局共受理各类专利纠纷案件18件,结案12件,处理假冒他人专利投诉案件6件,冒充专利总量已从1997年的25%大幅降至5.29%。

此外,北京专利技术转让合同登记成交额和技术交易额均突破2亿元大关,创历史新高,合同实现金额8 115万元,同比增长82.28%。

一、全市知识产权统筹协调力度进一步加大

(一)积极推进首都知识产权战略的制定和实施

在对我市科研机构、企业、高等学校、重点行业进行充分调研的基础上,经有关专家论证并广泛征求了市办公会议成员单位的意见,我局牵头制定了《北京知识产权发展和保护纲要(2004—2008年)》,并在第61次市长办公会上讨论通过,现已下发到全市各区县、各委办局和有关企事业单位。《纲要》明确了2004—2008年我市知识产权工作的战略目标,围绕促进我市知识产权产生、利用、保护和人才培养四个方面从战略高度提出了69条措施,使我市知识产权工作在部门协调、整体推进上又向前迈进了一步。

(二)进一步规范我市知识产权办公会议制度,推动知识产权工作与各领域工作的融合

2004年年初,市办公会议办公室制订并下发了《北京市知识产权办公会议制度》、《北京市知识产权办公会议成员单位职责》,使成员单位明确了各自的知识产权工作职责,在有利于全市知识产权工作的分工协作基础上形成了合力。

为加强各部门的知识产权工作,促进我市知识产权管理制度的建立和完善,今年我局相继与市

教委联合下发《关于进一步加强北京地区高等学校知识产权管理工作的意见》,与市商务局等11家单位联合下发《北京市关于进一步实施科技兴贸战略的措施》,与市信息办等单位联合下发《关于在本市国家机关开展计算机软件正版化情况检查的通知》等多个文件,使知识产权工作不断融入我市相关部门的管理之中。

二、中关村国家知识产权制度示范园区工作迈上新台阶

示范园区成立一年来,中关村知识产权促进局开展了大量的开创性工作,在制度、机制建设等方面进行了一系列的探索和创新。

率先在全国开创了全新的知识产权融资和知识产权保险机制,为示范园区争取到20亿元人民币的信贷支持。帮助大唐移动通信设备有限公司以其自有的19项专利权作为质押,从国家开发银行争取到2亿元人民币的贷款。在全国率先进行知识产权服务体系的系统研究,“中关村知识产权创新创业服务体系建设项目”已在国家发改委立项,并将获得国家服务业发展引导资金的支持。正在构建中的中关村海外学人知识产权创业孵化器、中关村高校知识产权转移联盟以及中关村发明人公共工作室等,均首开全国之先河。

制定并会同中关村管委会加紧修改、完善《中关村知识产权促进管理办法》,力争年底完成《办法》的修改工作,拟在2005年初正式下发,用以指导、推动中关村科技园区及全市企业园区知识产权工作的开展和企事业单位知识产权管理制度的建立和不断完善,真正发挥园区在知识产权制度建设上的示范作用。

三、知识产权宣传工作再造新声势

2004年,我局积极探索和实践知识产权宣传的新模式,不断拓展知识产权普法宣传的渠道和空间,开展了全方位、多层面、大范围、有声势的知识产权系列宣传活动,使首都知识产权宣传工作继续走在全国前列。

2004年,我局与市委宣传部和市政府办公厅共同为市委市政府理论学习中心组成员等高层领导举办了知识产权与知识经济主题学习会;与市委组织部共同在市委党校为局级领导干部举办知识产权在经济发展中的战略地位的专题讲座;与中国科协有针对性地组织开展“在京两院院士和学科带头人知识产权主题报告会与现场对话活动”,进一步提高了各级领导对知识产权保护重要性的认识,打开了面向我国高端科研人员开展知识产权宣传的主渠道。

我局还相继开展了面向大中小学、知识产权示范校、企业、科研机构等不同层面的知识产权普及教育工作,并将知识产权普法宣传融入北京科技周、北京市青少年科技创新大赛、北京市青少年科技博览会,以及首都市民精神文明教育等各项活动之中,不断增强知识产权宣传的渗透力和社会影响力,进一步扩展了知识产权普法宣传的渠道和空间。

2004年,我局的知识产权宣传工作重点在普及、创新上下工夫,首次组织举办“北京市青少年发明创新大赛”,并免费为获奖小发明申请专利;举办国家及我市知识产权局领导与大学生互动式的“当代大学生知识产权主题对话活动”,并通过新浪网进行全程网上直播;全力组织举办了国家九部委共同发起的全国第一个“知识产权宣传周”启动仪式;首次推出以笔记本等学生学习用具为载体宣传知识产权法律知识的新模式,在知识产权宣传工作中积极实践科学发展观。

2004年,我局充分利用新闻媒体信息传播快、覆盖面广、社会影响力大的特点,通过电视、广播、报刊、网络等媒体及时报道知识产权重要事件、方针对策和最新工作动态等。截至11月底,共

在各类新闻媒体上刊发播发知识产权新闻宣传稿件160余篇次,知识产权新闻宣传继续保持较高频率。

我局继续加强知识产权政务信息工作,积极整合信息资源,拓宽信息渠道。1—10月,共计发布了180余篇信息,被国家知识产权局评为全国专利政务信息先进单位。

四、专利试点、示范工作继续稳步推进

积极实施首都企业专利战略工程,促进企业技术创新。2004年在全市企事业单位中开展了第二批百家企业专利试点工作。通过为试点企业提供专利申请费全额资助、制作企业专利数据库、组织知识产权基本知识培训班、企业专利工作经验交流会、编写并发放《企业专利管理制度编写指导手册》等方式,指导企业运用专利制度提高技术创新水平、开展专利战略研究,帮助企业培养知识产权管理人才,逐步完善各项知识产权管理制度。据初步统计,试点期间百家企业共建立了335项管理制度(试点前仅为135项),申请专利1 442件(2003年申请量仅为1 022件),试点期间企业配备专兼职专利管理人员465名(试点前仅为198人),试点期间专利增值额达到25.6亿(试点前为17.7亿),试点单位的专利工作水平得到普遍提高,受到了国家和市有关部门的认可和奖励。知识产权局的中国铝业公司、中星微电子公司、大唐公司、清华大学、北京大学等5家单位被国家知识产权局评为国家级专利试点单位。清华大学、燕化公司等被国家知识产权局评为专利试点先进单位。一批专利工作先进集体和个人受到表彰。

由我局针对企业发展现状,为企业研究配备的具有检索、分析、预警等功能的专利数据库,也正在为大唐电信集团、中星微电子公司等一大批北京市重点企业了解行业整体竞争态势,掌握相关技术领域的专利布阵情况和最新动向,制定适合企业自身发展的战略中,发挥着愈来愈重要的作用。

积极组织企业参加中国国际专利与名牌博览会等技术交易展示活动,为培育我市自主知识产权名牌企业创造条件。

专利实施资金资助项目实施初见成效。在北京市专利实施资金的资助下,"汽车环保节能贴"等一批专利产品正在积极向专利产业化和市场化方向迈进。"煤净化燃烧及伴生物的应用和产品"等专利技术转让项目在北京市技术市场评比中获奖。

稳步推动企业专利权质押贷款工作,通过帮助企业提高专利质量,2004年帮助4家民营中小企业获得约600万元的商业贷款。

五、知识产权保护工作再创新局面

我市专利地方立法工作已于2004年被列入市人大、市政府法制办的五年立法规划,并计划于2005年出台。2004年3月,我局与市法制办等单位共同成立了专利立法工作领导小组,经过近一年的艰苦努力,数易其稿,现已形成《北京市专利保护和促进条例(送审稿)》及条例说明,目前市政府法制办已将《专利条例》发布到首都之窗网站,广泛征求社会各界意见。

为进一步加大奥林匹克知识产权保护力度,我局还起草了《奥林匹克知识产权保护规划》。

2004年初,我局与市版权局等多家单位共同承担了"加强知识产权保护,依法惩处盗版侵权行为"的"市政府折子工程"。为进一步提高我市知识产权保护和执法的透明度,创造更好的知识产权保护环境,增强外商在京的投资信心,2004年初,市知识产权办公会议首次召开北京知识产权保护状况新闻发布会,向全社会发布北京地区2002—2003年北京地区的知识产权保护状况。十余家驻华使馆、欧盟驻华代表处官员、部分驻京跨国公司代表及七十余家中外新闻媒体记者等100余人

应邀参加了本次新闻发布会,社会反响强烈。经市政府同意,我局又正式印发了《2002—2003 年北京知识产权保护状况》白皮书。知识产权保护状况新闻发布会作为制度每年定期举行。

2004 年 8 月,按照国务院电视电话会议精神,结合我市的实际情况,在配合市整规办做好全市保护知识产权专项整治行动方案的同时,专门制定了专利行政保护工作方案并下发到各区县。要求各区、县加强对辖区内流通领域的专利商品检查,并将整治情况及时上报有关部门。

2004 年省际间专利行政执法工作会在京召开,完善了省际专利行政执法协作机制,进一步加强了区域间行政执法合作力度。

我市作为国内三大展会城市之一,为保证展会有一个良好的知识产权保护环境,我们积极探索展会知识产权保护的新思路。在《知识产权保护中发挥行业协会作用》软课题研究的基础上,今年 10 月,在北京举行的第九届中国国际纺织机械展览会上,我局联合中国纺机协会在现场设立了知识产权办公室,为广大参展商提供专利项目预先备案、知识产权法律咨询、专利检索,并在现场受理展会各类专利侵权违法行为的投诉。在为期 4 天的展会中,知识产权办公室对 114 项专利项目进行了登记备案,受理专利侵权投诉 18 件,涉及 14 件国内外企业的专利,6 家被投诉的参展商均采取了回避措施。

在 3.15 消费者权益日,我局联合工商、版权、技术监督和区知识产权管理部门在崇光百货广场、甘家口大厦前举办了以"鼓励科技创新 保护知识产权"为主题的宣传日活动,并对大厦内的专利商品进行了执法检查。

2004 年,我局开展了全市各商业企业专利商品执法检查,被我局和市商委联合认定的 51 家"无冒充专利商场",均对其店内的专利商品进行自查,共抽查标注专利商品 1 608 件,并对抽查中发现的问题及时进行了纠正。

为了提高我局专利执法人员的办案水平和处理专利纠纷的能力,我局组织编印了《专利纠纷案例汇编》,这是全国地方专利管理机关第一次将处理的专利纠纷案例汇编成册。同时,对宣传企业、预防侵权、教育公众也会起到一定以案普法的作用。

为适应我国加入世界贸易组织后知识产权工作新形势的需要,目前,我们正在筹建北京知识产权保护协会,预计在明年年初正式成立。协会将在知识产权保护和管理方面发挥集体运作的功能,协助我市行业组织及企业应对重大知识产权国际纠纷,保护知识产权权利人的合法权益起到重要作用。

六、专利管理工作又有新举措

2004 年,我局根据市委市政府赋予的职能,不断强化知识产权管理,进一步规范在京专利代理机构行为,确保北京专利代办处的高效运转,积极推进北京市知识产权服务中心、北京市专利技术开发服务中心的服务工作,加快筹建北京知识产权保护协会,并着力加强对专利申请资助和专利实施资金发放的管理,知识产权各项管理工作取得了显著成效。

今年以来,我局严格按照《行政许可法》和《专利代理条例》的有关规定,依法批准本市和外省市在京设立专利代理办事机构 4 家,审核专利代理机构 3 家。到目前为止,我市共有专利代理机构 128 家,占全国专利代理机构总量的 1/4 强,其中涉外专利代理机构 58 家,位居全国首位。

专利代理机构是展现北京知识产权服务环境的窗口,加强对专利代理机构的监管,规范代理行为,积极引导其加强行业自律就显得特别重要。2004 年,我局通过严格年检程序,加强北京专利惩戒委员会的督察工作,依法惩戒违规行为等方式,进一步强化了对在京专利代理机构的管理。

2004 年 2 月,在市编办和国家知识产权局的大力支持下,北京专利代办处正式在京设立。截至11月底，代办处已受理专利申请2 198件，中间文件1 336件，合计3 534件，收费4 246笔，共计382.9万元。

北京市知识产权服务中心、北京市专利技术开发服务中心不断拓展服务功能和业务范围，面向企业开展专利信息服务、专利技术分析评估、专利项目技术开发与转移等各项服务。

我局组织举办了北京地区全国专利代理人资格考试，报名考试总人数多达2 921人，约占全国考生总数的1/3强，是全国最大的考区。

七、认真贯彻落实《行政许可法》的要求，坚持依法行政

2004年，我局按照市政府的部署，制定了贯彻实施《行政许可法》行政许可事项清理工作方案，在组织全局工作人员认真学习《行政许可法》并参加相关培训的基础上，对全局行政许可事项进行了逐项认真清理，进一步提高了工作人员依法行政的能力和水平。

随着知识产权保护在经济发展中的作用日益凸显，人大代表和政协委员对知识产权工作愈加关注，涉及知识产权的提案数量增长明显，1—10月，涉及知识产权立法、专利行政执法、专利技术转让等方面的提案共计8件，比去年增加了6件。对于人大代表和政协委员的提案，我局给予了高度重视，通过有针对性的调研、走访以及协调有关部门，对每项提案均如期给予了满意答复。此外，我局坚持为民办实事，通过网络和热线电话认真解答群众提出的各种问题。到目前为止，我局工作人员共在网上和咨询热线电话里答疑近千件。

八、加强领导班子思想政治建设，努力提高干部队伍的整体素质

2004年，局党组根据市委提出的“努力把各级领导班子建设成为政治坚定，求真务实，开拓创新，勤政廉政，团结协调的坚强领导集体”的要求，努力搞好班子和队伍建设。

（一）抓好局党组自身建设，形成团结协调的领导集体

一是认真坚持中心组理论学习制度，坚持把学习贯彻党的十六大精神和“三个代表”重要思想及市委九次全会精神作为班子思想政治建设的重点工作抓好。

二是认真坚持民主集中制原则，坚持重大问题由局党组集体讨论决定。党组成员之间有事互相商量通气，加强相互间的协调和支持，保持了局党组一班人的团结协作。

三是重视民主生活会制度。班子成员之间能够畅所欲言，开诚布公，开展批评与自我批评。充分发挥民主生活的作用，达到班子成员之间消除隔阂，增进理解，加强团结的目的。

（二）认真落实党风廉政建设责任制，深入开展反腐败斗争

局党组始终把党风廉政建设作为一件大事来抓。一是领导率先垂范，模范遵守廉政建设的各项要求。今年调整规范公务员工资后，局党组严格执行上述有关要求，不该发的物一点不发，不该拿的钱一分不拿。全局未出现违规违纪问题。

二是把反腐倡廉教育作为党员教育的经常性内容常抓不懈，不断提高和增强全体党员反腐倡廉的自觉意识。

三是积极协助领导机关抓好离任审计工作中有关问题和人员的查处，并以过去遗留问题为戒，加强对全体党员干部的教育。

（三）健全组织，加强党的基础基层建设

为使机关基层党建工作得到进一步加强，2004年，经市机关工委同意，我局将党支部改设为党

总支。通过召开党员大会,成立总支,设立党支部,完成改选工作,加强党课教育等一系列工作,进一步健全完善了党内各项生活制度,组织培养和发展工作也逐步得到落实。

(四)重视干部队伍的素质建设和能力建设

一方面,通过干部调配、军转干部招录、社会招考等多种渠道优选人才,充实我局干部队伍;另一方面,在本局内部落实《党政领导干部选拔任用工作条例》,选贤任能,优化干部队伍结构。两年来,我局干部队伍学历、年龄构成发生了很大变化,新增博士1人,硕士4人,在读研究生7人,本科以上学历占全局干部队伍的75%,平均年龄38岁。

充分发挥科协团体优势为科教兴市、人才强市贡献智慧和力量

北京市科学技术协会

2004年,市科协在市委、市政府的领导下,在中国科协的指导下,认真学习贯彻党的十六大和十六届三中全会、四中全会以及市委九届七次、八次全会精神,牢固树立科学发展观,紧密团结广大科技工作者,深入开展科技服务、科学普及、学术交流活动,促进了国家和北京市科技、人才战略的实施,为推动经济、社会和人的全面协调可持续发展发挥了重要作用。

一、树立和落实科学发展观,开展科学决策咨询服务

市科协始终坚持把工作的立足点和出发点放到全市发展的大局来思考、认识和安排,围绕"新北京、新奥运"战略构想,全面贯彻落实科学发展观,对城市规划与交通、节约能源与环境保护、奥运与北京发展、统筹城乡发展等一系列重大课题,积极组织科技工作者建言献策、参政议政,广泛开展科技为经济建设服务的各种活动。全年共征集报送科技工作者建议400多项,提交政协科协界团体和委员个人提案23项,组织科技下乡活动700余次,举办各类实用技术培训班800多场(次),推广农业新技术130多项,实施金桥工程项目455项。

以专家季谈会和两科高峰论坛为重点,组织召开高层决策论证活动,为加强党的科学执政、民主执政能力做出积极贡献。市科协从首都经济发展大局出发,组织了发展循环经济的决策论证工作:年初成立北京循环经济促进会并支持其开展相关工作;以"科学决策与循环经济"为主题举办了第26次科学技术专家季谈会,就制订循环经济发展规划、产业政策和地方立法等问题提出前瞻性建议,与会张茅副市长责成市发改委等部门立即开展循环经济专题研究;市科协报送的《发达国家发展循环经济对我们的启示》、《关于建立我市废旧家电及电子产品回收处理体系的建议》等多项专题建议,得到王岐山等市领导的重视和批示,有效促进了首都循环经济理念的确立和应用发展。

市科协围绕北京城市规划与交通这一全市关注的热点、难点问题深入开展咨询服务工作。北京自然科学界和社会科学界联席会议第二次专家高峰论坛以"城市规划与交通"为主题,自然科学界和社会科学界两方面专家提出的综合建议得到刘淇同志的重视和批示,为城市总体规划修编提

供了科学参考。邀请和组织国际奥委会资深交通专家以及国际国内交通专家，召开了第27次季谈会，围绕北京交通发展战略选择和奥运交通管理问题，提出一系列有分量的对策建议。

为落实“新北京、新奥运”战略目标，全面提升首都公众科学文化素养和积极参与奥运会的热情，与市政协经科委等单位共同开展了奥运科普工作研究，向市政府提交了《关于加强我市奥运科普工作的联合建议》，引起市领导的重视。

二、坚持以人为本思想，全面加强科技人才工作

作为党领导下的科技工作者的群众组织，市科协推动实施人才发展战略既是重要的政治职责，也是自身实现持续发展的前提和基础。贯彻落实全国和北京市人才工作会议精神，市科协将人才工作作为基础性工作来抓，持续组织学术和科普活动，通过交流、培训、宣传、推荐、表彰等多种形式，促进科技人才的成长和提高。

市科协六届八次常委会审议通过了《关于实施首都人才发展战略，进一步加强科技人才工作的意见》，明确了科协开展科技人才工作的基础性地位，提出了基本的工作思路、方法和原则。为确保《意见》贯彻实施，配套出台了《促进青年科技人才成长计划》、《青少年科技后备人才早期培养计划》和《海外智力为首都建设服务计划》。近半年来，市科协在科技人才工作上的统筹和创新，得到了基层团体及广大科技工作者的积极响应，人才工作成为科协系统一条重要的工作主线。

作为北京市人才工作小组成员单位，在《北京市贯彻落实〈中共中央、国务院关于进一步加强人才工作的决定〉的实施意见》列出的33项重点工作中，市科协承担和参与了4项工作，取得阶段性进展：深入开展了“北京国际化人才培养计划研究”，广泛走访机关、企业、高校，初步完成调研报告；民营科技实业家协会发挥优势，承担了“关于建立非公经济企业人才‘孵化器’”专项调研，研讨了在非公经济中建立人才孵化器的可行性和方式方法问题，取得阶段性成果；配合市委组织部完成了北京高级人才数据库一期工程建设，推荐市科协系统634名高级专家数据信息入库；加大对重点学科、重点领域高层学术交流活动支持力度，积极支持城市减灾协会申报流动博士后工作站。

三、科普能力建设明显提高，科普活动影响力持续增强

提高全民科学素质，是落实科学发展观和人才观、构建社会主义和谐社会的基础性工作，市科协在做好高层次科技人才工作的同时，面向公众广泛深入地普及科学知识，弘扬科学精神，为促进人的全面发展做贡献。

以组织承办大型科普活动为重点，科普工作的受众面和影响力明显提高。曾庆红等中央书记处领导和刘淇、王岐山、强卫等北京市领导在中国科技馆参加6·29全国科普日活动，中国科协书记处领导和市委副书记强卫参加了在海淀区太月园科普示范社区、丰台区南宫科普示范基地举办的基层科普活动，对市科协科普工作给予充分肯定。第十届北京科技周首次实现与全国科技活动周统一主题，同期举行，市科协在组织50余项北京科技周重点活动的同时，承办了全国科技活动周北京主会场的四项标志性活动。大型科普活动得到了基层科协和学会的积极支持和广泛参与，科技周期间，举办4000余项基层科普活动，做到标志性活动亮点突出、基层群众科普活动普遍开展，吸引了社会公众的广泛参与，直接受益群众达到400多万人次。

一年来，市科协集中有限资金，重点支持新建了10个城市科普示范社区、4个农村科普示范基地、6个青少年动手做科学俱乐部，有效带动了城乡基层和青少年科普活动。科普出版创作资金资助了11个选题，引进出版了《巨眼》和《可怕的科学》两部国外优秀科普丛书，资助出版的《图文科

普·现代战争与兵器》荣获第十四届中国图书大奖。流动科技馆、科普互动大课堂等项目的实施,使市科协科普能力建设进一步加强。“1831”流动科技馆是市科协创新科普手段,运用市场机制整合科普资源,取得较好经济和社会效益的成功举措,“1831”流动科技馆以“飞向太空——中国载人航天展”为主题,先后在北京、辽宁、黑龙江、浙江、广东等8省(市)14个大中城市巡回展出,所到之处掀起一次次航天热,全国累计观众超过250万人次。

市科协参与实施了市政府为民办实事之一的“百万家庭上网工程”,支持建成了崇文区金鱼池社区、昌平区菩萨鹿村等8个“数字家园”,举办了北京百万家庭数字生活技能大赛、首届计算机职业技能比赛和邓小平提出“计算机要从娃娃抓起”20周年系列纪念活动,利用现代信息网络开展科普工作的能力进一步提高。

坚持普及科学知识与倡导科学精神、传播科学思想有机结合,坚决抵制伪科学和反对邪教。落实国家和北京市加强未成年人思想道德建设的重要任务,完成了《在青少年中开展科学无神论教育》调研,举办了未成年人思想道德建设座谈会,提出了对加强未成年人思想道德建设具有指导意义的建议,得到国家和北京市有关部门重视。协助和支持基层单位推出反邪教题材现代评剧《啼血杜鹃》,以群众喜爱的文艺形式弘扬科学精神,驳斥邪教歪理邪说。

四、优化学术交流环境,促进学科发展和技术创新

坚持鼓励科技进步和创新、扶持基础学科和专业、促进学科均衡发展的原则,市科协确定并资助了33项重大学术活动、94项重点学术活动,对市属学会学术工作支持的覆盖面达到53%,全年交流学术论文12 000余篇。

第七届科学技术交流月以“科技发展·以人为本”为主题,围绕首都现代化建设的关键领域举办学术交流活动341项,学术交流选题与国家和北京市科技攻关确定的重点方向相吻合,吸引了政府职能部门和众多一线科技工作者积极参与,体现了学术活动的本质要求。89个市属学会19个基层科协的4万余名科技工作者直接参与了学术月活动。重点组织了中欧大城市智能交通应用与发展论坛、国际粘接技术研讨会、新型显示技术国际学术研讨会等一批对学术进步和技术创新有较强影响的学术活动。本届学术月更加注重学术活动的开放性,突破地域限制,联合中央在京科研力量、邀请外省市专家以及国际和港澳台专家参与,有效促进了国际国内科技交流和首都科技资源共享。

学术交流活动也是发现和凝聚科技人才,促进人才成长的有效手段。一年来,市科协资助优秀青年科学家赴上海参加世界工程师大会、赴海南参加中国科协学术年会、赴台湾参加京台青年科学家论坛;积极组织了青年学术演讲比赛、青年学术沙龙、茅以升北京青年科技奖评选和青年优秀论文评比等活动。市科协学术交流活动凝聚着一批具有前沿水平的高层次科技人才和一批勇于创新的优秀青年科技人才。为加强对青年科学家学术交流和青年科技人才工作的指导,市科协六届九次常委会决定通过成立市科协青年工作委员会。

五、巩固和拓展对外交流渠道,民间科技交流能力和水平不断提高

依托科技周、学术月、青少年创新大赛等重大科技、科普活动,不断增强与各国和港澳台地区友好科技组织的交流,逐步建立起长期紧密的友好关系,并形成定期互访工作机制。把握驻华科技外交官新春招待会、上海世界工程师大会等外事活动契机,积极拓展对外科技交流渠道,与美国国家

地理学会、挪威科研理事会、巴西工程师学会、意大利大学教育科研部等40多个科技组织建立联系。全年共接待23个国(境)外团组到访,派出科技交流团组18个,签署4项合作交流协议书。

学习国际先进的科普理念、方法和运作模式,先后派出两批学员分赴新西兰和美国接受科普工作短期培训。以互联网络为依托,与意大利大学教育科研部联合组织"网络与本地资源"视频会议,提升民间科技交流的能力。高度重视引进海外科技人才,出台了《关于聘请市科协外籍科学顾问和专家顾问意见》,并聘请为促进中德科技经济交流做出突出贡献的曼弗雷德·布朗克教授为市科协首位外籍专家顾问。认真落实《海外智力为首都建设服务计划》,加强与市科委、市侨联等单位利用海外智力工作的协作,联合召开了"海外留学归国人员及华商企业创业环境恳谈会"。北京青少年科技创新大赛首次聘请外籍专家任评委,提高了北京青少年科技创新的国际化水平,北京青少年多次在国际科技竞赛中取得好成绩。

六、加强科协自身建设,提高团体的可持续发展能力

市科协不仅在维护社会稳定、推动科技发展和社会进步方面发挥重要作用,而且注重科协自身的可持续发展。在实施市科协所属学会组织管理办法和换届工作办法的基础上,又制定出台了《关于加强学会建设促进学会改革的意见》,为全面推动学会改革工作提出了方向和原则。坚持动态管理与扶持发展相结合的原则,对13个学会加强了换届工作指导,对121个学会进行年检审核,公告责令8个长期不开展活动的学会限期整改。

市科协担负着所属团体的业务主管职能,越来越重视工作理论的探索和研究。在科技专家和基层团体的大力支持下,完成了《北京非国有企业科技人员现状及科协组织建设研究》、《北京市自然科学类学会评价评估体系研究》等一批促进自身发展的重点调研课题,以期更好指导下一步工作。

在取得成绩的同时,科协工作也存在着很大差距和不足,主要表现在:

一是决策咨询服务的质量和水平有待进一步提高。季谈会、两科论坛的作用尚未得到充分发挥,在选题方向以及时效性和可操作性方面还存在差距,科协建议咨询工作对于解决实际热点难点问题的影响力需进一步挖潜。

二是科协委员对科协活动进行审定、参与、评判的联系渠道和工作机制需不断完善,专门工作委员会作用发挥得不够充分。学会会员的主体地位不够突出,理事会工作制度需要健全和完善,学会改革形势迫切而又任重道远。

三是学术交流、科学普及能力需进一步提高,首都科技优势、科普资源未得到充分发挥和利用,思想观念、工作手段和方式方法需要创新,对基层科协和学会工作的指导支持力度需要加强。

四是科协系统干部队伍整体素质还不能完全适应社会主义市场经济发展形势,有待提高;组织建设、管理机制和工作方法上的一些缺陷和弊端面临严重挑战;改革意识、创新能力和服务水平都需要进一步加强。

面对这些问题,市科协的自身发展也必须始终树立和落实科学发展观,在今后的工作中逐步加以解决。

2005年科协工作的总体要求是:全面贯彻党的十六大和十六届三中全会、四中全会精神,紧密围绕市委、市政府的中心工作,牢固树立科学发展观,团结和组织广大科技工作者,解放思想、开拓创新,进一步优化科学决策环境、科学素质环境、学术交流环境、人才发展环境、国际交往环境和社会稳定环境,为党和政府开展群众工作、科技工作和人才工作发挥作用,促进首都经济社会和人的全面、协调、可持续发展,为实现"新北京、新奥运"战略构想、构建社会主义和谐社会做贡献。

七、2005 年科协工作的主要任务

（一）树立和落实科学发展观，围绕推动和加强党的执政能力建设，深入开展决策咨询和参政议政工作

围绕首都经济社会持续协调发展的重大课题和阶段性中心工作，市科协要充分发挥科技智力优势，组织举办各种专题执行会，做好科技工作者建议征集报送、政协科协界提案调研工作，深入开展决策咨询和论证活动，不断提升专家“季谈会”、两科高峰论坛的影响力，组织和引导科技专家建言献策、参政议政，努力成为北京市贯彻落实科学发展观、提高执政能力的一支重要参与力量。

切实提高科学技术专家季谈会决策咨询服务的质量和水平。2005 年的季谈会计划以北京“智能交通建设”、“统筹城乡发展”、“建设生态园林城市”为主题。要进一步增强季谈会工作的全局观念和协作意识，在选题确定、组织策划、专家遴选以及建议落实和反馈等各环节，加强与市委市政府办公厅、研究室及相关职能部门的协商和合作。要积极推动专家季谈会真正实现制度化，努力使其成为自然科学和社会科学专家共同参与，市委、市政府高度重视，各部门共同享有的高层次决策咨询服务平台。

以两科高峰论坛为重点，支持开展专题调研和科学论证活动。计划以“循环经济”为主题，组织第三届北京自然科学界和社会科学界高峰论坛，推动北京循环经济立法进程，推广循环经济示范项目。围绕“新北京、新奥运”战略构想，对首都经济社会发展和科技进步的重大课题以及能源保障、大气环境、公共安全、城市建设等重点难点问题，继续支持基层科协和学会组织专家开展专题调研和科学论证工作，进而提出战略性、全局性、前瞻性的专家建议，为科学决策提供依据。

完善专家建议工作机制，全面反映科技工作者的意见和呼声。要研究制定市科协《关于深入开展专家建议工作的意见》，进一步指导和促进市科协系统专家建议工作的深入开展。针对全市重大决策和事件，支持开展科学家“讲真话、提意见”活动，科协要发挥跨部门和跨行业、地位超脱的优势，充分、全面地反映科技工作者不同角度、不同领域、不同层面的正反两方面的意见和呼声。对于重要信息和建议，以市科协公文的形式和渠道直接报送。

（二）进一步做好科技人才工作，紧密团结广大科技工作者，不断增强科协组织的凝聚力

人才的可持续发展是树立和落实科学发展观的核心内容。市科协要把培养和凝聚科技人才作为一条重要的工作主线，坚决贯彻落实《市科协关于加强科技人才工作的意见》，全面实施《青年科技人才成长计划》、《青少年科技后备人才培养计划》和《吸引海外智力为首都建设服务计划》，并在工作实践中不断完善和丰富，争取发挥更大作用，同时要加强其他领域科技人才工作，加大优秀科技人物的宣传力度。

研究制定并启动实施《科普专业人才培养计划》。针对目前科普工作者、科普志愿者缺乏的局面，要把培养科普专业人才作为市科协人才工作的当务之急，要进一步加强科普人才队伍建设，充分利用中央在京科普资源和力量，发挥“科普大使”作用，建立科普志愿者数据库。要有计划、有针对性地组织科普场馆工作人员、科技辅导员等开展系统的培训教育和考察交流活动，提高科普工作水平。要注重新形势下科普工作理论研究，为科普专业人才的成长和提高提供与时俱进的理论支持。

研究制定并启动实施《实用技术人才培训计划》。要围绕“三农”问题，进一步发挥农村科普示范基地、农村致富技术学校的作用，深入开展送科技下乡活动。加强农村实用技术培训和农民转移就业培训，提高农民的科学素质，推动农村经济发展和农民增收。企业科协要在企业高技能人才培养中发挥重要作用，深入开展“讲、比”活动和“厂会协作”行动，组织职业技术能手和优秀离职老技

工系统地培训技术工人，为发展首都制造业培养一批高技能人才。要倡导休闲学习理念，通过整合各类社会资源，共建学习型社会，推动“人口负担”向“人才资源”的转化。

积极承担和参与北京市重点人才工作。要高标准完成市委组织部委托的“北京国际化人才培养研究”、“非公经济企业建立人才‘孵化器’研究”两项重点课题的调研和论证任务，为实施首都人才战略提供决策参考。在承担调研的基础上，市科协要力争参与两项工作的组织实施，并在实际工作中注重对这两项研究成果的吸收利用，进一步提升市科协工作的国际化水平，促进非公经济领域科协组织的发展。

（三）以组织承办大型科普活动为重点，整合利用首都科普资源，提升科普工作质量

市科协科普工作要从全面落实“2049全民科学素质行动计划”、努力构建社会主义和谐社会的思想高度出发，从满足“新北京，新奥运”对首都社会公众基本科学素养的需求入手，继续深入开展各项“科教进社区”和科技文化卫生“三下乡”活动；继续加大农村科普示范基地、城市科普示范社区以及其他科普设施建设的支持力度；继续充分发挥科普出版创作资金、现代化远程科普教育平台和互联网络的作用；继续重视和加强崇尚科学精神、反对封建迷信、坚决抵制邪教的科普宣传活动。2005年要重点策划组织好几项重大科普活动，使科普工作更具影响力、增强亲和力、提高实效性。

精心组织承办三项全国性重大科普活动。2005年第20届全国青少年科技创新大赛将由市科协主承办，要以此为契机，充分展示“新北京、新奥运”特色和首都高科技发展水平，体现北京青少年科技风采，在大赛组织上要有创新、有发展，通过丰富的互动性科技活动，培养青少年对科学的兴趣，树立科学探索精神。市科协要继续承办全国科技活动周、全国科普日北京主会场的活动，坚持大型标志性活动出亮点，基层活动普遍开展的原则，确保活动的层次高、水准高、规模大、影响大，以此进一步加强与国家有关部委、科研院所的联系，整合利用首都科普资源，建立健全在京科技力量参与北京科普工作的畅通渠道。

把握重大科技事件契机，策划组织系列科普活动。2005年是爱因斯坦提出“相对论”100周年，已被联合国教科文组织确定为世界物理年。从科普方面，计划邀请国际物理大师做“百年物理辉煌与挑战”科普报告会；组织自然科学界和社会科学界专家共同研讨“物理与人文”课题；举办纪念世界物理年诗歌朗诵会；联合市教委组织物理学家为中学物理教师做有关物理学精髓的报告；联合市妇联召开著名女物理学家交流座谈会；联合多家媒体举办物理知识竞赛，充分展示物理在经济、社会、文化等方面的基础作用和深远影响，不仅普及物理知识，更在于弘扬和倡导科学思想、科学方法、科学精神。2005年国家将实施“神舟六号”载人航天计划，市科协要把握公众普遍关注的时机，有前瞻性、针对性地做好相关科普工作。

全面实施首都公众奥运素质工程。王岐山市长在多次讲话中提出：北京奥运会对市民科学文明素质的要求比基础设施建设更为迫切和重要。针对奥运会对首都公众基本科学文明素质的要求，市科协2005年要重点开展三项工作，一是运用市场化手段编辑出版《全民科普健身迎奥运》丛书，计划每年印刷并免费发放50万套，力争在奥运会前普及到所有北京市民家庭；二是在2005年科技周期间首次推出以“2008相约北京——迎奥运科学运动”为主题的“1831”流动科技馆，在今后四年内，通过互动体验科普形式和流动巡展的组织方式，在全市乃至全国范围内普及科学运动和奥运知识；三是广泛开展奥运科普进社区活动，启动奥运科普系列报告活动，宣传绿色奥运、科技奥运、人文奥运三大奥运理念，普及奥运安全和文明、健康、科学健身的基本知识。

（四）围绕科技创新开展学术交流活动，繁荣首都学术园地，促进科技人才成长

落实十六大精神，国家正在编制国家科技中长期发展规划大纲，北京市“十一五”规划也要在2005年编制完成，市科协要时刻关注、积极参与这些具有全局性、战略性、前瞻性的科技大事，广泛开展高质量、高水平的学术交流活动和建言献策活动。科技工作者同行之间的充分交流和研讨，是

促进学科发展的重要形式，是培育和激发原始科技创新思想的关键环节，是发现和培养创新人才的有效途径。围绕市委、市政府中心工作，市科协要坚持学术为先的原则，继续确定支持一批重大和重点学术交流项目，鼓励学术观点激荡碰撞，引导学科交叉融合，让一切有利于科技发展的创新思想和观点充分展现，为北京市重点学科、重点领域的发展以及优秀科技人才的成长营造良好的学术环境。

认真组织第八届科技交流学术月，总结经验、把握规律、提高质量、注重实效，举办一批综合性、跨学科，在科技界和社会上享有较好声誉的重大学术活动，努力推动学术月成为首都最具影响力和凝聚力的学术盛会。结合纪念世界物理年，重点支持物理基础学科的学术交流活动，筹划举办“物理学国际研讨会”、“著名高校物理系主任工作研讨会”。继续加大对青年学术交流活动的支持力度，组织举办青年科学家论坛和学术沙龙，探索青年科学家组织工作机制，为他们建功立业创造良好的学术氛围和成长环境。

加强学术期刊的基础性建设，整合科协系统科技文献资源，建立收藏交流机制，推动资源共享。要做好自然科学基础性、高科技性学术期刊的经费资助工作，扶持一批具有广泛影响、达到国内一流水平的学术期刊。

（五）发挥民间团体优势，进一步加强国际和港澳台地区民间科技交流与合作

市科协对外开展民间科技交流与合作，必须紧紧围绕国家外交战略和统一大业，服务市委、市政府中心工作，结合市科协重大活动和重点工作。在巩固已有渠道稳步推进合作关系的基础上，发挥中国首都大型科技团体的地位优势，不断开拓和建立自己的民间对外交流渠道和网络，开展有特色、有影响的科技交流活动。

以青少年科技活动为重点，巩固拓展国际和港澳台地区科技交流与合作。继续与日本、韩国、新西兰等国以及我国香港、台湾地区科技组织深入开展青少年科技教育交流，坚持每年互派团组参加重大青少年科技活动(2005 年开始定期参加台湾吴健雄科学营活动)。有针对性地组织培训北京青少年科技创新的优秀代表，组团代表中国参加美国英特尔国际科学与工程学大奖赛、美国国家地理知识世界锦标赛、意大利青少年多媒体奥林匹克竞技赛等，从而加快首都青少年科技教育与国际发达国家的交流和接轨。

广泛开展对外科普交流、考察和培训工作，创新科普理念和方式方法。继续组织和邀请驻华科技外交官及境外友好科技组织对北京科技周、城乡科普基地的观摩和考察活动。进一步推动科普出版创作的国际交流与合作，支持著名科普图书的引进和推介。在继续组织美国、加拿大和新西兰短期科普培训班基础上，在京举办国际科普管理与运营机制研讨会，促进科普专业人员在理论和实践上的学习交流和创新，提高科普事业的社会化、市场化、国际化水平。

积极参与、举办国际和港澳台地区学术交流、科学考察活动。继续择优重点支持市属学会举办一批有影响、有实效的国际学术研讨会，推荐和支持北京优秀科学家参与国际科技组织及其重大学术交流活动。进一步加强与香港、澳门、台湾地区的学术交流，举办京港台青年科学家论坛、京台青年交流周，组织台湾现代农业科技考察和学术交流活动。拓展南美、欧盟科技组织的交流渠道，开展相应的科技考察和学术交流活动。通过广泛开展国际学术交流活动，做好引导海外智力为首都建设服务工作，筹备举办海外智力为首都建设服务高科技洽谈会、海外智力为科技奥运服务研讨会。

（六）积极推动学会改革，不断创新工作机制，提高对基层团体的指导支持能力

市科协《关于加强学会建设、促进学会改革的意见》对学会民主办会制度、办事机构改革、履行社会职能、增强自身实力和动态管理机制等内容都提出了明确的指导意见，2005 年要在试点的基础上全面推动实施，各市属学会要组织专题小组进行深入研究，提出自身加快改革、促进发展的具

体方案，区县科协也要把所属学会的改革工作提到议事日程。要建立学会评估体系，建立健全学会活动能力、组织管理以及自身建设发展的综合评估指标和评估机制，进而科学指导、加强管理、鼓励先进、重点支持。要注重促进学会的横向交流，密切学会与挂靠单位、会员单位间的联系，加强学会网站建设。

市科协的经费基本靠政府拨款，专项活动经费不足，必须坚持有所为有所不为的方针，扎扎实实地通过具体项目把有限资金用来办实事、求实效。同时尽快提高社会化、市场化多渠道筹措资金的能力，把科普、学术公益事业做得更好。要努力培育金桥工程、1831流动科技馆、电子科普画廊以及科普展教具研发等市场化运作的科普项目；要树立经营学会的理念，开展继续教育、技术仲裁、成果鉴定等有偿服务项目，不断增强自主发展能力。科协和学会组织在拓展经费多元化的进程中，必须按市场经济规律办事、牢固树立科学道德意识、坚持非营利性的基本宗旨，切实处理好经济效益和社会效益之间的关系。

（七）加强科协自身建设，努力构建和谐社团，实现全面协调可持续发展

市科协实现自身的全面协调可持续发展，必须坚持和加强中国共产党的领导。市科协系统要把认真学习、深刻领会、全面贯彻十六届四中全会精神作为当前和今后一个时期的重大政治任务，为加强党的执政能力建设做贡献。要牢固树立为以人为本、全面协调可持续的发展观，充分发挥科学技术第一生产力的作用，做好为经济建设服务的各项工作；要充分发挥党领导下的人民团体的作用，积极组织广大科技工作者依法参与管理国家和社会事务，为发展社会主义民主政治做贡献；要大力开展学术交流和科学普及活动，促进人才成长、提高全民素质，为发展社会主义先进文化做贡献；要努力建设科技工作者之家，充分调动科技工作者的积极因素，为构建社会主义和谐社会做贡献；要进一步加强国际民间科技交流与合作，为维护世界和平促进共同发展做贡献。

市科协实现自身的全面协调可持续发展，必须坚持科学办会、民主办会和按章程办会的原则。要继续加强科协系统调查研究工作，科协自身建设和发展的重大决策都要建立在深入调研的基础上，2005年重点开展“专业学会与行业协会关系”、“企业科协发展思路”的调研课题。坚持民主办会的原则，市科协的重要决策要广泛征求委员意见，市科协的重大活动要保证委员知情、参与、检查、评议的各项权利，也要不断提高委员的责任意识，市科协重点推荐评优、表彰奖励和项目评定工作都要经专门工作委员会审定。要在新兴领域和学科建立学会组织，在非公经济企业、高等院校发展建立科协组织，2005年计划研究成立青年科学家联合会，尝试发展个人会员，探索建立跨学科、跨领域、充满生机和活力的青年科技组织。

市科协实现全面协调可持续发展，必须把重视和加强科协系统自身的人才工作放在重要位置。要充分利用北京科技进修学院的继续教育资源，通过专家讲授、交流研讨、考察学习等多种灵活形式，针对科协社会团体的性质和宗旨、工作职能和方法以及国际非营利性社会组织的先进理念和成功做法等内容，组织机关、事业单位以及广大基层科协和学会的专兼职干部进行系统的培训学习，提高理论水平和实际工作能力。

北京知识产权发展和保护纲要

（2004—2008 年）

北京是国家的首都，是全国的政治和文化中心，北京的发展越来越需要以知识产权为支撑。为此，特制定和发布《北京知识产权发展和保护纲要（2004—2008 年）》。

一、指导思想

坚持以邓小平理论和“三个代表”重要思想为指导，贯彻、落实科学发展观的要求，立足北京实际，着眼于推动解决当前本市知识产权方面存在的问题和适应未来发展的需要，坚持发展和保护并举，进一步促进北京知识产权的产生，不断提高对知识产权的利用能力，加强知识产权保护，严格履行加入世界贸易组织的承诺，逐步将知识产权转变为支撑首都经济社会发展的重要基础。

二、今后一个时期需要解决的主要知识产权问题

（一）在对传统产业进行技术改造，调整产业布局以及发展现代制造业、高新技术产业和现代服务业过程中，需要自主知识产权的支撑。目前，在自主知识产权的产生方面创新能力不足，具有产业支撑能力的专利技术缺乏，驰名商标不多，企业市场竞争能力不强。

（二）市场上侵犯知识产权的行为屡禁不绝，既损害了首都北京的国际形象，也扰乱了市场经济秩序，破坏了市场诚信制度的基础，不利于企事业单位和公众创新、创业活动的开展。

（三）全社会知识产权意识依然比较薄弱，企事业单位知识产权管理制度不健全，运用知识产权制度的能力和水平比较低，不利于知识产权制度在更广的范围内和更深的程度上推行。

（四）对于我市丰富的历史、文化资源从知识产权角度发掘、利用不够。

三、2004—2008 年知识产权工作的总体目标

2004—2008 年，本市知识产权工作将继续以科学的发展观为指导，以推动企业、科研单位和高等学校的科技创新和自主知识产权的产生为重点，以提高我市企业和产业的核心竞争能力为核心，突出企业作为科技创新、专利技术产业化和参与市场竞争的主体作用，加强政府引导和政策推动，整合、优化首都资源，进一步完善知识产权相关制度，通过 5 年左右时间的努力，逐步形成一套适应社会主义市场经济体制建设要求，符合市场经济规律和国际规则，科学有效的知识产权工作机制，将北京建设成为创新活力强劲、知识产权基础坚实、资源丰富、保护有力、流转顺畅的全国首善之区。重点要在以下方面取得重大进展。

（一）全市知识产权意识得到进一步提高。

（二）全市企业、科研单位和高等学校的知识产权管理工作得到加强，知识产权管理制度普遍

建立，掌握和运用知识产权制度的能力和水平得到普遍提高。

（三）形成明确的知识产权政策导向和部门合力。

（四）力争北京地区专利拥有量年增长率在10%以上，授权专利总量和向国外申请专利数量位于全国前例；到2008年，北京市的注册商标总量达到15万件，驰名商标达到30件，地方著名商标达到260件；发展10—20家国际一流水平的知识产权服务机构；培养500—1 000名高级知识产权专业人才；扶持20—50家拥有自主知识产权和核心竞争力的企业参与国际竞争；知识产权对首都经济的贡献率不断提高。

（五）首都作为全国主要研发中心的地位得到巩固和加强，高等学校、科研单位和企业的创新动力、创新能力和创新水平得到进一步提高。

（六）文化中心地位得到加强，文化产业获得长足发展，产生一批依靠知识产权发展的新兴产业。

（七）知识产权保护环境得到明显改善，知识产权社会监管体系初步建成，行政执法能力显著增强，我国加入世界贸易组织时的承诺得到严格履行，知识产权保护水平达到国际惯例要求。

四、战略的分类实施

以促进北京知识产权的"创新"、"保护"、"利用"和"人才培养"四个方面为重点，积极推进战略实施，重点促进知识产权工作与我市经济、科技、教育、贸易、文化等领域管理工作的融合。

（一）创新战略

1. 鼓励高等学校、科研单位知识产权的产生和取得

进一步依托、利用北京地区科技智力资源优势，促进科技创新。目前，仅党的关系在北京市委的普通高等学校就有58所，中央各部委在京科研院所、中国科学院在京科研院所、国防科技工业系统在京科研院所、北京市属科研院所共有373所（其中包括国家重点实验室50个）。这构成了北京在科技创新和巩固作为全国研发中心地位上的比较优势。

鼓励高等学校、科研单位利用其智力资源优势，开展自主研究和对外合作研究，创造出更多高质量、高水平的专利技术。

鼓励高等学校和科研单位面向市场或与企业共同开展技术研发，带动企业研发水平的提高，同时促进创新成果的产权化、产业化和商品化。

推动高等学校、科研单位建立、健全的知识产权管理机构，完善相应的知识产权管理制度并在人员和经费方面给予必要保证。

2. 促进企业知识产权的产生、取得和管理

目前，我市有国家和市级企业技术中心86家。要进一步发挥好企业技术中心在高质量专利技术研发中的作用。

要采取措施，督促企业立足国内市场并根据参与全球性竞争的需要，不断研发出具有形成企业、产业核心竞争能力作用的高水平的技术，并使之产权化。

将知识产权管理要求纳入企业研发、生产、销售的全过程，促进企业将知识产权战略与企业自身的经营战略结合。

3. 加强对丰富的历史文化资源的发掘，培育出更多的知识产权

由于深厚的历史文化底蕴和作为全国文化中心的特殊地位，北京在民间文学艺术、传统知识（古建筑、文物收藏、艺术品）、老字号以及文学、艺术、科学作品创作方面资源丰富，同时在媒体传播、新闻出版、广播影视、演出市场等方面表现出很强的活力，对此应给予足够的重视，通过整理、发

掘并采取知识产权保护措施,逐步形成一批符合我市经济发展方向和城市功能定位的产业,构筑首都新的经济增长点。

（二）保护战略

总体上,知识产权的保护要有利于首都科技创新和产业发展,有利于优化首都发展环境,促进首都市场体系的完善、市场秩序的规范和社会信用体系的建设。

1. 鼓励高等学校、科研单位、企业和个人采取专利申请、商标注册和著作权自愿登记等形式,将创造成果产权化,通过知识产权制度,依法保护自身的合法权益。

2. 进一步增强知识产权执法的透明度

增强知识产权执法的透明度是体现行政执法和司法审判的效率与公正的重要方面,也是知识产权有关国际规则的要求。

3. 加强对计算机软件、图书、音像制品、美术和摄影作品、实用工艺品的知识产权保护

要采取有力措施,保护计算机软件、图书、音像制品、美术和摄影作品、实用工艺品等权利人的合法权益不受侵害,促进版权产业的发展壮大。

4. 加强对商业秘密的保护

目前,由于人员流动而造成的商业秘密的泄露对企业造成损失的情况在我市比较突出,特别是技术秘密的泄露对部分企业造成了很大损失。为此,需要督促企业与其技术人员签订保密协议并采取较为严密的保护措施。

5. 要进一步重视植物新品种、原产地标记的知识产权保护

要加强宣传,采取措施,鼓励、扶持我市企事业单位加强植物新品种和原产地标记的申请和认证工作,以形成北京地区独特的知识产权优势。

6. 为知识产权权利人在寻求法律救济时给予必要的帮助和支持

很多企业在发现被侵权的问题后,由于自身能力、资金有限,很难采取法律行动。对此,政府有必要提供必要的帮助和支持。

7. 提高我市涉外知识产权纠纷处理和协调能力

目前,涉外知识产权纠纷不断,国内不少企业遭受巨大损失,甚至影响到整个行业的发展。为此,需要从整体上提高我市涉外知识产权纠纷的处理能力和协调能力。

8. 整顿和规范市场秩序,组织开展保护知识产权专项行动

加强各部门的协调配合,以商标权、著作权和专利权为重点内容,采取有力措施,遏制各类侵权行为,树立北京保护知识产权的良好国际形象。

（三）利用战略

1. 引导高等学校、科研单位、企业等加强对专利信息的利用

据统计,目前世界上已公开的技术,绝大部分首先是通过专利文献记载的,需要引导高等学校、科研单位和企业加强对专利信息的检索和利用,避免出现低水平重复研究和不必要的人、财、物浪费。同时,政府需要建立便于企事业单位为从事研发活动进行快速、全面检索专利信息的公共信息服务平台,使高等学校、科研单位、企业等能够及时、方便获得和充分利用专利信息。

2. 积极培育知识产权交易市场,大力促进专利技术的产业化、商品化

通过完善知识产权交易平台,规范交易行为,整合知识产权交易资源等手段,促进我市知识产权交易活动的开展,使知识产权充分实现其市场价值,形成流转顺畅的知识产权交易机制。同时,要研究和采取措施,促使专利技术尽快得到实施或参与市场交易。

3. 要重视和加强知识产权评估

知识产权是无形资产,其价值评估对于银行信贷资金、风险投资进入专利技术企业十分重要。

对此政府应督促企事业单位加强对知识产权的评估,并将知识产权真正纳入本单位资产管理范畴。

(四) 人才战略

知识产权方面高水平的专业管理人才和服务人才缺乏已经在客观上制约了我市知识产权创造、利用和保护工作的开展。需要采取多种方式,有计划地培养知识产权复合型、实战型人才,要不断加强知识产权人才培养的国际交流与合作。

1. 着力培养一批以高等学校、科研机构和高新技术企业科技人员为基础的自主知识产权研发队伍。

2. 着力培养一批能够提供知识产权获得、纠纷处理、合同签订的高水平法律专业人才。

3. 着力培养一批以知识产权战略咨询、权益保护和代理中介为重点的服务型人才。

4. 着力培养一批专业水平高、业务能力强、通晓国际规则与实务的知识产权专门管理人才。

五、战略保障措施

2004—2008年,在市委、市政府的领导下,各部门要统一思想,以切实解决当前我市知识产权工作中所面临的问题为重点,共同采取行动,推动我市知识产权发展和保护工作的全面开展。

(一) 为促进知识产权的产生和取得需要采取的措施

1. 将知识产权量化指标纳入到高等学校科技工作的评价、考核体系中。

2. 对在科技项目中获得知识产权质量和数量较高的学校,对有重大影响的专利项目及为其做出重要贡献的专利发明人、设计人、计算机软件设计人等科技工作者和在专利技术实施、转化或许可证贸易中做出重大贡献的人员以及优秀的知识产权管理工作者给予表彰奖励。

3. 严格执行2002年重新颁布的《科技发展计划项目管理办法》、《人文社会科学研究计划管理办法》、《市属市管高等学校北京市重点实验室建设管理办法》,把专利申请明确列入项目验收和评价内容。

4. 根据科研院所的实际情况,把知识产权工作作为科研机构领导任期目标责任制的重要考核内容;把知识产权申请量、拥有量和实施效益作为科研机构科技进步和经营管理水平的重要依据,同时也要作为科技人员、经营管理人员绩效考核的重要指标。

5. 部分科研院所转化为企业后设立研发机构的,适用《北京市鼓励在京设立科技研究开发机构的规定》(京政发[2002]23号),符合开发拥有发明专利、实用新型专利的共性技术、安全技术项目规定的,经核定,给予一定科技经费支持。为此,要制定具体的实施细则。

6. 单位自行研究开发的科技成果,在一定期限内不申请相关知识产权的,完成成果的主要科技人员在征得单位同意后,可以个人名义申请和获得知识产权。

7. 在科技评奖中应把发明专利的授权作为推荐参加评选的重要条件。

8. 在支持技术创新项目时,对具有自主知识产权的产品和技术从资金上给予优先支持。

9. 在高新技术企业和软件企业的认定上,根据《北京市高新技术企业认定条件及管理办法》和《北京市软件企业认定和软件产品登记管理实施办法》,应要求提供必要的知识产权相关证明。

10. 行政主管部门和行业主管部门应加强企业注册商标的引导,指导企业及时提出商标申请,鼓励企业争创驰名商标。

11. 进一步明确科技计划项目的产权归属。除以保证重大国家利益、国家安全和社会公共利益为目的,并由科技计划项目主管部门与承担单位在合同中明确约定的外,执行国家级、市级科技计划项目所形成的科技成果的知识产权,可由承担单位所有。执行国家级、市级科技计划项目所产生的发明权等精神权利属于对项目单独或共同做出创造性贡献的科技人员所有。

12. 明确专利申请资助方向，给予必要资金支持。对专利申请的资助，应围绕自主知识产权的创造，有助于企业、产业核心竞争力和国际竞争力的形成，有助于企业走出去战略的实施，有助于鼓励对国外先进技术的集成创新，鼓励对引进国外技术设备后的再创新的专利申请。为此，从不同的层面，应将我市专利申请资助定位于：①有利于产业形成和发展的发明专利；②有利于形成战略布局的基础专利；③有利于实际应用的关键技术和共性技术；④有利于开拓国外市场、参与国际竞争的专利技术；⑤对引进技术设备后的再创新和集成创新技术。

13. 税收优惠政策的实施。税收优惠政策的实施应符合 WTO 的有关规则要求，在现阶段，重点利用好已有政策，包括：

（1）为鼓励科技创新和知识产权的创造，根据《北京市人民政府印发北京市关于进一步促进高新技术产业发展若干规定的通知》精神，高新技术企业研制开发新技术、新产品、新工艺当年发生的各项费用和为此所购置的单台价值在 10 万元以下的试制用关键设备、测试仪器的费用，可一次或分次摊入成本；购买国内外先进技术、专利所发生的费用，经税务部门批准，可在两年内摊销完毕。

（2）高新技术企业当年发生的技术开发费比实际增长 10% 以上（含 10%）的，当年经主管税务机关批准，可再按实际发生额的 50% 抵扣当年应纳税所得额。

（3）在 2010 年前，增值税一般纳税人销售其自行开发生产的软件产品和自行生产的集成电路产品（含单晶硅片），实际增值税税负超过规定税负的部分实行即征即退政策。所退税款由企业用于研究开发软件和集成电路产品及扩大再生产，同时规定此项所退税款不作为企业所得税应税收入，不予征收企业所得税。

14. 鼓励科研单位、企业参与技术研发国际分工，增强与跨国公司研发活动的关联度。

15. 建立北京专利技术交易平台。从我市科技发展和产业发展的方向考虑，如采取有选择性地向国外购买相关专利技术等办法，集合国外较为先进的技术和成熟技术，面向国内企业，重点是首都企业开展推介、交流活动，促进企业、科研单位最大限度地利用国外技术、知识产权资源，保证科技研发活动的高起点和高效率。

16. 在名牌战略中，对名牌产品的评比要向具有自主知识产权的产品倾斜。

17. 在科技兴贸战略中，制定措施，促进具有自主知识产权外贸产品的开发和向国外专利申请。

18. 在我市招商引资、项目招标等活动中，要重视加强知识产权的权利要求。

19. 加强高等学校、科研单位和企业知识产权工作组织机构建设，规范、强化知识产权管理。

（二）为加强知识产权保护需要采取的措施

1. 加强计算机软件保护，不断推进软件正版化工程

（1）贯彻落实《加强计算机软件保护工作的意见》，研究制订和不断完善有利于软件知识产权保护的措施和办法，鼓励软件著作权登记，加强保护软件版权服务工作，实施科技维权策略，推广有助于保护正版打击盗版的先进信息技术。

（2）建立软件正版化长效管理机制，推动市区国家机关实现软件正版化。

（3）适时推动开展软件、版权产品连锁、出租业的发展；建立软件、版权权利交易平台，以推动版权产业发展，遏制侵权盗版行为。

2. 充分发挥协会作用，积极筹建以团体会员为主的北京知识产权保护协会

在进一步发挥已有的市专利工作者协会、商标协会和版权保护协会作用的基础上，逐步推动行业协会在知识产权方面作用的发挥，同时，筹建北京知识产权保护协会，发挥该协会在知识产权保护和管理方面集体运作功能，建立自我教育、自我保护、自我约束、自我发展的机制，逐步提高我市

知识产权保护和管理的社会化服务水平。引导会员单位建章立制,依法管理和运用知识产权,不断提高会员保护自己和尊重他人知识产权的意识,引导、支持行业协会开展知识产权的宣传、普及、培训、对外交流交易、企业间矛盾调解和法律咨询和救助活动,提高企业知识产权保护水平并形成对外交涉知识产权争议的合力和协调机制。

3. 增强知识产权执法的透明度

(1) 法院和知识产权行政执法机关审理知识产权案件,除法律有特殊规定的以外,一律公开审理。法院的裁判文书公开上网。有关部门要加强对已处理的知识产权案件的分析,为企事业单位提供借鉴。

(2) 建立北京市知识产权保护状况新闻发布会和北京知识产权保护状况白皮书发布制度。每年由市知识产权局、工商局、版权局、法院、海关等单位联合召开本市知识产权保护状况新闻发布会,以《北京知识产权保护状况白皮书》形式每年向社会公布本市知识产权保护情况。

(3) 建立政府、法院与跨国公司、企业、行业协会的沟通机制,听取各界意见。

4. 建立以知识产权局、版权局和工商局为核心的政府知识产权问题快速反应机制,由市政府一位副秘书长牵头,对于重大知识产权纠纷、争端和其他应急问题,联合各有关部门采取快速应对措施。

5. 加强奥林匹克知识产权保护,实施奥运知识产权战略

(1) 紧紧围绕"绿色奥运、科技奥运、人文奥运"这一主题,宣传贯彻国务院《奥林匹克标志保护条例》和市政府《北京市奥林匹克知识产权保护规定》,加强部门间执法合作,建立联合行动机制,重点打击流通领域、进出口领域的侵权行为。

(2) 加强"绿色奥运、科技奥运、人文奥运"中技术、产品、作品的知识产权取得、管理和保护,推动首都传统特色文化产品走向世界。

6. 开展知识产权权利滥用对策研究,以利于我市高等学校、科研单位和企业对知识产权的合理利用。

7. 建立知识产权的预警机制。扶持、帮助企事业单位加强研发、产品出口活动中的预警研究,逐步建立我市重点行业、重点技术领域和产品出口的预警机制,加强对国内外相关知识产权状况信息的动态分析,为技术研发、行业发展指明方向,为企业经营决策提供指导,加强我国应对重大涉外专利纠纷的能力,引导扶持企业公平参与国际竞争。

8. 加强知识产权边境保护力度。贯彻落实《中华人民共和国知识产权海关保护条例》的规定,建立海关边境保护的案件报告制度,使其进一步符合 WCO(世界海关组织)的工作要求,同时,加强北京海关与商标、版权、专利主管部门、法院的协调。

9. 加强对电视台和广播影视制作经营单位和表演团体经营行为的规范,督促其建立完善知识产权管理使用制度。

10. 研究、制订和实施本市技术标准战略,鼓励企业制订含有自主知识产权的企业标准;地方标准的制订应尽量吸收我国科技领域研究成果;建立标准化服务平台,开展 WTO/TBT 研究与通报咨询工作,加快相关数据库建设,及时掌握国际标准动态,推动地方标准的制订。

11. 促进北京地区原产地标记注册工作的开展,加快原产地标记注册工作与《WTO 原产地规则协议》的接轨,扶持、发展和保护北京地区名特优产品,促进产品出口。

12. 要组织研究探讨商业秘密保护的有效措施,维护市场正当、公平的竞争秩序。

(三) 为促进知识产权利用需要采取的措施

1. 加强高等学校技术转移的管理服务及政策配套。高等学校及其所属单位应当对专利实施和转化采取更为有力的措施,以调动科技人员转化专利技术的积极性和维持、保护专利权。

2. 加强科技合同管理。高等学校及其所属单位订立技术合同时,应当按照《中华人民共和国

合同法》和有关知识产权的法律法规的要求撰写，对知识产权的归属和利益分享应当做出约定。

3. 对高等学校、科研单位面向企业的专利技术转移渠道、方式进行进一步研究，提出较为系统的解决方案。

4. 加强行业协会建设，通过行业自治组织推动我市行业、产业和企业知识产权战略制定工作的开展，使知识产权战略与行业、产业国际竞争战略，与企业经营战略紧密结合，积极参与有关标准的制定。

5. 推动、扶持有条件的企业建立专业知识产权信息数据库，重点是我市专利试点企业。

6. 促进北京地区高等学校、科研单位和企业的联合

（1）以目前我市产、学、研联合体的建设为基础，鼓励、推动产、学、研三方在知识产权创造和利用方面建立合作联盟，使北京地区科技资源和产业资源实现合理配置。

（2）建立专利技术转移和产业化服务平台，完善相应机制，促进专利技术的有效利用。

7. 大力拓宽知识产权信息服务渠道，发展知识产权信息服务机构，确保企事业单位利用知识产权信息的全面、及时、方便、快捷。依托国家知识产权局和国家工商局的专利、商标数据库资源，鼓励知识产权中介服务机构面向企事业单位开展知识产权信息服务，包括检索服务、专题信息加工服务、战略咨询服务，鼓励企事业与知识产权信息服务机构的合作等。

8. 研究有利于风险投资进入知识产权领域的政策，以利于专利技术产业化。

（四）为加强知识产权专业人才的培养需要采取的措施

1. 培养重点是首都知识产权方面高水平的专业管理人才和服务人才。

2. 在以理工为主的高等学校增设知识产权课程；在其他高等学校增加知识产权选修课程；在研究生培养方面，有条件的高等学校，应增加知识产权方向。

3. 以高等学校为依托，充分发挥高等学校人才培养基地的作用，加强对实战型知识产权管理和服务人才的培养。

4. 加强人才培养的国际合作。与高等学校、国外有关机构加强合作，采取“走出去，请进来”的方式，一方面邀请国外企业、知识产权服务机构来我市举办讲座，另一方面组织部分企事业单位人员到知识产权发达国家和国外大企业进行实地考察，学习了解国外先进知识产权管理和经营经验。

5. 组织编印知识产权培训教材和政策、法规宣传材料。

（五）坚持不懈地开展知识产权宣传，提高全社会知识产权意识

要坚持不懈地开展知识产权重要性的宣传，从2004年起要继续加强知识产权的宣传力度，形成全社会重视知识产权、尊重知识产权的氛围。

1. 在电视（北京电视台）、报纸（北京晚报）、广播（北京人民广播电台）等媒体，开辟知识产权栏目，每周保证有知识产权的文章和信息发布。

2. 推动知识产权进课堂活动，在中学和大学开设知识产权知识选修课程；在我市小学和中学生中开展知识产权知识普及活动，从建立知识产权宣传示范校抓起，逐步普及到全市中小学。

3. 在党校行政学院开设知识产权专题讲座，对政府领导干部宣传知识产权。

4. 对局总公司、中央在京有关单位负责人开展知识产权宣传。

5. 邀请我市律师和知识产权政策咨询机构到企业、科研单位进行知识产权申请、保护、管理、利用和政策宣传，侧重知识产权实务指导；对企业加强知识产权案例教育。

（六）加快我市知识产权地方性法规建设，尽快制定出台《北京市专利条例》

力争在2005年前，完成我市专利地方性法规出台的相关工作。

（七）明确政府各相关部门知识产权工作职责，加强政府知识产权统筹协调工作力度

1. 出台《北京市知识产权办公会议成员单位知识产权工作职责》。明确市政府各部门的相关责任，加快建立市政府对相关部门在科技、教育等领域知识产权的考核评价体系。将知识产权工作

任务，作为市政府对各级领导和部门考核的折子并纳入考核指标。

2. 完善市知识产权办公会议制度，促进办公会议作用的发挥。办公会议每年召开 1 次，研究我市重大知识产权问题，部署年度知识产权工作；知识产权办公会议联络员会议每季度 1 次，侧重问题研究和工作落实；办公会议主任会每半年 1 次，研究知识产权重点问题。

（八）加大知识产权奖励力度，设立北京市专利奖

为了在全市形成尊重知识，鼓励发明创造的良好氛围，提高我市专利申请的数量与质量，促进我市科技进步与技术创新，由市知识产权局与市人事局共同设立系统表彰奖。

（九）进一步明确政府财政资金投入的方向

1. 资金支持的重点产业：以高新技术产业中的电子信息、光机电一体化、生物工程和新医药、新材料、环保产业等五大产业为重点。

2. 资金支持的重点项目：国家科技计划项目、国家重大技术产业化项目、产、学、研联合开发工程项目等。

3. 对科技研发中对以取得自主知识产权为目的，涉及经济安全、产业发展的共性技术、战略高技术和能够形成未来国际竞争优势基础的关键技术等政府应考虑给予全额研发投入。

4. 加强对具有自主知识产权企业的资金支持力度。

5. 整合财政用于知识产权工作的现有专项资金，统一设立北京市知识产权发展与保护资金。

（十）适时开展对知识产权战略具有重要作用的政策工具的研究、制订、完善工作

1. 研究有利于专利技术从研发单位向企业转移政策和有利于技术快速扩散政策。

2. 研究有利于专利技术在与我市传统产业升级改造及本市城市建设和发展密切相关的关键问题，如生态环境、资源可持续利用、环境保护、社会安全、防灾减灾、市政建设、城市交通、文物保护等方面应用的研究。

3. 研究制订政府采购向自主知识产权企业、产品、服务倾斜政策；政府采购要为专利创业型中小企业的初期阶段提供更多采购可能。

4. 政府财政资助、委托开发项目对知识产权的规定、项目认定、企业认定中的知识产权规定。

5. 组织开展 WTO 规则与我市知识产权制度运用研究，最大限度利用 WTO 在知识产权保护、技术转移与利用、技术标准和支持技术创新方面允许的空间，促进企业创新，提高产业竞争能力。

（十一）加强知识产权国际交流与合作

1. 要进一步加强与知识产权强国的交流。通过交流与合作，增进互相了解和信任，特别是与在我国设立企业或投资较多的国家的交流。

2. 邀请美国、欧盟、日本等民间服务机构到北京举办讲座，介绍国外知识产权服务工作的经验做法。

3. 组织相关人员到国外进行访问、考察，实地学习国外经验。

（十二）加快中关村国家知识产权制度示范园区建设，贯彻落实《关于实施中关村国家知识产权制度示范园区工作方案》

整合现有与知识产权创造、利用和保护相关政策、制度，2004 年出台《中关村科技园区知识产权促进管理办法》，作为中关村科技园区知识产权工作的基础制度。2004—2008 年，通过《办法》的实施，指导园区建立起一套科学有效的知识产权管理制度，建立健全工作体系和完善的工作机制，建立起高效的知识产权产出、转移、孵化和产业化机制和平台，并向全市各园区推广。

（十三）大力发展文化（版权）产业

北京丰富的历史文化资源，使得发展文化（版权）产业成为可能。通过深化和全面推进北京市文化体制改革，既要把北京建成全国的文化交流与文艺演出中心、出版发行中心和影视剧制作中心，也要把北京建成全国版权贸易中心，版权产品的创造中心、制作中心。打造出一批具有自主知

识产权的龙头性文化企业、支柱性文化产业，使北京成为具有首都特色、中国气派的国际文化之都。

（十四）区县政府要进一步重视和加强对知识产权工作的领导

要认真研究和采取有效措施，全面整理、发掘本地区的知识产权资源和特色知识产权资源，大力促进本地区知识产权的产生、利用和保护，不断提高企事业单位掌握和运用知识产权的能力和水平，注重发挥和努力增强知识产权在促进本地区经济社会发展中的作用。

2004年中关村指数报告

中关村科技园区管理委员会

综合反映北京市高新技术产业发展状况的中关村指数，自今年初开始试算以来，这是第一次正式对外发布。从2—11月的情况看，总指数一路攀升，分类指数中除技术创新指数波动较大外，其他分类指数与总指数趋势保持一致。

一、总指数一路攀升，高新技术产业发展迅速

今年以来，我市高新技术产业发展迅速，中关村指数从2月份的100点上升到11月份的118.28点，提高了18.28点，平均月增长1.9%。

中关村指数

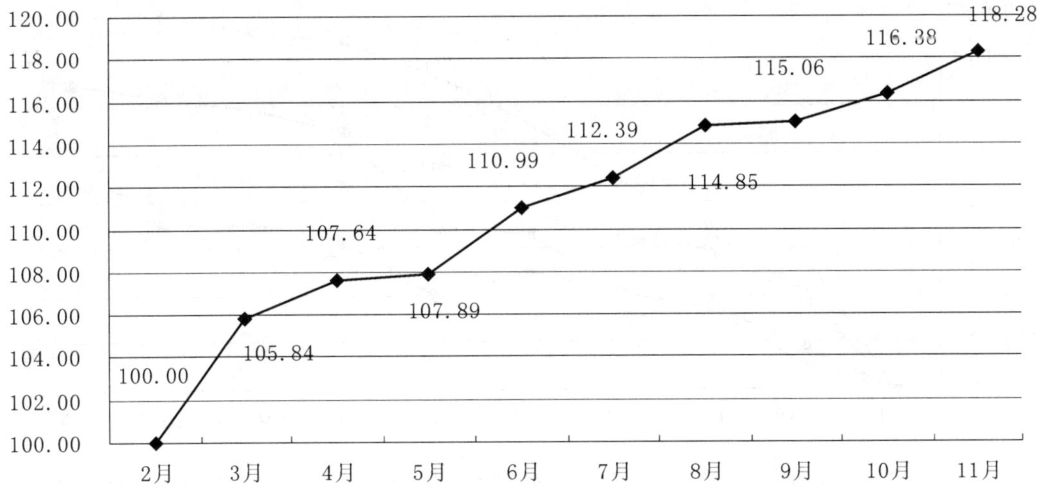

二、经济增长指数高速增长，新能源与高效节能技术领域增长势头最快

经济增长指数上升最快，由2月份的100点上升到11月份的150.62点，提高了50.62点，是推动总指数攀升的最主要因素。

经济增长指数

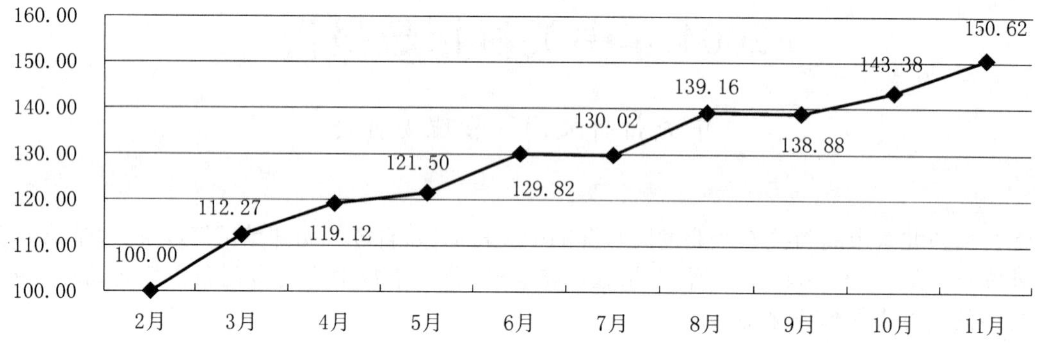

分领域看，在重点监测的六个领域中，新能源与高效节能技术、环境保护技术两个新兴领域指数最高，11月份分别为178.95点和164.77点；先进制造技术领域指数在六个领域中最低，但指数仍达到135.3点。由此可见，园区高新技术产业2004年整体上仍处于快速发展时期。

经济增长分领域指数

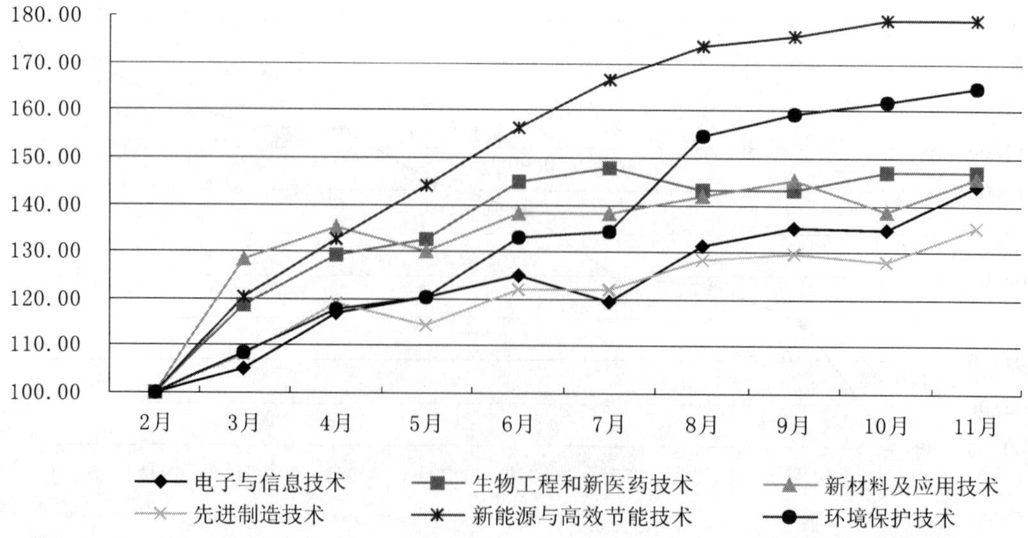

领 域	2月	3月	4月	5月	6月	7月	8月	9月	10月	11月
电子与信息技术	100.00	105.08	116.99	120.20	124.81	119.26	131.35	135.11	134.71	143.84
生物工程和新医药技术	100.00	118.75	129.06	132.46	144.98	147.74	143.24	142.99	147.07	146.84
新材料及应用技术	100.00	128.30	135.19	130.12	137.97	137.89	141.99	145.15	138.52	145.88
先进制造技术	100.00	108.13	118.92	114.43	121.82	122.15	128.42	129.65	127.73	135.30
新能源与高效节能技术	100.00	120.51	132.70	144.19	156.47	166.29	173.65	175.95	179.30	178.95
环境保护技术	100.00	108.40	117.79	120.47	133.09	134.09	154.59	159.26	161.68	164.77

三、经济效益指数平稳上升，新能源与高效节能领域效益水平较高

经济效益指数由2月份的100点上升到11月份的111.08点，增幅低于经济增长指数。在反映经济效益的三项指标中，总资产贡献率、全员劳动生产率各月指标均呈上升态势，但产值利税率各月指标有不同幅度下降，在一定程度上影响该分类指数增速偏低。

经济效益指数

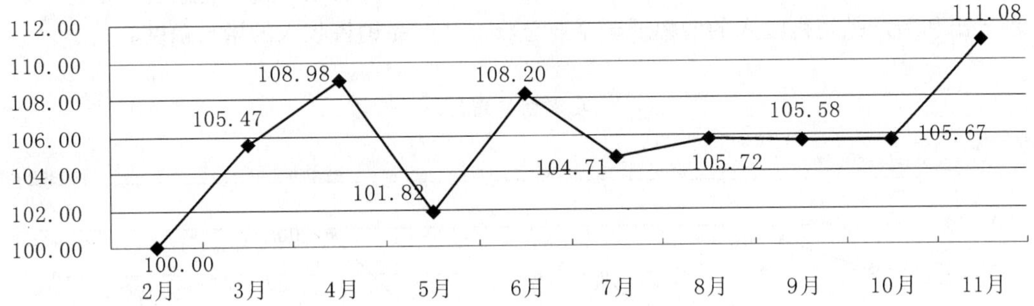

新能源与高效节能技术领域经济效益最好，11月份指数升至117.93点；其次为电子与信息技术领域，11月份指数上升14.13点；生物工程和新医药技术以及环境保护技术领域相差不多，处于六领域的中游；新材料及应用技术、先进制造技术领域效益指数偏低。

经济效益分领域指数

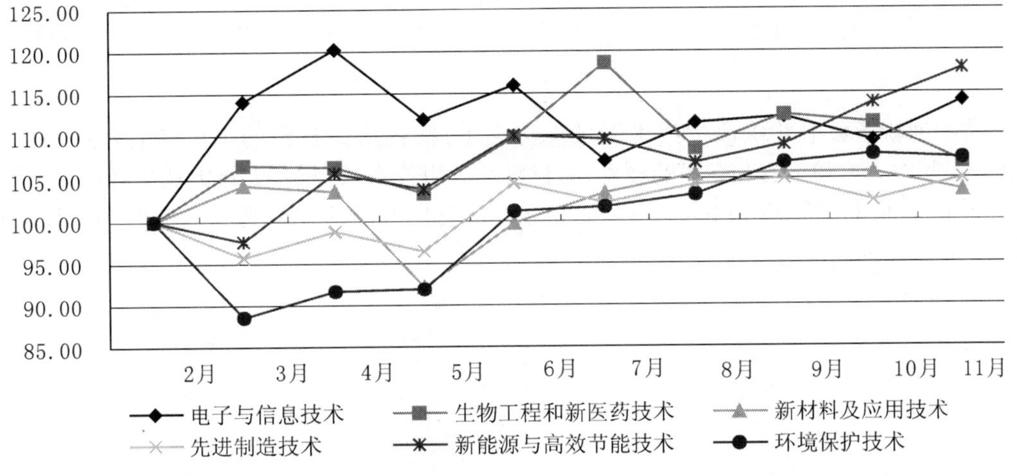

领　　域	2月	3月	4月	5月	6月	7月	8月	9月	10月	11月
电子与信息技术	100.00	114.07	120.36	111.98	115.94	107.09	111.59	112.26	109.27	114.13
生物工程和新医药技术	100.00	106.45	106.27	103.18	109.80	118.51	108.49	112.41	111.50	106.84
新材料及应用技术	100.00	104.09	103.43	92.15	99.76	103.22	105.33	105.60	105.50	103.47
先进制造技术	100.00	95.71	98.68	96.27	104.31	102.10	104.24	104.81	102.19	104.97
新能源与高效节能技术	100.00	97.57	105.56	103.69	110.10	109.50	106.80	108.93	113.96	117.93
环境保护技术	100.00	88.63	91.60	91.89	101.14	101.65	102.99	106.69	107.68	107.29

四、技术创新指数波动较大，环境保护技术领域创新能力强

今年以来，技术创新指数波动较大，且多个月份低于2月份的100点。其原因主要是企业研究与发展支出和新产品销售收入的增幅低于企业总收入和产品销售收入的增长幅度。

技术创新指数

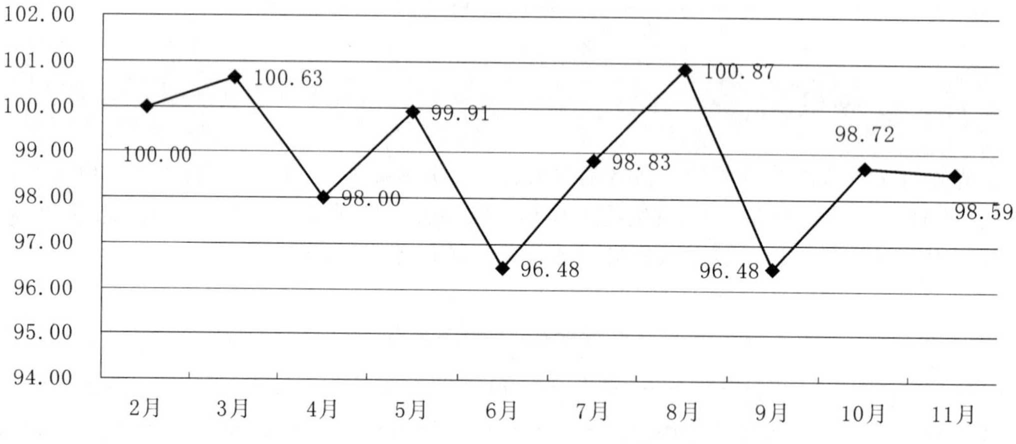

在技术创新指数中环境保护技术领域优势突出，指数从2月份的100点上升到11月份的146.58点；其次为生物工程和新医药技术、新材料及应用技术两个领域，指数从2月份的100点分别上升为11月份的117.59点和116.29点；电子与信息技术领域最低，除3月份为100.03点外，各月都在100点以下。

技术创新分领域指数

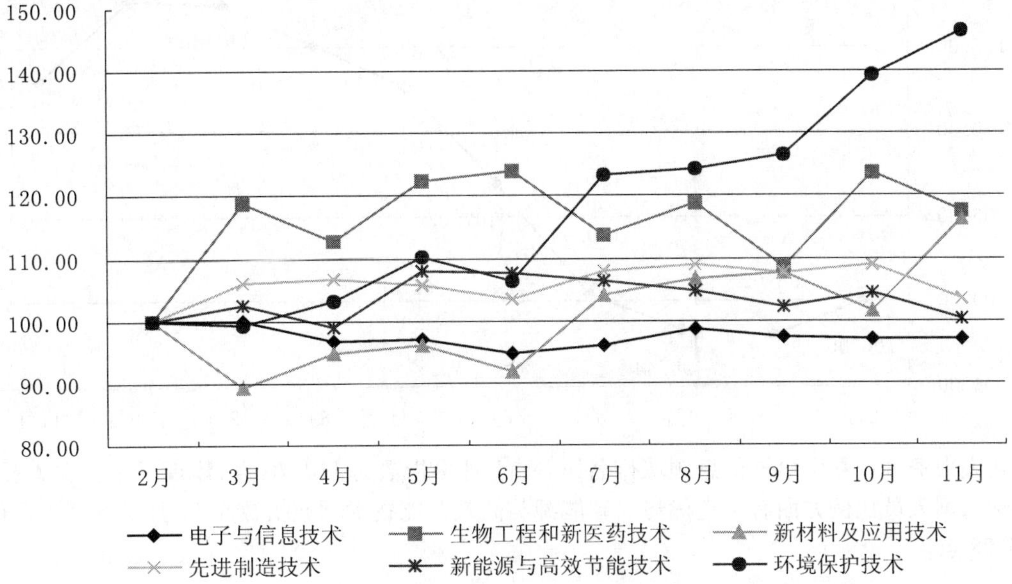

领　域	2月	3月	4月	5月	6月	7月	8月	9月	10月	11月
电子与信息技术	100.00	100.03	96.67	97.16	94.78	96.12	98.49	97.37	96.99	97.09
生物工程和新医药技术	100.00	118.96	112.90	122.42	124.14	113.86	118.72	108.56	123.67	117.59
新材料及应用技术	100.00	89.42	94.87	96.08	92.02	104.00	106.74	107.49	101.37	116.29
先进制造技术	100.00	106.14	106.54	105.70	103.32	107.97	108.91	107.72	108.93	103.34
新能源与高效节能技术	100.00	102.58	98.97	107.99	107.46	106.31	104.78	102.08	104.36	100.09
环境保护技术	100.00	99.26	103.25	110.20	106.17	123.28	124.21	126.72	139.33	146.58

五、人力资本指数保持上升趋势，电子信息业人力资本雄厚

企业的发展特别是高新技术企业的发展很大程度上取决于企业人力资本的状况，人力资本指数从2月份的100点上升到11月份的112.93点。其中留学归国人员占从业人员比例和企业从业人员分别从2月份的100%上升为11月份的130.72%和114.21%。

人力资本指数

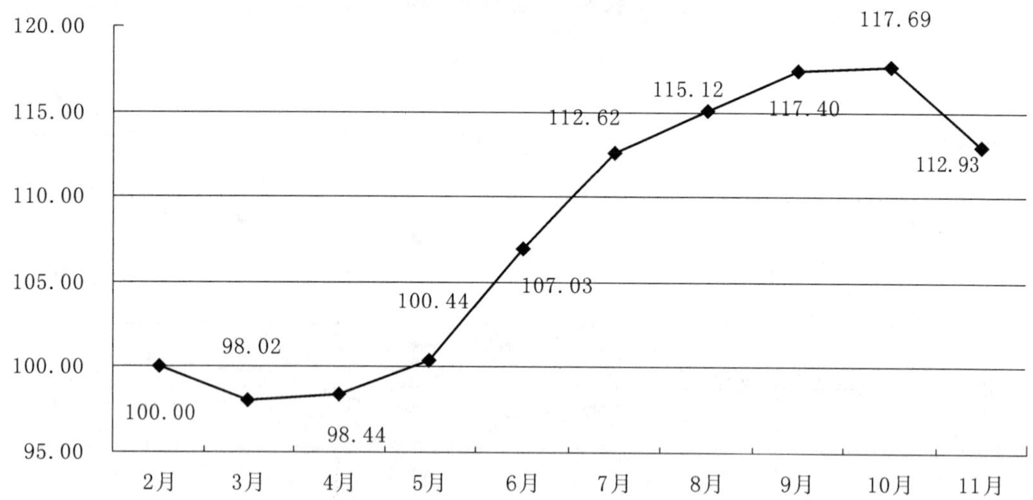

在人力资本指数中电子信息领域排名第一，11 月份指数为 110.76 点，体现了企业在人员数量和留学归国人员比例方面有一定优势。新能源与高效节能技术领域指数在 11 月份降到了最低点，为 95.28 点。

人力资本分领域指数

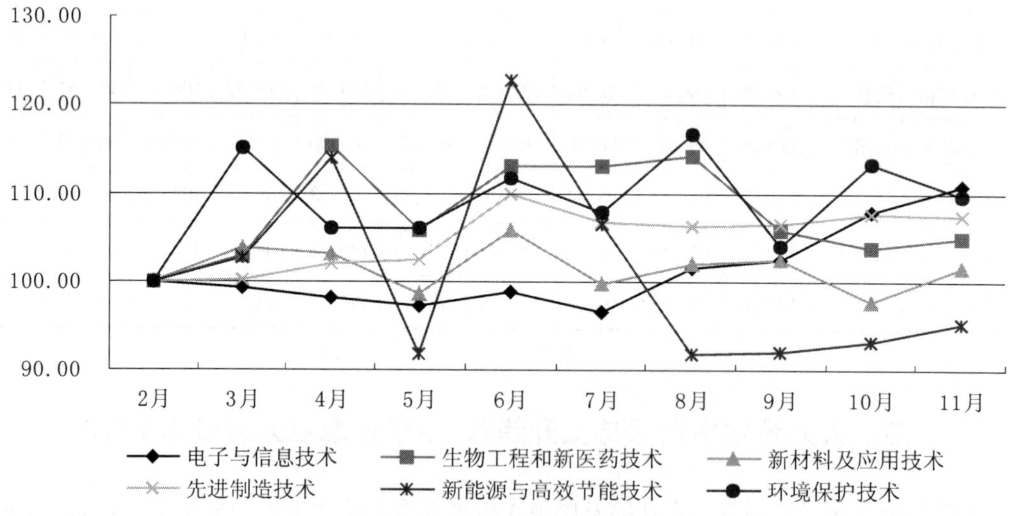

领　　域	2 月	3 月	4 月	5 月	6 月	7 月	8 月	9 月	10 月	11 月
电子与信息技术	100.00	99.32	98.17	97.22	98.89	96.50	101.50	102.52	107.81	110.76
生物工程和新医药技术	100.00	102.92	115.39	105.76	113.12	113.11	114.13	105.78	103.80	105.00
新材料及应用技术	100.00	103.82	103.02	98.64	105.92	99.74	102.00	102.33	97.76	101.55
先进制造技术	100.00	100.10	102.00	102.37	109.94	106.72	106.28	106.47	107.67	107.50
新能源与高效节能技术	100.00	102.69	113.95	91.74	122.76	106.59	91.81	91.95	93.27	95.28
环境保护技术	100.00	115.01	105.94	106.04	111.75	107.77	116.69	104.03	113.35	109.59

六、企业发展指数与总指数保持一致,新能源与高效节能技术领域发展潜力较大

北京高新技术产业能否健康快速发展壮大,很大程度上取决于大集团、大企业的发展状况,取决于企业的发展速度、持续性和发展潜力。中关村指数中企业发展指数与中关村总指数趋势一致,保持快速发展势头,从2月份的100点上升为11月份的127点。其中总收入增长大于20%企业比例各月均有明显上升。

企业发展指数

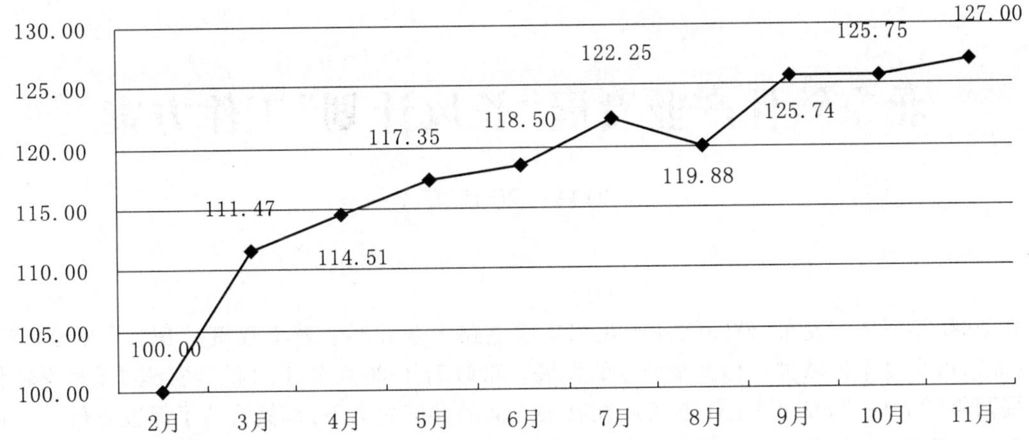

在六个领域指数中,各领域指数各月均高于起始点2月份的100点。到11月末,电子与信息技术、先进制造技术和新能源与高效节能技术领域指数都在140点以上;生物工程和新医药技术、环境保护技术两个领域指数在135点左右;新材料及应用技术领域在企业发展指数中排在最后,为128.32点,但仍然处于较高的发展水平。

企业发展分领域指数

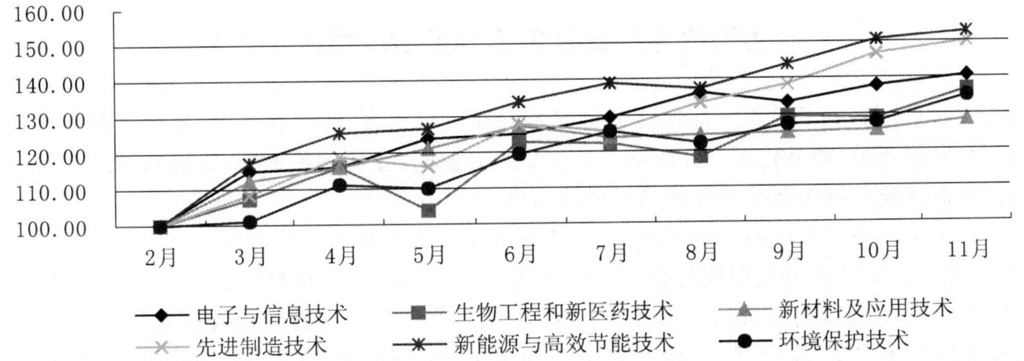

领　　域	2月	3月	4月	5月	6月	7月	8月	9月	10月	11月
电子与信息技术	100.00	115.11	115.92	124.01	124.96	129.70	136.31	133.46	137.96	140.50
生物工程和新医药技术	100.00	107.32	116.32	104.09	122.55	122.39	118.59	129.65	128.99	136.49
新材料及应用技术	100.00	112.12	116.06	120.87	127.39	123.97	124.49	124.80	125.67	128.32
先进制造技术	100.00	108.59	118.84	115.94	127.55	125.35	133.57	138.61	146.51	149.95
新能源与高效节能技术	100.00	117.19	125.65	126.64	133.89	138.64	136.97	143.84	150.52	152.98
环境保护技术	100.00	100.87	111.00	109.90	119.50	125.57	122.40	127.27	127.59	134.73

北京软件产业发展“长风计划”工作方案

（2004—2005年）

自2000年国务院发布《鼓励软件产业和集成电路产业发展的若干政策》(国发[2000]18号)以来,北京市高度重视软件及相关服务业的发展。市政府于2001年1月批准实施了《北京软件产业发展两年(2001—2002年)工作方案》,在有关方面的共同努力下,积极营造了促进软件产业优先快速发展的良好环境,顺利完成了两年工作方案规定的目标,推动北京软件产业保持全国领先的发展势头。

2003年,市科委根据《振兴软件产业行动纲要》(国办发[2002]47号)的精神,提出了加快未来三年软件产业发展的“长风计划”,重点是以体制创新营造最佳环境超常发展为首要任务,在总量规模、行业应用、骨干企业、扩大出口和人才培养等方面重点突破,使北京软件产业发展再上新台阶。为进一步落实好“长风计划”,保持北京软件产业在全国的领先地位,提高对首都经济的贡献能力,扩大在全球软件市场的影响,特制定本工作方案。

一、北京软件产业具备实现跨越式发展的基础

2000—2002年,北京软件产业保持了年均32.6%的增长率,在产业规模、基地建设、市场应用、研发能力、发展环境、国际化等方面取得了新突破,已经成为全国规模最大、发展水平最高的软件产业基地,具备在新的形势下实现跨越式发展的基础。

（一）北京软件产业规模不断扩张,初步具备成为北京支柱产业的条件

2002年北京软件产业实现销售收入333.9亿元,约为2000年的1.8倍,占全国软件产业销售收入的30.4%;实现增加值88.2亿元,占全市GDP总值的2.8%,占全市高新技术产业增加值的35%;海关软件出口9 300万美元,比上年增长34.8%,占全国海关软件出口的35%。前几年的发展实践表明,软件产业是当前及今后一个时期,有条件保持高速增长、保持健康发展、对北京产业结构优化有明显带动作用的重要新兴产业。

（二）北京软件产业基地建设初见成效，在全国处于全面领先地位

北京是科技部批准的国家火炬计划软件产业基地，是国家发展和改革委员会、信息产业部批准的国家级软件产业基地。两年来北京软件产业基地的建设，采取了“积极加快新园建设，充分利用存量资产，优先建立公共环境”的战略，走出了一条发展软件园区和基地的新路子。现在已经形成了以三个软件园（中关村软件园、昌平中软软件园、北工大软件园）为主体，三个孵化器（中关村软件园孵化器、中关村国际企业孵化器、六所学园孵化器）和三个专业基地（北京信息安全产业基地、北京软件出口基地和国家863成果转化基地）为节点，以基于宽带网络的公共技术支撑体系（三库四平台）为纽带，服务辐射全市软件企业的基地格局，在产品、服务和出口三个领域均居全国前列。北京软件产业基地规划占地面积约200万平方米，规划建筑面积110万平方米。已经完成土地开发81万平方米，完成建筑面积23.5万平方米。

（三）面向国家信息化建设主战场，形成了以应用软件为主体的产业结构

北京软件产业围绕国家信息化的需求，形成了以行业应用软件为主体、带动资助软件产品发展的产业结构。2002年行业应用软件占全市软件总收入的70%以上，在金融电子化、通信、电子政务、企业信息化等领域的应用软件的规模和水平居全国第一位。行业应用软件的发展带动了软件产品水平的提高和规模的扩大，2002年软件产品销售收入同比增长47.4%，增长速度快于软件服务业26个百分点，占全市软件销售收入的32%，产业的整体水平有了新的提高。

（四）软件企业的规模和实力进一步增强，“做大做强”的趋势明显

到2002年底，北京市拥有软件企业2 372家，经认定的软件企业1 235家，占全国的21%；累计登记软件产品3 607个，占全国的30%。北京软件企业年销售收入超过10亿元的有3家，超过1亿元的有51家，介于1 000万元—1亿元的企业有403家。北京大型软件企业群体中，既包括以用友、中软、神州数码、方正、亚信、民航信息等为代表的一批中国本土软件领军企业，也包括国内外著名软件公司如微软、IBM、BEA、东软、创智、金碟等在北京的业务中心或研发中心。2002年54家大型软件企业实现营业收入占全市软件总收入的54.6%，经济效益好于全市平均水平，做大做强的趋势明显，成为中国软件产业发展的中坚。

（五）软件人才规模逐步壮大，软件产业生产力水平较高

截止到2002年底，北京拥有软件从业人员9.3万人，比上年增长27.4%，占全国软件从业人员总数的16%。经过两年的发展，北京软件产业建立了以示范性软件学院为主导、软件技术工人学校为补充、充分利用社会力量发展培训的人才培养体系。现有经教育部审批的软件学院7家，市有关部门支持的软件蓝领教育基地4个，以及一批比较规范的社会培训机构，具备世界规模的软件人才培养基础。北京软件产业的人才素质在全国领先，是中国高端软件人才的汇聚地，2002年劳动生产率达到每人每年36万元，高于上海、深圳等其他软件发达城市近30%。

（六）着力打造基础技术平台，培育以自主技术为主导的核心竞争力

北京是我国自主和原创软件技术最为密集的地区。两年来北京软件产业不断增加研发投入，强化本地技术创新能力，积极培育以自主技术为主导的核心竞争力。2002年全市软件企业研究开发经费支出占营业收入比重达到12.4%。内资企业实现营业收入占全市软件总收入的60%，比上年提高了6.8个百分点。在我国最为薄弱的基础软件领域，采取了“努力突破核心技术，增强解决方案能力，试点带动行业应用”的技术战略，启动了基于Linux的桌面平台、国产通用数据库管理系统、网络计算机（NC）关键技术研发等重大项目，以国际开源潮流为契机，构造自主技术平台，进一步确立了北京作为中国自主知识产权软件技术发源地的地位。

北京软件产业两年来取得以上的发展成就，主要原因在于，政府领导高度重视软件产业的发展，全市上下积极优化产业发展环境，在产业政策的落实、管理服务体系的建立、软件正版化和知识

产权保护、软件政府采购、政府资金投入等方面推出了一系列创新性的举措，走在全国的前列，形成了“搞软件，在北京”的良好氛围，为今后进一步加快发展打下了坚实的基础。

二、北京软件产业面临的新形势

随着全球信息产业的结构性调整步伐加快，信息产业由硬件主导型向软件和服务主导型发展，全球软件市场将进入稳定较快增长时期。中国软件产业将进一步与国际接轨，成为世界软件产业发展最快的区域之一。北京软件产业面临着有利于实现跨越式发展的新形势。

（一）全球软件市场在总量庞大的基础上仍在快速增长

进人新世纪以来，由于全球信息化浪潮和政府的强力推动，软件产业保持了10%以上的增长速度，在全球范围内已经发展成为一个规模庞大、最具活力的产业。2002年全球软件产业销售额为6 965亿美元，比上年增长12%。预计今后几年将以年均13%—15%左右的速度增长，到2005年全球软件市场的销售收入将达11 000亿美元。

（二）软件技术发展趋势将进一步支持软件产业化发展

经历了互联网技术的革命后，软件技术创新短期内难以突破，软件市场成长的主要领域将是现有创新技术深入应用于各行各业。前一个时期出现的软件工程化、开源化、网络化、服务化等技术趋势进一步加强，软件将向更大规模、更加成熟的产业化形态发展。特别是以Linux为代表的开放源码软件运动，其创造的软件开发模式日益被广泛接受，随着部分大公司和国家政府的积极倡导，开源运动将逐渐形成现实的产业机遇。

（三）中国将迎来软件产业发展新高潮

党的十六大提出，“以信息化带动工业化，以工业化促进信息化”，加快推进国民经济与社会信息化进程，必将进一步促进全社会对软件的巨大需求。《振兴软件产业行动纲要》提出，到2005年我国软件产业销售额将达到2 500亿元，国产软件产品和服务的市场规模达到1 500亿元，出口达到50亿美元，软件人才达到80万人。这为我国软件产业发展明确了近期奋斗目标，围绕这一目标实施的各项政策措施，将带来我国软件产业发展的新高潮。

（四）中国在国际软件产业分工中的地位进一步提高

软件产业目前已经形成了以美国为技术主导，以美国、欧洲、日本为主要市场，以印度、爱尔兰、以色列为主要出口国的分工格局。互联网的普及应用，更加促进了软件产业的全球一体化发展趋势。随着中国软件市场的持续快速发展，未来几年中国将成为最重要的新兴市场，占全球软件市场的比重将达到3%左右，吸引更多的软件厂商来华发展业务。中国软件企业“走出去”的能力正在不断增强，承接日本、美国和欧洲软件厂商的外包业务将在未来两年有较大幅度增加。

（五）北京具备优势的软件领域是带动中国软件产业成长的主要力量

由国内市场需求拉动的中国软件企业，在经历了近几年力度较大的研发投入后，已经在若干领域取得了自主知识产权技术的突破，政府采购、招标制等政策导向将有力地推动这些技术的成熟和产业化。随着国家电子政务工程带动的大型信息系统建设的陆续展开，以及电脑、移动电话、数字电视等信息终端的普及和升级，以大型行业应用软件、企业级应用软件、数字内容软件、支持新一代移动终端的嵌入式软件等为代表的符合中国市场需求的软件产品和服务，将主导中国软件产业的增长潜力。北京软件产业在上述几个领域已经形成了国内领先的基础，将在同国际及大公司的同场竞技中有所作为。

当前北京软件产业面临的主要问题是：缺乏自主平台支持，行业应用软件的增值能力低，一批中小型企业经营困难；软件企业还没有真正成为创新主体，具有自主知识产权的软件产品竞争能力不强，产品体系不完整；软件出口企业规模偏小，国际市场开拓能力差；外地软件产业基地以专业化定位和规模化低成本发展对北京软件资源形成新一轮争夺之势等等。北京软件产业要在今后两年实现跨越式新发展，必须要着力突破长期困扰中国软件产业的突出问题，采取积极措施正视竞争形势，千方百计留住和扩张北京软件发展资源，实施新的发展战略。

三、2004—2005 年北京软件产业发展目标和发展思路

2004—2005 年的软件产业发展，要深入贯彻落实《振兴软件产业行动纲要》，面向国际软件市场，面向国家信息化需求，力促软件企业成为创新主体，力促软件产业做大经济总量，力促软件技术支撑首都全面发展，使北京成为世界重要的软件离岸研发中心，中国信息化的实施中心，中国自主知识产权软件产品的开发中心，软件产业初步成为首都经济的新支柱。

2005 年的具体发展目标是：软件产业销售收入超过 700 亿元，实现增加值 330 亿元，占当年北京市国内生产总值的 7.5% 左右；海关出口超过 3 亿美元；软件从业人员达到 20 万人；年销售收入超 10 亿元的软件企业集团超过 10 家；登记软件产品超过 7 000 个，形成领先全国的自主知识产权软件产品群体。

为实现以上发展目标，北京软件产业要贯彻以下发展思路：

（一）以保护知识产权为核心，优化产业发展环境。在北京形成保护知识产权的最佳环境，打造支持软件产业发展的社会化创新平台，保持软件产业政策在全国的领先地位。

（二）以信息化为契机，优先发展基于自主平台的行业应用软件。以“数字奥运”、郊区城市化和首都信息化为切入点，研发和推广适合中国国情的行业应用软件和解决方案，带动自主软件技术的提升。

（三）以国际市场为指向，进一步凝聚软件资源。面向全球软件市场，发挥北京软件技术和人才密集的优势，变资源优势为产业优势，积极扩大软件出口，加强国际合作，吸引跨国软件公司来京发展，形成国际软件创新资源在北京聚集、“溢出”和辐射之势。

（四）以大型企业为依托，带动中小企业沿产业链发展。继续支持软件企业做大做强，鼓励其带动一批中小企业按照产业链和技术分工开展研发活动，推行大企业对中小企业的研发分包等机制，在若干重点领域形成产业链，构造核心竞争力。

四、重点发展领域

下一阶段，北京软件产业要优先发展自主基础平台、软件外包出口、数字内容产品等三个领域，成为带动全市软件产业扩大规模、提高水平的突破口；积极支持重点行业的信息化应用系统、嵌入式软件系统、信息安全产品及服务等三个领域；继续加强以中关村软件园为核心的北京软件产业基地的建设，完善为软件产业发展服务的配套体系。

（一）国产基础软件平台

构造中国自主的基础软件平台是下一阶段软件研发的重中之重。要使自主基础软件平台成为国家信息化的标准之一，为中国应用软件提供商开辟广阔的利润空间，为中国信息化的全面推进提供低成本的解决方案。未来两年，要采用开放式的开发模式，政府引导，厂商协作，完成基于 Linux 内核、涵盖服务器操作系统、桌面操作系统、数据库、开发工具以及相关应用软件的国产基础软件平台的构造。要加快自主平台的产品化步伐，具备实用化水平，在特定领域可以替代、兼容国外同类产品。要通过政府采购政策的大力推动，使国产基础软件平台有一批成熟可靠的示范化应用，初具

产业化规模。

（二）软件外包出口

北京软件产业已经具备较大规模进军国际市场的条件和基础，要在未来两年实现软件外包出口的规模化发展，成为拉动软件产业高速增长的重要力量。软件出口外包的主要策略是：扩大日本市场，做强骨干企业；突破美国市场，培育优势能力。

要进一步巩固北京软件企业在日本市场的优势地位，保持对日软件出口达到年均50%左右的增长率，积极支持对日软件出口企业发展较高层次的设计外包和服务外包，支持建立全国规模最大的对日专业化出口基地，实施双千计划（培育几个1 000人以上的专业外包企业，每年新增对日软件开发人才1 000人）。

要着力突破对美国软件出口外包规模偏小、竞争力不强的局面，将对美国外包的突破点放在软件测试外包业务上，在国际市场打出北京软件测试外包的知名度，大力支持跨国公司在京研发机构发展本地分包业务，形成较大规模的现地外包（Onsite-Offshore）模式，重点支持中软、用友等大型软件企业直接进入美国市场，培养一批超过500人的对欧美外包公司。

（三）数字内容软件产品

要发挥北京作为中国文化中心的优势，加紧发展北京数字内容产品的开发和产业化，用一大批拥有自主知识产权的数字内容软件产品，占领中国的教育、娱乐和文化市场，使数字内容软件产业成为软件产业发展的主要增长点之一。北京数字内容软件产业的发展策略是立足于自主研发，发挥流通优势，带动运营产业发展，形成产业配套体系。要以网络游戏、无线游戏、游戏机游戏等为重点，大力支持中小游戏企业自主创新、开发丰富的数字内容产品，使北京成为中国数字内容软件的研发中心；要支持数字内容软件的销售企业、代理企业的发展，加大对自主数字内容产品的市场推广，使北京成为中国数字内容软件的交易中心；积极推动改变数字内容产品的消费环境，扩大网络游戏运营行业的规模；大力发展市场化的资源配套环境，重点发展动画制作、数字影视、教育课件、资源提供外包等相关产业，使北京的数字内容软件产业发展形成气候。

（四）重点行业应用软件

北京作为全国信息化实施的技术中心和市场中心，要围绕国家信息化的关键领域，利用好"数字奥运"的机遇，下一步重点发展数字奥运、电子政务和公用事业信息化、通信和广电行业应用、金融电子化、中小企业信息化等方面软件应用。

数字奥运软件应用。数字奥运是北京软件产业发展的重要机遇。要加大支持面向奥运应用的软件研发与推广，重点开展多语言智能信息服务网络系统、公众信息服务平台、虚拟奥运博物馆、数字化三维人体运动的计算机仿真系统、智能交通系统（ITS）等重点奥运工程项目的研发建设，在多语言与中文信息处理技术、海量数据存储和处理技术、虚拟现实技术、流媒体技术、智能卡技术等的应用方面取得突破，通过奥运的示范应用，实现关键技术的产业化。

电子政务和公用事业信息化领域。北京软件产业在电子政务与公用事业应用系统领域已形成了比较完整的综合解决方案，具有技术和市场的双重优势。未来两年，北京软件产业要重点针对以"12金工程"为代表的全国性电子政务系统工程，提高大型信息系统的设计能力和开发能力；建好一批电子政务的软件应用示范工程，形成成熟的电子政务解决方案；研究并推广适合农村和西部地区的信息化发展需求的低成本软件系统；推广自主的Linux平台和国产办公软件系列产品。

通信和广电行业应用领域。随着通信信息技术向通信网、有线电视网和计算机网等3网融合的方向发展，软件越来越成为驱动通信和广电行业发展的主要手段。未来两年要将通信和广电领域的发展作为着眼于更长时期的重要潜在增长点来培育，抓住第三代移动通信、数字电视和IPV6

网络等3个重大的技术发展机遇,积极加强自主技术的研发,重点发展通信网和IP网相结合的软件、通信网络安全方面的软件、通用通信管理软件平台、新一代移动通信增值平台、广电增值服务平台等。

金融电子化领域。金融电子化是我国软件行业市场发育比较成熟的领域。北京相关软件企业要在继续保持银行业应用软件优势的同时,通过自主研发、引进人才、跨国合作等方式,重点攻关银行核心业务应用系统解决方案的技术瓶颈,通过与金融界联合,建立行业知识库,不断开发新的业务应用系统。

企业信息化领域。北京地区的企业信息化和电子商务软件的市场占有率约占全国的25%,拥有行业领先企业,以及多种自主的企业信息化解决方案。下一步要重点发展适合中国国情的中小企业信息化技术平台与产品;开展中小企业信息化解决方案的示范工程;企业管理软件由简单应用向面向网络的集成应用升级,并有力地推进北京地区电子商务的发展和企业信息化水平的提高。

(五) 信息安全产品和服务

围绕政府、金融、电信等重点行业的需求,加快信息安全关键技术和高端产品的研发和生产,推动一批自主产权信息安全技术成果的产业化,培育3—5个上亿元的信息安全骨干企业;在继续巩固发展防火墙和防病毒等成熟产品的基础上,重点支持密码技术、数字证书、VPN、网络监控与取证等关键信息安全技术的科研开发和产业建设;建立以风险评估和应急处理为主的服务体系建设,强化安全服务在信息安全产业建设中的作用。

(六) 嵌入式软件

进一步加强自主产权嵌入式操作系统和开发工具两个关键技术的研发,重点发展以下四个领域的嵌入式应用:

信息家电领域。要根据数字技术的发展趋势,围绕新一代数字音视频技术的发展,重点开发数字电视、数码相机、数字视盘机、机顶盒等的嵌入式应用产品。

移动通信终端。要以“嵌入式操作系统—业务平台多媒体应用一个性化应用”的国产手机软件产业链为核心,发展国产手机方案。

商用终端系统。要以商用NC机、税控一体机、POS机和智能卡应用的嵌入式软件为核心,扩大产业规模。

汽车电子系统。要以车载导航系统为重点,发展汽车电子应用的嵌入式软件产品。

(七) 加强北京软件产业基地建设

北京软件产业基地要在2005年前基本完成基本建设和环境建设,完成以中关村软件园为核心的北京软件产业基地布局。工作重点包括:完成已经布局的三个软件园、三个孵化器和三个专业基地的建设,形成北京软件产业基地重点集中、辐射全市的格局;加快推进国家级软件出口基地的建设,重点构建面向软件出口的集成服务体系,包括视频会议、宽带环境、协同工作、政策服务和管理中介等;完成软件公共技术支撑体系建设,并同全国其他软件园联网服务;根据软件产业发展的情况,动态调整产业基地组成部分,扩大软件产业基地对全市软件产业整体的辐射服务能力。

五、战略措施

为实现2005年软件产业发展的战略目标,落实发展重点,要实施政府采购战略、企业创新战略、知识产权保护战略、外引内联战略和人才战略。

(一) 政府采购战略

软件政府采购是政府支持软件产业发展的最重要和最有效的手段。要统一思想,充分认识

“政府采购应当采购本国的软件产品和服务”，而不是“同等优先”，将软件政府采购作为发展北京软件产业的第一推动力。具体措施包括：规范和完善政府采购的方式、程序等相关操作办法，在利用财政性资金建设的信息化工程中，加强对总体设计环节的管理和引导，引入系统集成监理和第三方测试，鼓励和支持系统集成企业积极采用国产软件产品和服务。统一协调，统筹规划，扩大集中政府采购的规模，得到采购最优价格，提高财政资金的使用效益。政府采购与国产软件的发展相协调，稳步积极地推进各区县和事业单位软件正版化政府采购进程。

（二）企业创新战略

依托软件大企业，提高软件产业的整体技术水平，使企业成为技术创新的主体，使北京软件企业的劳动生产率继续保持全国领先地位。具体措施是：优先支持大型骨干企业，进一步支持大型企业根据全市软件产业的重点领域发展规划，加大投入，率先突破，成为中国首批进入全球软件100强的公司。通过政策引导，建立大企业带动中小企业发展的机制，构建以大企业为核心、不同规模企业之间的产业分工体系，推动软件产业创新要素的流动和重组。要以核心技术的突破为核心，选对市场切入点，构造软件产业链。搭建好软件公共技术平台，发挥好公共平台的“孵化器”、“助推器”作用，使公共技术平台成为服务企业技术创新的重要载体，成为北京软件产业发展的优势资源条件。

（三）知识产权保护战略

将知识产权保护作为优化软件产业发展环境的核心，加大宣传力度，在全社会形成软件知识产权保护的良好氛围，将北京建设成为中国软件知识产权保护最好的城市。要继续出台和完善有利于软件知识产权保护的措施和办法，全面推进软件正版化工作，政府部门、财政拨款的事业单位和社会团体在2005年前实现软件正版化，稳步地实施重点行业正版化、大型企业正版化、计算机整机预装软件的正版化。以中关村科技园区为重点，建设全国领先的软件知识产权保护示范园区。加强保护软件知识产权服务工作，发挥知识产权保护中介机构的作用。实施科技维权策略，推广有助于保护正版和打击盗版的先进信息技术。

（四）外引内联战略

将引进国内外知名的软件大企业，带动本地企业发展，作为扩大北京软件产业经济总量、提高北京软件产业技术水平的重要措施之一。利用多种资源，建立起北京软件产业在境外的推广网络和服务网络，全面扩大北京在海外的影响力。加强同软件大企业的联系，制定计划，深入落实，力争引进更多的软件企业。要充分发挥现有研发中心的示范作用，促进跨国研发机构积极参与北京经济发展，使北京成为跨国软件公司设立海外研发中心的首选之地、成功之地。要进行政策创新，鼓励跨国公司将知识产权转移到北京，鼓励跨国公司在京机构由成本中心转变为利润中心。发挥“外引”对于北京软件企业的辐射作用，支持北京软件企业与跨国公司合作设立研发中心，鼓励跨国研发机构扩大本地分包业务量，加快软件先进技术的本地化转移，以跨国研发机构带动一大批国内公司进入国际市场，形成“借力跨国研发，扩大外包市场，促进自主产品出口”的有特色的国际化道路。

（五）人才战略

以重点发展领域对于人才的需求为出发点，以培养大型软件开发人才、国际化软件人才为重点，加强人才培养和人才引进两方面工作，使北京成为软件人才的高地。具体措施是：支持国家级示范性软件学院和示范性软件高职的建设，引导学院的人才培养同北京软件产业发展重点相协调。鼓励跨国公司和国内企业联合开展软件教育培训工作，支持引进国外先进的培训体系和课件。引导社会培训机构和软件企业参与北京软件产业的人才培育工程，形成软件培训产业的配套分工体系。人才奖励政策和人才引进政策要进一步向软件产业倾斜，继续实施北京软件企业双高人才专项奖励政策，重点引进高端设计人才和国际化人才。在支持留学生创业的措施中，重点支持团队引进、核心人才带动引进等模式。

（六）组织落实

1. 加强各部门的协调力度，整体推进软件产业发展

为在未来两年的关键时期内，将北京软件产业的发展推向新台阶，政府部门要继续有所作为。充分利用好北京软件产业协调会议的机制，发挥其"顶层设计，综合协调，重大决策"的作用，加强市政府对北京软件产业的总体领导。各主要委办局要在软件产业发展的关键环节上负起责任：市发改委、信息办等部门要负责以电子政务和数字奥运等政府信息化工程促进国产软件应用；工促局要负责以企业信息化推动国产软件应用；财政局、国税局和地税局要负责落实好政府采购和各项财税政策；知识产权局和版权局等要负责落实好知识产权保护；市科委要负责产业整体发展，汇总发布两年的重点工作，并动态调整，定期检查进度，向软件产业协调会议报告。

2. 加强对北京软件产业的海内外宣传推广工作

要继续以"搞软件，在北京"为主题开展全方位的软件产业宣传推广工作。承接2000年以来重点宣传推介北京软件产业发展环境之势，下一步推广的重点包括：宣传软件产业对于"新北京、新奥运"战略的意义和贡献，统一全市对于软件产业发展的认识；宣传北京作为"世界新兴软件离岸研发中心"的定位和能力，提升北京软件产业在全球的整体形象；宣传中关村科技园区的软件能力，树立中关村在海内外软件市场的品牌知名度；宣传软件人在北京的成功发展，使北京成为公认的中国软件人才高地；宣传软件知识产权保护的重要意义，使北京软件知识产权保护意识进一步深入人心。市科委要同市委宣传部、商务局、中关村管委会、知识产权局、版权局等部门积极配合，把对软件产业的宣传推广作为产业促进工作的重要内容之一，为软件产业的大发展营造最好的社会环境。

3. 充分发挥各区县和各园区的积极性，做好产业发展布局

北京软件产业发展以中关村科技园区为核心区域，充分发挥好海淀区、朝阳区、石景山区、昌平区等重点区县的积极性，形成以中关村为核心的软件产业专业分工体系：海淀区以中关村软件园、上地信息产业基地、学院路沿线为核心，重点吸引跨国公司研发机构、国内外大型软件企业总部，重点发展拥有自主知识产权技术的软件产品研发、软件出口和国际研发合作。朝阳区以中央商务区（CBD）和电子城为龙头，大力发展通讯和网络技术产业，吸引跨国公司设立运营中心。石景山区重点建设信息安全产业基地和数码娱乐产业基地。昌平区以中软软件园为龙头，主要发展行业解决方案和软件出口。北京经济技术开发区重点发展嵌入式软件和集成电路设计。市各职能部门要根据各区县的重点发展领域，加强对各区县发展软件产业的支持，形成全市上下互动发展软件产业的合力。

4. 健全中介机构的作用，完善促进和服务体系

软件产业的市场化程度较高，各政府部门要在软件产业管理中加快职能转变，对软件企业发挥好指导、监督和服务作用，将面向市场、面向产业的公共服务职能让位给社会中介机构，实现对产业的间接公共支持。要发挥好软件产业促进中心、软件行业协会、中关村技术产权交易所、北京版权保护协会、软件孵化器等重点中介机构的作用；鼓励和支持重点中介机构建立开放的网络化合作体系，整合软件发展资源，形成面向全市的大型公共服务平台；加强重点中介机构的能力建设，培养高素质的中介人才，提高服务水平和服务质量。政府有关部门要加强对中介机构的监督和管理，指导中介机构的自身建设，构建起政府和中介机构双向沟通、协作互动的创新服务体系。

大事记

CHRONICLE

2004年北京市科学技术大事记

一 月

7日　中关村科技园区召开2004年工作会议。会议总结了2003年的工作，部署了2004年重点工作。副市长范伯元到会并讲话。有关单位代表200余人出席了会议。

8日　市科委和北京医药集团有限责任公司共同召开“缓控释技术”重大项目启动暨北京医药集团研发创新体系建设汇报会。副市长范伯元等出席。

12日　中美《2008年北京夏季奥运会清洁能源技术合作议定书》签字仪式举行，科技部部长徐冠华、副市长范伯元与美国能源部长斯潘塞·亚伯拉罕参加。双方在议定书中确定了天然气高效利用等11个合作领域。

12—13日　由科技部和德国教研部主办，北京软件产业促进中心和德国佛郎霍夫协会组织筹划的“中德科技奥运项目合作论坛”在北京“中德科学中心”召开。共104人参加，有7个项目确定了明确的合作意向。

14日　市科委、市外办、市科协联合举办了第四届“驻华科技外交官新春招待会”。副市长范伯元代表市政府对驻华科技外交官们表示衷心的感谢。来自世界上50个国家和国际组织的100多位驻京的科技使节与北京市政府、部分中央单位负责科技外事工作的官员100多人出席。

15日　全国政协副主席、致公党中央主席罗豪才等到中关村国际孵化园，视察北京瑞雪环球科技有限公司和北京华维讯电信技术有限公司两家留学人员创办的高科技企业。

16日　北京自然科学界和社会科学界联席会议召开顾问委员会第二次会议。市科协主席陈佳洱、市社科联主席陶西平等，以及王大珩、何祚庥等34位专家出席。专家对缓解北京交通拥堵问题提出了意见和建议。

18日　市科协六届三次全委会议召开。中国科协书记处书记冯长根、市委副书记强卫出席并讲话。市科协主席陈佳洱主持会议。

同日　中国生物技术集团研发中心成立暨北京生物制品研究所病毒性疫苗中试实验室揭牌仪式在北京举行。副市长范伯元出席并讲话。市科委主任马林主持仪式。

二 月

9日　中共中央政治局常委、全国政协主席贾庆林视察了中关村科技园区核心区中关村西区和元大都遗址公园。市委常委孙政才、副市长范伯元、海淀区委书记谭维克等陪同。

10日　市科委发布《关于授权“科技类民办非企业单位审批权”的决定》，将开办资金为100万元以上的(含100万元)科技类民办非企业单位的审批权授权给各区县科委。

同日　副市长范伯元到中关村科技园区的旋极科技公司、飞驰绿能公司、诺维信公司视察。中关村管委会常务副主任戴卫陪同。

同日　国家知识产权局北京专利代办处正式开业。开业当天受理专利申请14件。

13日　北京市人大常委会副主任林文漪到中关村科技园区良业照明公司调研，听取企业拟建照明研发中心及半导体照明器件生产情况汇报。中关村管委会常务副主任戴卫陪同。

14 日　北京产权交易所正式挂牌成立。市长王岐山、科技部副部长李学勇、全国社保基金理事会副理事长高西庆等出席揭牌仪式。

同日　北京循环经济促进会第一次会员代表大会召开。会上，选举产生了第一届理事会。促进会会长吴季松做了题为“发展循环经济，促进可持续发展”的报告。

18 日　中国建筑材料集团公司与中国建筑材料科学研究院在钓鱼台宾馆隆重举行了联合成立中国建材技术中心的揭牌仪式。该中心将充分发挥建材院的科技资源优势和建材集团的生产、技术推广优势，组织并完成相关技术开发。

24 日　第六届北京农村科普之春活动启动。期间，以“提高科学素质，全面建设小康”为主题，围绕“三农”问题，开展了农业科学技术普及、送科技下乡等活动。

25 日　召开了由市科委组织，科技部计划司、农社司参加的科技奥运十大专项之一“奥运绿色建筑标准及评估体系研究”验收会。该项目已完成“绿色奥运建筑评估体系”等一系列研究成果，并开始运用在国家游泳中心等奥运建设项目中。

26 日　由北京机床研究所、中国长城资产管理公司、中国华融资产管理公司共同投资组建的北京机床所精密机床有限公司成立，注册资本为 4.5 亿元。副市长范伯元、市科委主任马林出席成立仪式。

26—27 日　由中关村管委会主办，北京产权交易所等协办的第七届中关村项目推介暨投资洽谈会召开，组织了主题报告会、网上展会、15 个最有投资价值项目推介等项活动。

28 日　市科协举办严防高致病性禽流感学术论坛。市科协党组书记田小平、市农科院院长李云伏出席。与会专家就建立北京及周边地区禽流感联防机制、进京禽蛋各供应点的安防检疫以及建立官方兽医制度等方面提出建议。

是月　大唐电信科技产业集团等 5 家企事业单位被国家知识产权局确定为第二批全国企事业专利工作试点单位。

三　月

2 日　科技部同意建立“北京国家‘863’计划产业促进中心”。该中心将协同北京软件产业促进中心等专业机构，共同开展“863”计划产业化工作。

同日　市委副书记杜德印等一行到市知识产权局调研，听取了刘东威局长关于我市知识产权战略和知识产权人才战略情况的汇报。

3 日　以朝鲜金日成社会主义青年同盟中央委员会第一书记金景浩为团长的代表团到中关村科技园区参观。副主任夏颖奇介绍了园区发展情况，代表团参观了联想集团。

7 日　中外妇女庆祝国际劳动妇女节 94 周年联谊活动在紫玉山庄隆重举行。全国妇联主席顾秀莲、副市长翟鸿祥、市人大常委会副主任林文漪，以及何泽慧、陆婉珍等 10 位女院士与在京的外国女专家、女外交使节共庆佳节。

10 日　副市长陆昊到丰台园总部基地招商中心进行工作调研，详细询问了总部基地的整体规划情况和建设进度，并就总部基地的绿化问题与大家交换了意见。

12 日　北京市“221 行动计划”工作会议召开，决定全面实施“221 行动计划”，即两张底牌、两个支撑、一个平台。会上，推出了《关于实施“221 行动计划”推进北京农业现代化的意见》。

15 日　市政府针对北京测绘学会秘书长杨伯刚等提出的《建议我市开展地下管线普查工作》的建议召开专题工作会。市长王岐山，副市长翟鸿祥等领导出席。

同日　市知识产权局等在庄胜崇光（SOGO）百货商场举行主题为“尊重知识产权　保护消费者权益　鼓励科技创新”的“3.15”宣传咨询活动。

17 日　北京市知识产权办公会议召开全体会议。副市长范伯元，市知识产权办公会议办公室主任刘东威及有关人员出席。会议总结了2003年本市知识产权工作,对2004年度工作做出了安排。

22日　由国家知识产权局、中国科协和市知识产权局共同举办的两院院士知识产权主题报告会在中国科技会堂召开。两院院士和年轻学科带头人出席,国家知识产权局局长王景川做主题报告。

24日　副市长范伯元主持召开建设中关村科技园区领导小组办公室规划建设专题会。会议通报决定核减园区规划用地范围约112平方千米。中关村管委会常务副主任戴卫参加。

25—28日　"第24届北京市青少年科技创新大赛"举行,主题为"探究身边的科学"。我国台湾地区和日本、韩国、新西兰、意大利等国的科技爱好者和部分驻华使馆官员出席开幕式并参观了大赛展区。

26日　联想集团与国际奥委会全球合作伙伴签约仪式在北京饭店举行,双方缔结"国际奥委会第六期全球合作伙伴"关系。

同日　伊拉克临时管理委员会轮值主席穆罕默德·巴赫尔·乌鲁姆一行访问中关村科技园区。中关村管委会副主任夏颖奇接待了来宾。

同日　由清华大学研制的我国第一台CDMA移动通信用高温超导滤波器系统,在商业运行中的CDMA移动通信基站上通信试验成功并将投入长期实际使用,标志着我国是继美国之后,第二个用自己的技术实现了高温超导滤波器在移动通信中应用的国家。

28日　第二届"北京青少年科技创新市长奖"颁奖典礼在北京师范大附属实验中学举行。5名获奖选手拿到了由王岐山市长亲笔签名的获奖证书。

29日　也门共和国总理阿卜杜勒－卡迪尔·阿卜杜－拉赫曼·巴杰麦勒及其访华团一行在中国驻也门大使高育生的陪同下到中关村科技园区参观访问。管委会副主任刘卓军向来宾介绍了园区的发展历史与现状。

30日　由市政府新闻办公室、市知识产权办公会议联合举办的"北京知识产权保护状况新闻发布会"召开。市知识产权局局长刘东威做新闻发布,百余人参加。

是月　市科委党组抽调3位正处级干部,组成总工办公室,专门负责对科技计划项目进行全过程的督促和检查,特别是着重抓好科技项目的中后期管理工作。

四　月

1日　市科委召开了"首都科技条件平台建设工作座谈会"。副市长范伯元向清华科技园孵化器有限公司等首批4家首都科技条件平台的试点单位颁牌。

7—8日　市科委在北京会议中心举办了续修《北京科学技术志》培训班,46位撰写人员参加了培训。

9日　北京市科学技术奖励大会暨2004年北京科技工作会议在北京会议中心召开。会上,向294项科技成果颁发了"北京市人民政府2003年度北京市科学技术奖",获奖总人数2 082人,获奖单位544个。市科委主任马林做工作报告,副市长范伯元出席并讲话。

10日—5月28日　由市科协、中国青少年科技辅导员协会等单位主办的第二届"走进科普的春天"系列科普活动在本市展开。

13日　平壤市科技联盟代表团到访市科协。市科协副主席田小平等同科技联盟委员长金吉顺等进行会谈,双方正式签署了合作交流协议书。

19日　由全国整规办、国家知识产权局等九部委共同主办,市知识产权局和东城区科委承办的2004年"保护知识产权宣传周"开幕式在王府井步行街举行。有17个单位的近百人参加,并在现场开展知识产权法律咨询活动。

21日　由外交部新闻司、市外办和中关村管委会共同组织的"做客中关村"系列活动拉开帷幕。来自美联社、美国全国广播公司、美国国际电台、英国路透社等20多家驻京海外媒体的40多名新闻记者到园区参观、采访。

22日　市科委、市工业促进局、市商务局、中关村园区海淀园管委会主办的"北京助飞企业E化ASP应用一期示范工程启动大会"举行。区县科委、商业信息中心、知名软件企业的百余位代表参加，副市长范伯元出席会议并讲话。

同日 "2004年北京软件产业工作会议"召开。来自市有关部门、各区县科委、软件园、孵化器、在京外资企业和研发机构、软件企业、高等院校、科研机构等300多人参加。副市长范伯元到会并讲话。

26日 副市长范伯元到中关村科技园区都科摩(北京)通信技术研究中心有限公司、北京华力创通科技有限公司、北京城际在线信息技术有限公司及北京亚太安讯网络电子技术有限公司等单位视察，听取了公司的产品研制和市场开拓情况汇报。中关村管委会常务副主任戴卫陪同。

28日 第26次科学技术专家季谈会召开，主题为"循环经济与科学决策"。副市长张茅出席。北京循环经济促进会、中科院生态环境研究中心、北京航空航天大学、国家行政学院等专家发言。

同日 2004年北京市专利工作会议在中国国际科技会展中心召开。国家知识产权局副局长李玉光、副市长范伯元到会并讲话。市知识产权局局长刘东威做2003年北京市专利工作报告。有近300人参加了会议。

同日 由市科协、中国社会科学院技术创新与战略管理中心、清华大学经济管理学院联合主办，北京科学学研究会承办的"全国技术经济与创新暨企业技术创新与管理学术研讨会"在人民大会堂开幕，相关人士120余人参加。

同日 "中国—欧盟数字奥运研讨会"在北京国际会议中心举行。此次研讨会从9个领域的45个项目中选出首批17个中欧双方重点推荐项目。

29日 市科委向社会公开发布了《北京市科技发展重点领域指南(2005—2008)》，并据此向社会各界广泛征集2005年科技项目(课题)建议。

同日，市科委召开18个区、县主管科技的区县长和科委主任参加的科技工作座谈会。市科委马林主任讲话，副市长范伯元出席会议并讲话。

30日 中关村科技园区海淀园管理委员会在海淀科技大厦成立。副市长范伯元，中关村管委会常务副主任戴卫，副主任任冉齐、刘卓军出席成立仪式。

是月 在北京大学和北京实验动物研究中心联合实验室，由长江学者邓宏魁教授和丁明孝教授率领的科研小组，利用核移植技术和四倍体胚胎聚合技术在国内率先克隆了小鼠。

五 月

8—10日 由市科协主办的"第15届国际植保大会卫星会议"在北京科技活动中心召开。15个国家的21位中外专家就蔬菜、水稻、水果等农作物及土壤中病虫害的安全控制进行了探讨和经验交流。

10日 副市长范伯元到中关村科技园区电子城进行调研，分别听取了北京理工大学留学人员创业园、东方惠科防伪技术公司、海域天华通讯设备公司、世纪互联信息系统公司的汇报。中关村管委会常务副主任戴卫陪同。

11日 由市政协黄承祥副主席带队，市政协港澳台侨委员会委员一行40人到中关村科技园区就归国留学人员创业融资问题进行调研。委员们到国际孵化器参观留学人员企业，与10位留学人员创业者座谈。中关村管委会常务副主任戴卫、副主任夏颖奇陪同。

14日 市知识产权局与市委宣传部、市政府办公厅共同为市委、市政府理论学习中心组成员举办知识产权主题报告。全国人大常委会法律委员会郑成思做主题报告。市委书记刘淇，市政协主席程世峨，市委副书记龙新民、强卫、杜德印出席。120余人参加了报告会。

同日 由市科协、德国北莱茵—威斯特法伦州经济部等5家单位共同主办的"中小企业国际合作论坛”举行。有关单位的代表120余人就如何提高中小企业国际化效率和拓展合作领域进行了交流。

同日 由市科协主办,北京科技情报学会承办的“2004信息安全论坛”在中国科学院文献情报中心举办。中科院院士蔡吉人等和21名该领域的专家,就“密码技术的三大革命”等进行了交流。

15—21日 北京科技周举行,主题为“科技以人为本,全面建设小康”。本届科技周在活动内容上突出了宣传科学发展观,强调科技为“三农”服务和对未成年人的科普教育。

16日 由中国科协科普部、市科协共同主办的第二届“北京科学传播创新与发展论坛”在北京科技活动中心举办。中国科协主席周光召、中国工程院副院长邬贺铨等出席,市科协主席陈佳洱主持开幕式。10余位中外专家学者和科普工作者就科普工作的创新、传播机制和科普产业发展等进行了交流。

18日 北京自然科学界和社会科学界联席会议举办第二次高峰论坛,主题为“北京城市规划与交通”。10余位专家就北京城市空间发展规划、建设城市交通体系等问题发表意见和建议。

20日 中国首家“纳米”认可机构——中国实验室国家认可委员会纳米技术专门委员会成立。该委员会由国家纳米科学中心和中国实验室国家认可委员会联合成立,挂靠在国家纳米科学中心。

21日 中关村科技园区与成都高新区友好合作洽谈会举行。四川省副省长柯尊平、北京市副市长范伯元分别率各相关部门负责人就双方高新区加强合作问题进行座谈。

同日 由奥组委和奥科委共同组织,绿色奥运建筑评估体系课题组承担完成的《奥运改扩建场馆环保指南》和《奥运临建场馆环保指南》通过奥组委环境部组织的专家评审。

21—26日 由科技部、商务部等主办,中国国际贸易促进委员会北京分会承办的第七届“中国北京国际科技博览会”在中国国际展览中心举行。期间,签订了以高新技术为主的投资合作和贸易项目252个,成交总金额39.6亿美元。

22日 北京市科委与天津市科委联合召开了“京津科技合作座谈会”。会上,北京市科委主任马林与天津市科委主任李家俊签署了“京津科技合作协议”。

24日 “奥运多语言智能信息服务国际论坛”在京举行,主题是:用先进的语言技术克服奥运的语言障碍和用科技奥运促进人文奥运。奥科委主席林文漪参加论坛。

25日 市科委召开有中央及北京市共10余家新闻媒体参加的“农村科技服务港”新闻发布会。“农村科技服务港”将重点实现四大功能,即科技信息服务功能、科技成果推介功能、科技培训普及功能和专业技术咨询功能。

同日 由北京工业设计促进会与崇文区图书馆合作成立的全国首家设计专业公共图书馆成立。

27日 第27次科学技术专家季谈会召开。副市长吉林、范伯元出席。清华大学、中国铁道科学研究院以及英、日、瑞、韩的专家围绕“国际大城市交通发展战略的选择”主题,提出了北京城市交通发展规划的设想。

31日 市科委组建的联合国工业发展组织工业分包与合作交流中心(简称SPX北京中心)成立大会召开。中心主任张强汇报了中心的筹备过程和今后的运营安排,市科委主任马林到会祝贺。

是月 市科委火炬计划办公室公布了2004年度火炬计划项目认定情况,共有171个项目列入本年度火炬计划项目,其中国家级73个,北京市级98个。全部项目需新增投资18.1亿元。

是月 由清华大学材料系研制成功的纳米人工骨获得三类植入产品试生产注册证,成为中国第一项可在市场上公开销售和应用的纳米医药产品。该产品在东直门医院等10余所医院进行应用,4所医院给出临床实验报告,患者满意度为100%。

六 月

5日 市委书记刘淇到中关村科技园区调研。刘淇强调，要抓住举办奥运会的机遇，打出“中关村”品牌，实现中关村科技园区新的飞跃。

8日 上海市委副书记、市人大常委会主任龚学平一行到中关村科技园区考察，参观了中国航天城和联想集团公司。市人大常委会副主任范远谋、中关村管委会常务副主任戴卫陪同。

14日 奥科委办公室、北京市奥指办、北京新材料发展中心共同组织召开了“LED及半导体照明在奥运工程中的应用”专题交流会，LED应用工程单位代表以及部分专家参加了会议。

15—19日 由市科协和清华大学主办的“第六届国际传热会议（ISHT 6）”在西郊宾馆召开。来自26个国家和地区的132位代表参加。与会专家围绕微尺度传热、纳米技术等主题进行交流。

16日 由国家大剧院工程业主委员会、科技部高新司、市科委主办，北京新材料发展中心承办的“国家大剧院屋顶用钛板自清洁或易清洁方案研讨会”召开。

17日 副市长刘志华到中关村科技园区调研，了解园区建设发展的有关情况。

23日 北京蛋白质组研究中心奠基仪式在中关村生命科学园举行。牛有成副市长等有关单位的领导出席。该中心总投资2.9亿元，占地75亩，建筑面积4万平方米，将分两期建设实施。

同日 市科委、市园林局、市政府外办共同承办了“城市热岛效应研究国际研讨会”。国内外专家就城市热岛效应的成因、研究方法、措施、进展以及实施案例和实际效果进行了深入的研讨。

27日 “2004年消防救助技术北京研讨会”召开。该活动由市科委、市消防局、中国消防协会科普教育工作委员会和日本国际协力事业团中国事务所共同主办，市消防局承办。中、日、美、英等国的消防同仁共计150余人就消防救助技术及装备的研究开发与推广应用等进行了研讨。

28日 北京集成电路IP中心（BJIPC）成立暨合作签字仪式举行。该中心由市政府与美国网拓公司、香港科技园、韩国半导体设计资产研究中心及新思科技共同合作成立。

29日 中科院计算技术研究所举办曙光4000A超级计算机科技成果发布会。在2004年6月21日公布的全球高性能计算机TOP500排行榜中，曙光4000A位列全球第十。

七 月

1日 世界糖尿病治疗领域的主导企业——诺和诺德公司在北京中关村生命科学园举行了“诺和诺德（中国）研究发展中心落户中关村生命科学园庆典”活动。

3日 市委书记刘淇到海淀区和中关村科技园区海淀园考察，先后视察了中关村街道科汇社区活动中心、中关村西区、圆清路、西北旺地区、中关村软件园港湾网络有限公司和北京中科大洋科技发展股份有限公司。

3—4日 市科协配合全国科普日活动开展了北京地区重点科普活动。中共中央政治局常委曾庆红，中共中央政治局委员刘淇、刘云山、周永康等参加了在中国科技馆举办的“科学普及——你我共参与”主题科普日活动。

5日 国务院治理整顿土地市场秩序联合检查验收组对中关村科技园区落实国务院《关于治理整顿各类开发区加强建设用地管理的通知》以及治理整顿土地市场秩序的工作情况进行检查，充分肯定了园区治理整顿土地市场秩序工作。

10日 由北京云电英纳超导电缆有限公司自主开发研制的中国第一组实用型超导电缆

正式并入云南电网。科技部、北京市政府、云南省政府在昆明普吉变电站举行了并网仪式。这标志着继美国、丹麦之后,中国成为世界上第三个将超导电缆投入电网运行的国家。副市长范伯元、市科委主任马林出席了活动。

15日　解放军军事医学科学院与上海绿谷(集团)有限公司共建"中药与天然药物工程研究中心"暨入驻北京生物工程与医药产业基地项目签约仪式在京举行。副市长范伯元,解放军军事医学科学院院长赵达生、政委边兆明,市科委主任马林等出席。

同日　第六届北京"科普之夏"活动在前门街道社区科普文化广场启动,主题为"科学普及——你我共参与",历时40余天。

16—20日　由团市委、市委宣传部、首都文明办、市科委、市教委、市科协、《北京科技报》等单位共同举办了"2004北京青少年科技博览会",主题为"青春、科技、未来"。

19日　市科协召开六届八次常委会议,陈佳洱主持,田小平做工作报告。常委们围绕加强科协系统人才工作进行了讨论,并提出意见和建议。

20日　国家档案局局长、中央档案馆馆长毛福民率队到中关村科技园区对非公企业档案工作情况进行调研。

22日　市农林科学院举行"北京农民远程教育智农培训示范基地启动仪式",海淀、通州、昌平、朝阳、大兴、房山、怀柔、门头沟、密云、顺义、延庆11个区县的21个远程教学站点通过资格审核,成为示范基地。

26日　德国亥姆霍兹国家研究中心联合会北京代表处揭牌仪式在中德中心举行。路甬祥教授与瓦尔特·科勒尔教授联手为代表处揭牌。该代表处是联合会的第二个海外代表处,旨在促进其属下的15个研究中心与中国科技界的合作。

30日　市委副书记、市长王岐山到中关村科技园区调研,参加了主题为"银企合作,共同发展"的中关村科技园区第11次银科企活动,视察了中关村国家知识产权制度示范园区。副市长范伯元、中关村管委会常务副主任戴卫等陪同。

是月　由中国软件行业协会、中国计算机报社及中国国际贸易中心联合主办的"第八届中国国际软件博览会"召开,主题是"中国软件企业国际化与企业做强做大",中国软件行业规模最大的100家企业参加了此次博览会。

八　月

3—9日　由科技部、教育部、中国科协、共青团中央、北京市政府共同举办了"第三届亚太经合组织青年科学节"。来自亚太经合组织21个成员经济体中的14个成员以及中国澳门的1 200名青少年参加了本届活动,共同发表了《让青年掌握科学,携手开创美好未来——第三届APEC青年科学节北京宣言》。

6—10日　市人大常委会副主任林文漪等到中关村科技园区就《中关村科技园区条例》的贯彻执行情况等进行检查。副市长范伯元、中关村管委会常务副主任戴卫等陪同。

8日　等离子物理学家、北京第一个民办科技机构负责人陈春先在北京病逝,享年70岁。

16日　首都科技界纪念邓小平同志诞辰100周年座谈会在北京科技活动中心召开。顾方舟主持会议。市委副书记强卫、中国科协副主席左铁镛以及市科协党组书记田小平等出席。

23日　由市科委组织专家评审、认定并推荐的20家培训机构被科技部星火计划办公室审定为第一批国家星火计划农民科技培训星火学校并授牌。

25日　由市科委组织并推荐的19家单位被科技部星火计划办公室审定为第一批国家星火计划农村科技服务体系建设示范单位。

九　月

1日　中关村科技园区企业家咨询委员会

全体会议暨第二次园区发展问题座谈会召开，副市长范伯元，中关村管委会常务副主任戴卫等出席。

2—3 日 “第八届京港经济合作研讨洽谈会”在香港会展中心举行。2 日下午，市知识产权局主办了“知识产权论坛”，来自香港各界的人士 170 余人及相关媒体参加了此次论坛。

3 日 市人大常委会主任于均波、副主任林文漪率人大常委会委员、人大代表视察了中关村生命科学园、博奥生物芯片国家工程研究中心、永丰产业基地、中关村软件园、港湾网络公司。副市长范伯元、中关村管委会常务副主任戴卫等陪同。

8 日 市十二届人大常委会召开第十四次会议，听取并审议了副市长兼中关村管委会主任范伯元做的关于贯彻执行《中关村科技园区条例》和实施《五年上台阶行动纲要》情况的报告。

8—12 日 由建设中关村科技园区领导小组主办，海淀区政府和中关村管委会承办的“第七届中关村电脑节”举行。电脑节举办了招商引资、中关村论坛、科技产品展览交易会等五大系列活动，共签订 52 个项目，总金额达 169 亿元。

9—10 日 直辖市科协联席会议首次会议在北京召开。会议就选取带有共性的课题联合开展调研；互换常委会、全委会议材料以及科协信息简报等达成共识。

17—18 日 由市科委主办的“第八届北京生物医药产业发展论坛”举行，主题为“抉择与突破”，由全球医药企业领袖高峰会、论坛大会报告、专题卫星会以及展览展示四部分组成。有关人士 400 人出席。副市长范伯元、市科委主任马林到会并讲话。

20 日 科技奥运网站（www. hitech2008. org. cn）开通，包括中、英文版，设有工作机制、规划部署、新闻动态、行动聚焦、科技金桥、国际合作、奥运科普、专题活动、献计献策和视频点播等栏目。

同日 京东方 TFT - LCD（薄膜晶体管液晶显示器件）五代线，在北京亦庄经济技术开发区京东方显示科技园举行了搬入仪式。该生产线项目总投资 12. 5 亿美元。

21 日 英特尔（中国）有限公司与市科委宣布，共同支持北京本地的独立软件开发商（ISV）发展开发源代码软件技术。

同日 副市长范伯元在市政府会见了美国 AMD 公司董事长、总裁兼首席执行官海克特·鲁尔兹博士一行。美方表示，AMD 将整合中国、香港和台湾地区的业务，成立大中华区，并将大中华区的总部设立在北京。

22 日 市委常委会研究讨论了“首都二四八重大创新工程”进展情况。市委书记刘淇主持会议。会议对工程进展和新的工作思路给予充分肯定，强调要构建首都区域创新体系，让企业成为科技创新主体。

同日 来自德国、挪威、波兰等 17 个国家的驻华科技外交官和多家境外新闻媒体记者先后参观了中电国华北京热电分公司和通州区台湖科普实践园。

23 日 市科委、市农委共同主办“科技兴农主题活动”，主题是在中介机构培育型、示范基地带动型、企业自主创新型、科研院校领办型和生产力促进体系型 5 个方面建立新型农村推广体系。市委副书记强卫，副市长范伯元、牛有成出席。

24 日，市委书记刘淇，市委常委、秘书长孙政才，副市长范伯元一行视察中关村生命科学园中的达博奥生物芯片国家工程研究中心、诺和诺德（中国）制药有限公司及北京生命科学研究所。

同日 中关村管委会在北京国际会议中心召开“留学人员庆国庆暨表彰大会”，千余名留学人员参加。市委书记刘淇出席并做重要讲话。53 位优秀创业留学人员代表接受了与会领导颁发的奖牌。

25 日 国内第一条 12 英寸芯片生产线在北京经济技术开发区建成投产，标志着我国集成电路制造技术已跨入 300 毫米时代，进入国际高端行列。市委书记刘淇，市委副书记、市长王岐山等出席了投产仪式。

27 日 第 61 次市长办公会议上原则通过

了《2002—2003年北京知识产权保护状况》白皮书,并于10月21日正式对外公布。

29日 “国家纳米科技中心北京同步辐射协作实验室”揭牌仪式在北京正负电子对撞机国家实验室同步辐射装置实验室进行。

十 月

8—31日 举办了“2004年(第七届)北京科技交流学术月”活动,主题是“以人为本科学发展”。期间,数万名科技工作者参加了340余项学术活动。

11—14日 由市科协、北京地理学会等组织的“都市农业、观光农业与城乡发展”国际学术研讨会在北京农学院召开。市委副书记强卫、市农委主任李进山、市科协党组书记田小平等出席。来自中国、荷兰、丹麦、加拿大、韩国、日本等国的专家学者围绕都市农业发展的理论与实践等议题进行交流。

12—17日 “第六届中国国际高新技术成果交易会”在深圳举行。副市长范伯元带队参展。北京展团取得了技术贸易成交额11.5亿元的好成绩,并获得了高交会组委会颁发的“优秀组织奖”。

13—14日 “第二届北京中—欧大城市发展学术研讨会”召开。来自中国、德国、荷兰、芬兰、比利时、意大利等国的中外专家学者围绕“智能交通的应用与发展”的主题进行了交流。

14日 中关村管委会召开《中关村科技园区志》编纂委员会成立大会,司法部部长张福森、副市长范伯元,以及编委会委员单位的代表和特邀顾问出席了会议。会上,范伯元向编委会成员和特邀顾问的代表颁发聘书;会议讨论并原则通过了《中关村科技园区志》的篇目设置。

16—17日 全国专利代理人考试(北京考点)在中华女子学院和中国人民大学举行,1960人参加考试,265人通过。

16—18日 市科协、北京粘接学会共同举办的“2004北京国际粘接技术研讨会”在北京科学会堂召开。来自瑞士、德国、英国、日本、韩国等十几个国家近200名专家参加会议。

17日 由美国贝勒医学院、中华医学会、北京市自然科学基金委员会和北京生物技术和新医药产业促进中心共同主办,北京双鹤药业承办的“中美代谢病治疗与研究研讨会”在北京饭店召开,百余名中美专家参加。

18日 朝鲜最高人民会议常务委员会委员长金永南一行50余人,在中国驻朝鲜大使武东和的陪同下到园区参观访问。中关村管委会副主任夏颖奇陪同。

19日 北京市科协信息中心成立。该中心主要负责市科协信息网络及计算机硬件设备的技术保障,应用系统软件的开发、维护;负责为全市的科普事业发展提供信息服务。

20日 由市教委、市科协、市科委、市体育局联合主办的“第22届北京学生科技节”在中关村中学启动。副市长范伯元致词,市政协副主席张和平、党组书记田小平及各主办单位、区县政府有关负责人出席。

同日 北京市外办和中关村管委会又一次举办驻京外国使节“做客中关村”活动,共有美国、日本、法国、德国、意大利及联合国教科文组织、欧盟委员会等在内的50多个国家驻京使馆的外交官及国际组织代表80多人参加。

21日 中科院高技术产业发展局与中关村管委会共同举办了“北京国家技术转移中心签约暨揭牌仪式”。中科院副院长施尔畏、副市长范伯元等出席并讲话。中科院高技术产业发展局局长赵勤、中关村管委会常务副主任戴卫代表双方签订共建协议。

同日 “第二届中国北京研发机构国际论坛”举行,主题是“北京21世纪国际高技术研发基地——打造世界IT研发中心”。科技部秘书长张景安、市科委主任马林到会并致辞。来自国内外的200多名企事业单位代表参加了此次会议。

同日,市知识产权局发布《北京知识产权发展和保护纲要(2004—2008年)》。纲要提出了“创新战略”等69项措施。

25—27日 “第三届国际人类蛋白质组大会”召开。会议由国际人类蛋白质组组织、中国人类蛋白质组组织、国家生物医药分析中心和市科委共同主办。来自世界各地相关领域的2 000余位科学家围绕“蛋白质组学——基因组的诠释”这一主题，进行了广泛的研讨。

26日 由北京市发展和改革委员会主办，市科协、北京节能环保服务中心、北京制冷学会承办的“北京公共建筑空调节能专题论坛会”在北京科技活动中心召开。有关人士180余人参加会议。

28日 科技部在北京召开了全国县(市)科技工作会议。会上，朝阳、海淀、昌平三个区被授予全国科技进步示范市(县、区)。

十一月

1日，中共中央政治局常委、国务院总理温家宝视察了物理研究所、计算技术研究所；专程看望了著名科学家吴文俊、刘东生和李国杰。

2日 北京发明协会召开颁奖大会，表彰在第五届中国国际发明展览会上获奖项目的承担单位和个人。副市长范伯元、中国发明协会常务副理事长聂力、市科委主任马林等出席了大会。

同日 市科委召开了“2004年度北京市支持高新技术产业发展财政专项资金落实大会”。高新技术企业、科技中介机构、风险投资机构以及孵化基地和在孵企业的代表拿到了总额为1.74亿元的北京市财政专项资金。

同日 市科委向社会公开发布了2005年启动实施的37项重大科技项目，涉及电子信息、光机电、生物医药、新材料、农业、医疗卫生、社会发展等7大领域，是从今年5月向社会公开征集到的1 845项科研项目建议中筛选、凝练而来的。

5日 由科技部、市政府等单位联合主办的“2004北京科技与奥运高层国际论坛”在京召开。科技部部长徐冠华、奥科委主席林文漪出席并致辞。与会代表围绕奥运会的技术选择、组织管理和数字奥运三大主题展开研讨。来自国际奥委会，第25—28届奥运会组委会，相关领域专家、学者、政府官员以及企业家350多人参加了本次论坛。

8日 中国人民大学举行文化科技园揭牌仪式，教育部副部长赵沁平、副市长范伯元、中国人民大学校长纪宝成等到会祝贺并致辞。

11日 中关村科技园区管委会、市知识产权局、中关村知识产权促进局在中关村科技园区联合启动“专利引擎”计划，开展高新技术企业专利试点工作。

13日 “第六届中国重庆高新技术交易会暨第二届中国国际军转民科技博览会”在重庆举行。中关村管委会和市科委联合组团参加。北京代表团以“机遇·创新·科技·参与”为主题，展示北京的科技创新环境及奥运商机，展区分为“科技奥运”与“科技中关村”两大板块。

同日 由世界中医药学会联合会主办、中国中医研究院承办的“第三届国际传统医药大会”在京召开。会议的主题是“传统医药与人类健康”。来自世界33个国家的1 500多名代表参加。

17日 “2003—2004年度北京市国家机关网站检查评议总结大会”召开。副市长范伯元到会并为获奖单位颁奖。市科委网站(www.bjkw.gov.cn)被授予“北京市国家机关优秀网站”称号。

19日，市科委、中关村管委会、北京市工业促进局共同主办了“数字电子城网络化制造平台汇报发布会”，宣告“数字电子城网络化制造平台”正式投入使用。

22日 市科委召开“纪念开放技术市场二十周年暨第八届北京技术市场金桥奖颁奖大会”。市人大副主任林文漪、副市长范伯元、中国技术市场协会会长韩德乾等出席并讲话。市科委主任马林做了报告。本届金桥奖共评出集体奖31个，项目奖43项，个人奖63名。

29日 市科委、市信息办、市版权局、市知识产权局和市财政局等单位召开了“北京市软件正版化应用本国办公软件试点工作报告会”。

是月 由科技部基金管理中心组织的2004年度国家创新基金评审结束。北京地区共立项176项,获资金支持11 118万元,仍居全国第一。

十二月

2日 北京市十二届人民代表大会常务委员会第17次会议通过了修订后的《北京市实验动物管理条例》,并于2005年1月1日实施。

3日 由团市委、市科委、市科协、市乡镇企业局、市学联联合主办的“首届首都大学生科技创新作品展暨洽谈会”开幕。市委副书记强卫、团中央书记处书记杨岳、市科协党组书记田小平等出席。

4日,由北京科兴生物制品有限公司牵头研制的“非典”病毒灭活疫苗一期临床试验全部完成,成为世界上首例通过临床试验的“非典”疫苗。

6日 由科技部中国技术市场管理促进中心和韩国技术交易所(KTTC)联合主办、北京技术交易促进中心承办的“中韩技术产品交流洽谈会”在清华科技园创新大厦举行。14家韩国企业携医用污染废气物焚烧系统等项目与100多家单位展开洽谈。

7日 北京科普创作出版专项资金资助作品《图文科普·现代战争与兵器》荣获第14届中国图书奖。

8日 联想集团宣布,以总价12.5亿美元收购IBM的全球PC业务,包括台式机业务和笔记本电脑业务。IBM高级副总裁史蒂芬·沃德将出任联想集团新CEO,杨元庆改任董事长。

10日 由市侨联和市科协共同主办“海外留学归国人员及华商企业创业环境恳谈会”。市科协常务副主席田小平、市侨联主席李昭玲等就海外智力归国创业的有关政策问题与到会的海外留学归国创业人员及华商企业代表进行了交流。

同日 全国政协主席贾庆林在北京市副市长范伯元的陪同下视察了北京天文馆新馆。市科委主任马林、市科研院院长曹凤国、市科研院党委书记卢晓明等委、院有关领导陪同参观。

12日 北京天文馆新馆落成典礼举行。新馆建筑面积为2万平方米,增加了数字宇宙剧场、4D科普剧场等设施,并有3 000平方米的展览大厅,具备了以普及天文学知识为主、寓教于乐的新型天文馆的基本功能。

15日 副市长兼中关村管委会主任范伯元主持召开建设中关村科技园区领导小组办公室成员单位联络员会议,就中关村管委会代为起草向国务院汇报的《中关村科技园区发展情况的报告》,向各成员单位征求意见。

16日 国务委员陈至立视察了中星微电子有限公司、博奥生物芯片国家工程研究中心、北京科兴生物制品有限公司和中关村软件园,听取了副市长范伯元关于中关村科技园区发展和改革情况的汇报。市委书记刘淇、市长王岐山等陪同。

同日 国家应用软件产品质量监督检验中心揭牌仪式在中关村软件园内举行,相关单位领导和媒体记者150余人参加。

同日 “北京科技咨询业协会十年庆典暨北京咨询业发展论坛”召开。科技部、市政府、市科委、市社团办、中关村园区管委会等有关部门的领导以及150余名企业代表出席。

同日 由北京新材料发展中心牵头,联合北京科技大学、国家钢铁材料测试中心等9家单位共同发起成立的北京材料分析测试服务联盟在北京有色金属研究总院会议中心召开成立大会。联盟采用理事会制,理事会办公室设在北京新材料发展中心,管理日常业务。

17日 由市科委和中关村管委会联合主办的“首届京台环境保护科技交流会”在北京友谊宾馆举行。本次会议为京台两地专家、学者以及企业界人士提供了一个进行互相交流的平台和机会。

同日 由知名专家、学者和志愿者组成的北京绿色奥运绿色行动宣讲团成立。宣讲团将在奥运会举办前的近5年里，向大众宣传普及“人文奥运、绿色奥运、科技奥运”三大理念及相关科学技术知识。

18日 北京化工大学科技园被认定为国家大学科技园。至此，北京市高等学校中共有7个国家级大学科技园。

21日 市教委、市科委在北京航空航天大学联合召开了“北京市校企合作产学研项目签约仪式暨新闻发布会”。副市长范伯元、市科委主任马林、市教委副主任张国华等出席。会上，签约了7项产学研合作项目。

22日 300多位海外留学人员访问中关村科技园区。在新世纪饭店，留学人员访问团与100多家投资机构举行项目推介活动。副市长兼中关村管委会主任范伯元，中关村管委会常务副主任戴卫等出席。

24日 中共中央总书记、国家主席、中央军委主席胡锦涛分别看望了著名核物理学家朱光亚和著名数学家杨乐，听取他们对我国科技事业发展的意见和建议，向他们和全国广大科技工作者表示亲切问候和新年祝福。

25日 市委书记刘淇、市长王岐山以及孙政才、范伯元等市委、市政府领导亲临北京天文馆新馆视察。市科委主任马林，市科研院院长曹凤国、党委书记卢晓明等陪同。

27日 市科委批准北京中自科技产业孵化器有限公司、北京华海基业科技孵化器有限公司、北京金兰巢科技孵化器有限公司、北京泰思特测控技术公司4家单位为高新技术产业孵化基地。

同日 中关村管委会召开“2004年度中关村十大新闻”发布会。中关村管委会常务副主任戴卫宣布“党和国家领导人到中关村看望著名科学家”、“‘星光’中国芯占据世界图像输入芯片市场半壁江山”等10条新闻入选。

28日 市科协六届九次常委会议召开。陈佳洱主持会议，田小平做《市科协2004年工作总结和2005年工作要点》的报告，贺慧玲分别做了《市科协关于加强学会建设、促进学会改革的意见》以及关于“成立市科协青年学术工作委员会”和“变更市科协副主席、常委、委员人选”的说明。

科技管理与服务

MANAGEMENT AND SERVICE OF SCIENCE AND TECHNOLOGY

综合管理

Integrated management

计划实施

Plan for implementation

辅助决策

Assistant in decision-making process

科技条件

Science and technology condition

科技服务

Science and technology service

综合管理

【“科技类民办非企业单位审批权”下放】 2月10日，市科委发布《关于授权“科技类民办非企业单位审批权”的决定》(京科政发[2004]58号)。《决定》指出，为进一步优化首都发展环境，充分发挥区县科委的作用，市科委决定按照属地化原则，将开办资金为100万元以上的(含100万元)科技类民办非企业单位的审批权授权给各区县科委。各区县科委应当严格按照有关规定审批科技类民办非企业单位的业务范围及名称等，并将批准设立的科技类民办非企业及时报市科委备案。市科委负责做好政策和监督工作。

(市科委)

【对发电企业管理系统进行评审】 3月1日至4月5日，为提高电力系统管理工作水平，北京电机工程学会受中电国华电力股份有限公司委托，由国内的权威专家组成外审专家组，对中电国华所属的北京热电分公司、绥中发电有限公司、天津盘山发电有限责任公司、内蒙古准格尔发电有限责任公司、神木发电有限公司、三河有限责任公司以及力源工程公司7个单位，依据“中电国华发电管理系统”进行了评审。

(市科协 戴海鹰)

【举办科技工作系列宣讲活动】 3月26日至7月28日，市科委先后在中关村科技园区、部分区县、中科院、中央在京科研机构、大学科技园和科技中介机构等举办了26场北京市科技工作系列宣讲活动，共有2 000多家单位的3 000余人参加。此次系列宣讲活动全面介绍了北京市未来三年“首都二四八重大创新工程”的总体设想及工作思路，科技政策，科技计划管理及项目申报程序，首都科技条件平台建设情况，信息化工作思路，农村科技工作思路等。通过此次活动大家加深了对“三大行动”的理解，增加了科委工作的透明度，增强了科委与社会各界的沟通与了解，尤其增进了中央在京单位与科委之间的了解，同时也缩短了政府与企业之间的距离。

(市科委高新技术产业化处)

【规范科研项目立项及管理工作】 3月，市教委科研处为提高市属市管高等学校的科学研究水平，促进学科建设，加快高水平创新人才的培养，更好地为北京的经济建设和社会发展服务，加快市属市管高等学校科技成果的产出，在《科技发展计划项目管理办法》、《人文社会科学研究计划项目管理办法》的基础上，下发了《关于2005年度科技发展计划以及人文社会科学研究计划立项工作有关问题的通知》，提出了科研项目的立项原则是应紧密结合北京市优先发展的科技领域和北京市经济建设和社会发展面临的重大关键问题，紧密结合国家重点学科、北京市重点学科以及北京市重点实验室的建设，紧密结合本单位优秀研究群体所涉及的主要研究领域，同时，规范了科研项目的立项程序，明确了市教委科研项目重点支持的研究领域。12月，科研处经过多次调研讨论，征求学校意见后，下发了《科技发展计划以及人文社会科学研究计划项目中期检查、结题验收工作实施细则(试行)》。通过这一系列文件，从科研项目的立项、检查、验收、结题等各个环节加强制度建设，规范管理，使科研项目管理工作有章可循，提高了科学管理水平，保证了科研项目的顺利实施。

(市教委 赵胤慧)

【举办续修《北京科学技术志》培训班】 4月7—8日，市科委在北京会议中心举办了续修《北京科学技术志》培训班，参与续修工作的46位同志参加了培训。市科委和市地方志办公室等有关负责同志出席了培训班开幕式并讲话。他们在讲话中指出，自20世纪90年代以来，北京科学技术事业发展迅猛，要全面、准确地记述1991年以来发生在北京地区的重大科技活动、科技成果、科技事件，以及北京地区所拥有的科技资源及其演变过程等，难度大，要求也很高。希望通过业务培训，能更好地把握修志要求，使第二部《北京科学技术志》真正反映出北京地区科技事业发展的脉络，成为具有“存史、资治、教化、交流、警示”等功能的资料性文献。北京市地方志办公室领导还强调说，北京市科委作为全市第二轮修志的试点单位，工作是开创性的，探索性的，希望通过业务培训，取得经验，为其他修志单位提供借鉴。培训班上，北京市科技史志办公室的有关同志讲授了《北京科学技术志》的由来和续修计划，科技志的特征、体例与资料收集，科技志志稿的撰写，科技志志稿撰写中应注意的问题等内容。参与培训的人员对讲授的内容进行了热烈讨论，普遍认为，通过培训提高了对编修北京科技志重要意义的认识，了解了如何收集资料、如何撰写志稿等，对续修北京科技志将起重要作用。

（市科学技术史志办公室）

【北京市科学技术奖励大会暨 2004 年北京科技工作会议召开】 4 月 9 日，“北京市科学技术奖励大会暨 2004 年北京科技工作会议”在北京会议中心召开。市人大副主任林文漪、副市长范伯元以及科技部等单位的有关领导出席了会议。会议表彰了 294 项获得 2003 年度北京市科学技术奖的科技工作者和单位。市科委主任马林做了《落实科学发展观，深化“首都二四八重大创新工程”，使科技创新成为建设“新北京、新奥运”的强大动力》的工作报告。报告回顾了“首都二四八重大创新工程”实施 4 年来的发展情况，明确了 2004 年及未来 3 年北京科技工作的思路和重点任务。副市长范伯元在讲话中指出，首都科技资源是北京重要的战略资源，北京科技工作的开展要树立科学的发展观，按照“五个统筹”的要求，办实事、求实效；要进一步增强竞争意识，创建好的发展环境，构建创新优势；要积极利用科技资源，发展新的生产力。当前的主要任务是：加强宏观引导，合理配置科技资源；本着“有所为，有所不为”的原则组织科技项目，政府资金做引导，力促企业成为创新主体；加强科技中介服务机构的建设；坚定不移地发展首都高新技术产业。

（市科委）

【“科技类民办非企业单位审批权”的补充规定发布】 4 月 16 日，市科委发布《关于授权〈科技类民办非企业单位审批权〉有关问题的补充通知》（京科政发［2004］195 号）。《通知》指出，今后设立的科技类民办非企业单位将以区县科委为主作为业务主管单位，区县科委对科技类民办非企业单位的审批不再受 100 万元开办资金的限制。“授权”后，将继续按照市科委与市民政局、市财政局、市地税局等四部门联合印发的《关于贯彻〈科技类民办非企业单位登记审查与管理暂行办法〉的实施办法》（京科政发［2000］592 号）规定的“同级负责”原则，并结合我市实际，按照“分类管理”原则进行审批。对于申请开办资金在 500 万元以上并具备较好科技研发条件、主要从事科技研发并能承担市级以上科技项目、拟冠名为本市行政区划名称的科技类民办非企业单位，由市科委受理，经市科委批准同意后，向市民政局申请设立登记。对已经由市科委批准的科技类民办非企业单位，本着“谁审批，谁负责”的原则，继续由市科委作为业务主管单位，做好监督管理工作。

（市科委）

【《关于发挥首都高层次人才资源优势加强博士后工作的若干意见》发布】 5 月 28 日，北京市人民政府办公厅以京政办发［2004］32 号文发布《关于发挥首都高层次人才资源优势加强博士后工作的若干意见》。该意见是为进一步加强北京市博士后工作，充分开发、利用中央在京单位和北京市人才、智力资源，发挥首都高层次人才智力资源密集的优势，优化首都人才发展环境而提出的。意见共分九部分，由市人事局、市财政局、市科委和市教委组织实施。

（市科委）

【北京获第五届中国国际发明展金奖 11 项】 9 月 10—13 日，在上海举行了“第五届中国国际发明展览会”，来自世界 10 多个国家、地区及国内共 40 多个展团参展。北京展团获得优秀展团奖，参评的 52 个项目，获金奖 11 项，即集装箱（大型客体）CT 检测系统、填埋场渗滤液的蒸发处理技术、汉王形变连笔的手写识别方法与系统、新型稀土钼热阴极材料制备方法、高效大功率大光腔半导体激光器、钛合金颅骨修复体的数字化定制、宽频电磁屏蔽柔性材料、智能力控电子古筝、应急安全门、高层建筑遥控清洁器、子母话机忘挂自动恢复系统;银奖 20 项,即机动车驾驶员交通安全综合指数管理系统等;铜奖 13 项,即 SRZ06 网络身份认证系统等。获奖率达到 85%,另外还获得了 6 个专项奖,获奖率名列前列。11 月 2 日,北京发明协会召开颁奖大会,表彰获奖项目的承担单位和个人,副市长范伯元、中国发明协会常务副理事长聂力、市科委主任马林等有关领导参加了大会。

(北京发明协会)

【市委常委会讨论“二四八工程”进展情况】 9 月 22 日,市委常委会研究讨论了“首都二四八重大创新工程”进展情况。市委书记刘淇主持会议。会议强调指出,要全面贯彻党的十六大和十六届四中全会精神,构建首都区域创新体系,让企业成为科技创新主体,大力推进首都经济社会协调发展。会议指出,4 年多来,“首都二四八重大创新工程”进展顺利,取得了很大成绩。我们要落实科学发展观,继续深化实施“首都二四八重大创新工程”,集成首都科技资源,构建首都区域创新体系,全面推动首都经济社会协调发展。要加快首都发展,必须实现经济增长方式的转变,走依靠科技进步和人的素质提高的集约型、内涵式经济发展之路。要发挥首都科技资源优势,加强自主知识产权的开发和创新,提高驾驭社会主义市场经济的能力。经济增长要从注重投资拉动向注重科技进步推动转变。会议强调,科技创新要以企业为中心,实现“一个转变,两个加强”:实现向以企业为中心的市场主导型的创新体制转变;要以科学发展观为指导,加强科技创新资源向郊区县的辐射、扩散,加强科技对城市发展、城市管理和社会发展方面的支撑。科技创新要突出重点,扎实推进,企业要成为知识产权创新主体;同时要认真消化吸收引进技术,重在消化,实现创新。要加强政府对创新的引导,从政策导向、市场准入、政府采购、搭建平台等方面推动企业实现自主创新。

(市科委)

【庆祝北京市科学技术研究院成立 20 周年】 11 月,是北京市科学技术研究院建院 20 周年大庆。20 年来,市科研院已发展成为集科技开发、科技咨询与服务、科普文化为一体,包含电子信息技术、生物新医药技术和新能源利用技术等六大优势领域的多学科综合性研究机构,下属有 30 个科研单位;有员工近 5 000 人,其中,中高级以上技术人员 1 500 余人,博士、硕士 300 人,176 人入选院萌芽计划,75 人享受政府特殊津贴,17 人获国家突出贡献称号,138 人入选北京市优秀人才培养工程,32 人入选北京市新星计划;有 129 家高新技术企业,其中有限责任公司 90 余家;完成课题 2 600 余项,成果转让 1 100 余项,获得专利 450 项,部级以上科技奖励 550 余项,国内外论文 5 000 篇,专著 70 种;举办科普展览 500 余个、3 000 余万人次参与;建有国家级、市级和院级高技术研究中心和重点实验室 18 个,企业博士后科研工作总站 1 个、分站 8 个,产业基地 2 个、9.7 万平方米,中试基地 8 个、2.89 万平方米;拥有大型仪器设备 850 台套,其中大型进口设备 20 台套。2004 年实现技工贸总收入 18 亿元,累计超过 100 亿元。

(摘自《北京科学技术研究院院报》)

【北京通过“重要技术标准”专项试点工作中期检查】 12 月 2—5 日,由国家技术标准试点专项管理办公室主办的“国家‘重要技术标准研究’专项地方试点工作中期检查暨 2004 年度总结会”在深圳举行。科技部、国家质检总局、国家标准委、中国标准化研究院的领导以及专项的专家出席会议,听取了来自 19 个试点城市与地区的代表发言。市科委、市质监局及试点办公室的有关人员就北京市技术标准试点工作进展进行了汇报。2004 年在市科委、市质监局密切协作,咨询机构、科研单位、企业等多方参与下,北京市技术标准战略研究、试点项目、企业试点、标准支撑服务体系建设、宣传等方面的内容进展顺利,呈现四大特点:广,内容丰富,涉及面广;精,重点突出,重点突破;大,重大工程,加强投入;新,结合研发,注重创新。与会专家对北京技术标准试点工作的思路、工作机制及工作成果给予了肯定,认为北京试点工作在宣传、工作机制与模式等方面均取得了创新性的成果。

(北京技术标准试点工作办公室)

【评选联想杯2004年国内、国际十大科技新闻】 12月29日，科技日报社推出的联想杯2004年国内、国际十大科技新闻评选结果正式揭晓。国内十大科技新闻是：①中国最快超级计算机跻身世界十强，“曙光4000A”运算速度峰值可达每秒11万亿次；②我国自主研制的SARS灭活疫苗Ⅰ期临床试验顺利完成；③中国探月工程今年正式启动；④CERNET2正式开通，中国有了下一代互联网；⑤世界首颗中国标准3G手机核心芯片问世；⑥中国加入伽利略计划，这是我国目前最大的对外科技合作项目；⑦联想以12.5亿美元收购IBM电脑业务，成为全球第三大电脑公司；⑧我国第一组实用超导电缆系统并网运行；⑨中外科学家携手揭秘鸡基因，绘制出红原鸡、乌鸡、肉鸡、蛋鸡遗传差异图谱；⑩中国在北极第一个考察站——黄河站建成并投入使用。国际十大科技新闻是：①勇气号和机遇号火星车成功登陆火星并找到火星曾经有水的确凿证据；②科学家制成“第六态”物质，可产生下一代超导体；③日本理化学研究所发现了用传统物理学理论无法解释的比通常原子核密度大10倍的新原子核；④2 000多家IT企业宣布支持AMD64位计算技术，共同推动AMD64成为新一代计算标准；⑤日本科学家发明储存电磁波立方体，为制造可储光“光池”奠定了技术基础；⑥美X—43A极速飞机成功试飞并创下时速11 365千米世界新纪录；⑦美国成功发射“引力探测器B”，验证爱因斯坦广义相对论；⑧科学家得到人类基因组图谱精确版；⑨英美科学家揭开太阳表面针状体形成之谜；⑩我国自主研制的SARS灭活疫苗Ⅰ期临床试验已经顺利完成，取得了阶段性的重大进展。

（科技日报社）

【制定科技项目绩效考评规范】 年内，市科委条财处完成了《北京市科技项目绩效考评研究》报告。为使绩效考评具备可操作性、有效性，经反复征求总工办的意见，结合科委工作实际，制定了一系列技术规范，包括科技项目绩效考评管理试行办法、科技项目绩效考评程序、科技项目绩效考评指标体系、科技项目绩效考评标准等。同时有针对性地选取了7个课题进行绩效考评的试点。

（市科委条件财务处）

【规范完善审计制度】 年内，为确保科技计划项目（课题）审计与结题同步，使审计工作与科委内部项目管理工作结合，市科委条财处和计划处、总工办等共同制定了《北京市科委科技计划项目（课题）经费内部审计管理办法》。《办法》规范了审计计划下达程序、下达时间、完成时间，制定了审计信息和结果汇报制以及审计问题处理工作流程等。与此同时，还制定了《审计中发现问题处理工作细则》。《细则》对审计报告中披露的问题进行划分，制定了对不同问题处理的原则。《细则》的制定和试行为审计发现问题提供了标准，体现了对审计披露问题处理的公正、公平和公开性。以上两项制度已开始试行。同时，为提高审计工作质量，对负责审计计划实施的中介机构要通过招标、绩效考评等方式进行遴选，并要求中介机构对审计报告实行三级审核制，审计中发现重大问题，及时向科委条财处汇报。

（市科委条件财务处）

【贯彻实施《行政许可法》】 年内，市科委为贯彻实施《行政许可法》和年初国务院发布的《全面推进依法行政实施纲要》，制定颁布了《行政许可事项程序制度》、《实施行政许可公示规定》、《违反行政许可法责任追究暂行办法》、《行政许可监督检查暂行规定》、《行政许可培训制度》；邀请政法大学马怀德、国务院法制办刘松山、市政府法制办程行仑为全委机关公务员、直属机构负责人及从事行政许可工作人员进行《行政许可法》培训，编写了《行政许可法培训大纲》，参加培训90人次，发放学习材料近百本；制定了行政许可法考试方案，组织全委考试；组织从事许可事项的工作人员参加全市许可法考试，取得优异成绩（平均分92分）。同时，还制定了《依法行政宣传方案》。

（市科委政策法规与体制改革处）

【加大政策法规宣传力度】 年内，市科委采取多种形式，加大了政策法规宣传贯彻的力度。利用科委网站、召开新闻发布会和《科技潮》等杂志广泛开展宣传；组织了20余次培训班和宣讲会,参加企业2 000余家,人员近10 000人,发放宣传材料30 000余份;为了贯彻落实《北京市科学技术普及条例》,制定了1 000多块展板,下发18个区县,进行《条例》及科普知识的宣传。

(市科委政策法规与体制改革处)

【科技法规得到有效实施】 年内,市科委各部门积极配合,保证了各项政策法规的贯彻落实。如根据《北京市关于进一步促进高新技术产业发展的若干规定》和《北京市关于加快科技企业孵化器发展的若干规定(试行)》,对经认定的高新技术成果转化项目以及高新技术产业孵化基地、在孵企业等落实财政补贴资金1.74亿元。国务院《鼓励软件产业和集成电路产业发展的若干政策》和北京市《关于贯彻国务院〈鼓励软件产业和集成电路发展若干政策〉的实施意见》的实施大大促进了软件产业的发展,有关优惠政策也得到了稳步落实,预计今年软件产品增值税退税可达13.5亿元;按照《关于北京市软件企业高级人才专项奖励管理暂行办法》的奖励标准,截止到9月底,已有76家软件企业的731位"双高"人才享受到政府专项奖励金额740多万元。《北京市技术市场条例》的各项优惠政策也已落实到位,截止到10月,审批的单位奖酬金已达13.9亿元。《北京市实验动物管理条例》规范了行政执法,加强了许可证管理,现市动管办验收实验动物设施13个,其中发放实验动物生产许可证2个,使用许可证11个,并如期进行了换证工作。为贯彻《关于鼓励在京设立研发机构的规定》,促进跨国研发机构在京发展被列入了政府折子工程,6家研发机构通过了认定,并通过对跨国公司在京研发机构进行的调查,初步掌握了167家外资企业研发机构的基本情况。同时,为营造良好研发环境,举办了第二届北京研发机构国际论坛,就研发模式、热点问题、共同成长等问题展开讨论。

(市科委政策法规与体制改革处)

【启动社会公益科研院所分类改革试点工作】 年内,为进一步推进北京市社会公益类科研院所的分类改革,充分发挥原来已组建的高技术实验室和中试基地的作用,在组织专家座谈和调研的基础上,总结已有改革和发展经验的同时,启动了社会公益类科研院所分类改革试点工作。此次试点选定了劳保所、首儿所、市政工程院、环保院和农林科学院畜牧兽医研究所,并制定了试点计划,确定了主要改革内容,落实了试点经费。劳保所主要试建城市安全技术开放实验室,投入多元化、服务社会化、研发国际化和整合社会资源的运行协作机制;市政工程院就公益事业和经营行为在体制和机制方面的关系,将探索出一个两者相互支持、相互依托、共同繁荣的机制;首儿所将改进完善科研人员管理机制,树立"不求所有但求所用"的新型人才管理观念,试行一系列吸引和留住人才的分配政策;环保院实行按学科特点开展科研人员分类管理的探索,加强公益性、前瞻性科研工作;畜牧所把院所改革和科研成果产业化相结合,创新运行机制,实行人员分流,建立有效激励机制。

(市科委政策法规与体制改革处)

【北京市科研院推出2004年度10大科技成果】 年内,北京市科学技术研究院科研经费总投入1.6亿元(年内3 243万元),在研课题420项(新开课题223项),其中国家级36项,省部级120项,涉及国家"863"计划、"十五"计划、自然科学基金等,有10项重大成果,即:电加工研究所曹凤国、张勤俭等人承担的国家自然科学基金项目"大面积聚晶金刚石(PCD)高效放电光整加工基础技术研究";麋鹿中心和湖北石首麋鹿国家级自然保护区的王宗祎与夏经世等人联合承担的"麋鹿重引进";太阳能所韩建功等承担的北京市发展计划委员会项目"太阳能示范基地光伏发电并网示范工程";北京实验动物研究中心和北京大学联合实验室的长江学者邓宏魁教授、丁明孝教授率领的科研小组的"国内首例克隆小鼠";射线中心王炳林、郑金美等与有关单位联合完成的"新型车辆多功能内衬材料及性能测试研究";情报所金奥博公司开发的"北京市政协提案查询提交管理系统";劳保所丁辉、姜传胜等承担的"城市典型公共场所环境安全隐患评价技术及控制对策研究”;自测所冯建科等人承担的“BC3192V50 数模混合集成电路测试系统”;营养源所李东的“新型高效食品生物防腐剂纳他霉素的研究和开发”;科学学研究中心张纪斯等完成的“北京现代化进程评价研究的第一项成果——‘北京现代化报告2003’”。

(摘自《北京科学技术研究院院报》)

【2004年中国自然科学类博物馆馆长论坛举办】 年内,由中国科学技术馆、北京自然博物馆、中国地质博物馆和北京天文馆共同发起的“2004年中国自然科学类博物馆馆长论坛”在北京自然博物馆隆重开幕,来自国内20多家自然科学类博物馆的馆长出席了会议。市科研院院长曹凤国、院党委书记卢晓明参加了会议。论坛上,大家就目前博物馆发展中的问题,如资金,建筑、设施陈旧,人才匮乏,陈列模式落后,展览设计和陈列内容体现不出自然科学类博物馆的风格等进行了研讨。同时,一些国内著名的博物馆馆长着重介绍了如何充分发挥博物馆的社会功能,特别是在科技队伍建设、人才培养、陈列设计的创新和科学化管理等方面的先进经验,并提出科学普及工作也要树立“人性化”的服务理念。经过深入研究和探讨,与会的各位馆长基本达成了共识:自然科学类博物馆的发展方向应该与时俱进,开拓创新,争取早日探索出一条适合中国特色的自然科学类博物馆发展的道路。会议期间,馆长们先后参观了北京自然博物馆、中国地质博物馆、中国科技馆和正在建设中的北京天文馆新馆。

(摘自《北京科学技术研究院院报》)

计划实施

【市教委、市科委联合推动校企合作产学研工程】 年初,市教委为了充分利用高等学校科技教育优势为北京市经济发展和社会进步服务,与市科委联合启动了“校企合作产学研工程”,成立了以两委主要领导为组长的“校企合作产学研工程”领导小组,下设办公室,分别由市教委科研处和市科委发展计划处承担。这是市教委与市科委的首次合作。该项工程确定了“两家合作、共同支持、分工合作、各有侧重;实力较强、方向明确、有机联系、长期合作;探索机制、快出成果、亮点突出、服务北京”的指导思想和工作原则,并先后制定了《市科委和市教委联合推动校企合作产学研的工作方案》、《北京市校企合作产学研项目情况调查表》、《北京市教育委员会校企合作产学研项目任务书格式》。领导小组办公室组织召开了“企业、高校合作项目座谈会”,确定了7个产学研合作项目,涉及环保、信息技术、电气化、新医药、新材料等研究领域,包括:大气二次污染的环境影响研究(北京大学与市环保局合作);水处理技术与开发(清华大学与中蓝膜技术有限公司合作);智能安全网络技术研发(北京航空航天大学与神州数码合作);电动客车产业化研究(北京理工大学与市公交总公司合作);中药创新药物研究及产业化(北京中医药大学与同仁堂股份有限公司合作);北京城轨交通系统关键技术研究(北京交通大学与地铁总公司合作);纳米氧化物涂层电极及消毒发生器研制(北京科技大学与首创纳米公司合作)。12月21日,市教委、市科委在北京航空航天大学联合召开了“北京市校企合作产学研项目签约仪式暨新闻发布会”,副市长范伯元,市财政局、市工业促进局以及教育部、14所高校、7个知名企业等单位的领导出席会议。

(市科委 张年武)

【171个项目被列入2004年度火炬计划】 5月,市科委火炬计划办公室公布了2004年度火炬计划项目认定情况,共有171个项目列入本年度火炬计划项目,其中国家级73个,北京市级98个。认定项目中,国家自然科学基金、“863”计划、国家科技攻关计划项目11个,占项目总数的6.4%;部门和地方科技攻关计划项目6个,占项目总数的3.5%;中小企业技术创新基金资助项目15个,占项目总数的8.8%。项目所涉及的领域为:电子与信息85项,占项目总数的50%;生物工程与新医药15项,占项目总数的9%;新材料及应用23项,占

项目总数的14%；光机电一体化28项，占项目总数的16%；新能源与高效节能11项，占项目总数的6%；环境保护9项，占项目总数的5%。全部项目需新增投资18.1亿元，其中银行贷款3亿元。

（北京高技术创业中心）

【3家企业被评为国家火炬计划重点高新技术企业】 5月，市科委火炬计划办公室公布有3家企业被评为国家火炬计划重点高新技术企业，即清华同方威视技术股份有限公司、北京威奥特信通科技有限公司和北京瑞斯康达科技发展有限公司。截止到2004年，北京市共有联想控股有限公司、北大方正集团公司、清华同方股份有限公司等19家企业先后被认定为国家火炬计划重点高新技术企业。

（北京高技术创业中心）

【国家"863"计划项目推介会召开】 7月20日，北京国家"863"计划产业化促进中心（即北京生产力促进中心）组织召开了"国家'863'计划项目推介会"，旨在落实科技部关于加强国家"863"计划成果转化工作的精神，更好地集成北京地区科技资源，促进"863"计划成果产业化实施。北京高新技术创业投资公司等9家投资单位及此次推荐的两项目承担单位的负责人参加了会议。推介会为投资机构介绍的项目是北京英纳超导技术有限公司承担的"铋系高温超导线材的研制及产业化技术攻关"项目和北京京仪世纪自动化设备有限公司承担的"电子材料设备规模化生产"项目。这两个项目得到投资机构的肯定，有些投资方表示了浓厚的兴趣，就项目问题的具体情况提出相关问题并进行了深入广泛的业务交流。本次推介会推动了"863"计划项目产业化中投、融资环节的工作，使投资机构进一步了解了"863"计划，促进了投资方与项目方的沟通。

（北京生产力促进中心）

【发布2005年启动实施的37项重大项目】 11月2日，市科委向社会公开发布了将于2005年启动实施的37项重大科技项目。本次确立的项目涉及7大领域，即电子信息、光机电、生物医药、新材料、农业、医疗卫生、社会发展。其中：电子信息领域8个，主要支持软件技术、信息通信技术等；光机电领域6个，主要支持微电子技术、电动汽车等；生物医药领域4个，主要支持化学创新药物、生物医学工程等；新材料领域3个，主要支持电子信息相关材料及器件、特种金属材料及技术、先进汽车材料等；农业领域8个，主要支持良种选育及产业化等；医疗卫生领域4个，主要支持公共卫生、重大疾病防治等；社会发展领域4个，主要支持生态环境、城市安全、文化体育等。项目发布后，将按照《北京市科技计划项目管理办法》逐步落实，并由市科委与项目依托单位将项目分解到课题，通过公开招标、专家评议、择优委托等方式确定课题承担单位。

（市科委计划处）

【确定市教委2005年科研计划项目】 12月，市教委完成了2005年科研计划项目审批。根据科技发展计划项目管理办法、人文社会科学研究计划项目管理办法，经过项目申请、学校初选推荐、市教委评审等程序，共批准来自26所高校的科研项目408个。其中："科技发展计划"重点项目20个（同时被列为北京市自然科学基金重点项目）、面上项目204个；"人文社会科学研究计划"重点项目16个（同时被列为北京市哲学社会科学规划重点项目）、面上项目168个。批准项目资助经费总额2 963万元，其中："科技发展计划"项目经费2 317.5万元；"人文社会科学研究计划"项目经费645.5万元。

北京市教育委员会2005年度
科技发展计划重点项目

序号	项目名称	承担单位
1	抗艾滋病创新药物的研究和开发	北京工业大学
2	城市交通承载与土地开发量互动关系研究	北京工业大学
3	多有源区纵向发光单芯片白光LED的研制	北京工业大学
4	锚杆-围岩结构的超声导波理论及其诊断方法研究	北京工业大学
5	铝锂合金强聚焦激光焊接技术	北京工业大学
6	基于中国安全标准的无线接入系统关键技术及应用研究	北京工业大学

（续表）

序号	项目名称	承担单位
7	机电设备整机运行状态的在线测诊理论研究与实践	北方工业大学
8	废水好氧脱氮过程中N20控逸理论和技术研究	北京工商大学
9	基于数据挖掘和Agent的假日旅游信息分析方法研究	北京工商大学
10	面向应用过程的有机/无机纳米纤维制备与功能研究	北京服装学院
11	免处理热敏CTP板材的研究	北京印刷学院
12	地铁牵引供电系统行波保护方式研究	北京石油化工学院
13	绵羊胚胎体外生产技术的研究和应用	北京农学院
14	电针治疗帕金森病模型鼠的作用及机制研究	首都医科大学
15	逆转肿瘤耐药的先导结构的发展与优化	首都医科大学
16	皮下蜜蜂毒肽诱致躯体感觉系统可塑性改变的机制	首都医科大学
17	北京市基础空间三维信息服务系统研究	首都师范大学
18	流体力学方程组及其相关问题的研究	首都师范大学
19	大型曲面三维摄影测量方法和技术研究	北京机械工业学院
20	番茄红素的自由基淬灭与增强免疫功能研究	北京联合大学

（市教委　车庆珍　赵胤慧）

【资助11项学术交流】　年内，市自然科学基金资助了11项专题学术交流，即：第八届北京生物医药产业发展论坛——抉择与突破，糖尿病、内分泌和代谢系统疾病国际学术研讨会，第三届国际人类蛋白质组大会，纳米超薄膜与纳米材料光电子学和光谱学特性国际会议，人民医院邀请境外专家讲学，国际鼻变态反应专题会议，2004年IEEE/WIC/ACM网上智能与智能代理技术国际联合会议，第五届功能材料及其应用学术会议，第二届中日建筑钢结构技术论坛，第三届亚太地区免疫学联盟学术大会，安全蔬菜生产技术高级论坛——北京市科学基金过去十年资助项目的回顾与展望。涉及农业、生物、医药、材料、信息、工程等学科领域，共计2 000多人（国外专家约300名）参加交流活动，征集论文1 500余篇，出版专刊3集。

（市自然科学基金委员会办公室）

【市教委与中央在京高校共建项目建设计划开始启动】　年内，为贯彻落实北京教育大会精神，实施首都教育发展战略，市教委实施了面向中央在京高校的“北京市教育委员会共建项目建设计划”（以下简称“共建计划”）。该计划共投入经费6 000万元，主要用于支持中央在京高校的北京市重点学科、北京市重点实验室和哲学社会科学基地、北京市校企合作产学研转化等项目的建设。

（市教委　赵胤慧）

【高等院校科研活动活跃】　年内，北京地区高等院校开展科技活动的机构有277个；科技经费投入55.33亿元，其中政府资金32.02亿元，企事业单位委托资金19.22亿元，其他资金4.09亿元；开展自然科学方面的研究课题19 048项，项目经费为41.07亿元；鉴定成果350项，获奖成果345项，其中国家奖30项；发表专著690部，学术论文36 726篇；拥有专利3188项，签订技术转让合同1 047项。截止到2004年底，北京地区高校共有理工农医类科技活动人员49 377人，其中具有教授职称4 697人，高级职称6 019人，研究与开发人员28 970人。

（市教委　张　豫）

【金桥工程取得新进展】　年内，市科协进一步完善了金桥工程奖励程序，积极组织和动员基层科协、学会等单位开展架桥工作，共完成项目立项455项，申报奖励342项，共实现经济效益（节约资金和年度增加利税）10.16亿元。对165个项目给予奖励，其中一等奖9名，二等奖19名，三等奖51名，鼓励奖86名；对52个单位给予组织奖，其中一等奖10名，二等奖10名，三等奖32名。

（市科协　苏国民）

【100人入选北京市科技新星计划】　年内，共有387人申报了2004年度北京市科技新星计划，其中A类146人，B类241人。经过专家初审和专业领域专家的评审，最终确定100人，其中A类62人，B类38人，入选比例分别为

42.5%和15.7%,入选人员的平均年龄为32岁,入选人员中97%是硕士、博士,98%有中高级职称,均为各单位的青年科技骨干,有着良好的业务素质。入选人员的依托课题项目以基础研究和应用研究为主,涉及电子信息、生物医药、新材料、农业、光机电一体化、医疗卫生等多领域、多学科,具有广泛性。入选人员中来自国务院部门所属单位,与北京市共建、共管的单位数量和来自北京市属单位的数量大体持平,且有3名来自军队系统的人员。新星计划资金资助额度为A类每人7万元,B类平均每人28万元,总投入1 600万元。

(市科委人事处)

【软科学计划设博士生专项】 年内,市科委为更长远地吸引和团结一批青年学者进行首都科技和经济发展研究,特在软科学研究计划中设博士生专项,资助对象是北京地区高校和研究机构的在读博士生。资助研究课题包括:科学促进经济、社会发展相关问题研究;科技产业发展规律、科技政策相关问题研究;未来科技发展趋势相关问题研究;其他与首都发展相关问题研究;软科学研究的前沿领域。经专家评议,共批准论文研究申请19项。

(市科委软科学处)

【7单位中标软科学研究项目】 年内,市科委投入软科学研究经费700万元,立项412项。在"公平、公开、公正"的原则基础上,首次面向社会进行公开招标,共有60家单位投标,其中科研机构34家,咨询公司13家,高等院校13家,最终确定7家。即:首都经济新内涵研究,中标单位:中国社会科学研究院世界经济与政治研究所美国经济研究中心,课题负责人:肖炼;首都产业聚集区和知识聚集区互动研究,中标单位:北京大学,课题负责人:王缉慈;以企业为主体的产学研结合的创新机制研究,中标单位:北京科学学研究中心,课题负责人:马宁;科技创业政策研究,中标单位:中国人民大学,课题负责人:郑风田;科技创新文化建设研究,中标单位:中国科学院心理所,课题负责人:时勘;知识产权服务问题研究,中标单位:北京知识产权研究会,课题负责人:王友彭;资源约束下首都经济可持续发展研究,中标单位:清华大学,课题负责人:石磊。7项目共获资金140万元。

(市科委软科学处)

辅助决策

【北京循环经济促进会成立】 2月14日,北京循环经济促进会第一次会员代表大会召开。市长王岐山向大会发来贺信,副市长范伯元,全国政协常委、国家地震局局长宋瑞祥,国防科工委副主任于宗林,新华社副社长徐锡安,北京循环经济促进会顾问王大珩院士,中国老教授协会副会长胡昭广,市科协党组书记田小平,市社团办主任李明利等出席并讲话。该促进会的主要任务:为全国和首都区域内的重大项目做项目研究、方案论证和决策咨询;对国家和北京提出重大资源和经济决策的建议;促进企业节水、节能,提高资源利用效率和效益;推进产业废弃物的综合利用和再生资源的回收利用;推动企业清洁生产和发展环保产业;协助政府培育、发展、规范生态园区和科技园区,开发有自主知识产权的、有益于环境的高新技术。会上,选举产生了第一届理事会。促进会会长、全国节水办公室常务副主任吴季松做了题为《发展循环经济,促进可持续发展》的报告。

(市科协 刘晓勘)

【市政府召开专题工作会】 3月15日,市政府召开专题工作会。会议针对北京测绘学会秘书长杨伯刚等提出的《建议我市开展地下管线普查工作》的建议,研究了我市城市地下管线的管理问题,并提出了实施意见。市长王岐山,副市长翟鸿祥、刘敬民、张茅、刘志华、范伯元,政府秘书长刘晓晨,以及市有关委办局领导出席。

(市科协)

【为修编北京市总体规划建言献策】 3月18日,北京城市规划学会、北京城市科学研究会就"北京市总体规划"修编召开研讨会。原市规委主任宣祥鎏、赵知敬,总建筑师程恩健以及来自清华、北大、北工大等单位的20余位专家就修编工作建言献策。与会专家认为：①对“两带、两轴、多中心”的概括和定位应是西边的“生态带”，应包括北部山区的密云、怀柔，总括为“西北生态带”，是北京的生态屏障；东部从平谷、顺义、通县以至亦庄、大兴到良乡可作为“东南产业带”，是北京向东和向南的发展方向。“两轴”应赋予新的内涵，“多中心”应做明确说明，表达出疏解主城区某些功能建设的含义。②编制20年大发展的规划，要统筹大范围内的社会经济发展、产业架构和基础设施干线网络的布局，建议争取建设部组织编制京津冀城市布局规划。③关于“旧城整体保护”的提法已不现实，应明确其概念和内容，如可提出要保护北京旧城的水系、道路网等传统格局和历史文化保护区，突出重点和实效。④要认真总结1993年提出的城市总体规划，对“分散集团式布局”、“两个战略转移”等方面还应继续坚持。⑤对第二民用机场、进京高速铁路以及东站、西站间的铁路直通线等建设工程应争取中央单位的支持，尽早完成重大工程决策。⑥农村城镇化是涉及“三农”的重大问题，要加强农村地区的基础设施的规划和建设。⑦城镇发展布局要充分考虑新城镇发展需要，在利用现有铁路设施的基础上，建设新的铁路线和车站，探索新体制下发挥铁路在城市和郊区城镇中的重要作用。

（市科协　武纯朴）

【第26次专家季谈会召开】　4月28日，市科协组织召开了主题为“循环经济与科学决策”的第26次科学技术专家季谈会。与会专家就北京发展循环经济的规划、起点、决策论证与筹划提出了建议。副市长张茅指出，循环经济贯穿于社会经济和社会生活的整个过程，与党中央提出的“以人为本的科学发展观”是一致的。我们要结合循环经济的理论，对困扰经济发展的问题要有新的认识。他要求，要进一步研究北京市的发展目标、规划和措施。北京市要实现“十五”计划，在发展当中不仅仅是追求经济的增长，还要按照5个统筹的要求，使我们的资源消耗降到最低程度。要制定节约能源、实现循环经济的规划和工作机制，循环经济、节约能源是每个部门、单位乃至全社会的一项工作，从全市来讲，要建立一个组织协调的工作机制。将来每年的工作计划中都要有节约能源、循环经济发展的内容，要有实现规划的措施。

（市科协　石　军）

【第27次专家季谈会召开】　5月27日，以“国际大城市交通发展战略的选择”为主题的第27次科学技术专家季谈会召开。会上，来自英国、日本、韩国、美国以及中国的6名著名的中外交通专家就国际国内大城市交通发展问题做了专题发言。副市长吉林、范伯元出席。吉林在讲话中指出，目前北京市正在制定的城市交通发展纲要的总原则是：城市建设，交通先导；交通发展，公交优先。专家们介绍的世界其他城市的经验对我们的工作很有启发，提出的具体建议很有针对性，我们要认真研究，合理采纳。2008年奥运会期间，北京将发挥所有管理和组织潜能，做好交通运输工作，实现对国际奥委会和国际社会做出的承诺。

（市科协　石　军）

【重视发挥专家顾问的作用】　6月、7月，市委书记刘淇曾两次围绕建设时装之都的问题向领域专家了解情况；副市长陆昊多次听取专家顾问以及相关领域企业家的意见；市委副书记强卫、副市长牛有成专门听取顾问团农经组专家关于“如何做好统筹城乡经济社会协调发展”的意见和建议。市发改委与市政府顾问国家信息中心研究员范剑平、国务院发展研究中心研究员米建国等建立了稳固的合作关系，每月将掌握的经济发展数据、政策研究成果、专题调研报告等及时发送给他们，专家也毫无保留地将自己的研究成果，以及对我市经济形势的看法和建议反馈给市发改委，提高了市发改委的经济分析水平、政策研究水平。

（市科委软科学处）

【西藏自治区农牧业特色产业发展研究】　该项目由中国农业科学院农业自然资源和农业区划研究所唐华俊等完成。成果系农业部援藏重点项目。研究以西藏农牧业特色产业发展为对象，全面客观地分析了西藏农牧业发展现状、资源和市场条件，确立了西藏农牧业特色产业发展的指导思想、发展方向、目标和非均衡发展战略，并以市场为导向，紧密结合区域比较优势，创新性地将西藏农牧业特色产业划分为市场优势型、发展潜力型、区内市场主导型、资源保护型等4个类型。在此基础上，详细分析了牦牛、藏系绵羊、青稞等17项产业的发展目标、重点和配套基础设施建设等，提出了特色产业发展总体保障措施和重点项目库。该成果提出的4个类型的划分及排列顺序，明确了西藏农牧业特色产业发展方向和重点，理清了发展思路，较好地解决了西藏农牧业全面发展与非均衡发展的关系。该成果为西藏自治区有关部门研究制定"十五"农牧业发展规划与远景发展目标提供了重要的科学依据。该项目获2004年北京市科学技术奖二等奖。

（市科委软科学处）

【昌平文化定位对区域经济发展及卫星城建设的影响】　该项目由北京市昌平区科学技术委员会等单位于泓等完成。该课题提出"燕平文化"定位对区域经济发展和昌平新区建设的影响，旨在探寻昌平经济发展的文化渊源，论证"三个首选之区"的文化基础，发现在文化资源基础上发展新产业的可能性，阐明昌平新区建设的文化主旋律和环境主格调。该课题以昌平经济社会发展中的文化资源为研究对象，深入探讨文化定位对昌平经济发展和东区建设的影响，具有理论创新意义和实用价值。研究报告在4个方面成果突出：明确提出昌平的经济发展优势是以文化底蕴为基础的社会经济发展的文化资源优势、环境资源优势和区位条件优势；通过对昌平文化资源的研究，把昌平的地域文化概括为由关山文化、明代文化和现代科教文化三个部分组成的"燕平文化"；提出以"燕平文化"为背景的昌平产业选择方案；探索了"燕平文化"对昌平新区建设的影响。该项目获2004年北京市科学技术奖二等奖。

（市科委软科学处）

【北京发展汽车用钢技术与市场研究报告】
该项目是首钢产品战略调整研究系列之一，由首钢技术研究院李友佳等完成。项目是以满足北京市汽车工业对钢铁材料的需求为前提进行的，在轿车、客车、载重车中选择典型车型进行用钢分析。主要包括以下内容：汽车用钢品种、规格、牌号；汽车用钢的国内外技术现状；汽车用钢的工艺要求；国内汽车用钢在品种、质量方面存在的问题；汽车用钢的材料、工艺发展趋势。课题报告还对汽车用钢的未来市场做出了全面、科学的预测。项目的创新点：一是研究报告将调查研究、技术分析、市场预测结合起来，这种做法拓展了调研报告的研究范围，增强了分析力度。二是报告不仅对汽车用大类钢材进行了分析，而且对大类中具体品种、规格也进行了非常详细的分析，对企业确定汽车用钢产品开发方向具有明确的指导意义。该项目获2004年北京市科学技术奖二等奖。

（市科委软科学处）

【核科学数据信息化管理与网上共享系统的研究】　该项目由北京大学郭之虞等完成。该项目彻底摒弃传统的文本文件数据管理模式，从核数据物理研究、关系型数据库系统设计、数据信息化知识工具开发和系统安全保障诸方面，对核数据信息化管理和网上共享技术进行了系统研究。通过对大量核数据资源的深入分析，利用先进的关系型数据模型和面向对象程序设计技术进行数据库设计，开发了在线计算和数据可视化等一系列知识加工工具，成功解决了在线查询与计算速度、在线绘图速度与质量以及系统安全保障等难题，突破了国际核科学数据管理、交流和发布共享长期存在的技术瓶颈，研究运行了中国第一个大型核数据信息化管理与网上共享系统。该项目在国际上首先建成了跨平台的、基于关系型数据库理论的网上核科学数据库智能化、模糊查询在线免费服务系统，在核科学数据库网上建设和信息化管理方面具有创新性，为下一代的国际核科学数据库及其共享，提供了一条更通用的系统设计和发展的可行方案。该项目获2004年北京市科学技术奖二等奖。

（市科委软科学处）

【政府顾问直接参与市政府决策制定工作】
年内，市政府顾问团成员积极参与市政府一些重要文件的起草、重点调研课题的调研，为决策科学化提供有力的智力支撑。环境卫生组王琪为做好《北京市危险废物处置设施建设规划（草案）》的起草工作，进行了深入细致的调查，并提出了各种危险废物处置设施的建设布局和规模的建议。教育发展组张力等参与了市委常委、市教工委书记朱善璐同志牵头的首都教育战略研究工作，对首都教育的功能、定位、教育发展、创新等方面进行重点研究，完成了《首都教育发展战略纲要》，为教育大会主报告《首都教育2010发展纲要》的起草做出了突出的贡献。教育发展组陈学飞参加了副市长范伯元牵头的民办高等教育研究工作，同周蕴玉教授等先后为《市委、市政府关于实施首都教育发展战略，率先基本实现教育现代化的决定》献言献策，提出了很多好的意见和建议。农经组专家关于"如何做好统筹城乡经济社会协调发展"的意见和建议，帮助市委、市政府制订并下发了《关于推进郊区城市化，促进农民增收的意见》。

（市科委软科学处）

【政府顾问参与软科学课题研究】 年内，市政府专家顾问团工业顾问组、北京市经委行业管理办公室、北京服装纺织行业协会等单位组成课题组，开展对《都市型工业》延伸课题《建设北京国际时装中心》的研究，并在课题研究的基础上，组织有关机构编制了《建设国际服装名城，推动北京服装产业发展规划方案（草案）》。《规划方案》阐述了北京建设国际服装名城的总体思路，战略目标，工作重点，保障措施等。专家顾问还与市政府研究室一起进行了"农转非政策研究"。课题在进行认真调查分析之后，认为现阶段受经济发展水平和财政承受能力的制约，"农转非"政策和管理还不能完全取消，但必须做出调整，调整思路是：统一协调、重点突破、扩大规模、维护稳定。

（市科委软科学处）

【政府顾问提出门头沟山体修复方案】 年内，为解决门头沟潭柘寺裸露岩石的山体修复问题，建设北京西部的绿化屏障，乡镇企业顾问组曹永康先后三次前往实地勘察研究，提出"刮骨疗毒"、"强身健体"、"植皮整容"、"美容美发"四个步骤的解决方案，即先清除山体表面残渣剩土，再进行加固，第三步利用人造石堆砌，最后进行植被与灌木的绿化，使山体恢复原貌。此方案得到了门头沟区政府的重视与肯定，11月23日，"为山体疗伤"的工程在门头沟潭柘寺正式启动，该工程计划3—4年完成。启动仪式上曹永康顾问以自身的经历做了"为奥运出力、替山体疗伤、当自然医生"的发言，受到当地政府的好评。

（市科委软科学处）

【政府顾问为城乡发展进言献策】 年内，农业经济顾问组的顾问为落实统筹城乡发展的重要思想，进行了认真的研究和分析，指出，统筹城乡协调发展的重要途径是整合城乡资源，进一步解放和发展生产力。顾问们提出目前要做好三项工作：一是城市产业要向郊区有序转移，建成梯次型的产业链，最终形成城乡统一的产业布局；二是政府控制的资源在分配时要有计划地向郊区倾斜，以便提高郊区的发展能力，解决城乡发展不平衡的问题；三是运用市场机制吸引人才、资本、技术等进入郊区，为郊区的高速发展提供可能。

（市科委软科学处）

科技条件

【搭建首都科技条件平台】 1月，市科委成立了首都条件平台建设领导小组和工作小组，在组织管理上保障了条件平台工作的顺利开展，有效地动员和协调了各方力量参与条件平台建设工作。3月份，进行了条件平台规划调查研究，了解收集创新主体的具体需求，剖析目前科技条件资源在整合、共享方面存在的问题和症结，总结经验教训，制定了平台建设的总体规划和相关支持政策。4月份，在调研的基础上，筛选清华大学科技园、北京软件产品质量检测检验中心、中关村科技园区海淀园生物技术专业孵化器、海银科医药技术孵化器4家为试点单位,并授牌。

(市科委条件财务处)

【69个单位通过实验动物许可证年检】 2月4日,北京市实验动物管理办公室公布了2003年实验动物许可证年检公告。共有69个单位的82个实验动物许可证通过了年检,其中,中国疾病预防控制中心、中国人民武装警察部队药品检验所 、北京市疾病预防控制中心、北京托毕西药业有限公司、北京双鹤高科天然药物有限责任公司 、北京实验动物研究中心、首都医科大学附属宣武医院 、北京大学人民医院等获得表扬。同时,对通过2003年实验动物许可证年检,但未采用全国统一格式的35家单位的42个许可证进行了重新编号和换证工作。

(北京市实验动物管理办公室)

【北京国家"863"计划产业化促进中心建立】 3月2日,由北京市政府申报、市科委组织的"北京国家'863'计划产业化促进中心"经国家科技部批准建立。该中心是在北京生产力促进中心的基础上组建的,主要任务是协同北京软件产业促进中心、北京新材料发展中心、市科委农村发展中心、北京生物医药促进中心等专业机构,共同开展"863"计划产业化工作,推进国家"836"计划成果的产业化进程。该中心是以市场方式运作的科技中介机构,是国家"863"计划成果转化的重要服务平台。

(北京生产力促进中心)

【举办换发岗位证书培训班】 3月9—31日,北京市实验动物管理办公室、全军实验动物管理办公室根据《实验动物许可证管理办法(试行)》、《北京市实验动物管理条例》及其配套规章的有关规定,组织首都医科大学实验动物科学部、北京大学医学部实验动物科学部、中国医学科学院实验动物研究所、军事医学科学院实验动物中心、解放军总医院动物中心、中国农业大学实验动物研究所等6个培训机构同时开展了换证培训班,共为2 700余人换发了上岗证。

(北京市实验动物管理办公室)

【举办第三届科技项目管理培训班】 4月28日、5月18日,由市科委主办、市科委人才交流中心承办的"2004年北京市科委科技项目(课题)及经费管理培训班"分别在国谊宾馆礼堂和市委党校礼堂举办,近1 000个北京市科技项目(课题)的负责人和财务负责人参加了这两次培训。市科委书记许焕岗,李石柱委员,总工办副总工程师陈力工、张彤等参加并讲话。市审计局行政分局丁尚贞讲解了科技经费的审计,以及如何进一步规范科技专项资金管理、提高财政资金的使用效益,并从我市科技专项资金的管理现状、审计的必要性和法律依据到专项资金审计等主要关注点深入浅出地做详细的案例分析。市科委条件财务处讲解了北京市科技项目(课题)经费管理办法。

(市科委人才交流中心)

【对12种特色农产品进行分析测试研究】 5月,北京科学仪器协作中心利用北京地区优势科技装备资源对北京地区12种特色农产品,包括怀柔板栗、平谷大桃、怀柔西洋参、门头沟核桃、大兴西瓜、房山红小豆,门头沟樱桃、门头沟京白梨、密云不老屯鸭梨、房山磨盘柿、北京油鸡、北京鸭开展了分析测试研究,并编写了白皮书,主要包括各种产品的测试结果和综合生产技术,是建设特色农产品标准化生产基地的首要科学蓝本。

(北京科学仪器协作中心)

【开展会计人员继续教育培训】 6月21—25日,市科委组织委系统及市科研院所共60多个单位、400多名会计人员参加继续教育培训。本次培训重点安排了两门财政部指定的会计人员继续教育课程,即《企业会计准则——中期财务报告》和《会计监督与会计控制》。邀请了专业技术较强且实践经验丰富的北京理工大学会计学院副教授孙利沿和《会计监督与会计控制》的编辑、北京首都经贸大学会计学院教授蒋燕辉讲解。

(市科委人才交流中心)

【中国实验动物信息网正式投入使用】 9月24日,科技部条件财务司组织有关专家对由广东省实验动物监测所、北京市实验动物管理办公室、珠江水产研究所等单位共同承担的"建立中国实验动物信息网络"课题进行结题验收,至此,中国实验动物信息网正式运行。该网站是由中国实验动物信息网(广东主站) www. lascn. com 和全国实验动物许可证管理信息系统 xkz. lascn. com 组成。广东主站的栏目主要有许可证管理、法规与标准、电子期刊、科研动态、在线课堂、统计信息、检测中心、学会园地、遗传工程小鼠、社区论坛等10部分。全国实验动物许可证管理信息系统现已开通北京、天津、河北、江苏、广东等5省市的实验动物许可证管理信息子系统。

(北京市实验动物管理办公室)

【高新技术企业人力资源开发与管理方案通过评审】 10月14日,市科委人才交流中心承担开发的课题“高新技术企业人力资源开发与管理方案”通过市科委组织的评审。其内容包括:调查高新技术企业人力资源管理现状、分析研究高新技术企业人力资源管理特征、编制高新技术企业人力资源管理方案指导手册。其研究成果包括人力资源管理与开发方案(共9章:人力资源规划、工作分析、招聘、绩效考核、薪酬管理、员工培训、劳动合同、员工管理、员工素质测评)、劳动法律法规汇编、人力资源管理应用软件。该项成果为贯彻《首都经济创新服务建设纲要》,提高创新服务能力,实现高新技术企业需求与创新服务功能的对接,提高高新技术企业人力资源社会化服务水平起到了理论切合实际的现实效用。其成果已进入推广使用阶段。

(市科委人才交流中心)

【1.74亿元财政专项资金推动本市高新技术成果转化】 11月2日,市科委召开了2004年度北京市支持高新技术产业发展财政专项资金落实大会。承担北京市高新技术成果转化项目的高新技术企业、科技中介机构、风险投资机构以及孵化基地和在孵企业的代表拿到了总额为1.74亿元的北京市财政专项资金。该项资金分别对361个高新技术技术成果转化项目提供资金支持12 598万元;对32家孵化基地及399家在孵企业提供资金支持4 529.5万元;对2家科技中介机构和3家风险投资机构提供资金支持285.2万元。北京市副市长范伯元和相关委办局的负责人出席了大会。2002—2004年,我市共认定高新技术成果转化项目525项,主要涉及电子信息、光机电一体化、生物工程和新医药、新材料、环保及资源综合利用等领域,包括国家、市、区级重点项目及留学人员归国创业项目。这些项目主要集中在中关村科技园区和朝阳、顺义、大兴等13个区县,目前已经有65%以上的项目进入产业化阶段,两年共实现产值162.4亿元,实现利润32.7亿元,实现税收(包括增值税、营业税、所得税和房产税4项税收)8.7亿元。

(市科委高新技术产业化处)

【获创新基金项目176项】 11月,由科技部基金管理中心组织的2004年度国家创新基金评审工作圆满结束。北京地区共申报创新基金项目535项,立项176项,占全国的12%,获资金支持总额11 118万元,占全国的13%,立项数量及获助金额继续排名全国第一。与去年同期相比,立项数量基本持平,支持金额略有增加,立项成功率有重大突破,达到33%。在535项中,由北京高技术创业服务中心受市科委委托推荐上报的创新基金项目273项,有102项立项,获资金支持6 380万元。

(市科委高新技术产业化处)

【《北京市实验动物管理条例》重新修订】 12月2日,北京市十二届人民代表大会常务委员会第17次会议表决通过了修订后的《北京市实验动物管理条例》,并于2005年1月1日实施。新条例明确了北京市科委作为本市实验动物主管部门,负责制定实验动物发展规划,并以科技项目经费支持实验动物科学研究。北京市实验动物管理办公室在市科学技术行政部门的领导下,负责实验动物日常管理与监督工作。新条例将过去本市实行的实验动物认证制度改为许可证制度,与《行政许可法》相一致,并首次把维护动物福利,保障生物安全写进条例。新条例强调从事实验动物工作的单位,应当配备科技人员,由实验动物管理机构负责实验动物工作中涉及实验动物项目的管理,并对动物实验进行伦理审查,从事动物实验的人员应当遵循替代、减少和优化的原则进行实验设计,使用正确的方法(例如安乐死)处理实验动物。

(北京市实验动物管理办公室)

【进行实验动物质量监督员法规培训】 12月7—8日,北京市实验动物管理办公室组织北京地区实验动物质量监督员进行了以《北京市实验动物管理条例》等为主要内容的法规培训。市政府法制办、市科委条财处、市科委法规处负责人围绕《中华人民共和国行政许可法》、《中华人民共和国行政处罚法》和刚通过的《北京市实验动物管理条例》,向实验动物质量监督员们讲解了实验动物质量监督员进行监督检查的目的、意义和与实验动物监督检查和行政执法相关的条款,以及对行政处罚的原则要求、执法主体、处罚种类、处罚程序和处罚决定等内容。同时,市动管办将对没有取得实验动物许可证,却在非法从事实验动物工作的单位和个人进行检查,具体抽查了北京地区14家无证使用实验动物的单位。

(北京市实验动物管理办公室)

【开展仪器协作共用】 年内,协作共用网的百台仪器共承担检测任务3 212项,检测样品47 701个,对外提供服务机时65 400小时,检测收入1 104万元。编制了《2004年北京地区入网科学仪器设备信息手册》、《北京软件产业基地公共技术支撑体系资源手册》、《北京市高新技术产业孵化基地服务信息手册》和《北京地区实验动物生产许可单位,北京市实验动物使用许可单位信息手册》,取得了良好的宣传效果。

(北京科学仪器协作中心)

【参与国家科技条件平台建设】 年内,北京科学仪器协作中心参与了国家科技条件平台关于“全国大型科学仪器设备运行共享机制研究”项目的调研和机制的研究工作,并与化学所共同召开了共享机制研讨会,结合北京市的经验提出了合理化的建议。同时,还参与了科技部科技条件资源数据库的建设工作,在数据库结构与功能设置讨论期间,向有关方面介绍了我中心的做法和经验,并从已建成的数据库筛选出2 400余条信息编入科技部的资源数据库。

(北京科学仪器协作中心)

【承担科学仪器研制与开发专项研究】 年内,北京科学仪器协作中心承接了科技部“十一五”国家科技攻关重大专项——科学仪器研制与开发项目。该研究根据国家科技发展的需要,组织了分析仪器专家组、医疗仪器专家组、监测仪器专家组和计量仪器专家组共30多位专家,用近半年时间对近5年内国内外科学仪器发展动态进行了市场调研与分析,初步完成了市场调研报告和22个科学仪器开发项目建议书的编写工作。

(北京科学仪器协作中心)

【进行科学仪器的升级改造维修】 年内,市科委投入改造资金93万元,由科学仪器装备中心组织对3个科技企业孵化器和3个科技大平台的12台仪器设备进行了技术改造,为北京及全国的十几家科研院所和企业维修改造了30余台仪器设备,调剂仪器6台,提供各种技术咨询30余次,提升了升级改造后仪器的社会共享效益。

(北京科学仪器协作中心)

【人事代理服务系统及IC卡查询提高了人才中介机构服务水平】 年内,北京地区的人才中介服务机构已达170多家,其中面向社会提供人事代理业务的150多家,已有50%以上的人才中介服务机构使用了人事代理服务系统及IC卡查询管理系统。该系统本着高起点、高定位、高层次的原则设计,人事代理客户的代理内容、代理期限等可由计算机统一管理,简化了程序,实现了“一站式”服务,提高了办事效率和工作的准确性,同时,通过IC卡查询,还可将档案进出、转递、费用缴纳等业务统筹规划,整体开发,从而形成了一个全方位的计算机管理体系。

(市科委人才交流中心)

科技服务

【2004亚太经合组织科技中介机构发展论坛召开】 2月9—10日,“2004亚太经合组织科技中介机构发展论坛”在京召开。北京技术交易促进中心主任牛近明做了“构建国际化技术交易中介服务体系的探索”的演讲,业内人士共

同探索了科技中介发展之路。

（北京技术交易促进中心）

【北京产权交易所成立】 2月14日，举行了北京产权交易所开业揭牌仪式。市委副书记、代市长王岐山，科技部副部长李学勇，全国社保基金理事会副理事长高西庆出席揭牌仪式。副市长陆昊代表市政府致辞，市政府秘书长刘晓晨、中关村管委会常务副主任戴卫等出席揭牌仪式。该交易所是经北京市人民政府批准，由原北京产权交易中心、中关村技术产权交易所重组合并而成的北京统一的产权交易市场。北京市产权交易市场成立于1994年，1996年更名为北京产权交易中心。2003年，为解决中关村科技企业投、融资难问题，北京市政府批准成立了中关村技术产权交易所。从北京市和中央直属企业国有产权交易服务的目标出发，北京市政府体改办于2003年8月22日正式向市政府提出了将两家产权交易机构整合的报告。2004年1月，由市国资委牵头提出了切实可行的整合工作方案，报经2004年1月16日市政府市长专题办公会讨论通过。2月5日，市政府办公厅发布了《北京市人民政府办公厅关于整合本市产权交易市场有关问题的通知》（京政办函[2004]8号）。作为政府授权经营的产权交易机构，北交所将继承和发展原北京产权交易中心在国有产权交易方面的优势；同时充分保留原中关村技术产权交易所在体制、机制创新方面的优势，为中关村园区高科技企业提供投融资专业服务；立足于建立专业化、集约化并购市场，充分发挥产权市场的公开竞争和价值发现功能，促进国有产权在交易过程中实现价值最大化，有效防止国有资产流失，同时为国内外各类投资者从事产权交易和企业并购重组提供专业化配套服务；构筑区域性、非公开资本市场，探索建立非上市股份有限公司股权转让的有效途径，建立风险资本进入和退出通道，促进资本与高新技术产业的融合，推动高新技术产业发展和中关村园区建设。

（北京产权交易所）

【启动1234送服务活动】 3月16日，北京软件产业促进中心启动了“1234送服务”活动。该活动内容主要包括：在软件工程新方法、软件开发新工具、工具软件应用方面为软件人员提供1 000人次的培训；向20家企业免费提供一年的授权软件工具使用权；向30家软件企业免费提供和推广使用基于CMM/ISO9000的软件质量保证管理系统；发展4家软件企业成为软件构件技术的应用示范单位，并向示范单位提供使用构件技术开发软件的全程技术支持。

（北京软件产业促进中心）

【软件新生人才实训基地建立】 3月，北京软件新生人才实训基地在北京软件产业促进中心培训学校成立。该实训基地将为毕业生就业和软件企业招聘具有实践经验的人才提供帮助。8—9月，实训基地就“Linux1 +1 +1”项目对毕业生进行了为期8周的实训，并于9月22日举办了全国首次Linux专业化人才见面会。

（北京软件产业促进中心）

【SPX北京中心成立】 4月10日，在联合国工业发展组织（UNIDO）的支持帮助下，由市科委组建的“联合国工业发展组织工业分包与合作交流北京中心”（简称“SPX北京中心”）成立，5月31日举行了揭牌仪式。仪式上，帕特里克·吉拉伯特（Patrick Gilabert）先生对联合国SPX组织的产生和发展，以及在世界各国的作用做了详细介绍；SPX北京中心主任张强汇报了SPX北京中心筹备过程和今后的运营计划安排。市科委主任马林到会祝贺，并指出该中心的成立是贯彻市委、市政府“优化发展环境”的又一新举措。联合国工业发展组织目前已经在32个国家成立了62家工业分包与合作交流中心，主要涉及的领域包括金属加工业、机电业、电子行业（包括软件外包行业）、塑料行业、橡胶业、化工业和非金属加工制造业等。SPX北京中心的成立意味着北京将进入联合国工业发展组织建立的SPX全球网络，并将成为涉及46个国家，140余家合作伙伴的“SPX俱乐部”成员。SPX北京中心的核心业务是：促进本地企业进入全球工业分包系统；帮助本地企业建立能够进入全球工业分包系统的国际规范；通过引入国际间的资金、技术，提高本地制造业的发展水平。SPX北京中心的建立将促进北京和周边省份的工业企业与国际市场的交流与合作，提升企业的生产力水平，提高企业的竞争力，增加产品出口和经济效益，促进传统产业升级和首都生产力资源的发展。今后，企业可通过SPX服务模式，寻找到国内外潜在的分包商、大型购买商或主承包商，给分包商提供牵线和匹配的机会，帮助企业促进出口，吸引国外投资等。SPX北京中心已两次邀请专家来北京进行业务培训，开展了对中关村科技园区、北京工业促进局及北京乡镇企业局下属的220多家企业的有关SPX推广应用宣讲。

（市科委国际合作处、北京生产力促进中心）

【机械工程技术资格认证北京市分中心设立】 4月20日，经中国机械工程学会批准，北京机械工程学会设立了中国机械工程学会技术资格认证中心北京市分中心。这项工作是根据中共中央、国务院关于《进一步加强人才工作的决定》，为培养造就机械工程领域的大批优秀实用人才，经中国科协批准，由中国机械工程学会、教育部考试中心合作开展的。它以资格认证为前提，对专业技术人才采用由资格考试、业绩考核和同行评议相结合的评价方法，其显著特点是突出职业工程师的知识结构，适应先进制造技术发展的要求；突出职业工程师的质量水平和适应企业工作需要的业务能力；突出职业工程师的理论联系实际的能力。今后，凡在北京、天津、河北地区的各类企业，包括国有企业、三资企业、股份制企业和民营企业的机械工程科技人员，只要符合条件都可以到北京市分中心报名参加"综合素质与技能"考试、技术资格认证和有关培训。

（市科协 李业壮）

【技术合同实现网上登记】 5月18日，北京地区技术合同网上登记系统全面开通，并被纳入市级平台行政审批内容，标志着北京技术市场在管理方式和服务水平上迈上了新台阶。

（北京技术市场管理办公室 王洪强）

【"中国中小企业竞争力讲堂"北京培训班开讲】 9月15日，举办了由国家发改委、北京生产力促进中心和SPX北京中心联合承办的"中国中小企业竞争力讲堂"北京培训班。该培训班旨在提高中小企业竞争力，宣讲国际工业分包活动，使中小型企业领导学到实用企业管理知识和应用技能。课程分《SPX—推动生产力发展的创新服务模式》、《孵化、融资审查标准与商业计划书》、《现代企业基础管理建设》三大部分，由著名专家刘道纯教授授课。参加培训的有中关村高科技园区、工业促进局和乡镇企业局的37家企业的学员75人。

（北京生产力促进中心）

【第八届北京技术市场金桥奖颁发】 11月22日，"纪念开放技术市场20周年暨第八届北京技术市场金桥奖颁奖大会"在翠宫饭店召开。来自中央和北京市以及区县的科研院所、高等院校、高新技术企业、技术中介机构及有关主管部门的代表近300人参加了大会。市人大副主任林文漪、副市长范伯元、中国技术市场协会会长韩德乾、市科委主任马林等出席并为获奖者颁奖。第八届北京技术市场金桥奖共评出集体奖31个，其中一等奖3个，二等奖12个，三等奖16个；项目奖43项，其中一等奖6项，二等奖15项，三等奖22项；个人奖63名，其中一等奖7名，二等奖26名，三等奖30名。本届金桥奖首次设立了区域合作奖，天津北方技术交易市场和石家庄农业技术市场获奖。

（北京技术市场管理办公室 王洪强）

【庆祝北京科技咨询业协会成立十周年】 12月16日，举行了北京科技咨询业协会成立十周年庆祝大会。来自科技部、市政府、市科委、市社团办、中关村园区管委会等有关部门的领导以及150余名企业代表出席。该协会1994年

12月16日正式成立,具有社团法人资格,由市科委主管。协会现已拥有会员单位313家,咨询范围涉及技术、管理、信息、工程、市场调查、决策、财会核算以及法律等诸多方面。协会下设决策咨询、管理咨询、信息咨询、工程咨询、市场调查和技术咨询等6个专业委员会。经北京科技咨询业协会认证的注册咨询师1 215名,科技咨询信誉机构110家。2004年1月6日,在市科委倡导的"大胆改革科技咨询业协会管理体制,积极探索以企业家为主导的协会领导机制"的思想指导下,首次通过民主推荐,竞选上岗的方式产生了由市场锤炼出的民营企业家领衔的新一届理事会。由政府指派改为民选,这是逐步向国际规范靠拢的重要一步。改革后的协会旨在为会员服务、为政府服务、与兄弟省市开展区域性合作、行业自律等方面取得显著成效。

(北京科技咨询业协会)

【科技咨询服务健康发展】 年内,北京科技咨询业协会为规范咨询市场行为,制订了行业行为规范及企业自律标准;协助市科委制订了"关于促进北京科技咨询业发展的意见";为引导行业发展,编写了"北京科技咨询业发展报告";举办了"北京科技咨询业协会成立十年庆典暨北京咨询业发展论坛";为企业提供管理咨询服务3 675次,技术咨询648次,取得了比较好的效益。

(北京科技咨询业协会)

【促进人才资源流动】 年内,市科委人才交流中心先后举办大型人才招聘会12次,大学生专场会1次,有5 000多家用人单位参加招聘,求职人员达到13万人次。同时中心还开展了"科技人才派遣的研究和试点"研究,对"人才派遣"这一新兴人事代理服务业务进行了全面的调查,以形成一套合理化的运作模式,完善为高新技术企业服务的手段和内容。

(市科委人才交流中心)

【科技招商成效显著】 年内,首都科技集团以第七届中国北京国际科技博览会"首都科技创新与成果馆"为载体,为研发机构与企业之间搭建资源整合,资本和项目间对接的平台。共组织162家在京科研单位、高校及民营高新技术企业的12 153项成果参展,包括服装纺织传统产业的科技项目推介洽谈会和"奥运风采"礼仪之星暨新材料、新工艺、新款式静态展示活动,推出了101项服装纺织领域中最新高技术成果,并向社会宣传了高科技服装的全新概念。参展项目中,信息技术在传统产业管理中的应用以及新技术成果在航天产品和功能性产品中的应用,引起了生产厂家和商家的关注,成为本次活动最大的亮点。

(北京科技协作中心)

【送科技到区县】 年内,北京科技协作中心与北京市乡镇企业局签订了《落实"涌泉行动"计划战略合作协议》,以全面提升区县企业创新能力,共同搭建科技资源"溢出"的创新服务平台;建立了科研生产联合体,为企业技术难题提供技术支持;完成了昌平区东扩中关于能源规划、城市公共艺术、城市绿化规划、城市交通等课题研究;组织专家对平谷科技工作进行实施地考察分析,提出了指导性意见和建议,初步形成了平谷五年科技发展纲要;在平谷"健康产业基地"项目中,推荐高科技项目3个;举办了大兴、顺义等区县科技成果发布会和难题招标会等。

(北京科技协作中心)

【技术交易成交总额达599.65亿元】 年内,北京技术市场技术合同成交额保持高位平稳运行态势。技术交易成交总数37 164项,比上年增长11.21%;技术交易总额599.65亿元,增长48.59%。其中,本地技术成交合同35 549项,比上年增长10.49%;成交额424.99亿元,增长60.08%。技术进口合同1 615项,增长29.61%;成交额174.66亿元,增长26.37%。另外,流向本地技术16 706项,比上年增长4.60%,占本地技术成交合同的46.99%;成交额220.19亿元,增长84.28%,占本地技术成交合同额的51.81%。

(北京技术市场管理办公室统计信息部)

【城八区向郊区县输出技术1 576项】 年内,以中关村为核心的城八区向郊区县共输出技术1 576项,成交额9.09亿元,比上年增长7.83%。其中,海淀区、西城区、朝阳区输出技术成交额占城八区输出技术总额的九成以上。顺义区、昌平区、大兴区是城八区技术项目的主要吸纳方,其中,顺义区吸纳技术跃居第一,共131项,成交额2.46亿元。

(北京技术市场管理办公室统计信息部)

【成交专利技术合同500项】 年内,在技术市场交易中,专利技术合同500项,比上年增长近1倍;成交额6.21亿元,增长1倍。其中:实用新型专利合同353项,增长近2倍;成交额3.34亿元,增长近3倍。发明专利合同146项,增长69.77%;成交额2.87亿元,增长64.28%。明确知识产权的生物新品种和计算机软件合同成交额增长较快。其中:生物新品种合同115项,比上年增长2倍多;成交额1.45亿元,增长3倍。计算机软件合同4 809项,增长1倍;成交额39.49亿元,增长近1倍。

(北京技术市场管理办公室统计信息部)

【技术进出口合同成交额25.77亿美元】 年内,技术进出口合同达1 985项,比上年增长23.22%;成交额25.77亿美元(折合人民币213.09亿元),增长40.89%。其中技术进口合同1 615项,增长29.61%;成交额21.04亿美元(174.03亿元),增长26.37%。技术出口合同370项,增长1.37%;成交额4.72亿美元(39.06亿元),增长1.8倍。

(北京技术市场管理办公室统计信息部)

【举办系列专题"沙龙日活动"】 年内,为增强企业购买技术经纪服务的意识,搞活技术经纪市场,北京技术市场协会开展了10次以促进企业创业和发展为宗旨、为企业发展提供各阶段技术经纪服务为主题的系列专题"沙龙日活动",旨在搭建技术经纪机构与企业沟通的平台。先后有21家机构和企业在活动中做了主题发言或演讲,12家机构和企业发布了科技项目与相关信息。"沙龙日活动"还吸引了荷兰中国商会和美国福正企业代表到会发布了采购、合资、投资等信息。

(北京技术市场管理办公室统计信息部)

【召开北京地区技术经纪机构交流会】 年内,为加强技术中介服务机构的沟通与交流,北京技术市场协会组织召开了有60多个技术中介机构代表参加的"北京地区技术经纪机构交流会",中科前方等27家中介机构负责人现身说法,进行经验交流。上海、山东等省市相关机构的负责人到会。期间,编印了《北京地区技术经纪机构交流资料集》。

(北京技术市场管理办公室统计信息部)

【召开为"三农"技术服务研讨会】 年内,北京技术市场协会在中国农科院、北京农林科学院、通州区科委、平谷区科委等单位分别召开了为"三农"技术服务的研讨会。中国农科院、北京市农林科学院以及中科前方生物技术研究所等农业和技术经纪业专家,与大兴、通州、昌平、平谷、房山、怀柔区、门头沟、密云、延庆等区县科委、农委及农业技术推广机构共聚一堂,从技术和技术经纪层面为京郊"三农"献计献策。通过研讨,拓宽了解决有关技术难题和为农民致富的思路,增进了供需双方的了解。

(北京技术市场管理办公室　王洪强)

【强化技术经纪人培训】 年内,北京技术市场管理办公室组织编写了《北京技术经纪人中级培训问答》,建立了北京技术经纪人初、中级的试题库;共培训技术经纪人132人,培训高级技术经理人102人,并对156名技术经纪人进行换证工作;举办了"技术经营的国际动态与启示"专题讲座,请中国社科院刘海波博士就"技术经营国际动态及其启示"做了专题报告,117名技术经纪人、高级技术经理人和部分技术中介机构负责人参加讲座;组织近70名技术经纪人参加"第七届中关村项目推介暨投资洽谈会",提高了技术经纪的业务能力。截止到年底,共有1 089人经培训考核取得技术经纪人资格。

(北京技术市场管理办公室　王洪强)

【深入了解技术交易合同实施状况】 年内,北京技术市场管理办公室通过问卷调查和实地考察等方式,对流向山东、四川、新疆和本地近130个重点技术项目的实施情况进行了跟踪调研,深入了解签订技术合同的背景、合同履行情况、技术应用状况、经济和社会效益、企业对技术项目的评价、存在的问题等。调查表明,有67%的项目运行良好,并不同程度地为企业带来了经济效益和一定的社会效益。"国家一类新药、国家保密品种人工麝香"技术转让项目，1994年在大兴开始试生产，经过近10年的摸索和规模化生产试验，到2004年初步进入产业化生产阶段，全年实现产值1.54亿元，利润5 279万元，上缴税金3 492万元。

（北京技术市场管理办公室　王洪强）

【生产力促进中心服务能力不断增强】 年内，北京地区生产力促进中心服务企业为13 037家。其中提供咨询服务4 670次，技术服务1 947项，培训服务18 893人次；为企业导入技术49项；引进人才240人；组织技术交易353次。生产力促进中心服务收入达19 001万元。

（北京生产力促进中心）

【打造工业设计服务平台】 年内，北京工业设计促进中心与中央美术学院，在市科委的支持下，开展了设计公司、院校、在京国外研发机构等的设计创新需求调查，并在此基础上推出了构建北京DRC(design resource cooperation)设计资源协作的框架，成为科技促进现代服务业发展的重要举措。同时，中心还承办了第三届北京国际设计展，参与策划和组织了第三届"亚太经合组织(APEC)青年科学节"，与韩国设计振兴院在北京中华世纪坛举办了"2004韩国设计展暨论坛"。

（北京工业设计促进中心）

【开展科技咨询从业人员资质认定试点研究】 年内，市科委人才交流中心和市科技咨询业协会承接了科技部委托的"科技咨询从业人员资质认定试点研究"工作。该研究调查了北京地区科技咨询行业发展趋势、人员状况以及高新技术企业对科技咨询业的需求，研究了科技咨询从业人员素质模型(通用部分)，调查了与科技咨询业相关的资质认证标准，有关政策法规；研究了《科技咨询业从业人员资质认证标准》(暂定名)；编写了《科技咨询业从业人员资质认证》培训教材。科技咨询从业人员资质认定工作开始于1996年11月，由北京市科技咨询业协会出台了《注册咨询师认证及管理暂行办法》，制定了实施细则，并每两年组织一期对决策、技术、管理、信息、工程和专业事务的咨询人员培训、考试和认证。截至目前，咨询师的认证已举办了4批，确认注册咨询师1 215名。

（市科委人才交流中心）

研究与开发

RESEARCH AND DEVELOPMENT

基础性研究

Fundamental research

社会发展科技

Science and technology for social development

农村科技

Rural science and technology

基础性研究

【对4家共建重点实验室进行论证】 3月23—26日,市教委对2003年12月经教育部批准建立的北京地区4个省部共建重点实验室,即中国农业大学功能乳品实验室、北京林业大学森林培育与保护实验室、北京工业大学光电子技术实验室和首都师范大学三维空间信息获取与地学应用实验室,按照教育部《关于对2003年度批复立项的教育部重点实验室进行建设计划论证的通知》(教技司[2003]250号)要求,组织专家就其建设计划进行了论证。市教委科研处根据专家组的意见,对各实验室重新修订和完善的《建设任务书》进行了审查,要求各实验室要根据《建设任务书》的内容,加强实验室的建设,促进科研水平的进一步提高,更好地为北京市经济发展建设服务,真正为北京市经济建设做出实质性的贡献。

(市教委　赵胤慧)

【我国首例克隆小鼠诞生】 4月,在北京大学和北京实验动物研究中心联合实验室,由长江学者邓宏魁教授和丁明孝教授率领的科研小组,利用核移植技术和四倍体胚胎聚合技术在国内率先克隆了小鼠,填补了我国在小动物克隆方面的一项空白。现已有21只小鼠出生,最大的4周龄,健康状况良好。克隆小鼠是棕色的,而生下它们的义母是纯白色的。该项技术是1998年由日本科学家Wakayama率先研究成功的,但只有极少数的实验室能够掌握并成功使用。在国家"863"计划和市科委的大力支持下,该科研小组通过改进技术方法不仅成功地克隆了小鼠,并且大大提高了克隆的效率。该研究可以为研究动物配子和胚胎发生、细胞和组织分化、基因表达调控、核质相互作用提供技术平台,且在建立人类疾病动物模型方面也有着重要的作用。

(摘自《北京科学技术研究院院报》)

【增补认定4家北京市重点实验室】 上半年,市教委和市科委为引导北京地区高等院校参与首都的经济建设和社会发展,促进学校科研平台建设,进一步提高学校科学研究水平,进行了北京市重点实验室的增补工作。这是继2001年之后的首次增补认定。共认定了4家实验室,即,北京印刷学院的印刷包装材料与技术实验室,北京石油化工学院的光机电装备技术实验室,华北电力大学的高电压与电磁兼容实验室、能源的安全与清洁利用实验室。

(市教委　赵胤慧)

【国家杰出青年科学基金实施十周年学术报告会举行】 10月19—20日,国家杰出青年科学基金实施十周年学术报告会在京举行。全国人大常委会副委员长、中国科学院院长路甬祥院士,全国政协副主席、中国工程院院长徐匡迪院士,中国科协副主席、书记处书记徐善衍,教育部副部长赵沁平,科技部副部长程津培,人事部副部长王晓初,中国科学院院士、中国工程院院士师昌绪,财政部部长助理张少春及国家杰出青年科学基金的历届评审委员会主任、副主任,中组部、国家发改委、人事部、财政部等有关部委的同志和来自全国各地的近500名国家杰出青年科学基金获得者参加了开幕式。开幕式上,国务委员陈至立提出了新时期我国科技人才的战略目标,即以提高创新能力和弘扬科学精神为核心,建设一支梯次合理、素质优良、新老衔接、满足经济社会和科技发展需要的宏大的科技人才队伍,营造一个有利于激发科技工作者创新热情的良好环境,培养和造就一批把握科技发展大势、具备广阔国际视野、具有世界前沿水平的科学家和工程师,特别是培养和造就一批优秀中青年专家和创新团队。就当前和今后一个时期继续实施科学基金的人才战略问题,陈至立谈了四点意见。报告会还安排了五个大会报告,涉及纳米科技、生命与医学科技、信息科技、认识与智能控制,以及会聚技术与中国的新机遇等;六个方面的专题研讨会,分别是21世纪生命科学前沿与人类健康、信息科学与网络技术、面向可持续发展的资源环境与生态科学、先进材料、工程科学前沿、基础科学前沿。

(摘自《科学日报》)

【资助自然科学基金项目244项】 年内,北京市自然科学基金共受理2005年度项目申请2 344项,比上年增长了34%。经专家评审,委员会决定资助244项。其中重大项目2项,重点项目19项,面上项目191项,预探索项目32项;涉及数理科学9项,化学与材料科学22项,工程科学19项,信息科学27项,生物科学28项,农业科学29项,医药科学80项,城建与环境科学21项,管理科学9项。资助总金额为3 699万元。

(市自然科学基金委员会办公室)

【北京抗旱、抗病、长绿草坪草种选育及管理技术研究】 该项目由中国农业大学韩建国教授主持,与北京市园林研究所、中国农科院畜牧所和北京市农林科学院合作完成。课题组针对北京地区的生态气候,结合不同草坪草生长季灌溉量的合理分配,提出只要灌溉方法适当,草坪用水量与大田作物相同或相近;针对草坪草营养需求及优化施肥技术,提出了草坪每年修剪草屑中氮、磷、钾带出比例约为9:1:5,草屑中各种养分含量可作为施肥的诊断指标;草坪采取春、秋两次施入缓释复合肥或分四次施入速效复合肥的方案可以保证北京地区中高档冷季型草坪的良好质量。课题组针对北京市草坪褐斑病、腐霉枯萎病和夏季斑病等主要病害发生规律,提出及时合理地运用生物杀菌剂为主的化学防治方法,并建立了草坪草病害多媒体信息系统,已应用于大面积草坪病害的综合防治中。课题组筛选出对北京地区适应性强的草地早熟禾品种8个,高羊茅品种6个,多年生黑麦草品种3个,细羊茅品种2个;制定出《北京市草坪养护管理技术规程》,综合地提出了北京地区不同养护管理水平下草坪的灌溉、修剪、施肥、病害综合防治等技术。

(市自然科学基金委员会办公室)

【高烈度地震环境下北京地铁地下结构抗震设计与对策研究】 该项目由清华大学张建民教授主持,与北京市勘察设计研究院、北京市地震局震害与工程地震研究所、北京市城建设计院等单位合作完成。研究以地铁车站为重点,以再现强烈地震环境下地铁地下结构—土体系统的动力学行为、揭示灾害形成机理、预测灾变过程和评价其抗震安全性为目标,展开应用基础性研究工作,为提出强地震激励下地铁地下结构抗震设计的基本理论与实用方法,以及系统化的地铁地下结构抗震设计条例提供技术基础。研究取得下列成果:提出了建立静—动力统一人工边界的思想;提出一个能够用于评价从主动到被动状态之间的任意侧向位移条件下挡土墙地震土压力的实用理论及方法,并应用于地震过程中作用在浅埋结构物之上的土压力和成层土地基中浅埋结构物动力反应的计算分析;研制出新的大型土与结构接触面循环加载剪切仪(TH-20t CSASSI)及相应测试技术,在此基础上建立了一个可统一描述接触面静—动力学性态的弹塑性损伤本构理论模型(EPDI模型);建立了可考虑物态变化的6参数和8参数弹塑性本构模型;揭示了砂性土的震动液化后大变形的物理机制,提出了一种能够描述饱和砂土从液化前小应变到初始液化后大应变范围的实用的非线性本构模;提出简化抗震设计方法。课题组有21篇论文已发表于核心学术期刊。

(市自然科学基金委员会办公室)

【红小豆优异种质资源的创新及遗传基础的研究】 该项目由北京农学院金文林教授主持。研究在小豆的起源、育成品种的产量潜力方面取得以下结果:①育成大粒京农6号和特大粒京农7号二个小豆新品种,其蛋白质含量均在25%以上,属于优质小豆。特大粒京农7号产量潜力实测结果达到3 700千克/公顷,创国内小豆单产最高记录及国际夏播小豆最高记录。②筛选出抗白粉病、尖茸毛、高沙率、皮色明亮等特殊种质资源,同时也育成了一批大粒优质高产新种质,从分子生物学方面佐证了我国是小豆起源中心的说法;利用SSCP方法对小豆种质资源的α-淀粉酶基因第3内含子进行检测,从碱基突变的数量及位置初步推测出各变异类型的演化过程,同时获得了远东地区野生小豆与亚热带南亚地区野生小豆是由中国向两个方向传播以后分别分化而来的生物学信息。通过研究可看出,小豆的起源地在中国南部—

日本南部一带，东亚地区的野生小豆由南向北传播，亚热带南亚地区的野生小豆由平地向高地传播。育成的大粒京农6号红小豆新品种，已在北京地区繁殖推广。

（市自然科学基金委员会办公室）

【气体信号分子对缺氧性肺血管基质重建的调节作用与机理】 该项目由北京大学第一医院杜军保教授主持。研究建立了缺氧性肺血管结构重建动物模型，观察到肺血管显微及超微结构；在慢性常压缺氧性肺动脉高压大鼠模型中，观察到肺动脉NOS/NO系统NO含量、L－精氨酸运转、肺动脉内皮细胞eNOSMRNA及其蛋白的表达、肺动脉NOS活性、肺动脉cGMP含量、HO/CO系统CO含量、HO－lmRNA及其蛋白表达的变化；应用免疫组织化学方法和组织原位杂交法在肺动脉石蜡标本和培养的肺动脉平滑肌细胞（PASMC）上进行了内源性CO对肺动脉HO－1、Ⅰ、Ⅲ型胶原，TGF－β蛋白，MMP－1、TIMP－1 MRNA表达及影响的定性、定位及半定量分析；在培养的大鼠低氧肺动脉平滑肌细胞（PASMC）上采用H－胸腺嘧啶（H－TDR）渗入法和Western blot检测细胞外信号调节激酶（ERK）的蛋白表达；在体外培养的缺氧肺动脉平滑机细胞中，分别加入HO－1抑制剂，检测Ⅰ、Ⅲ型胶原蛋白含量，TGF－β蛋白，MMP－1 MRNA，TIMP－1 MRNA及其蛋白表达的定性、定位及半定量分析。研究发现，缺氧组大鼠存在明显的肺血管基质重建；肺动脉高压时，肺动脉NO/NOS途径下调，CO/HO途径上调，并发现其变化呈现时间依赖性双峰规律；内源性CO对肺动脉Ⅰ、Ⅲ型胶原蛋白合成和TGF－β蛋白表达具有重要的抑制作用；CO抑制低氧PASMC增殖及其细胞表型的作用可通过MAPK来介导。该研究组在国内外率先发现内源性CO等气体信号对缺氧大鼠肺动脉胶原代谢发挥重要的调节作用，气体信号分子CO可明显抑制肺血管基质重建。该研究深化了缺氧性肺动脉高压的发病机制，为缺氧性肺动脉高压的治疗干预提供重要的实验基础。研究发表相关论文13篇。

（市自然科学基金委员会办公室）

【高肺血流量所致肺动脉高压机制中硫化氢及全体信号网络】 该项目由北京大学第一医学院杜军保教授主持。研究组率先发现高肺血流所致肺动脉高压存在严重的内源性HS生成受抑，而内源性HS生成受抑是肺动脉高压形成的重要原因；揭示了NO前体L－精氨酸可通过升高内源性HS水平而缓解高肺血流所致肺动脉高压的形成，发现了外源性NO可通过升高HS水平缓解肺动脉高压，并且对硫化氢的调节是从基因水平来实现的。该研究揭示了新型气体信号HS在肺循环调节中具有极其重要的意义，将推动气体信号分子家族及其血管生物学效应理论的深化，提示HS系统与NO系统共同形成一个独特的气体信号网络，在细胞与分子水平网络式地相互调节，从而发挥生物学效应。课题组已发表相关论文7篇。

（市自然科学基金委员会办公室）

【北京市地裂缝的分布、成因及其危害性研究】 该项目由北京市地震局邢成起主持。研究采用多学科、多手段的综合方法，首次对北京地区的地裂缝发育情况及其灾害程度与特点进行了全面、系统、深入的专题性综合调查研究。课题组通过大量野外考察和大比例尺地质填图，获取了有关地裂缝带的几何学和运动学的定量数据，包括地裂缝的延伸展布方向、长度、宽度、可见深度、位移幅度、力学性质、产状以及排列组合方式等，同时还获取了地裂缝对地面农田及建筑物破坏和危害情况的大量资料，并在此基础上结合其他相关资料对北京地区地裂缝的空间分布特点及其与地貌、地质、第四纪地层、现代地壳形变、活动构造及地震活动之间的关系进行了深入的分析，取得了对地裂缝分布规律和成因方面的新的认识，初步编绘了北京地区的地裂缝分布图。课题组还在地裂缝发育的典型地段开展了初步的浅层物探和化探测量，用以查明地表地裂缝与地下深处隐伏活动断裂之间的关系，并对在顺义、大兴、门头沟等地区新发现的20多条地裂缝进行了地震异常落实，及时判别了它们与地震活动之间的关系。该项目已发表论文4篇，撰写地裂缝异常落实报告5篇，其部分研究成果已被用于北京市的年度地震趋势研究报告中。

（市自然科学基金委员会办公室）

【市自然科学基金委员会突出重点，推进工作】 年内，北京市自然科学基金委员会围绕社会经济发展和科技自身发展的需要，围绕2008年奥运会，开展前瞻性的基础性研究。在优势领域及重点领域，部署重大项目、重点项目，抓好面上项目和预探索项目；鼓励创新，重视资助确有创新点的非共识项目和学科交叉项目；加大培养优秀青年科技人才的力度，通过提高对青年科技人才的资助比例、举办青年科学家论坛、开展国内外学术交流活动等多种形式，活跃学术气氛，为青年科技人员创造学术研究条件和氛围，培养具有创新意识和创新能力的高素质青年科技人才；坚持依靠专家，发扬民主的原则，修订和发布了《北京市自然科学基金项目指南》；进一步加强与市教委科技发展计划的合作；继续采用联合资助基础性研究项目的方式，积极争取国内外科技机构的配合和支持，推进北京地区基础性研究工作的发展；加强市基金项目的中后期及追踪管理，提高项目管理水平和效率；认真执行在研项目年度报告制度和项目结题验收制度，组织委员、顾问及有关专家对部分在研重大项目、重点项目进行调研、检察。

（市自然科学基金委员会办公室）

社会发展科技

【城市园林绿化行业新技术推介会举行】 3月19—20日，北京园林学会在北京植物园举行“迎接2008年奥运会北京城市园林绿化行业新技术推介会暨专题报告会”。北京奥组委环境部副部长余小萱、首都绿化委员会办公室副主任甘敬、市环保局副局长裴成虎、市园林局副局长郑西平、市城市节水办公室副主任何建平等出席。推介会由市园林局主办，北京园林学会等协办，北京植物园承办。推介会采取室内专家报告、信息发布和室外展板介绍、实物展示相结合的形式。张启翔、张树林、张佐双三位专家分别做了“北京市花卉业发展规划与奥运用花的探讨”、“抓住奥运机遇，不断提升北京城市园林绿化水平”和“试论2008年奥运会前的北京园林绿化苗木发展趋势”的报告。推介内容涉及新优植物材料、土壤肥料、透气、透水铺装、试剂、植物容器、园林工程材料、园林书刊及配套技术等。外省市及本市18个区县的园林绿化、规划设计、绿化施工等部门的领导及专业人员参加了本次推介会。

（市科协　董连勋）

【城市照明规划与设计国际研讨会召开】 5月13—14日，由清华大学建筑学院、北京清华城市规划设计研究院主办，北京照明学会、市政管委夜景照明处等协办的2004年北京“城市照明规划与设计国际研讨会”在清华大学建筑设计中心楼报告厅举办。会议的主题是城市照明的规划与设计，内容主要包括城市照明规划的方法、内容、法规，城市照明的评价体系，城市照明的文化性和地方特色，室外照明器材的性能和新技术发展，室外照明控制技术，城市照明经济问题、节能问题、光污染控制，照明规划设计与工程建设的管理体制及政策措施等议题。25位中外照明专家在会上做了学术报告。来自美国、德国、日本、澳大利亚等国以及香港、台湾地区的代表160余人出席会议。

（市科协　王大有）

【城市立体绿化与城市生态建设研讨会召开】 5月15—16日，由北京植物学会、北京城市规划学会共同主办的“2004城市立体绿化与城市生态建设研讨会”召开。植物学会理事长崔克明、城市规划学会理事长赵知敬分别做了“城市立体绿化的思考和建议”、“城市规划环境治理”的报告。北京城市规划院总工程师杜立群、研究室副主任何永，植物学会副理事长张佐双，中科院植物所蒋高明分别就“北京绿化隔离地区的规划与建设”、“面向生态城市的北京城市整体规划修编工作”、“植物园对社会可持续发展中的作用”、“北京绿色奥运生态的内涵”等做了专题报告。日本、韩国等国外专家从不同的角度介绍了城市立体绿化的先进经验。与会者就城市发展进程中如何坚持可持续发展的原则,如何把城市人口、资源、社会经济与城市生态环境建设协调统一,促进城市的全面发展等进行了探讨。

(市科协 冀连生)

【举办北京城市规划与交通高峰论坛】 5月18日,北京自然科学界和社会科学界联席会议在北京科技活动中心举办主题为“北京城市规划与交通”高峰论坛。市社科联主席陶西平主持论坛,市科协党组书记田小平、市社科联党组书记张文啓、市委宣传部副部长宋贵伦以及市科委、市规划委、市交通委、市社科院等单位有关负责人出席。两院院士吴良镛、清华大学人文社会科学院院长李强、清华大学交通研究所所长陆化普、北京市公安交通管理局原副局长总工程师段里仁、中国人民大学陈禹、中国铁道科学研究院首席专家钱立新等就“北京市空间发展规划研究中的交通思考”、“从社会学角度看北京的交通问题”、“解决北京城市交通问题的关键在于‘整合’”、“换个角度来看缓解北京交通拥堵的出路”、“学会领会科学的发展观 综合全面地研究和解决交通问题”和“加快城市轨道交通建设,实现2010年新北京交通体系”等做重点发言。吴良镛指出,目前在中心城区聚集的功能太多,而且这些功能多聚焦于历史文化精华地区,导致历史风貌不断丧失,交通压力与口俱增,规划绿地不断被占,环境压力日趋严峻。这种单中心的“放射+环形”的布局结构已不能适应发展的需要。城市结构调整与交通发展相辅相成,不能就交通论交通。吴良镛提出,疏解中心市区功能,形成“多中心并联式”的空间结构,是立足于北京的历史及地理条件提出的空间结构模式,有利于城市——区域空间、人与自然建立良好的空间秩序,疏解单中心聚焦的压力。与会专家就城市布局和解决交通问题提出了具体建议。

(市科协 郭 健)

【研讨特大城市交通发展战略】 5月25—26日,北京交通工程学会举办“国际特大城市交通发展战略研讨会”。市交通委、市公安局交管局、清华大学等单位专家就北京市交通发展战略问题做了专题报告。美、英、日、韩4国专家介绍了伦敦、东京等国际特大型城市交通发展战略,总结分析了所在国的成功经验,并对北京的交通发展提出了意见。国内外近百人参加了此次研讨会。

(市科协 刘晓勘)

【研讨北京城市重大突发事件避难场所规划建设】 5月28日,“北京城市重大突发事件避难场所规划建设研讨会”在北京市气象局学术厅举行。市综合整治办公室、市科协、北京减灾协会、首都经贸大学、中国农业大学及天津、河北、江西等省市的有关专家参加了会议。北京市园林局规划建设处李凯、首都经贸大学安全工程系杨泗霖、北京市消防局赵克伟、北京市地震局杜甫来等分别就“首都园林规划建设”、“爆炸火灾危险原避难场所建设研究”、“对城市应急避难场所规划建设探讨”、“地震应急避难场所建设的实践与思考”等做了专题报告。与会专家就城市突发事件应急避难场所的规划建设问题进行了研讨。

(市科协 韩淑云)

【国家大剧院屋顶用钛板自清洁或易清洁方案研讨会召开】 6月16日,由国家大剧院工程业主委员会、科技部高新司、市科委共同主办,北京新材料发展中心承办的“国家大剧院屋顶用钛板自清洁或易清洁方案研讨会”召开。国家大剧院工程业主委员会主席万嗣铨、规划设计部部长周庆琳、工程部部长朱正林,市科委主任马林、委员郑吉春,北京新材料发展中心副主任段宏伟、陈宏生等以及国内外相关研究机构的专家、部分企业代表近50人参加了会议。会上,中科纳米工程中心有限公司市场总监陈立宾、德国威尔斯堡大学硅化学教授Dr. Loebmann、日本大阪府立大学工学部安保正一教授(张金龙教授代发言)分别从钛板表面自清洁纳米技术、德国自清洁技术、日本自清洁技术等方面做了主题发言。与会代表从长效超亲水防静电自清洁涂层技术、钛材表面的清洗、TCM钛板的自清洁处理方案、抗老化涂料、金属表面易清洁功能涂料以及有机-无机纳米复合薄膜的制备与应用等方面发表了自己的看法。会议还就钛板自清洁或易清洁处理的可行性及其实现方案进行了广泛交流与探讨，普遍认为，采用 TiO_2 光催化纳米技术、清洁涂层技术等是可行的，可保持钛板不变色，有自清洁效果，但有关自清洁涂层在可见光下的效率、涂层的耐蚀性、涂层的寿命、检验标准等细节问题有待进一步论证，并提出有必要在设计和施工中考虑清洗的具体方案。

（北京新材料发展中心　艾晓玲）

【城市热岛效应研究国际研讨会召开】　6月23日，市科委、市园林局、市政府外办共同承办了“城市热岛效应研究国际研讨会”。研讨会旨在通过加强国内外各大城市间的学术交流，共同探索缓解城市热岛效应的技术措施，为建设最适人居环境和城市可持续发展献计献策。会上，国内外各城市的专家们就城市热岛效应的成因、研究方法、措施、进展以及实施案例和实际效果进行了深入的研讨，还对北京城市绿化缓解热岛效应的实例进行实地考察，包括城市大绿地建设、屋顶绿化及综合节能降耗技术控制城市热岛效应的各种实例。

（市科委社会发展处）

【消防救助技术北京研讨会召开】　6月27日，由市科委、市消防局、中国消防协会科普教育工作委员会和日本国际协力事业团中国事务所共同主办，市消防局承办的“2004年消防救助技术北京研讨会”召开。科技部、中国科协、公安部消防局、中国消防协会、日本驻华大使馆、日本国际协力事业团中国事务所，全国各地的消防专家、学者、消防指战员、消防科研人员及消防救助产品的研制、开发、生产单位的代表，日、美、英等国的消防同仁，共计150余人参加了研讨会，30余人发表了演讲。此次研讨会的内容主要包括：消防救助技术及装备的研究开发与推广应用、消防救助技术培训基地的建设、消防救助培训机制与考核标准的建立、消防救助行动的组织指挥与协同作战、典型消防救助战例的剖析、消防救助现场的急救处置等。这次研讨，为我们提供了处置化学灾害事故、可燃有毒气体灾害、油罐火灾、天然气井喷事故、建筑火灾坍塌事故、大型商场火灾、地震灾害等特殊灾害事故抢险救助活动的有效方法、对策及成功的救援经验。

（市科委社会发展处）

【座谈“7.10暴雨”】　7月16日，北京水利学会召开专家座谈会，就7月10日北京突降暴雨对城区市政建设引发的诸多问题进行研讨。专家认为，减灾重在预防，气象部门应通过各种途径及时向公众传播灾害预警信息，提示市民早做防范，减少交通堵塞。要狠抓基础设施建设，在重点地区要作重点改造。此次降雨在故宫、天安门、天坛公园等明清建筑群地区的降水量最大，超过100毫米，但并未出现积水现象。可见，排水设施不在于是否陈旧，关键是规划设计思想是否到位。此次降雨，城区排水问题突出，建设部颁布的市政建设相关标准不能完全用于北京，可因地制宜，将标准提高。玉泉营立交桥经改造后，此次不再积水，这是花钱少、见实效的范例。要推广北洼路、海淀公园等区域排水、渗水设施建设的经验。专家呼吁，应尽快解决道路两旁绿化带高出路面的问题，改造硬质路面，增加渗水砖面积，增大雨水回灌地下流量。奥运主会场及基础设施应注重排水设计和规划方案。专家建议，应组建机动排涝抢险队伍，增强交通、电力、市政等方面协同作战的配合能力。小区物业也要承担起应对突发事件的责任，加强基层应急防护体制的建设。

（市科协　赵维萍）

【北京市危险化学品应急咨询电话开通】　9月29日，市科委与北京市安全生产管理局共同召开了“北京市危险化学品紧急救援技术体系建设暨24小时危险化学品应急咨询电话”开通的新闻发布会，正式向社会公开了两部24小时服务的热线电话，为企事业单位和市民的应急需求及城市的危险化学品事故处理提供了有效的技术咨询服务，体现了科技对城市建设和管理的有力支撑。北京危险化学品应急技术中心把24小时应急电话应答系统作为中心对社会运作的核心组成部分，自开通到年底，该中心共接到40余个应急电话，涉及危险化学品本身的性质、危害、应急处理，市民投诉和厂家的产品推销等许多方面，有20件与危化品处理有关。企业、社会公众与政府部门拨打应急电话，要求提供咨询服务的比例分别是45%、34%、21%。企业主要是一些化工企业，询问所遇到化学品的处理以及希望能够合作等问题。社会公众关注的则是与生活有密切联系的化学品接触是否会对身体造成伤害等问题。政府部门主要咨询某种化学品是否为危险化学品和泄漏后将如何处理等问题。

（市科委社会发展处）

【城市水利建设与发展学术研讨会召开】 10月12—14日，由市水务局、市科协主办，市水利学会等承办的“2004北京城市水利建设与发展国际学术研讨会”召开。日本、瑞士、英国及中国澳门等国家和地区的专家以及国内水利专家168人参加了会议。中国工程院院士张杰、国际水利工程与研究协会副主席玉井信行、中国水科院教授刘树坤、瑞士洛桑大学教授沃特·格拉夫分别做了“中国水健康循环之路”、“城市可持续水管理”、“流域水循环与生态修复”和“中国的河流—生命的资源”的报告。澳门大学教授莫启明、日本长冈科技大学教授早川典生、英国专家路西安·格尔及清华大学、中山大学等单位的专家围绕“人与水·自然和谐发展”的大会主题阐述了自己的观点。代表们还考察了转河、长河、海淀翠湖湿地以及北京水利水电学校雨水利用设施。会议收到论文近50篇，并出版了论文集。

（市科协　赵维萍）

【第二届北京中—欧大城市发展学术研讨会召开】 10月22—24日，“第二届北京中—欧大城市发展学术研讨会”在北京科技活动中心召开。本次研讨会旨在促进北京与欧洲大城市之间的科技交流，围绕首都交通发展中的热点和难点问题进行研讨，借鉴欧洲在交通科技方面的先进理论和科技成果，积极探索新的发展思路和技术方法，密切科技经济合作，为北京成功举办2008年奥运会、率先基本实现现代化提供科技支撑。意大利、德国、芬兰、荷兰、比利时、丹麦6个国家的32位专家和中国的200余位专家参加了会议。本届研讨会以“智能交通应用与发展”为主题，围绕“交通流的检测”、“信息的采集（最新采集及传输技术，如无线技术）”、“交通诱导/车辆导航”、“路况信息处理及实时发布（各种终端）”、“先进的公共交通管理系统”、“城市轨道交通规划与发展”六个主要议题进行了深入的研讨。本次会议共征集论文50余篇，编入论文集43篇。

（市科协　李金涛）

【北京城区雨洪控制与利用技术研究取得成效】 年内，市科委针对北京市水资源短缺、降水时空分配过于集中易产生径流和城市化造成不透水面积增加的难题，开展的北京城区雨洪控制与利用技术研究与示范取得初步成效。该项研究是“首都二四八重大科技创新工程”项目之一，其目标是最大限度利用城区雨水，缓解水资源供需矛盾，减轻城市排水与防洪压力，寓资源利用于灾害防范之中。5年来，共建设5种模式、6个不同雨洪利用工程示范小区和1个雨洪利用中心试验场，工程建设总面积60公顷。运行结果表明：多年平均情况下，示范区年可利用雨水10万立方米，对缓解市区排水压力，增加可用水资源具有一定的效果，发挥了较好的生态、社会和经济效益。课题组根据研究成果和国内外的成功经验，编制了《北京城市雨洪利用技术导则》，出台了《关于加强建设工程用地内雨水资源利用的暂行规定》，并将雨洪利用纳入新修编的北京市总体规划。雨洪利用的科技成果已在我市城市建设中得到应用，雨洪管理的理念也在我市洪水管理中得到体现。7月10日城区大雨，通过洪水管理，在城市下游多蓄水200万立方米。

（市科委社会发展处）

【依托数字技术创建城市管理新模式】 年内，东城区委、区政府重点建设工程依托数字技术创建城市管理新模式研究获得成功。该项目是针对北京城市管理方面存在的重建设、轻管理，信息不及时，管理被动、后置、粗放，缺乏有效的监督、评价机制等问题而开展的。研究首次在城市管理领域实现了众多信息技术的全面整合与应用创新，实现了对城市市政公共设施的精确、敏捷、高效、全时段、全方位覆盖和管理；创造性地构建了万米单元格部件管理法，通过

GIS、GPS实现了对城市管理对象定性、定量和定位的统一管理；自主研发了城市管理信息采集器和数据处理平台，保障了东城区任何地点发生事件后与指挥平台的及时报告和联通；实现了现代化城市管理流程的再造和实时的可视化、自动化管理。项目试运行以来，效果良好，并引起了各级领导高度关注。市长王岐山建议将这个成果推广到其他城区。建设部也要把这个成果列入建设部“十五”科技成果，并在有关城市管理中推广。

（市科委社会发展处）

农村科技

【举办北京市蔬菜优质安全科技论坛】 1月13—15日，由市自然科学基金委员会主办的“北京市蔬菜优质安全科技论坛——北京市自然科学基金过去10年资助项目的回顾与展望”（蔬菜专题），在中国农业科学院蔬菜花卉研究所中蔬卉园宾馆召开。会议邀请了过去10年来曾经主持或参加市自然科学基金委员会资助的与蔬菜研究有关的基金项目的代表以及国内外的著名蔬菜生产专家出席。德国Hohenheim大学教授Roemheld和Liebig、沈阳农大园艺学院教授葛晓光、山东农科院蔬菜所研究员何启维及浙江农业大学教授喻景权等专家应邀到会并做报告。会议按照“蔬菜分子生物学技术与优质品种选育”、“蔬菜优质高产的栽培技术与生理基础”、“绿色蔬菜生产的水分养分管理与可持续发展”及“绿色蔬菜生产的病虫害控制与可持续发展”四个专题进行了分组汇报和讨论。与会专家建议，今后北京蔬菜优质安全生产科技发展重点应是：组织与蔬菜优质安全生产有关的产前、产中、产后各专业对关键环节和产品质量评价技术进行深入系统的理论研究与技术攻关，为建立规范化、高效化的无公害蔬菜生产技术体系提供理论依据和技术支撑；必须从理论上找出调节水肥供应，又有较高产出的标准和途径，为提高农作物的水分养分资源利用效率提供依据和实施途径；要推进北京蔬菜种子的产业化，使优良品种的研究开发成为北京郊区新的经济增长点，使北京成为蔬菜新技术的开发园。

（市自然科学基金委员会办公室）

【国家淡水渔业工程技术研究中心通过验收】 1月，“国家淡水渔业工程技术研究中心”通过了科技部评估中心主持的现场验收和评估。中心根据国内外现代水产科技和渔业产业的发展趋势及市场需求，以促进产业技术升级、解决制约行业发展的重大技术问题、推动渔业产业化经营为主攻方向，开展了育种、养殖、饲料、病害防治等渔业全程的技术研究工作，并通过组装、配套、集成为工程化技术，向生产领域转化。该中心组建以来，共研究和转化了科技成果42项，其中西伯利亚鲟鱼全人工繁殖、智能水产养殖专家系统等成果达到国际水平。中心以科技成果产业化为目标，以工程带基地，以基地为载体，促进成果转化，建成了冷水鱼、热水鱼、温水鱼、亚冷水鱼繁养殖基地及高效生态养殖、全封闭循环水工厂化养殖、饲料研发、新型生物渔药研发、观赏鱼和人工配制海水工厂化养殖基地，组成了系列化的国内一流的工程化科技产业群体。

（市科委农村科技发展处）

【召开2003年度农村科技工作总结会】 2月13日，市科委农村处和农村中心在北京市农林科学院组织召开2003年度农村科技工作总结会。来自14个郊区县科委主任及10个农口局（总公司）科教处处长分别汇报了2003年本单位在科技创新体系建设、科技计划项目实施、科普及信息化建设等方面所取得的成效及经验，并提出了2004年的工作思路。市科委杨伟光副主任认真听取各单位的汇报后，强调2004年各单位要以深化“首都二四八重大创新工程”为主，实现“一个转变、两个加强”，即实现由院所、高校为中心的技术主导型科研体制向以企业为中心的市场主导型科研体制转变；加强科技创新资源向郊区县辐射、扩散；加强科技对城市发展、城市管理和社会发展的支撑。在此基础上实施三大行动：一是促进企业成为创新主体,提高核心竞争力的“引擎行动”;二是实现市区与郊区县协同发展的“涌泉行动”;三是推进首都全面、协调、持续发展的“科技奥运行动”。各单位要在工作中找到自己的位置和目标,要增强对形式的把握能力,抓住机遇,把以科技引领经济发展作为我们工作努力的方向,强化管理,完善自身能力,提高活力和凝聚力。

(市科委农村发展中心)

【启动“221”行动计划】 3月12日,召开了北京市“221行动计划”工作会议,决定全面实施“221行动计划”。会上,推出了《关于实施“221行动计划”推进北京农业现代化的意见》。“221”即两张底牌、两个支撑、一个平台。两张底牌即市场需求底牌、郊区资源现状与优化布局的底牌;两个支撑即科技支撑、资金支撑;一个平台即北京农产品信息平台。实施“221行动计划”将重点开发农业新功能,到2005年新发展综合性农业观光园区100个,专业性农业园区1 000个;每年新认证100家以上安全食品达标单位,新建100个以上农业标准化生产基地,加快发展大兴西瓜、平谷大桃、门头沟京白梨和樱桃、朝阳和通州观赏鱼以及怀柔西洋参等一批特色农产品;重点发展优质专用粮食、蔬菜、果品、饲草、其他经济作物类以及畜禽良种、奶业、肉羊、肉鸡、肉牛、名优水产养殖等优势主导产业;构建科学的水资源利用和保护体系;扶持主体,通过延长农业产业链大力发展农业产业化经营;加快科技创新和资源整合,打造北京现代农业发展的科技支撑体系;加快现代农业信息化体系建设;加快建立现代农业生产的社会化服务和保护体系。

(市科委农村科技发展处)

【召开区县科技工作座谈会】 4月29—30日,市科委组织召开了18个区县主管科技工作的区县长和科委主任座谈会。市科委王丽水委员主持会议,副市长范伯元出席会议并讲话。市科委主任马林介绍了科技工作面临的形势,并就深入实施“首都二四八重大创新工程”的意义,推动“引擎行动”、“涌泉行动”和“科技奥运行动”的基本思路做了讲话。马主任强调,未来3年市科委要按照市委、市政府的要求,基本上完成区域创新体系的建设和“首都二四八重大创新工程”的总体实施。市科委相关处室要与区县紧密结合,宣传落实三大行动。市科委副主任杨伟光就2004年如何加强区县科技进步督导评估、农村科技服务组织建设及区县经济社会发展调研等方面的工作进行了部署。副市长范伯元强调,各区县应根据自身条件,求真务实定好位,重视发展高新技术产业,抓好基层科普工作,提高农民素质;市科委应将共性成熟技术向郊区转移,并促使重大项目与区县科技工作的对接。

(市科委农村发展中心)

【召开“农村科技服务港”新闻发布会】 5月25日,市科委召开有中央及北京市共10余家新闻媒体参加的“农村科技服务港”新闻发布会。“农村科技服务港”是针对目前京郊农村在科技推广服务体系中存在的成果有效供给不足,科技服务资源整合不够,原有传播渠道不畅,新兴的农民技术合作组织尚不健全等弊端而提出并付诸实施的。“农村科技服务港”以为农民提供技术服务和信息服务为主,并将通过连接市科委所属各事业单位与首都科研院校,整合全市的科技资源,通过连接各区县科委、科技开发中心以及科技示范园区和各类农村技术服务组织,打通农业科技的输送渠道,从而有效地发挥其“枢纽”作用,实现科技专家与农民专业技术合作组织的对接,及时地把相关科技知识通过合作组织传递给农民。“农村科技服务港”将重点实现四大功能,即科技信息服务功能、科技成果推介功能、科技培训普及功能和专业技术咨询功能。其前期准备,即针对农村技术服务组织负责人和农民专业大户的手机短信服务平台(移动6289001),为农民提供语音技术咨询系统和网站(www. sss 001. cn)以及专线技术服务电话(010 - 63521517)等已先期开通使用。至年底,共举办各种培训班1588期,培训农民145 929人次。

(市科委农村发展中心)

【北京郊区农民合作组织服务创新平台开通使用】 6月,“北京郊区农民合作组织服务创新平台”(www. bjnm. org. cn)正式开通。该平台将成为北京郊区县农民合作组织展示自身形象的重要窗口。平台实现七大功能:合作组织京郊布局信息反映功能;农产品网上销售的动态信息发布功能;科研院所先进生产技术和新品种示范推广功能;农民合作组织信息整合功能;合作组织行业内信息网上交流、专家点评功能;合作组织自身业务宣传功能以及农民合作组织邮箱服务功能。根据上述功能,该平台设置了若干栏目,提供各种服务,主要包括京郊农民合作组织电子分布图、合作组织行业内动态和政策信息、农产品供求中心、市场价格和市场分析预测、新品种和新技术展示、农资供应信息、网上交易成功案例、行内技术交流、科研院所和专家在线、免费邮箱、合作组织业务宣传等,并实现服务创新平台和合作组织的宣传平台内容同步更新,为农民合作组织提供最新信息的短信服务。

(北京市农林科学院信息所)

【对农业领域征集项目进行筛选评审】 7月15—16日,市科委农村处和农村发展中心组织有关专家,对2005年领域指南中公开征集到的农业领域480余项项目进行筛选评审。市科委副主任杨伟光及计划处、农村处有关同志参加。35名农业领域专家提出了十六个重点项目建议方案,即:优质高产专用玉米新品种选育及产业化、蔬菜专用新产品选育及产业化、北京特色果树资源种质创新与产业化开发研究、园艺作物有机栽培关键技术研究与示范、农林植物有害生物可持续控制技术标准体系研究与示范、安全果蔬产业化行动、果品加工技术与装备研究、农业资源与环境监测及管理、北京农村信息化(四期)、园艺作物工厂化生产关键技术和装备研究与示范、京郊乡镇节水技术的研究与示范、北京市绿化隔离带优化配置和经营技术研究、有机废弃物智能化快速堆肥及产品应用的产业化示范、水产品质量安全控制技术研究及示范、重大动物疫病预警系统的研究与构建、草食性家畜良种胚胎产业化示范工程(二期)。这些项目体现了郊区农业发展的特点和要求以及对首都经济的推动作用。

(市科委农村发展中心)

【组织区县科委主任和农口局科技处长赴内蒙古考察】 8月9—13日,市科委组织京郊区县科委主任和农口局科技处长70余人赴内蒙古呼和浩特市进行为期5天的考察。期间,考察团考察了坐落在呼和浩特和林格尔县盛乐经济园区的蒙牛公司,参观了蒙牛和林生产基地,了解了蒙牛的历史、产品、文化等,深深感受到"蒙牛速度"和"蒙牛精神"。为了更好地将北京的科技资源和成果向内蒙古转移,双方还召开了对口科技交流座谈会。会上,北京发布了包括苜蓿草及农作物秸秆深加工利用、太阳能高压杀虫灯示范应用、专用型马铃薯种薯产业化开发、北京农村远程教育及信息服务工程、安全标准化出口蔬菜基地建设等5个项目,内蒙古科技厅、通辽科技局、部分盟科技厅及一些内蒙古企业均对北京提供的项目表示感兴趣。

(市科委农村发展中心)

【20家培训机构被科技部认定为第一批"星火"学校】 8月23日,由市科委组织专家评审、认定并推荐的"北京市门头沟区科技开发实验基地"、"北京养元牧业培训示范中心"等20家培训机构被科技部星火计划办公室审定为第一批国家星火计划农民科技培训星火学校并授牌。这是完善健全我市"星火"科技培训体系,落实科技部等"星火科技培训专项行动"提出的"县县有'星火'学校、乡乡有'星火'课堂、村村有'星火'科技带头人"工作目标的举措之一。多年来,我市"星火"科技培训工作始终坚持面向农业、农村和农民的工作方针,坚持农、科、教相结合的原则,多渠道、多层次、多形式地开展农民科技培训,培养出了一大批农民科技骨干,初步构建起以远程教育技术为基础的市、区(县)、乡(镇)、村四级星火科技培训体系,探索出了一条面向"三农"、服务"三农"的行之有效的科技培训之路。

(市科委农村发展中心)

北京市第一批国家星火计划农民科技培训“星火”学校

序号	机构名称	类型	联系人	地址	电话
1	北京市门头沟区科技开发实验基地	适用技术	田　军	门头沟区葡萄咀南核桃试验站	69801730
2	北京养元牧业培训示范中心	适用技术	孙茜胜	顺义区北石槽镇	60421764
3	北京市农林科学院	适用技术	杜小鸿	海淀区板井	51503590
4	北京顺义三高科技农业试验示范区	适用技术	董新宇	顺义三高区	60489560
5	北京市农村经济中高层次紧缺管理人才培训中心	适用技术/职业技能/管理	秦　军	海淀区香山普安店29号	82595047
6	北京市小汤山地区地热开发公司	适用技术	曹玲玲	昌平区小汤山	61784744
7	北京市朝阳区农村管理干部培训中心	职业技能	董托祥	朝阳区东坝	65492825
8	北京市延庆县农民科学技术学校	适用技术	高进兰	延庆县城东七里墩	69141201
9	北京智农天地网络技术有限公司	适用技术	郭建鑫	海淀区板井	51503298
10	北京市丰台区南宫村农工商联合公司	适用技术	易献群	丰台区王佐镇	83317142
11	北京市昌平区中日友好观光果园示范基地	适用技术	张文和	昌平区中日观光果园	60731689
12	北京市星火科技培训学校	适用技术/科技管理	杨　刚	宣武区陶然亭路55号	63521511
13	北京凯达恒业农业技术开发有限公司	适用技术	张莉华	房山区官道镇	60334972
14	北京市房山区农业机械化学校	适用技术/职业技能	李艳霞	房山区城关东大石河	89345805
15	北京市大兴区果品产销协会	适用技术	李振茹	大兴区黄村镇兴政街20号	69242572
16	北京市通州区张家湾镇成人学校	适用技术	李学泽	通州区张家湾镇	69572706
17	北京市密云县星火科技培训中心	适用技术	金广生	密云县西滨河路	69046334
18	北京市昌平区职业技术学校	职业技能	田晓东	昌平区昌平镇	69746532
19	北京市平谷区大华山镇成人学校	适用技术	王立保	平谷区大华山镇	61949588
20	中国农民大学(培训处)	适用技术/职业技能	鲁　艺	海淀区中关村南大街12号	68977632

【19 单位被认定为国家星火计划农村科技服务体系建设示范单位】 8月25日，科技部“星火计划”办公室公布了第一批国家星火计划农村科技服务体系建设示范单位，由市科委组织并推荐的北京昌平小汤山国家农业科技园区、北京奶牛中心、北京乐平西甜瓜产销联合体、北京市昌平区中日友好观光果园示范基地及北京市农林科学院信息所等19家单位分别被认定为国家星火计划农业科技专家大院模式示范单位、国家星火计划龙头企业技术创新中心、国家星火计划农村专业技术示范协会、国家星火计划农村区域科技成果转化中心、国家星火计划农村信息化基地等。

（市科委农村发展中心）

北京市第一批国家星火计划农村科技服务体系建设示范单位

序号	单位名称	依托单位	负责人	地址	电话
1	北京昌平小汤山科技园星火专家大院示范基地	昌平小汤山国家农业科技园区	李伶元	北京市昌平区小汤山镇	61785124
2	北京马铃薯产业高科技园星火专家大院示范基地	北京中际国华马铃薯开发中心	陈　凡	北京市延庆县湖北西路1号	61164889

（续表）

序号	单位名称	依托单位	负责人	地　址	电话
3	北京奶牛技术创新中心	北京奶牛中心	韩广文	北京市朝阳区洼里乡	61112478
4	北京华都肉鸡龙头企业技术创新中心	北京华都肉鸡公司	佘　锋	北京市昌平区小汤山镇	61711415
5	北京凯达恒业农业龙头企业技术创新中心	北京凯达恒业农业技术开发有限公司	刘长安	北京市房山区官道镇	60334972
6	北京鸭龙头企业技术创新中心	北京金星鸭业中心	张燕平	北京市大兴区德茂庄	67965680
7	北京顺通虹鳟鱼养殖技术创新中心	北京顺通虹鳟鱼养殖中心	沈希顺	北京市怀柔区渤海镇田仙峪	61626347
8	北京乐平西甜瓜专业技术协会	大兴区乐平西甜瓜产销联合体	冯乐平	北京市大兴区庞各庄镇	89281856
9	北京平谷果品产业技术协会	平谷区果品产业协会	傅朝永	北京市平谷区府前西街19号	69973393
10	怀柔渤海镇板栗专业技术协会	怀柔区渤海镇板栗协会	韩殿国	北京市怀柔区渤海镇	61632764
11	中日苹果优质栽培技术转化中心	北京市昌平区中日友好观光果园示范基地	张文和	北京市昌平区南邵镇	60731689
12	京郊山区科技成果转化中心	北京市农林科学院农业综合发展研究所	周连第	北京市海淀区板井村	51503310
13	北京林果业科技成果转化中心	北京市农林科学院林业果树研究所	王玉柱	北京市海淀区香山	82592521
14	北京顺义三高科技成果转化中心	北京顺义三高科技农业试验示范区	赵善陶	北京市顺义三高科技农业试验示范区	60488995
15	北京农业远程信息服务基地	北京市农林科学院信息所	孙素芬	北京市海淀区板井村	51503308
16	丰台区花乡信息化示范基地	丰台区花乡农工商联合总公司	刘淑芝	北京市丰台区花乡四合庄	63736383
17	怀柔区杨宋镇信息化示范基地	怀柔区杨宋镇种植业协会	王国栋	北京市怀柔区杨宋镇	61678427
18	北京海淀区上庄信息化示范基地	北京海淀区上庄镇农业综合服务中心	王　新	北京市海淀区上庄镇	62471244
19	怀柔区庙城镇信息化示范基地	怀柔区庙城镇种植业协会	张书远	北京市怀柔区庙城镇	60694294

【推进落实“221行动计划”工作方案】 8月26日，市科委主任马林、市农委主任李进山就加强科技支撑，推进实施“221行动计划”工作方案进行了探讨。市科委副主任杨伟光主持会议，市科委、市农委有关处室参加。会上，市科委农村处汇报了市科委实施“三大行动”推进“221行动计划”的工作方案。双方就整合科技资源，通过打造、提升10项特色农产品，推进“一区一品”建设，实施三大促进工程，全面推动农业科技的体制创新、机制创新和技术创新，支持培育我市目前涌现的“中介机构培育型”、“示范基地带动型”、“企业自主创新型”、“科研院校经营型”、“生产力促进体系型”等各具特色的农村科技服务组织，建立健全新型农村科技服务体系等达成共识。

（市科委农村科技发展处）

【农村科技服务组织实现机制创新】 9月2—3日，市科委政策法规与体制改革处围绕研究农村科技服务组织的机制创新问题，到平谷区和通州区进行了调研。近年来，在京郊农业发展中,科技能够走入农村,深入到田间果园,在很大程度上归功于自发的或政府加以引导而形成的新型的农村科技服务组织。这些组织通过制度创新,按照农民对服务市场的需求确定机构的运行机制,找准自己在服务体系中的定位,搞清楚哪些是需要政府提供的公益性服务,哪些是需要市场提供的营利性服务。在此基础上,结合自身的实际情况,确定经营模式与运作机制。对可以市场化的农技组织,转为民办,市场不成熟的部分仍为官办,对于有些可以进入市场但目前条件尚不成熟的,则采取“半官半民”的模式。如平谷大华山农业技术推广站,根据自身业务和市场需求,1999 年转为民办,利用市场机制推广新技术,形成了乡、村两级庞大的网络化推广模式,年营业额达 1 000 万元;通州畜牧兽医技术服务中心,承担着执法、防疫检疫、繁殖改良等职能,为养殖业提供优质服务;通州观赏鱼协会主要从事品种改良、技术服务以及市场开拓业务,通过背靠政府、面向市场的模式为会员提供指导与服务,全区的观赏鱼销售覆盖东北、华北等地,还远销欧美、东南亚等地区。农村科技服务机构的机制创新为深化公益类科研院所改革提供了借鉴。

（市科委政策法规与体制改革处）

【科技兴农主题活动举行】 9 月 23 日,市科委、市农委共同主办了“科技兴农主题活动”,来自京郊区县的主管领导,部分农口科研单位、院校及相关的农业科技型企业负责人等百余人参加。市委副书记强卫、副市长范伯元等出席。此次活动的主题是在中介机构培育型、示范基地带动型、企业自主创新型、科研院校领办型和生产力促进体系型 5 个方面建立新型农村推广体系。活动中,平谷区、昌平区、通州区及市农林科学院、三元集团分别介绍了各自在建立农村推广体系方面的典型做法与体会。同时,还举行了“北京健康产业中试与孵化中心”揭牌仪式,市农林科学院与龙头企业科技合作签约仪式,三元集团与中国农大畜牧兽医学院、生物学院合作签约仪式,并向生产力促进体系颁发标牌。

（市科委农村科技发展处、农村中心）

【朝阳、海淀、昌平被批准为全国科技进步示范市(县、区)】 10 月 28 日,科技部组织召开了全国县(市)科技工作会议。会议全面部署了全国县市科技工作,强调要把科教兴国和人才强国战略落实到基层,充分发挥科技进步在落实科学发展观、促进县域经济社会发展中的关键作用,依靠科技富民强县。会上,我市朝阳、海淀、昌平三个区被授予全国科技进步示范市(县、区),朝阳区科学技术委员会及中关村科技园区海淀园创业服务中心主任赵新鸣,分别被授予全国科技管理系统先进集体和先进工作者荣誉称号并受到表彰。

（市科委农村科技发展处）

【甜椒高产栽培技术研究通过验收】 10 月,中国农科院花卉蔬菜研究所承担的北京市科技项目——甜椒高产栽培技术研究,经过 3 年多的研究,完成了任务书规定的技术、经济指标,通过了市科委组织的专家验收。该项目通过品种比较试验,筛选出适合温室不同季节栽培的甜椒品种 8 个。其中,“中椒 12 号”年亩产达到 12 133 千克;“马里波”采收期达 8 个月以上,年亩产达到 13741 千克。通过项目实施,明确提出了温室甜椒最佳温、光组合及肥水量化管理技术指标,并比常规栽培节水 50% 以上;明确了甜椒高产栽培的吸肥规律,肥料利用率提高 1 倍,集成组装了温室土壤地膜滴灌施肥系统及相应规范化二氧化碳施肥规程;研制开发了以腐熟有机肥、玉米秸等废弃物配制的甜椒有机化土壤栽培系统,减少化肥施用量 40%,在生产中应用效果良好;应用有机化土壤栽培和熊蜂授粉等技术,比普通土壤栽培对照的坐果率提高了 7.7%,产量提高了 34.5%;通过对有机生态无土栽培的不同基质的理化性状、配制比例、前处理技术、养分供应及动态变化规律等方面的研究,制定出了以农作物秸秆等废弃物作为有机基质的技术规范,生产出了无公害蔬菜,生产成本较水培方式降低了 69%,且易于推广;研制并建立了温室甜椒栽培信息管理系统,能对温室温、光、湿度等环境因子的数据进行实时自动采集,人机界面友好,具有很好的可操作性,易于维护。

（市科委农村科技发展处）

【召开农业育种基础研究创新平台专题论证会】 12月10日，市科委在北京市农林科学院举行“北京农业育种基础研究创新平台专题论证会”。市科委条财处负责人向与会人员介绍了北京农业育种基础研究创新平台的成立背景和重要意义，强调要通过管理和运行机制创新，整合国内外农业育种优势资源，对农业育种领域的重大基础理论和关键技术进行攻关，从而建立一个立足北京、服务全国，面向世界的农业育种基础研究创新平台。会上，通过了对北京市农科院玉米中心建议的“超级玉米种质创新及DNA指纹库构建”、北京市农科院杂交小麦中心建议的“二系杂交小麦理论基础与关键技术研究”、中科院遗传与发育生物学研究所建议的“重要农作物品种分子设计与多基因组装育种技术” 三个专题的论证，建议立项。

（市科委农村科技发展处）

【首座国家植物检疫隔离场隔离温室在京建成】 12月，农业部重点建设项目——国家植物检疫隔离场检疫隔离温室通过验收。该项目是目前为止我国唯一一个具备自主知识产权的最先进、最完善的专项用于植物检疫工作的温室。该项目由市科委立项、国家农业部投资800余万元建成，位于京郊顺义区。温室面积580平方米，共分南北两个检疫区。其中南区为16间普通检疫隔离间和一个杂物间，北区为4间普通检疫隔离间和4间深度检疫隔离间。温室内的环境控制完全根据项目所在地的气候特点配备相应的设施设备，以保证被检疫植物的生长。检疫功能的深化设计由农业相关单位、专家与北京市农业机械研究所京鹏环球温室工程有限公司共同完成，并由该公司承担了项目的建设任务。该温室可对境外引进的可能潜伏危险病虫害的种子、苗木、果实、植株及真菌等进行隔离、试种、繁育及各种检疫试验，并同时保证为被隔离试种对象提供相应的光照、水分、温度、湿度、养分等理化条件。

（市科委农村科技发展处）

【实施北京市星火计划项目118项】 年内，共实施北京市星火计划项目118项。在新列项目中，国家级41项，市级39项。市级延续项目38项。新列项目投资总额达2.989 7亿元，其中承担单位自筹资金1.504 7亿元，向商业银行贷款1.485亿元；实现产值10.256 3亿元，利税9 019.5万元，节创汇358万美元；开发新产品58种；引进高级人才58名，中级人才132名，初级人才121名；组织培训91 861人次，27 706课时。延续项目投资总额达12.853 5亿元，其中承担单位自筹资金11.507 8亿元，向商业银行贷款13 457万元；实现产值187 614万元，利税42 779万元，节创汇190万美元；开发新产品146种；引进高级人才153名，中级人才289名，初级人才3 261名；组织培训6 276人次，31 272课时。

（市科委农村科技发展处）

【实施科技致富工程25项】 年内，北京市科技致富工程共安排25项，其中新列项目10项，共投资1 887.6万元，实现收入16 021.3万元，开发新产品2项，引进科技人才45名，开展培训2 202课时、23 452人次，重点支持“山区农业科技服务体系建设”和“山区唯一性农产品开发利用”两大类，涉及北京市21个边远山区乡镇。延续项目15项，共投资7 080.26万元，实现收入94 103万元，开发新产品38项，引进科技人才129名，开展培训5 807课时、18 048人次。

（市科委农村科技发展处）

【开展农业科研计划项目85项】 年内，北京市农业共开展科研计划项目85项，其中，绿色食品及良种工程项目32项，现代农业项目19项，2002年延续重大项目9项，2003年延续重大项目6项，2004年重大项目5项。承担国家农业科技成果转化资金项目11项，承担北京市农业科技成果转化资金项目16项。

（市科委农村科技发展处）

【实施安全蔬菜产业化行动】 年内，由北京市农业局、北京市农林科学院蔬菜研究中心、北京三元集团有限责任公司承担的安全蔬菜产业化行动经过三期的实施初步建立了北京市安全蔬菜检测体系，包括一个市级中心站和9个二级检测站及一批生产基地、加工配送企业检测站点；研究开发了满足不同需要的安全蔬菜检测、速测设备，为我市工商局在食品安全检查工作中的科学执法提供了技术支撑；制定了北京安全蔬菜质量标准和生产技术规程并广泛推广应用；建立了95个标准化蔬菜生产基地，认证安全蔬菜生产基地201个，总面积51.3万亩；建立了为安全食品配套的新型农药与新型肥料研发中心，选育并推广了一批蔬菜新品种，使本市蔬菜良种覆盖率达到95%以上；为确保2008年北京奥运会的安全蔬菜供应，在“安全蔬菜产业化行动”重大项目研究的基础上，编写了《北京奥运会蔬菜保障体系建设报告》；建成了蔬菜加工、质量监控、网上交易和电子结算于一体的现代化蔬菜配送中心“蓝丰五色土蔬菜配送中心”。

（市科委农村科技发展处）

【首都防风治沙科技工程进展顺利】 年内，由北京市林业局承担的首都防风治沙科技工程初步建立了北京市万分之一地理信息背景数据库和图库，在全市范围内布设了6个监测点，实现了对天气、土壤、植被、水文、土地利用等因子的定期观测，并完成了对风沙化土地治理与监测评价专家系统的总体设计；收集引进抗旱、抗寒的防风治沙乔灌草种106个，应用推广了容器育种技术、节水抗旱措施、生物覆盖和保水抗旱等一批新材料和新技术；分别在延庆、昌平和大兴建成3个具有区域代表性的防沙治沙科技示范区，总面积14 000亩，示范区的林草植被覆盖率达到73%，沙化土地治理率达到90%，水利用率提高26%，人均收入提高20%—30%；在大兴示范区发展了桑果加工产业和桑文化旅游项目，增加了农民收入。

（市科委农村科技发展处）

【开展安全猪肉生产技术研究与应用】 年内，由北京市农业局实施的安全猪肉生产技术研究与应用项目，通过北京市农业局、中国农科院畜牧所、中国农业大学、北京资源集团、北京顺鑫农业鹏程公司、各区县畜牧技术服务中心的科技资源整合，对生猪生产过程中的疫病防治、环境控制、饲料和兽药的使用和屠宰加工、储存运输环节等危害关键点进行了全面研究，目的是促使养猪生产总体水平提高，解决进京生猪的安全问题，带动周边地区生猪养殖企业实施安全猪肉生产技术，建成保证进京生猪安全的技术保障体系。该项目的部分课题采取邀标方式，通过专家独立评审确定承担单位，这将对今后项目立项及实施起到积极的促进作用。

（市科委农村科技发展处）

【信息化建设顺利实施】 到年底，由北京市农林科学院、北京农业信息技术研究中心承担的北京郊区信息化建设顺利实施。已累计在京郊建成了320个远程培训教育示范站点；课件库中的课件达2 000余个；培训农民达65万人次，辐射受益达100万人次；开通了基于GIS技术的京郊农业生产管理信息系统“北京绿色食品信息网”，实现了绿色食品标志的网上申请和绿色食品生产、销售企业的网上年检；确定了26个长期农产品质量监控点；在郊区8个区县建立了30个智能化农业示范基地，累计推广面积达11万亩。

（市科委农村科技发展处）

【顺义三高农业园区示范工程有突破】 年内，由北京顺义三高科技农业试验示范区管理委员会承担的顺义三高农业园区示范工程通过优质种羊产业化工程建设，实现了优势产业发展的新突破。项目启动了优质种羊产业化工程，投入资金2 100余万元；建成了高标准羊舍24栋，占地面积6 500平方米，并引进了萨福克、杜柏、东拂里升、南非美丽奴、德克塞尔等优质种羊551只，基础存栏量达到2 000余只；通过优质种羊本交，生产出1月龄至3月龄纯繁羔羊340只；经试验性胚胎移植，成功获得了可用胚胎176枚，平均可用胚胎4.4枚/只。该项目在“北京顺义绿色国际港第二届农业博览会”上参加“奥鑫杯”优质种羊邀请赛，取得“二金”、“二银”的好成绩。

（市科委农村科技发展处）

【北京奶业工程进展顺利】 年内，由北京三元集团有限责任公司承担的北京奶业工程的实施显著促进了示范区的奶业发展：在奶牛养殖规模保持稳定的前提下，总产奶量和奶牛单产稳步提高，奶牛养殖业年递增利税达20%左右；

奶牛良种推广成效显著，奶牛冷冻精液和胚胎产销量逐年增加，比项目初期提高60%以上；乳制品加工规模不断扩大，新产品开发上市品种繁多，产值年递增20%以上。示范区存栏的35 000头奶牛，平均年单产达8 545千克。其中北京奶牛中心良种场和中以示范牛场奶牛年单产分别达到10 075千克和10 067千克，创中国奶牛产奶之最。项目的实施加快了示范区奶业高新技术的研究、集成与推广应用，形成了以“MOET + DETN + ESL”技术体系为核心的北方大城市郊区现代奶业的发展模式，并以此作为示范区奶业产业化优质高产技术的核心，向京郊乃至全国奶业示范推广。

（市科委农村科技发展处）

【三元集团着力提升科技实力】　年内，科技部批准建立了依托于三元集团的“国家奶牛胚胎工程技术研究中心”；太洋药业研发中心的新产品别嘌醇获得了欧洲COS证书，实现了规模化工业生产，并出口盈利；金星鸭业中心按照无公害农产品示范基地建设的要求，对原有的生产技术标准和操作规范进行修改，从饲养工艺到养殖环境，从各项制度的建立到设备、设施的完善，使管理更加规范、标准，顺利渡过“非典”和“禽流感”的难关，被农业部命名为“全国无公害食品示范基地”；三元绿荷大力推行TMR（全混日粮）饲养工艺，制定出适合牛场特点的TMR饲养标准，提高了劳动效率，减少了饲料的损耗。此外，集团还聘请以色列、美国、澳大利亚、日本等国10余名专家，帮助和指导企业的工作；向北京郊区推广优质小麦、青饲玉米、蔬菜良种670万千克，推广种鸭20万只、奶牛胚胎1 000枚、奶牛冻精20万剂，带动了郊区农民增收致富。

（北京三元集团）

【乡镇企业局深入开展“彩虹工程”】　年内，市乡镇企业局深入开展“彩虹工程”，积极促进郊区乡镇企业与首都高等院校的结合。先后举办了“京郊乡镇企业与北京服装学院科技合作洽谈会”、“京郊乡镇企业与北京印刷学院科技对接交流会”，京郊13个区县乡镇企业主管部门领导及22家服装企业，17家乡镇印刷企业的厂长、经理等200多人参加。活动中，企业家们参观了两个学院的博物馆、研究开发中心、重点实验室；顺义北京海日服装公司、通州海玲编织社、平谷华阳服装厂与服装学院达成合作意向；北京崇民防伪印刷集团与北京印刷学院签订了在科技合作、发展规划、技术难题、委托培训、建立学生实习基地等方面的长期合作意向书。通过对10个区县的已完成的“彩虹工程”项目的调查，累计为企业增加销售收入2 000多万元，增加利税300多万元，培训企业员工300多人次。

（市乡镇企业局科教处）

【为渔业发展提供技术支撑】　年内，市水产总公司科技投入达4 000多万元（其中国家和市有关部门资金900多万元），围绕苗种、病害、环境等严重制约水产业发展的关键技术进行攻关。完善了北京鑫洋生物技术有限公司、延庆玉渡山冷水鱼苗繁育基地和房山十渡名优鱼类繁育基地的基础设施建设；承担了美国南方鲆人工繁殖及规模化育种技术、北京市绿色安全水产品养殖示范工程、淡水鲆鱼养殖技术试验示范、拒马河流域野生鱼类驯养及综合开发、小汤山现代渔业科技园名优鱼类繁育及示范推广、绿色环保型新鱼药研究与产业化开发、四道口水产品批发市场建设、鱼类加工与综合利用等8项国家和北京市科技项目。总公司被农业部授予“国家级农业产业化重点龙头企业”称号。

（市水产总公司科技管理办公室）

【全面开展气象服务】　年内，市气象局根据北京地区沙尘天气监测的需要，成功研制了风沙流监测仪，完成了延庆、昌平、丰台气象站和南郊观象台风沙流监测站网的建设，初步形成北京地区自南向北分布的风沙流观测网。完成了包括延庆、密云、海淀、丰台和天坛公园、气象局科技楼、南郊观象台等11个空气负离子监测网的建设，并开展相关预报方法的研究。受希腊国家气象局的邀请，派出4名天气预报服务专家组成雅典奥运气象保障服务工作组，全程跟踪、参与了希腊气象局为雅典夏季奥运会提供气象保障服务的过程，对完善北京2008年奥运会气象服务方案有很好的启发作用。同时，为保障2008年奥运会前期工作和改善北京市人民生活环境，北京市环保局与北京市气象局签订协议，以人工增雨（雪）技术为手段，通过降水作用和增加有量降水频次的途径，达到净化大气的目的，并在四环路、五环路之间用米－8T直升机进行了人工增雨（雪）试验和消雾试验，在围绕城区6区县布设高山碘化银发生器进行人工增雨（雪）作业，取得了初步成效。

（市气象局科技处）

【翠湖万亩湿地复合修复完成一期工程】 年内，由北京锦绣大地农业股份有限公司承担的"翠湖湿地公园暨翠湖万亩湿地复合生态修复项目"一期工程完成，共投入资金5 000万元，用于湿地的恢复。目前已经按照"一林、一路、一带、一河、一塘、一荡、一中心"的建设主旨，完成了400亩荷花塘，300亩天鹅湖，100亩芦苇荡，300亩雁鸭湖等建设。翠湖湿地公园的野生水禽种类已达到20余种1 500多只，家养水禽2 000余只，共有水生植物17个科、37个种，占北京地区的65%。

（北京锦绣大地农业股份有限公司）

科技奥运

OLYMPIC SCIENCE AND TECHNOLOGY

【中美签署《2008年北京夏季奥运会清洁能源技术合作议定书》】 1月12日，中美《2008年北京夏季奥运会清洁能源技术合作议定书》签字仪式在北京举行，科技部部长徐冠华、北京市副市长范伯元与美国能源部长斯潘塞·亚伯拉罕参加。议定书确定了天然气高效利用、燃料电池、奥运村能源规划、绿色建筑示范、水质量、智能交通、能源效率、大气质量、天气监测与预报、洁净煤技术及建立北京—芝加哥可持续发展友好城市等11个合作领域，为两国在北京奥运会清洁能源技术方面的合作建立了基本框架。

（奥科委办公室）

【举办中德科技奥运项目合作论坛】 1月12—13日，由科技部和德国教研部主办，北京软件产业促进中心和德国佛郎霍夫协会组织筹划的"中德科技奥运项目合作论坛"在北京中德科学中心召开。北京首信公司、中国科学院计算所、北京交通发展研究中心、清华大学等20多家负责奥运会场馆设计、场馆建设、信息服务的单位与德国佛郎霍夫协会、西门子公司等14家企业和研究机构共100余人参加。与会代表分成交通、能源、信息等8个小组，进行一对一或一对多的项目对接讨论。德国佛郎霍夫协会的Weber教授担任论坛主持人。在提交的8个意向合作项目中，有7个项目已经确定了合作意向，基本界定了合作框架，明确了主要的合作事项，2月底将项目建议书提交德国教研部初审评估，然后将评估意见提交给中国科技部，以便共同确定合作项目。奥运数字虚拟博物馆由于双方在项目理解上有待统一，Weber教授建议再次沟通。7个项目中，涉及信息领域的有4个，其中公共信息服务平台项目由首信公司牵头，中科院计算所参加，将与佛郎霍夫协会下属的系统研究所合作进行。室内环境技术中方主要项目承担单位是深圳设计研究院、清华大学等单位，市科委将给予200万人民币的经费支持。

（奥科委办公室）

【举办第二届北京国际体育基础设施和场馆技术展览会暨2004年奥运科技前景论坛】 2月16—18日，"第二届北京国际体育基础设施和场馆技术展览会暨2004年奥运科技前景论坛"在北京国际贸易中心举行。来自美、日、英、澳等国和国内知名企业参加了展览。刘敬民副市长参观了基础设施展。共有12 000多人参观了展览。期间，北京奥组委及美国通用电气（中国）公司、日本日立公司、飞利浦照明（中国）公司等企业的高层人士在论坛上做了主题演讲。内容涉及奥运科技前景，悉尼奥运会建设与运营启示，体育场馆数字理念和方案，大型赛事的开幕、闭幕式数字音频技术等。

（市科协　石　军）

【奥运绿色建筑标准及评估体系研究通过验收】 2月25日，召开了由市科委组织，科技部计划司、农社司参加的科技奥运十大专项之一"奥运绿色建筑标准及评估体系研究"验收会。该项目于2002年10月立项，有清华大学、中国建筑科学研究院、北京市建筑设计研究院、中国建筑材料科学研究院、北京市环境保护科学研究院、北京工业大学、全国工商联住宅产业商会、北京市可持续发展科技促进中心、北京市城建技术开发中心等单位近40名专家共同参与，主要负责人为清华大学江亿院士。该课题在研究各国绿色建筑标准和评估体系的基础上，结合中国国情以及奥运建筑实际情况，建立了一套高于国内建筑标准的、符合奥运要求的评估体系。该项目充分考虑了与奥运园区建设的全过程密切配合，按照全过程监控、分阶段评估的指导思想，分别针对园区规划、建筑设计至施工、验收和运行管理的各个建设阶段制定了科学、可操作性强的评估内容和实施方法，从而确保奥运园区建设达到绿色和可持续发展的预期目标。该项目已完成了绿色奥运建筑评估体系、绿色奥运建筑实施指南、奥运绿色建筑标准等一系列研究成果,并开始运用在国家游泳中心等具体的奥运建设项目中。

(奥科委办公室)

【中国—欧盟数字奥运研讨会举行】 4月28日,"中国—欧盟数字奥运研讨会"在北京国际会议中心举行。此次研讨会重点围绕奥运通信保障、智能交通系统等数字奥运关键技术问题进行多领域的专题研讨。经过双方的深入讨论,从9个领域的45个项目中选出首批17个中欧双方重点推荐项目。双方同意将进一步交换这些项目的详细信息,帮助项目的实施方寻找合作伙伴,并就项目的联合资金支持和实施保持紧密联系。

(奥科委办公室)

【编制奥运改扩建、临建场馆环保指南】 5月21日,《奥运改扩建场馆环保指南》和《奥运临建场馆环保指南》通过奥组委环境部组织的专家评审。该项目是由奥组委和奥科委共同组织,绿色奥运建筑评估体系课题组承担并完成的。《指南》遵循"节俭办奥运"的精神编制。编制《奥运改扩建场馆环保指南》的指导原则是,在保证奥运比赛功能要求和符合国家各项规范与标准要求的前提下,对现有建筑和设备系统进行评估,尽可能保留和利用现有场馆和设施,尽量减少工程量和投资,对拆除的材料和设备进行回收利用,改善场馆赛后的利用功能。《指南》从建筑结构、建筑节能、拆除材料的资源化、装饰装修材料、水系统、绿化、室内环境、臭氧层保护等8个方面对改扩建场馆工程提出了环保原则。配合《指南》的实施,还编制了《奥运改扩建工程绿色导则》,对《指南》中的各项内容进行了详细阐述,提出多项量化指标。《奥运临建场馆环保指南》的指导原则是,临时建筑与设施的建设应优先选择或租用工业化和标准化的产品,以利于赛后拆除后重复利用,临时建筑与设施的建设还不应对环境及人体产生不良影响。《临建场馆环保指南》对场馆的规划、设计提出了要求,并对临时场馆材料、临时座椅、围挡、看台、家具、卫生设施、能源设备系统的选用提出了详细的指导意见。

(市科委社会发展处)

【奥运多语言智能信息服务国际论坛举行】 5月24日,"奥运多语言智能信息服务国际论坛"在京举行。论坛的主题是:用先进的语言技术克服奥运的语言障碍和用科技奥运促进人文奥运。奥科委主席林文漪参加论坛。《北京奥运行动规划》中提出:到2008年,基本实现任何人、在任何时间、任何场所都能够安全、方便、快捷、高效地获取可支付得起的、丰富的、无语言障碍的、个性化的信息服务,保证北京奥运会的出色承办,向世界充分展示中国的信息化水平和成就。为此开展的科技奥运十大专项之一的"面向奥运的多语言智能信息服务网络系统"研究,就是要利用先进的信息通信技术,消除奥运的"语言障碍",帮助来自世界各地的运动员、教练员和旅游者实现互相沟通,从而增进互相理解和友谊,使奥运会能够更加顺利地组织和进行,通过"科技奥运"更好地实现"人文奥运"的目标。论坛上,项目依托单位首都信息发展有限公司介绍了项目的背景和定位、现状和需求、建设目标、基本任务、计划进度、基本策略和保障措施等,并与与会的20位国内外专家交流了经验,提出了相关建议。论坛邀请的一批在语言技术领域成就卓著的国际知名企业、大学和研究机构介绍了其相关研究成果、成功经验以及对2008年北京奥运会克服语言障碍推进多语言智能信息服务的解决方案和合作建议,目的是探讨语言技术的发展前景,谋求项目的国际合作。

(首都信息发展股份有限公司)

【LED及半导体照明在奥运工程中的应用专题交流会召开】 6月14日,奥科委办公室、北京市奥指办、北京新材料发展中心共同组织召开了"LED及半导体照明在奥运工程中的应用"专题交流会。北京射击馆、老山自行车馆2个奥运场馆业主代表,北京利亚德电子科技有限公司、北京四通智能交通系统集成有限公司和北京良业照明机构等LED应用工程单位代表以及部分专家近30人参加了会议。此次会议是应6月2日奥科委联络员及奥运场馆建设关键技术交流会上,奥运场馆建设业主提出的对LED半导体照明的技术需求而召开的。通过交流,加深了相关奥运场馆业主对LED应用的认识，促进了业主与LED工程单位的交流，增强了相关奥运场馆业主在工程上采用LED实现景观照明、智能疏导系统、大屏幕显示的信心。

（北京新材料发展中心　艾晓玲）

【科技奥运网站开通】　9月20日，为及时报道科技奥运工作进程，并向社会展示科技奥运成果，科技奥运网站（www. hitech2008. org. cn）开通。奥科委主席林文漪、副主席邓楠出席开通仪式并剪彩。网站由第29届奥林匹克运动会科学技术委员会和“奥运科技（2008）行动计划”领导小组共同主办，包括中、英文版，设有工作机制、规划部署、新闻动态、行动聚焦、科技金桥、国际合作、奥运科普、专题活动、献计献策和视频点播等栏目。该网站不仅可宣传科技奥运，还可为相关部门建立沟通桥梁，各部门将充分利用该平台，展示其技术成果，加强与奥运会组委会和奥运场馆建设部门的沟通，了解奥运会对奥运科技的新要求，对奥运相关技术进行评估、预测和攻关，将先进、成熟、可靠的技术应用于奥运会。

（奥科委办公室）

【2004北京科技与奥运高层国际论坛举办】

11月5日，由科技部、市政府、第29届奥林匹克运动会组织委员会、“奥运科技（2008）行动计划”领导小组、第29届奥林匹克运动会科学技术委员会联合主办的“2004北京科技与奥运高层国际论坛”在京举办。论坛旨在进一步推动科技为北京奥运会建设服务，借北京奥运契机促进科技与经济发展，实现“科技奥运、绿色奥运、人文奥运”和“以科技助奥运，以奥运促科技”的两大宗旨。科技部部长徐冠华、奥科委主席林文漪出席论坛并致辞。会上，北京奥组委副主席王伟就2008北京奥运会与科技奥运理念做主题演讲；国际奥委会技术部维尔先生回顾了现代奥林匹克运动发展的历史，深刻地阐述现代科学技术与现代奥林匹克运动之间的关系；第25—28届奥运会组委会高级官员总结了近几届奥运会的成功经验，特别是奥运与科技完美结合的成功经验；论坛组委会秘书长、科技部发展计划司司长杜占元和北京奥组委技术部副部长侯欣逸也对“奥运科技（2008）行动计划”的实施情况和北京奥运会的技术选择策略做了介绍。与会代表围绕奥运会的技术选择、组织管理和数字奥运三大主题展开研讨，议题涉及：绿色奥运建筑标准、数字奥运、信息安全、宽带通信、移动通信、电讯、奥运气象保障、奥运照明技术、关键运动技术、兴奋剂检测、环境、新能源运用、智能交通、遥感技术与城市规划、人文奥运等20多个方面，重点结合北京奥运会筹备工作和科技奥运工作的实际需要和近几届奥运会的成功经验，从不同的角度阐述了科技与奥运的关系以及奥运会的技术和组织管理策略，为北京成功举办第29届奥运会提供了有针对性的借鉴和参考。来自国际奥委会、第25届巴塞罗那奥运会组委会、第26届亚特兰大奥运会组委会、第27届悉尼奥运会组委会和第28届雅典奥运会组委会的官员、技术部主任和举办国（城市）的高级官员和代表、奥运会赞助商代表、有关国家驻华使节和国际知名专家学者，以及科技部，市政府，北京奥组委、奥科委成员单位和企业界的专家、学者、政府官员、企业家约350多人参加了此次论坛。

（市科委）

【北京市与美国能源部开展奥运会清洁能源技术合作】　11月底，由科技部、奥组委、市科委、市环保局、市政管委、市交通委、清华大学、中科院、煤炭科学研究院等单位组成的代表团出席了在美国阿岗国家实验室举办的北京市—美国能源部2008年夏季奥运会清洁能源合作第三次工作组会议。来自美国政府、研究机构及企业界的代表近100人参加了会议。会上，中美双方约定在氢能及燃料电池合作方面，将发展可再生能源制氢及加氢系统，为5辆氢气天然气混合汽车提供氢气来源，该项目总投资450万美元，美国能源部在3年内提供150万美元，美国企业界提供150万美元，我方提供150万美元等值的场地、运行及维修等费用。大气质量方面，双方商定在北京市推动柴油车改造计划，在2005年第一季度即对一个重型柴油车车队实施改造。在区域大气污染传输方面，双方同意在环境改善能力建设方面开展技术交流和人员互访。洁净煤方面，美国能源部将资助13万美元开展煤炭管理方面的研究，美方专家还将协助提供美国在煤炭管理、清洁利用方面的经验和教训。北京和芝加哥是友好城市，双方同意在提高环境管理能力方面进行专家互访及培训，并将在水资源保护及节水、空气质量管理、再生材料、生态村、绿色技术中心等方面开展合作。

（市科委社会发展处）

【科技奥运项目取得初步成果】 年内，奥科委各成员单位围绕场馆建设、数字奥运、运动科技、环保交通、能源、安全等方面实施了449个项目，已落实投入资金总额31.4亿元，其中国家拨款4.8亿元，占已落实总投入的15.3%；地方拨款8.29亿元，占已落实总投入的26.4%；引导社会投入18.31亿元，占已落实总投入的58.3%。场馆建设方面重点安排了北京城市规划建设与气象条件及大气污染关系研究，奥运绿色建筑标准及评估体系研究，奥运改扩建、临建场馆及设施环保指南，奥运场馆火灾情景火蔓延及烟气流动数值模拟研究等项目，并已取得初步成果，开始在场馆建设中应用。数字奥运重点安排了多语种实时互译系统研究、奥运场馆中央控制管理系统、奥运会信息系统集成测试管理平台、奥运虚拟博物馆、无线移动IPv6接入示范网络技术奥运信息系统等项目，项目进展顺利，表现出较好的应用前景。运动科技方面，重点安排了奥运会射击用运动枪、弹研究，数字化三维人体运动的计算机仿真研究，跳水选手人体运动信息检测、分析和仿真系统的研究，兴奋剂检测芯片的研究等项目。环保交通方面，重点安排了电动汽车示范、研究开发及产业化，奥运绿化美化科技工程，洁净能源示范工程，北京防沙治沙关键技术研究与示范工程等项目。此外，还在奥运安全、气象与地震等方面安排了一批项目，也取得了较大进展。

（奥科委办公室）

【进行无线移动IPv6接入示范网络技术奥运信息系统项目研制】 年内，由中科院计算所承担的“无线移动IPv6接入示范网络技术奥运信息系统”项目，研制开发出基于网络处理器的IPv4/IPv6千兆高速转换网关；设计开发出支持移动IPv6用户漫游认证、授权与计费功能的AAA软件系统，向国际互联网组织IETF提交一项标准化文件草案等。该项目已申请专利20项，形成商业化产品7项，并在北京科教信息网的基础上完成了移动IPv6虚拟城域示范网络系统建设，实现了三个示范点间的无线移动IPv6终端的漫游。这将会为北京2008奥运会提供先进、安全、稳定、丰富和个性化的信息通讯服务，极大地促进北京地区相关软硬件产业的发展。

（奥科委办公室）

【组织科技奥运专家咨询队伍】 年内，奥科委为奥运建设提供高水平的技术咨询服务，经各成员单位推荐，组成了覆盖通信、场馆、交通、能源环保、安全、体育等多个专业领域，拥有400多名专家的科技奥运专家咨询队伍，在奥运市场开发、场馆建设等方面，为奥运提出了积极可行的技术建议。

（奥科委办公室）

【完成数字化三维人体运动的计算机仿真研究】 年内，由中科院计算技术研究所承担的科技部奥运专项“数字化三维人体运动的计算机仿真研究”完成。该项目2001年启动，主要是利用基于三维人体运动仿真技术，提供了一套定量辅助分析系统，实现用高科技的手段提高运动员训练水平的目的。研究针对蹦床运动员的动作，建立了基于三维人体运动模拟和仿真技术、人体运动生物力学数据和真实人体运动数据为基础的运动模拟分析系统（VHTrampoline系统），并在基于Fisher线形判别准则的全局运动估算算法基础上，通过背景构造技术实现视频中运动员轮廓的有效提取，建立了以跳水运动员动作为基础的视频分析与辅助训练系统(TVCoach)。该系统可以帮助记录、分析训练过程中运动员的运动情况,并与标准比对,给出训练调整建议。该项目作为跳水、蹦床和体操运动的辅助训练系统,已在国家跳水队、国家蹦床队备战2008年奥运会的集训中使用。

(奥科委办公室)

【5.6毫米运动长弹研制成功】 年内,由中国兵器装备集团公司承担,科技部、国家体育总局、市科委共同支持的科技奥运项目"奥运会射击用运动枪、弹研制"的阶段性成果——5.6毫米运动长弹研制成功。7月11日,在第38届国际军体比赛上,解放军八一军体大队射击队使用此运动长弹取得了290环以上的好成绩。该长弹精度好,与国际通用的英制长弹相当,性能稳定。

(奥科委办公室)

【开展北京市奥运科普工作专项调研】 年内,市科协、市政协、市科委等单位共同开展了"北京市奥运科普工作"专项调研。联合调查组历时5个多月,就奥运精神、"科技奥运、绿色奥运、人文奥运"相关知识、奥运科普方法和途径等,分别对国家公务员、大中学校师生、企业职工、社区居民、部队官兵、农村农民和流动人口等7个群体,采取召开座谈会、发放调查问卷和实地考察等形式进行了调研。在多次研讨座谈的基础上形成了调研报告,并向市委、市政府提交了"关于加强我市奥运科普工作的联合建议",为在北京市逐步开展奥运科普工作,并以此为契机全面提升科普工作水平提出意见和建议。

(市科协 陈 腾)

高新技术及其产业

HI-TECH AND IT'S INDUSTRIES

电子信息技术

Electronic information technology

先进制造技术

Advanced manufacturing technology

生物工程和新医药技术

Bioengineering and new pharmaceutical technology

新材料技术

New material technology

环境保护和新能源技术

Environmental protection and new energy technology

电子信息技术

【工业设计信息数据库及网络平台的建设与研究项目通过验收】 1月14日，“工业设计信息数据库及网络平台的建设与研究”项目通过了由市科委组织，有中央美院设计学院、北航工业设计系、北工大机械工程学院、经纬设计公司等高校和企业方面组成的专家组的验收。本项目是基于北京乃至全国设计创新与经济发展需求而进行的研究与建设工作，核心是搭建一个为企业、教育和设计者服务的网络化创新设计交流、传播、学习和实务活动的服务平台。在完成基本平台系统建设和数据库软件开发后，将成为集教育、远程互动设计和远程制造为一体的综合性的工业设计创新服务平台，进而体现信息化带动工业化，以工业化促进现代化的理念。该课题通过前期的深入调研，制定了研究方案，完成了“五、十、百设计产业上网示范工程”；编制、建成了工业设计信息数据库及网络平台的软硬件系统；建立了依托北京科教信息网的网上运行系统，并且运行正常；完成了远程互动设计示范调研和工业设计数据库网络平台的发展计划研究及合同所规定的各项考核指标。专家组建议，在信息数据库和远程网络平台今后的运行和维护中应强化系统管理，加强数据收集和更新，深入开展对数据库及平台运转机制的探索和研究，进一步做好发展计划中提出的远程互动设计系统、远程和设计教育系统以及建立视频资料数据库的工作。

（工业设计促进中心）

【建立软件产业专业孵化器】 4月1日，在海淀留学人员创业园创业大厦召开了“首都科技条件平台建设工作座谈会”。会上，副市长范伯元为“软件产业专业孵化器”授牌。该孵化器是首都科技条件平台4家试点之一，由“863”计划支持，市科委组织建设，北京软件产品质量检测检验中心运营管理。该孵化器以国家“863”计划计算机软硬件主题支持的科技成果为主，并结合软件重大专项部分成果，形成了以“三库四平台”为特征的北京软件产业公共技术与科技服务平台，是“首都二四八重大创新工程”的重要组成部分。该体系的目标是建设北京软件产业的大型公益性基础设施，依托北京科教信息网提供开放和共享服务。

（北京软件质量检测中心）

【2004年北京软件产业工作会议召开】 4月22日，“2004年北京软件产业工作会议”召开。会议总结了2003年北京软件产业发展情况，明确今后两年的发展目标、思路和重点，部署了2004年工作。国务院信息化工作办公室、信息产业部、科技部和北京市政府的有关领导出席了会议。会议由市科委主任马林主持。副市长范伯元在会上发表了讲话，他从政府工作的角度谈了4点意见：要以企业为中心，完善促进软件产业发展的机制；探索和创新软件知识产权保护的制度和体系；要摸清情况，继续完善并落实软件产业政策；政府采购要成为支持本土软件发展的第一推动力。市科委副主任俞慈声做会议报告。来自市有关部门、各区县科委、软件园、孵化器、在京外资企业和研发机构、软件企业、高等院校、科研机构等单位的300多名代表参加了此次会议。

（北京软件产业促进中心）

【北京助飞企业E化ASP应用一期示范工程正式启动】 4月22日，由市科委、市工业促进局、市商务局、中关村园区海淀园管委会等主办的“北京助飞企业E化ASP应用一期示范工程启动大会”举行，区县科委、商业信息中心、知名软件企业的百余位代表参加会议，副市长范伯元出席会议并讲话。市科委马林主任做了“推广应用ASP模式,助飞中小企业E化”的主题演讲。他讲到,市科委经过较长时期的调研和论证,并同软件业界以及中小企业多次研讨,认为应用服务提供商ASP模式,是当前解决中小企业信息化的有效途径。ASP(application servic provider)即“应用服务提供商”,是通过软硬件共享或者租赁方式实现信息化。ASP已成为国际先进的企业信息化建设模式,目前发达国家已经有30%的企业在不同程度上使用ASP服务。根据IDG预测,在未来几年内ASP应用将保持22%的年增长率。该工程已经成功地在宝华裕隆、永真眼镜等5家企业的100多个营业网点上实施了基于ASP模式的ERP试点应用,还有其他30多家企业开展了自助网站建设与电子商务的尝试,取得了良好的成效。

(市科委信息技术处)

【文思创新与仁科签订外包合作协议】 5月,文思创新与全球第二大ERP厂商美国仁科公司签订了外包合作项目协议,将以BOT(建设—运行—交付)的方式建设仁科在华开发中心,落户在中关村软件园,计划3年后达到300人的规模。

(北京软件产业促进中心)

【北京集成电路IP中心正式成立】 6月28日,北京集成电路IP中心(BJIPC)成立暨合作签字仪式举行。该中心是北京集成电路设计服务体系的重要组成部分,由市政府与美国网拓公司、香港科技园、韩国半导体设计资产研究中心及新思科技共同合作成立。会上,BJIPC与香港科技园及韩国SIPAC签署了资源共享合作协议。BJIPC将致力于导入目前国内产业发展所需的国外的优秀的IP,同时还将配合国内的设计企业或科研院所研发出具有自主产权的可复用的IP,并在行业内部推行资源共享。目前,BJIPC已经与多家国外IP提供商签署了IP推广合作协议,还将与国内的设计公司或科研院所进一步合作,面向国内的设计、制造和设备厂商,提供完善的IP解决方案。

(北京市工业促进局)

【北京软件引擎行动展亮相软博会】 7月,由中国软件行业协会、中国计算机报社及中国国际贸易中心联合主办的“第八届中国国际软件博览会”召开,主题是“中国软件企业国际化与企业做强做大”,中国软件行业规模最大的100家企业参加了此次博览会。会上,北京美髯公科技发展有限公司与艾旺计算机信息网络系统有限公司、北京红旗中文贰仟软件技术有限公司、北京四通电子技术有限公司强强携手,组成北京软件引擎行动展团,展示围绕“国产软件电子政务解决方案”、“ASP应用助飞中小企业E化”的相关产品及解决方案。北京软件引擎行动是由北京软件产业促进中心推动的,主旨是为积极贯彻“首都二四八重大创新工程”的总体设想,落实北京软件产业“长风计划”工作方案,以软件领域重点项目的实施来落实“三大科技行动”。本次“北京软件引擎行动展”的成果中有美髯公科技的集成国产办公软件OA系统,艾旺计算机信息网络系统有限公司的i1GeO™、北京红旗中文贰仟软件技术有限公司的RedOffice电子政务解决方案、北京四通电子技术有限公司的Citrix软件及解决方案等,代表了国产电子政务及办公自动化技术发展的先进水平,其典型案例——北京市监察局OA平台、市科委ASP平台、浙江省平湖市政府与山东招远市政府电子政务平台,吸引了众多业内人士及与会观众的关注。

(北京美髯公科技发展有限公司)

【OSDL在京设立办事处】 8月10日,OSDL在北京成立办事机构。OSDL全称为开放源代码开发实验室,由HP、IBM、Intel以及NEC等国际大公司在2002年发起成立。OSDL进入中国的首要工作是加入刚刚成立的中国OSS(开放源代码软件)推进联盟。目前,北京软件产业促进中心正在与OSDL进一步接触,将推进其在北京设立研发实验室的事宜,并促进OSDL同北京的Linux企业开展研发合作。

(北京软件产业促进中心)

【国内首家游戏学院成立】 8月18日,信息产业部电子教育中心联合香港职业训练局共同组建了中国首家游戏学院,由北京汇众益智科技有限公司负责该项目的运行和管理。同时举行了全国授权培训中心授牌仪式，采取特许经营的方式向全国推广，以便为国内目前快速发展的游戏产业提供人才支持。

（北京软件产业促进中心）

【欧盟第6框架计划项目申请说明会举行】 9月3日，由北京软件产业促进中心承办的“欧盟第6框架计划项目申请说明会”在京举行。会议旨在促进中欧企业间在信息技术领域的广泛合作，为举办2008年北京奥运会提供有效的技术支持和智力支持。自从1998年12月《中华人民共和国政府与欧洲共同体科学技术合作协定》签订以来，欧盟第6框架计划第一次全面对中国开放，也是第一次对所有科研领域的国际伙伴提供经费支持。欧盟第6框架计划项目是多国、多单位合作项目，在4年计划期内分多轮申报，每轮申报项目招标一般为3—4个月。

（北京软件产业促进中心）

【ARM北京办事处成立】 9月7日，16/32位嵌入式RISC微处理器技术方案供应商英国ARM成立了北京办事处，并与中芯国际、北京科银京成、北京凯思昊鹏、北京振戎融通等公司签署战略授权协议。ARM（中国）公司设在上海，北京办事处将为合作伙伴提供区域性支持。

（北京软件产业促进中心）

【京台数位内容产业（游戏软件）论坛在京举行】 9月10日，由北京软件行业协会益智与娱乐软件分会承办的“京台数位内容产业（游戏软件）论坛”举行。本次论坛就游戏产业的市场经营和投资战略进行了研讨，公布了北京将从合作创新、人才培养、基地建设等几个方面推动游戏产业发展。

（北京软件产业促进中心）

【京韩签署信息通讯技术（ICT）产业合作谅解备忘录】 9月14日，北京软件产业促进中心与韩国信息通信国际合作中心共同签署合作谅解备忘录。双方将在信息交流、人员访问与交流、ICT展示会与洽谈会、ICT领域的中小企业、创造商机、拓展与私营企业的合作等领域展开广泛合作。

（北京软件产业促进中心）

【SCDMA手机研制开发获得成功】 9月15日，由北京信息威通信技术股份有限公司承担的“SCDMA手机开发与产业化”课题顺利通过验收。其研制的SCDMA V3.1商用手机是我国自主开发的SCDMA无线接入系统的移动终端，已有6 000部投入市场。截止到9月，该公司SCDMA综合无线接入系统的销售收入已达9亿元。

（北京软件产业促进中心）

【第八届中日信息服务产业恳谈会召开】 9月15日，由北京软件产业促进中心承办的“第八届中日信息服务产业恳谈会”召开，副市长范伯元和市科委主任马林出席了会议。马林在会上宣布，北京计划保持对日软件出口年均50%左右的增长率，引起与会日本企业的热烈反应。目前，北京正在拓展去年启动的“双千计划”，以缓解因市场急速增长所导致对日软件出口人才紧缺现状。

（北京软件产业促进中心）

【英特尔与北京市科委共推开放源代码软件的发展】 9月21日，英特尔（中国）有限公司与市科委宣布，共同支持北京本地的独立软件开发商（ISV）发展开发源代码软件技术。英特尔公司大力支持市科委组织的促进Linux发展的“扬帆工程”，希望通过Linux优化方案，提升北京本地独立软件开发商的Linux出口能力和产品研发能力，为本地Linux外包业务的发展提供咨询服务，推动开放源代码软件标准技术在中国的广泛应用。市科委与英特尔将合作建立一个Linux实验室来推动各项活动的开展。该实验室设软件测试中心，将根据国际软件标准进行应用软件和平台软件测试，对本地ISV进行概念验证（POC）测试。此外，英特尔还将在北京的部分软件学院和中学举办开放源代码课程培训。

（北京软件产业促进中心）

【AMD公司大中华区总部在京成立】 9月23日，美国微处理器巨头AMD大中华区总部在京成立。该总部将以北京为中心，统辖AMD在中国内地、香港和台湾地区的所有业务，计划围绕“扶植合作伙伴、研发制造、本地化人才”，实现“根植中国”的目标，并形成南方生产、北方研发的格局。

（北京软件产业促进中心）

【中芯国际（北京）12英寸集成电路生产线投产】 9月25日，12英寸芯片生产线在北京经济技术开发区建成投产，标志着中国集成电路制造技术已经跨入300毫米时代，进入国际高端行列。市委书记刘淇，市委副书记、市长王岐山，国家信息产业部副部长娄勤俭，国务院台湾事务办公室副主任王福卿出席中芯国际（北京）12英寸集成电路生产线投产仪式。中芯国际（北京）12英寸芯片厂于2002年9月动工，总占地面积24万平方米，一期建筑面积约18万平方米，其中洁净室18 000平方米，成为全球第一个建设了雨污水回收处理系统的集成电路制造厂。该厂先期将以0.11微米和0.10微米工艺生产高密度标准型DRAM产品。王岐山在投产仪式上致辞。

（市科委）

【组织实施软件产业5项国际化专项计划】 9月28—29日，国家火炬计划软件产业基地暨"863"软件孵化器工作会议在西安举行。市科委马林主任率领信息技术处、北京软件产业促进中心和"863"软件孵化器（北京软件产品质量检测检验中心）相关人员参加。会上，马主任做了主题讲演，首次公布了北京软件产业下一步发展的阶段性目标是建设世界级软件离岸研发中心，并宣布将实施5项国际化专项计划，分别为：培育软件出口企业的"双千计划"、培育优势能力的"Linux出口计划"、扩大日本市场的"对日加速器计划"、扩大出口企业队伍的"现地外包促进计划"以及完善国际化环境的"出口扶助计划"。

（北京软件产业促进中心）

【北京入选首批国家电子信息产业基地】 9月29日，信息产业部宣布北京、天津、青岛、上海、苏州、杭州、深圳、福厦沿海地区、广东珠三角地区9个城市和地区作为首批国家电子信息产业基地。

（北京软件产业促进中心）

【诺基亚新公司落户北京】 10月13日，诺基亚新公司落户北京经济技术开发区，将于2005年初正式投入运营。该公司是在北京首信诺基亚移动通信有限公司基础上以吸收、合并方式进行整合而成，北京、东莞、苏州的合资公司将成为新公司的分公司。目前诺基亚在亚太区的生产、运营和物流总部都已陆续迁至北京。诺基亚将进一步加大在北京的新型手机研发规模，计划今后诺基亚全球销量40%的手机都将在北京开发。

（北京软件产业促进中心）

【CNET以1600万美元收购中关村在线和蜂鸟网】 10月14日，全球最大的IT资讯媒体集团CNET宣布，以1 600万美元的价格收购中关村在线（zol. com. cn）和蜂鸟网（fengniao. com）。中关村在线是在线提供个人科技类产品信息、评测和购物体验的网络提供商；蜂鸟网则是位居前列的在线数码摄影爱好者社区。

（北京软件产业促进中心）

【欧特克软件中国有限公司成立】 10月19日，Autodesk中国有限公司（注册名为：欧特克软件中国有限公司）在京举行揭牌典礼。Autodesk公司是支撑全球数字化工程设计产业和数字化娱乐产业的主流软件技术供应商，其在北京组建跨国公司将有助于北京发展高附加值制造业和工程建筑业以及数字娱乐业。Autodesk公司将以北京为地区总部，全面支撑集营销、开发、服务等多层次全功能于一体的大中华战略。

（北京软件产业促进中心）

【中日软件国际化人才开发研讨会召开】 10月20日，北京软件产业促进中心承办的"第一届日本企业北京投资发展研讨洽谈会之中日软件国际化人才开发研讨会"召开，来自NEC、NTT DATA等多家知名日本企业和国内企业、院校的代表约300人出席了本次研讨会。会议透露，北京和天津两个城市将开展包括人才以及对日软件出口方面的合作，共同打造环渤海软件外包基地。

（北京软件产业促进中心）

【首家正版软件展示中心落成】 10月23日，国内首家"正版软件展示中心"暨连邦软件（中关村）旗舰店，在北京中关村科贸电子城落成。

该店面积400平方米，全方位展示了包括操作系统、商务管理、财务、工具、教育、游戏等在内的约3 000种优秀正版软件，是集软件演示、销售、信息技术咨询与服务为一体的国内最大正版软件专业大卖场。

（北京软件产业促进中心）

【公布信息领域8项重大项目】 11月2日，市科委公布了2005年电子信息领域8个新上重大科技项目，包括：国际Linux软件集簇建设、开放标准平台软件联盟及示范应用、数字娱乐软件共性技术研发及平台化支撑服务、闪联关键技术研究及产业链构造、北京数字娱乐产业示范基地、网络安全运营管理关键技术研发和产业化推进、基于EMV标准的IC卡终端研发及产业化推广、基于IPv6的下一代互联网关键技术研发及产业化推进。2005年将投入科技经费约1亿元。

（北京软件产业促进中心）

【RedHat在京成立中国总部】 11月11日，著名开放源代码厂商RedHat公司宣布在京成立大中华区总部，将投入10亿美元，用于中国Linux企业级市场开拓。该总部具有工程设计、软件研发以及市场营销三大职能，将致力于电子政务、金融、石油天然气以及电信等领域的研究与开发。

（北京软件产业促进中心）

【飞兆半导体与清华共建集成电路研发实验室】 11月16日，全球最大的高性能系统功率优化产品供应商飞兆半导体公司与清华大学签订合作协议，宣布建立其在中国的第一个集成电路研发实验室。按照协议，飞兆半导体公司将在北京和上海分别设立集成电路研发实验室，并聘请毕业于清华大学的设计工程师，负责在实验室中开发和设计新的半导体产品。协议内容还包括：与清华大学合作进行其他科研项目；制定清华大学毕业生招聘计划；飞兆半导体的技术专家及其他资深要员将出任清华大学的客座讲员，进行深入的学术交流；为清华大学学生开展课外实践活动项目，包括组织学生参观飞兆半导体的制造设施等；为清华大学提供5年的奖助学金，以便进一步发展其学术研究项目。

（北京新材料发展中心）

【“长风”联盟技术委员会和市场委员会成立】 11月17—19日，“长风”开放标准平台软件联盟技术委员会和市场委员会正式成立。两个委员会主席分别由中科院软件所李安渝博士和东方通科技有限公司杨桦担任。北京软件产业促进中心、中科院软件所、东方通科技有限公司、太极计算机股份有限公司、北京软件产品质量检测检验中心等多家发起单位提名产生的委员参加了成立大会，会上，通过讨论的方式确定了委员会的议事机制、职责和任务、工作计划以及近期任务。

（北京软件产业促进中心）

【CAXA与法国达索公司结成技术联盟】 11月23日，国内最大制造业CAD/CAM/PLM软件开发商CAXA（北京数码大方科技有限公司）与全球PLM（产品全生命周期管理）解决方案的领导者DASSAULT SYSTEMS（法国达索系统公司）结成PLM技术联盟，成立联合研发中心，共同推动PLM业务，所开发的技术和产品的版权、专利及知识产权归CAXA所有。在中国以CAXA V5品牌推广，世界市场上以OEM方式通过达索的渠道推广。

（北京软件产业促进中心）

【召开北京市软件正版化应用本国办公软件试点工作报告会】 11月29日，市科委、市信息办、市版权局、市知识产权局和市财政局等单位召开了“北京市软件正版化应用本国办公软件试点工作报告会”。市科委主任马林在会议上强调指出，北京加强软件知识产权保护具有尤其重要意义，要坚定地按照市政府的要求，把北京建成使用正版软件、尊重和保护知识产权的首善之区。2004年以来，北京市先后选择了一批有代表性的部门进行本国办公软件与电子政务相结合的试点，共为试点工程采购了国产软件及相关服务达700多万元。

（北京软件产业促进中心）

【开展“揭开Linux的神秘面纱”高校巡回讲座】 11月下旬，北京软件产业促进中心旗下的北软教育联合中科红旗、共创联盟、上海中标软等国内 Linux 知名企业举办了北京高校的“揭开 Linux 的神秘面纱”巡回讲座,详细介绍 Linux 的起源、发展、就业等多方面情况。讲座覆盖北航、北交大、北理工、农大等高校,参加活动的学生达1 200 多人。北软教育开展“Linux 1+1+1”工程两年来,已向社会输送了500名相关人才,学生的整体就业率达到了70%以上,为企业 Linux 人才的培养和储备起到了积极的作用。

(北京软件产业促进中心)

【2004 协同软件产业发展高峰论坛举行】 12月7日,由北京软件产业促进中心主办,市科委和市信息办为指导单位的“2004 协同软件产业发展高峰论坛”举行。协同软件根据用户级别的不同,产品覆盖了从邮件、即时通讯、文档共享、视频会议等日常办公软件到涉及企业运营的业务系统。论坛上,中国工程院院士倪光南发表了“协同与信息化”的演讲。计世资讯也在2004年软件市场分析报告中,将协同软件作为独立的软件分类进行了深入而精辟的分析。国家应用软件产品质量监督检验中心以软件测试的协同为主题进行了演讲。此外,IBM、Intel、用友、神州数码、点击科技等厂商也分别阐述了各自在协同软件市场的发展方向及前景。

(北京软件产业促进中心)

【国家应用软件产品质量监督检验中心成立】 12月16日,由国家质量监督检验检疫总局于10月12日批准成立的国家应用软件产品质量监督检验中心揭牌仪式在中关村软件园举行。国家质量技术监督检验检疫总局监督司司长纪正昆、市质量技术监督局副局长郭浚清、国家认证认可监督管理委员会副主任齐晓、市科委主任马林及市信息化工作办公室、北京软件行业协会、中科院、国务院信息化办等相关领导和媒体记者等共150多人参加。该机构是我国质检系统第一个国家级软件产品质量监督检验中心,是经中国国家实验室认可和国家计量认证的第三方软件产品质量评测机构,是在市质量技术监督局和市科委联合建设的北京软件产品质量检测检验中心的基础上授权成立的。中心依据国际标准 ISO/IEC 17 025:1999《检测和校准实验室认可准则》建立了严谨的质量体系,依据《软件工程 产品评价》(GB/T 18 905.5—2002)等相关国家标准建立了先进的技术体系,拥有一流的软件测试平台。其主要职责是:按照国家有关技术法规和标准对软件产品进行质量监督;承担国家对软件产品质量抽查、鉴定和有关部门对软件产品质量的仲裁检验工作;接受企业和有关部门的委托,对软件产品和信息系统做成果鉴定、质量检验及第三方质量评测;参与制定国家有关软件质量标准;开展对软件产品质量检验技术和检测管理方法的研究,开发相关检测工具;提供软件测试环境、软件测试技术培训和软件测试解决方案咨询服务;开展软件检测技术的国际交流活动。

(北京软件质量检测中心)

【中国电子竞技发展中心落户数字娱乐产业示范基地】 12月21日,石景山区政府与全国体育总会合作的中国电子竞技发展中心项目签约仪式举行。该中心设在北京数字娱乐产业示范基地,将为中国电子竞技项目的管理、训练以及比赛,提供更加完善的系统和环境。

(北京软件产业促进中心)

【北京软件协会获得 ISO9001 认证】 12月30日,北京软件协会获得 ISO9001 质量管理认证证书。该项工作4月启动,6月签订了“管理体系认证咨询合同书”,开始了 ISO9001 认证咨询和建立质量管理体系工作。同时,成立了贯标工作组、文件编写组,进行了 ISO9001 质量管理体系全员贯标培训和基础知识测试,将双软认定、会员服务、课题研究、与顾客沟通等主要工作按照 ISO9001 的标准形成了文件,提出了“搭建沟通桥梁,提供卓越服务,促进产业发展”的质量工作方针和“顾客满意度达到85%以上”的质量目标,完成了一次内部审核、一次管理评审和一次顾客满意度调查。

(北京市软件协会)

【软件产业实现营业收入520亿元】 年内,软件产业的营业收入达到520亿元,同比增长35%,按可比口径(不含通信设备制造业中的嵌入式软件)计算,约占全国的33.8%。其中软件产品营业收入约为208亿元,增长42.1%;

集成系统和软件服务营业收入约为312亿元，增长30.6%。

（市科委信息技术处）

【软件出口2.27亿美元】 年内，通过实施对日人才“双千计划”、Linux出口计划、对日出口加速器计划、现地外包促进计划、出口扶助计划等国际化新措施，完成软件出口2.27亿美元（据海关统计），同比增长64.6%，约占全国海关统计的软件出口总额的40%。其中，对日出口向中高端业务拓展；欧美市场成为新的增长点，全市有26家企业参与由科技部组织的“中国软件欧美出口工程”，出口额超过1 000万美元的企业有5家。

（市科委信息技术处）

【软件产业初步形成实力比较雄厚的骨干企业群】 年内，新认定的软件企业549家，占全国新认定企业数的28%；累计认定软件企业2 298家，占全国认定软件企业总数的22%。重点企业发展稳健，面向信息化主要市场和新兴市场推出了一批具有竞争力的新产品，如神州数码公司的税务信息系统和IT服务，用友公司的高端ERP，金山公司的网络游戏产品，数码大方的制造业信息化系统等。中软总公司重组实现整体上市，中讯集团、直真节点公司等8家企业也在国内或境外上市成功。

（市科委信息技术处）

【软件产业自主创新活跃】 年内，本市软件企业的研究开发经费约为96亿元，同比增长72%。新认定的软件产品1 238个，约占全国新认定产品总数的17%；累计登记自主开发的软件产品达到6 058个，占全国总数的26%。中关村科技园区海淀园组织了自主知识产权软件产业联盟，通过实施“推进一个产业联盟，启动一个示范项目，采购一批国产软件，制定一个促进计划，支持一笔应用经费”的“五个一”工程，推动软件产业的自主创新。北京软件企业推出12款拥有自主知识产权的游戏产品，初步扭转了国外产品垄断中国游戏市场的局面。

（市科委信息技术处）

【软件产业发展的外部环境进一步改善】 年内，在“长风计划”的引导下，市政府有关部门投入软件领域的专项资金超过5亿元，有力地支持了软件企业的发展。税务部门全年对软件产品增值税退税14.8亿元，累计退税47亿元；在财政部门的支持下，近400家软件企业的5 000余名高级人才得市政府专项奖励，奖励金额为5 000万元；在市商务局和北京海关的支持下，160多家软件出口企业解决了出口通关归类问题，用友工程等多家通过CMMI三级以上评估的软件企业得到专项资助；在市版权局、市知识产权局和市信息化办公室的支持下，政府部门使用正版软件工作圆满完成，验证了电子政务系统嵌套本国办公套件的正版化新路，并建立起本市的两级著作权行政监管和执法体系。

（市科委信息技术处）

【建立网络安全工作体系】 年内，市科委成立了由办公室、计划处、信息处和软科学处等组成科委信息网络安全领导小组，制定了《北京科教网网络值班人员操作规范》、《科教网机房管理制度》、《科教网设备口令管理制度》、《科教网信息安全制度》、《科教网机房消防安全管理制度》等规章制度，将信息安全的组织工作落到实处。同时，将网络运营外包给专业公司，实行24小时值班制；在新OA办公系统使用了北京CA提供数字证书，实现了身份鉴别、授权控制、数据完整性和抗否认性等功能。将科委电子政务专网分为首信电子政务专网和无纸化传输系统专网。首信电子政务专网主要涉及科委条财处、财务室、人事处、计划处等处室，在这些处室中设有专门的计算机接入专网，与科委局域网实现完全的物理隔离；接入无纸化传输系统的主要是科委办公室，同样设有专门计算机，并与科委局域网实现完全物理隔离。为防止外来恶性攻击和病毒带来的侵害，在科委局域网和一些政府专网上还使用了防火墙与外网隔离。

（市科委网络中心）

【北京软件产品质量检验检测中心测试服务取得成效】 年内，北京软件产品质量检验检测中心接受企业和有关部门的委托，对软件产品和信息系统做成果鉴定、质量检验及第三方质量评测，共承接软件测试项目275项；组织了30多次软件测试环境、软件测试技术的培训，共培训软件测试初级工程师27人，中级工程师23人，高级工程师7人；承接了美国康博公司的test partner英、日、韩繁体及简体中文4种语言的本地化测试项目，是中心承接外包项目的第一单，不仅使部分测试工程师得到了锻炼和提高，而且也让国际企业了解了该中心，为以后的国际合作项目奠定了基础。

（北京软件产品质量检验检测中心）

【软件公共技术支撑体系综合利用率达80%】 年内，由北京软件产业促进中心与北京软件产品质量检验检测中心联合推出的“北京软件1 234送服务”等工作，显示公共技术支撑体系的应用率已达到80%。其中，软件测试平台完成测试项目92项，累计完成超过200项；软件质量管理平台发展用户41家，累计已有80多家企业使用；软件工具库已在7个授权软件工具上发展用户26家；开发试验平台的服务器资源利用率超过90%；开放源码库的源码下载次数4 000余次；构件库已重点发展了联想、神州数码、长城软件、万维易化等4家示范单位；综合服务与管理平台刊登公共技术支撑体系的信息达50多篇。

（北京软件产业促进中心）

【国外软件公司研发中心落户北京】 年内，有5家国外著名软件公司的研发中心在北京落户。9月21日，维尔软件（VERITAS）中国研发中心正式揭牌，主要职能为产品汉化、支持本地伙伴以及开发解决方案，最终的员工规模将达到150人。10月15日，英特尔中国研究中心迁址海淀融科资讯中心，其全新的通信技术研发重点是与清华大学确定的联合研发计划，主要是基础研究和课程开发。10月28日，IBM中国软件开发中心新址落户北京，投资数百万美元建成的相关服务机构同时成立。11月1日，法国电信在融科中心大厦设立了在中国的第一个研发中心，是其亚洲市场开发的总部，将主要进行新技术、新设备的测试评估，新项目的研发和应用集成。韩国最大的网络游戏供应商NCsoft在北京设立了研发中心，以承接韩国公司总部的外包业务。NCsoft计划到2008年以前将北京研发中心发展至300—400人规模，开发适合中国消费者口味的网络游戏产品。

（北京软件产业促进中心）

【NEC新公司落户北京软件出口基地】 年内，NEC将其在中国的系统集成、IT及网络平台建设、硬件产品的销售及软件开发外包等4大业务进行全面整合，在北京软件出口基地成立了NEC信息系统（中国）有限公司（NECSL）。NECSL目前约650人，计划到2005年底，实现销售额17亿元人民币，员工规模达到800人。

（北京软件产业促进中心）

【摩托罗拉、爱立信同建研发总部】 年内，摩托罗拉和爱立信公布将筹建中国新总部，地址都在北京望京地区。摩托罗拉计划投资9 000万美元成立摩托罗拉中国技术有限公司，于2004年底前挂牌，人数达到1 700人，将整合摩托罗拉在华的所有研发中心，成为跨国公司在华最大研发公司。爱立信的中国研发总院大厦于2006年竣工，将把分布在北京不同位置的爱立信中国分支机构统一迁入新总部，并将研发中心升格为全球研发中心，承担更多的全球研发任务。

（北京软件产业促进中心）

【普天与美国P－COM将成立合资公司】 年内，世界领先的数字微波通信厂商美国P－COM公司宣布，将与南京普天通信股份有限公司共同组建合资公司——北京P－COM宽带无线通讯有限公司，向中国内地移动运营商和企业用户提供P－COM的产品。

（北京软件产业促进中心）

【成立全国首家3S软件学院】 年内，东方泰坦公司与北京科技研修学院合作成立了全国首家“3S”软件学院，主要培养空间定位（GPS）技术、航空航天遥感（RS）技术、地理信息系统（GIS）技术方面的软件人才。

（北京软件产业促进中心）

【建立6个网络化制造工程平台】 年内，市科委支持建立6个网络化制造工程重点平台，除已投入运行的电子城建设网络化制造平台以外，北内孵化基地网络化制造服务平台、面向中小企业咨询服务平台、基于ASP技术的企业协同e化平台已经投入试运行；模具行业网络化协同设计平台、京仪控股网络化协同平台正在实施中。

（市科委信息技术处）

先进制造技术

【电动大客车在上海必比登国际挑战赛上喜获佳绩】 10月14日，第六届必比登挑战赛在上海落下帷幕。由市科委重大科技专项支持研发的4辆电动汽车共夺得2座团体奖杯和16个单项奖。北京理工大学牵头研制的3辆纯电动大客车以其良好的综合性能获得1座团体奖杯和13个单项奖；清华大学牵头研制的燃料电池大客车获得了1座团体奖杯和3个单项奖。必比登挑战赛是由米其林集团发起的世界第一个“清洁车辆”全球性竞赛活动，是一项涉及整个汽车行业的公益赛事活动，为提高新世纪汽车的运输效能、设计制造、环保能源应用提供了独特的竞争与展示平台，对于实现减少大气污染、噪声污染和能源消耗的减少具有十分重要的借鉴意义。此次共有国内外150辆车参与，74辆参加了比赛，其中：轿车38辆、城市两轮车20辆、卡车1辆、大客车15辆；中国有20辆城市两轮车和15辆大客车参赛。参赛车辆中，电动车超过50%（电池或燃料电池驱动），还有相当数量的使用生物燃料的内燃机车。参赛车辆根据加速度和制动、蛇行、拉力赛、噪声、燃油经济性、二氧化碳排放、操控性、正面碰撞安全性等性能指标进行相应测试和综合评定。此次比赛展示了当今国际上清洁汽车发展的最高水平和趋势，也是对国内清洁汽车研究成果的一次大检阅。

（市科委先进制造技术办公室）

【电动汽车关键技术研发取得成效】 年内，完成了2辆纯电动旅游客车、3辆纯电动低地板公交车、15辆纯电动准低地板公交车的小批量生产，且上述3种车型及纯电动中巴车已全部通过国家型式认证试验；24 000平方米的电动车产业基地建设基本完成，生产线初具规模，具备了每年1 000台电动客车整车装配、调试试验能力，电动车辆动力系统性能测试平台、电动车辆动力电池及电池组充放电综合测试实验室，以及电动汽车仿真开发平台已建设完成，并申请专利17项，制定标准规范27项，出版培训教材4册，发表学术论文67篇，形成学术报告85份。

（市科委先进制造技术办公室）

【电动公交车示范运营成效明显】 年内，2辆电动公交车在市公交121路（阜成门至西黄庄）已进行了近3年的载客试验运行，累积完成运营里程60 000余千米，积累了大量的试验数据，取得了包括驾驶、操作、维修、保养在内的运行经验。同时，还完成了121线路充电站电力增容工程，进一步完善了车辆运行实验设备和充电站建设；建立了完善的电动汽车运行示范安全保障制度，进行了驾驶员和维修保养人员的培训工作，启动了“一线一区”示范运行工作。

（市科委先进制造技术办公室）

【城市客车燃料电池研究与开发进展顺利】 年内，由清华大学承担的国家“863”项目“燃料电池城市客车研究与开发和氢能示范园建设”取得了显著成绩。建成了具有国际先进水平的氢能燃料电池汽车技术开发平台；建立了相关技术标准和检测规范23项；形成了一批关键技术；申报各种专利22项，已鉴定和即将鉴定的科研成果15项；完成了两代三种型号的样车设计、研制、考核，样车运行考核总里程达8 000千米以上，性能指标满足城市客车要求；成立了北京清能华通科技发展有限公司，以加速推进氢能交通示范和产业化进程；承建了我国首座燃料电池汽车加氢站已进入设计施工阶段，将为国家“863”项目和GEF/UNDP示范项目提供服务。

（市科委信息技术处）

生物工程和新医药技术

【启动“缓控释技术”重大项目】 1月8日，市科委和北京医药集团有限责任公司共同召开“缓控释技术”重大项目启动暨北京医药集团研发创新体系建设汇报会。副市长范伯元，市科委主任马林和副主任朱宝凤，北京市工业促进局樊建等出席。

（北京生物技术和新医药产业促进中心）

【第二届北京生命科学领域联合年会召开】 1月9日，由北京生物工程学会、北京生物化学和分子生物学学会、北京免疫学会、北京遗传学会、北京生理科学会、北京环境诱变剂学会、北京实验动物学会、北京医药行业协会等八个学会和协会共同主办的“第二届北京生命科学领域联合年会”召开。会议主题是“后基因组学与北京生命科学的发展”。市科委副主任朱宝凤和市科协常务副主席田小平出席了会议，来自京区各大研究院所、高校和医院、企业的科研工作者1 000余人参加。会议邀请了20余位本领域的专家就蛋白质组学、系统生物学、生命科学在医药领域的应用、新病源与临床等生命科学最前沿、最核心的问题做了演讲。

（北京生物技术和新医药产业促进中心）

【北京正旦国际科技有限责任公司成立】 1月16日，由军事医学科学院和江中制药集团共同组建的“北京正旦国际科技有限责任公司”在中关村生命科学园成立。该公司注册资本为3 000万元人民币。这是继2003年12月15日军事医学科学院、江中制药集团进驻生命科学园签字仪式后北京（国家）蛋白质组研究中心项目又一重要进展，标志着该项目进入实质操作阶段。

（北京生物技术和新医药产业促进中心）

【中国生物技术集团研发中心成立】 1月18日，由市科委和中国生物技术集团公司（原中国生物制品总公司，下称中生集团）共同组建的中国生物技术集团公司研发中心成立及北京生物制品研究所病毒性疫苗中试实验室启用揭牌仪式举行。仪式由市科委主任马林主持。副市长范伯元、卫生部前部长钱信忠、国家食品药品监督管理局安全监督司司长白慧良及市科委、市发改委、市药监局、市工业促进局和朝阳区区政府等单位的领导，中生集团总经理王国立、北京生物制品研究所前所长赵铠和现任所长倪道明等出席了仪式。范伯元副市长讲话中指出，在促进生物医药产业快速发展的历程中，政府主要要做好两方面的工作：一是优化产业发展环境；二是注重高新技术企业创新能力的增强。该中心是在北京生物制品研究所的基础上组建的，总投资2亿—3亿元。中心将以疫苗研究为主，成为我国最大的疫苗研究、生产中心，并将有效地融入首都以企业为主体的创新体系中，为首都生物医药产业发挥作用。

（北京生物技术和新医药产业促进中心）

【苏格兰生命科学研讨会在京召开】 2月16日，由苏格兰国际发展局、北京生物技术和新医药产业促进中心共同主办的“苏格兰生命科学研讨会”召开。会上，苏格兰的4家企业法玛琳公司、艾克希德公司、因泰格林公司、BIORELIANCE分别介绍了其主要业务和合作意向，其中，从事诊断试剂开发的艾克希德公司明确提出要将其生产基地转移到中国。

（北京生物技术和新医药产业促进中心）

【“功能基因”阶段性成果推介会召开】 3月16日，北京生物技术和新医药产业促进中心与北京经济技术开发区生物医药协会联合举办了“人类重要功能基因编码蛋白质研究及重大疾病遗传资源收集”阶段性成果第二次交流推介会。该项目是2002年市科委启动的重大项目，北京生物技术和新医药产业促进中心是项目依托单位。该项目以发现药物靶标和基因组药物候选物为目标，旨在建立整合型人类功能基因组表达和筛选技术平台、人类遗传资源收集技术标准化规范以及北京遗传资源中心，并获得3—5个药物靶标或基因工程药物候选物、培养一支高水平的研究队伍，从而加速北京自主知识产权创新药物的研究开发水平。此次推介会目的是为科学家、企业家创造结识、交流的机会，帮助企业及时了解掌握京区科技资源分布状况和科技项目进展信息，促进创新主体之间的互动，促成合作项目、合作伙伴的选择和对接。

（北京生物技术和新医药产业促进中心）

【生物医药领域在京投资企业家联谊会召开】 3月23日，北京生物技术和新医药产业促进中心组织召开了“生物医药领域在京投资企业家联谊会”。内蒙古金宇集团、河南羚锐、海南养生堂、江苏阳光集团、吉林敖东、山东九发集团、山西耀威等10余家在京投资企业的企业家参加了会议。与会企业表示愿意遵循北京在新形势下调动和利用区域创新资源促进产业发展的思路，充分利用北京的科技资源优势为企业谋求长远发展，并希望架设针对企业需求的沟通渠道，以便及时了解国家及北京市的各种优惠政策和科技计划。

（北京生物技术和新医药产业促进中心）

【戊肝疫苗产业化基地落户北京】 3月底，戊肝疫苗产业化基地落户北京生命科学园，预计总投资1.3亿元。该疫苗是北京万泰生物药业有限公司和厦门大学合作开发的，拥有国际专利，是国内第一个具有自主知识产权的基因工程疫苗，具有垄断市场的可能。目前该疫苗项目开过临床会，并提交了补充意见，预计年底能够获得临床批准文号。

（市科委生物医药和新材料处）

【北京蛋白质组研究中心举行奠基典礼】 6月23日，北京蛋白质组研究中心奠基仪式在中关村生命科学园举行。副市长牛有成，科技部副部长程津培，中国科学院副院长陈竺，解放军总后勤部卫生部副部长张雁灵，军事医学科学院院长赵达生、政委边兆明，以及市科委、中关村管委会等有关单位的领导出席。该中心项目总投资2.9亿元（其中固定资产投资2.4亿元），占地75亩，建筑面积4万平方米，分两期建设实施。建成后的北京蛋白质组研究中心将作为国际总部负责“国际人类肝脏蛋白质组计划”的组织与实施，成为其技术与数据的集散地，同时承担“中国人类肝脏蛋白质组计划”等国家和地方重大科研项目并为国内外大型企业和研发机构提供高层次、规模化的技术支持和服务。

（北京生物技术和新医药产业促进中心）

【召开2004中阿生物医药企业交流会】 6月29日，北京生物技术和新医药产业促进中心组织召开了“2004中阿生物医药企业交流会”，阿根廷著名生物技术企业BIO SIDUS公司、BIOGENESIS公司的高层人士及国内生物医药企业的高层人士参加了交流会。会上，阿方表示有意在研发和销售领域与中方合作，中方也对阿方带来的产品以及合作内容表示了很高的热情，双方就合作方式、阶段及知识产权等方面进行了深入交流。

（北京生物技术和新医药产业促进中心）

【诺和诺德（中国）研究发展中心落户中关村生命科学园】 7月1日，“诺和诺德（中国）研究发展中心”落户中关村生命科学园。市人大常委会副主任金生官、市科委副主任朱宝凤、丹麦使馆的商务参赞Peter W. Jorgensen先生、诺和诺德首席科学官Mads Thomsen先生以及市发改委、中关村管委会、市工业促进局、中关村生命科学园等有关单位的领导出席了庆典仪式。该中心的成立将对吸引更多国际知名制药企业落户中关村生命科学园起到积极作用。

（北京生物技术和新医药产业促进中心）

【中药与天然药物工程研究中心成立】 7月15日，军事医学科学院和上海绿谷（集团）有限公司共建“中药与天然药物工程研究中心”暨入驻北京生物工程与医药产业基地项目正式签约。副市长范伯元，解放军军事医学科学院院长赵达生、政委边兆明，市科委主任马林，市卫生局副局长韩德民，市食品药品监督管理局副局长张伟，市工业促进局副局长常青以及市发改委，解放军总后勤部卫生部，市医药行业协会，大兴区区委、区政府，北京生物工程与医药产业基地，上海绿谷（集团）有限公司等单位的领导出席了会议。会上，军事医学科学院毒物药物研究所与上海绿谷（集团）有限公司签署了“设立军科绿谷中药与天然药物研究与开发基金及共建中药与天然药物工程研究中心”的合作协议；军事医学科学院毒物药物研究所、上海绿谷（集团）有限公司和北京市大兴工业开发区开发经营公司签署了土地预定协议。该中心项目总投资3.7亿元,占地251.4亩,总建筑面积13万平方米,将建设成为现代化中药和天然药物研发和生产基地,包括中药天然药物产业化工程中心和现代化中药制剂厂,计划2007年建成。

(北京生物技术和新医药产业促进中心)

【德国亥姆霍兹联合会北京代表处正式开张】 7月26日,德国亥姆霍兹国家研究中心联合会北京代表处揭牌仪式在中德中心举行。人大副委员长、中科院院长路甬祥教授与亥姆霍兹联合会主席瓦尔特·科勒尔教授联手为代表处揭牌。国家科技部副部长刘燕华、国家自然基金委主任陈宜瑜,以及德国教育研究部国务秘书沃尔夫-迪特·杜登豪森博士、德国驻华使馆公使勒尔先生等出席了仪式。亥姆霍兹联合会北京代表处是该联合会继布鲁塞尔代表处之后成立的第二个海外代表处,旨在促进其属下的15个研究中心与中国科技界的合作,将为中德双边的接触搭建一个平台,一方面为德方科学家提供关于中方在国家政策、学术环境及研究项目方面的信息,另一方面则使中方科学家了解亥姆霍兹联合会的重点研究方向及设施条件等信息。

(北京生物技术和新医药产业促进中心)

【丹麦灵北公司总裁一行访问北京】 9月6—8日,丹麦制药企业灵北公司(Lundbeck)总裁Claus Brastrup、研发副总裁Peter Hongaard Anderson、商贸副总裁Adam Keeney、亚洲区总裁Lars Nellemann Jorgensen等公司高级决策层一行5人对北京进行了访问,旨在考察在京建立研发基地的条件。他们先后走访了国家药物安全评价检测中心、北京诺赛基因组研究中心有限公司(国家人类基因组北方研究中心)、北京实验动物研究中心、诺和诺德(中国)研发中心等多家科研单位,并与有关单位进行了深入沟通和交流。期间,市科委主任马林会见了灵北公司代表团,就在京的进一步合作与发展,在京建设研究中心等事宜深入交换了意见。

(北京生物技术和新医药产业促进中心)

【第八届北京生物医药产业发展论坛召开】 9月17—18日,市科委主办的"第八届北京生物医药产业发展论坛"在北京友谊宾馆召开。本届论坛的主题是"抉择与突破",由全球医药企业领袖高峰会、论坛大会报告、专题卫星会以及展览展示4部分组成。美国药典委员会、英国帝国理工大学、国家食品药品监督管理局、中国医学科学院、军事医学科学院、北京大学医学部等学术研究机构和管理机构的专家,默克、诺华、安万特、诺和诺德、Genzyne、Tanox等跨国制药公司以及华源集团、华北制药、三九集团、西安杨森、大连辉瑞、天药集团、北药集团、同仁堂集团等国内医药行业300强和北京医药企业50强的企业领导人,西南证券、国泰君安证券等投资界的资深分析师等业界专家逾400人出席了会议。开幕式上,范伯元副市长发表了讲话。之后,安万特首席科学官Frank Douglas、美国药典委员会主任Roger Williams、Genzyme公司医疗部副总裁George Gemayel以及市科委朱宝凤副主任分别就跨国公司的工作思路及其对中国市场的建议、国内外医药领域主管部门的管理策略等问题做了主题发言。期间,论坛还组织了国家发改委生物技术产业规划研究调研座谈会,就目前组织实施的国家生物技术产业规划报告广泛征求企业家的意见;中韩生物技术产业论坛,全面展示了中韩两国在生物技术产业发展中采取的政策、企业发展的现状、市场状况及产品研发的能力;专题卫星会就研发型医药企业的发展之路、靶向药物治疗发展趋势、医药领域许可证贸易经营方式探讨、糖尿病治疗药物的市场现状及未来开发热点、预防药学、神经退行性病变治疗药物的发展趋势、非专利药策略、中小企业板带来的机遇等专题进行了专业探讨。

(北京生物技术和新医药产业促进中心)

【中美代谢病治疗与研究研讨会在京召开】 10月17日,由美国贝勒医学院、中华医学会、北京市自然科学基金委员会和北京生物技术和新医药产业促进中心共同主办,北京双鹤药业承办的"中美代谢病治疗与研究研讨会"召开。卫生部科教司司长刘雁飞、中华医学会会长陆道培、市科委副主任朱宝凤、双鹤药业研究院院长张宇等出席。美国贝勒医学院 Bert W. O'Malley 教授等5位国际知名的代谢病和核受体研究专家与中国医学科学院药物所研究员申竹芳教授、中华医学会内分泌学会主任委员罗敏教授等5位国内顶尖水平的代谢病科研权威和糖尿病临床治疗专家围绕糖尿病的基础研究与临床应用等内容做了主题报告。参会的逾百名代谢病研究和临床治疗专家与演讲嘉宾展开了热烈的交流与讨论。通过本次研讨会,将促进中美双方在医学科研领域的合作,并进一步推进我国糖尿病防治的整体水平,为国产糖尿病药物走向国际提供良好的展示平台。

（北京生物技术和新医药产业促进中心）

【第三届国际人类蛋白质组大会召开】 10月25—27日,由国际人类蛋白质组组织、中国人类蛋白质组组织、国家生物医药分析中心和市科委共同主办的“第三届国际人类蛋白质组大会”在北京国际会议中心召开。这是亚太地区主办的第一个大型国际蛋白质组学大会。中国人类蛋白质组组织主席贺福初出任本届大会主席。来自38个国家和地区、在蛋白质组学及其相关领域享有盛名的2 000余位国内外科学家、企业家和各界人士出席,共同探讨人类蛋白质组研究。大会由特邀报告、主题报告、论文展示、仪器设备展览、技术培训班等多种形式构成。开幕式上,副市长范伯元、科技部副部长李学勇等有关部门的领导发表了讲话。会议以“蛋白质组学——基因组的诠释”为主题,围绕蛋白质化学、蛋白质组学相关技术、蛋白质组研究及其在人类与动植物疾病防治中的应用等议题进行了广泛研讨。

（北京生物技术和新医药产业促进中心）

【骨干企业与产业资本对接】 11月3日,北京医药集团和日本生物载体研究所(DNAVEC)达成合作协议,利用DNAVEC世界领先的仙台病毒载体技术,开发重症肢体缺血基因治疗药物。同日,北药集团与本元正阳基因技术股份有限公司正式签订投资合作意向书,北药集团以现金方式认购本元正阳向北京医药集团定向发行的新股,在新公司中占有不低于40%的股份,成为本元正阳的第一大股东。此外,北药集团与中国华源集团公司11月13日在北京联合宣布,双方正式进行战略重组———一个由中国两大医药集团携手打造的全新北京医药集团有限责任公司,以增资改制后注册资本23.2亿元的强势,成为最具实力的中国医药产业集团之一。

（市科委生物医药和新材料处）

【第三届国际传统医药大会召开】 11月13日,由世界中医药学会联合会主办、中国中医研究院承办的“第三届国际传统医药大会”在京召开。会议的主题是“传统医药与人类健康”。开幕式上,中共中央政治局委员、国务院副总理兼卫生部部长吴仪发来贺信,卫生部、科技部、教育部、民政部、国家食品药品监督管理局、国家中医药管理局等部门的有关领导出席了会议。世界33个国家的1 500余名代表,就继承与发展传统医药在人类健康事业中的优势与作用,展开了广泛、深入的学术交流,提交论文800余篇。

（北京生物技术和新医药产业促进中心）

【企业与研究院所共同承担重大项目】 年内,市科委在“VERO细胞大规模培养平台”项目的组织落实中,为进一步强化天坛生物制品股份有限公司在国内疫苗研究和产业化的领先地位,提高天坛生物的核心竞争力,通过走访专家、企业,深入天坛生物制品公司、北京生物制品研究所调研和沟通,重新调整了目标和内容,由北京天坛生物制品公司、北京生物制品研究所共同承担项目的实施,为大企业创新体系的建立和完善创造了条件。

（市科委生物医药和新材料处）

【落实5项生物医药重大项目】 年内,市科委生物医药和新材料处组织专家从公开征集的380个建议案中凝练出了5个2005年重大项目,即新型微粒制剂的研究开发、蛋白质和多肽药物的修饰技术、治疗性抗体人源化技术、中药制剂过程关键技术工程化研究、X线机数字化医学成像技术及设备。这5个项目体现了推动企业成为创新主体的基本思路,突出了提升医药产业技术水平,提高企业竞争能力的目的。

（市科委生物医药和新材料处）

【医学研究取得重要进展】 年内,本市医学领域实施的重大项目取得了重要进展。“北京市病毒性肝炎临床诊断及治疗的一体化研究”完成了4 000份的病例收集工作,建立了全国8 000余所基层医疗机构的数据库,成立了“全国肝炎治疗及预防技术咨询中心”,开始对基层单位提供肝病技术支持,发表论文52篇,申请专利1项。“中医药防治重大疾病临床个体治疗平台评价体系的研究”完成了符合本项目信息采集需要的11 947条临床个体诊疗信息系统试用版软件、中风病临床诊疗信息系统试用版软件及数据特征分析和挖掘需求软件试用版。“用于肿瘤干预与治疗的新指标研究”基本完成病例的收集工作,部分课题已展开深入研究,并发现P16、金属蛋白酶等与胃癌、食道癌密切相关的基因,已申请国际专利;发现几种与贲门癌、食道癌、胃癌等肿瘤易感性相关的分子标记或因素。“人类重要功能基因系统性研究”和“人类重要疾病基因的鉴定与开发”产出了一批重要成果,发表论文近7篇,申请专利约40项。“基因组药物的开发研究”已初步筛选出12个功能基因,4个基因进行了高效表达、抗体制备、细胞核动物模型的活性筛选。“构建高血压、冠心病易感基因SNPs数据库及SNP与疾病表型相关的模型和临床评估”项目已初步构建了中国人高血压、冠心病易感基因SNPs数据库,初步建立了疾病表性相关模型的4种数学预测方法;发表了一批高水平论文并申报了3项专利。

(市科委生物医药和新材料处)

【提出医学领域六大支持重点】 年内,市科委生物医药和新材料处与中华医学会合作,对在京医疗资源、科研进展、优势学科领域等进行充分调研,结合国内外医学学科发展的最新趋势,以“以人为本、预防为主、防治结合、集成优势”为原则,提出重点支持公共卫生、心血管疾病、脑血管疾病、精神卫生、糖尿病、肿瘤等六大领域的技术研发,为提高首都地区人民总体健康水平提供有力的科技支撑。

(市科委生物医药和新材料处)

新材料技术

【中国建材技术中心成立】 2月18日,中国建筑材料集团公司与中国建筑材料科学研究院在钓鱼台宾馆隆重举行了联合成立中国建材技术中心的揭牌仪式。中国建筑材料集团公司是我国目前最大的综合性建材产业集团,集团下属新型建材与新型房屋、化学建材、水泥、复合材料、科研设计等八大业务平台,各平台核心企业的规模和效益均在行业内居领先地位。中国建筑材料科学研究院是我国目前最大的综合性建材科学研究院,在水泥、玻璃、陶瓷、工程设计、测试技术、环境工程与生态建材、自动化与测试技术等领域的基础理论研究、新材料新技术研究开发和应用方面处于国内先进水平。中国建材技术中心将充分发挥建材院的科技资源优势和中国建材集团的生产、技术推广优势,组织并完成相关技术开发工作,提供产业和企业发展所需的技术支持。

(北京新材料发展中心　艾晓玲)

【高温超导应用于移动通信获成功】 3月26日,清华大学研制的我国第一台CDMA移动通信用高温超导滤波器系统,在商业运行中的CDMA移动通信基站上通信试验成功并投入实际使用。该研究得到科技部“863”计划、北京市科技计划的大力支持,是我国高温超导在移动通信中的首次实际应用,应用过程中性能优秀,标志着我国是继美国之后,第二个用自己的技术实现了高温超导滤波器在移动通信中应用的国家。

(北京新材料发展中心　艾晓玲)

【近终形粘结磁体的研究及各向异性NdFeB磁粉中试通过验收】 3月26日,北京科技大学曲选辉教授领导的课题组承担的北京市科技计划项目——“近终形粘结磁体的研究及各向异性NdFeB磁粉中试”通过专家组的验收。国家“863”功能材料组专家、清华大学材料学院副院长潘峰教授任专家组组长,北京市科委副主任朱宝凤、郑吉春委员，北科大副校长徐金梧等参加了验收会。该项目的目标是建立一条年产30吨的各向异性NdFeB磁粉中试生产线，解决粘结磁体精密成型关键技术及设备问题，推广近终型粘结磁体的应用领域。经过项目组成人员2年的努力，各向异性NdFeB磁粉、磁体的性能指标全部超出合同要求，自主开发的径轴向两用磁场注射成型机达到国际水平，各向异性NdFeB磁粉及粘结磁体中试生产线达到了预期的生产能力。

（北京新材料发展中心　艾晓玲）

【中国首家“纳米”认可机构成立】 5月20日，中国首家“纳米”认可机构——中国实验室国家认可委员会纳米技术专门委员会成立。该委员会是统一负责实验室和检查机构认可及相关工作的国家认可机构，是为规范纳米产品市场、推动制定相关纳米材料及产品的标准，由国家纳米科学中心和中国实验室国家认可委员会联合成立的，挂靠在国家纳米科学中心。该委员会聘请白春礼、解思深、范守善等26位专家为委员，负责制定纳米技术领域的认可技术指南，开展纳米技术领域检测、检查以及评审活动的技术研究等工作。

（北京新材料发展中心　艾晓玲）

【中国第一项获准上市的纳米医药产品诞生】 5月，由清华大学材料系崔福斋教授为首的课题组研制成功的纳米人工骨获得国家食品药品监督管理局的三类植入产品试生产注册证，成为中国第一项可在市场上公开销售和应用的纳米医药产品。纳米人工骨是国家“863”计划、“973”计划支持的攻关项目，它与传统人工骨材料的最大区别在于修复后的骨头和人体骨完全一样，不会在体内留下植入物。而且这种材料使大夫手术操作方便，与其他类型的骨修复材料价格相当。目前该材料已经在北京中医药大学东直门医院等10余所医院进行了应用，有4所医院给出了临床实验报告，患者满意度为100%。

（北京新材料发展中心　艾晓玲）

【中国第一组实用型超导电缆在昆明并网运行成功】 7月10日，由北京云电英纳超导电缆有限公司自主开发的北京市科技计划重大项目——“三相30m35kV/2kA高温超导电缆的研发及产业化示范”中的“三相33.5m35kV/2kA高温超导电缆系统”正式并网仪式在云南昆明普吉变电站举行。这是中国研制的第一组实用型超导电缆系统，它的并网运行成功使中国成为继美国、丹麦后，世界上第三个将高温超导电缆投入电网运行的国家。该超导电缆系统为户外分相交流电力电缆，是应用国产超导线材研制而成的，于2004年4月19日在昆明普吉变电站投入试运行。这组超导电缆导体首次采用了组合式绕制方法，降低了超导线在绕制电缆过程中的机械损伤，大大提高了超导电缆制造的质量；首次在热绝缘超导电缆中应用双层液氮循环冷却结构，提高了电缆冷却效果，使三相电缆的冷却更为均匀，减少了液氮输送管道；电缆终端首次采用通用化、积木式模块化设计，更适用于产业化、系列化生产需要。此次并网运行，表明中国超导电缆技术已趋于成熟，超导电缆在电网干线及输电瓶颈线路的应用将有利于提高电网的安全性和可靠性，从根本上解决“西电东送”等长距离大容量输电问题。

（北京新材料发展中心　艾晓玲）

【国内最大TFT－LCD五代线在京落成】 9月20日，北京市“十五”规划重点项目京东方TFT－LCD（薄膜晶体管液晶显示器件）五代线，在北京亦庄经济技术开发区京东方显示科技园举行搬入仪式，标志着国内最大的TFT－LCD第五代生产线已全面进入了设备安装和调试阶段。该生产线项目总投资12.5亿美元，主厂房建筑面积12.9万平方米，其产品主要用于液晶电脑、液晶电视、数字高清电视、手机等的面板。

（北京新材料发展中心　艾晓玲）

【2004中国国际新材料与加工、应用博览会暨研讨会成功举办】 9月21日，由北京新材料发展中心、上海新材料协会、国家新材料产业发展战略咨询委员会等单位联合主办的“2004中国国际新材料与加工、应用博览会暨研讨会”在京召开。博览会上，中博先材、百慕高科、安泰科技、上海宝钢、华谊集团、北京有色金属研

究总院、中科院半导体所、中科院化学所、北工大、北科大等众多知名新材料企业及科研院所参展。国家“863”超导办、天津科委、内蒙古科技厅、干混砂浆协会、中关村新材料产业联盟等纷纷组团集体亮相。同时,现场还举行了“百慕高科”、“北京技术交易促进中心”、“中博先材”、“863”、“北京科技大学方兴孵化器”等5个专场项目推介会,为优秀科研项目、新产品、投资机构需求等信息的发布提供了一个开放的舞台。研讨会暨中外新材料企业家峰会上,国际知名专家、企业家、相关政府官员,如左铁镛、Dr. Dave Ghosh、Dr. Paul Chung、才让、邵立勤、周宏春等,围绕循环型社会中材料产业的可持续发展、新材料国际标准的建立——企业的全球化进程等问题进行了深入探讨。论坛分为专业论坛和商务论坛两大类:专业论坛分粉末冶金、永磁材料、工程塑料、生物材料、干混砂浆、能源材料等6大系列;商务论坛由国际CTI集团具体承办,邀请了康明斯(CUMMING ENGINE)、台湾金属工业研发中心(Taiwan Metal Industries Research & Development Center)、全球知名汽车零部件供应商Metaldyne等10余家国际知名企业和技术中心的负责人,从材料角度共同探讨了跨国公司供应链的建立与管理,锻、铸件新材料的发展及应用等。

(北京新材料发展中心　艾晓玲)

【国家纳米科技中心北京同步辐射协作实验室成立】　9月29日,“国家纳米科技中心北京同步辐射协作实验室”揭牌仪式在北京正负电子对撞机国家实验室同步辐射装置实验室举行。同步辐射光源广泛用于材料科学、凝聚态物理、化学、生命科学等领域。在纳米科技研究中,它是纳米材料和结构的表征以及纳米结构加工的强有力手段。美国、日本和欧盟等发达国家和地区在纳米科技发展中都把同步辐射装置的利用放在十分重要的位置,相继建立了基于同步辐射光源的纳米科学研究中心。目前北京同步辐射装置已拥有13条光束线和实验站,装备了多种国内外一流的实验设备,能够为用户提供良好的实验条件。其中,X射线衍射(包括高温、高压条件下的衍射)、散射(包括小角散射)、吸收、光电子能谱、微纳米加工等实验和加工技术在纳米科学研究和技术发展中具有十分重要的作用。

(北京新材料发展中心)

【离子交换纤维技术获两项发明专利】　9月,由北京理工大学和桂林正翰科技开发有限责任公司联合攻关的离子交换纤维技术获得突破,得到两项中国发明专利,另外申报的两项发明专利也已被国家知识产权局受理。两个子课题——离子交换纤维制备及在蔗糖糖浆脱色中的应用、20吨/年离子交换纤维生产工艺(中试)技术,均已通过广西科技厅组织的成果鉴定。建成的20吨/年离子交换纤维工业化生产装置,已批量生产出合格产品,使我国成为继俄罗斯、日本之后,掌握了离子交换纤维工业化生产核心技术,实现离子交换纤维产业化的国家。

(北京新材料发展中心)

【红外热波无损检测技术应用研讨会举行】　10月26日,由中关村新材料产业联盟、首都师范大学主办了“红外热波无损检测技术研讨会”。来自北京新材料发展中心、北京航空材料研究院、中国航天工业总公司无损检测工艺技术中心、中科院声学所、中国建筑科学研究院、科工委无损检测人员资格鉴定与认证委员会秘书处、北京长城计量测试技术研究所、北京航空航天大学、北京理工大学、天津大学、北京卫星制造厂、天津众星无损检测技术开发有限公司等单位的代表参加了研讨会。红外热波无损检测技术是一门跨学科、跨应用领域的通用型实用技术。它的研究和应用对提高航空、航天器和多种军、民用工业设备的安全可靠性,新材料尤其是复合材料的研究,石油管道、发电设备的探伤和日常维护,承重机械设备、大型建筑金属结构件的裂纹、焊接状况、锈蚀、疲劳检测等都具有重要意义。该技术的应用研究已列入“863”计划,同时在211工程重点学科建设经费的支持下,由首都师范大学、北京维泰凯信新技术有限公司、北京航空材料研究院在首都师范大学物理系建立了一个红外热波检测联合实验室。目前,该实验室已成功进行了多次实验,包括国家重点项目型号产品的现场检测。会上，特邀请美国TWI公司总裁斯蒂夫博士做了题为“Advanced in Pulsed Thermography for NDT”的演讲。

（北京新材料发展中心）

【安泰科技与12院校研发战略联盟协议签订】 10月28日，安泰科技股份有限公司与国内外新材料领域著名高校及科研院所“研发战略联盟协议”签约仪式举行。来自北京科技大学、东北大学、清华大学材料科学与工程研究院、浙江大学、中科院金属所、天津大学、中南大学、沈阳工业大学、四川大学、西北工业大学、日本IHI、德国Ordersun公司等12家单位的负责人出席了签约仪式。同日，安泰科技博士后科研流动站和北京特种材料技术研究开发中心也在北京中关村永丰新材料产业基地揭牌。安泰科技是以钢铁研究总院为主发起设立的股份有限公司，2000年股票发行上市。其核心业务是超硬及难熔材料产业，金属功能材料产业，生物医用材料产业，精细金属制品产业，工业工程及先进制造技术产业。产品广泛服务于航空航天、信息通讯、电力电子、冶金机械、石油化工、能源交通、生物医药和环境保护等领域。“十五”期间，安泰科技承担国家科技攻关项目、“863”项目、国家自然科学基金项目、北京市科技项目及军工配套项目几十项。目前，安泰科技在中关村永丰新材料产业基地建有3 000平方米的实验室，进口10余套专用于新材料制备和加工的设备，初步建立了配套完善的非晶、纳米晶带材及铁芯、金属粉末注射成型等新材料研发硬件环境。此次安泰科技与12家高校、研究院所缔结战略联盟合作伙伴关系，实际上是科技与资本、科技与产业、科技与市场的有机结合。根据协议，安泰科技将为高校、科研院所提供教学及实习基地，为其研发成果转化提供孵化条件；对于双方感兴趣的研发项目，安泰科技可为签约单位提供一定的研发经费或与其共同进行研究，双方可共享检测、试验装备。同时，签约高校、科研院所作为安泰科技专业人才的输出和培养基地，将为公司在人才的引进、培养方面提供便利。

（北京新材料发展中心）

【中荷电子废物循环利用研讨会召开】 11月16—17日，由飞利浦电子中国集团发起，清华大学、代夫特技术大学主办，巴塞尔公约亚太区域中心（清华大学环境科学与工程系）承办的“中荷电子废物循环利用研讨会”在西郊宾馆会议中心召开。荷兰代夫特技术大学的Jaco Huisman博士、飞利浦电子集团高级顾问Ab Stevels博士以及清华大学的教授等参加。研讨会上，中荷两国专家就电子废物管理和资源化相关的技术政策、法律法规、电子产品绿色设计、清洁生产、电子废物回收体系的建立、电子废物资源化技术的研究进展等进行了研讨，并针对电子废物循环利用系统的建立、技术投资、规模经济和产品设计等提出了建议。

（北京新材料发展中心）

【北京材料分析测试服务联盟成立】 12月16日，在市科委的支持下，由北京新材料发展中心牵头，联合北京科技大学、国家钢铁材料测试中心、国家有色金属及电子材料分析测试中心、国家建筑材料检测中心、北京有色金属与稀土应用研究所、北京市理化分析测试中心、北京化工大学以及北京科大方兴科技孵化器有限责任公司等9家单位共同发起的北京材料分析测试服务联盟在北京有色金属研究总院会议中心召开成立大会。该联盟是北京市首个为了有效整合北京市材料分析测试领域的资源和优势，由政府、科研机构、企业合作，为促进北京新材料行业的发展而组建的。同时，也是市科委首都科技条件平台建设中平台和孵化器有效结合、建设新型专业孵化器的试点工程之一。联盟采用理事会制，理事会办公室设在北京新材料发展中心，管理日常业务。联盟主要着力于以下工作：为北京市材料产业提供更完善的检测检验服务，解决材料企业特别是中小企业分析测试难的问题；整合材料领域检测检验的资源，挖掘各检测检验单位的服务能力，提高现有资源为社会服务的效率，同时为联盟内各检测检验服务提供单位增加收入；汇集材料检测检验领域的信息，为联盟内各检测检验单位提供互相协作和交流的平台；为材料领域新测试方法的研究、比对体系的建立、新材料全面评价体系的建立及其他材料检测检验领域新技术研究开发提供支撑。

(北京新材料发展中心)

【国家稀土永磁电机工程技术研究中心北京中试化产业基地落户首钢】 年内,国家稀土永磁电机工程技术研究中心北京中试化产业基地在首钢电机厂举行了揭牌仪式。稀土永磁电机是新一代高效低耗节能的高新技术产品,是国家“863”计划的重点开发项目。首钢机电有限公司电机厂与沈阳工业大学,在中国工程院院士唐任远教授的指导下,共同研制开发出了TYX300—4 300kW 稀土永磁电机。通过在首钢动力厂、炼铁厂、宣钢炼铁厂等单位工业运行得到的各种数据表明,电机的启动性能、电机效率、功率因数、过载倍数等技术指标,都远远超过同功率的高压异步电机和励磁同步电机,表现出优异的技术性能,节能效果十分明显。技术人员通过对首钢10余个厂矿的调研表明,适合应用高效永磁电机改造的JS、JO、JO_2 等各种规格的电机有300多台套,总功率数约为15万千瓦,如果这些电机用高效稀土永磁电机取代或替换,每年可节电7 000万千瓦·时,仅节约的电能效益就高达2 800万元。国家稀土永磁电机工程技术研究中心北京中试化产业基地在首钢电机厂落户,标志着首钢与沈阳工业大学“校企合作”研发的高效永磁电机产品,已经形成了相当的规模,不同规格的高效永磁电机系列产品将在电气节能领域大显身手。

(北京新材料发展中心)

【纳米晶软磁合金超薄带开发取得成功】 年内,由安泰科技股份有限公司和北京科技大学共同承担的“纳米晶软磁合金超薄带产业化开发”项目,突破了可辊剪的高质量纳米晶软磁合金超薄带和高品质纳米晶卷绕铁芯的连续化制造技术,研制出连续生产纳米晶软磁合金超薄带和铁芯的成套制造装备,稳定地喷出厚度为20—22微米可辊剪的带材,纳米晶带材的表面质量、韧性和致密性明显提高。目前安泰科技已经形成了纳米晶合金超薄带500吨/年、纳米晶卷绕铁芯150吨/年的生产能力,全部达产后带材和铁芯的年产值约9 000万元,利润将超过2 000万元。

(市科委生物医药和新材料处)

【非晶、纳米晶合金丝材研究获得突破】 年内,由安泰科技股份有限公司和北京科技大学共同完成的“非晶、纳米晶合金丝材及应用研究”突破了合金棒材的连铸技术,通过连续化生产,制备出高质量的合金棒材,为圆截面非晶丝的规模生产提供了品质优异的原材料;突破了玻璃包覆非晶丝的中试制备技术,已可以稳定地制备直径在30—100微米可调的玻璃包覆合金丝;采用感应方法、基于LabVIEW虚拟仪器测量基础,通过设计和精密制造,开发出了高精度、快速丝材磁特性测量装置;研制出铁基、钴基和铁钴基三大类非晶、纳米晶丝材,利用纳米晶合金丝的巨磁阻效应,开发出了汽车ABS转速传感器,与国外产品相比具有灵敏度高、抗干扰性能好的特点。

(市科委生物医药和新材料处)

环境保护和新能源技术

【清洁燃料车发展战略研究取得阶段性成果】 3月12日,“北京市清洁燃料车发展战略研讨会”召开。会议就“北京市清洁燃料车发展战略研究”课题的初步成果及未来北京清洁燃料车如何发展等进行了研讨。该课题是由清华大学环境科学与工程研究院、北京市可持续发展科技促进中心共同开展的,内容涉及北京清洁燃料车发展状况、清洁燃料车费用效果分析、发展清洁燃料车的环境影响、北京市清洁燃料车发展规划研究、发展清洁燃料车的相关问题分析及北京发展清洁燃料车的建议等。课题的初步研究成果显示,北京交通环境的NOx和CO浓度超标比较严重,细微颗粒物PM2.5排放不断增加,对城市环境和人体健康的影响增强。课题报告对2008年清洁燃料车高、中、低三种方案的污染排放与费用和本市2020年清洁燃料车发展规划方案及替代燃料车方案减排效果进行了分析。建议:鉴于本市机动车保有量将快速增长，对机动车污染的控制是今后北京市大气污染控制的重点；替代燃料车技术有助于减少机动车尾气中主要污染物的排放，同时可缓解常规能源需求紧张的压力，成为今后控制机动车污染排放的重要措施；替代燃料轻型车中，混合动力轿车的费用效果最好，其次是CNG和LPG轻型车；未来轻型车上应用替代燃料对污染物排放的削减效果不会非常显著，但由于其保有量大，发展替代燃料对调整能源结构和在一定程度上降低污染物排放仍具有十分重要的意义。

（北京市可持续发展科技促进中心）

【举办新世纪北京生态论坛】 4月22日，由北京生态学学会主办的“新世纪北京生态论坛成立暨首届学术讨论会”在北京师范大学举行。报告会围绕建设绿色北京、生态北京展开。学会理事长、中科院院士张新时和他的博士生张峰做了题为“北京的生态圈”报告。市奥组委环境活动部余小萱做了“绿色奥运”的报告。学会理事、中国环科院生态所高吉喜做了“北京市城市未来发展定位研究”的报告。与会专家围绕北京生态环境和生态建设的研究现状、存在的问题，以及解决途径交换了意见，并就近期的主要议题、论坛的组织等事宜进行了热烈的讨论。

（市科协 郭 柯）

【研讨环境安全与经济发展】 5月16日，北京科学学研究会举行“环境安全与经济发展相互协调学术研讨会”。出席会议的学者认为目前我国生态环境安全中的问题主要有几方面：第一是国土安全，包括荒漠化土地面积逐年扩大，人口和耕地面积矛盾尖锐，森林、草原、湿地、海洋等生态系统不同程度退化，生态平衡严重失调等。第二是水安全，包括水少、水脏和浪费并存，超采地下水造成地下水位下降、地面下沉、江河干枯断流、海水倒灌等。第三是环境安全，包括主要污染物排放总量超过环境承载能力，难降解的、有毒有害化学品的污染开始显现等。第四是生物物种安全，动植物种类中已有15%—20%受到威胁。针对上述问题专家们指出，应从发展循环经济等7个方面做好工作。

（市科协 武铁成）

【天普太阳能综合利用示范建筑通过验收】 5月20日，市科委组织召开了天普太阳能综合利用示范楼验收会。新能源综合利用建筑研究示范是市委2001年立项，由北京天普太阳能工业有限公司承担实施的。该示范楼在建筑南墙面和屋顶安装了大量的太阳能集热器和光伏设备，利用热水器生产的热水来驱动低温热水型溴化锂制冷机满足夏季冷负荷，冬季则利用热水器生产的热水进行采暖，其热或冷不足部分由水源热泵机组补充。采暖和空调末端采用了地板和墙面盘管的方式。建筑中厅中还安装了太阳能空气集热管，在夏季加热空气组织自然通风，在冬季为建筑提供热空气。

（市科委社会发展处）

【第二届亚洲制冷空调大会举行】 5月，由中国制冷学会、北京制冷学会主办，国际制冷学会赞助，以“为持续发展做出新贡献的制冷空调”为主题的“第二届亚洲制冷空调大会”在中苑宾馆举行。此次大会旨在为亚洲制冷空调专家、学者和技术人员提供一个学术与信息的平台，促进亚洲地区制冷空调科学和技术的发展。会议就制冷空调业的今天，制冷空调业的挑战，关于加强亚洲各国制冷空调业合作和发展的设想，制冷空调业的节能与环保，新产品设计研究，新系统和装置，新工艺、新实验和检测方法等进行了研讨。大会共收到来自中国、美国、加拿大、澳大利亚、韩国、日本、泰国、新加坡以及中国港澳台地区的论文89篇。会议出版了论文集。来自国内外的262名代表参加了会议。

（市科协 刘晓勘）

【第六届国际传热会议召开】 6月15—19日，由市科协和清华大学主办的“第六届国际传热会议（ISHT6）”在西郊宾馆召开。来自26个国家和地区的132位代表参加了本次会议。国际著名学者S. V. Garimella（美国），H. S. Wang（英国），C. Y. Soong（中国台湾），X. D. Chen（新西兰），D. M. Christopher（美国），I. G. Shekriladze（格鲁吉亚）做大会主题报告。与会专家围绕微尺度传热、纳米技术、多孔介质传热、相变换热、多相流与换热、实验技术以及工业应用等主题进行了讨论和交流。会议展示了微细尺度流动、微电子冷却、相变换热、生物传热等研究领域的世界最新进展。会议介绍了基础理论的研究进展,同时揭示了实验技术、数值计算方法的进步。专家们对传热领域的前沿问题、热点问题交换了看法和认识,对传热界的发展方向取得了共识。会议将新的换热理念、高效换热技术介绍到中国,这些技术的应用将在节能、环保等方面发挥重要作用。

(市科协　彭晓峰)

【防止农产品污染源头的关键技术研讨会举办】 10月9日,北京土壤学会、蔬菜学会和北京市农科院联合召开了"防止农产品污染源头的关键技术研讨会"。10位专家就我国面临污染的性质及对策、北京蔬菜重金属污染研究、以质量控制系统为主要手段的农产品安全体系、食品环境中有害物质的快速检测、北京农膜污染状况及防治措施,以及国外的环境污染状况等问题做了报告。专家们回答了与会者提出的有关问题。

(市科协　李小平)

【北京公共建筑空调节能专题论坛会召开】 11月26日,由北京市发展和改革委员会主办,市科协、北京节能环保服务中心、北京制冷学会承办的"北京公共建筑空调节能专题论坛会"在北京科技活动中心召开。市发改委委员陈怀伟,市科协副主席贺慧玲出席。各区县发改委负责人、北京制冷学会专家、首都大型公共建筑用户代表及媒体记者180余人参加会议。会上,市发改委煤电处、环资处负责人分别就北京市电力供应状况、北京市节能工作的总体部署及相关政策做了专题发言。中国工程院院士江亿在大会上做了北京市公共建筑空调能耗状况与节能潜力分析的专题报告。报告指出,北京市公共建筑普遍存在较大的节能空间,其中空调系统的节能是建筑节能重要的组成部分,目前北京大型公共建筑的空调系统存在较大弊端,经过相应的技术改造和升级就能在节能上收到事半功倍的效果,可以在一定程度上缓解首都电力紧张的状况。

(市科协　侯新毅)

【首届京台环境保护科技交流会召开】 12月17日,由市科委和中关村科技园区管委会联合主办,北京市可持续发展科技促进中心、北京中关村国际环保产业促进中心和北京市恒竟庭科技发展有限公司承办的"首届京台环境保护科技交流会"在友谊宾馆举办。市科委、市奥组委、市发改委、市环保局等相关单位介绍了北京市环保科技工作、奥运场馆建设的环保指南等;北京市可持续发展科技促进中心、中关村环保产业促进中心、实创科技园介绍了北京市在环保治理、环保产业促进、环保科技园开发等方面的相关情况;来自台湾的专家学者和企业代表介绍了台湾可持续发展、大气污染治理及环保产业促进的相关情况及经验。与会人员进行了热烈的学术交流。本次会议为京台两地专家学者以及企业界人士提供了一个进行环境保护互相交流的平台。

(北京市可持续发展科技促进中心)

【生物质能开发利用示范工程初见成效】 年内,怀柔县科委组织实施的北京市可持续发展项目生物质能开发利用示范工程已见成效。该工程在充分利用怀柔区的生物质能资源(包括植被资源、禽畜粪便、生活垃圾、城镇污水等)的基础上对生物质固化成型原料、技术以及对适宜不同燃烧设备的不同成型燃料进行了研究,通过不同炉具的试验与改造,逐步建立了生物质固化成型燃料生产线,并在3个村进行生物质固化成型燃料使用实验。

(怀柔区科委)

中关村科技园区

ZHONGGUANCUN SCIENCE PARKS

园区建设

Science parks construction

产业基地

Industrial bases

投资与融资

Investment and financing

归国创业

Returned to the motherland to do pioneering work

园区建设

【召开中关村科技园区2004年工作会议】 1月7日 中关村科技园区召开2004年工作会议。会议总结了2003年园区的工作,交流了园区工作经验,部署了2004年重点工作。副市长范伯元到会并讲话。建设中关村科技园区领导小组成员单位代表、企业家咨询委员会委员、各园管委会、大学科技园、园区中介机构、各协会以及高新技术企业代表等200余人出席了会议。

(中关村管委会)

【全国政协副主席罗豪才一行到园区视察】 1月15日,全国政协副主席、致公党中央主席罗豪才,全国政协港澳台侨委员会主任郭东坡等到中关村科技园区视察中关村留学人员创业工作。罗豪才一行来到中关村国际孵化园,视察了北京瑞雪环球科技有限公司和北京华维讯电信技术有限公司两家留学人员创办的高科技企业。

(中关村管委会)

【副市长范伯元到园区企业视察】 2月10日,副市长范伯元到中关村科技园区企业视察,参观了北京旋极科技公司的软件测试系统及PDA系统、北京飞驰绿能公司的燃料电池中试基地和北京诺维信公司展品,并分别听取了这三家企业负责人的介绍。中关村管委会常务副主任戴卫陪同视察。

(中关村管委会)

【中关村指数发布】 2月,中关村科技园区管委会发布中关村指数。编制中关村指数,主要目的是综合描述北京市高新技术产业发展状况,总体评价北京市高新技术产业发展水平。中关村指数是从众多的统计指标中选择出具有内在联系的,有代表性、可比性、可操作性的指标群,依据一定的评价方法,计算出的一种综合指数。本次发布的中关村指数,其计算范围包括中关村科技园区海淀园、丰台园、昌平园、电子城科技园、亦庄科技园、德胜科技园(健翔园暂无数据)内全部高新技术企业,其企业数量占全市高新技术企业的90%以上。拟在条件成熟后将园区外企业纳入计算范围。中关村指数由五个分类指数构成,即经济增长指数、经济效益指数、技术创新指数、人力资本指数和企业发展指数。各分类指数均由3个指标构成,共计15个指标。

(中关村管委会)

【建设中关村科技园区领导小组办公室召开规划建设专题会】 3月24日,副市长范伯元主持召开建设中关村科技园区领导小组办公室规划建设专题会。会议通报了近期北京市按照国务院的部署对本市各类开发区清理整顿的工作情况和市政府对中关村科技园区规划用地范围进行的调整,决定核减园区规划用地范围约112平方千米。会议要求园区各园管委会和相关单位要切实做好园区规划用地范围调整工作,加快科技园区建设,实现既定发展目标。中关村管委会常务副主任戴卫参加了会议。

(中关村管委会)

【美国AMD公司入住中关村】 5月19日,美国AMD(中国)有限公司成立暨进驻园区信息发布会举行。AMD(中国)有限公司为AMD在华设立的外商独资投资性公司,负责统一管理AMD在华的所有投资项目。副市长范伯元出席并表示AMD在半导体芯片设计与制造方面的优势和资源,将为推动中关村的技术创新和产业链的纵深发展起到积极的作用,欢迎像AMD这样位列"财富500强"的高科技公司入驻园区。中关村管委会常务副主任戴卫参加了发布会。

(中关村管委会)

【市委书记刘淇到中关村科技园区调研】 6月5日,市委书记刘淇到中关村科技园区调研。在调研中,刘淇强调,要按照中央领导同志指示精神,坚持科学发展观,大力发展高新技术产业,打造中关村高新技术产业链,提高首都经济发展的质量和效益,抓住举办奥运会的机遇,打出"中关村"品牌,实现中关村科技园区新的飞跃。

(中关村管委会)

【市委书记刘淇到中关村海淀科技园考察】 7月3日,市委书记刘淇到海淀区和中关村科技园区海淀园考察。刘淇先后考察了中关村街道科汇社区活动中心、中关村西区、圆清路、西北旺地区、中关村软件园港湾网络有限公司和北京中科大洋科技发展股份有限公司。刘淇强调,要进一步树立和落实科学发展观,坚持以人为本,不断创新,切实加强基层党的建设,努力把中关村科技园区建设好。市委副书记杜德印,市委常委孙政才,副市长范伯元,中关村管委会常务副主任戴卫等陪同考察。

(中关村管委会)

【启动AVS产业化工程】 7月28日,海淀园管委会召开《海淀园AVS产业化示范项目申报指南》发布会,正式启动"海淀园AVS产业化工程"。该工程是海淀园以技术创新为核心,推动产业升级,进军尖端技术领域,走向国际化的一项重要举措,与中科院计算所、国家数字音视频编解码技术标准工作组共同实施。该工程强调"以标准为核心",实施"标准化战略"。为增强企业核心竞争力,管委会将通过实施"绿色行动"等举措,鼓励园区企业积极参与标准的起草制订工作。《海淀园AVS产业化示范项目申报指南》从AVS产业链条中选取了13个攻关项目予以发布,项目完成后不但可以增强项目承担企业的技术积累,同时在园区内将形成基于AVS标准、在数字音视频领域具备核心竞争力的企业群。

(高新技术企业协会)

【市长王岐山到中关村科技园区调研】 7月30日,市长王岐山到中关村科技园区调研,了解园区高新技术产业的发展和知识产权保护、产权交易等情况。王岐山参加了主题为"银企合作,共同发展"的中关村科技园区第十一次银科企活动;视察了中关村国家知识产权制度示范园区等。王岐山强调,各方面要贯彻落实市委九届七次全会精神,牢固树立科学发展观,中关村科技园区要加快改革,与时俱进,大胆创新,发挥综合改革试验区的作用,担负起组织、制度创新的重任,以优质的发展环境迎接世界上知名的跨国公司纷至沓来。副市长范伯元、市政府秘书长刘晓晨、中关村管委会常务副主任戴卫等陪同调研。

(中关村管委会)

【市人大常委会副主任林文漪到中关村科技园区检查工作】 8月6—10日,市人大常委会副主任林文漪、田麦久率市人大常委会委员、市人大代表到中关村科技园区就《中关村科技园区条例》的贯彻执行情况及园区"五年上台阶"工作的进展情况进行检查。副市长兼中关村管委会主任范伯元、中关村管委会常务副主任戴卫、副主任郭洪陪同检查。

(中关村管委会)

【中关村AVS数字音视频标准研发基地揭牌】 8月,"中关村AVS数字音视频标准研发基地揭牌仪式"举行。AVS标准是《信息技术先进音视频编码》系列标准的简称,包括系统、视频、音频等三个主要标准和一致性测试等支撑标准。AVS视频编码效率比第一代标准高2—3倍,而且技术方案简洁,是基于我国创新技术和公开技术制定的开放标准,为中国日渐强大的音视频产业提供了完整的信源编码技术方案。作为基础性标准,AVS将在我国数字电视、高清晰度视盘、流媒体和多媒体通信这个即将来临的产业大潮中,形成在全球具有重要影响的音视频产业群和企业群。研发基地以AVS工作组为依托,将在有关部门支持下,面向直播卫星、数字电视、移动视频等重大科技产业群,联合数字音视频领域的企业和研究开发力量,攻克数字音视频编码的核心算法和技术,建设成为国内外有影响的先进数字音视频技术研究开发基地。

(海淀园管委会)

【企业家咨询委员会全体会议暨第二次园区发展问题座谈会召开】 9月1日,"中关村科技园区企业家咨询委员会全体会议暨第二次园区发展问题座谈会"召开,副市长范伯元,中关村管委会常务副主任戴卫,副主任任冉齐、夏颖奇等出席。与会委员就中关村发展过程中存在的问题、企业希望政府给予的扶持政策等发表了意见。范伯元指出,目前中关村发展首先要解决三个问题:一是风险投资问题,二是院所产权进一步明晰问题,三是服务体系建设问题。他希望各位委员提出妥善的建议,共同努力创造一个有利于中关村科技园区快速发展的良好环境。

（中关村管委会）

【市人大常委会主任于均波到园区视察】 9月3日，市人大常委会主任于均波、副主任林文漪率人大常委会委员、人大代表到园区视察工作。副市长兼中关村管委会主任范伯元随同视察。中关村管委会常务副主任戴卫向市领导汇报了园区贯彻执行《中关村科技园区条例》和实施“五年上台阶”行动纲要的工作情况。市领导一行还分别视察了中关村生命科学园、博奥生物芯片国家工程研究中心、永丰产业基地、中关村软件园、港湾网络公司。

（中关村管委会）

【举办第七届中关村电脑节】 9月8—12日，由建设中关村科技园区领导小组主办，海淀区政府、中关村管委会承办的“第七届中关村电脑节”开幕。此届电脑节以“创新推动发展，科技缔造财富”为主题，开展了中关村发展论坛、展览交易会、招商引资、科技交流等一系列活动，覆盖了海淀全境。此届电脑节共有52个项目签约，其中高新技术产业项目占76%，签约金额169亿元，涉及电子信息、节能环保、生物医药、新材料、人工智能、核技术等领域。本届电脑节有115家高新企业、10余万人参加了各项活动，其中参加论坛的专家学者、政府官员、企业界代表等超过2 000人，呈现出层次高、创意新、参与广、成果丰、影响大的特点。

（海淀园管委会）

【市委书记刘淇视察中关村生命科学园】 9月24日，市委书记刘淇，市委常委、秘书长孙政才，副市长范伯元一行视察中关村生命科学园中的达博奥生物芯片国家工程研究中心、诺和诺德（中国）制药有限公司及北京生命科学研究所，察看知名高科技企业的研发情况。刘淇指出，中关村的高新技术企业要成为科技研发的主体，增强自主知识产权的开发能力，提高科技创新水平，不断提升科技园区企业的核心竞争力，并勉励他们说，要瞄准国际一流的目标，创新管理体制和运行机制，提高科技创新水平，增强生命科学园的国际竞争能力。

（中关村管委会）

【国家技术转移中心成立】 10月21日，北京国家技术转移中心签约暨揭牌仪式举行。中科院副院长施尔畏、副市长范伯元等出席并讲话。中科院高技术产业发展局局长赵勤、中关村管委会常务副主任戴卫代表双方签订共建协议。该中心是中科院高技术产业发展局与中关村管委会为充分利用和开发中科院高新技术成果的资源优势，推动转化一批高新技术创新项目及成果而共同组建的。副市长范伯元在揭牌仪式上说，北京市将通过这一举措促进科技与经济更好地融合。中科院副院长施尔畏表示，此次中科院邀请中关村园区共建技术转移中心，目的是加速科技成果转化力度，提升企业核心竞争力，促进中科院各研究所与北京市地方经济的融合。中心的主要任务是以组织实施技术转移重大项目为重点，发挥中关村企业的优势，选择条件较成熟的单位实施院市共建研发中心、孵化器、留学人员创业园、科技条件平台等，逐步建立以转移中心为轴心的中介服务体系，定期或不定期地组织科技成果交流会、交流活动等。

（中关村管委会）

【国务院总理温家宝视察中国科学院】 11月1日，在中国科学院成立55周年之际，中共中央政治局常委、国务院总理温家宝视察了物理研究所、计算技术研究所，参观了超导国家重点实验室、表面物理国家重点实验室和高新技术产业化成果展示室，观看了曙光超级服务器、“龙芯”和“凤芯”芯片、网络信息安全演示。他还专程看望了著名科学家吴文俊、刘东生和李国杰，向他们和中科院几代科技人员致以崇高的敬意。他指出：核心技术是我们科技竞争的生命线，我们必须拥有自主知识产权的高科技产品。

（中关村管委会）

【启动“专利引擎”计划】 11月11日，中关村管委会、市知识产权局、中关村知识产权促进局联合发布了《关于实施中关村科技园区企业“专利引擎”计划的通知》，标志中关村科技园区“专利引擎”计划正式启动。该计划主要包括开展企业专利试点工作、资助园区企业申请国外专利、支持重点企业知识产权建设等三方面。通过实施“专利引擎”计划，政府将对企业的专利工作在政策、经费、专利申请服务、人才培育、组织建设等方面予以指导、支持和帮助，强化企业专利保护意识，提高企业专利创造、利用和保护能力，培育园区拥有自主知识产权的高科技产业集群，提升园区高科技产业核心竞争力。

（中关村管委会）

【“数字电子城网络化制造平台”投入使用】 11月19日，市科委、中关村管委会、北京市工业促进局共同主办了“数字电子城网络化制造平台汇报发布会”，宣告“数字电子城网络化制造平台”正式投入使用。该工程是中关村科技园区的重点工程，也是“五年上台阶”的重点项目。该项目在已开通电子政务的基础上，顺利地完成了网络环境基础设施建设、硬件设备安装、软件设计、功能调试与企业应用试点工作，建成了可提供ERP、电子采购、协同设计与制造、CAD软件许可共享、CAE专业服务、视频会议、数据异地冗灾备份、电子元器件库和机械资源库等应用服务功能的网络化制造平台。科技部、北京市的领导及与会企业对电子城科技园在北京率先实现的具有广泛社会化服务功能的网络化制造平台给予高度评价，希望加大应用推广力度，不断完善系统功能，为优化园区环境提高企业核心竞争力做出新贡献。

（电子城科技园）

【“非典”疫苗Ⅰ期临床试验完成】 12月4日，由北京科兴生物制品有限公司牵头研制的“非典”病毒灭活疫苗Ⅰ期临床试验全部完成。临床观察和实验室检测显示：受试者产生了明显抗体，且所有受试者都未出现异常反应，疫苗的安全性得到证实，成为世界上首例通过临床试验的“非典”疫苗。

（中关村管委会）

【联想以12.5亿美元收购IBM全球PC业务】 12月8日，联想集团在北京正式宣布，以总价12.5亿美元收购IBM的全球PC业务，其中包括台式机业务和笔记本业务。同时联想集团宣布了高层的变更调整。杨元庆担任公司董事长，IBM高级副总裁史蒂芬·沃德出任联想集团新CEO，柳传志不再任董事长职务。新的联想集团在今后五年内有权根据有关协议使用IBM的品牌，并完全获得商标及相关技术，这就使得联想的产品在全球PC市场上具有了最广泛的品牌认知。至此，联想集团将成为年收入超过百亿美元的世界第三大PC厂商。联想的此次收购是中关村高科技企业国际化的一个重要标志。

（中关村管委会）

【国家主席胡锦涛看望著名科学家】 12月24日，中共中央总书记、国家主席、中央军委主席胡锦涛分别看望了著名核物理学家朱光亚和著名数学家杨乐，听取他们对我国科技事业发展的意见和建议，向他们和全国广大科技工作者表示亲切问候和新年祝福。胡锦涛强调，要实现全面建设小康社会的宏伟目标，必须牢固树立和全面落实科学发展观，切实抓好发展这个执政兴国的第一要务，大力实施科教兴国战略，增强自主创新能力，进一步发挥科学技术第一生产力的重要作用。

（中关村管委会）

【自主知识产权产业联盟成立】 12月24日，中关村科技园区海淀园自主知识产权软件产业联盟成立暨海淀园示范项目启动仪式在中关村创业大厦举行。产业联盟由北京中科红旗软件技术有限公司、北京人大金仓信息技术有限公司、达梦数据库有限公司、北京神舟航天软件技术有限公司、北京红旗中文贰仟软件技术有限公司、北京金山软件有限公司、东方通科技、北京中海纪元数字技术发展有限公司等8家海淀园入园企业发起。该联盟的核心任务是通过成员之间的广泛合作和资源共享，形成合力，提升这个集体的整体技术水平，在海淀园范围内形成具有自主知识产权的软件产业链，在推动软件产业整体前进的同时推动各企业的自身发展，使海淀园的软件产业再上一个层次，创出国内一流水平。成立大会上，海淀园管委会与产业联盟签署了电子政务示范项目合作协议书。根据协议，海淀园管委会将在园区范围内的电子政务系统当中全部采用该产业联盟内企业研发的,从数据库、操作系统、中间件,一直到桌面办公系统在内的具有国有自主知识产权的软件,通过政府部门的先行使用和示范,从而达到面向社会推广、得到市场认可的最终目的。

(海淀园管委会)

【2004年中关村十大新闻发布会召开】 12月27日,中关村科技园区管理委员会、光明日报社、科技日报社、北京日报社主办,经济日报社、中国国际广播电台、新华社北京分社、中国新闻北京分社、北京晚报社、北京电视台、北京青年报社、新浪网站协办,在翠宫饭店召开了"2004年中关村十大新闻发布会"。当选"2004年中关村十大新闻"的是:党和国家领导人到中关村看望著名科学家;"星光"中国芯占据世界图像输入芯片市场半壁江山;中关村企业研制的非典疫苗一期临床试验完成;中国超级计算机进入世界前十名;世界上首台互联网IPv6无线路电器在中关村诞生;我国第一组实用型超导电缆在滇并网运行;中科院与中关村共建国家技术转移中心;中关村电子城走出老工业基地改造创新之路;联想收购IBM全球台式电脑和笔记本业务;中关村海归创业企业保持全国领先。

(中关村管委会)

【"星光"芯片全球销售2000余万枚】 至年底,中星微电子有限公司自主开发的"星光"系列数字多媒体芯片,以其优越的性能价格比被国内外市场广泛接纳,已累计全球销售2 000多万枚,占领了同类产品世界市场份额的60%,成为第一颗大规模打入国际市场的"中国芯"。由留美博士邓中翰领军创办的中星微电子有限公司经过5年的研发和积极的市场开拓,终于使"星光"芯片走出实验室,实现产业化。目前拥有200多项国内外专利的"星光"芯片,已经远销欧、美、日、韩等16个国家和台湾地区,被三星、飞利浦、惠普、罗技、富士通、联想、波导等国内外知名企业大批量采用。这标志着中国电子信息产业开始从"中国制造"向"中国创造"迈进。

(中关村管委会)

【高新技术企业发展呈良好态势】 年内,中关村科技园区高新技术企业总数近1.4万家;技术交易额达175亿元;实现销售收入3 692亿元,是1988年的26.3倍,1999年的3.5倍,约占全国高新区总量的1/7;生产总值760.9亿元,相当于2004年北京地区生产总值的17.8%,比1998年增加了10个百分点;企业上缴税金141.8亿元,是1988年的278倍,1999年的3.5倍。

(中关村管委会)

【企业开始成为技术创新的主体】 至年底,中关村科技园区承接的国家"863"项目占全国的25%,"973"项目占全国的36%。其中"863"项目有246项由企业承担,涌现出"中国芯"组群、11万亿次高性能计算机、"非典"灭活疫苗、高温超导线材等一批具有自主知识产权的成果,企业已开始成为技术创新的主体。

(中关村管委会)

【曙光4000A超级计算机进入世界前十名】 年内,由中科院计算所、曙光公司、上海超级计算中心三方共同研制的每秒峰值运算速度11万亿次的曙光4000A超级计算机通过鉴定验收,从而标志着我国超级计算机在技术和应用上实现了大跨越。这台超级计算机也因此成为国内计算能力最强的商品化超级计算机,中国成为世界上继美、日之后第三个跨越10万亿次计算机研发和应用的国家。在2004年公布的全球高性能计算机排行榜中,曙光4 000A位列全球第十。

(中关村管委会)

【首台互联网IPv6无线路由器诞生】 年内,由北京交通大学IP网络实验室、北京佳讯飞鸿公司联合开发的我国首台拥有自主知识产权、技术性能达到世界先进水平的高性能国产 BJTU IPv6 无线/移动路由器通过了教育部组织的鉴定。专家认为：BJTU IPv6 无线/移动路由器紧跟国际发展动态，在无线/移动 IP 网络技术的核心领域，攻克了关键的新一代网络的路由技术和安全技术。

（中关村管委会）

【加大知识产权保护力度】 年内，中关村科技园区各种知识产权登记量已达2万件。其中作品自愿登记量达到10 288件，与上年同期相比翻了5番，跃居全国作品自愿登记第一；计算机软件著作权登记量比上年增加了200%。中关村电子产品贸易商会积极推动知识产权示范店的建设工作，海龙大厦已经开始进行知识产权示范市场建设的前期工作。与此同时，中关村科技园区版权保护中心在园区实行“一站式”办公，使申请人“足不出楼”便可完成各类版权登记、双软认证。

（中关村管委会）

【技术合同成交额达175.24亿元】 年内，中关村科技园区共成交技术合同15 434项，比上年增长31.41%；成交额175.24亿元，增长39.90%，占技术合同成交总额的41.23%。其中，海淀园输出技术13 091项，占园区输出技术合同成交项数的84.81%；成交额139.49亿元，占园区技术合同成交额的79.59%。

（北京技术市场管理办公室统计信息部）

【企业参与标准制定】 年内，中关村园区内高新技术企业直接参与各种标准的制定工作，其中国际标准8项、国家标准98项、行业标准114项、地方标准9项。北京天元网络公司的《以太无源光网络管理接口需求与分析》和《包交换与电路交换混合网络综合管理框架》两项标准被国际电信联盟正式确定为国际标准，奠定了我国在下一代网的网络管理研究、实现和标准化方面的战略优势地位。国保金泰信息安全公司制定的《涉及国家秘密的计算机信息系统安全隔离与信息交换产品技术要求》，成为国家保密标准。方惠科防伪技术有限公司是《防伪技术产品通用技术条件》和《数字信息防伪核验系统》两个国家标准的核心起草单位，拥有数码登记、认证标识的编码方法等多项专利技术，是国内第一家通过国家级技术评审和认证认可的防伪企业。

（中关村管委会）

【开展标准化研究课题】 年内，中关村管委会与市科委、市质量技术监督局、长城企业战略研究所合作，共同完成了《中关村科技园区企业技术标准调研报告》。课题以园区内典型企业为对象，兼顾行业和经济类型的构成，选取具有典型性和说服力的企业标准化工作案例进行调研、分析，基本了解了园区内企业标准化工作的现状、发展潜力、存在问题等。课题调查表明，园区大部分企业的生产已经涉及技术标准，企业的研发过程，专利利用过程都与技术标准相关，有70%的企业是近五年开始采用国际标准，而30%的企业在五年前就已经采用国际标准，主要分布在电子信息行业、先进制造行业、生物医药行业、新材料行业。

（中关村管委会）

【信用体系建设健康有序发展】 年内，“北京中关村企业信用促进会”（以下简称信用促进会）发布了园区信用体系建设5年行动纲要，用以指导和推动园区信用体系建设工作。园区先后组织开展了7次大型信用宣讲活动，开通了园区信用网站，推广“信用中关村”品牌。截至2004年底，累计信用评级报告414份，信用促进会会员达到300家。信用促进会对会员企业实行信用年检，建立企业信用星级评定制度，将经过信用报告评级并达到ZC3以上等级的企业名单作为良好信息登陆在北京市企业信用信息系统，并以“瞪羚计划”、中介服务资金等各项公共财政政策措施为手段，金融、担保和投资机构的客户服务重点也逐步向这些企业倾斜，引导企业使用信用服务，扩大信用报告的影响力，促进信用与融资有机结合。园区还注重加强对企业的信用监督与管理，奖优罚劣，保证信用体系建设工作健康有序进行。

（中关村管委会）

【电子城保持良好发展态势】 年内，电子城科技园区完成增加值66.7亿元，同比增长

18.1%；总收入334亿元，同比增长20%；产品销售收入265.0亿元，同比增长11.3%；出口创汇8.0亿美元，同比增长43.4%；上缴税费15.2亿元，同比增长27.7%。园内的高新技术企业已达693家（中小企业特别是民营科企，占企业总数的72.44%），其中电子信息类509家，先进制造42家，新材料及应用32家，生物工程和新医药31家，传统产业改造33家，环境保护19家，新能源与高效节能19家，现代农业7家，航空航天技术1家。年收入过亿元的43家；注册资本1 000万元（含）以上的191家，其中，内资企业135家，三资企业56家；注册资本过亿元的36家，其中内资企业25家，三资企业11家。新入驻的高新技术企业211家，注册资金总额26.02亿元，同比增长142.05%。其中内资企业178家，注册资金额17.07亿元，同比增长182.62%；三资企业33家，其中合资企业8家，独资企业25家，注册资金额10 780.7万美元，同比增长89.8%。在电子城技术合同登记处共登记合同314份，比去年同比增长269.41%；合同成交总金额3.66亿元，同比增长44.12%。

（电子城科技园）

【电子城自主创新能力增强】 年内，电子城科技园已成为首都电子信息业中“自主研发、技术引进、成果产业化”最活跃的地区之一，拥有众多有自主知识产权的产品和技术，如：京东方的TFT－LCD液晶显示屏技术；德信无线前沿手机系统设计技术；普天首信基于ASIC的千兆防火墙技术、世界第一款的维文手机、CDMA机站等；兆维自服系统与产品；数广电股份HDTV发射机；七星华电微电子生产设备与锂电池生产设备、专业传声器、厚膜电路等；华大集成电路设计中心熊猫IC设计软件平台、第二代身份证芯片；万东医疗器械；兴大豪纺织机械电脑控制系统；握奇智能卡技术与产品；海域天华微波通信系统技术与产品；东方天艺数码影业三维数字电影；北京瑞利分析仪器与北京吉天仪器原子吸收、原字荧光系列产品；北京世纪互联基于SIP的互联网多媒体应用系统；宏达北斗卫星定位系统等等。这些市场前景较好的技术与产品的进一步发展，将有效提升中关村、首都乃至国家电子信息产业的核心竞争力。

（电子城科技园）

【电子跨国公司加速向电子城集聚】 年内，以摩托罗拉、爱立信、北电网络、西门子、安捷伦、LG、朗讯、索爱、ABB、三星等为代表的跨国公司及大批国内知名电子企业的研发中心或总部相继入驻电子城科技园，大部分属电子信息业，这将在该地区形成强大的专业集聚效应，推动电子城由“电子工业基地”向以现代电子信息业为主导产业的“科工贸一体化综合基地”方向升级发展。

（电子城科技园）

【海淀园快速发展】 年内，海淀园实现增加值508.10亿元，同比增长21.4%；实现总收入2 088.34亿元，同比增长22.4%；实现工业总产值836.74亿元，同比增长14.2%；出口创汇总额14.15亿美元，同比增长43.4%。全年海淀园的经济增长实现了两个突破，即园区增加值突破500亿元，总收入突破2 000亿元，增速分别达到20%和21%。认定新技术企业3 227家，同比增长6.9%，其中内资企业2947家，同比增长6.85%，资金总额172.85亿元，比去年同期增长8.5%。内资企业中，注册资金上亿元的25家，比同期增加4家；注册资金1 000万元以上的322家，比去年同期增加129家。新批外商投资企业356家（经认定高新技术企业280家），同比增长21%，另有154家实现增资。新增投资总额12.4亿美元，注册资本8.8亿美元，合同利用外资额6.9亿美元，与去年同期相比，分别增长了62.6%、53.0%、62.5%。实际利用外资额2.72亿美元。技术合同成交额继续增长，累计登记合同份数13 430份，成交总金额146亿元，与上年同期相比分别增长20.2%和38.6%。其中技术交易额118亿元，同比增长43.99%。

（海淀园管委会）

【企业向国际化进发】 年内，海淀园企业国际化趋势日益显现。联想收购IBM全球PC业务，一举成为世界第三大PC生产厂商，揭开了中关村高新技术企业全面进军国际市场的序幕;用友公司整体通过 CMM5 认证并积极实施以“国际化”为重点的企业“第三次创业”;中关村软件园、北航科技园被授予国家级“软件产业出口基地”,其中中关村软件园成为北京市唯一一家被国家有关部委评为软件出口和产业化“双基地”称号单位,软件外包聚集地的品牌和聚集效应逐渐形成。

(海淀园管委会)

【总部经济形态初见端倪】 年内,英特尔、法国电信、日本理光、AMD 等一批世界 500 强和跨国公司落户海淀园,美国的德州仪器、高通、NEC、Motorola 等数十家世界顶尖级 IC 设计公司汇聚园区,产业价值链条不断向高端转移,成为园区吸引外资的新亮点;在园留学生企业达 2 000 余家,吸引留学生 5 000 余人,涌现出土人景观、奥瑞金、启明星辰等一批留学生明星企业;以上下游产业链为联系的网络计算机和手机产业联盟继续发挥作用,新组建了闪联、自主知识产权软件、移动多媒体技术、数字音视频等产业联盟,进一步推动了产业集聚。同时,Intel、AMD、日本理光、法国电信、新浪、搜狐等一批国内外知名企业也纷纷投资设立研发机构,以研发为龙头的总部经济形态在园区出现端倪。

(海淀园管委会)

【昌平园完成生产总值 53 亿元】 年内,昌平园高新技术企业完成生产总值 53 亿元,比上年增长 30%;完成技工贸总收入 290 亿元,比上年增长 56%;完成工业产值 190 亿元,比上年增长 40%;出口创汇 1.7 亿美元,比上年增长 72%;实现利润总额 19.5 亿元,比上年增长 37%;上缴税费总额 10.6 亿元,比上年增长 20%。新批入区企业 285 家,其中股份制企业 260 家,外商投资企业 22 家,国有企业 2 家,私营企业 1 家。新增注册资金 17 亿元,注册资金在亿元以上的企业 3 家,5 000 万元至 1 亿元的企业 3 家,1 000 万元至 5 000 万元的企业 33 家。

(昌平园管委会)

【前景看好的项目进入生命科学园】 年内,一批前景看好的项目进入生命科学园。由清华大学企业集团、北京医药集团有限公司等投资兴建的北京博奥生物芯片有限责任公司,以生产生物芯片及应用性基因芯片为主,注册资金 37 650 万元;由江西江中制药(集团)有限公司等投资的北京正旦国际科技有限责任公司,以蛋白质组基础研究、应用研究、中试生产为一体,项目总投资将达到 2.9 亿元;由中国电子产业工程公司、公安部第一研究所 、中国华大集成电路设计中心、西南计算机有限责任公司共同投资的中电智能卡有限责任公司注册资金 3 675万元,投资总额 16 223 万元,已自主开发了接触式 IC 模块、接触式 IC 卡和非接触式 IC 模块三种产品,被公安部指定为身份证 IC 卡非接触模块的加工企业,并已形成年产 1 亿张卡和 1 亿块模块的大批量生产能力;三九医药股份有限公司和北京三九药业有限公司出资成立的北京三九医药科技有限公司,研究开发的新型抗抑郁中药解郁胶囊不仅可满足国内患者的需要,而且可凭借其多种优势走向国际市场。

(昌平园管委会)

【丰台园实现技工贸总收入 450 亿元】 年内,丰台园实现技工贸总收入 450 亿元,同比增长 50%;增加值 62 亿元,同比增长 63%;上缴税费 12.06 亿元,同比增长 31.2%;留区税费 2.4 亿元,同比增长 32.5%,占区财政收入的 16%。其中:技工贸收入 500 万元以上企业 442 家,千万元企业 240 家,亿元企业 60 家,10 亿元企业 12 家。全年入驻企业 365 家,平均每天一家企业入园。注册资金总额 30 亿元,其中亿元企业 6 家,5 000 万元企业 5 家,1 000 万元企业 31 家。伴随着总部基地的建设和发展,招商范围已辐射到环渤海地区,河北晶牛集团、山西美锦能源集团等一批国有大型企业和优秀民营企业纷纷入驻。

(丰台园管委会)

【健翔科技园稳步发展】 年内,健翔科技园完成了《中关村健翔科技园资源调查报告》,为制定健翔园园区整体发展规划提供了基础数据支持;经朝阳区编制委员会审议通过了《关于中关村健翔园管委会办公室的机构设置和人员编制的请示》,实现了组织领导、办事机构、办公地点、工作人员和启动经费的“五落实”；正式成立了北京市朝阳区中关村科技园区健翔园建设管理委员会，下设办公室，为日常办事机构。现健翔园拥有中科院下属科研院所12家，中科院院士64人、工程院院士6人。为充分发挥院士高智商、高权威、高效率的优势，为园区和企业发展出谋划策，同时在院士与企业之间架起沟通的桥梁，为院士提供科研成果产业化的平台，园区于7月初步启动了“院士工作站”。

（健翔园管委会）

【亦庄科技园经济快速、协调发展】 1—11月，亦庄科技园区入区企业投资总额28.23亿美元，同比增长27.68％；合同利用外资10.45亿美元，比去年同期增长182.3%；实际利用外资4.42亿美元，比去年同期增长101.79％。1—11月生产总值突破100亿元，是建区以来最高水平；完成工业总产值（现价）597.95亿元，同比增长55.25%；完成销售（营业）收入702.4亿元，同比增长48.94%；出口总值（1—10月）17.27亿美元，同比增长40.63%；固定资产投资120.66亿元，同比增长129.01%。

（亦庄科技园）

产业基地

【北京化工大学科技园通过国家级认定】 12月18日，北京化工大学科技园被认定为国家大学科技园。至此，北京市高等学校中共拥有7个国家级大学科技园，占全国42个国家级大学科技园的1/6，居全国各省、直辖市、自治区的首位。

（市教委　张年武）

【进一步拓展孵化空间】 年内，由北京理工科技园科技发展有限公司与昆明市五华区科技园管委会共同投资注册的昆明北理工科技孵化器有限公司（北京理工大学科技园云南分园）在昆明揭牌成立，建有孵化面积5 000平方米，生产用房5 000平方米。北航天汇科技孵化器与江苏省南通市科技局、南通高新技术创业中心在南通市共同创建了南通北航孵化器有限公司。北航天汇科技孵化器将自身的管理经验和孵化模式与南通良好的政府资源、创业发展环境相结合，必将探索出一条新的联合孵化模式。南通北航孵化器将为北航创业园区内企业提供产品中试基地，为企业开拓异地市场营造良好运营环境，为企业与政府之间的交流搭建桥梁、增进了解，同时也为南通高新技术发展创造良好的孵化基地。现北航留学人员创业园已陆续组织园区内的海归赴南通参观考察，并且委派了原北航创业园的高层管理人员出任南通北航孵化器总经理，指导、帮助在南通的孵化器在孵企业。北师大科技园依托大学的优势，积极开展与外省市、社会企业的交流合作，分别建立了“北师大科技园锡林郭勒盟生态园”和“北京师范大学科技园湖州分园”。

（市科委高新技术产业化处）

【孵化器实力不断增强】 年内，北京地区已创建科技企业孵化器66家，是2000年的2.64倍；孵化面积105万平方米，是2000年的3.32倍；在孵企业达到2 817家，是2000年的4.38倍；在孵企业员工人数为43 073人，是2000年的5.15倍；当年毕业企业398家，是2000年的5.67倍；在孵企业销售收入195.4亿元，是2000年的8.14倍；缴纳税费7.84亿元，是2000年的5.76倍。2004年在孵企业销售收入总额达到1亿元以上的孵化器有16家。截至2004年，经北京市科委认定的“北京市高新技术产业孵化基地”已达39家，分布在北京市9个区。其中2004年新认定的基地9家，它们是：北京北达燕园科技孵化器有限公司、北京北控高科技孵化器有限公司、北京中关村京蒙高科企业孵化器有限责任公司、北京普天德胜科技孵化器有限公司、北京集成电路设计园有限责任公司、中自科技产业孵化器有限公司、北京泰思特测控技术公司、北京华海基业科技孵化器有限公司、北京金兰巢科技孵化器有限公司。

（市科委高新技术产业化处）

【孵化器服务水平稳步提高】 年内，中关村软件园孵化器在为企业服务的过程中，积极推动在孵企业走联盟法人化之路。北京东联华兴软件技术有限公司专门从事对日软件外包业务,在中关村软件园孵化器的大力扶持下,成立了软件联盟,经过法人化结构治理,以及技术积聚、市场开拓,目前已成为北京市对日出口软件的重要企业之一。北京IBI在中介服务体系的建设上进行了积极的探索。IBI的中介服务以"中介服务大厅"的形式整合各类中介服务资源,为企业提供专业化的"打包"服务,引进了工商代理、会计师事务所、律师事务所、投资咨询公司、质量认证中心、知识产权事务所等在内的9家中介服务机构,在提供原有服务项目的基础上,还与新型中介服务机构建立了合作关系,为企业增加了融资、科技成果查新、技术产权交易等服务项目。北航天汇科技孵化器积极搭建北航科技资源服务平台。该平台以北航现有的科技资源为基础,具体分为五个平台来进行运作,即北航科技条件平台、北航技术转移平台、北航科技人才平台、北航科技服务平台、软件出口公共服务支撑平台。平台充分发挥北航科技方面的优势和各种相关资源,面向社会开放,进而为国内企业和其他单位提供科技资源的共享,吸引社会力量的投入,使北航的科技资源得以增殖和转化。

(市科委高新技术产业化处)

【专业孵化器后来居上】 年内,经北京市科委认定的39家北京市高新技术产业孵化基地中,专业孵化器孵育业绩明显占优势,共涉及软件开发、生物医药、新材料、数码娱乐等领域。科大方兴孵化器和它的5家二级专业孵化器在孵化体系内实现市场与技术的有效对接。方兴孵化器将市场需求和技术订单交给二级专业孵化器,二级专业孵化器则把产业化成果交给方兴孵化器,由方兴孵化器推向市场,一大批优秀的科技成果通过这种模式得到成功转化。海银科孵化器充分利用自身的外部资源,为入孵企业介绍利用军事医学科学院的试验基地进行新药的药效学、药代学试验,介绍企业到中国生物制品及药品检定所的国家GLP实验室进行药理学和毒理学实验,使入孵企业以更低的成本得到了国内顶尖实验室的最好服务。北京中自科技产业孵化器有限公司推动在孵企业新科永创公司与大庆石油公司签订油品调和项目合同,价值数千万元。

(市科委高新技术产业化处)

【大学科技园建设初具规模】 年内,北京地区大学科技园已达14家。其中由北京市科委推荐,经科技部、教育部认定的国家大学科技园7家;由北京市认定的大学科技园7家。14家大学科技园建筑面积已达205万平方米;入园企业达到1 300家,比上年增加27.2%;当年毕业企业79家,比上年增加58%;解决就业人数39 627人,比上年增加48%;累计吸引项目913个;年内实现销售收入188.07亿元,比上年增加6.8%;纳税总额达到10.69亿元。入园企业销售收入上亿元的大学科技园有10家,销售收入上100亿元的有1家。

(市科委高新技术产业化处)

【"IT产业园"全面启动建设】 年内,电子城科技园启动了IT产业园建设。IT产业园是电子城为"十一五"发展在园区内进一步拓展产业空间的重点工程,占地521.6亩,建设用地375亩,总建筑面积35.5万平方米,产业规模将达到150亿元,并将安排一批企业的研发中心。目前IT产业园完成了C区、D区的征地与拆迁,规划与立项审批,整体市政设施含高压线改移方案的规划,立项审批与设计,A区、B区市政府土地征用批复等。与此同时,外围及红线内的市政道路和地下设施已投入建设;ABB(一期1.5万平方米)D1厂房已基本建成,2005年2季度将正式投产;D2、D3厂房施工前的准备工作及重大项目引进也取得可喜进展,握奇、千住等知名公司已签约入驻。

(电子城科技园)

【厂房建设取得成效】 年内,电子城科技园通过在老企业厂区内整合资源,滚动开发的方式,在先已建成的50万平方米新厂房的基础上,又建设了10万平方米厂房。新厂房封顶后,西门子、万东医疗、瑞利仪器、富力通、伊莱瑞克、兴大豪等一大批企业争先入住,现已租售大半。新建厂房以高层为主,其精心创造的优美方便的工作环境,高质量的厂房设计与建设,以及其对现代电子信息业研发生产的适用性,形成了强大吸引力，也为开发区提高土地利用效率作出了有益探索。

（电子城科技园）

【总部基地建设初具规模】 年内，丰台园产业基地一、二期（包括天香集团项目）开复工116.83万平方米，竣工58.43万平方米，其中，总部基地项目开复工67.12万平方米，竣工41.1万平方米，已有170栋总部楼拔地而起，迎接企业总部入驻。建筑面积15万平方米的总部高级商务区，即北京南城第一个五星级酒店，正在由德国欧博迈亚公司进行初步设计，将由商业大厅、健身中心、商务中心、会议厅、多功能厅和酒店式公寓组成，并辅以3 000平方米的商业金融中心。

（丰台园管委会）

【61家企业签约入驻总部基地】 年内，丰台园总部基地在招商引资过程中，采取了与北京CBD、金融街“错位发展”的招商定位，避开了同类型企业总部的竞争，现正式签约入驻企业61家。按规模分，大型企业总部16家，中型企业总部45家，其中上市公司4家、国资委直属企业2家、国资委控股参股企业20家。按入园企业来源分，外地进京企业14家，京内入驻和新设立企业47家，包括海淀、朝阳、西城迁入的企业11家。新引进的有中国诚通控股公司及其所属7家二级公司、中华通信系统有限公司、中国汽车技术研究中心、中国航天时代电子公司、长征火箭股份有限公司、正泰集团、特变电工股份有限公司、中国质量认证中心等企业。由园区迁入的有中牧实业股份有限公司、中成股份有限公司、中金科技股份有限公司、北京振隆科技发展有限公司等企业。同时，15个总部会所及部分总部楼的商业配套项目，也正在紧张地进行招商工作。

（丰台园管委会）

【中关村软件园建设顺利】 年内，中关村软件园实现开复工面积42万平方米，累计竣工面积22万平方米。其中：一级开发建设，拆迁居民770户，市政基础设施建设按计划进行，环境景观建设除拆迁影响区域外基本完成，园区环境景观绿化面积已累计实现36万平方米。二级工程建设，孵化器、信息中心已竣工入驻，软件园研发楼完成了竣工验收，软件广场基本完成，康体中心完成部分结构施工，软件出口服务中心完成土建工程及部分二次结构施工。软件园的招商工作已基本完成，港湾网络、汉王科技、方舟科技、中国银联、中国高新、中科大洋、东软、国永融通、百校信息园、普天慧讯、信威通信、和达科技、启明星辰、中欧国际工商学院等国内软件企业，以及Siemens、IBM、PEOPLESOFT、江森自控、爱尔兰IONA、巴基斯坦Techlogix、美国Oracle公司等国外企业先后入驻。

（中关村管委会）

【永丰产业基地发展呈好势头】 年内，永丰产业基地完成各项建设项目投资6.47亿元，其中土地一级开发投资约5.2亿元（征地拆迁4.6亿元，市政建设5 982万元），配套项目投资1.27亿元（含新材料大厦、临时公建区、办公区改造、“数字永丰”基础设施建设）；完成工业科研土地出让面积33.95公顷（累计出让土地127公顷，不含预留用地）；实现开复工面积8.58万平方米。全年依法完成拆迁房屋及附属物面积共计68 023.65平方米；完成一级市政道路建设3.6千米，绿化面积7.7万平方米；入驻企业累计开、复、竣工面积为17.5万平方米。全年累计有23家高新技术企业在永丰基地购地建厂，其中新材料行业9家，电子信息行业8家，其他6家，此外，有21家与之相应的中小企业入驻现代企业加速器。这些企业的聚集，使得基地以电子信息产业为龙头，发展电子信息材料（重点是光电子材料与器件）的产业定位逐步明确。在永丰产业基地购地建厂的企业中，开工企业12家，建成投产面积14.5万平方米；投产企业8家，形成产值约6.3亿元，上缴税费5 000万元，实现投资强度约2 000万元/公顷。

（中关村管委会）

【建设中关村生命科学园】 年内，全国第一家BT（Biotechnology）产业园——中关村生命科学园开始建设，占地249公顷。该园汇聚了中国科学院、中国军事医学科学院、中国医学科学院、北京大学、清华大学等国家顶尖科研机构，设有生物芯片国家工程研究中心、国家蛋白质组研发及工程中心、国家“863”实验动物及病理动物模型中心以及国家大型公共实验室等，引进了扬子江药业、江中制药集团等国内知名企业以及诺和诺德、Takara 等著名跨国公司。现130 公顷的一期工程已经达到了“七通一平”的招商标准。二期 119 公顷的土地将规划建成拥有 4 000 张床位的中国“国际生命医疗园”，准备为 2008 年的奥运会服务。同时，由兴昌高科技发展总公司联合红塔集团、北控集团、三九药业等发起组建的中关村兴业高科技孵化器股份有限公司正在兴建占地 100 亩的昌平园生物医药园，工程开工面积达到了 60 000 多平方米，其中 3 号、4 号、5 号楼为生物医药专用厂房，目前已经与多家公司签订了合同，出售面积为 13 498 平方米。

（昌平园管委会）

【亦庄科技园基础和配套设施建设有进展】 年内，亦庄科技园完成了首座 22 万伏电站和 1 座 11 万伏电站建设，污水厂二期已竣工。核心区完成市政工程道路 7 081 米，总面积 96 703 平方米；雨水管线总长 7 820 米，污水管线 6 427 米，电力管线 2 539 米，热力管线 1 531 米，上水管线 6 592 米，电信 6 000 米；安装护栏 3 692扇，减速丘 1 576 米，信号灯 81 处，路口渠化 26 597 米，大型指路牌 24 处。

（亦庄科技园）

【4 单位被认定为北京市高新技术产业孵化基地】 年内，根据《北京市关于进一步促进高新技术产业发展的若干规定》（京政发［2001］38 号）和《北京市关于加快科技企业孵化器发展若干规定（试行）的通知》（京政发［2000］40 号）文件规定，经审核，市科委批准北京中自科技产业孵化器有限公司、北京华海基业科技孵化器有限公司、北京金兰巢科技孵化器有限公司、北京泰思特测控技术公司为高新技术产业孵化基地。

（市科委高新技术产业化处）

投资与融资

【设立中小企业购买中介服务专项资金】 5 月，中关村管委会为扶持园区中小企业和市场中介组织快速、规范化发展，设立了中小企业购买中介服务专项资金，用于资助符合条件的园区内中小高新技术企业购买中介服务。专项资金的具体实施，由中关村管委会委托给中关村企业信用促进会，从企业需求的环节上直接给予财政支持，这不仅可使被购买的中介服务的价值直接得以实现，而且可以提升购买中介服务的中小企业的品质。此方式保护了企业通过市场选择中介服务的权利，维护了正常的市场竞争秩序，同时也不违背公共财政的公平、效率原则。自该项资金设立以来，已有 105 家企业获得了资助。

（中关村管委会）

【坚持银科企联谊会制度】 年内，在市政府、科技部和中国人民银行总行的支持下，园区坚持了旨在促进园区企业与科研院所和金融机构交流合作的“银科企联谊会”制度。三年来，园区已举行了 11 次“银科企联谊会”。这项活动现在已形成品牌，促进了园区政策信息和投融资信息的交流。

（中关村管委会）

【投入创业引导资金 2 116 万元】 年内，中关村管委会对经认定的创业投资机构投资于园区企业，从中关村科技园区创业投资引导资金中，给予一定比例的跟进投资资金支持，不参与投资决策和股权管理。截至年底，引导资金总计投资 2 116 万元，帮助 13 家园区企业引进创业投资资金近 1.1 亿元。

（中关村管委会）

【多方融资获得成功】 年内，大唐微电子、点击科技、百度等 30 余家园区企业获得了海外投资机构的投资约 6 亿美元；由中关村管委会协调组织，成功实施了两期“中关村科技园区高新技术企业信托融资计划”，为园区企业筹集资金 1.3 亿元；获得商业银行流动资金贷款约

120亿元人民币。

（中关村管委会）

【为基础设施建设融资】 至年底，中关村管委会共向国家开发银行推荐由多元投资主体承担的园区基础设施建设项目25个，申请贷款额175.9亿元，其中已有23个项目签订贷款合同，合同金额达140.78亿元。与此同时，国家开发银行的贷款又直接带动了各商业银行对园区的贷款投入，据初步统计，2000—2004年，各商业银行为园区重点基础设施建设项目提供的贷款累计在200亿元左右，基本解决了园区在基础设施建设方面的资金需求。

（中关村管委会）

【企业信贷融资促进平台成效显著】 年内，由担保公司、企业信用促进会、商业银行、企业、相关政府部门和中介机构组成的企业信贷融资促进平台，通过信用评级、融资担保、政府贴息、中介服务支持等措施，整合信用资源，培育信用基础，促进了企业信贷融资。至年底，中关村担保公司已为近1 600家园区企业提供了约70亿元的贷款担保。其中，通过“瞪羚计划”、“留学人员担保通道”、“集成电路设计企业担保通道”和“软件外包企业担保通道”等，100余家企业获得了12亿元的贷款担保。

（中关村管委会）

【上市公司达72家】 年内，中关村科技园区一批企业成功在境内外证券市场上市融资，上市公司已达72家，占北京市上市公司总数的一半以上，其中，8家在美国纳斯达克，1家在新加坡，18家在香港。

（中关村管委会）

归国创业

【召开庆国庆暨留学人员表彰大会】 9月24日，中关村管委会在北京国际会议中心召开“庆国庆暨留学人员表彰大会”，在中关村科技园区创业从业的千余名留学人员参加了会议。市委书记刘淇出席大会并做了重要讲话。他强调，要深入贯彻党的十六大和十六届四中全会精神，按照科学发展观的要求，充分发挥中关村科技园区在推动高新技术产业发展中的重要作用，充分发挥海外留学人员的聪明才智，把中关村的创造力释放出来。副市长兼中关村管委会主任范伯元在大会上介绍了中关村发展建设情况和留学人员创业情况；中关村管委会常务副主任戴卫宣读了“关于表彰优秀创业留学人员的决定”，53位优秀创业留学人员代表接受了与会领导颁发的奖牌。

（中关村管委会）

【加大对留学人员创业园的支持】 至年底，中关村科技园区专为接待海外留学人员创业的孵化器就有13家，有效孵化面积24万平方米，进入各孵化器的留学人员企业累计已达1 300多家，留学人员1 500余人。13家留学人员创业园中综合性创业园5家，即海淀、国际孵化器、望京、丰台、中科院；专业性创业园2家，即软件园、生命园；大学创业园6家，即北大、清华、北航、北京科大、北京理工、北京邮电。中关村管委会根据园区各留学人员创业园的特点，从政策和资金等方面给予支持，以完善留学人员创业孵化体系，提升创业园、孵化器服务的质量和水平：建立了“中关村科技园区留学人员创业园总经理联席会议”制度，及时掌握留学人员企业情况，加强对创业工作的指导；与6所大学共建留学人员创业园，为留学人员提供了广阔的天地，为大学提供了教育科研的有生力量，也使中关村平添生机，实现了政府、学校和留学人员三位一体，共赢互利；为鼓励各创业园吸引留学人员企业入驻，降低留学人员创业风险，各创业园每吸引留学人员企业入驻，管委会将按照一定标准，给予经管委会认定的创业孵化机构一次性补贴，并减免房租，以支持创业孵化机构的发展；指导各创业园根据各自的条件和特点，加快中介服务体系和技术支撑体系建设，完善内部管理体系，专门拨付资金用于中介服务体系和技术支撑平台的建设，并为创业园提供法律、财务等专业化服务。

（中关村管委会）

【建立留学人员职业发展服务体系】 年内，中关村管委会为缓解园区企业高级管理人才、技术人才紧张的状况，拓展企业人才吸纳渠道，与北京双高人才发展服务中心共同建立了海外留学人员职业发展服务体系。该体系借助现代电子信息技术和视频通讯技术将海外的5个联络处、重点留学人员专业技术协会与中关村的人力资源体系相对接，通过网上招聘信息、网上投递简历、跨洋视频求才与面试，为归国留学人员提供人事代理、档案管理、职称评定、户籍代理、人才派遣等多项服务。

（中关村管委会）

【留学生创业企业达2500余家】 至年底，中关村科技园区累计接待来访留学人员2.3万人次，平均每个工作日有两户留学人员企业注册成立。共有归国留学人员创业企业2 500余家，在企业就业的留学人员6 000余人。留学人员企业的注册资金总额累计已达29.51亿元，并引入了数百亿元的项目研发合作资金，吸引和凝聚了4万多高科技人才。

（中关村管委会）

【对留学人员创业企业给予资金资助】 年内，有110家留学人员创业企业通过小额担保贷款“绿色通道”，获得贷款金额8 085万元；509家留学人员企业获创业专项资金资助，资助金额4 122万元。这些资金主要用于对入驻孵化器的留学人员企业提供房租补贴；对新创立的企业提供资金资助；对处于发展阶段的企业提供贷款担保、贷款贴息和补贴担保费；支持留学人员孵化器和留学人员创业服务体系建设；组织留学人员在园区活动等。

（中关村管委会）

【出台《中关村科技园区留学人员归国创业服务体系方案》】 年内，市政府有关部门专为留学人员制定了包括创办企业、税收减免、外汇管理等一系列优惠政策，出台了《中关村科技园区留学人员归国创业服务体系方案》。服务体系分三个层次：第一层，由设在硅谷、马里兰、东京、伦敦、多伦多的5个海外联络处负责海外宣传和联络，安排海外留学人员回国考察和接洽；第二层，由中关村留学人员创业服务总部和各园服务中心，负责接待、咨询、协调、投诉受理，为留学人员创办企业提供全方位和全程服务；第三层，由市、区两级政府38个部门集中进驻服务中心办公，为园区企业和留学人员创业提供“一站式”服务。

（市科委高新技术产业化处）

2004年中关村留学人员创业园孵化企业情况统计表

序号	创业园名称	孵化面积（m^2）			入驻企业数				累计注册资金	留学人员数			
		可供使用面积	实际使用面积	剩余使用面积	累计总数	在孵毕业数	毕业毕业数	离园企业数	万元	累计人数	博士	硕士	其他
1	海淀创业园	76385	69621	6764	433	178	70	175	64900	386	179	161	46
2	国际孵化器	21400	21280	120	336	144	124	68	106000	406	136	161	109
3	望京创业园	10299	7624	2675	113	65	15	33	14074	113	22	79	12
4	中关村软件园	21420	16420	5000	34	26	5	3	3618	38	5	25	8
5	生命科学园	5100	1800	3300	6	5	0	1	1896	10	5	3	2
6	丰台创业园	10000	4000	6000	38	36	2	0	5707	50	12	15	23
7	北大创业园	24000	15000	9000	67	54	6	7	11319	116	64	52	0

（续表）

序号	创业园名称	孵化面积（m^2）			入驻企业数				累计注册资金	留学人员数			
		可供使用面积	实际使用面积	剩余使用面积	累计总数	在孵毕业数	毕业毕业数	离园企业数	万元	累计人数	博士	硕士	其他
8	清华创业园	40000	13000	27000	102	87	3	12	21011	178	122	55	1
9	北航创业园	10000	10000	0	78	78	0	0	9800	102	49	51	2
10	理工创业园	6000	2500	3500	51	48	0	3	8350	84	22	58	4
11	科大创业园	4000	3500	500	24	20	2	2	2200	27	8	18	1
12	北邮创业园	6000	1900	4100	16	11	5	0	2250	18	8	6	4
13	中自创业园	5000	2000	3000	13	13	0	0		15			
	合计	239604	168645	70959	1311	765	232	304	251125	1543	632	684	212

知识产权

INTELLECTUAL PROPERTY RIGHTS

专利管理

Management of patent

专利实施

Patent implementation

知识产权保护

Protection of intellectual property rights

专利管理

【《关于加强北京地区高等学校知识产权工作的意见》发布】 2月24日，市教委与市知识产权局联合发布了《关于加强北京地区高等学校知识产权工作的意见》（京教研［2004］4号）。《意见》要求各高校要将知识产权工作纳入科技管理的全过程，要加强对重大科技项目的知识产权管理，加强知识产权工作的组织机构建设，加强人员流动中的知识产权管理。

（市教委　张年武）

【完成奥林匹克知识产权保护状况问卷调研】 2月，市知识产权局成立了奥林匹克知识产权保护战略研究课题组，启动了奥林匹克知识产权保护状况问卷调研工作。课题组共下放调查问卷5 300份，其中企业抽样调查500家，回函340家，回函率占68%；北京市民抽样调查4 700份，回函4 477份，回函率占95.3%。此次调研了解了本市行政区域内企业与社会民众对奥林匹克知识产权及其保护意识的认知程度，为如何加强奥林匹克知识产权的保护奠定了基础。

（市知识产权局　杨　青）

【召开2004年全市知识产权办公会议全体会议】 3月17日，召开了全市知识产权办公会议全体会议。范伯元副市长、张建东副秘书长、市知识产权办公会议成员单位组成人员和各区县主管知识产权工作的领导参加了会议。市知识产权办公会议办公室主任刘东威在会上做了题为“以求真务实的精神，全面推动我市知识产权工作”的报告。报告回顾了2003年北京市知识产权工作，指出了当前工作中存在的主要问题，提出了2004年的工作安排。会上审议通过了《2003年北京市知识产权工作报告》、《北京知识产权发展和保护纲要》、《北京市知识产权办公会议制度》和《北京市知识产权办公会议成员单位工作职责》。范伯元副市长发表了重要讲话。

（市知识产权局　张　亮）

【举办“首届北京市青少年发明创新大赛”颁奖仪式】 3月20日，由市知识产权局等单位共同举办的“首届北京市青少年发明创新大赛”颁奖仪式在中国少年儿童活动中心举行。国家知识产权局、市教委和市知识产权局的领导分别为获奖学生和优秀指导老师颁奖，北京电视台等20余家新闻媒体对此予以报道。此次大赛共评选出一等奖5项，二等奖15项，三等奖25项。大赛期间，免费为部分小发明申请了专利。

（市知识产权局　张伯友）

【在京两院院士倾听知识产权主题报告】 3月22日，市知识产权局和中国科协共同举办了面向在京部分两院院士和学科带头人的知识产权主题报告与对话活动。国家知识产权局局长王景川就国际知识产权保护不断强化的总体形势以及如何保护国家高端科研成果等内容做主题报告，并与就座的两院院士直接对话，解答有关问题。市知识产权局局长刘东威主持了当天的活动。

（市知识产权局　张伯友）

【认真办理市政协委员提案】 3月，市知识产权局共收到市政协十届二次会议委员提案8件，其中“知识产权战略的制定”、“高校知识产权保护”等提案的办理和答复受到了政协委员的好评。

（市知识产权局　段新梅）

【奥林匹克知识产权保护论坛举办】 4月2日，为纪念国务院颁布的《奥林匹克标志保护条例》实施两周年，第29届奥林匹克运动会组织委员会和市知识产权局联合举办了“奥林匹克知识产权保护论坛”。奥组委、国家知识产权局、北京市高级人民法院、北京市第二中级人民法院、北京海关、北京市广电局等单位的领导到会。来自国家体育总局、市知识产权办公会议成员单位、知识产权中介机构、行业协会、企业、大型商场的代表及奥运会志愿者共240余人参加了论坛。

（市知识产权局　龚　飒）

【举办保护知识产权宣传周开幕式】 4月19日，由全国整规办、国家知识产权局和公安部等国家九部委共同主办，市知识产权局、东城区科委承办的2004年“保护知识产权宣传周”开幕式在王府井步行街举行。范伯元副市长和国家九部委领导出席了开幕式并讲话。国家知识产权局、市知识产权局、工商局、版权局、高级人民法院和北京海关等17个单位的工作人员近百人参加了开幕式，并在当天开展了面向过往行人和观众的知识产权现场咨询活动，30余家新闻媒体对此进行了报道。

（市知识产权局　张伯友）

【举办当代大学生知识产权主题对话活动】 4月21日，由国家知识产权局主办，市知识产权局和清华大学首次承办的“当代大学生与知识产权”主题对话活动在清华大学举行。国家知识产权局、商标局、版权局、市知识产权局的领导及有关专家出席。来自清华大学、北京大学、北京科技大学、北京理工大学、中国农业大学、北京化工大学、北京工业大学以及天津大学的在校大学生及研究生近200人参加了当天的活动。各位领导、专家与在场大学生就加强知识产权保护问题展开对话与交流，中央电视台、北京电视台等近40家新闻媒体对此进行了报道，新浪网进行了现场直播，《中国知识产权报》以整版篇幅重点报道了此次活动。

（市知识产权局　张伯友）

【蔡莲红获“新世纪巾帼发明家”称号】 4月26日，国家知识产权局和全国妇联在人大会堂举行“第二届全国新世纪巾帼发明家评选活动”颁奖仪式，奖励被授予“新世纪巾帼发明家”称号的10名拥有发明专利的知识女性，其中，由市知识产权局和北京市妇联推荐的清华大学蔡莲红教授榜上有名。中央电视台、北京电视台、北京日报等30余家新闻媒体对此进行了报道。

（市知识产权局　张伯友）

【北京市专利工作会议召开】 4月28日，“2004年北京市专利工作会议”在中国国际科技会展中心召开。会议由市政府副秘书长张建东主持，国家知识产权局副局长李玉光和副市长范伯元到会并做了重要的讲话。市知识产权局局长刘东威做2003年北京市专利工作报告。来自市委、办、局（总公司）、区、县、科研机构、高等院校、行业协会、试点企业、知识产权管理机构、知识产权中介机构、无冒充专利商场主管领导及部门负责人近300人参加了此次会议。

（市知识产权局）

【为市领导举办知识产权主题学习会】 5月14日，市知识产权局与市委宣传部、市政府办公厅共同承担了为北京市委、市政府理论学习中心组成员举办知识产权主题学习会的任务。会上，邀请了全国人大法律委员会郑成思教授做“知识经济与知识产权”的主题报告。市委书记刘淇，市政协主席程世峨，市委副书记龙新民、强卫、杜德印及市委、市政府理论学习中心组成员，市人大党组成员，市政协党组成员以及市委、市政府各有关部门的负责人120余人参加了报告会。北京电视台、北京日报、中国知识产权报对此进行了报道。

（市知识产权局　张伯友）

【知识产权普法宣传融入北京科技周】 5月16日，市知识产权局、市科协共同举办了向首都图书馆赠送知识产权图书的仪式及宣传咨询活动，向前来首图的读者发放知识产权普法宣传材料、进行现场咨询，并在首图展示大厅设

32块知识产权宣传展板，配合科技周，进行知识产权普法宣传。

（市知识产权局　张伯友）

【专利立法领导小组与工作小组赴上海、广东调研】 5月24—25日，市知识产权局组织了北京市人大常委会教科文卫体委员会副主任梁平、北京市人大常委会法制工作办公室副主任李小娟、北京市政府法制办副主任王金山、北京市知识产权局局长刘东威、北京市知识产权局副局长李鸿杰组成的专利立法领导小组与工作小组一行十余人赴上海、广东调研。期间，上海市人大、上海市知识产权局、广东省人大、广东省知识产权局、广州市知识产权局的同志介绍了专利地方立法中的成功经验和做法，并就专利管理、保护及如何促进当地社会经济发展等有关问题进行了交流与探讨。

（市知识产权局　杨　青）

【举办第七届北京"科博会"知识产权论坛】 5月25日，由国家知识产权局主办、市知识产权局承办的第七届北京"科博会"知识产权论坛举行。本届论坛首次以企业的知识产权战略和管理作为研讨主题。论坛着力探讨了中国企业如何应对日益增多的知识产权纷争；发掘企业知识产权的商业价值及其与企业竞争力的关系；涉外知识产权纠纷的解决机制及其操作实务；国际贸易中的知识产权纠纷解决机制等问题。国家知识产权局副局长邢胜才和副市长范伯元到会并致辞。论坛邀请了7位来自海内外的知识产权专家和企业高层管理人员做了演讲。

（市知识产权局　张　亮）

【刘淇视察中关村国家知识产权制度示范园区】 6月5日，中共中央政治局委员、市委书记刘淇视察了中关村国家知识产权制度示范园区，对示范园区所开展的开创性工作给予了高度肯定，指出："自主知识产权是中关村也是国家跨越式发展最重要的引擎。国家知识产权局与北京市共建示范园区，进行制度、机制创新，大力推进知识产权创造、管理、保护和产业化，正是适应了现时发展迫切之需。"

（中关村促进局　李金祥）

【《北京关于进一步实施科技兴贸战略的措施》发布】 6月15日，市商务局、市发改委、市科委、市工业促进局、中关村科技园区管委会、市财政局、市国税局、市知识产权局、市质监局、北京海关、北京出入境检验检疫局等11个部门联合发布《北京市关于进一步实施科技兴贸战略的措施》。《措施》旨在进一步优化全市出口商品机构，扩大高新技术产品出口，加大研发和引进国外先进技术以及关键设备的力度，积极运用高新技术改造传统产业，加速出口增长方式的根本转变，通过全市相关部门的协作配合和24项具体措施的实施，极大地促进全市具有一定知识产权含量产品的出口量。

（市知识产权局　张　亮）

【知识产权宣传咨询进入青少年科博会】 7月16—20日，团市委、市委宣传部等单位共同主办了"北京市青少年科技博览会"。期间，市知识产权局在博览会主会场专门设立了面向青少年的知识产权现场咨询展台，向前来参观的中小学生进行知识产权现场咨询。

（市知识产权局　张伯友）

【王岐山视察中关村国家知识产权制度示范园区】 7月30日，市长王岐山视察中关村国家知识产权制度示范园区，指出："中关村的发展，关键是知识产权和软环境建设。软环境建设成为我国发展新时期的重中之重，知识产权制度建设是软环境建设的重中之重。在知识产权问题上，中关村企业应尽早觉醒，大力发展自主知识产权，形成园区的核心竞争力。"他对中关村国家知识产权制度示范园区在知识产权制度创新、推进软环境建设方面的开创性工作和综合试验示范作用给予了高度评价。

（中关村促进局　李金祥）

【举办知识产权论坛】 9月2—3日，"第八届北京·香港经济合作研讨洽谈会暨奥运经济市场推介会"在香港会议展览中心举行。市委书记刘淇、市长王岐山、香港特首董建华等出席了开幕式。作为会议的分场活动，9月2日下午，市知识产权局主办了"知识产权论坛"。论坛由市知识产权局局长刘东威主持，市政府副秘书长张建东、香港工业总会副主席孙启烈、香港知识产权署署理署长张锦辉到会并致辞。市知识产权局、市工商行政管理局、市新闻出版局(版权局)、北京海关、市高级人民法院及香港知识产权署的有关人士分别做了演讲，来自香港各界的170余人及相关媒体参加了此次活动。

(市知识产权局 杨 晋)

【《北京知识产权发展和保护纲要》发布】 9月27日，第61次市长办公会原则通过《北京知识产权发展和保护纲要》。《纲要》以市知识产权局在2002—2003年所做的《北京重点行业专利占有状况的调查研究》、《北京市科研机构知识产权状况调查》、《北京地区高等学校知识产权工作调查》、《行业协会知识产权保护状况调查报告》4个调研报告为基础，针对目前存在的主要问题，围绕知识产权的发展与保护，提出了创新战略、利用战略、保护战略和人才战略等69项措施。10月21日，经市政府同意，《纲要》由市知识产权局正式对外发布。

(市知识产权局 张 亮)

【首次发布知识产权保护状况白皮书】 9月27日，第61次市长办公会原则通过《2002—2003年北京知识产权保护状况》白皮书，并于10月21日正式对外发布。《白皮书》较为全面地反映了2002—2003年北京知识产权各部门的工作，以翔实的数据记录了各知识产权执法部门在打击侵权违法活动，保护知识产权权利人的合法权益，维护首都良好经济秩序方面所做的成绩。今后，北京知识保护状况将每年发布一次。

(市知识产权局 张 亮)

【资助专利申请7 821 803元】 年内，市知识产权局共资助北京地区企事业单位和个人专利申请10 088项次，金额总计7 821 803元。其中，资助发明专利申请7 282项次，金额7 442 388元，占资助总金额的95.15%；实用新型专利申请2 078项，金额274 715元，占资助总金额的3.51%；外观设计专利申请728项，金额104 700元，占资助总金额的1.34%。同时，资助向国外申请专利21件，42 000元；资助国外授权专利14件，140 000元。

(市知识产权局 陈可南)

【专利申请量和授权量继续增长】 年内，北京专利申请量达到18 402件，与2003年相比增长了8.23%。其中，发明专利申请量为8 608件，比2003年增长了9.89%；实用新型专利申请量为6 321件；外观设计专利申请量为3 473件。北京专利授权量为9 005件，与2003年相比增长了9.18%。其中，发明专利授权量为3 216件，比2003年增长了42.24%；实用新型专利授权量为3 956件；外观设计专利授权量为1 833件。

(市知识产权局 陈可南)

【中关村国家知识产权制度示范园区成立一年结硕果】 年内，中关村国家知识产权制度示范园区研究起草制定了中关村知识产权工作的"基本法"——《中关村国家知识产权制度示范园区促进管理办法》和"中关村三六八知识产权促进工程"；突破了专利产业化机制瓶颈，建立起全新的知识产权融资和保险机制；谋划打造中关村现代知识产权服务体系，并获得国家发改委立项支持；实施了示范园区"重点企业知识产权建设计划"；探索并建立了美国"硅谷"式的高校知识产权转移转化机制，与清华大学、国家专利产业化(宁波)基地三家共同发起成立中关村高校知识产权转移联盟；在全国率先探索建立了中关村发明人公共工作室，构建非职务发明人公共服务平台；建设了知识产权文化，以高校为切入点，制定了实施中关村大学生知识产权促进计划。

(中关村促进局 李金祥)

【启动国外专利申请资助工作】 至年底，中关村知识产权促进局联合中关村管委会相关部门在示范园区启动了国外专利申请资助工作,对示范园区21家企事业单位55项国外专利申请,提供了400 693元的资助。

(中关村促进局　李金祥)

【组织专利代理人资格考试】 年内,市知识产权局组织了"全国专利代理人资格考试"北京考点的考务工作,专门成立了以刘东威局长、周砚副局长为正副组长的考试工作领导小组,严格按照《专利代理人资格考试实施办法》及其相关规定,承办考试报名、报名资格审查、设置考场、组织考试、发送成绩通知单等各项工作。此次"全国专利代理人资格考试"北京考点的报名人数达到2 924人,比上届翻了一番,占全国报名人数的近40%;通过考试的考生人数为265人,占全国通过考试人数的1/2。

(市知识产权局　陈可南)

【107家专利代理机构通过年检】 年内,市知识产权局组织了北京专利代理机构的年检工作,应有111家专利代理机构参加年检,通过年检报到国家知识产权局的107家,撤销了1家,2家未参加,1家暂不通过。107家专利代理机构中,经营收入上亿元的有3家,经营收入上千万元的有10家 。从专利代理量上看,申请量上千件的有17家,占参加年检机构的16%。同时,107家专利代理机构共担任约249家企业的知识产权顾问。

(市知识产权局　郝　青)

【专利代理机构有新发展】 年内,市知识产权局共审核设立专利代理机构3家,分别是北京瑞成兴业知识产权代理事务所、北京信慧永光知识产权代理有限责任公司、北京同达信恒知识产权代理有限公司。这3家机构已经通过国家知识产权局审批,正式营业。至此北京市专利代理机构已达127家,约占全国专利代理机构总数的1/4,其中涉外专利代理机构58家,国防专利代理机构17家,分别占全国总数的1/2。同时,市知识产权局还审批通过北京的4家专利代理机构分别在重庆市、山东省淄博市、广东省广州市、浙江省温州市等外省市另设办事机构;审批通过1家外省市专利代理机构和1家本市专利代理机构在北京市另设办事机构;批准撤销了本市的两家专利代理机构。

(市知识产权局　郝　青)

【继续保持知识产权新闻宣传强势】 年内,市知识产权局充分发挥新闻媒体的重要作用,面向社会公众宣传知识产权法律法规、方针政策、重要事件和工作动态,全年共通过电视、广播、报刊等媒体刊发、播发知识产权新闻宣传稿件164篇次,使市知识产权新闻宣传继续保持较高频率,有效地提高了首都公众的知识产权保护意识。

(市知识产权局　张伯友)

【首次以笔记本为载体宣传知识产权】 年内,针对中小学生每天都要记笔记、做作业的学习习惯,市知识产权局在全国首次推出将知识产权宣传图片和法律知识印制在学生笔记本上的新做法,目的是使学生们在记笔记、做作业时,即能看到知识产权普法宣传内容,起到知识产权"启蒙老师"的作用。目前已发放近3万册。

(市知识产权局　张伯友)

【开展国际交流】 年内,市知识产权局共接待国外政府机构、协会、企业及研究机构访问5批次,40人次;组织约50人次分5批次赴美国、北欧、日本、韩国进行考察交流。

(市知识产权局　段新梅)

专利实施

【参加第二届中国国际专利与名牌博览会】 5月17—20日,"第二届中国国际专利与名牌博览会"在青岛国际会展中心隆重举行。市知识产权局共组织了北京振利高新技术公司等12家企业参展。在博览会项目评选中,北京展团的振利高新技术公司荣获现场公众评出的"中国专利十佳企业"称号,长城玉鼎动力科技有限公司等4家企业的优秀技术和产品荣获专利金奖。市知识产权局获博览会"最佳组团奖"和"优秀布展奖"。

(市知识产权局　安跃林、李建荣)

【参加第三届中国国际专利技术与产品交易会】 8月18—21日,"第三届中国国际专利技术与产品交易会”在大连隆重召开。市知识产权局共组织了北京中玉仁技术有限公司等12家企业和大唐电信科技产业集团等5家获得国家专利金奖的企业参展,项目涉及农业、电子、机械、环保、新材料、医疗等诸多领域。在专交会的评奖项目中,北京展团的北京当代复合材料有限公司、北京联飞翔科技有限公司等6家企业的优秀专利项目荣获专交会金奖。市知识产权局获专交会“最佳布展奖”和“优秀组团奖”。

（市知识产权局　安跃林、黄显智）

【首批百家专利试点企业试点工作结束】　年底,北京市首批百家企(事)业专利试点工作历时一年三个月圆满结束。试点期间共开展了“四、三、二、一”,即四期培训,三次会议,两项专题工作,一本指导手册。四期培训是两期针对企业领导和分管知识产权工作的负责人的知识产权基础知识培训和两期针对企业负责具体专利工作者的“四会”培训班。三次会议是试点工作启动大会、试点企业工作沟通会和试点企业经验交流会。两项专题工作,一项是试点企业专利数据库信息系统建设,包括专利战略研究工作;一项是试点单位专利申请费进行全额资助工作。一本书是指《企业专利管理制度指导手册》。通过对94家专利试点企业试点工作验收报告书中的数据统计,试点期间94家企业共增设了22个专利管理机构(至此94家试点企业全都建立了专门或兼管的专利管理机构);配备了465名专(兼)职专利管理人员,同比增长135%(试点前专利管理人员为198名);制定了335项专利管理制度,同比增长148%(试点前专利管理制度为135项);申请了1 442件专利,同比增长41%(试点前一年专

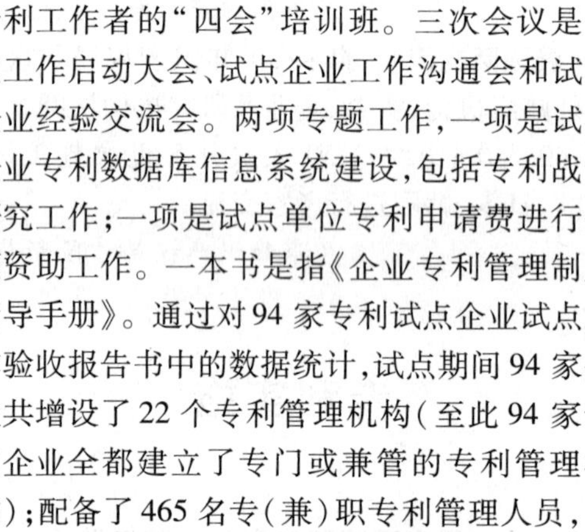

利申请量为1 022件);产品因专利增值额高达25.596 4亿元,同比增长44.80%(试点前一年产品因专利增值额为17.672 8亿元)。

（市知识产权局　安跃林　李建荣　黄显智）

【技术合同登记创历史新高】　年内,市知识产权局技术合同登记处共登记技术合同121份,成交总金额达2.797亿元,创历史新高,同比增长70.7%。其中技术交易额2.699亿元,同比增长65.48%;实现合同总金额8 987万元,同比增长101.86%。

（市知识产权局　黄显智）

【4企业获专利权质押贷款590万元】　年内,共有11家企业申请质押贷款,其中4家中小民营企业成功利用专利权质押获得贷款金额590万元。同时,市知识产权局对2003年度的贷款企业进行了回访,显示2003年专利质押贷款企业已全部按期、全额还款。

（市知识产权局　秦灿宏）

【发放专利实施资金205万元】　年内,市知识产权局、市国资委、市科委、市工业促进局、市财政局根据《北京市专利实施资金管理办法》和《北京市专利实施资金申请审批验收程序》共同审议确定对21项专利项目给予资金扶持,共发放专利实施资金205万元。

（市知识产权局　李建荣）

知识产权保护

【知识产权普法宣传首次“走”进地铁】　1月,市知识产权局在全国首次发起“知识产权普法宣传‘走’进地铁”的社会宣传活动,将数百块知识产权公益宣传广告牌布设在人流密度较大的25个地铁站及地铁列车车厢,开拓了知识产权宣传普及的新模式。

（市知识产权局　张伯友）

【举办“3.15”大型宣传咨询活动】　3月15日,市知识产权局联合市工商局、市版权局、宣武区科委、宣武区工商局、宣武区质量技术监督局、宣武区文化局、宣武区对外经济贸易委员会在

庄胜崇光(SOGO)百货商场举行了主题为“尊重知识产权 保护消费者权益 鼓励科技创新”的“3.15”大型宣传咨询活动。活动中,市知识产权局和市工商局的执法人员对商场进行了执法检查。

(市知识产权局 杨 晋)

【召开北京知识产权保护状况新闻发布会】 3月30日,市政府新闻办公室和市知识产权办公会议联合召开北京知识产权保护状况新闻发布会,向全社会发布北京地区2002—2003年的知识产权保护状况。10余家驻华使馆、欧盟驻华代表处的官员,70余家境内外媒体的记者和部分驻京的跨国公司的代表共100余人参加了此次新闻发布会。会上,市知识产权办公会议办公室主任、市知识产权局局长刘东威发布了北京地区知识产权保护状况,市知识产权局、市工商局、市版权局、北京海关、市高级人民法院等市知识产权办公会议成员单位的负责人就中外记者关心的知识产权有关问题回答了记者提问。

(市知识产权局 杨 晋)

【十六省市专利行政协作执法工作会议召开】 4月6—8日,市知识产权局主办了“十六省市专利行政协作执法工作会议”。国家知识产权局的有关领导及16省市知识产权局的有关人员约35人参加了本次会议。此次会议主要是对如何加强省际间专利行政工作部门的信息沟通、协调配合进行论证,并就专利行政执法的执法程序、证据、时限等技术问题进行了探讨。

(市知识产权局 杨 晋)

【知识产权现场维权机构进驻国际展览会】 10月12—14日,“第九届中国国际纺织机械展览会”开幕,市知识产权局与展会主办方共同在展览现场设立了知识产权现场维权办公机构——展会知识产权办公室,进行参展项目的专利登记备案,受理专利侵权投诉,接受对冒充专利、假冒他人专利行为的举报并进行知识产权维权宣传和现场法律咨询。展会期间,该办公室的专利执法人员共受理了18起专利侵权投诉,有100余项参展项目进行了专利登记备案。

(市知识产权局 杨 晋)

合作与交流

COOPERATION AND EXCHANGE

国际合作与交流

International science and technology cooperation and exchange

国内合作与交流

Domestic science and technology cooperation and exchange

国际合作与交流

【驻华科技外交官新春招待会召开】 1月14日，市科委、市外办、市科协共同举办“2004年驻华科技外交官新春招待会”，来自世界上50多个国家和国际组织的100多位驻京科技使节，与北京市政府、部分中央单位负责科技外事工作的官员100多人济济一堂，共贺中国传统佳节。副市长范伯元代表北京市政府对为加强北京市与世界各国在科学技术合作与交流，促进北京市全面发展，增进人民之间友谊做出努力和贡献的驻华科技外交官们，表示衷心的感谢，并希望在新的一年中，外交官们继续发挥桥梁作用，让北京与世界共同进步。

（市科委国际合作处）

【伊拉克乌鲁姆主席访问中关村园区】 3月26日，伊拉克临时管理委员会轮值主席穆罕默德·巴赫尔·乌鲁姆一行访问了中关村科技园区。中关村管委会副主任夏颖奇接待了来宾。在听取了关于园区立法、基础设施建设、创业扶持体系和吸引人才措施等的介绍后，乌鲁姆主席表示，中关村是一个多元化蓬勃发展的高科技园区，其规划和建设充分体现了领导者的智慧和远见。乌鲁姆主席希望，中关村科技园区能为伊拉克的大学、科研机构培训高层次专业人才，从而能够在充分借鉴包括中国在内的世界各国的经验基础上，凭借自己的资源和知识，振兴伊拉克经济。双方还就科技交流及产业发展等方面的问题交换了看法。随后，乌鲁姆主席一行还参观了中关村软件园。

（中关村管委会）

【也门总理访问中关村园区】 3月29日，也门共和国总理阿卜杜勒－卡迪尔·阿卜杜－拉赫曼·巴杰麦勒及其访华团成员一行在中国驻也门大使高育生的陪同下到中关村科技园区参观访问。中关村管委会副主任刘卓军向来宾介绍了园区的发展历史与现状。巴杰麦勒总理希望此行能够增进彼此的了解，找到双方共同利益的切入点，加强在高科技领域的互补与合作。巴杰麦勒总理还特别对园区管理体制、条例、税收政策、信用体系建设及企业贷款担保等问题表示了浓厚的兴趣。

（中关村管委会）

【联合国工发组织来我市洽谈合作项目】 4月13日，联合国工发组织（UNDIO）工业技术促进部主任助理安德鲁先生来京就北京生产力促进中心与该组织合作开展的分包合作交流（SPX）项目交换意见和看法。“SPX北京中心”项目系由商务部中国国际技术交流中心、北京生产力促进中心与联合国工发组织共同合作开展的，项目实施期间将援助北京建立工业分包和工业合伙交流中心，为我市的企业，主要是中小企业提供信息和咨询服务，并促进本地分包商和供应商与国内或国外的主承包商和购买商之间达成分包及合伙协议，以提升为本市生产制造领域中小企业服务的能力。安德鲁先生对北京地区开发区情况很感兴趣，希望有机会能够进一步了解开发区的情况，并拟在开发区中选择一些企业开展“SPX”项目的试点示范工作。

（市科委国际合作处）

【海外媒体做客中关村】 4月21日，由外交部新闻司、北京市外办和中关村管委会共同组织的“做客中关村”系列活动拉开帷幕。来自美联社、美国全国广播公司、美国国际电台、英国路透社等20多家驻京海外媒体的40多名新闻记者到园区参观、采访。来宾首先到中关村生命科学园重点了解园区规划及基础设施建设情况，并参观了博奥生物芯片公司。随后，记者们来到中关村软件园，参观了西门子研发中心、泰克劳斯公司和东联华兴公司。在座谈会上，中关村管委会副主任夏颖奇向记者们介绍了园区发展概况，并回答了有关人才、税收、风险投资和土地规划等方面的问题。记者们还参观了联想集团和中关村益华软件学院，对联想集团发展历程及其主要产品、园区软件人才培养方面的情况做了深入了解和相关采访。

（中关村管委会）

【第15届国际植保大会卫星会议召开】 5月8—10日，由市科协主办，北京植物病理学会等承办的“第15届国际植保大会卫星会议”在北京科技活动中心召开。会议的主题为“农产品安全生产的可持续植物保护策略”。来自中国、美国、加拿大、意大利、荷兰、波兰、亚美尼亚、埃及、印度、伊朗、以色列、日本、西班牙、土耳其等14个国家的21位专家学者做了专题发言。大会围绕蔬菜、水稻等农作物及土壤中病虫草害的安全控制问题，就非化学防治技术应用，利用日光高温进行土壤消毒技术，利用促生长细菌和有机肥控制有害生物，利用液态硅酸钾盐防治病害，病虫草害综合管理(IPM)，以及利用植物自身抗性机制抵抗病虫害等问题进行了研讨。会议还就目前比较受关注的转基因技术，特别是选择性标记基因的选用与安全性问题开展了讨论。本次会议强调可持续发展的思想，并提出了一些切实可行的方法。会后，与会代表到国家种苗示范基地、北京朝来农艺园、北京植物园等进行了考察。

(市科协　陈立新)

【举办中小企业国际合作论坛】 5月14日，“中小企业国际合作论坛”在西苑饭店举行。该论坛由市科协、德国北莱茵－威斯特法伦州经济部等5家单位共同主办，来自政府部门，国际科技促进经济组织负责人，驻华使馆官员，德国参展企业家，金融、中介机构和企业负责人，金桥工程代表共120余人出席。论坛围绕如何为提高中小企业国际化效率和拓展合作领域进行了广泛的交流。科技部中小企业创新基金、北京市有关委办局领导针对中小企业在国际合作进程中遇到的经济、技术及文化问题，如何加强政府在政策、资金等方面对中小企业的支持力度；国内外有关非政府组织充分发挥各自优势，培育中小企业服务体系；民生银行等金融机构对中小企业在信用担保、科技信贷等方面的扶持政策等进行了深入研讨。

(市科协　王立新)

【中国创业投资与高技术产业发展国际论坛举办】 5月16—17日，由中国创业投资和高科技杂志社和北京技术经济、管理现代化研究会承办的“中国创业投资与高技术产业发展国际论坛”在首都图书馆召开。科技部副秘书长李健、创业投资研究所所长房汉廷、国务院信息化办公室副主任辛仁周分别就中国高技术产业的发展、开展创业投资的政策以及中国信息化发展前景做了专题报告。中国工程院院士巴德年、中国中医研究院副院长刘保延、中国生物技术发展中心主任王宏广、中国农业科学院教授沈桂芳、国家新材料行业生产力促进中心主任吴玲、中国电子材料行业协会副秘书长袁桐以及来自美国、澳大利亚、欧洲HCCB银行等中外有关领域专家分别介绍了基因的医药研究和医药产业、中国中药现代化发展现状与前景、中国生物产业与生物经济、现代农业和生物技术、中国软件产业问题与对策、中国新材料产业与电子信息材料的现状和发展机遇、中美生物技术产业合作的前景、中国高科技产业的战略选择、高技术企业营销的国际惯例和技巧等。中外代表150余人参加论坛。

(市科协　丁兆祥)

【举办第七届中国北京国际科技博览会】 5月21—26日，由科技部、商务部、教育部、信息产业部、中国国际贸易促进委员会、中国知识产权局、北京市政府主办，中国国际贸易促进委员会北京分会承办的第七届“中国北京国际科技博览会”在中国国际展览中心举行。期间，有31个国家和地区的82个外国政府和专门组织、世界500强企业、世界著名金融投资机构、工商企业界人士参加了各种科技经贸交流活动，2 100多家企业参展。在25个论坛93场次及专项交流活动中，有580余位国内外知名专家、学者，包括诺贝尔获得者、前沿学科带头人、跨国公司首脑，就世界经济和中国经济走势、社会发展、企业竞争力等热点问题进行研讨。本届科博会签订了以高新技术为主的投资合作和贸易项目252个，成交总金额39.6亿美元，其中投资类项目231个，成交金额39.4亿美元；北京投资项目67个，总投资17.2亿美元，占投资总成交额的43.9%；外省市项目164个，总投资22.2亿美元，占投资总成交额的56.1%。

(市科委)

【国际物流会议召开】 5月22—23日，由北京铁道学会等4家单位共同主办的“国际物流会议(ICL2004)”召开。本次会议吸引了国内外200余名物流领域专家、学者、科研人员和企业界人士参与。专家们就“物流理论”、“物流技术”做了学术报告,与会者参加了讨论。会议正式出版了涵盖物流理论、物流管理、物流经济与物流技术等学术领域的论文集,其中国外论文20篇,国内论文44篇。会议期间,国内的专家与英国、美国、澳大利亚等国的专家就教学合作与科学问题等进行了探讨。

(市科协　周小华)

【国际运动生理学论文报告会召开】 6月5—7日,由中国生理学会运动生理学专业委员会和北京生理科学会主办的“2004北京国际运动生理学论文报告会”在北京体育大学召开。本次大会的主题是“运动、娱乐与健康”。来自全国各地以及芬兰、韩国、日本等国家的运动生理学知名专家学者100余人参加了大会。中国科学院院士杨雄里,北京体育大学校长杨桦、副校长钟秉枢和池建等出席报告会。韩国 Chang Keun Kim 博士、日本 Tomokazu Oshima 博士、中国运动生理学开拓者卢鼎厚教授、芬兰专家 Dr. Eero Punkka 以及国家体育总局运动医学研究所研究员杨则宜、国家兴奋剂检测中心研究员杨树民、日本 Shiori Hashimoto 博士、中国军事医学科学院教授范明等做主题报告。大会通过主会场报告和分会场讨论等形式,围绕运动对身体各系统功能的影响、运动性疲劳、运动员体能训练和机能监测与评定、运动健身生理学理论与方法、低氧与工作能力、教学理论研究和方法等进行了广泛的交流与深入的讨论。

(市科协　朱小静)

【日本NEC知识资产营业部访问技术交易中心】 6月16日,日本NEC知识资产营业部再度访问北京技术交易促进中心。双方就NEC专利和专有技术在中国技术转让和使用授权等业务取得共识,并将于近期签署合作意向书。

(北京技术交易促进中心)

【中医药知识产权保护国际研讨会召开】 7月16—18日,北京知识产权研究会在北京化工大学会议中心召开“中医药知识产权保护国际研讨会”。研讨会的宗旨是了解当前国内外中医药产业的发展和知识产权保护的现状,介绍中医药知识产权保护的方法和措施,促进中医药学的创新与发展。有关专家报告了中国中医药知识产权保护现状和发展趋势、中医药知识产权保护实用战略、美国及韩国医药知识产权保护实务、日本知识产权立国战略、中医药在台湾的发展等。与会专家围绕中医药的知识产权保护问题,从战略到策略、从宏观到微观、从理论到实践进行了深入的研讨。研讨会促进了中医和中药的结合,有些新的中药项目受到中医药企业的关注,初步达成了联手开发的意向。来自我国内地、台湾及美国、韩国、日本的80余位专家参加了会议。

(市科协　廖立泉)

【召开超薄膜及纳米材料的光学和光谱学国际会议】 8月20—23日,由首都师范大学主办的“2004北京超薄膜及纳米材料的光学和光谱学国际会议”召开。来自美国、法国、俄罗斯、韩国、德国、日本、新加坡、印度、捷克、英国、意大利、克罗地亚、奥地利、塞尔维亚、黑山、中国香港等国家和地区的学者、专家共131余人参加。通过本次会议,展示和交流了国内外在本领域最新的研究成果和经验,开展了广泛的学术交流、合作洽谈,取得了至少12项国际合作意向,收集论文112篇。

(市自然科学基金委员会办公室)

【召开第四届生物多样性保护与利用高新科学技术国际研讨会】 9月11—13日,“第四届生物多样性保护与利用高新科学技术国际研讨会”在京举行。研讨会由中国生物多样性保护基金会、市科委、市科协、北京市实验动物学会、中国实验动物学会、中国实验动物学会青年科技协会、中国贸易促进会北京分会主办,主题为“实验动物福利与资源多样性”。有来自国内20个省市和香港、台湾地区的代表及加拿大、美国、日本、芬兰、德国、泰国、委内瑞拉等7个国家的代表共200余人出席了本次研讨会。

(市科委国际合作处)

【第五届中国功能材料及其应用学术会议召开】 9月12—16日,由北京工业大学等48所全国知名的高等院校、科研单位和全国性学会联合主办的“第五届中国功能材料及其应用学术会议”召开。参加会议的有来自中国的科研机构、高等院校、企事业单位的科学家、企业家和来自日本、新加坡的学者共620人。两院院士师昌绪任大会名誉主席,中国工程院院士、中国科协副主席左铁镛任大会主席。著名的材料科学家徐叙瑢、李东英、蒋民华、游效曾、李龙土、王崇愚、李德忠、张杰、欧进萍等和中国科学院资深研究员张立德、北京有色金属研究总院院长屠海令等出席了会议。大会研讨的内容既有功能材料学科前沿的热点问题,亦有实际应用中的关键技术;既有前瞻性的研究成果,又有围绕国民经济与社会发展等重要问题进行的材料及其设备技术的研制开发。会议共征集学术论文1 312篇,录用958篇,并出版了《第五届中国功能材料及其应用学术会议论文集》。

(市自然科学基金委员会办公室)

【中韩高新技术展示洽谈会举办】 9月14—16日,北京技术交易促进中心、天津北方技术交易市场和韩国庆北技术转移中心在天津举办了“2004中韩高新技术展示洽谈会”。韩国的6家企业带着电子信息、先进制造、机电一体化和环保等领域的16个项目与中方的100多家企业进行对接,共达成20多个合作意向。

(北京技术交易促进中心)

【中法激光医学研讨会召开】 9月20—22日,首届“中法激光医学研讨会”在京召开。这是中法两国激光医学界人士首次高层次、涉及领域广泛的学术交流与合作。会议由北京光学学会、中国激光医学杂志社、北京光电技术研究所共同主办。来自法国的20余名激光医学专家与首都及周边省市医院的激光医学工作者就各自从事的临床和基础研究,进行了学术交流。研讨会还举办了最新激光医疗产品展,特邀中外知名激光医疗仪器生产商展示、介绍其最新研制的激光医疗产品。

(市科协 刘晓勘)

【IEEE/WIC/ACM网上智能与智能代理技术国际联合会议召开】 9月20—24日,由网络智能协会(WIC)主办,北京工业大学承办的“2004年IEEE/WIC/ACM网上智能与智能代理技术国际联合会议”在北京京瑞国际酒店召开。会议由6个特邀报告,3个专题讲座,7个专题研讨会,16个分组会议及产品展示组成。人工智能创始人之一,图灵奖获得者,美国斯坦福大学John McCarthy教授,网络计算的创始人之一Carl Kesselman教授,分布式人工智能的创始人之一Victor Lesser教授,机器学习创始人之一Tom M. Mitchell教授均做了专题报告。会上各位专家学者和工业界的代表就电子政务、电子商务、网上教育、网上医疗、信息化社区以及智能代理技术等多项议题进行深入的探讨,报告了最新的研究进展,展示了最新的研究成果。会议共收到来自42个国家的641篇论文。

(市自然科学基金委员会办公室)

【俄中企业经济论坛举行】 10月11日,俄中企业经济论坛在京举行。中联部副部长、俄罗斯驻华参赞、俄罗斯中小企业联合会会长及20余个企业家和联合会各地分会的负责人、北京生产力中心的负责人等参加。会上,中俄都强调要在双方高层成功合作的基础上大力推进经贸合作和企业间的合作,尤其是在中小企业发展方面将进一步加强交流与合作。论坛就经贸合作进行了演讲和洽谈。俄罗斯中小企业联合会创建于2002年,有25 000多名企业家会员,在俄罗斯67个联邦主体设有分会,与其他俄罗斯企业家联盟进行着密切的配合,其重要活动之一是与外国商业联盟建立合作关系,开展国际间的合作,促进经济伙伴间的交往。

(北京生产力促进中心)

【都市农业、观光农业与城乡发展研讨会召开】 10月11—14日,由市科协、北京地理学会等组织的“都市农业、观光农业与城乡发展”国际研讨会在北京农学院召开。市委副书记强卫,市科协常务副主席田小平等出席会议并讲了话。原国家科技部副部长韩德乾、中国科学院院士吴传钧、中国工程院院士方智远参加会议。来自荷兰、丹麦、日本、印度、韩国、中国台湾等八个国家和地区的代表150余人参加了研讨会。与会者就“都市农业发展的理论与实践”、“城郊观光农业与乡村旅游发展”、“都市农业与城乡发展”等当前社会发展和农业实践的热点问题进行了广泛交流。国际都市农业支持组织的外籍官员详细地介绍了多年来在世界各地开展都市农业研究的体会与实践，台湾代表讲述了自己的研究成果，希望把在台湾的实践引入祖国内地，促进城乡经济发展。与会代表还参观考察了小汤山温泉生态大棚、平谷区大华山挂甲屯生态村、通州区台湖第五生产队生态大棚等。

（市科协　丁兆祥）

【北京国际鼻变态反应、鼻外科技术研究研讨会召开】 10月15—17日，由北京市耳鼻喉科研究所、首都医科大学北京耳鼻咽科学院、首都医科大学附属北京同仁医院主办的“2004年北京国际鼻变态反应、鼻外科技术研究研讨会”召开。来自全国各地的219位代表参会。比利时、英国、丹麦、美国、新加坡等国家及国内的40多位专家就当今该领域的热点问题开展一系列专题讲座。会议达到了追踪鼻内镜外科领域最新进展及提高我国鼻变态反应领域的诊断和治疗水平，进一步扩大鼻科领域的国际交流的目的。

（市自然科学基金委员会办公室）

【北京国际粘接技术研讨会召开】 10月16—18日，由市科协、北京粘接学会共同举办的“2004北京国际粘接技术研讨会”在北京科学会堂召开。来自瑞士、德国、英国、日本、韩国等十几个国家近200名专家参加会议。会上德国W. Brockmann教授、日本Kasemura T教授、中科院化学所余云照博士、北京粘接学会马启元级高工、韩国Kim H－J博士分别做了题为“胶层厚度和铝合金表面处理对2－p型环氧胶粘剂固化行为的影响”、“可生物降解的脂肪族聚酯与其他聚合物的表面及界面张力和其他表面性质”、“一种调控环氧胶粘剂流变特性的新方法”、“论硅酮结构密封胶应力应变性能及要求”、“热熔混合与溶剂混合对SIS热熔压敏胶性能的比较”的报告。研讨会突出粘接技术在各行业中的应用，交流了粘接及密封技术的最新进展，强调学术界与企业界的联系。大会共交流论文42篇，墙报展示论文50篇。

（市科协　王建军）

【金永南访问中关村】 10月18日，朝鲜最高人民会议常务委员会委员长金永南一行50余人，在中国驻朝鲜大使武东和的陪同下到中关村科技园区参观访问。中关村管委会副主任夏颖奇向金永南委员长一行介绍了园区的历史沿革、资源优势、基础设施和法制环境建设、中介服务体系培育及人才培养等方面的情况。金永南委员长表示，中关村是中国现代高新技术研发的聚集地，园区对企业的孵化工作给予了有力的支持，对中国的繁荣起着重要作用。金永南委员长一行还参观了留学人员创业企业——北京华纬讯电信技术有限公司。

（中关村管委会）

【中—意水稻种植与技术创新研讨会举行】 10月19日，北京“中—意水稻种植与技术创新研讨会”举行。市科协常务副主席田小平、副主席贺慧玲，意大利大学教育科研部总巡视员马鲁奇，意大利大使馆科技参赞科松出席。中意两国的水稻专家结合自己的研究成果与应用做了专题发言。专家指出，数字化种植技术已经成为现代农业的标志和数字农业的核心技术之一。近年来，专家系统、信息管理、远程传感、精准农业、数字农业等农业信息技术迅猛发展。当前世界范围内水稻种植领域的技术创新不断涌现，GPS（全球定位系统）、GIS（地理信息系统）、激光控制技术都在水稻种植领域有了一定程度的应用，水稻的施肥和收割作业方式与现代信息技术也有了很好的融合。专家特别强调，干旱是影响水稻生长和产量的最重要因素之一，基因技术的突破是提高水稻抗旱性和稳产、高产的重要方向。

（市科协　侯新毅）

【外国使节做客中关村】 10月20日，北京市外办和中关村管委会又一次举办了“做客中关村”活动。此次活动吸引了包括美国、日本、法国、德国、意大利及联合国教科文组织、欧盟委员会等在内的50多个国家驻京使馆的外交官及国际组织代表共80多人走进中关村科技园区。活动中，驻京使节们听取了中关村科技园区最新发展情况的介绍，还实地参观考察了中关村软件园、生命科学园和联想集团。北京市副市长、中关村管委会主任范伯元致欢迎辞，对各位使节在拓展、促进中国与各国间的交流与合作方面所做的工作表示感谢。

（中关村管委会）

【召开新型显示技术国际交流会】 10月20—21日，北京电子学会和京东方科技集团股份有限公司在北京科技活动中心联合召开北京"新型显示技术国际研讨交流会"。来自美国、德国、日本、韩国及中国台湾和香港地区的专家，以及国内86个单位的188位代表参加会议。会议共收到了论文近百篇。京东方总裁梁新清、全国液晶协会理事长高鸿锦，以及美国、日本、德国、韩国、法国5个国家和台湾地区等的37篇论文在大会进行了交流。论文内容涉及国内外新型平板显示技术（TFT——LCD、PDP、LCOS、有机EL）的现状与发展趋势，新型显示器材料、器件及其应用装置和系统，市场分析与产业化，大屏幕节能安全显示器在2008年北京奥运会的应用等。专家们对促进首都显示技术的战略发展，产业化进程和政策方针制定等提出了建议。

（市科协 刘晓勘）

【举行第二届中国北京研发机构国际论坛】 10月21日，由市科委主办的"第二届中国北京研发机构国际论坛"在北京长城饭店举行。此次论坛的主题是：北京，21世纪国际高技术研发基地——打造世界IT研发中心。围绕主题，与会代表先后展开了"跨国研发机构的研发模式本地化战略"、"影响跨国研发机构成长与发展的若干热点问题"和"本地的企业、大学、科研机构与跨国研发机构共同成长，实现'双赢'"等三个议题的讨论。科技部、市科委的领导到会并致辞。北京软件产业促进中心、Cartner、Motorola、软件工程国家研究中心、德国Fraunhoser协会、BEA系统（中国）有限公司、法国电信等国内外机构的代表围绕论坛议题做主题报告及对话讨论。来自国内外的200多名企事业代表参加了此次会议。科技部秘书长张景安在致辞中指出，希望跨国研发机构要通过深度融入本地化过程，以获得更大的发展空间，"来到北京，融入北京"；同时广大的本地企业也要积极同跨国公司形成多种形式的合作，争取早日"壮大自己，走出国门"。市科委主任马林在致辞中提到，跨国公司在京研发机构带来了世界最新的技术以及对人才、对研发有效的管理方法，将极大地促进北京地区相关知识网络的形成，对北京提高知识生产传播效率、提升本土企业研发能力、带动信息技术发展有着重要的作用。北京必须抓住这个机遇，全面提升区域科技创新能力，使北京成为知识经济时代全球最重要的高科技大都市之一。

（市科委国际合作处）

【国际桥梁结构评估研讨会举行】 10月27—28日，由北京市市政工程研究院与中国力学学会结构工程专业委员会发起并联合主办了"2004国际桥梁结构评估研讨会"，建设部、交通部、市科委、市建委、市交委等政府主管部门负责人以及中国路桥集团、北京地铁建设总公司等单位出席了本次研讨会。此次研讨会旨在及时交流在桥梁评估以及相关领域的国际性最新研究与应用成果，推进桥梁评估理论与技术的发展，使桥梁能安全地为社会长期服务。90余位中国、中国香港特区、美国和日本的桥梁工程专家和技术人员首次就桥梁结构评估理论与技术进行专题研讨。北京市政集团公司总工程师张凡教授，中国香港特区刘正光博士、黄钊猷博士，美国张鸿直教授、孙平教授、卢实教授、刘立新教授，日本高田至郎教授等在会上做主题报告，相互交流最新研究成果，沟通信息开阔思路，拓宽合作领域，共同为危病桥梁"会诊"。会上收到论文40余篇，体现了专业人士对桥梁检测、评估、养护管理、健康监测、加固以及病害分析的理论和实践成果。

（市科委国际合作处）

【中英国际技术转移与合作研讨会举办】　11月22日，由北京技术交易促进中心和英国驻华使馆科技处联合主办的“中英国际技术转移与合作研讨会”在中国国际科技会展中心举办。来自国内技术转移相关领域的政府官员、学界资深人士、国有控股企业代表、民营科技企业总裁、风险投资商和科技中介机构代表等50余人以及日本NEC知识产权事业部、韩国庆北科技园、新加坡科技、上海科威、天津北方技术市场等国内外同行，听取了“中英科技合作现状及展望”、“北京高科技产业发展与技术转移”、“探索建立全新的技术转移服务模式”、“英国技术产业化成功经验”等专题讲演，并围绕国际技术转移领域的政府角色、政策支持、市场准入、科技中介服务、国际贸易促进、技术产业化风险投资和跨国并购、海外融资、知识产权经营与保护等热点问题进行了研讨。

（北京技术交易促进中心）

【科技交流频繁】　截止到11月底，市科委审批因公出访161批，366人次；经审核向市外办报批46批，173人次。审批邀请境外科技专家、学者76批，510人次。审批国际科技会议16项，与会代表3 130人次，其中国外代表1 143人次；审批科技展览5个，展览规模达到10 700平方米。

（市科委国际合作处）

【中韩技术产品交流洽谈会开幕】　12月6日，由科技部中国技术市场管理促进中心和韩国技术交易所（KTTC）联合主办、北京技术交易促进中心承办的“中韩技术产品交流洽谈会”在清华科技园创新大厦隆重开幕。中国技术市场管理促进中心、市科委、北京技术交易促进中心等单位的有关领导以及韩国技术交易所金永禄部长、文庆德代表到会祝贺并致辞。本次交流洽谈会围绕通讯信息技术、先进制造、生物医药技术、新材料技术、清洁能源及环保技术、工业自动化及IT技术等领域展开，14家韩国企业携医用污染废气物焚烧系统、光学活性丝胺酸引导剂、无线收发信息麦克风、数码Door Lock装置、在线调查系统等高技术项目与来自北京、天津、上海、山东、河南、福建、广东、广西、江苏、黑龙江等地的中方对口高新技术企业、专业投资公司、科技中介机构、科研院所、地方省市科技局、开发区政府等100多家单位、共计200多人次，展开了就技术转移、经销代理、OEM合作、投资建厂等多层次洽谈。与会各方取得了一批富有实效的会谈成果，签署了一系列项目合作协议和合作备忘录，并约定会后将进一步保持跟踪，深入交流，尽快实现对接合作。本次洽谈会还特邀了北京市各区县科委领导、技术转移创新服务机构及所属企业约30余人参加。

（北京技术交易促进中心）

国内合作与交流

【人禽流感防治座谈会召开】　2月6日，北京医学会召开“人禽流感防治座谈会”。市卫生局副局长梁万年出席并讲话。他指出，防治禽流感工作重点要放在严防疫情扩散，阻断禽流感向人的传播上，要坚持依靠科学，群防群治，及时处理和解决防治工作中出现的问题，维护正常的生产、生活秩序。学会呼吸病专业委员会主任委员刘又宁，副主任委员王辰、林江涛等在会上做了报告。与会专家就禽流感的病原学和流行病学特征、临床论断策略以及治疗原则等方面进行了交流。中央、北京和军队系统100余位领导和专家参加座谈。

（市科协　郭乡平）

【第七届中关村项目推介暨投资洽谈会召开】　2月26—27日，“第七届中关村项目推介暨投资洽谈会”召开。此次投洽会由中关村科技园区管委会主办，北京技术交易促进中心、北京产权交易所、中关村国际环保促进中心、北京市创业投资协会协办。会上重点推介了中关村科技园区15个具有投资价值的项目，并有主题报告会、网上展会等活动。

（北京技术交易促进中心）

【全国新型激光器及其应用暨激光产业发展高峰论坛举办】　4月27—28日，由北京光学学会等单位主办的“全国新型激光器及其应用暨激光产业发展高峰论坛”在中国国际展览中心举行。本次高峰论坛名誉主席是两院院士王大珩，中科院院士周立伟、许祖彦、姚建铨、周寿桓、徐大雄等出席了论坛。论坛上，激光专家许祖彦、姚建铨、周寿柯、霍玉晶、谭荣清，激光加工专家邓树森以及德国激光专家 Konrad Altman，就国内外新型激光器技术与应用的最新发展等做特邀报告。华工激光工程公司总经理阮海洪、武汉楚天激光集团总公司经理吴让大、武汉团结激光股份有限公司总工程师刘东华等就如何促进我国激光领域的科技创新、推动激光产业化发展等交换了意见。来自全国各大激光器研究单位，激光公司（集团）的总经理、专家，部分外国专家以及首都激光界、制造业人士共 140 余人出席了高峰论坛。

（市科协　刘宝胜）

【全国技术经济与创新学术研讨会举行】 4 月 28 日，由市科协、中国社会科学院技术创新与战略管理中心、清华大学经济管理学院联合主办，北京科学学研究会承办的“全国技术经济与创新暨企业技术创新与管理学术研讨会”在人民大会堂开幕。中国科协副主席、中国工程院院士左铁镛，欧亚科学院院士马俊如，中国工程院院士李京文，美国塞仕软件公司总经理戴鸿江等专家学者在会议中就树立科学发展观、发展循环经济、循环经济中的技术创新做了主题报告和讲演。全国 40 多所高等院校、科研机构、大型国有企业、民营企业的专家学者及相关政府官员 120 余人参加了研讨会。会议收到论文 600 余篇，编辑主题报告会刊 2 册。

（市科协　武铁成）

【2004 信息安全论坛举办】 5 月 14 日，由市科协主办，北京科技情报学会承办的“2004 信息安全论坛”在中国科学院文献情报中心举办。中科院院士蔡吉人、周仲义、林永年、魏正耀和 21 名该领域的专家，交流了“密码技术的三大革命”、“知识安全与可控性研究”、“信息隐藏技术”、“信息安全产品认证认可体系”、“如何防范内部攻击”、“身份认证是安全之本”等内容，并就国内信息安全的现状和发展趋势，国内信息安全领域的最新技术、产品和解决方案等问题进行了研讨。来自军队、各部委、市政府信息主管部门的官员，高校、科研机构的专家，电信、金融、通讯等领域的专业人士参加了此次活动。

（市科协　李继瑛）

【京津科技合作座谈会召开】 5 月 22 日，召开了由北京技术交易促进中心承办的“京津科技合作座谈会”。北京市副市长范伯元、天津市副市长杨栋梁、科技部发展计划司司长杜占元等出席会议并讲话。北京市科委主任马林与天津市科委主任李家俊分别代表两地科委签署了“京津科技合作协议”。双方将在“优势互补、互惠互利，市场导向、政府推动，整体规划、分层次推进”的原则下，重点从区域共同的需求中寻求京津科技合作的切入点，联合解决软件产业、水资源与水产业、环保产业、公共卫生、农业、电动车与清洁能源等重大科技问题，推动京津塘高新技术产业带建设，共同营造区域合作发展环境，共同制定京津地区高新产业发展规划；加强高新技术产业分工与协调，加快沿线高新技术制造业和特色产业集群建设；推进科技文献、科技信息、专家库、动植物资源、海洋资源等基础性科技资源联网共享，相互开放国家级和市级重点实验室、工程技术研究中心，以及软件评测等科技基础设施，共同建设好京津冀大型仪器共用网，鼓励国家级和省（市）级重点实验室、中试基地、技术检验检测机构、科技服务机构等向环渤海地区开放，并享受同等待遇；鼓励两地的区县、开发区、科技园区、高校、科研院所和企业，开展多样化的产学研联合，共建实验室、股份制工程中心、企业研发机构、区域特色产业创新中心（或生产力促进中心）、博士后流动站（工作站）等各类研发机构和科技中介服务机构；鼓励科技成果、科技人才、创业资本等科技要素在区域内的有序流动；共同规划建设京津区域宽带信息网，促进区域技术交易、技术产权交易、知识产权保护、创业投资协作、科技评估协作及科技咨询的交流与发展。京津两地的相关机构同时签署了 4 项合作协议，即软件产品测试服务合作；水产品质量安全控制技术研究与应用；颐和园古典园林夜景照明技术研究;技术交易机构合作,其中北京技术交易促进中心和天津北方技术交易市场将结成业务联盟,在招商引资及产业化服务、建立信息服务平台、相互发布项目和技术需求信息、科技中介建设等方面开展合作。

(北京技术交易促进中心)

【微量营养素与儿童健康学术研讨会举行】 5月27日,由北京微量元素学会和中国儿童中心及宝洁营养所共同主办的"微量营养素与儿童健康学术研讨会"举行。中国工程院院士胡亚美以及国内外知名专家,儿童营养、卫生保健专业人员200余人参加会议。会上,中外学者就儿童微量营养素缺乏的有关问题,如维生素A,维生素K,微量元素锌、铁,常量元素钙等缺乏及儿童肥胖症等社会关注的问题做了专题报告。与会者还对由于环境污染、城乡儿童体内铅超标导致铅中毒等热点、难点问题进行了交流和讨论。与会者一致认为,目前中国儿童营养状况正面临着营养不足和营养过剩两方面的挑战。一方面中国与其他发展中国家一样存在着某些营养素缺乏问题,另一方面,又与发达国家一样存在着因营养过剩或营养失衡所导致的肥胖问题。中国儿童肥胖增长的速度惊人,控制儿童期肥胖的工作刻不容缓。解决这些问题的办法是大力开展健康教育,坚持每天运动及研究推广强化食品,特别是在主食中强化微量营养素。

(市科协 何金生)

【2004两岸城市交通论坛在台北举行】 8月23日,应台湾知识生产力协会、台北交通安全促进会邀请,市科协组织了市城市规划设计院、北京交通发展研究中心、北工大交通研究中心、北京广播电台交通台等单位组成的7人代表团,前往台北参加"2004两岸城市交通论坛"。台湾知识生产力协会的理事长、台北市交通安全促进会理事长、中华两岸世纪发展协会副理事长、亚洲调频广播网总监、台湾大学教授等专家出席论坛。代表团还访问了台北大众捷运公司、台湾新竹科学工业园区、台湾交通大学,并与有关专家进行了交流。双方商定,台湾知识生产力协会将于今年10月组团参加北京科技交流学术月期间举办的"京港台青年科学家论坛——网络的融合与发展"。

(市科协 庞志其)

【举办发明问题解决理论讲座】 8月25日,北京机械工程学会和中国机械工程学会联合举办了"发明问题解决理论讲座"。河北省机械工程学会理事长檀润华教授深入浅出地讲解了发明问题解决理论。檀教授在研究国外理论的同时,结合我国的实际进行了更实用化的研究和开发。发明问题解决理论的基本内容有五个部分:产品进化理论、分析工具、冲突的解决理论、物质—场分析、效应。

(市科协 李业壮)

【第八届京港经济合作研讨洽谈会召开】 9月2日,"第八届京港经济合作研讨洽谈会"在香港会展中心开幕。会上,北京推出招商项目120余个,涉及基础设施、高新技术、现代制造业、商贸旅游、文教体卫等。其中,有17项最适合港商投资的与奥运相关的项目,即地铁四、五、九、十号线工程,首都机场北线高速公路,京开高速公路北京段转让,京承高速公路三期,京郊轨道交通亦庄线,北京沙河高教园区医院建设,影视剧产业发展投资公司,北京华都安全食品工程,怀柔区国产西洋参规范化种植及加工产业化,北京国际汽车博览中心建设,北京汽车生产基地建设,京城百工坊建设,国家环保产业园区汽车电子园,北京恒有源热力公司等。同时,北京软件产业促进中心积极组织了IT类企业和软件园区赴港参展,重点推介神州数码、共创开源、新空气软件等企业的产业化项目以及北工大软件园、石景山数字娱乐产业基地等的建设项目。

(市科委国际合作处)

【举办第一届北京水文化研讨会】 9月27日,由北京市水务局主办,北京水利学会和北京水利编辑部承办的"第一届北京水文化研讨会"召开。焦志忠、张寿全、陈铁、段天顺等出席。中国环境研究院、水利水电科学研究院、清华大学水利系等有关单位百余位科技工作者参加了会议。与会各位专家围绕"以人为本,人水和谐"和全面、协调、可持续的治水思路,打造具有北京特点的“循环水务”这一中心议题,进行了讨论。

(市科协 李维萍)

【举办第七届北京科技交流学术月】 10月8—31日,2004年(第七届)北京科技交流学术月举办,主题是“以人为本·科学发展”。开幕式10月13日在北京科技活动中心举行。学术月期间,有数万名科技工作者参加了各学会和基层科协举办的340余项不同学科领域、多种形式的学术活动,内容涉及七个方面:城市规划与交通;城市发展与环境保护;以人为本,促进科技创新;公共安全;现代化产业发展;奥运与北京发展;北京农业发展。其中,有第二届北京中—欧大城市发展学术研讨会、新型显示技术国际学术研讨会、京港台青年科学家论坛、第五届青年学术演讲比赛、专家建议征集评选等56项重点活动。

(市科协 武纯朴)

【在深交会上获技术贸易成交额11.5亿元】 10月12—17日,“第六届中国国际高新技术成果交易会”在深圳举行。北京市以副市长范伯元带队组成100人的代表团参展,获技术贸易成交额11.5亿元人民币,并得到高交会组委会颁发的“优秀组织奖”。此次北京展团以“力促企业成为创新主体”为主题,宣传市科委的“三大行动计划”(即引擎、涌泉、科技奥运)。展区中设立了以中关村一区多园为画面的巨幅弧型背景墙,宣传中关村科技园区建设成就及北京市的科技发展政策、环境等,同时重点组织电子信息、生物工程与新医药、光机电、新材料、清洁能源与环保等领域的高新技术成果和产业化项目进行展示与交易,以促进企业提高成果转化率和市场竞争力,推动企业的发展。

(市科委高新技术产业化处)

【举办微生物与公共卫生安全论坛】 10月12日,“北京微生物学会成立五十周年暨微生物与公共卫生安全科学论坛”在北京大学举行。市科协名誉主席顾方舟,北京微生物学会理事长、中国工程院院士赵铠分别致辞。中国科学院院士曾毅、陈文新,中国工程院院士庄辉参加了会议。市科协党组书记田小平讲了话。清华大学、北京大学、中国农业大学、中国兽药监察所、中国工业发酵协会、302医院、空军总院、协和医院等单位的专家分别就“艾滋病的流行与控制”、“实验室污染与生物安全”、“生物恐怖的威胁与对策”、“中国工业生物技术进展”、“全基因组芯片平台在植物与微生物相互作用研究中的应用”、“用RT—PCR方法检测SARS病毒及序列的测定”、“脊髓灰质炎病毒变异及疫苗研究”、“广谱抗生素使用后医院内的细菌耐药变迁”、“禽源沙门氏菌耐药性分析”、“我国不同地区家禽大肠杆菌血清型分布和耐药性比较研究”等内容做了专题学术报告。与会专家围绕公共卫生安全与微生物领域的前沿理论和学术的热点、难点问题,进行了交流。

(市科协 刘红杰)

【第四届功能性纺织品及纳米技术研讨会在京召开】 10月12—14日,北京纺织工程学会等主办的“第四届功能性纺织品及纳米技术研讨会”召开。西安工程科技学院副院长黄翔、国家体育总局科研所岑浩望博士、中科院化学所宋延林研究员、总后军需装备研究所张建春主任、北京交通大学金宗哲教授、燕山大学李青山教授、中纺标检验认证中心总经理方锡江、中国保健协会关国强等30位专家在会上做了有关功能性纺织品的最新进展及有关检测、认证、评价等内容的报告。与会代表认为,目前我国开发功能性纺织品档次、性能越来越高,有的科研成果已转化为生产力。当前存在的主要问题是,功能性纺织品的标准较少,检测方法不一,评价产品功能的科学依据不强等。来自全国各地的160名代表参加了会议。

(市科协 文永奋)

【举办京港台青年科学家论坛——网络融合与演进】 10月21—25日,由市科协、市人民政府台湾事务办公室、京港学术交流中心、台湾中华知识生产力协会主办,北京通信学会、香港中国电信建设杂志社承办的“京港台青年科学家论坛——网络融合与演进”在北京科技活动中心举行。市科协副主席贺慧玲主持开幕式,市台办副主任曹居京、北京邮电大学校长林金桐等领导和来自北京、香港、台湾的200余位青年学者出席了会议。北京通信学会理事长赵继东、京港学术交流中心总裁李乃尧、台湾中华知识生产力协会理事长陈芬玉分别代表京、港、台三方致辞。会议围绕传统电信网如何向下一代网络演进、NGN 的技术进展与发展策略、移动通信与固定通信的融合、电话网与 IP 网的融合、传送网与数据网的融合、三网融合的机遇与挑战、有线与无线宽带接入、网络融合所带来的业务创新等议题,共同探讨网络融合与演进方面的新思路、新理念、新技术及新方法。香港大学、新加坡南洋理工大学、台湾弘大通讯网路公司、信息产业部、大唐电信、北京市信息办、中国联通、中国电信、中国网通等单位的青年专家学者介绍了自己的研究成果。香港和台湾地区 20 余位专家和企业家还考察了北京市通信公司网管中心、北京移动通信公司,并进行了座谈交流。

(市科协　庞志其)

【电镀清洁生产现状及对策研讨会召开】 10 月 25—26 日,北京电镀学会召开“电镀清洁生产现状及对策”研讨会。北京航空航天大学、北京科技大学、北京绿柱石电镀设备有限公司及沈阳飞机制造厂等单位有关专家在会上做了报告。与会代表围绕无氰电镀技术、代铬电镀技术、电镀设备的改进、电镀“三废”的综合利用及回收等问题进行了讨论。专家认为,根据北京市的整体发展,四环路以内不应再保留电镀等污染行业生产厂家,如再不采取有效措施,势必会影响总体规划的实施及相关企业的生产。北京必须尽快建立电镀工业园区,便于电镀“三废”集中控制及处理。

(市科协　李振英)

【举办中华管理英才论坛】 10 月 29—31 日,由市科协支持,北京系统工程学会承办的“中华管理英才论坛”举行。全国人大常委会副委员长许嘉璐,九届全国人大常委会副委员长布赫,九届全国政协副主席孙孚凌、王文元,中华全国新闻工作者协会主席邵华泽,国务院国有资产管理委员会主任李荣融,博鳌亚洲论坛秘书长龙永图到会并致辞。华夏银行董事长陆宇澄、海尔集团总裁张瑞敏、双星集团总裁汪洋等 15 家公司的高层领导出席会议。与会者围绕经济多元化的管理变革、宏观调控与着陆后的中国经济、中国价值观对管理的影响、中国 CEO 如何影响全球标准、领导权利如何平衡释放、现代商业时代民主贸易的倡导、客户驱动式领导模式研究等议题进行了交流。

(市科协　武铁成)

【第三届华北山区可持续发展研讨会召开】 11 月,“第三届华北山区可持续发展研讨会”在北京召开。北京农学会理事长陶铁男致开幕词。市科协副主席辛俊兴、中国农学会龚献民到会致贺。来自河北、山西、河南、内蒙古、天津、北京农学界 40 余位代表就山区发展中遇到的有关问题进行了研讨。40 余篇论文在会上进行了交流。与会者认为,山区发展问题是“三农”问题中的难点。山区是大多数省市发展的战略后方,更是重要的生态屏障,是宝贵的农业和生态资源。有专家提出,山区的可持续发展首先要对山区的资源进行保护性开发,如营造生态经济林,可优先发展抗寒耐旱的柠条、欧李等经济灌木林,发展山区栽植历史悠久的小杂粮等经济作物。

(市科协　袁士畴)

【华北地区电机工程学术年会召开】 12 月 10 日,北京电机工程学会等 4 家单位联合举办了以“树立科学发展观,坚持科学技术为电力安全生产服务,团结动员广大科技工作者,推动华北电力工业技术进步”为主题的“华北地区电机工程学术年会”。年会由学会副理事长王赞基主持,刘铭刚致开幕词,市科协副主席、党组副书记贺慧玲,中国电机工程学会秘书长魏光耀出席并讲话。中国工程院院士韩英铎做“区域电力系统安全防御体系新构想”;国电西安热工研究所危师让做“用科学发展观探讨我国电力工业的未来发展趋势”;华北电力科学研究院有限责任公司巩学海做“发挥电力试验研究院(所)科技优势,为电网和发供电企业提供技术支撑”的学术报告。学术年会分三个分会场进行专题交流,共征集论文 220 余篇,收入年会论文集 109 篇,评选出优秀论文 29 篇,并在分会上进行了交流。300 余位代表参加了学术年会。

(市科协　王金萍)

【举办21世纪中医新思维青年论坛】 12月10日，北京中西医结合学会青年工作委员会举办“21世纪中医新思维青年论坛”。学会青年工作委员会副主任委员唐旭东主持会议。会议由中国中医研究院院长曹洪欣做引导性发言，北京中西医结合学会会长危北海到会讲话并做总结发言。专家学者分别就中医现代化、提高中医临床疗效、科技创新团队建设、中医临床医学发展策略等方面做了专题发言。会议重点围绕中医人才培养、中医技术现状与发展、中医团队建设等问题展开研讨。学会会员及广安门中医医院青年科技工作者130余人参加了论坛。

（市科协　刘　芳）

科学技术普及

SCIENCE AND TECHNOLOGY POPULARIZATION

城市科普

Science and technology popularization in urban areas

青少年科普

Science and technology popularization among youngsters

农村科普

Science and technology popularization in rural areas

科普活动统计

Statistics of science and technology popularization activities

城市科普

【召开自然科学界和社会科学界联席会议顾问委员会第二次会议】 1月16日，北京自然科学界和社会科学界联席会议召开顾问委员会第二次会议。市科协主席陈佳洱、市社科联主席陶西平、市科协党组书记田小平、市社科联党组书记张文启等，以及王大珩、何祚庥等34位专家出席。田小平、张文启分别介绍了2003年两界联席会议工作开展情况和2004年工作基本思路。与会专家对缓解北京交通拥堵问题提出了很多有益的意见和建议。

（市科协）

【召开市科协六届三次全委会议】 1月18日，市科协六届三次全委会议召开。中国科协书记处书记冯长根、市委副书记强卫出席并讲话。市科协主席陈佳洱主持会议。会议审议通过了《北京市科协2003年工作总结和2004年工作要点》，确认了增补和变更委员、常委的人选，表彰了2002—2003年度金桥工程项目奖和组织奖。

（市科协）

【举办高层次科普报告会】 2—11月，北京老科技工作者总会与中科院分会在中国科学院文献情报中心报告厅联合举办了高层次的科普报告会。中科院院士陈竺、欧阳自远、林群、何祚庥、童庆禧、滕吉文、李国杰，以及高登义、侯自强、李竞、向红丁等做了精彩的科普报告，共有3 000人次参加。

（市科协　彭大年）

【动物疾病与人类健康科普展览举办】 4月16日，由市科协、中国动物学会、北京自然博物馆、北京动物学会联合主办的“动物疾病与人类健康”科普展览在北京自然博物馆展出。展览对如何认识SARS、禽流感、狂犬病、艾滋病、疯牛病、口蹄疫、埃博拉出血热、登革热、炭疽病、猴豆等人畜共患病的来源、危害性，怎样采取正确的预防措施，如何科学、正确、文明地对待野生动物等做了详细的介绍。

（市科协　段瑞华）

【举办“水—生命”大型科普互动巡回展】 5月12—25日，由市科委主办的“水—生命”大型科普互动巡回展在海淀区科技馆举行。展览包括：“水利——人与水”互动科普展、“细胞屋”互动体验式科普展、“DNA50——纪念DNA双螺旋结构发现50周年展”、“飞向火星”模型展。本次展览的主题“水—生命”，就是要表达水与生命之间的内在联系，引起观众的思考，唤起全社会特别是青少年树立保护水资源就是保护地球上的一切生命的价值观。其中，“水利——人与水”互动科普展，通过“水力发电、曹冲称象、巧引池水、潜水艇操控、水库航模过船闸比赛、古代提水设备及利用、污水处理演示、修建水关”8组以动手为主的互动项目及“人与水”图片展，使参与者对有关水的浮力、虹吸原理等问题有所认识，让青少年树立科学用水、节水、环保的观念。“细胞屋”首次向社会亮相，占地80平方米，是一个放大了40万倍的庞大细胞，可拆装、可移动的孩子们的游乐园。此次展览的举办，标志着北京市《2004—2008年区县科技中心（科技馆）振兴计划》的正式启动，是北京市有效盘活现有区县科技馆存量资产、激活其内在原动力的一个重要举措，更是北京市为改进和加强对未成年人思想道德建设，创造一个优良的“绿色空间”场所而实施的重大行动。

（市科普工作联席会议办公室）

【举办2004年北京科技周】 5月15—21日，举办了主题为“科技以人为本 全面建设小康”的科技周活动。本届科技周首次实行北京科技周与全国科技活动周共同举办的新模式，整合了首都的科技、科普资源，提升了活动水平，扩大了宣传范围，增强了社会效益。科技周期间，共举行了“科技以人为本 全面建设小康”大型科普主题展、“走进绿色、拥有健康”和“科学健身、奔向奥运”科普游园会、“科技以人本，全面建设小康”大型文艺晚会、“科技、人文与社会发展”——展览展示4项标志性活动；举办了“第二届北京科技传播创新与发展论坛”、“北京城市规划与交通”高峰论坛、“院士与大中学生对话活动”、“科学家的博物情怀研讨会”、“新编科普木偶剧《南极精灵》首演”、“十媒体联动——半个世纪来影响生活的十大科技发明评选及知识竞赛”等重点活动50余项;基层活动近4 000项。据初步统计,通过本届科技周的各项科普活动直接受益群众达400万人次。直接参加本届科技周的各级工作人员2万余人,新闻报道300余篇(条)。

(市科协 蔡涤华 刘丁丁)

【第二届北京科学传播创新与发展论坛举办】 5月16日,由中国科协科普部、市科协共同主办,北京科普发展中心承办的“第二届北京科学传播创新与发展论坛”在北京科技活动中心举办。中国科协主席周光召、中国工程院副院长邬贺铨、中国科协科普部副部长彭友东、市科协副主席贺慧玲以及澳大利亚、法国、日本等国家的科普专家、出版商、国内部分省市科协干部、科普工作者参加。市科协主席陈佳洱主持开幕式。周光召、邬贺铨和澳大利亚国家科学中心主任格雷厄姆·杜兰特分别致词,贺慧玲宣读了中科院副院长白春礼院士为论坛发来的贺词。论坛期间,邬贺铨、格雷厄姆·杜兰特、我国绕月工程首席科学家欧阳自远、中国科学探险杂志社社长高登义、中国科普研究所李大光、中国科普作协副理事长王直华、清华大学教授刘兵、重庆大学科学传播中心赵修渝、法国Nathan出版社主任赛琳娜·夏尔维女士等就“发挥网络在科技传播和创新中的作用”、“月球探测的进展与我国的月球探测”、“科学、企业、新闻媒体三结合是开展科普工作的有效途径”、“科普是高校的历史使命”、“科普工作的传播机制研究”、“澳大利亚和英国的科学传播”做了专题演讲,从不同的角度阐述了“科普产业社会支持系统的构架”、“科普的社会化和市场化的瓶颈”、“科普社会化和企业文化建设”等方面的内容,并回答了听众提出的问题。

(市科协 谢 宁)

【举办《巨眼》图书首发式暨中法科普创作研讨会】 5月16日,为庆祝中法建交40周年和北京科技周举办10周年,北京科普创作出版专项资金重点资助、市新闻出版局重点项目——法国优秀科普译著《巨眼》丛书(中文版)由北京出版社出版。市科协、市新闻出版局、北京出版集团在王府井新华书店举行首发式暨中法科普创作交流会。《巨眼》每年都会有10多种新书加入这一系列,目前已出版100多本。中文版《巨眼》丛书,首批推出精选的10种,为中国青少年送上兼具“三优”的中国化的法式大餐,以此促进中法科学文化的交流。

(市科协 白 鹤)

【大型科普游园会举办】 5月16日、5月22日和23日,以“走进绿色 拥有健康”、“科学健身 奔向奥运”为主题的2004北京科技周大型科普游园会分别在朝阳公园和龙潭湖公园举行。朝阳公园内有医疗特别快车、科学健身表演、绿色环保新天地、科技谜语竞猜、少儿科普大篷车、科普图书展卖、绿色装点居室、绿色环保汽车展示、生物多样性保护图片展览等;龙潭湖公园内有社区健身器材表演、群众体能测试、科普大篷车、科普图书展卖、社区科普活动表演等活动。市科协的49个市属学会参加了两个公园的咨询活动。中国科协党组书记张玉台、市科协党组书记田小平等出席开幕式,参观了北京学会的咨询活动。

(市科协 庞志其)

【科普示范社区联动特色活动日举办】 5月16日,市科协和首都文明办联合举办了“科普示范社区联动特色活动日”。市8个城区分别选定一个社区开展了丰富多彩、独具特色的科普活动,向广大市民充分展示科普示范社区的风采。海淀区北太平庄街道太月园社区作为活动日的主会场,以“科技以人为本、全面建设小康、做文明海淀人”为主题,开展了重点面向社区未成年人的宣传咨询、机器人表演、知识竞赛等活动。崇文区在前门街道社区科普文化广场,以“科普伴我生活、科技增我活力”为主题,结合社区老年人多的特点,开展了老年人动手、动脑益智活动和老年人剪纸表演。宣武区在广内街道西便门东里社区,以“科学饲养宠物,共创文明家园”为主题,聘请专家向社区居民进行科学饲养宠物的宣传、咨询,并成立了社区文明饲养宠物协会,向全体居民发出了文明生活、保护环境、爱我家园的倡议书。东城区、西城区、朝阳区、丰台区、石景山区也分别以不同的主题,开展了各具特色的社区科普活动。

(市科协 张仕贤)

【举办百万家庭数字生活技能大赛】 6月12日,由市科协、市信息化办公室和市妇联主办的"2004年北京百万家庭数字生活技能大赛"举行,竞赛包括数码摄影、网上冲浪、手机短信息交流和体验数字家庭生活等内容。全市6 000多个家庭和青少年参加了初赛,来自18个区(县)和北京经济技术开发区的38个代表队、114名选手参加了决赛,有6个队分别获得学生和家庭组全能奖,16个队分别获得学生和家庭组技能奖,10个队分别获得学生和家庭组优胜奖,崇文区、宣武区、东城区、丰台区、顺义区获得团体奖,朝阳区学生队获得特别鼓励奖。通过这次大赛,推进了家庭和青少年信息化知识的普及,培养了参赛者学习和应用信息化知识的兴趣和热情,使网络更加贴近生活、贴近百姓、贴近家庭。主办单位还计划将大赛创办成为3年内在百万家庭上网工程中推进信息化普及的品牌活动。

(市科协 李卫民)

【举办北京全民科学健身迎奥运活动】 7月4日,市科协与市体育局共同主办,市体育科学研究所承办的"北京全民科学健身迎奥运"活动在中国科技馆举办。活动中,2辆体质检测车和体育运动测试专家,为北京的社区市民检测了体质的状况,针对体质报告表,专家们解答并开出了运动处方和健身计划,为提高北京市民的体质,健康迎接2008奥运会,奠定了群众基础。市领导刘淇、王岐山、强卫等参观了活动。

(市科协 白 鹤)

【举办"科学发展、健康生活"社区科普日】 7月4日,由中国科协、市科协主办的主题为"科学发展、健康生活"的"全国科普日"社区科普活动在海淀区北太平庄街道科普示范文明社区——太月园小区举行。有24个全国性学(协)会,150余位专家以及3 000多名群众参加,发放科普材料4万余份。这次活动让小区居民与科普实现了零距离接触,提高了学科学的热情,了解了科学、文明、健康的生活方式,对社区居民如何运用科学知识革除陋习,提高生活质量起到了积极作用。

(市科协 张仕贤)

【举办第六届北京科普之夏活动】 7月15日,由市科协主办的"第六届北京科普之夏"在崇文区前门街道社区科普文化广场启动。本届北京科普之夏活动至8月底结束,历时40余天。期间,各城区科协充分发挥科协系统横向联合的优势,利用夏日群众休闲、纳凉的机会,以"科学普及——你我共参与"为主题,举办了内容丰富、形式活泼的各项科普宣传活动3 000余项,参与活动的人数达到100万人次。内容包括:科普讲座、报告、文化广场活动、文艺演出、科普宣传咨询、竞赛评比、展览巡展、科普影视放映、读书活动等。此次活动,各级科协特别注重把资源节约宣传与各项科普活动结合起来,树立科学的发展观,倡导节俭文明的生活方式,提高广大公众的资源忧患意识和节约意识,努力形成科学、文明、健康的良好社会风尚。

(市科协 张仕贤)

【市科协召开六届八次常委会议】 7月19日,市科协召开六届八次常委会议。陈佳洱主持会议。田小平做《北京市科协2004年上半年工作总结及下半年工作要点》的工作报告,贺慧玲做《北京市科协关于贯彻实施首都人才发展战略,进一步加强科技人才工作的意见》以及《促进青年科技人才成长计划》、《青少年科技后备人才早期培养计划》、《海外智力为首都建设服务计划》的说明。常委们围绕加强科协系统人才工作进行了讨论,并提出了意见和建议。

(市科协)

【教师远程科普知识工程启动】 8月20日,由中科院院士局和市科协承办的教师远程科普知识工程在中科院院士局正式启动。该项目旨在以卫星远程数据平台为技术手段,向西部中小学教师持续提供"科技前沿与学科发展"及最新"学科教育思想,课程理论、标准"的资源、信息,从而提高教师自身的科学素养,传播科学思想、科学精神、科学方法,以适应当前基础教育课程改革的需要，落实西部开发必须坚定不移地实施“科教兴国”的战略思想。该项目将邀请中科院、工程院60余位院士分别主讲第一单元科技前沿的33个主题课程；聘请北京市有关重点中学优秀教师分别主讲第二单元学科教育课程。

（市科协　武铁成）

【举办巡回太空博览会】　8月起，北京宇航学会等单位联合在北京、上海、杭州、广州、深圳、苏州、沈阳、青岛、武汉等城市举办了太空博览会，共有200万人次参观了展览。全国巡回太空博览会是以东南汽车首款太空车菱绅为原型，打造长37.65米、宽16.47米、高13.63米的巨型菱绅车屋，挑战世界最大车型充气建筑物的吉尼斯世界记录。这次太空博览会设有太空展示区、太空留影区、太空体验区、航天模型区、聪明挑战区。现场设有图片展区、模型展区、视讯展区、游戏展区、太空主题拍照区。参观者步入车屋，仿佛进入了浩瀚的银河，体验太空漫步的奇妙，实现遨游太空之梦想。

（市科协　张宗美）

【直辖市科协联席会议首次会议召开】　9月9—10日，直辖市科协联席会议首次会议在北京召开。会议达成如下共识：选取带有共性的课题联合开展调研；互换常委会、全委会议材料以及科协信息简报；在人才、外事交流、信息化网络建设、国际化大都市防灾减灾、先进技术引进和需求等方面建立资源共享合作机制；为彼此开展工作创造便利条件，提供互派干部挂职锻炼的机会等。

（市科协）

【驻华科技外交官考察科普基地】　9月22日，部分驻华科技外交官考察科普基地。活动由市外办、市科委、市友协、市科协联合举办。来自德国、挪威、波兰等17个国家和地区的20名驻华科技外交官和多家境外新闻媒体记者参观了国华北京热电分公司的脱硫室、主控室和即将落成的国家科技电力展示中心，还参观了台湖科普实践园的远程教育室、青少年工作室、科普图书室等，并与现场的农民和学生进行了交流。

（市科协　郭　健）

【举办首届“数字北京”网络摄影大赛】　9月24日，由市信息化工作办公室、市政府外事办公室和市科协共同发起，新浪网、北京信息化协会主办，今日捷成图片社、北京信息化促进中心和首都之窗承办主题为“新北京、新生活、新科技”的首届“数字北京”网络摄影大赛举行。大赛从作品提交、评比到获奖作品的展出都通过网络来实现。大赛共收到参赛作品3 000多幅，有效作品2 100多幅，其中外籍人员参赛作品91幅。经邀请有关专家进行评选，共评出一等奖1名、二等奖3名、三等奖5名及优秀奖10名。

（市科协　李卫民）

【北京消防教育训练中心被命名为首批全国消防科普教育基地】　11月5日，由国家公安部消防局、中国科协科普部、中国消防协会主办，市公安局消防局承办的首批“全国消防科普教育基地”命名大会在位于大兴工业开发区的北京消防教育训练中心隆重举行。会上，国家公安部消防局、中国科协科普部、中国消防协会联合命名了29家全国消防科普教育基地，北京消防教育训练中心荣膺此列。该中心是中日政府间的专项技术合作项目，1997—2004年，市科委连续支持其建设。该中心不仅是消防部队的专业训练基地，同时更是一处面向社会对从事消防相关工作人员及市民进行消防专项培训教育和防火防灾知识普及教育的基地。

（市科普工作联席会议办公室）

【《现代战争与兵器》获奖】　12月7日，北京科普创作出版专项资金资助作品《图文科普·现代战争与兵器》荣获第十四届中国图书奖。本书由北京少年儿童出版社出版，一套共9本。

（市科协　白　鹤）

【贾庆林主席视察北京天文馆新馆】　12月10日下午，全国政协主席贾庆林在副市长范伯元的陪同下视察了北京天文馆新馆。贾主席一行首先来到新馆大厅，在听取了关于新馆建设工程的情况汇报之后，又兴致勃勃地观看了新馆SGI数字宇宙剧场和4D动感科普剧场放映的节目。贾主席对天文馆新馆剧场的设施、设备和节目的制作水平给予了很高的评价，对天文馆今后的工作提出了新的要求。市科委主任马林、市科研院院长曹凤国、市科研院党委书记卢晓明等委、院有关领导陪同参观。

（摘自《北京科学技术研究院院报》）

【北京天文馆新馆落成】 12月12日，举行了北京天文馆新馆落成仪式。中国科协党组书记邓楠，国家科技部党组成员、国务院参事石定寰，国家文物局局长单霁祥，中国航天科工集团公司副总经理方向明，中国航天科技集团副总经理许达哲，市人大副主任田麦久，副市长范伯元，市政协副主席张和平，王绶琯院士、席泽宗院士、李惕碚院士，我国首位进入太空的宇航员杨利伟和德国宇航员希格蒙・雅恩博士等参加。新天文馆的数字宇宙剧场引进了世界上最先进的数字化天文馆设备，三维全天域投影系统在圆形球幕剧场里，可创造出无与伦比的、交互式的三维彩色画面。在4D科普剧场里，立体加特效的电影放映系统将在180°的环形银幕上放映出具有立体效果的影片，并根据影片情节的需要产生喷烟、水、风及气味等特殊效果，同时座椅可以随着剧情的发展产生振动。3D动感影院由6组8基座船舱式动感座椅组成，可以产生上下升降、左右摇摆、左右旋转、急刹车或加速、自转、上下旋转等运动效果，观众坐着“飞船”在太空中穿梭，充分体验到惊险刺激的感觉。太阳观测台的太阳真空望远镜，口径达300毫米，专门用于观测和展示太阳光球层、色球层的物理特征及活动现象，它将太阳像通过特殊的通道传输到展览厅，每天直播太阳的“现场演出”，观众可以看到太阳黑子、光斑、耀斑等太阳的每一点细小变化，亲眼见识太阳风暴的爆发。大众天文台安装了一架400毫米的折反射天文望远镜，可以观测行星、彗星、恒星、星云、星团和星系等。北京天文馆新馆将成为世界上规模较大的专业天文馆之一，它将在各类天象节目的制作和放映、天文展览、天文教学和天文讲座、天象观测、专业的天文研究以及相关领域的国际交流与合作等方面发挥作用。

（摘自《北京科学技术研究院院报》）

【市委书记刘淇、市长王岐山视察北京天文馆新馆】 12月25日上午，市委书记刘淇、市长王岐山以及孙政才、范伯元、刘晓晨、王力丁等市委、市政府领导亲临北京天文馆新馆视察。市科委主任马林、市科研院院长曹凤国、院党委书记卢晓明等陪同。刘淇、王岐山等人观看了大型数字宇宙剧场节目，听取了委、院和天文馆领导关于新馆落成、对观众开放以及新天文馆管理机制等方面的情况汇报，并对新馆今后的管理和发展问题做了重要指示。

（摘自《北京科学技术研究院院报》）

【1831流动科技馆举行全国巡展】 年内，由市科协主办、北京科技咨询中心承办的1831流动科技馆“飞向太空——中国载人航天展”运用市场化的运作模式，积极争取政府部门的有力支持与社会各界力量合作，先后在全国10个省14个城市进行巡回展览。该展览首先走进北京科技周、中华世纪坛、北京市政府、大学、中学、厂矿企业、公园、庙会等，受到30万人次的广泛关注和欢迎。之后应邀到沈阳、哈尔滨、广州、苏州、佛山、深圳、南昌、长沙、株洲等9城市进行巡回展览，全国累计参观群众已超过250万人次。为探索市场化运作模式，建立长效机制，促进科普产业群众化、社会化、专业化，北京科技咨询中心牵头，会同国家体育总局体育科学研究所、中国航天科技集团中华航天博物馆、中国人寿顺德盈建实业有限公司、中关村科技园区德胜园等单位筹备成立了北京1831流动科技馆有限责任公司。

（市科协　莫维婷）

【探索科普工作市场化道路】 年内，北京食品学会采取自负盈亏的运作方式，探索科普工作市场化道路，最大限度地追求社会效益，同时兼顾经济效益，取得初步成效。学会在对朝阳区、海淀区的近300个社区的科普画廊摸底调查中，看到一些画廊设施陈旧、规格不统一，且更换周期长、缺乏管理，不能达到相应的宣传效果，便找到一些知名的食品企业，由企业制作科普展板。这项活动为社区节省经费近万元，同时以科普树立企业形象，营造企业文化与社会服务相结合的良好社会氛围，受到欢迎。截至年底，已在朝阳区建成电动科普画廊6组，增加科普展板480块。

（市科协　武纯朴）

【普及心理卫生知识】 年内,北京心理卫生协会结合社会的热点,开展了大量科学普及和社会公益活动。3月5日,为纪念“三八”妇女节,走进了海淀区公安局看守所,开展了“心理阳光关爱活动”,与在押的女犯罪嫌疑人帮教、沟通并举行“关爱基地”启动仪式;10月10日世界预防自杀日,在地坛公园开展了“预防自杀和心理危机干预”的宣传咨询活动;10月23日“重阳节”前夕,与北京反邪教协会举办了“走进社区、关爱老人、促进健康、远离抑郁”为主题的大型咨询义诊活动,40名专家和大学生志愿者走进石景山敬老院;11月10—14日,与中国心理卫生协会大学生心理卫生专业委员会举办“预防大学生抑郁与自杀学术研讨和专项培训”,就大学生抑郁和自杀的识别、筛查和干预治疗以及国内外该问题的现状和展望进行讲解。此外,协会还组织专家为离退休老年人进行心理健康、养生保健以及亚健康专题讲座;深入到东华门居委会智德社区、西城区二龙路街道委员会、海淀区万柳社区做科普报告。

（市科协　武纯朴）

【移动式编钟琴研发成功】 年内,移动式编钟琴研发成功。该项目是2002年10月由市科委和市文物局立项的科普项目,市科委监制并资助,北京大钟寺古钟博物馆进行创意、策划和总体开发,武汉机械工艺研究所承担具体的设计、研制。移动式编钟琴由24件编钟组成,48个标准音高(一钟双音),其音域近4个8度。凡是具备钢琴演奏技能的人,只要稍加熟悉和适应,就可运用移动式编钟琴的钢琴式键盘演奏数十件中国双音编钟。移动式编钟琴将传统多人击钟奏乐方式,改革为一人演奏方式,是一种新类型乐器。

（北京大钟寺古钟博物馆）

青少年科普

【开展气象科普宣传】 3月23日,北京市气象局结合“3.23”世界气象日在西城区阜外一小开展气象科普宣传。此次宣传利用大量科普展板、实物模型等为学生们组织了专题气象讲座,向他们讲解天气预报的制作,天气和人类活动的关系,以及如何利用气象资源做好防灾、避灾等。同时,还组织一部分年轻科技人员担任阜外一小的科普校外辅导员,对该校的课外兴趣小组,特别是红领巾气象站的活动进行辅导和协助;向社会开放了气象科普馆和气象台,接待社会各界特别是青少年观众,人数达1 000人次;与西城区教委联合进行《气象乐园》图书的编写。

（市气象局科技处）

【举办第24届北京青少年科技创新大赛】 3月25—28日,“第24届联想北京市青少年科技创新大赛”决赛在中国科技馆举行。本届大赛由市科协、市教委、市科委、市知识产权局、西城区人民政府、中国科学技术馆、北京青少年科学基金会共同主办,北京青少年科技活动中心等5家单位联合承办,主题是“探究身边的科学”。市委副书记强卫、中国科协副主席白春礼、国家知识产权局副局长张勤、中科院院士王绶琯等出席了大赛开幕式。本届大赛首次聘请外籍评委、首次设立学生自己主办的论坛,并在北京八中开设科技活动分会场,宣传知识产权保护,进行青少年现场捐助。大赛吸引了台湾自然博物馆、北京自然博物馆、北京天文馆等众多单位参与,新西兰、日本、韩国、意大利等国近20名代表前来参加。参加本届创新大赛活动的青少年共计35.5万人,评选出56个一等奖,104个二等奖。

（市科协　芦晓鹏）

【举办第二届“北京青少年科技创新市长奖”颁奖典礼】 3月28日,第二届“北京青少年科技创新市长奖”颁奖典礼在北京师范大学附属实验中学举行。副市长范伯元向5名获奖选手颁发了由市长王岐山亲笔签名的获奖证书。

（市科协）

【举办小胖墩儿童青少年健康屋座谈会】 3月28日，北京食品学会等单位举办“小胖墩儿童青少年健康屋”科普座谈会。食品专家蔡同一、李士靖、金宗濂，营养专家李瑞芬、翟凤英以及儿童肥胖治疗专家丁宗一等就少儿肥胖机理、提前预防等孩子和家长关心的问题进行了讲解和答疑。

（市科协　刘政霞）

【举办青少年科技论坛】 3月，北京青少年科技俱乐部在第24届北京青少年科技创新大赛现场会上举办了以“植物修复环境污染”为主题的青少年科技论坛，论坛主持人和报告人是俱乐部4所基地学校的中学生，中科院地理所的陈同斌研究员担任顾问。

（市科协　周　琳）

【举办走进科普的春天活动】 4月10日，第二届“走进科普的春天”系列科普活动在北京海洋馆启动。北京动物协会、北京植物协会、北京野生动物保护协会以及中国科技馆、中国地质博物馆、中国农业博物馆、北京市青少年科技馆等35家科普场馆联合组织开展了多种类型、多种内容和形式的科普活动，包括参观科普场馆，进行保护野生动物、地质、地热、航空、航天、环境，关爱海洋动物、保护地球资源等科普宣传，约300名学生参与了此次活动。

（市科协　郭　健）

【举办英特尔创新思维教师培训班】 5月31日—6月5日，市科协青少年部承办了英特尔创新思维教师培训班。来自全国各地的教师80人，及部分省市科协的负责同志20多人参加了培训。英特尔电脑创新思维培训主要目的是帮助学生发展高级思维能力，为青少年学生投身于未来的知识经济社会打基础。主办方邀请来自美国的马克老师给教师们上课。教师们在培训班要进行计算机图形技能、字处理、电子表格和多媒体知识等基本技能方面的培训。更为重要的是通过培训，改变教师的传统思维，培养激发他们的创新能力。

（市科协　芦晓鹏）

【开展京、港、澳青少年手拉手走进科学世界活动】 5月，北京青少年科技俱乐部接受中国科技交流中心的委托，承办了“京、港、澳青少年手拉手走进科学世界”专题科普活动。香港、澳门38名师生和北京近500名中学生参加。港、澳同学在京期间参观了首都大型科普展览、中科院空间科学与应用研究中心、中科院过程工程研究所、中国科技馆、中国航空博物馆等单位，聆听了中科院院士王永志做的航天科普报告。

（市科协　周　琳）

【举办2004北京青少年科技博览会】 7月16—20日，由共青团北京市委、市委宣传部、首都精神文明办公室、市科委、市教委、市科协共同主办，市青少年科技文化交流服务中心承办的“2004北京市青少年科技博览会”在中华世纪坛举行。此次博览会的主题是“青春、科技、未来”。博览会上展出的有北京古代建筑博物馆设计制作的中国古代建筑互动展；北京天文馆设计开发的现代技术复制古代天文仪器科普体验展；按照原样复制的相传为东汉时的计里鼓车；北京理工大学设计学院、北京坤艺展览展示有限公司设计制作的物理大视野等。此外，北京青少年科技文化交流中心还为此次活动向北京市中小学校和社会各界征集到各类青少年科技作品521件，其中有些作品来自本市的部分幼儿园。博览会首次以企业（北京市商业银行）赞助方式举办，并由共青团北京市委、市科委、北京市商业银行共同设立了“北京市商业银行青少年科学奖”，在7月20日北京青年宫举行的闭幕式上10件优胜作品获奖。

（市科普工作联席会议办公室）

【举办第三届亚太经合组织青年科学节】 8月3—9日，由科技部、教育部、中国科协、共青团中央和市政府共同主办了“第三届亚太经合组织青年科学节”。有来自中国、中国香港、中国台北、文莱、加拿大、印度尼西亚、日本、韩国、新西兰、新加坡、俄罗斯、泰国、美国、越南等14个APEC成员经济体和中国澳门（APEC观察员）

的学生和教师、官员参加。此次科学节的主题是“科学、青年、未来”，其标志为“蓝色魔方”。科学节通过学生与教师论坛、市长讲坛、科技参观及游览、中华传统文艺演出、民俗文化村、缤纷大舞台、异国风情联欢、学生科技作品展等丰富多彩的活动，在亚太地区青年之间架设了一座相互交流与学习、展示青春才华的舞台。市科委、共青团北京市委员会共同策划，邀请各成员经济体代表团的一名学生代表参加第三届亚太经合组织青年科学节——“蓝色魔方 APEC 青年手印墙”的“摁手印”活动。它与“蓝色魔方”一起在科学节结束后由市科委捐赠给北京市80中学。北京大钟寺古钟博物馆设计制作的中西合璧“移动式编钟琴”也在科学节上亮相。本届青年科学节共产生了近600个获奖科普作品，其中一等奖27个，包括科普展品8个，学生论文5个，教师论文9个，成果展演5个；二等奖75个，包括科普展品37个，学生论文12个，教师论文13个，成果展演13个。闭幕式上，各成员经济体的1 200余名代表共同发表了《让青年掌握科学，携手开创美好未来——第三届 APEC 青年科学节北京宣言》。

（市科普工作联席会议办公室）

【举办“小手拉大手 走进博物馆”活动】 8月，北京幼儿科普协会和北京自然博物馆联合举办的“小手拉大手 走进博物馆”——北京市幼儿科普系列活动在北京自然博物馆拉开序幕。由幼儿园选送的孩子们的绘画、折纸等充满童趣的作品，吸引了不少参观者的关注。这项面向幼儿开展的普及科学知识的活动，将为孩子们打开一扇了解自然的大门，引导他们去认识和感受这个丰富多彩的世界。

（市科协　蔡涤华）

【举办索尼探梦——动手做大赛】 9—12月，由市科协青少年部、市教委体育美育处、市科协信息中心主办，北京索明科普乐园有限公司协办的“索尼探梦——动手做”北京青少年科技制作大赛举办。参加活动的人数达到19.5万人，学校达到432所。活动内容增加了“数码摄影”竞赛。在现场动手做活动中，台上台下选手互动，青少年参与热情高涨，气氛热烈。同时，培训活动采取现场观摩的方式，现场提出问题，专家老师现场解答。“索尼探梦——动手做科技制作竞赛”活动在北京市的中、小学校中产生广泛影响，已经成为北京市中小学生喜欢并且愿意参加的一项品牌活动。

（市科协　芦晓鹏）

【开展青少年科普活动】 年内，市科协共举办青少年科普讲座440次，听讲153 480人次；青少年科普展览193次，参观240 110人次；青少年科技竞赛211个，参赛人数1 123 703人次，其中组织参加国际青少年科技竞赛19场，参赛353人，获奖103人次；科技夏令营37个，参加4 585人次；青少年科学工作室38个，活动面积5 505平方米，参加活动57 810人次。

（市科协　田华新）

【举办院士科普报告会】 年内，北京青少年俱乐部邀请了姜伯驹、陈建生、沈岩、王志珍、郑光宇、戴汝为等院士为青少年做了题为“圈绳的数学”、“宇宙的起源与演化”、“人类基因组研究对医学的影响”、“蛋白质折叠——蛋白质分子空间结构的形成”、“病毒——人类面临的挑战与机遇”、“多学科的发展与融合推动社会进步”等精彩的报告，共有2 600多名青少年聆听了报告。

（市科协　周　琳）

农村科普

【举办第六届北京农村科普之春活动】 2月24日，以“提高科学素质，全面建设小康”为主题的“第六届北京农村科普之春”活动在各郊区县全面展开。本次活动以城乡经济统筹协调发展为原则，以农业增效、农民增收、农村稳定和发展为落脚点，以强化农村教育和提高农民素质为基础，集中利用农闲、春耕春种前后的时间大力开展农业科学技术普及、送科技下乡等活动，特别是针对防治禽流感的工作，大力开展防病治病的宣传活动。本届“科普之春”共举办科技、文化、卫生“三下乡”活动230多场，发放农业科技资料30万份，宣传群众25万人次；放映科普电影、录像180多场，参加群众8 000人次；举办农业技术培训班260多期，推广新技术、实用技术70多项，参加群众5 000人次；组织专家座谈会10余场，参加科技人员200余人次。

（市科协　王　健）

【举办全国科普日“服务三农行动”】　7月3日，由中国科协、市科协和丰台区政府主办，丰台区科协和王佐镇政府承办的全国科普日“服务三农行动”在丰台区王佐镇南宫村举行。这次活动以“科学发展，服务三农”为主题，包括农业科技服务、卫生健康咨询、地热科普知识宣传、农业实用技术咨询、青少年科学体验活动、科普展览等内容。来自31个国家级学会以及北京市21个学会的200余名专家参加了此次活动。活动中，围绕当地农民群众生产和生活的需要，医学专家进行了妇女保健、少儿卫生、心理健康、口腔卫生等医疗咨询和义诊活动；农业科技专家进行了蔬菜和花卉种植、植物病虫害防治、观赏鱼和食用鱼养殖技术方面的现场指导和咨询服务。

（市科协　王　健）

【开办田间大课堂】　8月13日，北京市科协学会组织菊花栽培、养护、植保方面专家赴延庆县大榆树镇上辛庄村，考察了两次受雹灾的菊花生长状况。针对菊花生长期间出现的管理问题，专家们决定把室内授课改在田间地头，为60多位当地农民讲解了菊花育苗、养护管理技术。在菊花种植田里，看着长势远不如去年的菊花，专家们指出了问题的原因：育苗出现了问题，“老根”不能留，该掐尖的也没做，另外田间管理养护不到位，再加上雹灾。针对出现的“黑根”病，专家详细介绍了防病办法，还提醒农民注意防止出现黄叶病。几位专家结合农民提出的问题，把种、养、防病等管理技术的讲解贯穿到出现的每一个问题中，农民感到容易理解。

（市科协　张启凤）

【农民增收论坛举办】　10月23日，由市科协、市农委、市科委主办，北京农学会、市农科院科协承办的“农民增收论坛”召开。北京农学院院长王有年、北京观光休闲农业行业协会副主任刘军萍、市农科院林果所副所长魏钦平、北京花卉研究所原所长孙百龄教授分别做了“农民素质与农民增收”、“北京观光与休闲农业可持续发展的对策”、“北京果树高效益发展的技术对策”及“奥运商机与美化绿化”的报告。14个郊区县的基层干部和农民代表120余人参加会议。

（市科协　袁士畴）

【组织科技三下乡活动】　年内，市科协共组织大规模科技下乡600余次，开办800个各类培训班，组织多学科专家编写种植、养殖科技图书30种25万册，科技光盘1万张，编制种植、养殖、观赏植物方面的图文并茂的科普挂图、展板，并赠送给京郊农村，编写科普资料25种，发放给农民340万份，受益群众达46万人次。

（市科协　王　健）

科普活动统计

【编印科普出版物】　年内，市科协和市属学会出版科技期刊42种，年发行1 314 440册，发表论文4 893篇。出版科技报纸4种，年发行总数10 820 000份。出版科技图书53种，484 850册，其中科普图书27种，395 000册。编印论文集111种，总印数43 170册，发表论文6 644篇。制作科技光盘40套，136 250张。

（市科协　田华新）

【举办科普培训班】　年内，市科协、市属学会共计举办培训班517个，培训130 458人次，其中继续教育108 066人次。区县科协及学会举办培训班1 489个，培训人员111 940人次，其中农村实用技术培训50 130人次，农村党员干部培训11 170人次。农函大本年结业学员2 330人次。

（市科协　田华新）

【举办科普讲座、展览】　年内，市科协、市属学会和区县科协共举办科普讲座2 885次，听众578 947人次。其中院士科普报告17次，听众4 730

人次。举办科技展览620个，参观人数1 462 695人次。现有科普画廊355个，建筑长度8 846米，本年展览总长度22 511米。制作展出科普展板4 451块，展示展板长度8 721米。

（市科协　田华新）

【进行科普宣传】 年内，市科协和市属学会开展科普咨询569次。放映科普影视节目341场，观看人数209 450人次。发放宣传资料（含书籍）1 118种，131.6万份。举办科普宣传2 463场，参与的组织工作人员21 153人次。组织科技下乡666次，参与工作人员15 232人次。举办实用技术培训3 832次，参加人数249 409人次。制作科技广播电视节目56个，累计播放1 190分钟。主办科技网站17个，浏览人数11 177 635人次。

（市科协　田华新）

区县科技

SCIENCE AND TECHNOLOGY FOR
DISTRICTS AND COUNTRIES

东城区

【南馆公园中水系统正式启用】 3月，北京第一座以中水造景的生态水景公园——东城区南馆公园中水应用系统正式启用。该系统占地面积892平方米，每日可处理附近5 000户居民生活污水1 720立方米，不仅实现了对公园湖区的补水，而且可以24小时向区环卫局机扫中心供水，在营造和美化公园水景的同时，实现了中水社会化应用的节水目的。

（东城区科委）

【信息化建设取得新进展】 年内，东城区信息化基础设施进一步完善，电子政务应用进一步推进。完成全区政务宽带网的铺设与接入工程，包括政务专网、公安专网等；建成了区网络视频会议系统，覆盖全区机关44个节点；完成了政务地理信息系统，电子政务安全平台工程建设；初步建成了主要由社区服务、社会保障、教育服务、医疗卫生服务等方面构成的社会公共服务网络体系；开通了东城科技信息网（www.dchst.com），包括政务公开、科技动态、科技新闻等版块，企业和个人可以通过该网站，了解办事程序，查询相关法律法规，发布科技产品和项目信息等；开展了公共卫生监测信息管理自动化系统建设，包括现场监测、样品检验、信息查询、统计汇总、仪器管理和系统管理6个模块，涵盖了从采样取样到终身签发整个检验系统流程，实现了检验室的三级审核和每一环节的质量控制；建成了王府井步行街多媒体触摸屏系统、启动刷卡无障碍工程等，进一步推进了以“数字王府井”为龙头的电子商务；完成了重点地区视频监控系统，覆盖全区10个派出所管辖的7个街道、2个重点地区和36条大街，社区技防设施普及率已达76.6%，科技创安小区达标率已有34%，有86%的地下通道安装了监控设备。

（东城区科委）

【科技孵化器建设稳步推进】 年内，东城区科委在科技孵化器的管理模式上采取集中管理和分散孵化相结合、以点带面等形式，为首都创业孵化器在中心城区的发展进行了有益的探索，营造了良好的区域创新环境。其中，金兰巢科技孵化器经过一年多的运行，在逐步完善的基础上，着力在资源整合、提高孵化器服务能力和积极培育高新企业、提高孵化器孵育业绩等方面不断改进，为入孵企业做好各种服务，现有入孵企业14家，中介机构5家，其中高新技术企业5家。

（东城区科委）

【大力开展科普工作】 年内，东城区科普设施建设取得较大进展，建设了长160米的王府井科普文化长廊，将成为全市科普宣传的亮点。科普活动丰富多彩，全国科技周、北京科技周期间，各基层单位开展各种科普活动近300项。在第24届北京市青少年科技创新大赛中获得很好的成绩；“第二届北京青少年科技创新市长奖”5名获奖者中东城区占3名。区科委和科协在南馆公园举办了以“科学节约用水，建设绿色家园”为主题的科普知识咨询宣传活动，以及东城区“文明东城、牵手奥运”第二届“北京2008”奥林匹克文化节市民日——科技、节水、奥运、生活大型科普活动，取得了良好的效果。组织科协委员和学会、协会干部先后考察了古观象台、古人类博物馆、王府井科普文化长廊、和平里六区社区科普工作，为指导和推动全区的科普工作上新水平发挥了积极作用。

（东城区科委）

西城区

【开展可持续发展工作】 年内,西城区科委将可持续发展工作作为区科委重点工作之一,根据国家可持续发展示范区规划大纲,制定了《西城区建设可持续发展示范区规划(2005—2010)》,为全区可持续发展工作提供了发展思路。按照“公平、公开、公正、有序、有效”的原则,完成实验区项目30项,其中区卫生局承担的全市处理突发公共卫生紧急预案的课题在今年春季SARS防控中发挥了重要作用,受到了专家们的认可和市科委领导的好评。成功主办了以“现代服务业与城市发展”为主题的第二届“城市可持续发展·什刹海论坛”,10余家报社电台及网站等媒体进行了报道。

(西城区科委)

【开展形式多样的科普工作】 年内,西城区科委作为主办单位之一,与市科委、市科协共同在德胜科技园举办北京市第24届青少年科技创新大赛,设立了“市长奖”、“德胜之星”等奖项,获得了总分第一的好成绩;在金融街举办了以“以人为本,服务金融”为主题的科普宣传活动;在月坛三里河一区举办了“北京市迎奥运防灾减灾安全素质教育进社区活动”;在玫瑰公园举办了“生物多样性科普宣传活动”;举办了2004年中美夏令营,103名学生参加了活动;开展了“科技走进生活”、“机器人”等各具特色的系列科普宣传活动。

(西城区科委)

【加大与国外的交流】 年内,区科委开办了“知识经济与国际交流能力”培训班,由加拿大籍专业老师授课,全区的部分处级领导及科级干部均参加了培训。德胜科技园与意大利政府签订了开办孵化器的合作协议,这是园内将成立的第一个外资孵化器,对于园区企业开拓欧洲市场,学习先进的管理经验有着重要意义。

(西城区科委)

崇文区

【首家工业设计图书馆成立】 5月25日,由北京市工业设计促进会、北京市工业设计促进中心、崇文区图书馆联合组建的全市首家工业设计图书馆在区图书馆揭牌成立。前来参加揭牌仪式的有国家发改委、市科委、市文化局及区政府、区政协、区科委、区科协等领导及北京工业大学图书馆馆长费仁元教授等专家学者。揭牌仪式后,来宾参观了设在区图书馆内的工业设计阅览室、工业设计产品展及凤凰旅游艺术品集团北京京城百工坊艺术品公司,并就科技与工业设计和发展区域经济等专题进行了研讨,同时,还举行了以“设计创新,可持续发展”为主题的“2004北京设计论坛”,中央美院设计学院、联想集团工业设计中心、北京科技大学等专家、学者及企业代表、院校设计专业的学生就设计与奥运、设计与制造业、设计与区域经济发展等进行了交流。

(崇文区科委)

【市人大领导视察百工坊】 11月16日,市人大常委会副主任林文漪到百工坊视察,市科委委员李石柱、区人大常委会副主任王文竹陪同。区科委主任及百工坊负责人分别汇报了科技与传统手工艺结合、龙潭湖体育产业园项目建设及百工坊的情况。林文漪对我区科技工作给予了充分肯定,认为我区找到了城区开展科技工作的切入点,并建议体育园要更多体现人文特点,不要搞太多建设,不要过多造街、造景、造园。林文漪提出,传统技艺要和现代艺术完美结合,传统工艺根植于社会发展和人的需要才有出路。要抓住国际、国内的发展机遇,深入思考企业经营管理模式,加强企业与艺术院校的联系,进一步推进产学研工作。

(崇文区科委)

【科技计划顺利实施】 年内,崇文区科委确定区重点科技项目10项,主要集中在电子信息技术、新材料、新工艺、医疗卫生和社会发展等领域;依据《崇文区重点科技项目管理暂行办法》,对“红外光束探测器的研制”、“船载 GPS导航设备”、“科技创新服务网络平台建设”、“碘化钠(铊)晶体生长及设备改进”、“好意英语 hyABC 英语口语练习、模拟考试互动光盘”、“阿伦磷酸钠(福善美)对早期人工假体周围骨丢失的预防作用”等6个项目给予16万元的资金支持;北京拓普分析仪器有限责任公司的“DEM－III型自动酶标洗板机”项目和北京昆仑星辰科技有限公司的“电网谐波在线监测与分析系统”项目被列入2004年北京市火炬计划;征集了科技创新孵化基地项目,与4家企业签订了入孵协议,召开了相关论证会;支持“百工坊”科技创新基金20万元,利用现代科技改造、扶植传统手工业的发展。

(崇文区科委)

【科普活动活跃】 年内,区政府投入科普专项经费44万元,科普联席会各成员单位也从多渠道筹措资金用于科普设施建设,全区居民人均科普经费(按常住人口计算)超过1元,达到了《科普法》科普经费逐年增长的要求。全区共有科普活动专职人员124人,其中高、中级职称或大学本科以上学历人员82人;科普活动兼职人员663人,其中高、中级职称或大学本科以上学历人员344人;科普志愿者6 773人。全年共组织开展各类科普活动2 667次,55万人次参加。其中:举办科普讲座1 271次,听讲人数10.4万人次;举办科普展览、宣传咨询244次,参加人数44.56万人次;举办36学时以上培训班33个,培训人数近4 613人次;各种技术竞赛51次,3.7万人参赛;放映科技影像1 062场,观看人数达5.1万人;发放科普宣传材料61万份;共有科普画廊860米,展出科普展板4 613块。先后建立了全市首家工业设计图书馆、全市首家老年益智活动室、全市首家幼儿科普乐园及光明小学、培新小学科学课教室、体育馆路小学气象监测站、反邪教警示教育宣传橱窗一条街(共制作橱窗48块)和反邪教警示教育活动基地。科技周期间,全区围绕“科技以人为本、全面建设小康”的主题,举办各种活动150项,其中全国及北京市科技周标志性活动2项,区科技周重点活动20余项,直接受益群众达12万人次。在北京市科技周总结表彰会上,我区承办的全国科技周标志性活动“科学健身、奔向奥运——龙潭科技游园会”获最佳活动奖。

(崇文区科委)

宣武区

【建立大栅栏社区 NC 服务中心】 10月25日,在市科委的支持下,由市农林科学院信息中心和宣武区科委共同投资建设的北京市宣武区大栅栏社区 NC 网络服务中心开通挂牌,并正式对社区居民开放。该中心是针对大栅栏街道老字号比较集中,历史文化底蕴深厚,旅游资源丰富,但都需要通过信息化的手段进行整合并对外宣传的情况而建立的。服务中心配备了20台网络计算机,1台高性能服务器。服务器端安装了北京农业信息技术研究中心研制的社区服务系统、劳动再就业职能培训多媒体课件和VOD 视频点播系统等软件。该中心的建成,可以帮助社区提高对信息化的认识,学习信息化知识,增强应用信息化手段管理社区各项资源的能力。

(宣武区科委)

【打造科普型社区】 12月,宣武区清芷园科普型社区建成。该社区的建设本着“结合社区特点,征得百姓认同,综合多样互动,力求实效长效”的方针,通过对社区环境和设施的改造,突出了科普的氛围,设立了如数码天地、益智玩具、食品安全检测、太阳能灯及集科普、健身、娱乐为一体的室外科普设施。这些科普活动项目贴近社区居民生活,内容、形式综合多样,集参与性、互动性、趣味性和知识性于一体,深受社区居民的欢迎。同时,该社区还建立了由宣武区、白纸坊街道、社区、物业及社会单位组成的科普型社区建设领导小组,构建了一套组织、分工明确的管理与服务体系,使社区科普活动能够持续有效地开展下去。

(宣武区科委)

朝阳区

【修订《北京市朝阳区科技发展进步奖励办法》】 10月,区科委根据本区科技发展的实际,对原《北京市朝阳区科技发展进步奖励办法》进行重新修改完善,注重发挥科学技术奖励的调控和导向作用 。一是奖励范围由原先"区属"概念变为"区域"概念。凡是在朝阳区辖区范围内的机关、事业单位、大专院校,科研院所,以及注册在朝阳区的企业都可以申报区科学技术奖。二是提高物质奖励额度。一等奖奖金由1万元提高到5万元,二等奖奖金由6千元提高到3万元,三等奖奖金由3千元提高到1万元。三是制定公平、公开、公正的评选规则。申报一等奖的项目,项目负责人须进行答辩,并提出建立初审结果公告制度。四是加大对申报、评审过程中出现的违法违纪行为的处理。五是配合《北京市朝阳区科技发展进步奖励办法》,修改完善了《北京市朝阳区科技发展进步奖励办法实施细则》和《北京市朝阳区科技发展进步奖励评审标准》。

(朝阳区科委)

【四大科技行动稳步推进】 年内,朝阳区基本完成了郁金香花园、水产科技园等生态园区建设项目,以及利用中科院科技资源开展的太空蔬菜、园林花卉品种的研究和不同植物生态群落的栽培技术等项目,重点启动了温榆河生态走廊可持续发展战略研究及其示范工程,实施了旨在建立生态安全体系绿化美化示范工程。为配合全市推进"科技奥运行动",实施了朝阳区智能交通战略规划研究及示范工程、大屯地区科技奥运综合示范工程、CBD地区智能规划研究等一批科技奥运示范项目。申报国家、地方各类计划项目26项,其中国家新产品计划1项,国家级推广计划2项,国家级火炬计划3项,国家级星火计划3项,北京市火炬计划11项,北京市星火计划6项,是朝阳区历史上最多的一次。同时,支持朝阳区疾病控制中心开展家栖鼠类不同生境中密度监测方法研究,以建立监测体系,有效防止鼠传疫病在本地区的发生和流行;支持垂杨柳医院的PLDD在颈、腰椎病中的临床应用;支持本区优秀体育后备人才培养系统的实验等。四大科技行动促进了本区社会发展领域的科研能力的提高。

(朝阳区科委)

【科技进步示范区规划获科技部批准】 年内,科技部正式批准了朝阳区上报的《北京市朝阳区全国科技进步示范区建设总体规划和实施方案》。《方案》提出了科技进步示范区建设优先项目(工程),指明了未来朝阳区科技发展的方向和重点工作。

(朝阳区科委)

【开展软科学研究】 年内,根据本区经济和社会发展的需要,围绕朝阳区经济社会发展中热点、难点问题,开展了"朝阳区可持续发展战略研究"、"关于管庄地区科技与发展的思考"、"健翔科技园的规划与发展"、"关于处级领导班子工作实绩考核问题研究与思考"等软课题研究,提出了战略性的解决方案,为区各级领导科学决策提供了坚实的理论依据。

(朝阳区科委)

海淀区

【青少年科普与科技创新教育实践基地启动】 1月12日,海淀区青少年科普与科技创新教育实践基地启动仪式在上地联想集团总部举行。副市长范伯元、科技部政策法规司司长张景安、海淀区区长周良洛等领导以及联想集团、北大方正集团、时代集团、北大未名集团、瑞萨四通(北京)有限公司、留学人员海淀创业园6个企业的代表,区教委系统的科技教师、学生代表等近200人参加了仪式。仪式上,企业分别与海淀区科委、教委签署共建协议;范伯元等领导颁发了“海淀区青少年科普与科技创新教育实践基地”铜牌。该基地的建立,为海淀区的中小学师生搭建起了现代化高科技教育资源实践平台,使学生们走出课堂,走近高新技术企业,培养青少年的创新意识和实践能力,以便推进海淀区中小学科技教育和基础课程改革,实施全面素质教育。

(海淀区科委)

【举行保护知识产权宣传活动】 4月19—26日,保护知识产权宣传周期间,海淀区科委、区文委、工商海淀分局、留学人员创业园等开展了以“尊重知识产权、发展知识经济”为主题的一系列宣传活动。在中关村创业大厦举办知识产权专题报告会,邀请北京市高级人民法院知识产权庭副庭长程永顺做了题为“我国知识产权保护现状与发展”的专题报告;在中关村科贸电子城广场前举办了“4.26”世界知识产权日知识产权有奖竞答活动,现场进行了《中华人民共和国专利法》、《中华人民共和国商标法》和《中华人民共和国著作权法》等法律知识的有奖问答,并向群众发放了《4.26知识产权宣传手册》2 000余册,知识产权简明问答宣传彩页11种、11 000份。同时,为提高公众对知识产权的认知,营造良好的知识产权保护氛围,还在中关村大街沿线插上了以鼓励发明创造、打击侵权盗版、维护市场秩序为主要内容的彩旗;在海龙大厦、科贸电子城、海淀图书城等繁华商业区悬挂了宣传横幅;并采用电子屏幕滚动显示等形式对知识产权保护进行了广泛宣传。

(海淀区科委)

【开展有声有色的科技活动周活动】 5月,科技周期间,海淀区科委组织了一系列的科普活动:配合市科委举办了以关注生命、探索未来为主线的“水—生命”科普互动巡回展览。展览既有现场演示,又可动手制作;既可踩踏水车,又可在计算机上做游戏;既可观看科普录像,又可与外国人进行语言交流。与中国自动化学会、中国科学院自动化所联合举办了“自动化科学科普展览”。展览以自动化与人类生活相联系为主线,将人们带入了自动化的世界,通过仿生机器鱼、测谎仪、智能远程控制窗帘、智能交通等演示,使枯燥的理论变得妙趣横生,深奥的知识变得通俗易懂。举办了主题为“科技以人为本、全面建设小康,做文明海淀人”的科普活动。活动内容有青少年机器人作品表演、科普展板宣传、青少年活动室、科普图书室、医疗咨询、假冒伪劣产品鉴别咨询、体能测试、科普知识、奥运知识问答等。驻区高校也积极参与科技周工作。北京大学医学部健康促进1+1协会对北京部分高校的学生进行健康知识普及,使他们懂得健康基本概念,学会健康的生活方式。北京大学医学部、北京师范大学的大学生、研究生发挥知识特长,为本区科技周科普展览进行讲解,传播科学技术知识。

(海淀区科委)

【实施集成电路设计“芯连芯”计划】 8月27日,海淀区科委与北京集成电路设计园联合举办新闻发布会,推出集成电路设计“芯连芯”计划。该计划是在区科委的支持下,北京集成电路设计园拨出500万元设置专项扶持资金,用于部分补贴签约企业租用设计园EDA平台及接受其他公共技术支撑服务所需费用,对所申请使用相关服务的企业将给予“定制”的特殊优惠。北京集成电路设计园与清华科技园等10家孵化器签署了合作协议,向在孵企业以及海淀区注册的集成电路设计企业优惠提供设计园公共技术支撑服务平台的所有服务项目,包括:EDA平台的租用及使用过程中的技术服务、技术培训、MPW服务、IP服务、IC专项课题和区科委科技项目的申请推荐、国家级“孵化创新产品奖”的评比推荐等。

(海淀区科委)

【举办2004年度京津塘科技新干线论坛】 9月5日,由朝阳区政府、海淀区政府、北京经济技术开发区管委会、通州区政府、河北省廊坊市政府、天津市经济技术开发区管委会、中国科学院研究生院中国企业管理研究中心共同主办，海淀区科委承办的“2004年京津塘科技新干线论坛”在海淀区举行。来自各地的专家、学者、企业家等230多人参加了论坛。论坛的主题是“产业创新、区域合作、共同发展”，旨在以科技为纽带，以京津塘高速公路沿线区域为载体，推动海淀、塘沽间沿线地区的区域合作，促进沿线区域经济、社会协调发展。论坛上，科技部、中科院、北京大学、清华大学、香港城市大学、沿线各地政府、开发区管委会等单位的专家、学者及企业代表就京津塘新干线各地区的社会经济发展现状、产业优势和劣势，新干线地区合作的现状和问题，实现地区合作的制约因素、合作模式、合作战略等进行了广泛探讨。论坛建立了论坛组委会、专家委员会、论坛办公室等常设机构，具有最高决策、咨询指导、承办协调的等职能。论坛实行年度制，每年一届，由各地政府轮流举办。

（海淀区科委）

【聘请4位专家任区长首席顾问】 年内，海淀区聘请印度软件业专家萨珠达斯·博古塔、德国物流业专家阿克散·库恩、美国金融业专家黄硕豪教授、中科院牛文元教授等4位专家担任区长首席顾问，为海淀区发展服务。黄硕豪教授对高科技企业到美国纳斯达克上市融资提出建设性意见；萨珠达斯·博古塔就海淀区软件产业发展进行深入研究，并为企业和政府工作人员分别就软件BPO业务、印度政府推进信息化建设有关情况做报告；库恩先生对中关村数字物流港的具体建设和海淀物流业的发展做了大量的工作，在他的努力下，德国企业将依托中关村数字物流港进行企业产品展示；牛文元教授对我区的可持续发展、发展战略研究进行指导，并开展了相关的专题研究。

（海淀区科委）

丰台区

【改造科普场馆】 11月，装修改造后的丰台区科技馆开馆。新馆设有太阳与小行星展览，天文互动、天体秤等展品及新添置的2台美国进口的折返式天文望远镜。新馆在功能上突出了天文科普知识的宣传教育，成为全市区县级第一家以天文科普为特色的科技馆。

（丰台区科委）

【积极推进信息化工程建设】 年内，丰台区科委以推进“丰台区城郊型农村信息化示范工程”为主线，以丰台科技信息网为基础，加快建立丰台区农村信息中心网络平台，重点进行乡村信息网络建设、乡镇信息化能力建设和农村远程教育网络建设。引进、推广了农业专家系统、北京农业信息语音服务系统和温室智能监控系统技术；建立了花乡、卢沟桥乡和王佐镇3个农村信息化应用示范乡镇；新建了花乡花木集团、卢沟桥兆通公司和科技馆3个远程教育站点；利用科技信息网站改版之际，组织开发了区级科技企业孵化器认定、区科学技术奖励申报管理、科技三项费项目申报管理和科技及中小企业贷款担保资金申请管理4个在线服务系统，为区域内企事业单位提供了更加方便快捷的在线服务平台；建立了科技项目数据库，使科技项目管理更加规范；结合信息化建设项目的实施和验收，起草了《关于推进丰台区企业信息化建设的意见》、《丰台科委信息化能力建设项目报告》、《丰台农村科技信息化示范项目实施方案》、《丰台区城郊型农村科技信息化示范工程技术报告》、《丰台区科委局域网建设方案》、《丰台区科委系统干部和农村信息员培训实施方案》和《丰台区农村科技信息网络系统建设方案》6个文件，为推进信息化建设工作打下良好的基础。

（丰台区科委）

【创建3家“科普型社区”】 年内，区科委和区科协完成了区政府2004年为市民办的40件实事之一——创建3家“科普型社区”。3家分别是云岗街道北区社区、丰台街道63号院社区、新村街道韩一社区。社区内设有书法篆刻、编织缝纫和图书音像等项目，体现了“以人为本，和谐发展，科学育人”的指导思想。

（丰台区科委）

【创办宣传专栏】 年内，区科委、区环保局、林业局、水利局、卫生局、教委和计生委等单位共同创办了《树立和落实科学发展观，坚持走可持续发展之路》宣传专栏。专栏从全面创建节水型社会、生态型城区建设、坚持科学干林业、满足广大人民群众的基本医疗需求、提高青少年素质教育、争创计划生育优质服务先进区和一村一镇可持续发展成就等多方面对我区“科教兴丰”和可持续发展工作成就进行了宣传和展示。

（丰台区科委）

石景山区

【实施科技计划带动企业发展】 年内，区科委启动了科技企业孵育计划、科技成果应用计划、科技平台计划、科技普及计划、社会发展计划、科技培训计划、科技奖励计划等7大计划，涉及经济、文化、教育、卫生、城市建设、人口素质等社会各个领域。通过实施7项计划，带动了企业发展。2004年，新增科技企业100余家，其中高新技术企业28家。目前民营科技企业已达486家，其中高新技术企业109家，技工贸总收入18亿元，上缴税金1亿元，同比分别增长了36.68%、11.0%。技术合同成交84项，成交额4 135.69万元，同比增长130%。科技培训累计达15 000人次。同时，为4家企业提供担保支持，贷款金额为1 250万元。迄今为止，共为42个项目累计提供担保贷款10 165万元。

（石景山区科委）

【数字娱乐产业示范基地建设取得重大进展】 年内，石景山区政府成立了北京数字娱乐产业示范基地领导小组，区领导挂帅，与数字娱乐产业发展相关的14个部门为成员单位，下设有由区科委牵头的基地建设推进办公室。同时，出台了《石景山区关于鼓励支持数字娱乐产业发展的办法》。在基地发展上，实施数字娱乐“248”重点工程，即建立数字娱乐技术和服务2个支撑体系，建设形成研发孵育、人才培养、体验娱乐、产品交易等4个功能区，打造移动游戏研发中心、网络游戏孵育中心、游戏测试推广中心、数字娱乐体验中心、产品交易展示中心、数字产业信息中心、人才培养交流中心、动漫动画制作中心等8个特色中心。该工程申报了市科委“涌泉行动”，被列为全市37个重大科技项目之一，获得了2 000万元科技资金支持。基地配套设施建设进展顺利，区科委已同实兴、中翰、晓山、崇新等公司签订框架协议，整合面积3万平方米，并为入驻基地的数字娱乐企业提供房租优惠。基地拥有无线、有线两套局域宽带网络系统，无线网络覆盖面积40平方千米，并支持高速无线移动。石景山区科技馆与北京锋行九州资讯有限公司、北京泰利科技集团共同筹建的电子竞技中心项目已正式签署协议，将建成国内首家以电子竞技为主题的国家级电子竞技中心。信息产业部电子教育中心支持在此建设全国信息技术培训基地。北方工业大学已投资200余万元，配置400台计算机，并联合光宇国际集团、锋行九州资讯有限公司等企业进行游戏设计与软件开发工程师的培训。区科委通过盘活中翰闲置资源7 800平方米，进行整体CI设计，包装成动漫动画制作中心，已有合肥三浦灵狐、华严八发、东方闪客等企业先期入驻。基地建设的招商引资势头良好，已有哈尔滨光宇国际、合肥三浦灵狐、北京艾维、前导软件、盛世红羊文化公司、中博联创、华严八发、杭州圣堂、东方闪客等26家数字企业入驻。

（石景山区科委）

昌平区

【创建全国科技进步示范区】　10月,昌平区被科技部授予"全国科技进步示范区"称号。为配合创建全国科技进步示范区,昌平区科委起草了《北京市昌平区2004—2008年全国科技进步示范市(县、区)建设与发展规划》,提出了科技进步示范区建设的6个发展目标、13项重点工程以及"首都卫星城建设科技示范专项"、"镇域科技港建设示范专项"等4个科技示范专项。制定出台了《昌平区镇(街道)科技工作评价办法》,从综合评价、工业专项、农业专项、社会进步和特色科技专项5个方面进行评价;在考核对象、考核内容以及考核方式3个方面进行了重大调整,突破了只考核镇科委一般性工作的局限性,把科技与社会经济发展有机地结合在一起;制定了领导干部科技进步目标责任制,对各镇(街道)明确提出了"一把手抓第一生产力",区领导与镇(街道)党政一把手签订了《领导干部科技进步目标责任书》,提出了镇(街道)科技工作的指导性意见。

(昌平区科委)

【科技工作有了新突破】　年内,区科委组织开展的"昌平卫星城东区绿地系统研究"、"昌平卫星城东区综合交通问题及其解决方案研究"等4个软科学研究课题顺利结题。"昌平区农村社会劳动保障体系研究"、"加快高新技术产业发展推进城市化进程的研究"、"十三陵特区科学发展规划研究"等课题取得了阶段性成果。建立了知识产权办公会议制度,制定了《昌平区知识产权办公会议制度》和《昌平区知识产权办公会议成员单位工作职责》。申请了494件专利,北京宝贵石艺科技有限公司等3家企业获得市级专利实施资金支持,并对43项专利技术成果进行重点推广。创办了内部交流刊物《昌平知识产权》,发行10 000余份,20 000余人受益。聘请清华大学核研院、中国石油大学、中国传染病预防控制研究所等单位的12位专家教授为昌平区政府顾问,促进了昌平区重大经济社会问题决策的科学化。

(昌平区科委)

大兴区

【提升区域技术创新能力】　年内,大兴区召开了人才工作大会,表彰奖励了132名科技人员,其中前10名每人奖励10万元;出台了大兴区《关于引进和稳定人才的若干规定》,建立了大兴区人才发展基金。吸纳城区技术成果250项,实现技术交易额1.3亿元,占北京市郊区的18.4%;输出技术成果4项,交易额1 000万元;组织科技项目对接会3次,向各镇和区内企业推荐科技项目160个,引进较大项目2项。区内20余家企业与首都科研院所、大专院校建立了合作关系;北京市农林科学院与大兴区留民营共建有机农业生产试验示范区已正式启动。开展了"百名专家服务农村,百项技术富裕农民"的"双百"科技支农行动。国家"北方大城市郊区奶业现代化生产技术集成与产业示范"专项取得阶段性成果;榆垡镇市级星火技术密集区建设启动。通过了大兴区技术创新服务体系示范工程和大兴区资源整合示范工程的验收,完成了四个平台、两个基地、一个接口、一个通道的建设;进一步规范了企业孵化器建设,形成了以大兴工业开发区为主要区域的科技孵化群体。大兴区民营科技企业创业服务中心、科融投资担保公司全年贷款担保42项,担保金额

1.2 亿元。各级各类科技计划项目获得资金支持 2 415 万元。

（大兴区科委）

【启动北京国际印刷包装产业城建设】 年内，大兴区启动了北京国际印刷包装产业城建设，已完成了产业城选址、编制产业发展规划、制定产业支持政策和招商方案等工作，并举办了招商推介活动，吸引了 4 家企业入驻。目前基础设施建设全面展开，12 千米道路、变电站及绿化工程共计投资 1 亿元。

（大兴区科委）

【启动农民科技培训工程】 年内，大兴区启动了“农民科技培训工程”。制定了培训工程考核办法，农业远程教育网点、农业科技园区以及星火科技培训基地管理办法，共组织各类科技培训 46 次、8 000 多人次，发放科技书面材料 8 000 份，光盘 3 000 多张。

（大兴区科委）

【推进新型农技推广体系建设】 年内，大兴区农民专业服务组织达到 103 家，其中 3 家重点农民专业技术服务组织加入了北京市“科技服务信息港”，1 家完成了信息化建设；同时，开展了关于我区农民专业技术服务组织的发展建设模式调研，总结了未来发展的 4 种模式，并推广交流；建成了庞各庄农产品产销公司 NC 培训教室。现我区已形成了以龙头企业、科技园区、专业服务组织为载体的新型农技推广体系。

（大兴区科委）

房山区

【房山区政府与中国原子能科学研究院签订合作协议】 4 月 16 日，房山区人民政府与中国原子能科学研究院全面合作签字仪式在昊天假日酒店隆重举行。此次合作双方本着优势互补、互惠互利、协同创新、共同发展的原则，依托房山区的政策、土地和原子能研究院的科技、信息、人才优势，开展多种形式的全面合作，共同构筑企业、研究机构、政府协同行动的区域创新体系。常务副区长陈永与研究院院长赵志祥签署了双方全面合作框架协议，同时，还分别签署了综合辐照中心项目协议、重组北京埃索特核电子机械有限公司合同、天然气工程协议和道路改造协议。双方还商定共同努力吸引外部投资，推进产学研合作，加强交流，携手打造“中国原子城”。

（房山区科委）

【城关星火技术密集区通过验收】 6 月 4 日，房山区城关星火技术密集区通过了市科委验收。该密集区 2001 年列入北京市星火计划。三年来，密集区以工业区建设、现代农业、构建商贸区为发展方向，以房山科技工业园区为载体，加大招商引资力度，涌现出一批从事精细化工、新型建材、生物医药、环保产业的高新技术企业，形成了一批科技含量较高的新产品，科技资源优势得到发挥，创业的空间载体和平台逐步形成。高效农业园的建设，使房山城关地区农业结构得到有效调整，现代化农业、标准化农业、外向型农业模式逐步显现并取得了较好的经济效益和社会生态效益。在城关商贸区建设中，完成了南北大街的改造，对沿街地上地下市政设施和环境绿化进行了统一规划、统一建设，实现了亮化、绿化、硬化、美化、净化；“引名店、建名街”工程为城关地区注入了现代化的经营理念和商业管理手段，同时带动了城内四条街道和兴房大街、燕房路经济带的发展，从而使城关区域经济环境、自然环境和社会环境有了明显改观。

（房山区科委）

【推进“四个对接”完善科技创新服务体系】 年内，房山区科委推进“四个对接”，建立完善科技创新服务体系。一是与首都经济创新服务体系对接。主要与行业协会、专业服务中心和科技中介机构等对接,建立信息与交流网络,提供各种专业服务,促进各创新组织的联系与互动,集成创新服务资源,提升创新服务能力。二是与首都创业孵化体系对接。首都创业孵化体系由各类型科技企业孵化器和相关中介服务机构、投资机构组成,与之对接,将增强房山区创新服务体系自我发展能力,完善服务职能,提高科技孵化效益。三是与科研院所和大专院校对接。利用和发挥北京地区丰富的科技资源和雄厚的研发力量,增强我区科技实力和创新能力。四是与驻区的中央、市属科研、企业单位对接。充分利用科技人才优势,以项目合作为纽带,开展科技协作,提供高新技术成果转化服务,促进本区企业的技术渗透。

(房山区科委)

怀柔区

【实施生态优先山水园林城市规划项目】 年内,怀柔区启动了“北京市怀柔区生态优先山水园林城市规划”项目。该项目是欧盟委员会在环境领域对华资助的重要计划之一,是由市科委可持续发展促进中心与怀柔区可持续发展实验区管理办公室共同承担,清华大学,中国地质大学,北京林业大学,中科院动物研究所、植物研究所、生态环境研究所,北京大学环境学院,北京水文地质勘察设计院等单位的专家参加的国际合作项目。该项目包括自然生态与社会生态两个生态系统的分类、综合研究与编制,涉及规划、地质、土壤、水文水资源、动物、植物、景观、建筑、经济、历史、社会人文、数字信息技术等领域。生态规划研究与编制的创新主要有:首次创建了绿容率指标体系、城市容度指标体系、基于自然资源的土地生态等级控制体系、基于生态规划的生态承载力指标体系以及生态规划的生态绿地系统规划指标体系。同时,基于生态规划对现实的指导作用和编制其他规划的核心依据地位,利用现代信息技术,建立起全程支持生态规划信息搜集、整合、专项与综合分析、编制设计、应用管理、监控评价、动态更新和社会参与的 GIS 数字信息动态系统,通过数据信息的即时查询与更新功能,使生态规划数据库的强大信息数据处理作用,能够应对目前社会发展存在的规划滞后于社会发展,规划作用于社会管理的科学性、精确性低的问题,能够作为支持政府宏观科学调控、决策以及社会公众参与行为实施的应用平台。目前,该规划研究全部完成,已进行文本整理和成果应用阶段,并正在实施“基于生态优先原则编修怀柔区总体规划研究”和“怀柔区生态村聚落与生态民居模式研究与示范”等项目。

(怀柔区科委)

【实施多媒体远程科技培训工程】 年内,怀柔区科委以杨宋镇和杨宋庄村为试点,建立了“杨宋庄农民网络技术学校”,为农民免费提供上网、课件点播等服务,成功实现了多媒体远程教学。之后,架设光缆 2 万余米,宽带接通 12 个村,先后在庙城、喇叭沟门、桥梓、长哨营、汤河口、琉璃庙、雁栖、宝山等乡、镇进行光纤进村入户工程。同时,建立了地面宽带网信息站,全部实现单向接收北京市农科院、区科委信息中心的实时教学广播,可随时进行课件点播和登陆因特网进行信息检索、信息发布。并在杨宋庄村之后,相继建成庙城镇庙城村、高两河村、喇叭沟门满族乡、长哨营满族乡等农民网络学校 8 所。同时,在市科委、市农科院的支持下建立了 25 个卫星接收站点,为种植养殖专业大户、农业主导产业中的龙头企业,为山区农民脱

贫致富提供了新途径。

（怀柔区科委）

【重点实施3大科技项目】 年内，怀柔区围绕板栗、西洋参和冷水鱼三大主导产业，安排重大科技项目。一是“板栗加工关键技术研究及产业化开发”项目。该项目主要是解决板栗贮藏、加工的关键技术及产业化开发，提高加工技术水平；建立板栗基因库实验园、良种繁育基地以及板栗科技示范园；培育板栗加工科技龙头企业，加快科技成果转化。项目实施后，将使现有企业的生产工艺得到进一步的改进，研制开发板栗新产品，开拓国内外市场。二是“西洋参产业新技术研究与应用”项目。该项目的实施可将西洋参产业培育成北京市农业的主导产业，对整个北京市种植业结构的调整及中医药现代化都有深远的意义。三是“怀柔区冷水鱼产业污染治理示范研究”项目。该项目将提高怀柔区冷水鱼产业化建设水平，使全区14个乡镇中，10个以上乡镇从事冷水鱼养殖及相关产业。

（怀柔区科委）

【多形式、多层次开展科普活动】 年内，怀柔区科委、科协加快了科普硬件设施建设，在湖光科普示范社区建立了科普活动室、图书室和4个电子滚动科普橱窗。加强了科普示范基地建设，共建立市级科普示范基地3个、科普示范村5个，区级科普示范户50个，乡镇级科普示范基地14个、科普示范户170个。加大科普宣传力度，组织了科普之春、科技周、农业知识竞赛、科普文艺巡回演出等大型科普宣传活动5次，科技下乡6次，科技大集230场，发放各类科技资料10万余份。加强青少年科普工作，组织了中小学生爱科学月、生物百项、小发明、小创造、小制作、小论文、科幻画、少年电子技师等活动，全区有多名学生获得市级以上奖励。

（怀柔区科委）

门头沟区

【优化科技发展环境】 年内，门头沟区新认定高新技术企业11家，现累计已达60家。组织实施市级星火计划和科技致富项目共13项，引进各种技术人才104人，其中高级人才23人。制定了《门头沟区农业信息化调研及2004—2008年发展规划》，大力推进本区信息化进程。利用远程教育网络系统，全年共组织培训28次，2 000多人次，累计培训6 000多学时；完成了石龙工业开发区无线局域网的建设和斋堂网络计算机（NC）培训教室的建设。与中国农业大学合作尝试建立了本区第一个硕士培养点。邀请了日本“花甲协会”果树专家、中国农业大学和中国林科院专家来我区进行学术交流和科技培训。

（门头沟区科委）

【加强科技设施建设】 年内，门头沟区科委加强了科技设施建设。在区科技开发实验基地建成470平方米科技推广培训中心，将充分利用基地产、学、研一体化的优势开展培训，加大对农民的培训力度，提高从业人员的专业技能；建立了高标准、高质量、多功能的农产品检验检测中心，下设理化分析实验室等5个实验室，可进行粮食作物、经济作物等产品的品质检测，目前已投入使用；综合示范科技园已初步建成，主要以设施农业、精品林果业、优质花卉等为发展方向，集中展示我区特色林果、花卉及国内外优新品种，并将起到绿化、美化环境，调节生态平衡以及农业示范的积极作用。

（门头沟区科委）

【积极开展科研工作】 年内，区科委组织多种项目的研究，共引进科技资金380万元。其中“京白梨贮藏保鲜技术研究”、“京西柿低温浸藏保鲜技术研究”和“核桃新品种的推广开发”等成果分别荣获市、区级科技奖励；“富士苹果新品种的引进推广技术”、“火村红杏品质综合评价及改良”、“核桃产业化”以及“京白梨实验研究”等优势品种的实验研究，解决了本区农业生产中的关键技术问题，并将科研成果积极推广到山区，促进其向经济效益的转化；同时，组织制定了《优质核桃苗木繁育技术标准》，建立起农业标准体系，使实验基地各项管理工作逐步走向科学化、现代化，打开了标准化管理的大门。

（门头沟区科委）

密云县

【积极开展科技项目对接】 年内，密云县科委积极推动行业协会、专业服务中心和科技中介机构的对接，选择了冯家峪镇西白莲峪柴蛋鸡养殖协会作为市科委"科技致富港"在密云的试点，扶持建立起柴蛋鸡饲料标准化生产基地，以此探讨农民专业合作组织的发展方向和模式，为密云的经济发展搭建了科技平台。同时，针对我县蔬菜产业链不完整、蔬菜销售渠道不畅、蔬菜散户培训意识不强等问题，协调小汤山特菜基地龙头加工企业，与河南寨、西田各庄、十里堡、巨各庄等4个乡镇菜农对接，采用专家+龙头企业+农户、专家+农技推广机构+农户、专家+农业学会+农户等多种有效运作模式对我县菜农进行产前、产中、产后的培训服务，为有效开展菜农培训走出了一条新路。

（密云县科委）

【与市农林科学院进行第二阶段科技合作】 9月16日，密云县人民政府与市农林科学院举行第二阶段科技合作签字仪式。双方合作开始于2003年初，一年多来，围绕密云县的主导产业和农民增收致富这个中心任务，充分利用农科院的科技力量及现代高新技术成果，大力推广农业实用技术，发展优质、高效、安全、生态、可持续农业，合作取得了显著效果。第二阶段双方将在密云农村开展信息化示范村和农村经济合作组织信息化示范基地建设；密云县有机板栗科技示范基地建设；密云水库库滨带水土流失综合治理示范基地建设；北京山区生态治理示范区建设；密云仁用杏基地建设与丰产栽培技术示范推广；密云县蔬菜品种更新工程；雄蜂授粉技术试验、示范、推广；密云农业电子图书馆建设；密云县农村远程教育培训及远程信息服务；密云县农村实用技术培训、推广等10个项目上开展合作。

（密云县科委、科协）

【积极申报各类科技计划】 年内，密云县科委组织验收科技项目7项。申报国家、市级科技项目23项，其中国家火炬计划、重点新产品计划3项，有2项获国家级、市级立项；科技致富计划4项；农业成果转化资金项目4项；市级科研项目7项。安排县级科技项目30项。

（密云县科委）

【实施"863"重大节水专项】 年内，实施了"863"重大节水专项——北京密云水库上游地区节水农业技术开发。该项目围绕密云保水富民政策，以最大限度保护密云水库上游地区生态环境为目标，着眼于节水农业的技术集成和示范，构建适合于该类型区水源保护性的节水用水生产模式，形成节水农业技术体系与示范平台，同时，探索评价密云水库上游地区生态环境、水资源高效保护与利用的技术评价体系，以促进密云水库上游地区水资源的保护和农业持续、稳定的发展。

（密云县科委）

【加快基地建设】 年内，密云县科委共投入资金20万元，重点建成6个基地和示范点，即上甸子村板栗科普基地、卸甲山设施蔬菜科普基地、高岭肉羊科技培训示范镇、大城子肉鸡培训示范镇、十里堡奶牛培训示范镇和石城远程教育培训示范镇。现已完成了示范镇、基地建设责任书的制定，完善了基地配套设施建设，同时结合基地技术需求，推广实用技术达百余项。其中石城镇、西田各庄镇已被市农科院评为农民远程教育智农培训基地，实行统一标识、统一管理标准、统一考核制度，通过重点扶持，成为集农民培训、服务咨询、信息反馈为一体的优秀典型。北京农科院蔬菜中心为卸甲山等15个村示范基地先后两次无偿提供30余种，价值20 000多元的蔬菜优良品种，是公司+农户+基地建设模式的典型。县科委与市农科院、县水土保持站合作在石匣小流域土综合治理示范区共建板栗资源库，嫁接板栗200株，收集全国主要产栗省的主要品种60个以上，并以基地为依托，成立了板栗专业技术协会。

（密云县科委）

【开展科普活动】 年内，密云县共投入资金40

余万元，通过网络和广播电视系统、科普教育基地、科技推广活动、科技报告会等多层次、多渠道地进行科学知识、科学思想、科学方法、科学精神的宣传教育活动。编辑出版了《科学饮食健康伴您行》科普读物，发行了1万册。制作以科学的发展观为主题展板160块，“维护人权、反对邪教、珍爱生命”主题展板28块。开展第六届“科普之春”活动63项，其中大型实用技术培训58期，30 818人次参加，发放实用书籍1.5万册。科技赶集、赶会、赶市、进校园、进社区活动15场，咨询1.2万人次，发放科技资料2.15万份，防治禽流感光盘2 000张。围绕科技周，组织开展活动19项，针对农民急需的实用技术进行现场讲解培训。参与了北京市第24届青少年创新大赛、全国第19届青少年创新大赛、青少年“大手拉小手”及“2004青少年计算机作品主题竞赛”等活动，获创新大赛优秀科技活动奖、创新项目奖、优秀组织奖，其中，“大手拉小手”活动被评为优秀活动并获得资助。

（密云县科委）

平谷区

【打造数字平谷提高信息化水平】 年内，平谷区科委围绕数字平谷的建设，促进农业信息化发展。现已建成了覆盖全区的宽带城域网，16个乡镇有169个村通了光缆，先后在挂甲峪、桃园、雕窝、河北村等12个村建立了“数字家园”。建成了46个农村远程信息服务站，开发了物流配送系统等10个应用软件。农业信息化示范区建设，为农民带来了全新的思想观念和经营意识，促进了农民增收。黄松峪乡雕窝村建成了京郊首家民俗旅游网络村，全村41户有38户配备了电脑，接通了宽带网。仅“十一”期间，该村旅游收入高达85余万元，户均纯收入2万余元，其中30%的游客是通过网络预定而来的。马坊镇河北村利用数字家园对农民进行电脑培训，共6期，358人次，其中170人通过了2004年全国计算机等级考试，走上了就业岗位。建成了北京国大沃托玛腾有限公司、北京普析通用仪器有限公司两个市级信息化带动现代制造业的示范点，其中，北京国大沃托玛腾有限公司实现了网络化设计、网络化制造和网络化管理，原来22名技术人员8个月才能完成的设计任务，现在5名技术人员只需3个月，极大地提高了设计、生产效率。北京普析通用仪器有限公司利用网络，将北京的研发总部、平谷的生产基地和遍布全国的6个办事处、22个联络点紧密地联系了起来，在全国范围内实现了远程的生产、销售管理实时化。开发了包括木块制作、布艺制作、陶艺制作内容的“社区科普”平台，实现了网上科普。开发了完全基于国产化软件的电子政务办公平台，并于2005年3月11日全部上线运行。相继开发完成了电子政务办公子系统，三维地理信息系统，政府应急指挥系统，全程办事代理系统，区、乡、村三级互动管理系统和组工网办公管理系统等10多个应用系统，系统之间实现了数据共享，全区统一的数据库已经形成。建成了平谷区防震减灾应急指挥中心，利用互联网与中国地震局、北京市地震局实现了实时视频会商、灾害评估、资料共享和应急指挥。

（平谷区科委）

【加强科技服务组织建设】 年内，平谷区科委大力发展农业科技服务组织，重点支持了盛泉康汇农产品合作社、大桃标准化协会等一大批标准较高，覆盖区域较广、产销服务于一体的农民专业合作组织。到目前，平谷区已有农业科技服务组织300个，带动4万户农民，在农业生产、农产品加工销售等方面起到积极的作用。绿都林梨果品协会采用产学研结合新经营理念，以技术入股的形式与农学院专家合作，进行设施梨优质高产栽培技术研究，推广应用SOD生物技术，建立设施梨基地30亩、露地栽培120亩，引进了黄金、黄冠、日本风水、绿宝石等国内外早中晚熟优新品种梨10多个，实现了定植后1年见果，改变了梨5年结果的传统生产规律，并比2003年提早上市1个月，延长市场供应期3个月，在国内首家生产出富含SOD的天然功能性食品梨，对促进农业产业结构调整起到了示范带动作用。

（平谷区科委）

【科技工作实现新突破】 年内，平谷区的科技工作又有新的突破。高新技术企业积极承担国家级项目。北京普析通用仪器公司在完成“十五”国家科技攻关重大项目“光谱分析仪器的研制与开发”课题后，又中标了“分析仪器产业化应用示范”课题，获得科技部2 000万元的资金支持。进一步加强产学研结合。市农林科院、市林业局、市科委农村发展中心、平谷区果品办、北京泰华食品饮料公司联合承担了北京市重大科技项目“桃产业优化升级关键技术研究”，获得1 200万元的资金支持，并由主管农业副区长牵头着手规划，在“十一五”期间将全面启动精品、营销、综合开发三大战略，推动大桃产业全面升级。依托首都科技资源，发展平谷经济。吸引中科前方生物技术研究所来平谷筹建健康产业中试与孵化中心；支持观远房地产公司转向投资中关村的高新技术企业，投资2 000万元，组建了北大停易制动器有限公司、北京金鹿环保仪器制品有限公司等。其中北大停易制动器有限公司开发的停易EBS（降低制动噪声装置），科技含量高，可减少噪声污染，提高制动性能，获国际发明专利，已被奥委会选为指定产品，市政府也决定，五年内将北京公交车全部改装该制动系统。

（平谷区科委）

顺义区

【科技活动活跃】 年内，顺义区全年高新技术产业实现产值262.60亿元，同比增长82.85%；实现技工贸总收入258.57亿元，同比增长83.89%；实现增加值31.21亿元，同比增长34.98%，占全区二产工业增加值的14.05%。其中，高新技术产业销售收入占全区工业企业销售收入的43.68%。全年认定北京市高新技术成果转化项目8个，获准国家级、市级火炬计划项目6个，批准国家级重点新产品13个。全年新发展民营科技企业60家，累计达到273家，注册资金总额13.47亿元，实现技工贸总收入16.70亿元，同比增长11.8%，工业增加值5.51亿元，同比增长10.7%。区科委和乡镇企业局、外经委、农委等有关委办密切合作，组织高新技术产业博览会、农业博览会等活动，效果良好。

（顺义区科委）

【科普宣传丰富多彩、形式多样】 年内，顺义区科委和科协加强科普宣传，并更加注重实效和贴近群众。在开展防控禽流感宣传活动中，共发放各种科技资料10 000余份。科普之春和科技周期间共组织活动90项，其中区级重点活动10项；举办科普报告会6次，参与人数2 000人次；科普赶集和科技下乡活动9次，发放各种科技资料35 000余份；培训各类农村人才10 000人次。青少年科普活动遍布城乡各类学校，小发明、小制作、小论文等不断涌现。在24届北京市青少年科技创新大赛活动中，顺义区共有45个项目参赛并取得较好成绩。其中，在科技发明大赛中获一等奖1项，在少儿科学幻想画大赛中获一等奖2项。

（顺义区科委）

通州区

【加大科技对农业的支持力度】 年内，通州区科委提出了“生产力促进体系型”的科技推广服务体系理念，并被市科委、市农委在市“科技兴农”活动上推出。目前，已完成通州科技推广服务组织的调研；开发建设了北京郊区农民合作组织服务创新平台，初步完成通州区傲凤乌鸡养殖协会、鑫淼观赏鱼协会、青年林果协会等10个专业技术协会的网页制作；完成了通州区农村科技资源服务平台的方案设计；与网络公司合作设计完成了基于掌上电脑的通州区信息服务终端－通州“信息通”方案；确定了通州区观赏鱼养殖基地、通州区乌鸡养殖基地等九大农业科技示范基地并颁发了牌匾；实施了

"安全蔬菜产业化行动暨配送体系技术研究与示范"、"优质花色奶基地建设"等农业科技项目,支持了龙头企业,加速了农业成果转化。

(通州区科委)

【为无公害蔬菜建档】 年内,通州区实行了无公害蔬菜生产过程中档案管理和追溯制。通州区是北京市主要绿色蔬菜生产基地之一,有蔬菜生产面积15万亩,蔬菜配送中心7家。为确保蔬菜生产过程中无公害,让广大市民吃上放心菜,通州区种植业服务中心推广站负责帮助园区和每户生产者建立田间档案记录,由各乡镇建立电子档案,对外购蔬菜实行追溯制。此举从无公害蔬菜生产过程中的生产环节和销售环节方面着手,提高了各环节相关人员的责任感和积极性。田间档案内容共分21项 :栽培种类、栽培茬品、是否轮作、栽培品种、种子处理、施肥时间、病虫害发生情况、施药时间、品种、包装规格、产品销售地点等。

(通州区信息中心)

【积极实施科技项目】 年内,通州区科委开展了"通州区区域创新服务体系建设与发展规划研究"、"通州城市核心区生态规划方案设计"、"粪便生化处理示范工程"、" 农业新品种试验示范"等市、区两级科技计划项目23项,上报北京市2005年度科技计划征集项目22项;完成了《通州区2004年科技项目库》的编制,入库项目25项。同时,围绕打造数字通州的目标,开展了8项信息化项目:成功搭建了"通州区科技资源网"信息平台,建设了"北京郊区农民合作组织服务创新平台",构建了"通州区农业科技资源服务平台",与市科委"农业科技服务港"对接,与农委合作共同开发了通州"221"农业信息平台,设计完成了"大运河配送中心物流配送及内部管理信息化"等。

(通州区科委)

延庆县

【7项科技成果通过验收】 4月15日至5月31日,由延庆县科委组织实施的"万亩绿色果品基地建设"等7个项目通过市级验收。"万亩绿色果品基地建设"项目在延庆县8个山区乡镇新建46 828亩绿色果品基地,生产绿色安全果品782万千克,实现产值5 902万元;"优质蜂产品生产基地建设"项目实施两年,蜂群总量由2001年的20 000群增加到33 000群,直接带动养蜂户545户致富;"甘草杏、甘草山楂系列果脯产品开发"项目完成产量1 800吨,年产值1 300万元, 利税150万元;"延庆县生态农业科技示范园区建设"建成后为全县农业发展提供了技术保障,有力地推动了延庆农业产业化的发展;"绿色安全葡萄生产配套技术研究" 建成了一个200亩的葡萄研究中心园区,近万亩绿色葡萄基地和20千米葡萄长廊,引进葡萄新品种,总结出了"鲜食葡萄栽培技术规程"和"红地球葡萄生产技术综合标准",为延庆县葡萄产业的发展提供了技术保障;"延庆县官厅水库上游水源涵养林培育技术研究与试验示范"项目对官厅水库上游妫河流域进行了区划,将官厅水库上游区划为荒山治理区、荒滩治理区和湿地保护区,并在示范区内应用了环保型椰棕容器育苗栽植、多功能新型保水和土壤改良材料等多项技术,使造林成活率达到99%。

(延庆县科委)

【实施科技致富工程项目】 年内,延庆县科委组织实施了5项科技致富工程项目。"仁用杏优质丰产栽培技术示范与推广"项目,推广面积20 000亩,杏核产量300万千克,产值2 100万元,纯收入1 100万元,增加收入420万元,带动农户4 000户,户均增收1 050元。"珍珠泉乡蛋鸭基地村建设"项目,全乡存栏鸭35 000只。"舍饲养羊示范推广工程"项目实施以来,县畜牧养殖协会从国外引进了5只罗姆尼、萨富克种羊与我县小尾寒羊杂交,杂交后,小尾寒羊出肉率由25%—30%增加到35%—40%,并在8个贫困山区建成了24个标准养羊小区,引进小尾寒羊种羊1 000多只,产羔率达到200%,成活率95%以上,全县存栏13万余只,出栏7.5万只,收入970万元,带动1 540户农户致富，户均收入8 000元。“优质蛋鸭养殖产业化项目”以公司＋农户模式运作，由养殖协会负责种鸭的引购、繁育、饲养及防疫的技术指导、培训等，到年底，全乡存栏优质蛋鸭达到35 000只，雏鸭成活率90%以上，产蛋突破12千克/只，年产蛋42万公斤，实现产值840万元，纯收入508万元，户均5 929元。“饲养柴鸡产业化建设”引进种鸡4 800套，扩繁15 000套，发展柴鸡养殖户3 500户，柴鸡存栏40万只。

（延庆县科委）

重大科技成果

GREAT SCIENTIFIC AND TECHNOLOGICAL ACHIEVEMENTS

国家自然科学奖二等奖

【扩充未来光管猜想及相关问题的解决】 该项目属多复变领域，由中国科学院数学与系统科学研究院周向宇完成。该项目是基础数学研究的核心与前沿之一，交叉性强，特别是其中的扩充未来光管猜想，诸多世界一流数学家和物理学家提出并研究而未得解决，被公认为是困难问题。青年数学家周向宇提出的猜想叙述很简单，即扩充未来光管是全纯域。全纯域是多复变中的基本和重要概念，而扩充未来光管出自量子场论。国际权威的《数学百科全书》“量子场论”条目把它列为未解决问题。此外，周向宇还证明了关于矩阵 Reinhardt 域的全纯凸性刻画的 Sergeev 猜想；系统地研究了轨道连通性、轨道凸性与全纯凸性的联系，给出了紧李群不变域的全纯包为单叶的判别准则，并得到一系列重要结果。周向宇于 1998 年 11 月在国际著名数学中心俄罗斯科学院 Steklov 数学所荣获俄国科学博士学位，应邀在 2002 年国际数学家大会做 45 分钟报告。该项目是一项有中国多复变学派特色的研究成果，具有历史意义，受到俄国科学界高度评价，得到国际数学界特别是多复变函数论领域充分肯定。

（国家科学技术奖励工作办公室）

【张量函数表示理论与材料本构方程不变性研究】 该项目属力学基础研究，由清华大学郑泉水等完成。项目研究为形成现代张量函数表示理论及奠定其应用基础做出了决定性贡献；发现了一些重要的本构不变性性质。其主要成果：①首次提出了为建立现代张量函数表示理论完整体系而有待于解决的主要命题；完整地解决了这些命题。有关结果归结为一系列新的基本定理（点群对称性分类、结构张量、各向同性化、广义 Wineman－Pipkin、存在性等定理）和连续系统对称性原理，加上已有的 Hilbert 定理和 Neumann 原理，构成现代张量函数表示理论的基础、基本框架及其应用基础。②创立了一种系统研究任意高阶张量各种各向异性结构的有力方法，获《国际工程联合会》暨《国际工程科学杂志》首届、唯一的“杰出论文奖”；应用该结果首次建立了任意阶张量（可表征各种可能的线性物理性质）的所有各向异性的分类。③首创各向异性张量函数的完备且不可约表示的系统且简便的方法；“第一次针对所有种类材料对称性，给出了具有实质意义的完整的张量函数表示”；首次获得高阶张量函数表示的系统性结果；首次给出高阶张量正交不可约分解的系统建立方法。④发现了非均匀材料的一系列新的不变性性质和减弱依赖性质。开拓了张量函数表示理论在现代力学多方面的应用，如：高对称性材料的本构、强度和屈服关系；损伤材料内结构与损伤张量的内在关系；损伤和高分子材料内结构演化；细观力学新方法。项目成果在国际上被广泛应用于建立各种复杂材料和行为的模型，如：损伤力学、损伤诱导的各向异性行为的模型和演化；塑性力学、塑性诱导的各向异性模型；复合材料本构、强度和失效模型；非均匀材料的力学；高分子材料本构模型和演化；生物软组织本构模型；热、电、铁电、粘弹性模型；混合物本构；液晶高弹体；各向异性非线性弹性；优化设计；流体薄膜模型等。

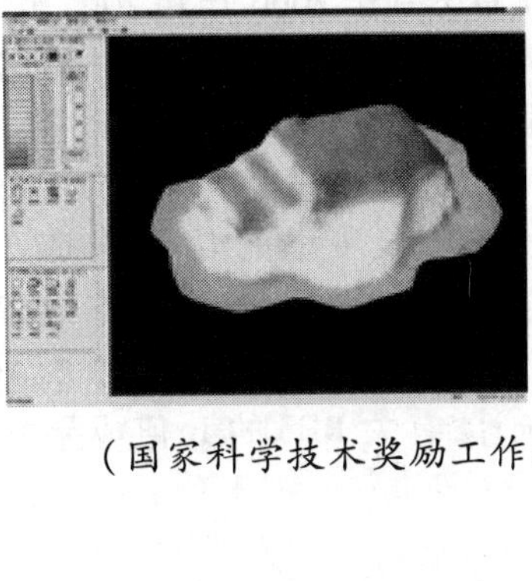

（国家科学技术奖励工作办公室）

【2—5GeV 能区正负电子湮没产生强子反应截面(R 值)的精确测量】 该项目由中国科学院高能物理研究所赵政国等完成。粒子物理的基本理论是标准模型,其三个支柱是物质结构单元、作用力、质量。标准模型的预言与迄今为止所有实验结果在测量精度范围内是一致的。但标准模型的第三支柱是最薄弱的,与粒子质量起源密切相关的 Higgs 粒子尚未找到。标准模型本身也还需精确检验。当前,国际高能物理实验研究的主要领域有:①高能量前沿:寻找 Higgs 粒子和其他新粒子;②高精度前沿:精确测量其基本参数和检验标准模型。在上述两方面研究的理论计算中,强相互作用贡献项都需要将正负电子湮没产生强子产生截面(R 值)作为基本输入量。原有实验的 R 值测量结果在 2—5GeV 能区的低精度状况(误差约为 15%—20%)带来的理论计算不确定性是对 Higgs 粒子质量拟合、精确检验标准模型和发现新物理的极大障碍。在本项目开展前的 20 年里,2—5GeV 能区的 R 值测量没有取得任何新进展。R 值是在北京正负电子对撞机(BEPC)和北京谱仪(BES)上进行的强子产生截面的绝对测量。在 2—5GeV 能量范围内进行了两轮 R 实验,共测量了 91 个能量点,R 值的平均误差为 6.6%,比国际上原有实验精度提高了 2—3 倍。把 BES 的 R 值作为输入,理论计算的电磁跑动耦合常数和缪子反常磁矩的精度有很大提高,标准模型拟合对 Higgs 粒子质量的预言与实验上直接寻找 Higgs 粒子的结果相容。BES 的 R 值测量结果应邀在国际会议上报告 29 次,其中重大国际会议特邀报告 14 次。报道 R 值的两篇文章分别于 2000 年和 2002 年在 Physical Review Letters 上发表。2002 年国际粒子数据手册(PDG)将多年不变的 R 值图做了重大改动,增加了 BES 全部测量结果,国际粒子物理数据库收录了全部 R 值数据。从 2000 年起至今所有的高能物理会议都继续引用和评价 BES 的 R 测量结果。根据 SLAC Spires 的检索统计,有关 BES 的 R 值成果共被引用 174 次。

(国家科学技术奖励工作办公室)

【原子尺度的薄膜/纳米结构生长动力学:理论和实验】 该项目是凝聚态物理和纳米材料领域的重要国际前沿课题之一,由中国科学院物理研究所王恩哥等完成。该研究提出了反应限制集聚理论(RLA),发现在表面活性剂作用下存在一个新的壳层屏蔽效应,从而导致了反常的原子集聚过程;证明了原子的边—角扩散是决定量子点形状的关键过程,圆满地解答了表面物理实验上争论了近 10 年的形状变化问题,并提出了控制纳米结构形成的新方法;建立了扩散通道决定不同退化过程的物理模型,发现了制约原子岛稳定性的微观机理,为纳米结构的器件应用奠定了基础;发现了一种“幻数团簇 + 纳米模板”的控制生长方法,首次制备出全同纳米团簇周期点阵——一种新的两维人造晶格。该项目先后发表 SCI 论文 30 余篇。应邀在美国物理学会、美国材料学会和国际材料联合会年会等做特邀报告 32 次。20 篇代表性论文被引用 230 次。Nature3 次分别以“就是这样”、“克隆纳米团簇”和“薄膜的攀岩者”,Science 以“在硅上整齐播种”,美国物理学会 Phys. Rev. Focus 以“纳米团簇的梦幻”,美国材料学会通报以“Al 纳米团簇有序阵列”为题先后进行了报道。

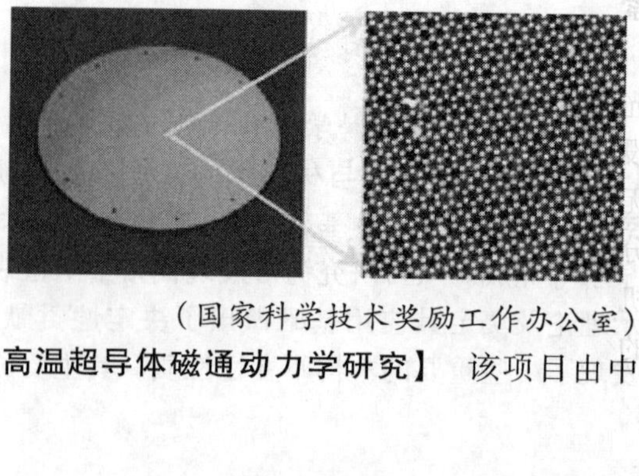

(国家科学技术奖励工作办公室)

【高温超导体磁通动力学研究】 该项目由中

国科学院物理研究所闻海虎等完成，由国家杰出青年基金和中科院王宽诚基金支持。主要成果：首次证明了在高磁场时高度各向异性的高温超导体没有真正的零电阻态，其涡旋玻璃转变温度是绝对零度；首次实验证明了熔融织构和单晶 YBaCuO 块材中的钉扎形式是临界温度涨落钉扎，而不是平均自由程涨落钉扎，提出“小尺度正常芯钉扎”模式对“鱼尾”效应进行解释；首次清楚地证明了高温超导体的布拉格玻璃转变线在低温下没有截止点，指出布拉格玻璃转变依然发生，以及在此转变磁场以上的相区不存在涡旋玻璃相；结合电输运和磁弛豫技术，成功获得 8 个数量级电场改变的 I－V 曲线，证明了 YBaCuO 薄膜中的涡旋玻璃标度律受到电压测量精度的影响；研究了过掺杂高温超导体的临界特性，否定了国际上自 1993 年来关于过掺杂高温超导体上临界磁场反常的错误认识，首次提出过掺杂超导体中可能存在介观尺度相分离的观点来解释电子态相图。该研究文章独立引用达 200 篇次，在国内外重要学术场合作邀请报告 20 余次，其中包括 1998 年德国物理年会上做邀请报告，第 5 届全球超导大会做邀请报告。

（国家科学技术奖励工作办公室）

【若干新型光功能材料的基础研究和应用探索】 该项目属于化学与材料等领域，由中国科学院化学研究所姚建年等完成。项目在特殊光功能分子设计及分子复合体系的构筑方面：设计、构筑了 4 大类 50 余种无机、无机/无机、无机/有机光致变色材料，在国际上首次利用超分子化学的方法成功制备了变色性能良好的无机/有机复合薄膜材料，提出了电子/质子转移的变色新机理；合成了 5 大类不同敏感波长的新型光致变色化合物 200 余种，其中新型杂环取代俘精酸酐等为研制蓝色敏感的高密度信息存储材料和器件奠定了基础。在光诱导的电子传输、激发态及反应机制等基本问题研究方面：发现了过渡金属氧化物薄膜的可见光变色效应和电解增幅效应，通过半导体/贵金属复合的方法，大大提高了材料的光致变色效率，提出了 Schottky 结的增幅原理；率先将介观特异性研究从金属、无机半导体拓展至有机小分子材料领域，发现了光功能有机小分子纳米结构中分子间电荷转移激子的限域效应及尺寸对光谱行为的调控规律；率先用分步双激光和单光束双光子研究了光致变色分子动态过程、激光光谱和反应机理，合成的 3，4－双杂环取代二氢呋喃和噻吩衍生物的双光子吸收截面达到同期文献最大值，提出了光致变色化合物的酸致变色新概念。在应用基础研究方面：首次构建了厚度小于 2nm 的光致变色超薄膜，成功制备了可见光变色性能优良的薄膜；研制出可擦重写光致变色光盘样盘，提出彩色平面三维光信息存储新原理、新概念；制备了高性能二阶非线性光学极化聚合物，研制出比国外同类材料光响应速度高 2 个数量级的 ODVPC 氧钒酞菁三阶非线性光学超快响应材料。该研究共发表论文 173 篇（SCI 收录 147 篇，EI 收录 90 篇），其中影响因子 3 以上的 35 篇，包括 Nature 1 篇，Angew. Chem. Int. Ed. 2 篇，J. Am. Chem. Soc. 2 篇，共被 SCI 他引 747 次。英文专著 1 章，中文专著两部，美国发明专利 1 项，国家发明专利 21 项。在国际学术会议上做邀请报告 8 次。

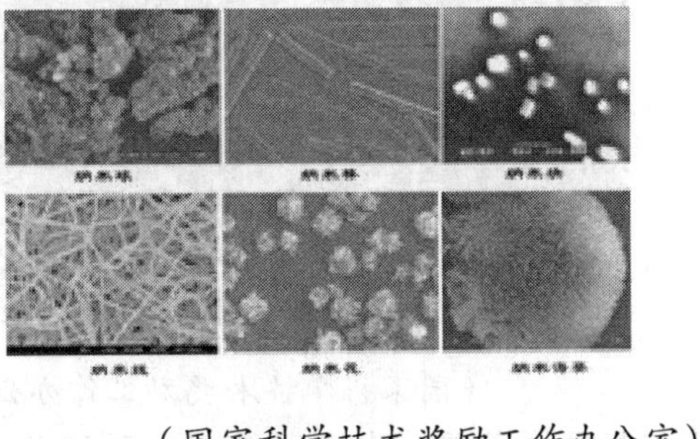

（国家科学技术奖励工作办公室）

【核酸化学及以核酸为靶的药物研究】 该项目属于生物有机化学和药物化学领域，由北京大学张礼和等完成。利用有机小分子作为探针研究与生物大分子的相互作用，一方面可以从分子水平了解复杂的生物体系的化学过程，同时也可以为发现新药打下基础。该研究主要内容：①发现(Sp)8－氯腺苷3',5'－环磷酸正辛酯可以模拟CAMP的作用，同时对HL－60细胞有较强的分化诱导作用，体内实验证明它在体内的活性形式是8－氯腺苷，从而发现了8－氯腺苷是一个作用于信号传导系统的毒性低、有较强诱导肿瘤细胞分化作用的新抗癌剂；进行了Ribozyme断裂RNA的水解机理研究，发现Ribozyme断裂RNA的水解速度决定于5'－离去基团的离去速度，反应是一个Mg^{++}对2'－O－和5'－O－的双离子催化反应，纠正了文献上一般认为的2'－O－的进攻是慢反应以及单离子催化的说法；发现由异核苷掺入的寡核苷酸对各种酶有很好的稳定性，同时仍保留了与正常DNA或RNA序列形成双螺旋的性质，发现寡聚异鸟嘌呤核苷酸在一价阳离子作用下可以形成平行的四链结构，发现信号肽与反义寡核苷酸缀合后可以引导反义寡核苷酸进入细胞；模拟各种天然存在的核苷、核苷酸分子，发现N－醚链取代－CADPR有类似CADPR的活性并能穿透细胞膜，是研究钙释放活性的有用工具。本项研究获得授权中国专利2项、申请专利1项、共发表研究论文60篇，其中SCI收录42篇，有42篇被引用301次。两次被邀请在国际天然产物化学学术讨论会上做核苷酸方面的大会报告。

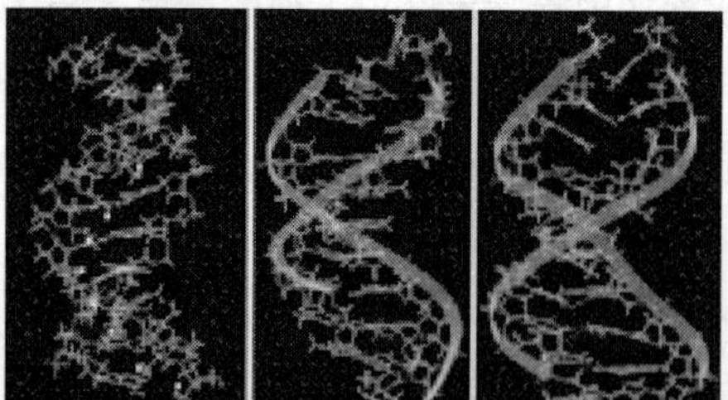

（国家科学技术奖励工作办公室）

【东亚季风气候—生态系统对全球变化的响应】 该项目是全球变化科学(giobal change science)这一新兴基础科学领域的前沿研究，由中国科学院大气物理研究所符淙斌等完成。项目通过卫星遥感、数值模拟、理论分析和交叉科学集成研究，揭示了在全球变化的影响下，我国独有的东亚季风气候—生态系统变化的主要特征和关键的控制过程，发现中国大陆已形成了由独特的生存环境结构、功能和分布组成的生物群区，它们在多种时间尺度的变化具有明显季风驱动的特征：由温度和降水构成的湿润指数是决定大范围植被的生长状况和分布的关键性参数；季风生物群区的结构、功能和分布的变化可明显改变地表与大气之间的动量、热量、水分和物质交换，对区域生存环境产生明显的反馈。因此，季风系统中生物、化学和物理过程的相互作用是我国生存环境变化的主要控制过程，由此提出“季风驱动的气候—生态系统”的新概念，并成为IGBP的一个新的核心计划“季风亚洲区域集成研究”的理论框架。本项目研究系统地揭示了季风区气候—生态系统的突变现象和几次重大的突变事件的机理，提出季风区，特别是夏季风北缘的气候—生态系统的过渡带在气候突变中的敏感性，并发现季风气候突变和我国北方的干旱化与全球增暖有密切关系。同时，还发展了季风气候—生态系统中3个重要过程的模式，其中陆面物理过程和植物生长过程相耦合的植被—大气相互作用模式，率先实现了植被大气的双向耦合；气溶胶—辐射—气候相互作用模式，率先实现气溶胶过程和区域气候的双向耦合；森林生态系统生长演替模式，首创了对常绿和落叶树种相互作用生命史模拟途径。在此基础上发展了耦合水、土、气、生诸分量的区域环境系统集成模式，成功地模拟了东亚季风气候和生态系统的变化，为区域生存环境变化的预测提供了新的工具。

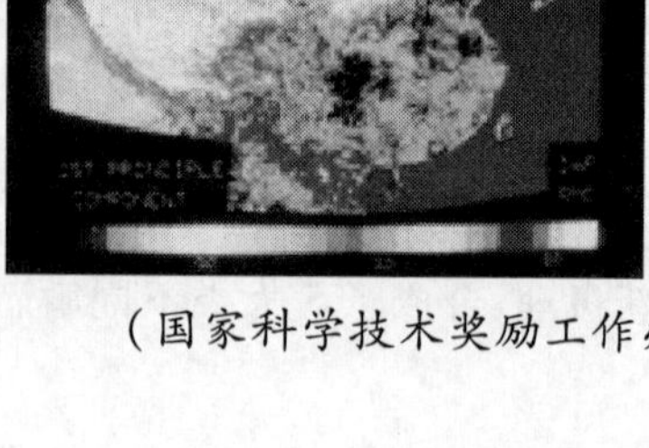

（国家科学技术奖励工作办公室）

【数字地表模型的多维动态构模研究】 该项目由国家基础地理信息中心陈军等完成。项目针对多维动态数字地表模型构建这一国际学术前沿问题，以地理空间实体及相互间关系的抽象与表达为主线，研究了地表空间铺盖、地物空间关系理论、数字地形精度、多维动态空间数据建模、多尺度表达等基本问题。主要有：提出了在栅格空间生成空间实体的 Voronoi 铺盖的思想，并发展了一系列的栅格生成算法；最先发现了 GIS 空间关系经典 4 交及 9 交模型的两大理论缺陷，通过引入空间目标的 Voronoi 区域，研究解决了这两大问题，发展形成了基于 Voronoi 图的空间关系模型；第一个发现了空间现象客观表达的"自然准则"，在此基础上发展了地形及地物多尺度表达的一系列算法，为多尺度表达提供了理论与数学基础，其中的线条多尺度表达算法被国际上公认为 Li - Openshaw 算法而写入英文 GIS 教科书；首次提出了顾及行为的时空数据建模思想、基于 k - 单纯形的三维拓扑 ER 模型、蕴含邻近关系的 Voronoi 动态数据模型等；首次系统地用试验的方法揭示了 DEM 精度随采样密度及地形的变化，并对其做了严密的数学推导，建立了一种类似于地形图精度规范的、既简单又可靠的 DEM 精度的理论预测模型，并用 DEM 规范的制定发展了 3 种多维数据建模工具（系统），开展了国家级 DEM 数据库等应用工程，研制了导航空间数据标准等国家标准。该研究在国际核心学术刊物上发表了 38 篇论文，其他国际正式出版物上 8 篇，国内核心学术刊物上 46 篇，学术专著 3 部；被 SCI 收录 30 次，EI 收录 29 次，ISTP 收录 3 次，中国科学引文收录 28 次。

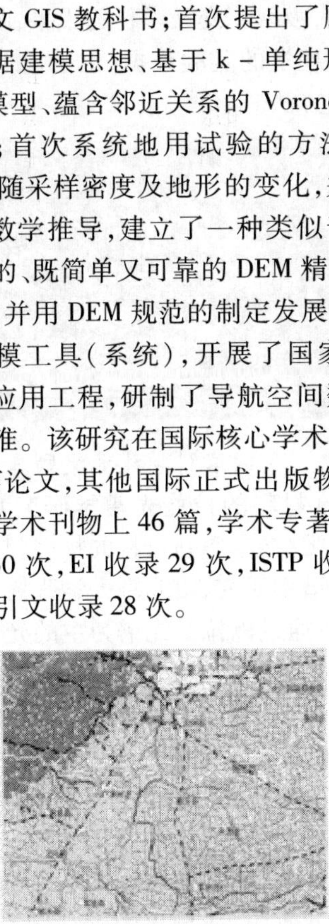

（国家科学技术奖励工作办公室）

【中国陆地生态系统生产力和碳循环的研究】 该项目属生态学和地学相交叉的研究领域，由北京大学方精云等完成。研究通过发展实际观测、定量估计和模型模拟的方法，全面、系统地研究了中国国家尺度的陆地生态系统碳循环的主要过程、碳储量、净吸收和净排放变化及其发生机理，创造性地建立了我国主要生物群区碳储量的估算方法，对其 CO_2 源汇功能进行了评估：分别建立了区域森林、草地、农作物以及土壤碳储量的估算方法，创建了"连续生物量转换因子法"；利用这些方法及大量野外实测资料和森林清查资料，研究了中国 50 年来森林植被 CO_2 源汇功能的动态变化，发现 20 世纪 70 年代中期以前，中国森林向大气净排放了 CO_2，但在 80 年代初到 90 年末的近 20 年中，共净吸收了相当于同期中国工业 CO_2 排放总量约 4% 的碳素。项目还首次发现气候及土地利用变化将导致我国陆地净吸收 0.73 亿—1.2 亿吨碳，发展了区域植被生产力动态的评价办法，揭示了我国陆地生态系统生产力的时空变化及其对气候变化的响应：整合卫星遥感信息及植被、气候、土壤等观测资料，发展了区域植被生产力动态变化的评价办法，定量研究了我国陆地植被生产力（NPP）对气候变化的响应规律。研究发现，近 20 年来我国陆地 NPP 在波动中上升，从 1980 年初的 13.4 亿吨碳增加到 1990 年末的 15.9 亿吨。生长季节提前和大气 CO_2 浓度升高是我国植被 NPP 增长的主要原因，温度和降水的年际变化主导着 NPP 的波动。该项目发表论著 150 余篇，在国际学术会议上做邀请报告 10 余次。SCI 论文 30 篇，其中 Science 2 篇。被 SCI 引用 192 次，他引 123 次，Science 和 Nature 论文他引 10 次；中国科学引文数据库收录 112 篇，被引用 480 次，他引 358 次。

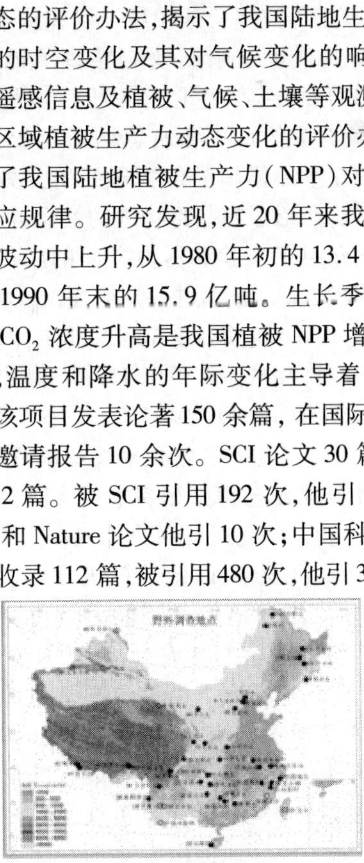

（国家科学技术奖励工作办公室）

【半导体纳米结构物理性质的理论研究】 该成果属信息科学学科，由中国科学院半导体研究所夏建白等完成。主要内容：首次提出了介观系统的一维量子波导理论，发展了二维量子波导理论，提出了一维介观系统中传导波函数的两个基本方程，对于任意复杂的一维介观系统给出了一个非常直观、简单的物理了解以及解析的结果；研究了三维空间阵列排列量子点的光学性质，以及激子、Stark、磁场效应对发光特性的影响；首先预见了量子点对垂直入射光具有良好的吸收特性，促进了垂直入射量子点红外探测器的广泛研究；首次从理论上研究了量子点—量子阱结构中的激子态，发现了量子限制效应会产生电子—空穴的空间分离，I型激子到II型激子的转变，以及它们导致的光学性质的显著变化；首次发现InAs/GaAs自组织量子点和V形量子线中Stark红移对电场不同取向呈现非对称的特性；首先提出用经验赝势同质结模型研究多孔硅中量子线和量子孔的发光机制，发现量子限制效应导致了体X态和Gama态的混合，产生了光跃迁；专著《半导体超晶格物理》全面系统地总结了至1994年国际、国内在半导体超晶格物理的研究方面所取得的成就，介绍了超晶格物理的概念、原理和理论方法，介绍了实验和器件方面的应用。研究共发表论文73篇，其中Phys. Rev. B 27篇，Appl. Phys. Lett. 1篇，J. Appl. Phys. 12篇，J. Phys. C8篇，共被他人引用429次，其中前7项工作被SCI他引180次以上。

（国家科学技术奖励工作办公室）

【视觉计算理论与算法研究】 该项目由中国科学院自动化研究所马颂德等完成。项目主要是研究计算机视觉，以使计算机具有通过二维图像感知三维环境信息的能力，包括感知、描述、理解和识别。主要成果：新的计算理论框架，在计算理论层次上引进了视觉系统与视觉环境和模型知识的交互作用，有效地解除了视觉信息约束中的非线性问题，大大降低了问题的计算复杂性，提高了计算机视觉系统的鲁棒性，在国际上较早地提出了主动视觉系统的摄像机线性定标；新的计算理论框架，在计算理论层次上引进了局部信息与整体信息的交互作用，有效地提高了视觉信息处理的抗噪声能力，在国际上首次提出基于图像整体几何信息的物体三维重建算法、运动参数估计算法、纹理图像分析与合成算法等；以新的计算理论框架为指导，深入研究了视觉计算中的一些基础性问题（如图像分割、特征分析与提取、相似性度量、摄像机标定等），提出了有重要创新意义的观点与算法，纠正和澄清了学术界的一些错误或不准确的认识和观点；以新的计算理论框架为指导，深入研究了图像视频信息的检索、医学图像分析和动态序列图像语义理解等几个有重要应用价值的视觉计算问题，提出了基于时空流的视频分析、医学图像分割、三维医学图像匹配以及物体运动行为理解与描述等一系列新的算法。该项目在视觉计算理论上系统地考虑了各层次间的相互作用以及视觉系统与视觉环境的充分交互，吸取了交叉学科的成果，既接近近年来认知心理学的实验证据，也给出了系统的计算模型与方法。

（国家科学技术奖励工作办公室）

【若干低维材料的拉曼光谱学研究】 该项目进行了低维/纳米等新材料的物性、制备及相关的拉曼光谱学研究，由北京大学张树霖等完成。主要成果：通过以拉曼光谱为主的光学方法，提出和证明了超晶格界面是合金层，超晶格、碳纳米管是类缺陷结构，硅等纳米晶线由小晶粒构成，在晶体SiC纳米棒的光散射中，离子间的“长程库仑作用”替代“尺寸限制效应”起关键作用，并表现非晶特性；超薄层超晶格中电子又成为非局域的电子，碳纳米管的拉曼频移具有强烈的温度效应，所导出的碳纳米管拉曼频移的温度系数已成为标准常数被引用，从磁双折射测量,发现液晶相变前行为违反诺贝尔奖金获得者朗道和德让提出的平均场理论。发展拉曼光谱学方面,在国际上首先观察到和鉴认出超晶格 60% 单声子和 80% 多声子,以及多孔硅、Si 纳米线、SiC 纳米棒等典型新材料的特征拉曼谱,其中 Si 纳米线的结果已被收入美国的《纳米科学和纳米技术百科全书》(Encyclopedia of Nanoscience and Nanotechnology);观察到两个拉曼光谱普遍特征(即拉曼光谱频率不随入射光波改变和斯托克斯、反斯托克斯拉曼频率相等)均被"违反"的现象,并揭示了该"反常"现象的根源在于低维材料结构的特殊性质;首先提出了超晶格声子量子阱模型和声子有效质量方程,发展了光弹理论、线性链模型、微晶和非晶拉曼理论;用拉曼光谱技术快速、简便测定碳纳米管缺陷和有序度的方法。材料制备方面,在国际上首先引入退火改进异质界面生长质量的工艺;首创用钇镍合金为催化剂,高产率大量合成了单层碳纳米管,成功制备出单层碳纳米管的胶体,开展单层碳纳米管的组装和单层碳纳米管修饰电极的电化学特性研究。该项目已发表 SCI 论文 65 篇,其中在影响因子 IF > 2 的 33 篇;被 SCI 论文他引 665 次。

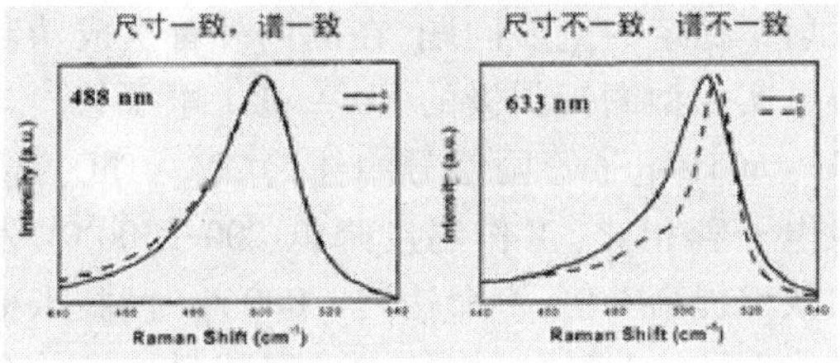

(国家科学技术奖励工作办公室)

国家技术发明奖二等奖

【新型鞋靴材料与模压工艺设备】 该项目属跨学科综合性研究,涉及纺织、印染、轻工、化工、高分子材料、机械等领域,由中国人民解放军总后勤部军需装备研究所张建春等完成。该项目在鞋靴橡胶模压生产技术、纤维增强(废旧)橡胶发泡工艺技术、聚四氟乙烯(PTFE)微孔弹性薄膜生产技术、高性能鞋靴材料生产技术、透气织物层压复合生产技术、电晕辐照表面改性工艺技术、合成革原液染色生产技术、热熔皮芯纤维生产技术、羽绒复合絮片生产技术、防水透湿合成革加工技术、织物与橡胶粘结技术等方面有重大创新;形成了防水透湿、防风保暖、抗菌除臭、透气排汗、防滑、防刺、舒适耐磨等鞋靴功能材料的新体系;研制生产了橡胶成鞋模压设备、微孔薄膜扩幅设备、织物复合用多功能层压机等 3 类设备。生产的 99 作训鞋、高腰 99 作训鞋、97 防寒鞋、渡海登陆作战鞋和防污保暖套靴等,已装备军队、武警、公安特警和地方特殊行业,部分成果已应用于渡海登陆、高原山地、荒漠和极寒地区。各种功能性鞋靴材料、相关技术及设备已广泛用于我国制鞋工业。项目研制过程中,共培养博士研究生 2 名,硕士研究生 6 名,起草行业标准 10 项,出版相关著作 3 部,发表论文 54 篇。先后组织化纤、纺织、染整、化工、无纺布以及制鞋等 18 家工厂进行了批量生产,累计生产各种鞋靴 3000 余万双。

(国家科学技术奖励工作办公室)

【陶瓷胶态成型新工艺】 该项目属于高技术新材料领域的应用研究,由清华大学黄勇等完成。主要发明点:发明了陶瓷水基胶态注射成型新工艺,提出压力诱导陶瓷浓悬浮体固化机制,创造性地实现了陶瓷非塑性浆料的注射成型,克服了由温度梯度导致的坯体固化不均匀现象。该工艺自动化程度高,成型的陶瓷产品有机物含量低、坯体均匀性好、烧结体性能优异、制造成本低。同时,研制成功国际上第一台胶态注射成型机,并已成功用于多种高技术陶瓷产品的开发和生产。发明了异成分体系陶瓷悬浮体的快速均匀混合及可控固化成型新工艺，成功应用于多种陶瓷制品的制造及水基胶态流延快速可控固化工艺，并开发出相应的工艺装备。发明了一种制备低黏度、高固相含量陶瓷浓悬浮体新方法，在去除陶瓷粉体中的可溶性高价反离子后，通过加入有机离子型分散剂来调节比离子浓度常数，控制颗粒周围双电层的厚度，可获得低黏度高固相含量陶瓷浓悬浮体。发明了无毒体系胶态成型新工艺，成功地将无毒性天然高分子应用于陶瓷原位固化胶态成型，发展了以明胶、琼脂糖为代表的物理性凝胶成型和海藻酸钠为代表的延迟反应胶态成型新工艺。发现在胶态成型过程中，固化发生前即浓悬浮体仍然处于可流动状态下就存在裂纹缺陷源。发明了克服悬浮体失稳过程中产生裂纹缺陷的方法。发明了控制陶瓷坯体中的内应力和消除坯体表面开裂的新方法。建立了陶瓷胶态(注射)成型中试基地，研制成功具有自主知识产权的工艺装备，开发了高功率金红石陶瓷电容器、超大功率新型复合陶瓷臭氧发生器薄壁管、高性能陶瓷系列微珠等产品。该项目申请中国发明专利16项(已授权12项)、授权实用新型专利2项。

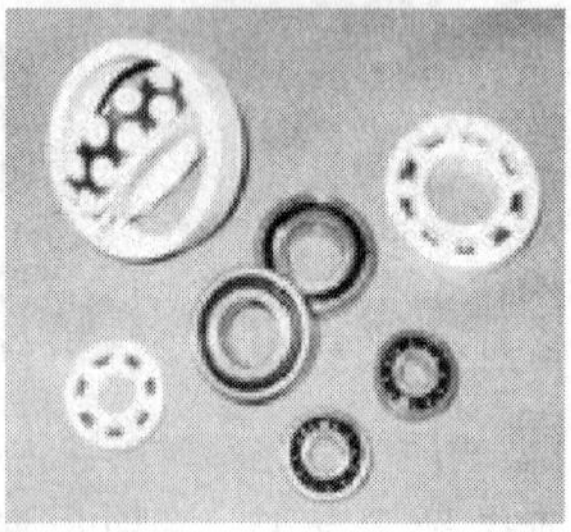

(国家科学技术奖励工作办公室)

【具有抗菌、净化空气及产生负离子的功能材料】 该项目属于无机非金属材料技术领域，由中国建筑材料科学研究院金宗哲等完成。主要内容和技术特点：采用稀土激活和复合技术在二氧化钛或氧化锌等光催化材料表面禁带中增加新的表面能级，实现在可见光和紫外光等条件下的多波段光催化反应，测得羟基自由基的产生能力提高2倍以上；建立了光催化和变价稀土协同作用模型及自由基转化成负离子循环模型，所发明新材料的变价稀土元素在价态循环变换过程中可把自由基转化为负离子，具有长久催化作用，健康环境功能指标均超过日本同类产品水平，测试对比其产生负离子功能比同类水平提高1.6倍以上；发现极性矿物由于表面带电具有一定的抗菌、净化和产生负离子能力，用稀土激活方法制造的新材料不仅具有优良的抗菌、净化空气功能，还具有优良的产生负离子功能。该技术发明已经实现产业化，开发成功空气净化功能涂料、抗菌涂料、产生负离子涂料、抗菌卫生陶瓷等5项新技术新产品，申请国家发明专利5项，已授权1项。

(国家科学技术奖励工作办公室)

【镧钼等热阴极材料及制备技术】 该项目属于材料科学与工程技术领域，由北京工业大学周美玲等完成。该项目系统研究了氧化镧掺杂的深加工钼材的力学性能与再结晶行为，明确提出了氧化镧对钼材的综合强韧化效应，发现含量为2.0%—4.0%的镧钼丝材，不仅具有很好的高温强度与室温韧性，而且具有优异的热电子发射性能，可以作为大功率栅控电子管的新型阴极。经过多年系统的实验与理论研究，揭示了镧钼阴极发射原理，解决了长期以来其发射不稳定的重要问题，在国内外首次成功制成了实用型镧钼阴极的FU－6051电子管。与FU－6051电子管同型号的钍钨($W-ThO_2$)阴极电子管相比，工作温度降低200—300℃，发射效率提高1倍，寿命达到3 000小时(技术标准为1 000小时)。该技术已在塑料加工的介质加热生产线上实现工业应用。在栅控电子管镧钼阴极研究的基础上，开发了一种耐高温回轰、长寿命、工艺制作简化的磁控管用复合稀土钼陶瓷阴极(烧结体)，阶段实验结果已达到用

户要求，可以全部取代 W－ThO_2（或 Ta－ThO_2）阴极，在耐高温回轰性能方面可替代钡钨阴极。

（国家科学技术奖励工作办公室）

【一种电动车辆动力系统关键技术产品及其应用】 该项目属汽车车辆工程学科，并涉及能源、动力与电气、自动控制、电子与通信等多个领域，由北京理工大学孙逢春等完成。该发明以稀土变磁通电机及其控制系统产品为核心，辅之以线控变速传动技术、变脉冲智能快速充电技术、电动车辆网络化综合控制和能量管理系统和动力驱动系统测试平台技术产品，形成了相对完整的、具有自主知识产权的技术成果体系，适合多种类型的电动车辆，其主要内容及创新点：在稀土变磁通电机及其控制系统中提出了续流增磁概念，采用永磁加增磁绕组直流电机驱动控制技术，发明了一种全新的牵引电机自动控制模式。系统高效工作区宽，额定效率大于92%，在低速大转矩、控制稳定性、可靠性和产品成本等方面优于现有电机驱动系统，具有原创性；利用线控同步换挡和行星传动技术，取消了主离合器，简化了换挡机构，研制了一种结构简单、性能匹配优良的线控行星变速器；基于“电池温度、电压、电流、动态内阻等多变量综合控制的智能充电”设计思想，发明了脉冲宽度实时调节充电器，提高了电池的充电接受能力和充电效率，延长了电池使用寿命；电动车辆网络化综合控制和能量管理系统中采用了三层网络结构，在国内首先实现了整车网络布线，自主定义了 CAN 总线通讯协议，实现了整车综合控制和能量利用效率最大化，解决了故障诊断、高压安全等问题；电动车辆动力系统性能测试与仿真试验平台将机械测功机、电涡流测功机和机械惯量的优点有机结合，满足了电动车辆动力系统低速、高速和再生制动全过程的测试与仿真需要。该项目申请专利 12 项，已授权 6 项，软件保护登记 5 项。

（国家科学技术奖励工作办公室）

【基于索普卡（SOPCA）网络结构的索普卡电脑】 该发明属于计算机网络与分布式计算领域，由清华大学张尧学等完成。其主要创新点：发明了一种具有 SOPCA 网络结构的无操作系统的网络计算机。该电脑通过以太网和由 PC 构成的服务器相连接，服务器用作信息和程序（系统和应用程序）的存储与管理。电脑上装有用于 SOPCA 电脑和 PC 服务器之间的通信协议，负责 SOPCA 电脑的启动，并建立和服务器之间的连接，下载操作系统到本地执行。电脑不安装操作系统，但能根据用户需要加载不同类型的操作系统（Windows 和 Linux）；用于连接 SOPCA 电脑和 PC 服务器的连接方法与系统，构成 SOPCA 电脑和 PC 服务器间的 SOPCA 网络结构及其应用模式；用于服务器上的用户请求接收、排队、分析、处理和加载的方法，以完成按用户请求进行资源调度并把应用程序代码调度到 SOPCA 电脑上执行。该电脑可支持多个操作系统，SOPCA 系统中单机版软件就可供多个用户同时共享，同时，用 PC 机就可以连接 30 台以上的 SOPCA 电脑终端。该电脑成本低，系统造价在同类 PC 系统的 1/2 以下。该项目已获发明专利 2 项，1 项已公开，1 项正在申请，另申请行业标准 2 项。该电脑可被广泛应用在军事、电子政务、教育、金融、企业管理等领域。

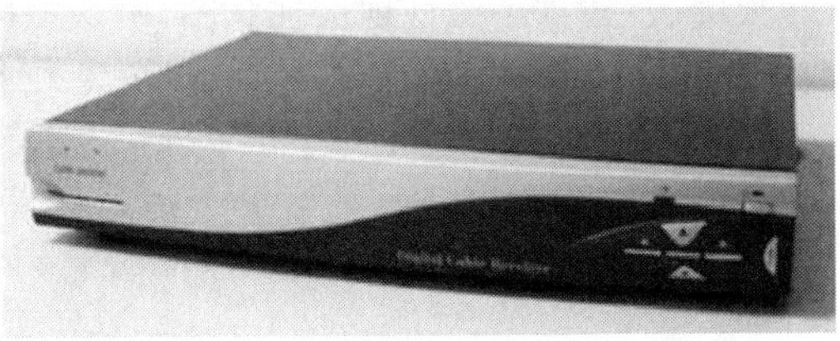

（国家科学技术奖励工作办公室）

国家科学技术进步奖一等奖

【“星光”数字多媒体芯片】 该成果获2003年北京市科学技术奖一等奖，项目内容已刊登在2004年北京科技年鉴重大科技成果栏目中。

（国家科学技术奖励工作办公室）

【罗布泊地区钾盐资源开发利用研究】 该项目属应用科学领域，由中国地质科学院矿产资源研究所等单位王弭力等完成。主要成果：①基于长期的柴达木与塔里木盆地第四纪对比研究和遥感地质分析，预测罗布泊东北部次级断陷凹地（项目组取名为“罗北凹地”）具有成钾前景，并设计和实施勘查工程，发现了隐伏卤水钾矿床，查明其钾盐（KCl）资源/储量达2.50亿吨以上。②评价了该矿床，发展了成矿理论，提出了成矿模式和找钾靶区。矿床卤水主要赋存于钙芒硝晶间孔隙中，此类型在国内外钾矿床中属首次报道；查清了矿床形成条件与物质来源；创新地提出“高山深盆、盆中藏盆”的钾盐成矿理论；提出的新找钾靶区扩大了后备资源。③发现该矿床具备良好的开发条件。查清了卤水动力学特征；储卤层富水性属丰富—极丰富级别，可采性好；矿区南缘有丰富的低盐度地下水，经简单处置后可供生活和生产用，东南部阿其克谷地也有可供生产用的水源地。④试验查清了卤水蒸发析盐规律，获得了制取高质量硫酸钾混盐工艺路线，具有收率高、产品质量有保障及成本低的优势。⑤第四纪古环境研究获重要突破：建立了磁性地层柱状图，确认该区第四纪总体上是干旱的荒漠草原景观；发现有孔虫化石和8200aBP古气候变化事件等。⑥该项集盐湖成钾理论、创新技术快速取得了产业化成果，该矿区将成为缓解我国农业急需的钾肥的生产基地。

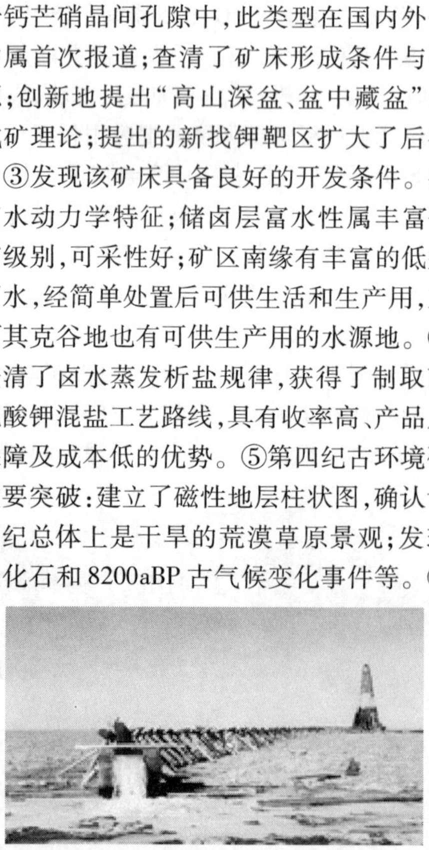

（国家科学技术奖励工作办公室）

【低碳铁素体/珠光体钢的超细晶强韧化与控制技术】 该项目属材料领域，由北京钢铁研究总院翁宇庆等完成。新材料的主要特点是超细晶粒、高洁净度、高均匀性。生产过程能节约能源和资源，不用或少用合金元素，改善环境，降低成本。如何形成微米级的超细晶是该项目的核心技术和难点。研究发现对铁素体/珠光体型碳素钢和大量应用的低（微）合金钢，在初轧段充分应用奥氏体再结晶细化奥氏体晶粒，在精轧段采用形变诱导铁素体相变，可以把铁素体晶粒分别细化为2—5μm（碳素钢）和1—2μm（微合金钢）。对碳素钢在精轧段采用形变强化相变，晶粒可细化为2—3μm。对薄板坯连铸连轧低碳钢通过析出相的超细化（多数达纳米级）和控轧控冷，可以把铁素体晶粒细化为3—6μm。碳素结构钢的屈服强度由200MPa级提高到350—400MPa级；低合金钢的屈服强度由350—400MPa级提高到600—700MPa级。研究还开发了超细晶钢的焊接，钢材制备过程成分、工艺、组织、性能的集成控制等相关技术。本成果已列入国家计委、科技部联合发布的“当前优先发展的高技术产业化重点领域指南”、“863”高技术产业化技术项目进行推广。此类钢占我国钢总产量的50%以上。如果其强度提高1倍，部分取代现行钢材，会有巨大的经济效益，如能少建钢厂、节省矿山的基建投资，减少运输量，降低生产过程能耗及对生态环境的影响等，效益更为可观。

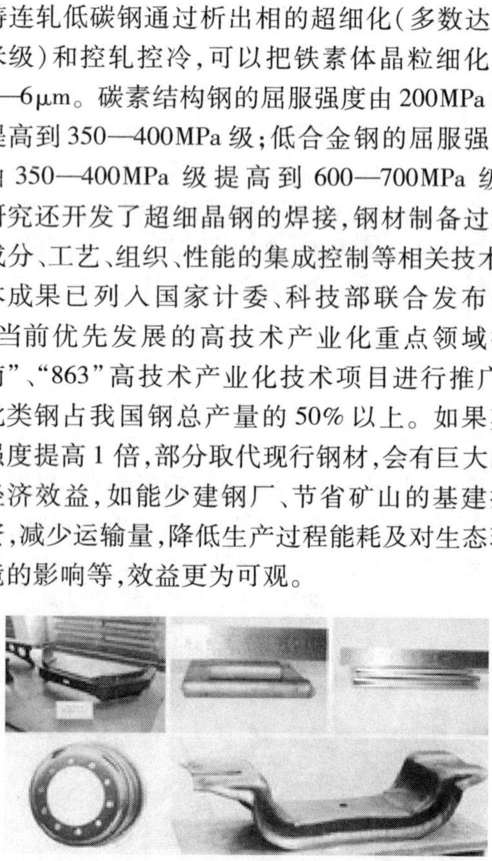

（国家科学技术奖励工作办公室）

【秦山600MWe核电站设计与建造】 秦山第

二核电厂是我国“九五”期间建设的唯一按照自主设计、自主建设、自主调试运行、自主管理的核电厂，由核工业第二研究设计院等单位叶奇蓁等完成。主要创新点为：在整体设计上，集成了国际核电相关的先进技术，并对系统和设备提出了明确的技术指标，进行了许多创新与改进。如：平均线功率密度低，堆芯热工裕量大于15%；直接在压力容器上增加安注点，缩短了堆芯淹没和再淹没时间；稳压器的比容积大，提高了系统的可运行性和安全性；增加了波动管布置斜度，改善了波动管的疲劳；采用堆芯与压力容器之间环腔大水隙结构设计，大大降低了快中子辐照损伤；对应于活性段的压力容器筒体没有环焊缝，大大提高了压力容器的寿命；棒控系统的一个棒电源带一组控制棒，使棒控系统更可靠并便于维修；保护装置采用晶体管集成器件、光电隔离器件组合技术制造，使保护装置更利于维护。该研究首次在统一的标准规范体系下，在主设备上研制或选取了技术性能优越的设备，科学合理地处理了标准规范的相容性和接口的一致性。核电站出力比原定指标高10%，是同类二环路压水堆核电站中最大的，其热效率亦是同类核电站中比较高的，且比投资是世界各国商用核电站中最低的，比同期引进的核电站低20%。该项目表明我国已具备600MWe核电机组的自主设计、自主建设、设备制造国产化、自主调试运行、自主管理的能力，研究所有的技术资料、设计文件和图纸、软件、制造技术、施工技术和程序、调试技术和程序，以及质量保证程序等可用于新的600MWe核电机组的建设及百万千瓦级核电机组的开发。

（国家科学技术奖励工作办公室）

【多业务统一网络平台（China Uninet）】 该项目由中国联合通信有限公司刘韵洁等完成。项目采用下一代网络的理念和架构，创造了通过一个统一网络平台提供多种电信业务的建网模式，在国内外电信业界首次实现了在一个统一的承载平台上可同时提供语音、数据、互联网、视讯会议、可视电话、CDMA 1X移动数据等多种业务的网络。创新点如下：首次提出ATM + IP + MPLS（异步转移模式 + 互联网协议 + 多协议标签交换）技术融合方案，解决了利用分组交换技术传送语音、视频等对实时性要求很高业务的QoS保证问题；首次提出并实现了在一个统一的网络平台上设计多个虚拟专网的技术方案，实现多个业务网的建立，并适应不同业务网对通信质量的不同要求，从而保证了每种业务的可控制、可管理、可维护性；利用ATM的流量控制工程技术，解决了IP技术无法保证端到端QoS问题；同时，利用虚拟路由器技术解决了ATM技术不适应大量IP类应用问题，为向下一代网的发展开创了一种切实可行的技术途径；利用软交换技术的架构和标准，在多个城市中实现了将语音、数据、IP类应用、视频等业务综合接入到多业务统一网络平台，并解决了一根线综合业务接入的技术问题；实现了具有质量保证的基于IP技术的可视电话业务。该平台具有投资省、成本低，可方便灵活地开发新业务，节省费用、使用方便。

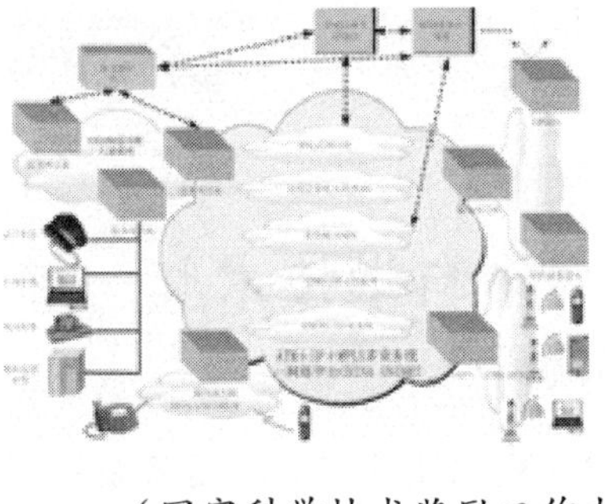

（国家科学技术奖励工作办公室）

【新一代空中交通服务平台、关键技术及其应用】 该项目属于空中交通管理领域，由北京航空航天大学等单位张军等完成。新一代空中交通服务平台是通过构建空天地一体化的综合信息网络，实现全球空中交通信息服务的无缝隙连续覆盖，研制先进数字空管和实时飞机维修等应用系统，为军民航空管、机场、航空公司提供动态协同服务。该研究首次创建了基于网关集群的新一代空中交通服务体系和平台，是我国空天地一体化、军民航一体化、管制服务一体化的空管信息栅格的基础；创新性地提出基于稀疏分布式网络结构的网关集群构架，采用高层体系结构的实现方法，突破了国外基于底层路由交换的网络构架；首次系统地提出了网关集群协议族，是制定我国空中交通服务相关行业标准的基础，并研制了宿主网关和边缘网关系列设备，充分利用现有军民航空管装备，构建了空天地一体化的综合信息网络；首次实现了数字空管和实时飞机维修支援等动态协同服务应用，采用内容相关、服务联邦和动态加载技术，解决了军民航高动态、高精度、立体实时管制服务的难题，直接促进了信息优势向服务优势的转化。成果已经在中国民航全行业推广应用，并应用于专机保障系统中。

（国家科学技术奖励工作办公室）

北京市科学技术奖一等奖

【先进对地观测技术农业应用系统】 该项目是“九五”期间国家“863”计划重点课题，由中国科学院遥感应用研究所等单位的王长耀等完成。项目提出了航天、航空先进遥感器农业应用参数选择、数据处理和农业信息提取等一系列技术方法，开发了一套实用的成像光谱数据农业应用算法和软件，建立了先进对地观测技术农业应用系统，并已在有关单位得到实际应用。项目在国内首次建立了系统观测规范、评价模型和设计地面—飞机—卫星三级综合试验流程；开发了适用于我国自行研制的机载、星载成像光谱数据的预处理软件，发展了改进矩匹配条带噪声去除，校验噪声滤器（SRROD），以及辐射纠正估计双向反射（BRDF）角度的算法等辐射校正和噪声去除方法；自主开发了适用高光谱图像分类的遗传与神经元网络结合算法软件，不仅区别出不同的作物类型，提高分类精度，而且区分出了4种不同小麦品种；在国内率先开展了成像光谱数据反演农作物生化组分（叶绿素、蛋白质、N、P、K等）的研究，为无损坏条件下获得田间农作物发育及诊断信息开辟了新途径；建立了一套采用MODIS数据的旱情和农作物产量等应用模型，提高了分析精度，并以EVI参数建立的估产模型估算美国2004年冬小麦总产精度比常用的NDVI参数明显提高，且预测时间提前了半个月；建立了先进对地观测技术农业应用系统，自主开发了光谱分析、数据预处理、农作物分类与变化监测、农业应用模型四个组件式农业专业实用软件模块，具有对航空、航天对地观测数据处理及GIS的分析功能。

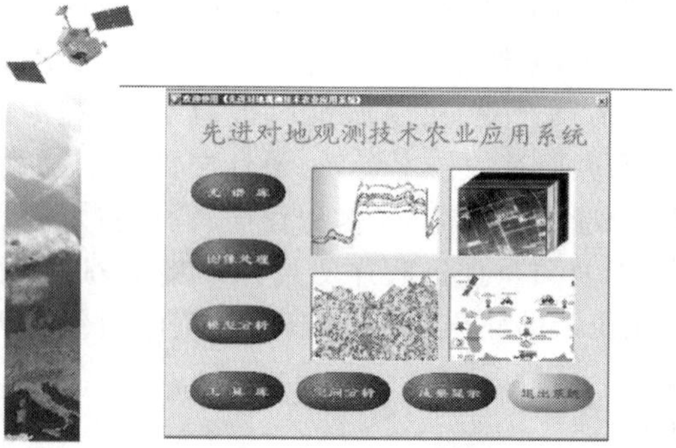

（北京市科学技术奖励工作办公室）

【作物硫钙营养研究与应用】 该项目由中国农业科学院土壤肥料研究所等单位周卫等完成，得到国家自然科学基金、国际科学基金的支持。研究采用35S示踪等首次深入揭示了淹水条件下有机硫矿化、硫磺氧化以及土壤中秸秆硫的转化特征，发现酯键硫、碳键硫和惰性硫均可矿化供作物吸收，水稻根系可促进硫磺氧化，新施入土壤的有机硫具有较高生物有效性；首次探明了油菜硫营养的临界期和最大效率期分别是莲座期和开花期，发现缺硫可导致花粉和叶肉细胞淀粉积累，细胞壁畸形，膜系统破裂；首次采用 45Ca 显微放射自显影结合电子探针技术研究并提出了花生荚果的钙吸收机理，采用 45Ca 示踪研究苹果幼果钙素吸收及激素调控特点，提出了钙养分的非维管束吸收和果面营养概念；发现幼果喷钙有利于贮藏苹果果实钙素系统维持正常功能，从钙素的角度深入揭示了缺钙导致苹果果实生理失调的机理；提出了区分水田和旱地的缺硫临界值；提出了水稻、小麦、玉米、大豆、油菜和蔬菜硫肥高效施用技术；建立了棕壤花生钙素营养新的诊断方法；系统提出了果树和蔬菜高效补钙新技术。研究发表论文 46 篇，包括 SCI 源论文 6 篇，国家一级学会学报论文 21 篇。

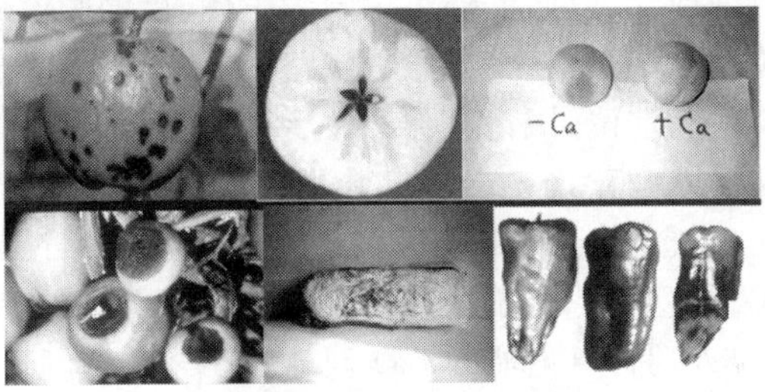

（北京市科学技术奖励工作办公室）

【棉花枯萎病和黄萎病菌生物学及抗病种质的创新利用】 该项目由中国农业科学院植物保护研究所简桂良等完成。该项目提出了我国棉花枯萎病菌由 3、7、8 号小种组成，其中 7、8 号是世界上首次报道，7 号小种是我国的优势小种；建立了可区分棉花枯萎病菌不同小种和黄萎病菌落叶型和非落叶型分子标记技术体系；获得了落叶型黄萎菌系独有的 RAPD 特异条带 OPB－19966OPM－201691；筛选到两对 AFLP 引物 E64/M53 和 E49/M65，分别扩增出 433bp 和 110bp 两条仅为黄萎病菌非落叶型菌系独有的特异条带，可区分落叶型与非落叶型菌系；获得棉花黄萎病菌落叶型菌系基因组的探针 PVD8－3，可区分棉花黄萎病菌的两个种，获得 PVD8－5 基因探针可区分弱致病力的新疆和田菌系、落叶型菌系 VD8 及强致病力的泾阳菌系。该项目利用病菌定向选择和杂交育种等技术先后培育出抗枯、黄萎病新品系（种质）86－4、86－6、BD18 以及抗病虫优质新品系 B203、X033 等。其中，86－4 最早引进到新疆枯萎病重病区种植，先后推广 400 多万亩。该项目对棉花抗枯、黄萎病育种策略的制定，加速棉花抗病育种，品种合理布局和实施综合防治，保证我国棉花生产的可持续发展和棉区的生态环境具有重要的意义。

（北京市科学技术奖励工作办公室）

【裸露坡面植被恢复综合技术研究】 该项目由北京林业大学等单位韩烈保等完成。研究是针对由于自然滑坡、水土流失、岩石风化以及公路、铁路、采矿和其他工程建设造成的裸露坡面植被难以恢复，影响了环境和生态平衡而进行的。该项目以北京林业大学等大专院校为技术支撑单位，遴选了业界实力雄厚，技术领先，代表性强的企业参与，通过 7 年多的研究、示范和推广应用，营建了 4 000 多万平方米裸露坡面生态防护工程。同时，比较系统地提出了不同类型裸露坡面植被建植技术模式；不同气候带生态护坡植物的筛选与配置模式；液压喷播和喷混植生施工机械的国产化配套技术；喷播材料系列产品的国内生产技术；边坡植被养护技术体系；边坡植草工程技术质量的评价体系；形成了具有我国生态工程特色的裸露坡面植被恢复综合技术体系，解决了从低缓边坡到高陡边坡、土质边坡到石质边坡、简易边坡到疑难边坡的植被恢复施工技术难题。项目成果可广泛应用于我国各类裸露坡面的植被恢复工程。项目实施期间，取得专利11项，制定了9项国家标准和生产技术规程，撰写专著3部，发表论文60余篇。

（北京市科学技术奖励工作办公室）

【鸡新城疫、传染性支气管炎、减蛋综合症、传染性脑脊髓炎四联油佐剂灭活疫苗的研究】

该项目由北京市农林科学院畜牧兽医研究所姜北宇等完成。研究引进了国际先进的由日本富士滤器公司生产的病毒超滤浓缩设备——FILTRON盒式超滤系统，经过试验，率先在我国兽医界建立起了一套适用于工厂化大批量疫苗生产的多种病毒抗原液的浓缩工艺流程，并以此为技术核心，全部采用国产材料，首次在国内外研制成功该疫苗。该项目采用高免疫原性的鸡新城疫病毒(NDV)La Sota株、传染性支气管炎病毒(IBV)M41株、减蛋综合症病毒(EDS76V)HSH23株、传染性脑脊髓炎病毒(AEV)VR株为种毒，分别接种鸡胚或鸭胚，收获感染胚液，经甲醛溶液灭活后，采用FILTRON盒式超滤系统对制苗用病毒抗原液进行浓缩，然后按一定比例混合，以司本—80及吐温—80为乳化剂，10号白油为佐剂，经高压浆泵乳化制成双相(W/O/W)四联油佐剂灭活疫苗。该疫苗稳定性好，黏度小易注射，安全，免疫效力高，持续时间长，免疫一次即可有效预防四种家禽传染病。四联苗的研制成功，为我国畜牧生产提供了又一种安全、高效的兽用新生物制品，获得了农业部颁发的新兽药证书。

（北京市科学技术奖励工作办公室）

【微创神经外科技术平台的建立及临床应用】

该项目由首都医科大学附属北京天坛医院赵继宗等完成。微创手术研究开始于1984年，1995年进行了眶上眉弓“微骨孔”入路的临床实践。该项目引入国外先进的手术导航系统等微创理念，以微创外科理念为主体，借助影像和功能定位技术，完成微创入路设计，实现颅内病变精确定位，探讨三维导航系统与微创入路的最佳结合方式。2000年由北京市科委资助，开展“微创神经外科的建立及应用研究”，累计完成“微骨孔”入路微创手术591例，神经导航手术570例，内镜辅助下微创手术69例。本研究应用于临床神经外科后，使同期平均住院天数由15.38降低至10.94，并发症的发生率由18.72%降至6.61%。该项目率先在国内建立了微创神经外科学学科，制定了微创神经外科系列技术诊疗规范，并开展“微骨孔”入路相关颅内解剖学和术中辅助监测技术的基础研究。

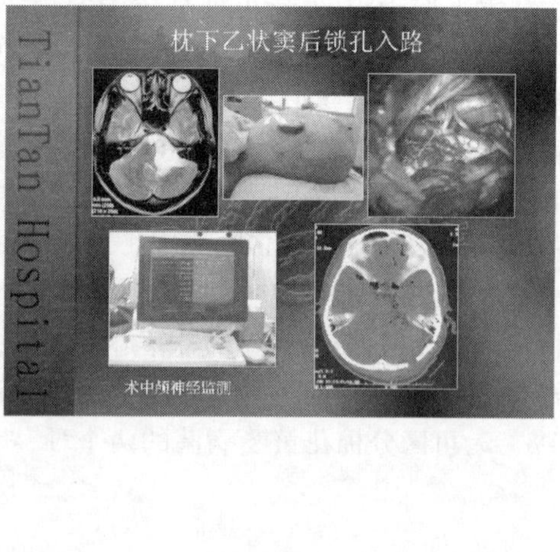

同时，培养15名初步掌握微创技术的年轻神经外科医师。该技术已在国内10余家有一定基础的神经外科推广。

（北京市科学技术奖励工作办公室）

【严重急性呼吸综合征（SARS）的临床与基础系列研究】　该项目由首都医科大学附属北京朝阳医院等单位王辰等完成。研究包括SARS的临床血清学诊断、病原学诊断、免疫学、病理生理学与病理学、临床描述医学、诊断学和治疗学研究。临床血清学诊断研究，在国内外首先阐明了SARS抗体的变化规律，完成了国内外最早的关于SARS的临床血清学研究，于WHO宣布新型冠状病毒（SARS－CoV）为病原后第6天即在世界上首次揭示了抗SARS－CoV抗体的产生规律，病程10天以上患者血清抗体阳性率达90%以上。病原学诊断方面，应用多种RT－PCR法对SARS患者的多部位标本进行RNA检测和方法学评价，初步发现其在体内不同部位和时相的变化规律。免疫学方面，进行大样本外周血T细胞、B细胞、NK细胞、单核细胞及与上述免疫细胞功能相关的表面标志的研究，发现SARS患者存在多方面免疫损伤，最严重阶段在病程10—12天，损伤程度与疾病的严重程度相关。病理生理学与病理学方面，早期研究了血液中多种细胞因子的改变及一氧化氮、脂质过氧化物和基质金属蛋白酶－9的变化规律，发现SARS患者存在免疫炎症反应失调及氧化与抗氧化失衡。临床描述医学方面，建立了临床数据的收集、传输、分析平台和含409例临床资料的数据库，并对其进行了临床特征的描述医学研究。临床诊断学和治疗学方面，明确提出将SARS患者分为“不是、不像、疑诊、临诊和确诊”5个思维层面的观点，该观点已被纳入卫生部《传染性非典型肺炎（SARS）诊疗方案》。同时，制定了重症SARS激素试验性应用方案及无创通气的应用指征和操作规程；激素和无创通气治疗SARS的多中心随机对照研究工作手册；SARS消毒、隔离等防护措施及气管插管和气管切开防护方案。

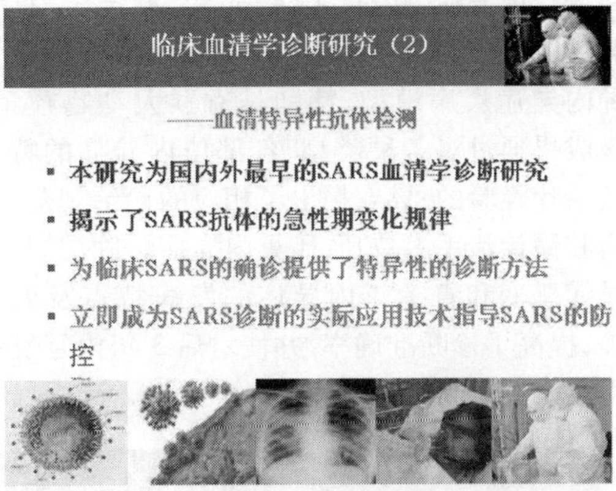

（北京市科学技术奖励工作办公室）

【子宫内膜异位症的基础与临床研究】　该项目由中国医学科学院北京协和医院等单位郎景和等完成。研究首次提出了内异症发病过程的“AAA模式”和“在位内膜决定论”的发病分子机制假说：通过对患者ICAM－1、CD147、E－Cadhrein、β－Cardherin、MMP－2、MMP－9、MMP－26、Hpa、TIMP－1、TIMP－4、VEGF、HGF、PGDF等进行研究，发现内异症在位内膜在黏附、侵袭和血管形成方面有别于正常，这些差异很可能基于基因表达的差异；利用Fluoro－DDPCR在内异症内膜中克隆了32个差异基因片断，8个未在Genebank中找到高同源序列，4个测定了全长，这些可能是有差异表达的新基因；采用578点基因芯片技术，获得内异症相关基因9个，其中2个上调，7个下调，并多方法进行了鉴定；采用蛋白质谱分析在在位内膜中发现了27个差异表达的蛋白。在猕猴模型中发现，发病猕猴的子宫内膜同样具有高侵袭和血管形成能力。基于上述结果，提出子宫内膜细胞必须以黏附、侵袭和血管形成之“三部曲”或“AAA模式”（Attachment，Aggression，Angiogenesis）完成在异位的“三生”（生根、生长和生病）过程才能致病，从分子水平很好地解释了内异症的发病过程。据此，首次提出了内异症发病的分子机制假说——“在位内膜决定论”，即内异症发病与否主要取决于其在位内膜的生物学特性。这是对Sampson学说的重大修正。同时，又提出了“源头治疗论”，即通过改变在位内膜的生物学、组织学特征，从而预防和治疗内异症,并对"AAA"过程,制定了"标本兼治"的新对策。还在国内首次成功构建了多种内异症疾病模型,特别是猕猴大动物模型。该成果通过对各种类型、各部位内异症的特点及治疗经验的总结,提出了相应的诊治规范,如腹腔镜诊治手术技巧,卵巢内异症囊肿破裂、内异症恶变和青少年内异症的发病特点及处理等,提高了诊断准确率,并使术后3年内复发率由40%降到20%。

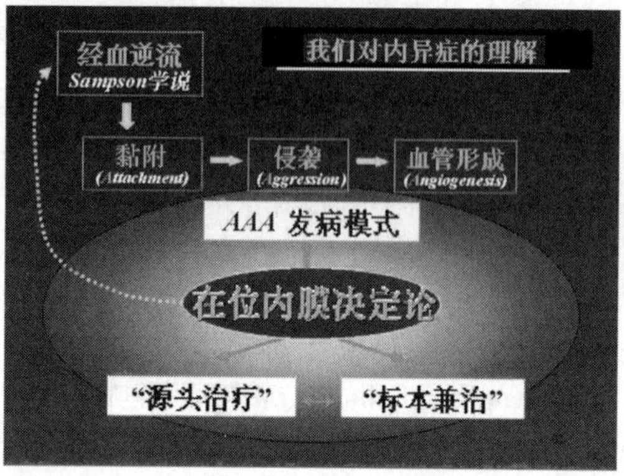

（北京市科学技术奖励工作办公室）

【痢疾基因工程菌苗及其黏膜保护作用】 该项目由军事医学科学院微生物流行病研究所高杰英等完成。研究针对我国痢疾主要流行型别,采用多种生物技术,构建成功两类生物表型(inv－/inv＋)福氏2a与宋内氏双价痢疾工程菌苗,其中FSM2117(inv－),表达福氏与宋内氏双价保护性LPS－O抗原,经实验室、中试及近3万人群的安全、免疫原性和流行病学效果的系统研究,证明FSM2117人服用后安全、有效,已获国家卫生部颁发的I类新生物制品证书和正式生产文号;在表达双价LPS－O多糖抗原的基础上,增加了各群痢疾菌共有的侵袭蛋白抗原(IpaA、IpaB、IpaC、IpaD),多价菌苗FS5416(inv＋),经不同实验动物证明安全、有效,能改善黏膜免疫原性和降低免疫剂量(100倍左右);采用抗原基因克隆、表达、构建突变株、分离纯化膜抗原及制备单抗等方法,系统分析了菌膜上LPS－O多糖和侵袭蛋白两类抗原的生物学活性,证明它们既与毒力相关,又与保护相关,发现公认的痢疾菌重要保护性抗原LPS－O多糖并非都有保护活性(0—100%),同时,鉴定出识别保护性表位的单抗(2E6/3A6,5D3),成功用于菌苗的筛选和鉴定;在不同黏膜感染免疫模型上,系统比较了FSM2117(inv－)和FS5416(inv＋)的黏膜免疫原性、保护作用和黏膜免疫机制,黏膜与系统T、B细胞激活特点,指出只有黏膜免疫途径既可诱导黏膜免疫,又可诱导系统免疫,而系统免疫一般不能诱导黏膜免疫,且不同黏膜途径和部位对不同抗原的反应有所差异。该双价菌苗符合我国痢疾主要流行型别特点,构建中未增加抗药性基因;inv＋多价菌苗,实验动物证明安全有效,能改善免疫原性,降低免疫剂量;鉴定出识别保护性表位的单抗,用于菌苗的筛选和鉴定,对两类膜抗原功能有新认识;揭示了不同表型(inv＋/inv－)痢疾菌苗黏膜免疫的规律与特点。

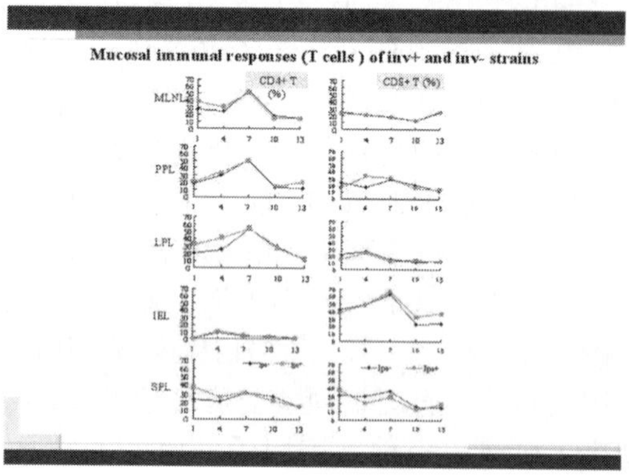

（北京市科学技术奖励工作办公室）

【治疗急性缺血性脑卒中的一类创新药丁基苯酞的研究】 该项目由中国医学科学院中国协和医科大学药物研究所等单位冯亦璞等完成。研究历时10余年,具有自主知识产权,两项专利,2002年10月获得了国家食品药品监督管理局颁发的新药证书和试生产批文。该成果在药理学研究中从整体动物、细胞、生化和分子生物学的不同水平上,在脑缺血领域从神经系统和血管方面对NBP进行了研究,发现NBP有多个作用点:能改善脑能量代谢;明显缩小大鼠局部脑缺血梗塞面积,改善神经功能缺失;减轻局部脑缺血的脑水肿;明显改善缺血区脑血流和软脑膜微循环;明显抗血栓和抗血小板聚集等。研究的创新性和先进性在于发现了该药物具有的多靶点作用。NBP经Ⅱ、Ⅲ期临床试验，用药组的总有效率为70.3%，明显高于安慰剂组的40.4%。不良反应为少数人有转氨酶轻度升高，偶见胃肠道反应等，但停药后可恢复。在Ⅳ期临床试验中，经600多例小结，降低NBP剂量后疗效肯定，不良反应明显降低。

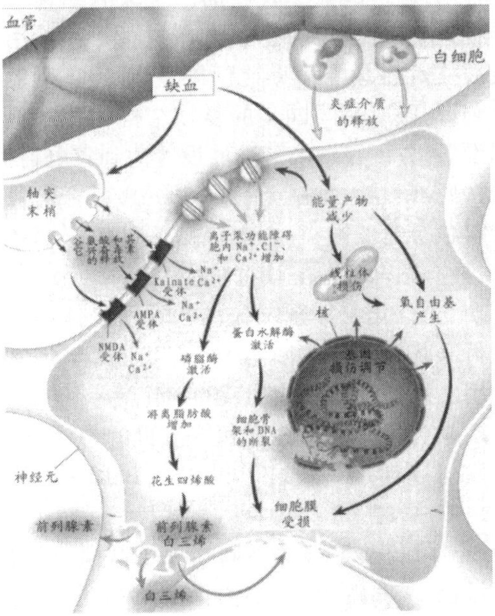

（北京市科学技术奖励工作办公室）

【视频编码关键技术研究及其对MPEG－4国际标准的贡献】 该项目由中国科学院计算技术研究所等单位高文等完成。研究提出了具有极低计算复杂性和最小存储量要求的信息熵编码方法，首次将Zerotree与Golomb－Rice码结合使用于图像压缩中，并发表在国际期刊IEEE Trans. on CSVT上，应用在可视电话和智能监控等系统中；研究提出的基于形态学表示的DCT系数的图像编码方法（MRDCT）用形态学方法表示DCT系数，展现出DCT系数通过新颖的组织可以具有小波变换的特性；提出的基于静态Sprite和任意形状空间预测的背景视频编码算法，也已经在IEEE Trans. on CSVT发表；基于宏块的时域和精细的SNR可伸缩的视频编码（PFGST）以及可伸缩码流无缝切换技术，已分别在几个重要的国际会议、国际期刊上发表并得到认可。研究提出的快速鲁棒的静态Sprite生成算法，已被MPEG－4国际标准采用；结合率失真优化的码率控制算法、可伸缩码流无缝切换技术被国际标准MPEG－4 AVC/H.264采纳。研究共发表论文53篇，其中SCI收录6篇，EI收录24篇；递交国际标准提案18项，3项被采纳；申请23项发明专利，均已被受理。

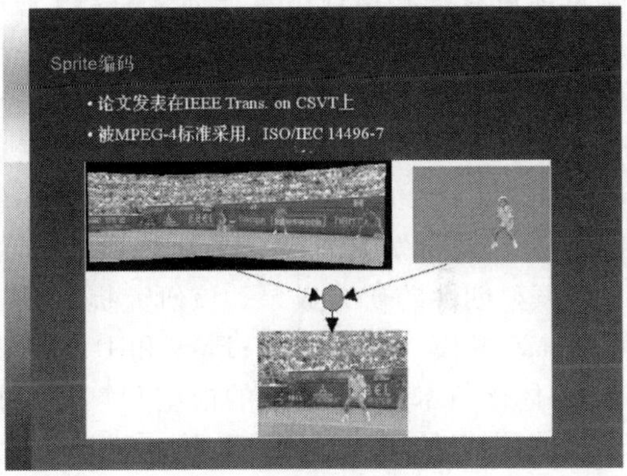

（北京市科学技术奖励工作办公室）

【高性能栅长27纳米CMOS器件及关键工艺技术研究】 该项目由中国科学院微电子研究所徐秋霞等完成。研究是在亚30纳米CMOS器件及关键工艺技术研究取得突破的基础上，在国内首次研制成功了高性能栅长27纳米和EOT 1.4纳米CMOS器件及栅长36纳米CMOS 32分频器电路（其中分别嵌入了57级/201级环形振荡器）。该研究共申请了9项发明专利，其中4项已获授权，5项被受理。该研究的指标与国际同类先进研究成果具有同步性，关键工艺技术具有新颖性，有8个创新点：栅长27纳米CMOS器件工艺剖面结构的新设计和实现方法；EOT 1.4纳米强化氮化氧化栅介质制备和特性；亚25纳米抗刻蚀掩膜图形的形成技

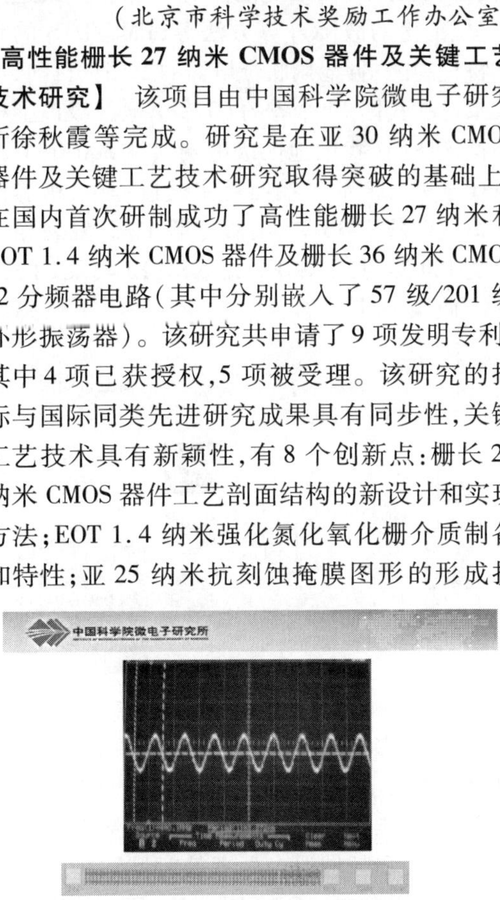

术;31纳米超浅、高表面浓度源漏延伸区及应变技术的工艺设计和实现方法;横向限定的重离子超陡倒掺杂沟道剖面设计;20纳米多晶硅栅刻蚀的新工艺;Co/Ti和Ni难熔金属自对准硅化物的方法;嵌入式W/TiN金属栅CMOS器件制作方法。

(北京市科学技术奖励工作办公室)

【电网能量管理和培训仿真一体化系统】 该项目由清华大学张伯明等完成。该研究是一项多学科交叉的庞大系统工程,是在20多年理论研究基础上,经历10余年的应用研究才完成的,程序源码达200万条,从支持平台到应用软件具有完全自主知识产权,取得了多项基础性、系统性、独创性的研究成果。该研究提出并实现了EMS图模一体化技术;EMS和DTS的深层次一体化技术;多项先进的模型和算法,如:不良数据辨识的递归量测误差估计辨识法、准稳态灵敏度分析、最优潮流有功无功交叉逼近法、规范化的故障计算方法等;EMS/DTS的地调特色功能;省地调联合培训的DTS。目前,该成果已在我国17个省的60多个地区级以上电网推广应用(我国地区级电网共计300余个),取代了进口产品。在项目完成过程中,培养博士16名、硕士36名,出版专著1部,发表相关论文180篇,其中SCI收录6篇,EI收录84篇,ISTP收录14篇。

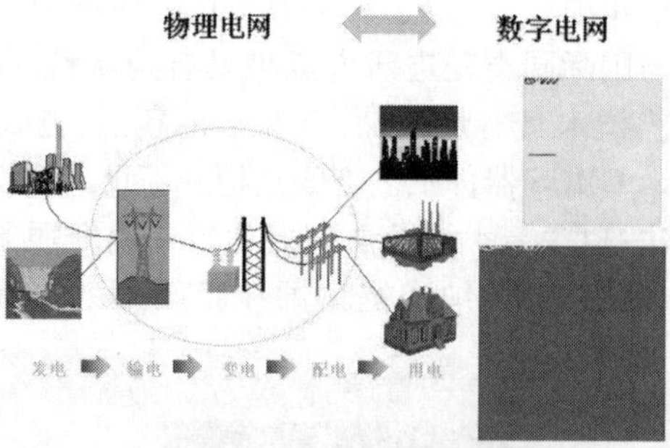

(北京市科学技术奖励工作办公室)

【地面数字多媒体/电视广播传输系统】 该项目由清华大学杨知行等完成。研究具有自主知识产权,性能先进,技术成熟。其主要技术发明点为:时域和频域混合处理的时域同步正交频分复用调制方式(TDS-OFDM),简便地实现了快速码字捕获和稳健的同步跟踪,形成了与欧、日全频域处理的COFDM调制方式不同的自主核心技术;保护间隔的PN序列填充技术发明赋予了OFDM符号新定义,使系统的频谱利用效率提高10%和并有20dB以上同步保护增益;一种新的快速信道估计技术显著提高了系统移动接收性能;一种新的系统级联纠错内码结合最小欧氏距离最大化映射技术,使采用多载波技术的系统信噪比门限获得10%以上的改善;与绝对时间同步的复帧结构简化了单频网设备,方便自动唤醒功能设置达到省电目的,支持便携接收;每一个长度500μS数据信号帧设定独特地址帧头,方便数据信息的识别和分离,具有融合多业务广播的技术基础,为"双向互动"个性化广播系统提供新的同步体系。该项目已获授权发明专利9项。2001年该项目专用芯片首次研发成功,2004年2月首次批量生产成功。基于该芯片和该项目的参考设计,开发出了DMB-T数字电视机,DMB-T数字电视广播发射机及其专用测试仪表,并通过深圳、天津、长沙等多次不同的现场试验,证明该项目已经达到地面数字电视试播的使用要求。

(北京市科学技术奖励工作办公室)

【面向领域的软件生产平台SoftProLine】 该项目由北京航空航天大学怀进鹏等完成。该项目建立了统一描述软件主体、目标和操作的软件规约模型GOP,通过提出域原子操作概念,基于多类逻辑和自然同态映射建立了形式化规约与软件设计的无缝映射,在解决软件主体、目标和操作间一致性,以及元操作与结构属性操作之间的映射关系方面取得实质性突破;通过扩展OIL对象层的数据关系约束和数据元素值约束的描述域,提出了一种基于规则的描述语言RDL和可描述全息数据的本体论描述语言与模型,建立了统一的元数据模型和表示方法,有效地解决了信息资源整合中共享和一体化问题;通过抽象面向领域的应用业务过程,提出了流程、操作序列、操作主体和客体等4个要素,构建了高效的应用开发"零编程"模型和面向目标的软件开发模式;提出了基于软总线的多引擎协作的新型软件体系结构，支持软件构架向构件的自然匹配，基于角色访问控制、单点登录和可信的 Web 服务适配器等技术，支持多层安全控制，完成了面向领域的软件生产平台 SoftProLine，并成功地应用于多个领域的"零编程"应用开发。该项目在国内首次完成了面向 NC 的电子政务应用解决方案和规模化应用推广，已申请 2 项发明专利，获 6 项软件版权。

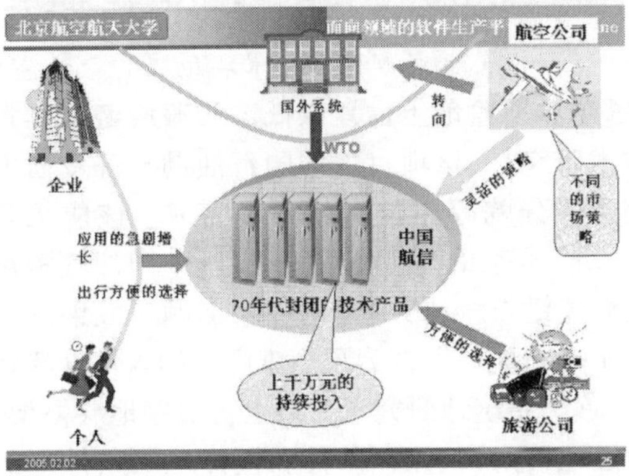

（北京市科学技术奖励工作办公室）

【农业智能系统平台（PAID）研究与应用】　该项目由北京农业信息技术研究中心（国家农业信息化工程技术研究中心）赵春江等完成。平台构建了 45 种动植物通用的农业知识应用框架，建立了土壤肥力模糊判别模型、品种迭代优化选择模型以及作物病、虫、草害和畜禽、水产疾病启发式诊断模型，在农业知识模型构建以及农业多元知识表示、检测、求精和模糊推理方面实现了创新，较好地体现了智能化信息技术与农业的有机融合。平台基于 OMG 组织的模型驱动体系结构，建立了层次模型和构件模型，基于 Web Service 技术支持多专家系统的整合、协同以及不同客户端应用；基于 COM、NET 和 EJB 规范建立了多级构件开发模型和功能构件库，通过构件管理容器，使各功能构件可以方便地集成到由主流软硬件环境提供的"软总线"上，形成可定制、可组合、可协作、开放灵活的开发环境，具有良好的可重构性和集成性。平台面向计算机专业人员、农业知识工程师和农民，分为基础平台、开发框架和应用系统 3 个功能层次，有单机、网络、英文、多媒体、跨平台和嵌入式 6 种产品类型，提供了本地单机运行、网络远程访问、多媒体应用和嵌入式移动计算四种工作模式。该平台技术先进、结构规范，功能丰富、性能稳定，界面友好、实用性强，产品化程度高，易于推广，在全国 26 个省市及越南推广应用 2254 套，涉及大田作物、蔬菜、果树、畜牧、水产、中药材等。各地利用该平台开发了农业专家系统 83 种、200 多个，集成了 10 万多条知识、3 000 多万个数据和 600 多个知识模型，创造了 10 多种富有特色的推广模式，形成了国家、省、市、县、乡五级的应用推广网络，覆盖全国 800 多个县（农场）、700 多万农户。

（北京市科学技术奖励工作办公室）

【基于 Linux 的桌面应用环境和办公套件】
该项目由北京中科红旗软件技术有限公司等单位韩乃平等完成，主要开发与 Windows 98 桌面系统和 Office 2000 办公套件功能相当，系统自主可控的桌面应用环境和办公套件。该成果开发出完全自主的操作系统平台；首次在 Linux 平台上提出输入法接口规范；实现 USB 设备的即插即用；首次将指纹技术应用到桌面 Linux 系统；采用动态窗口嵌入技术；首次在 Linux 桌面环境将办公套件嵌入到浏览器应用程序窗口中，便于用户在 B/S 结构 OA 系统中使用。该成果支持 GB18030 - 2000 中文标准，具有标准化的输入法服务器接口，支持普遍使用的输入法；易用的系统管理工具；支持网卡、显卡、声卡、调制解调器、打印机等主流设备；支持上网浏览、收发邮件、资源共享；系统采用全部图形化操作，支持 MP3、VCD、DVD 等多种媒体格式的播放；支持 B/S 架构的应用；安全性高，减免病毒的攻击。在办公套件方面，该成果实现了

Office 2000 绝大多数常用的功能，增强与 Windows Office 2000 文件格式的兼容性；完善中文字符的处理，包括显示、打印、排版等；实现了办公套件在浏览器中的嵌入，支持电子政务应用。该成果开发的桌面操作系统与办公套件系统已在北京市政府的 40 多个委、办、局推广应用。

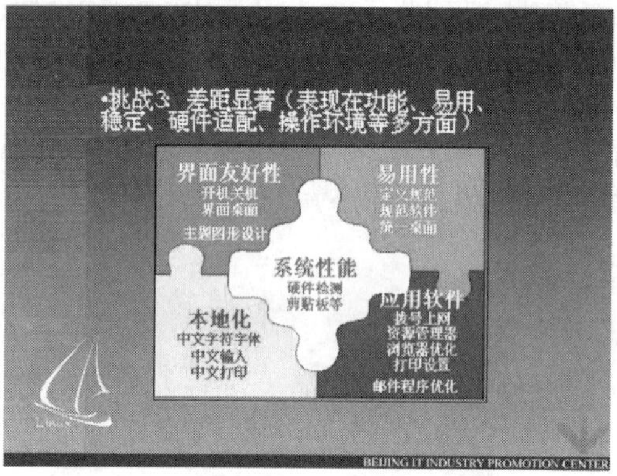

（北京市科学技术奖励工作办公室）

【川东北飞仙关组鲕滩优质储层成因、有效预测技术研究与实践】 该项目由中国石油勘探开发研究院等单位赵文智等完成。该成果对开江—梁平海槽的分布范围及其对鲕滩分布的控制作用、优质鲕粒白云岩储层的成因机理（尤其是白云岩化和储层溶蚀作用）、气层地震有效识别技术等开展了多学科综合研究。开江—梁平海槽边界的确定填补了川东北飞仙关组天然气勘探基础研究的空白，对于进一步发现更多的天然气储量具有重大意义。主要创新有：首次建立了川东北飞仙关组鲕滩储层的白云石化模式，可直接指导优质鲕粒白云岩储层的预测；利用 Sr 同位素分析开展成岩流体特征研究（国外主要用于地层对比），结合稳定 C—O 同位素、白云石有序度、流体包裹体测温、热史、生烃史模拟等技术，首次确认埋藏白云石化可形成大规模优质白云岩储层；首次通过阴离子分析技术获得了与热化学硫酸盐还原反应有关的储层埋藏溶蚀作用的最可靠证据；首次提出了多属性非线性气藏定量预测创新方法，预测成果与实际钻探结果符合，及时解决了该区天然气地震有效识别的重大技术难题，并可推广应用于其他气区。

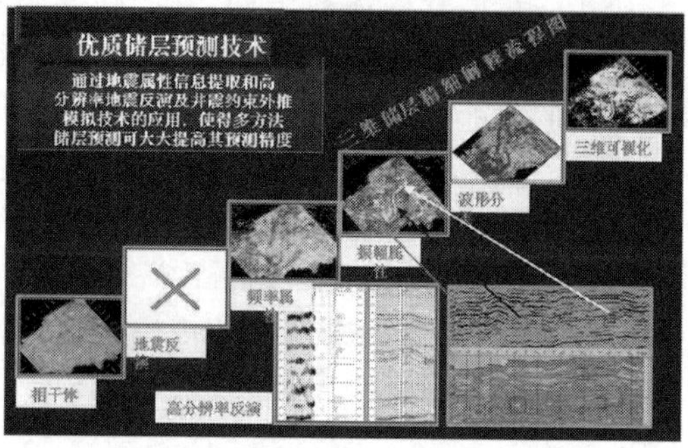

（北京市科学技术奖励工作办公室）

【鄂尔多斯盆地上古复杂低渗气藏成藏与勘探技术研究】 该项目由中国石油勘探开发研究院廊坊分院等单位马新华等完成。该成果是“十五”国家重大科技攻关项目《中国油气资源发展关键技术研究》下的一级课题。成果针对鄂尔多斯盆地上古为预测难度大的岩性气藏特点，首次系统地研究了盆地上古层序地层格架，通过运移聚集、保存条件和模拟地层条件下的酸溶模拟实验等研究，预测出鄂尔多斯盆地上古生界 3 种岩性气藏的分布区。针对气藏为识别难度大、增产措施要求高的低孔低渗特点，建立了一套适合鄂尔多斯盆地上古生界天然气勘探的配套技术系列，使储层厚度预测符合率由 70.3% 提高到 79.6%，气层测井解释符合率由 73% 提高到 78%，形成的 CO_2 泡沫、全程拌助 N_2 的大型水基压裂技术，大幅提高了单井产能。该成果直接指导了长庆油田上古天然气勘探重点向榆林地区的转移，在榆林地区形成 2000 亿方以上储量规模的富气区，提交的天然气优质储量，能够及时转化为气田开发，为“陕京”线的持续稳定供气和即将开工的“陕京二线”提供了资源保障。

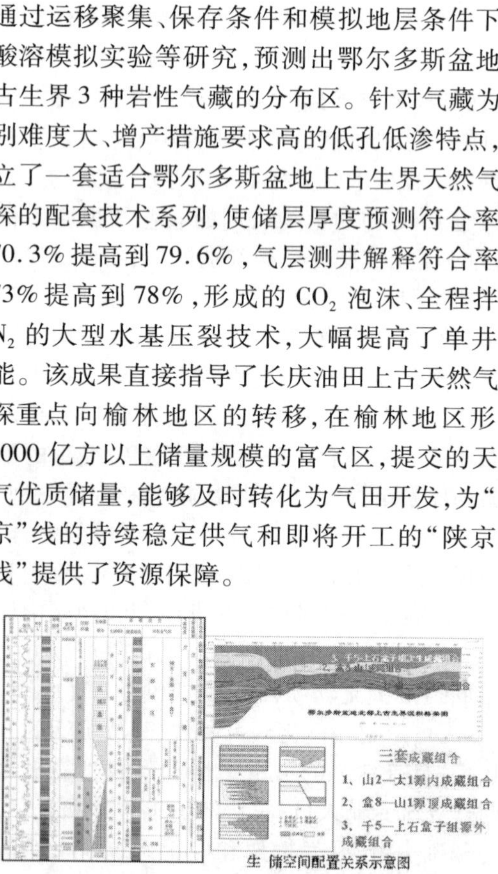

生 储空间配置关系示意图

（北京市科学技术奖励工作办公室）

【吉林油田英坨地区油藏评价及产能建设技术】 该项目由中国石油勘探开发研究院开发所等单位袁士义等完成。研究是为解决吉林油田英坨地区含油层系多，油藏类型多，油藏控制因素复杂，开采难度极大，效果差等问题而进行的。其创新点如下：开发了勘探一体化技术，使该区复杂油藏得以高效快速开发；利用三维高分辨率地震技术和大量的地质及测井资料，解决了对复杂断裂系统下低幅度构造的识别；研究了流体识别方法，首次大范围应用了无侵线法和微差识图法，使该区油水识别精度大幅度提高，减少了误射和漏射的损失，提高了产能；在正确识别油水层的基础上，提出并确定全区无统一的油水界面；采用断层的断距、断层面性质、断层两侧砂泥岩互层的厚度等多参数联合模拟，弄清了油藏控制因素，给出了油气富集区分布；合理划分开发层系技术的应用，充分地动用了储量资源，发挥了各油层的生产能力，达到了经济效益最大化的目的，尤其是采用井网优化部署技术使不同油藏类型、储层条件、天然能量、产能条件的区块达到最合理的油藏工程设计要求。

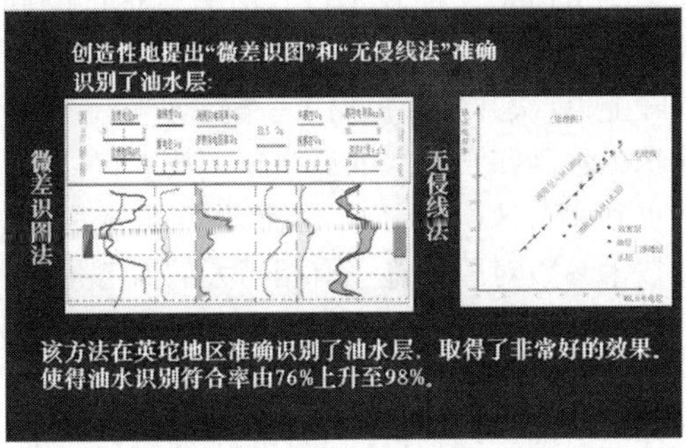

（北京市科学技术奖励工作办公室）

【220 吨/时全烧高炉煤气高温高压电站锅炉】 该项目由首钢总公司等单位杨天助等完成。该项目是用高炉煤气为原料设计的高温高压发电用的锅炉，也可兼做冬季供暖使用。其蒸发量为 220 吨/时，出口蒸汽参数为 540℃，9.8 兆帕，可与 50 兆瓦汽轮发电机组配套。设计消耗高炉煤气 19 万—23 万标准立方米/时，燃用高炉煤气的热值在 2 800—3 500 千焦/标准立方米，也可掺烧转炉煤气。其工作范围在 40%—100% 都可稳定工作。由于高炉煤气与燃煤相比含尘量少、含硫量少，所以它不但节能还有环保作用。该项目在设计上采用了高炉煤气加热燃烧。热源来自自身所排烟气，效率达到 88% 以上。煤气加热采用分体式热管换热器，具有安全可靠、传热效率高、运行维护方便等优点。炉膛采用缩腰，下部炉膛敷有耐火材料形成卫燃带。燃烧器前后墙布置，共计 12—15 只双旋流大功率高炉煤气燃烧器（每台 15 000—18 000 标准立方米/时）。炉底为全密封炉底，采用沸腾式省煤器。同时，还采用了高炉煤气快速切断装置，V 型水封加电动蝶阀，CO 报警系统，煤气 CO 含量的在线检测和锅炉烟气的 CO、氧化锆含量的在线检测，为锅炉运行时的配风，点、停炉的炉膛吹扫提供数据。

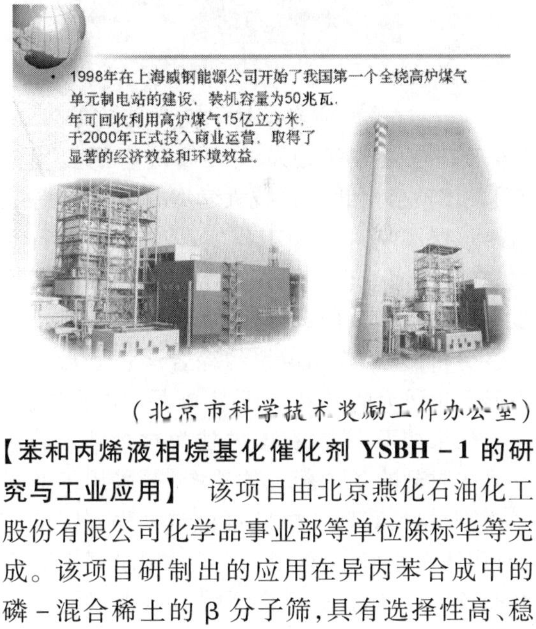

（北京市科学技术奖励工作办公室）

【苯和丙烯液相烷基化催化剂 YSBH－1 的研究与工业应用】 该项目由北京燕化石油化工股份有限公司化学品事业部等单位陈标华等完成。该项目研制出的应用在异丙苯合成中的磷－混合稀土的 β 分子筛，具有选择性高、稳定性好、产物中正丙苯含量低的特点。利用分子筛模板剂作为造孔剂，经优化的分子筛成型、制备工艺，可制备出二次孔分布均匀的 YSBH－1 催化剂，尽可能地消除了内扩散对催化性能的影响。在此基础上，研究了反应条件、反应动力学、催化剂失活等反应工程问题，根据装填 26 克催化剂的小试结果，一步放大至装填 22 吨催化剂工业装置中，且一次开车成功。实际生产表明，与原工艺相比，原料苯和丙烯单耗分别降低 8%，节省蒸汽 20%，减少电耗 35%，目的产物选择性提高4%—5%，吨异丙苯消耗苯656—657千克、丙烯358千克，苯总收率大于99%，解决了因磷酸流失而产生的环境污染问题。在YSBH－1的液相工艺中，烷基转移中催化剂装填量只有烷基化中催化剂装填量的1/4，在无需任何处理情况下，催化剂单程寿命在2.5年以上，总寿命为5—6年。

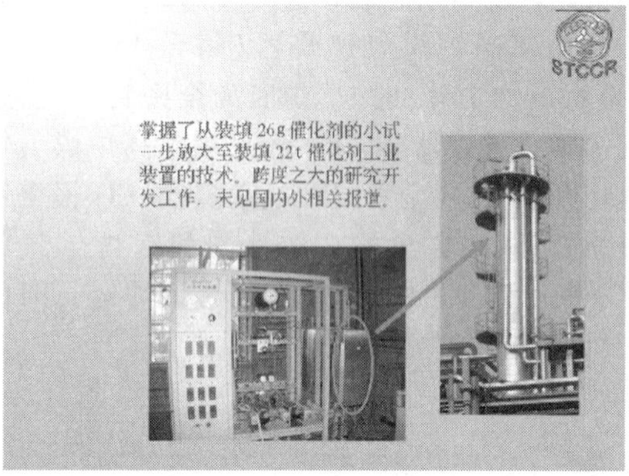

（北京市科学技术奖励工作办公室）

【条形药包爆破机理及在大爆破中的应用研究】 该项目由北京科技大学等单位龚敏等完成。该课题从理论和工程实践两方面进行探索，在紧密追踪现代激光技术发展和爆破理论发展的基础上，对条形药包爆破机理进行了针对性分析，并在首钢孟家沟综合运用条形药包爆破理论研究的成果，先后实施了两次大爆破。主要成果如下：首次在国内外一次爆破加载中得到多时刻的条形药包位移图，并采用了非光学模型材料，实现了模型材料与工程实际的相似；用动光弹和全息干涉法同时记录爆破时空孔孔壁应力，以独立证据证明Durelli动态条纹判据的正确性。将动态激光散光光弹性法与全息干涉法结合，突破现有研究均为二维模型的局限，进行了条形药包爆破机理的三维动光弹模型研究，实现了爆破应力场实体模型分析的三维化。用自动分幅八脉冲红宝石激光照相系统，进行了条形药包空腔比、端部效应、多排、多列及微差爆破的全息动光弹系列实验，并在首钢孟家沟千吨大爆破设计中的药包布置、参数选择进行应用。制定和完善了一套药包布置、药量设计计算、正交塞形堵塞设计和科学网络敷设等方法，在爆破设计和施工中完成了多项创新。用先进的爆破测震手段，首次实现在同测点对同类地形地质条件下不同爆破类型的大爆破进行对比。

（北京市科学技术奖励工作办公室）

【无水砂卵石地层盾构隧道施工关键技术研究】 该项目由北京市政建设集团有限责任公司等单位翟来生等完成。研究由凉水河南岸污水干线工程而开展。项目针对无水砂卵石地层盾构施工中的关键技术难题，应用了盾构开挖工作面的稳定性控制技术、盾构快速施工关键控制技术、盾构穿越铁路地层变形综合控制技术、监控量测与信息反馈技术以及对盾构推进的施工效应等进行了系统研究，其主要创新点如下：在国际上，首次开发和提出了一整套长距离全断面穿越无水砂卵石地层的盾构施工技术；首次针对无水砂卵石地层，提出了一套盾构机选型方法，其技术参数对盾构施工有相当大的参考价值；首次自主研究开发了加泥、加泡沫工艺、设备和控制技术，突破性地实现了无水砂卵石地层难以塑流性改造的难题，并使刀具磨耗寿命提高1倍；首次研究开发了在列车“不限速、不慢点、不预加固”的条件下，盾构穿越铁路的综合控制技术；首创了无水砂卵石地层盾构工作面稳定性模型，研究开发了控制盾构开挖面的稳定性技术；突破性地建立了一套可操作的快速施工技术，掘进速度实现了复杂条件下每日15环的目标；全方位实施了监控量测与信息反馈技术，真正实现了隧道信息化施工。该项目成功实现了长距离无水砂卵石地层盾构施工的安全、优质和高效，地下管线网无损坏，地表民房、厂房没有出现破坏，特别是盾构安全穿越了京九等铁路主干线，保证了铁路的正常运营。

（北京市科学技术奖励工作办公室）

【转体法施工的曲线斜拉桥关键技术研究】 该项目由北京市首都公路发展有限责任公司等单位徐升桥等完成。石景山南站高架桥是我国转体吨位最重和斜拉索索力最大的桥梁。石南站高架桥全长 1 181 米，桥面总宽 29 米。2003 年 1 月市科委立项，2 月开工，10 月建成通车，总投资 1.3 亿元，是目前世界上单铰转体重量最重的桥梁。该课题主要的创新点：曲线转动体系的重心控制将曲线箱梁内、外侧腹板设计成不等厚结构，并在转体结构端部对曲线内侧的箱室结构做切除处理；同时将转体结构重心在横桥向的偏移量设计成球铰的横桥向偏移量，使球铰中心与转体结构重心在一条铅垂线上；研究了大型复杂转体结构的称重方法，使转体结构的重心在设计允许范围内，确保转体施工的安全。采用稀索体系，每一锚固点处两束斜拉索合计 2 500 吨的集中力，设计中采用先进的计算机仿真技术和新型 7－7φ5 低回缩量钢绞线群锚预应力体系，提出了全新的斜拉索锚点构造设计和局部应力处理技术，提高了工程可靠性，缩短了设计周期约 1 个月。研究达到了主桥施工期间对铁路运营的干扰降至最小的要求，有效缩短了施工工期，首次实现了单铰转体重量达 14 000 吨的转体结构设计、施工与重心控制；提出了新颖的斜拉索锚点构造设计和局部应力处理技术；创造了预应力混凝土曲线斜拉桥单铰转体重量达 14 000 吨的世界纪录。

（北京市科学技术奖励工作办公室）

【6 英寸重掺砷硅单晶及抛光片】 该项目由国泰半导体材料有限公司等单位屠海令等完成。重掺 As 硅单晶抛光片是重掺硅片系列中最为理想的外延衬底材料，广泛应用于特殊的高端分立器件及功率集成电路当中。该研究 2001 年开始，形成了具有创新性的技术：开发成功新的掺砷方法，可使 As 的逸出量降到最低，保证安全操作和减轻环保治理压力；设计并确定了适合重掺杂单晶生长的热场结构和工艺参数，保证了良好的成晶率和很高的掺杂效率；开发了安全防护和环保治理技术，对砷逸出物进行有效的防护和治理；完善线切片、双面磨片和碱腐蚀工艺，使其适应 6 英寸硅片几何参数要求高的要求；开发了硅片背封技术，保证了硅片外延时无自掺杂现象；开发了背面多晶硅生长技术和背损伤技术，达到对金属的吸除作用；完善了适应重掺 As 硅片特性的有蜡抛光工艺和超净清洗工艺，满足高平整度和洁净度要求。该项目已形成了具有自主知识产权的成套产业化技术，申请专利 8 项，其产品技术指标与国际一流公司 Wacker、SUMCO 等相当。项目承担单位利用该项技术实现了产业化，月产量已达到

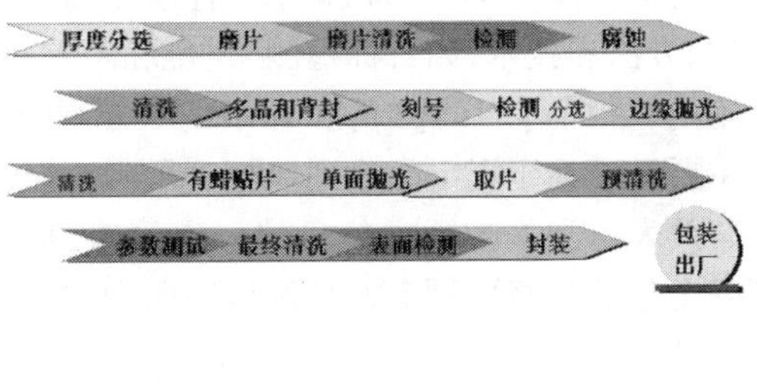

5万片。生产运行证明,该成果的环保工艺安全有效,排放符合国家相关标准,得到了市环保局的认定和批准。

(北京市科学技术奖励工作办公室)

【Bi系高温超导线材的研制及产业化技术攻关】 该项目由清华大学等单位韩征和等完成。主要研究:热处理保温过程中Bi－2223相的变化;第二相对Bi－2223相形成的影响;热处理过程中超导粉体吸氧放氧与粉体含铅相变化的关系;后热处理工艺控制对超导电性能影响;复合线材加工过程中各组元变形过程;线材抗拉强度、弯曲半径、时效性能、绝缘性能等实用性能提高的途经;前驱粉体热处理工艺;线材产业化的质量控制及成品检测。通过研究,提高了Bi－2223/Ag高温超导线材的各项指标,设计及建成了批量生产的Bi系高温超导长线材生产线,解决了工艺技术及质量控制问题,在粉体预处理、机械成形加工、形变热处理和产品多样化等方面形成了具有自主知识产权的核心技术。现北京英纳超导技术公司已形成年产200千米Bi－2223/Ag高温超导线材的生产能力,批量生产的Bi系高温超导长线材(300米左右)的临界电流超过85安,工程临界电流密度超过9400安/厘米^2,允许拉伸应力达到100兆帕,其综合性能及产品种类得到了国际同行的认可。Bi系高温超导线材的研究和产业化进展,促进了我国高温超导的应用,云南电力集团、中科院电工所、中科院等离子体物理研究所、清华大学等都使用了Bi系高温超导线材。同时,美国能源局橡树岭实验室对Bi系高温超导的线材进行了测试,并给以很高评价。目前该线材还出口韩国和捷克。

(北京市科学技术奖励工作办公室)

【动态序列图像理解】 该项目由中国科学院自动化研究所谭铁牛等完成。该项目对动态图像理解中所涉及的一些战略性、前瞻性的关键理论、方法和技术,如目标检测、定位和跟踪、身份鉴别、目标行为的分析和理解等开展研究。其主要贡献在于提出一系列包括底层和高层的能有效表达和处理视觉信息的研究策略,以智能安全监控和高可靠个人身份识别两大实际应用的迫切需求为出发点,提出了许多有特色的创新方法和思想,如基于贝叶斯错误率的车辆姿态评价、基于模型的行人与车辆跟踪、基于行走步态的远距离身份识别、基于虹膜的近距离身份识别、基于自组织神经网络的目标行为学习与异常检测、基于概念空间建模的行为描述等,而且已经开发了路面交通场景监控演示系统和虹膜身份认证等原型平台。项目以安全监控为应用背景,对动态图像理解中的视觉理论与算法进行了系统的研究,获得了国际学术界以前未曾有过的实验结果和科学结论,在国内外IEEE汇刊等SCI、EI收录刊物及重要的国际学术会议上发表了一批被同行引用的、有影响的学术论文。动态序列图像理解最潜在的应用之一在于敏感场合的实时、主动的安全监控,如路面交通中人和车辆的监控、特殊场合的访问控制、社会治安中异常行为的检测与报警等,因此它对于社会的安全保障具有深远的战略意义。

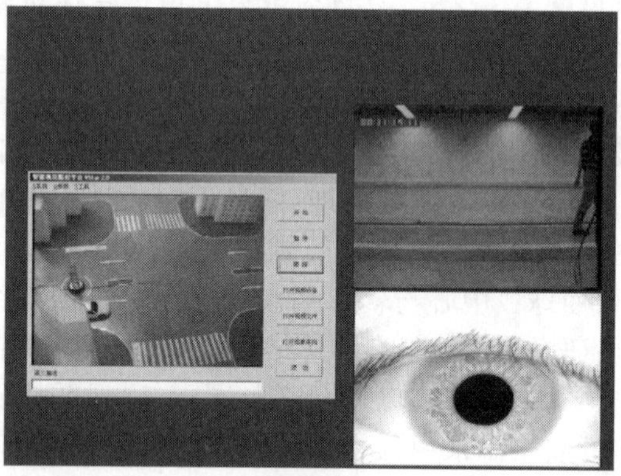

(北京市科学技术奖励工作办公室)

【二元协同纳米界面材料的构筑及其超双疏、超双亲性质】 该项目由中国科学院化学研究所江雷等完成。该成果属于物理化学,特别是功能界面材料领域。研究内容包括:二元协同纳米界面材料的设计原理;一维纳米材料的构筑;对自然界疏水的植物叶片结构进行研究,仿生制备具有相似结构的阵列碳纳米管膜,实现其超疏水和超双疏的性质;利用模板挤压法将高分子材料制备成超疏水性纳米阵列薄膜;以亲水性的高分子材料制备超疏水性纳米阵列薄膜；使纳米结构碳膜在全 pH 值范围内具有超疏水性质；利用热响应性高分子实现温度控制下超亲水和超疏水之间的可逆转换；制备具有导电性的无机半导体疏水纳米结构薄膜和紫外光控制下超亲水、超疏水可逆转换的阵列氧化锌纳米结构，实现可控超疏水与超亲水可逆“开关”纳米界面材料的制备。该成果首次提出以二元协同的理念来构筑功能纳米界面材料，并且通过对材料表面的结构进行控制，制备了具有超双疏/超双亲性的界面材料；注重材料表面的微观结构设计，提出通过构建纳米结构、纳米/微米结构来实现超疏水的性质，从而突破了氟化物修饰的传统方式；通过控制材料表面的粗糙程度，实现外场可控的超疏水/超亲水可逆开关；实现阵列碳纳米管膜、聚合物阵列薄膜（尤其是利用双亲性高分子）、全 pH 值范围内的超疏水碳膜以及同时兼具导电性和疏水性的纳米结构薄膜材料。

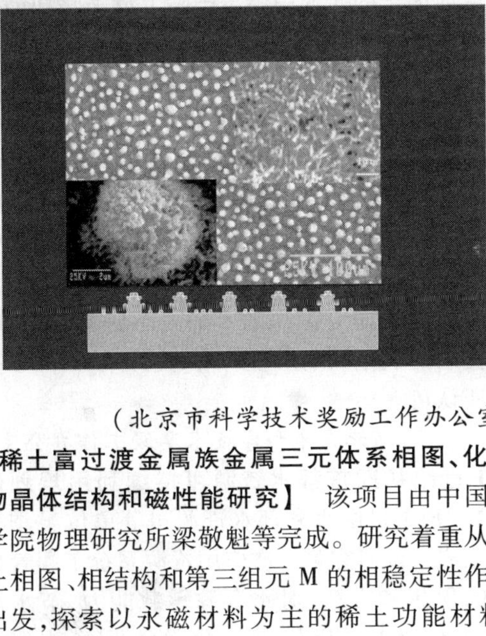

（北京市科学技术奖励工作办公室）

【稀土富过渡金属族金属三元体系相图、化合物晶体结构和磁性能研究】　该项目由中国科学院物理研究所梁敬魁等完成。研究着重从稀土相图、相结构和第三组元 M 的相稳定性作用出发，探索以永磁材料为主的稀土功能材料，特别是价格低廉的 Fe 基化合物。用 X 射线衍射、磁性能测量和热学分析等方法，测定了 15 个 R－T－M 三元系富 T 部分固相线下的相关系。用平衡态退火和非平衡态热处理等方法，成功合成出未见文献报道的、在 R－T 二元系中不存在的 48 个 R－T－M 新型化合物及其固溶体（其中 Rm＋nCo5m＋3nB2n 的 m＝2，n＝1；m＝2，n＝3 和 m＝3，n＝2 的金属间化合物为三种新结构类型），测定了 M 在晶体结构中的占位，研究了它们的磁性能及 M 对磁性能的影响。从原子几何因素和热力学的观点出发，该成果认为 M 的相稳定作用主要是由于几何因素，M 在结构中的择优占位则是热力学因素起主要作用。

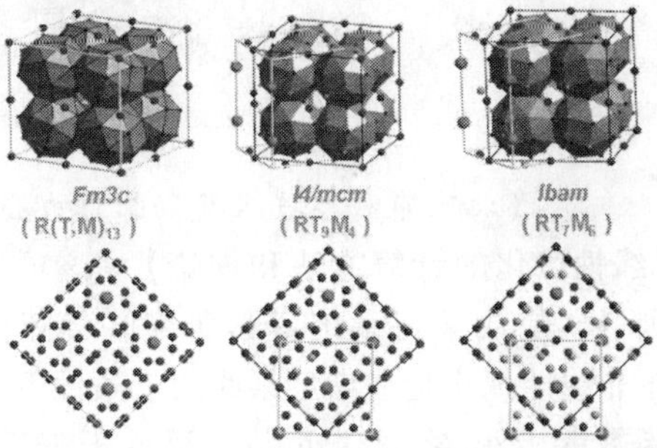

（北京市科学技术奖励工作办公室）

【新型成像雷达对地观测机理与地物识别研究】　该项目由中国科学院遥感应用研究所郭华东等完成。该成果适应于空间对地观测、地球资源与环境科学应用。主要创新点有：在阿拉善高原实验证实了 L 波段雷达对干沙的穿透性，据此识别出干沙掩埋下的古长城，发现了风吹沙覆盖下的古河道和古湖盆，确立了一条古河湖串联水系系统；提出的无植被沙丘雷达几何散射模型，曾被经典专著《遥感手册》8 次引用，并被 NASA 科学家用于金星探测中；提出水稻时域散射特理论，揭示了水稻后向散射系数随其生长发育变化的规律，其论文被选入联合国粮农组织《粮食安全报告》；与国际同步开展全极化雷达遥感试验，提出简化的极化度计算公式，发展了全极化雷达数据算法，直接提取出地表介电常数和粗糙度，由此提出了利用极化相位信息新方向；提出了一套完整的由极化干涉雷达数据生成高精度 DEM 的算法，解决了常规干涉雷达在地表植被茂密区难以获取高精度 DEM 的技术难点；用差分干涉测量技术获得震区同震形变图，确定出形变中心和最大视向位移量。研究的雷达遥感水稻长势监测成果应用于日本、印度、韩国等国家，并被国土资源部国土大调查、全国农情速报系统等项目应用,参与农业部秋粮会商会;其雷达信息快速提取方法应用于1998 年洪水监测。

(北京市科学技术奖励工作办公室)

【**非线性优化的计算方法和理论**】 该项目由中国科学院数学与系统科学研究院袁亚湘完成。非线性优化是在满足某些约束条件下求目标函数的极小值,这类问题广泛见于工程、国防、经济、管理等领域,在结构设计、化学反应设计、电力分配、石油开采等许多方面有应用。项目主要是在信赖域法、拟牛顿法、共轭梯度法等方面进行研究。对信赖域法的子问题(CDT 子问题)进行的理论分析,得到了开创性、基础性的结果;对球内二次极小的截断共轭梯度法提出并解决了“1/2”猜想,是近年来信赖域法理论研究的重要结果;在拟牛顿法收敛性方面提出了利用拟牛顿矩阵的平方来分析方法之收敛这一独特技巧,在一些附加条件下得到 DFP 方法的收敛性结果,为解决 DFP 方法全局收敛性这一著名难题开辟了一条新路。研究系统地给出了几个著名的共轭梯度法的收敛性理论,给

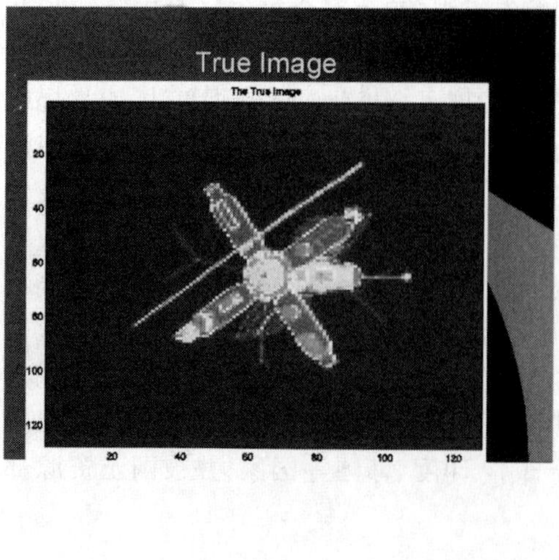

出的分析技巧为共轭梯度法收敛性研究提供了十分重要的工具,还提出了一个新的共轭梯度法,被国外学者称为 4 个主要的非线性共轭梯度法之一。该项目还在优化软件、信赖域法在图像处理的应用、直接方法、内点方法、扩展半定规划、非线性方程组信赖域法等众多方面取得了大量的成果。

(北京市科学技术奖励工作办公室)

【**电子显微学基础和纳米结构研究**】 该项目由北京大学等单位彭练矛等完成。项目属材料科学领域中的表征和结构分析基础研究,主要围绕电子显微学基础研究发展和应用的需要展开,并针对纳米科技中重要的结构问题结合电子显微技术和基于量子力学原理的计算方法进行了深入研究。项目的创新点 :首先提出了在定量电子衍射研究中如何处理各向异性晶体,如何处理离子晶体、半无限大的样品,如何在表面衍射中包含非弹性散射电子的贡献等。在电子散射因子的研究中给出国际上最完整和最可靠的电子散射因子,也是国际晶体学界最权威的数据。有关材料温度因子的研究是国际上至今最系统的研究,给出了国际上最完整的数据。实验上观察到的 0. 33 纳米碳管目前仍然是世界上最小的已被发现的碳管,相关的亚纳米碳管稳定性研究已被国际权威同行所认可。单壁碳纳米管的金属填充工作被综述文献列为世界上开展相关研究工作的 8 个先驱研究组之列。所提出的氧化钛纳米管的结构已开始被国际同行所认可。

(北京市科学技术奖励工作办公室)

【**21 世纪初期首都水资源可持续利用规划研究**】 该项目由水利部水资源司等单位吴季松等完成。该研究第一次应用资源系统工程管理学的思想和方法,对水资源承载能力、节水潜力、非传统水源开发、多水源联合调度、水资源管理体制、水价格体系、生态经济发展模式等进行深入研究,提出了一节、二保、三调、四调整、五管理的实施路线,系统地提出了解决首都水资源问题的规划目标、工程措施和非工程措施。该研究的主要成果是《21 世纪初期首都水资源可持续利用规划》。研究创新点:主要成果体

现了循环经济与资源水利的新理念，实现了循环经济从理念向实践的跨越，是第一个在现代资源水利思想指导下的规划，为确定“以水资源可持续利用保障可持续发展”的水利方针奠定了基础；建立了现代水资源规划的新模式，是第一个有指标、有投资、限期完成、水量水质并重的综合性生态建设规划，是第一个全面、协调、可持续解决北京水资源问题的规划；研究探索了多学科综合应用于水利的新方法，是第一个按资源系统工程管理理论指导的规划研究，体现了多学科综合研究和先进经济理论的应用，促进了管理思想的创新和管理体系的系统化。

（北京市科学技术奖励工作办公室）

政策法规选

SELECTED POLICIES AND REGULATIONS ON SCIENCE AND TECHNOLOGY

北京市实施《中华人民共和国动物防疫法》办法

北京市人民代表大会常务委员会公告

第27号

《北京市实施(中华人民共和国动物防疫法)办法》已由北京市第十二届人民代表大会常务委员会第十五次会议于2004年10月22日通过,现予公布,自2005年1月1日起施行。

北京市第十二届人民代表大会常务委员会

二〇〇四年十月二十二日

目　　录

第一章　总　　则

第一条　为了预防、控制和扑灭动物疫病,促进养殖业发展,保护人体健康,根据《中华人民共和国动物防疫法》,结合本市实际情况,制定本办法。

第二条　本办法适用于本市行政区域内动物疫病的预防、诊疗、控制、扑灭,动物和动物产品的检疫及其他与动物防疫有关的活动。

法律、法规对动物和动物产品的进出境检疫和经检疫合格作为食品的卫生检验、监督等活动另有规定的,从其规定。

第三条　本市对动物疫病实行预防为主的方针。动物防疫工作应当坚持综合防治、严格检疫、重点控制、全程监管的原则。

第四条　市和区、县人民政府应当加强对动物防疫工作的领导,将动物防疫工作纳入国民经济和社会发展计划,并将动物防疫工作经费列入市和区、县财政预算,对日常动物防疫工作所需的强制免疫、疫病监测、净化、检疫、监督等经费以及扑灭疫情所需经费予以保障。

第五条 市畜牧兽医行政管理部门主管本市的动物防疫工作。区、县畜牧兽医行政管理部门主管本行政区域内的动物防疫工作;未设置畜牧兽医行政管理部门的区,由区人民政府确定的行政管理部门主管本行政区域内的动物防疫工作,受市畜牧兽医行政管理部门的业务领导。

商务、公安、卫生、工商行政管理、质量技术监督、交通、出入境检验检疫等依法负有动物防疫监督管理职责的部门,按照有关法律、法规,对动物防疫工作实施监督管理。

农村工作、发展改革、财政、环境保护、市政管理、科技、林业、园林、水务、城管监察等部门,按照市人民政府确定的职责,做好动物防疫的相关工作。

第六条 市和区、县人民政府所属的动物防疫监督机构实施本行政区域内的动物防疫和动物防疫监督,受同级主管动物防疫工作的行政管理部门领导。

承担动物防疫职责的动物防疫监督机构负责本行政区域内的动物防疫工作,指导乡镇动物防疫组织做好本乡镇的动物疫病预防工作。

承担动物检疫职责的动物防疫监督机构负责本行政区域内的动物及动物产品的检疫工作。区、县承担动物检疫职责的动物防疫监督机构根据需要,可以在乡镇设立分支机构。

承担兽医卫生监督职责的动物防疫监督机构负责本行政区域内的动物防疫监督工作,对违反动物防疫法律、法规的行为依法实施处罚。

市和区、县动物防疫监督机构应当加强与本行政区域内军队动物防疫监督机构的联系,及时通报防疫情况,共同做好防疫工作。

第七条 本市鼓励、支持动物防疫的科学研究,推广先进的科学研究成果,普及动物防疫的科学知识,提高动物防疫水平。

第二章 动物疫病的预防

第八条 市人民政府应当根据国家动物疫病预防规划,结合本市动物防疫工作实际情况,制定本市动物疫病预防规划。

市和区、县畜牧兽医行政管理部门应当根据本市动物疫病预防规划,结合本行政区域内的动物疫病情况,组织制定动物疫病防治实施计划,报同级人民政府批准后实施。

第九条 市畜牧兽医行政管理部门制定全市预防和扑灭动物疫病所需药品、生物制品、消毒和防护设备等有关防疫物资的储备方案,经市人民政府批准后组织实施。

第十条 对严重危害动物和人体健康的动物疫病,依据国家规定的名录及本市动物疫病预防规划实施强制免疫。强制免疫由动物防疫监督机构组织实施。

区、县动物防疫监督机构应当对实施强制免疫的动物建立免疫档案。实施强制免疫后的猪、牛、羊、鹿等动物应当佩带由市畜牧兽医行政管理部门统一发放的耳标、标牌、芯片等免疫标识。

第十一条 从事动物养殖、经营、诊疗、收容,动物产品生产、经营、贮藏,动物和动物产品无害化处理以及保存、使用动物源性致病微生物等活动的场所,应当符合动物防疫条件,经审核合格后,由动物防疫监督机构发放《动物防疫合格证》。

动物养殖场、屠宰加工厂、无害化处理场所的设置应当符合规划,与学校、幼儿园、居民区、水源保护区等保持符合防疫要求的安全距离。具体距离标准由市农业局制定并向社会公布。

第十二条 饲养者饲养的种用、乳用动物应当达到健康标准,并取得由动物防疫监督机构发放的《动物健康免疫证》。

动物防疫监督机构应当对种用、乳用动物定期进行疫病监测,实施疫病净化。

第十三条 畜牧兽医行政管理部门应当加强对动物源性致病微生物的管理。

因科研、教学、生产、防疫等特殊需要保存、使用、运输动物源性致病微生物的,应当具备防止动物源性致病微生物扩散的设施和措施,达到国家规定的动物防疫条件和生物安全防护标准,严格执行国家规定的管理制度和操作规程。保存、使用、运输动物源性致病微生物的,应当向市动物防疫监督机构备案。

第十四条 从事动物诊疗活动的,应当具备下列条件,并取得所在地畜牧兽医行政管理部门核发的《动物诊疗许可证》:

(一)有符合动物防疫要求的场所;

(二)有与从事动物诊疗相适应的专业技术人员;

(三)有必要的动物诊疗器械、设备和药品;

(四)法律、法规、规章规定的其他条件。

动物诊疗单位和从事动物诊疗工作的人员,应当按照批准的执业项目、范围开展诊疗活动,严格遵守专业技术规范。

第十五条 开办动物交易市场,举办动物交易会、动物拍卖会和动物展览会,其经营、活动场所应当符合动物防疫条件,并取得动物防疫监督机构发放的《动物防疫合格证》。

动物防疫监督机构应当加强对动物交易市场、动物交易会、动物拍卖会和动物展览会的动物防疫监督。

第十六条 运输动物和动物产品,承运人在装前和卸后应当对运载工具进行清洗、消毒,并取得启运地动物防疫监督机构出具的运载工具消毒证明。

运输过程中,运载工具应当保持清洁、卫生,动物的排泄物、垫料、污染物品不得沿途卸下、丢弃或者遗洒。

第十七条 使用冷库储存动物产品的,冷库管理者应当建立动物产品出入库台账;动物产品入库时,应当核对检疫合格证明;动物产品出库后,应当将检疫合格证明原件或者复印件留存三个月。

第十八条 市场服务管理机构应当对市场销售的动物和动物产品实施查证、验章,发现无检疫合格证明、证章不符、证物不符的,应当移交当地动物防疫监督机构处理。

第十九条 饭店、宾馆、餐厅、食堂购进动物和动物产品应当核对检疫合格证明,并留存原件或者复印件三个月。

第二十条 下列动物和动物产品及其他物品应当进行无害化处理:

(一)染疫、疑似染疫的动物及其排泄物;

(二)染疫、疑似染疫的动物产品;

(三)病死或者死因不明的动物尸体;

(四)与染疫动物和染疫动物产品接触过的物品;

(五)动物诊疗活动中产生的医疗废物;

(六)饭店、宾馆、餐厅、食堂产生的餐厨垃圾;

(七)可能造成动物疫病传播的其他物品。

第二十一条 本市对动物和动物产品及其他物品的无害化处理场所实行统一规划,由市和区、县人民政府负责组织建设。

大型养殖场、屠宰加工场应当具备相应的无害化处理能力。不具备无害化处理能力需要实施无害化处理的生产经营、科研教育单位,应当委托具备无害化处理能力的单位承担无害化处理工作。

动物诊疗活动中产生的医疗废物，依照国务院《医疗废物管理条例》的规定进行无害化处理。

动物和动物产品的无害化处理由动物防疫监督机构负责监督实施。饭店、宾馆、餐厅、食堂产生的餐厨垃圾的无害化处理由市政行政管理部门负责监督实施。

第二十二条 被遗弃、被没收以及无主动物的收容处理工作由动物防疫监督机构负责组织实施。

犬类的收容处理，按照《北京市养犬管理规定》执行。

第二十三条 禁止使用饭店、宾馆、餐厅、食堂产生的未经无害化处理的餐厨垃圾饲喂动物。

第三章 动物疫病的控制和扑灭

第二十四条 畜牧兽医行政管理部门应当建立和完善动物疫病监测和报告体系，动物防疫监督机构对动物疫病进行全面监测、风险分析、预警和预报，及时发现、诊断和报告动物疫病。

发生动物疫情，畜牧兽医行政管理部门和动物防疫监督机构要按照规定的程序和时限进行确认和报告。

发布疫情信息应当遵守国家有关规定。

第二十五条 发生国家规定的一类动物疫病时，区、县畜牧兽医行政管理部门应当立即派人到现场，划定疫点、疫区、受威胁区，采集病料，调查疫源，及时报请区、县人民政府发布封锁决定，并按有关规定上报市畜牧兽医行政管理部门。区、县人民政府应当及时发布封锁决定，对疫区实行封锁，并立即通报毗邻地区。

疫区范围涉及两个以上区、县的，由市畜牧兽医行政管理部门报请市人民政府发布封锁决定。

封锁决定应当包括封锁的范围、对象和采取的措施等内容。

第二十六条 对封锁的疫点，发布封锁决定的人民政府应当立即组织畜牧兽医、公安、卫生、交通等有关部门和单位采取下列措施：

（一）在疫点周围设立警示标志，出入口设置一临时检查消毒站（点），配备消毒设施，对出入疫点的人员、运输工具及其他物品采取消毒和其他限制性措施；

（二）禁止染疫、疑似染疫及易感染的动物、动物产品和病死动物流出疫点，禁止疫点外的动物进入疫点；

（三）对染疫、疑似染疫及易感染的同群动物进行隔离、扑杀；

（四）对疫点内扑杀和病死的动物、动物排泄物、垫料和受污染物品进行无害化处理，对疫点进行全面消毒；

（五）对易感染的非同群动物进行紧急免疫接种和监测。

第二十七条 对封锁的疫区，发布封锁决定的人民政府应当立即组织畜牧兽医、公安、卫生、交通等有关部门和单位采取下列措施：

（一）在疫区周围设立警示标志，禁止易感染动物流出和疫区外动物进入；

（二）对疑似染疫动物和死因不明动物进行隔离检查，确诊为染疫的，对染疫动物及其同群动物进行隔离、扑杀，并按照第二十六条第（四）项规定处理；

（三）在出入疫区的交通道路设立消毒点，对进出的人员、运输工具及有关物品进行消毒；

（四）饲养的动物实施圈养、栓养或者在指定地点放养；

（五）对易感染动物进行监测，实施紧急免疫接种，对与易感染动物有关的场所进行全面消毒；

（六）停止易感染动物及其产品交易活动。

第二十八条 对受威胁区，畜牧兽医行政管理部门组织有关单位采取以下措施：

（一）对易感染动物进行紧急免疫接种；

（二）实施动物疫情动态监测；

（三）采取必要的限制、隔离和消毒等预防性措施。

第二十九条 发生二类动物疫病时，区、县畜牧兽医行政管理部门应当划定疫点、疫区、受威胁区，采取封锁、隔离、扑杀、销毁、消毒、治疗、紧急免疫接种等控制、扑灭、净化措施，迅速扑灭疫病。

发生三类动物疫病时，区、县畜牧兽医行政管理部门应当按照动物防疫的有关规定，组织做好防疫工作。

二类、三类动物疫病呈暴发性流行或者发生新的动物疫病时，执行一类动物疫病控制、扑灭措施。

第三十条 本市应当加强对人畜共患病的监控。畜牧兽医行政管理部门和卫生行政管理部门应当互相通报信息；发生人畜共患疫病时，应当立即查找疫源，采取有效控制措施，迅速扑灭疫病，防止疫病传播。

第三十一条 市和区、县人民政府应当组织制定重大动物疫病应急预案。本市发生重大动物疫病或者本市行政区域外发生有可能影响本市的重大动物疫病后，畜牧兽医行政管理部门应当立即组织专家对动物疫情进行综合评估，需要启动应急预案的，报同级人民政府批准。

市和区、县人民政府防治重大动物疫病指挥部领导、协调重大动物疫情的应急控制和扑灭工作。

市和区、县应当建立重大动物疫情应急处理预备队。应急处理预备队由畜牧兽医行政管理人员、动物防疫监督人员、有关专家、兽医、卫生防疫人员、公安人员等组成，定期进行培训和演练。

第三十二条 发生重大动物疫情，需要在本市疫区以外采取限制性行政措施的，应当经市人民政府批准。

市和区、县人民政府为了防止重大动物疫情传播，可以对疫区以外地区的易感染动物实施收购。

第三十三条 在疫区内所有染疫、疑似染疫动物及其产品按规定处理后，对所发疫病经过一个潜伏期以上的监测，未出现新发病例，经动物防疫监督机构审验合格后，由原发布封锁决定的人民政府宣布解除封锁。

第三十四条 对为扑灭疫情而强制扑杀的动物，人民政府应当给予所有者补偿。市畜牧兽医行政管理部门组织有关专家组成扑杀损失评估小组对扑杀造成的经济损失情况进行评估，根据评估结果，按照国家和本市规定进行补偿。

第四章 动物和动物产品的检疫

第三十五条 动物防疫监督机构设动物检疫员具体实施动物和动物产品检疫。动物检疫员应当按照国家规定，经市畜牧兽医行政管理部门考核合格后持证上岗。动物检疫员应当按照检疫规程实施检疫，在检疫证明上签字并对检疫结果负责。

第三十六条 动物和动物产品出售或者调运离开产地前，货主应当向当地动物防疫监督机构报检。

经检疫合格的动物和动物产品，由动物检疫员出具国家统一制发的检疫合格证明，并加盖验讫印章或者加封检疫标志。

第三十七条 动物产品、供屠宰或者育肥的动物应当在出售或者调运前三天报检；种用、乳用或者役用动物应当在出售或者调运前十五天报检；因生产生活特殊需要而出售、调运、携带的动物和动物产品，随报随检。

运输参展、参赛和演出的动物，出售或者运输合法捕获的野生动物，从本市行政区域外引进种用动物及其卵、精液、胚胎等遗传材料，启运前货主应当向所在地动物防疫监督机构报检。到达预定地点后，货主凭检疫合格证明向到达地动物防疫监督机构报验。

区、县动物防疫监督机构应当对引进的种用动物实施隔离检疫，对引进的种用动物的卵、精液、胚胎等遗传材料进行跟踪监管。

第三十八条　本市对猪、牛、羊等动物实行定点屠宰，集中检疫。其他需要实行定点屠宰、集中检疫的动物种类由市畜牧兽医行政管理部门报市人民政府批准后向社会公布。

定点屠宰厂（点）应当符合规划，符合国家和本市的动物防疫、食品卫生、环境保护的要求。

牛、羊、鸡、鸭等动物的屠宰厂（点）应当领取定点屠宰证，定点屠宰证由区、县畜牧兽医行政管理部门审核，市畜牧兽医行政管理部门核发。

生猪定点屠宰的管理按照国务院《生猪屠宰管理条例》的规定执行。

第三十九条　动物防疫监督机构对定点屠宰厂（点）派驻或者派出动物检疫员，查验、收缴动物检疫合格证明、运载工具消毒证明和免疫标识，实施屠宰前和屠宰后检疫。

经检疫合格的，由动物检疫员出具动物产品检疫合格证明，加盖验讫印章或者加封检疫标志。

第四十条　动物防疫监督机构依法进行检疫，按照国家和本市的规定收取检疫费用，不得加收其他费用，也不得重复收费。收取的检疫费用缴入同级国库。

动物防疫监督机构不得从事经营性活动。

第五章　监督管理

第四十一条　动物防疫监督机构设动物防疫监督员具体实施动物防疫监督。动物防疫监督员证件由市畜牧兽医行政管理部门核发。

第四十二条　运输动物和动物产品应当经由市人民政府公布的检疫通道进入本市，市动物防疫监督机构应当在市人民政府公布的检疫通道实施查证、验物和消毒。

动物和动物产品经铁路、航空运输进入本市的，动物防疫监督机构在接到铁路、航空运输部门通知后，应当及时实施监督检查。

第四十三条　不得转让、涂改、买卖和伪造检疫证明、检疫标志、免疫标识、验讫印章。

禁止使用伪造的检疫证明、检疫标志、免疫标识、验讫印章。

第六章　法律责任

第四十四条　违反本办法第十二条第一款、第十三条第二款、第十七条、第十八条、第十九条规定，有下列行为之一的，由动物防疫监督机构给予警告，并处1 000元以上5 000元以下的罚款：

（一）饲养的种用、乳用动物未取得《动物健康免疫证》作为种用、乳用的；

（二）未经备案擅自保存、使用、运输动物源性致病微生物的；

（三）冷库、市场、饭店、宾馆、餐厅、食堂未按规定查验和留存检疫证明的。

第四十五条　违反本办法第十条、第十六条、第二十条规定，有下列行为之一的，由动物防疫监督机构责令改正；拒不改正的，由动物防疫监督机构依法代做处理，处理所需费用由违法行为人承担：

（一）未按照国家规定的名录及本市动物疫病预防规划为饲养、经营的动物及时实施强制免疫的；

（二）未给实施强制免疫后的猪、牛、羊、鹿等动物佩带免疫标识的；

（三）未按照国家有关规定对动物和动物产品的运载工具进行清洗、消毒的；

（四）运输途中卸下、丢弃或者遗洒动物排泄物、垫料、污染物品的；

（五）未按规定对应当进行无害化处理的动物和动物产品及其他物品实施无害化处理的。

第四十六条 违反本办法第十一条第一款、第十五条第一款规定，未取得《动物防疫合格证》从事相关活动的，由动物防疫监督机构给予警告、责令改正；拒不改正的，并处1万元以上3万元以下的罚款。

第四十七条 违反本办法第十四条第一款规定，未取得《动物诊疗许可证》从事动物诊疗活动的，由动物防疫监督机构停止其经营，没收违法所得，并处5 000元以上1万元以下的罚款。

第四十八条 违反本办法第十四条第二款、第二十三条规定，有下列行为之一的，由动物防疫监督机构责令改正，并处1 000元以上5 000元以下的罚款：

（一）未按照批准的范围从事动物诊疗活动的；

（二）使用饭店、宾馆、餐厅、食堂产生的未经无害化处理的餐厨垃圾饲喂动物的。

第四十九条 违反本办法第三十六条、第三十七条第一款、第二款规定，加工、经营未经检疫或者无有效检疫证明的动物和动物产品的，由动物防疫监督机构责令其停止加工、经营，没收违法所得，对动物和动物产品实施重检或者补检；无法实施重检、补检的动物产品，按国家或者本市有关规定进行无害化处理；重检、补检或者无害化处理所需费用由加工、经营行为人承担。

第五十条 违反本办法第三十八条第三款规定，未取得定点屠宰证擅自屠宰牛、羊、鸡、鸭等实行定点屠宰的动物的，由动物防疫监督机构予以取缔，没收非法屠宰的动物产品和违法所得，可以并处5 000元以上3万元以下的罚款。

第五十一条 违反本办法第四十二条第一款规定，运输动物和动物产品未经市人民政府公布的检疫通道进入本市的，由工商行政管理部门或者动物防疫监督机构责令补检，并处每辆车1 000元的罚款。

第五十二条 违反本办法第四十三条第二款规定，使用伪造的检疫证明、检疫标志、免疫标识、验讫印章的，由动物防疫监督机构收缴检疫证明、检疫标志、免疫标识、验讫印章，并处2 000元以上5 000元以下的罚款。

第五十三条 动物检疫员、动物防疫监督员有下列行为之一的，由所在单位或者上级主管部门给予行政处分；构成犯罪的，依法追究刑事责任：

（一）违反检疫操作规程的；

（二）出具虚假检疫证明的；

（三）出卖检疫证、章和标志的：

（四）违反国家和本市有关规定收费的；

（五）不履行动物防疫监督职责，玩忽职守、滥用职权、徇私舞弊的其他行为。

第七章 附 则

第五十四条 本办法自2005年1月1日起施行。1994年10月19日北京市第十届人民代表大会常务委员会第十三次会议通过，1997年10月15日北京市第十届人民代表大会常务委员会第四十次会议修订，2001年5月18日北京市第十一届人民代表大会常务委员会第二十六次会议再次修订的《北京市家畜家禽检疫条例》同时废止。

北京市实验动物管理条例

北京市人民代表大会常务委员会公告

第 31 号

《北京市实验动物管理条例》(1996 年 10 月 17 日北京市第十届人民代表大会常务委员会第三十一次会议通过)已由北京市第十二届人民代表大会常务委员会第十七次会议于 2004 年 12 月 2 日修订,现将修订后的《北京市实验动物管理条例》公布,自 2005 年 1 月 1 日起施行。

北京市第十二届人民代表大会常务委员会

二〇〇四年十二月二日

第一章　总　　则

第一条　为了加强实验动物的管理工作,保证实验动物和动物实验的质量,适应科学研究、经济建设与社会发展和对外开放的需要,根据国家有关法律、法规,结合本市实际情况,制定本条例。

第二条　本条例所称实验动物,是指经人工饲养、繁育,对其携带的微生物及寄生虫实行控制,遗传背景明确或者来源清楚的,应用于科学研究、教学、生产和检定以及其他科学实验的动物。

根据对微生物和寄生虫的控制,实验动物分为普通级、清洁级、无特定病原体级和无菌级。

第三条　本条例适用于在本市行政区域内从事实验动物的科学研究、生产和应用的单位和个人。国家法律、法规另有规定的,按照有关规定办理。

第四条　实验动物的管理工作,应当协调统一,加强规划,合理分工,资源共享,有利于市场规范,促进实验动物的科学研究、生产和应用。

第五条　市科学技术行政部门主管本市实验动物工作,负责制定实验动物发展规划,以科技项目经费支持实验动物科学研究。

北京市实验动物管理办公室在市科学技术行政部门的领导下,负责实验动物的日常管理与监督工作。

市人民政府有关部门应当按照各自的职责,做好实验动物有关管理工作。

第六条　本市实行实验动物的质量监督和许可证制度。

实验动物的质量监控,执行国家标准;国家尚未制定标准的,执行行业标准;国家、行业均未制定标准的,执行地方标准。

从事实验动物工作的单位和个人,应当取得市科学技术行政部门颁发的实验动物生产许可证、实验动物使用许可证。

实验动物生产许可证、实验动物使用许可证不得转让。

第七条 从事实验动物工作的单位和个人,应当维护动物福利,保障生物安全,防止环境污染。

第八条 管理实验动物工作的部门,应当对在实验动物工作中做出突出贡献的单位和个人,给予表彰和奖励。

第二章 从事实验动物工作的单位及人员

第九条 从事实验动物工作的单位,应当配备科技人员,有实验动物管理机构负责实验动物工作中涉及实验动物项目的管理,并对动物实验进行伦理审查。

第十条 从事实验动物工作的单位,应当组织从业人员进行专业培训。未经培训的,不得上岗。

从事实验动物工作的单位,应当组织实验动物专业技术人员参加实验动物学及相关专业的继续教育。

第十一条 从事实验动物工作的单位,应当组织技术工人参加技术等级考核;对从事实验动物工作的专业技术人员,根据其岗位特点和专业水平评定、晋升专业技术职务。

第十二条 从事实验动物工作的单位,应当采取防护措施,保证从业人员的健康与安全,组织从业人员每年进行身体检查,及时调整健康状况不宜从事实验动物工作的人员。

第十三条 从事实验动物工作的人员,应当遵守实验动物的各项管理规定。

第十四条 取得实验动物许可证的单位和个人,生产或者应用实验用犬的,免交管理服务费。

第三章 实验动物的生产

第十五条 从事实验动物及相关产品保种、繁育、生产、供应、运输及有关商业性经营的单位和个人,应当按照实验动物生产许可证许可范围,生产供应或者出售合格的实验动物及相关产品。

第十六条 实验动物生产环境设施应当符合不同等级实验动物标准要求。

不同等级、不同品种的实验动物,应当按照相应的标准,在不同的环境设施中分别管理,使用合格的饲料、笼具、垫料等用品。

第十七条 从事实验动物保种、繁育的单位和个人,应当采用国内、国际公认的品种、品系和标准的繁育方法。

为补充种源、开发实验动物新品种或者科学研究需要捕捉野生动物的,应当按照国家有关法律、法规办理。

第十八条 从事实验动物及其相关产品生产的单位和个人,应当根据遗传学、寄生虫学、微生物学、营养学和生产环境设施方面的标准,定期进行质量检测。各项操作过程和检测数据应当有完整、准确的记录。

第十九条 从事实验动物及其相关产品生产的单位和个人,供应或者出售实验动物及相关产品时,应当提供质量合格证明。合格证明应当标明实验动物或者相关产品的确切名称、等级、数量、质量检测情况、购买单位名称、出售日期、许可证编号等内容,由出售单位负责人签字并加盖公章。

第二十条 运输实验动物使用的转运工具和笼器具,应当符合所运实验动物的微生物和环境质量控制标准。不同品种、品系、性别和等级的实验动物,不得在同一笼盒内混合装运。

第二十一条 实验动物的进口与出口管理,按照国家有关规定办理。

第四章 实验动物的应用

第二十二条 利用实验动物从事科研、生产、检定、检验和其他活动的单位和个人,应当按照使用许可证许可范围,使用合格的实验动物。

第二十三条 动物实验环境设施应当符合相应实验动物等级标准的要求,使用合格的饲料、笼具、垫料等用品。涉及放射性和感染性等有特殊要求的实验室,应当按照有关规定执行。

第二十四条 进行动物实验应当根据实验目的,使用相应等级标准的实验动物。

不同品种、不同等级和互有干扰的动物实验,不得在同一试验间进行。

第二十五条 申报科研课题、鉴定科研成果、进行检定检验和以实验动物为生产材料生产制品,应当把应用合格实验动物和使用相应等级的动物实验环境设施作为基本条件。

应用不合格的实验动物或者在不合格的实验环境设施内取得的动物实验结果无效,生产的制品不得出售。

第二十六条 从事动物实验的人员应当遵循替代、减少和优化的原则进行实验设计,使用正确的方法处理实验动物。

第五章 实验动物的防疫

第二十七条 实验动物的预防免疫,应当结合实验动物的特殊要求办理。

第二十八条 实验动物发生疫情时,应当按照国家和本市有关规定办理。

第二十九条 从事实验动物相关工作的单位和个人,应当对实验动物尸体和废弃物进行无害化处理。

第六章 监督检查

第三十条 市科学技术行政部门对本市从事实验动物生产与应用的单位和个人进行监督检查,监督检查结果应当公示。

第三十一条 市科学技术行政部门聘请实验动物质量监督员,协助其对本市实验动物生产和应用活动进行监督检查。

第三十二条 本市对从事实验动物生产和应用的单位和个人建立信用管理制度。市科学技术行政部门应当公布实验动物许可单位和个人的信用信息。

鼓励公民向市科学技术行政部门举报违法从事实验动物生产和应用的行为。

第七章 法律责任

第三十三条 违反本条例的行为,法律、法规已有规定的,依照其规定追究责任。法律、法规没有规定的,依照本章以下各条相应规定追究责任。

第三十四条 取得实验动物许可证的单位和个人,违反本条例第十条、第十二条、第十六条、第十八条、第十九条、第二十条、第二十三条、第二十四条和第二十九条规定的,由市科学技术行政部门责令限期改正,并根据情节轻重,分别予以警告、暂扣实验动物许可证。

第三十五条 取得实验动物许可证的单位和个人,违反本条例第六条第四款、第十五条、第二十二条规定的,由市科学技术行政部门根据情节轻重,责令停止违法活动、吊销实验动物许可证。

第三十六条 违反本条例第六条第三款规定,未取得实验动物许可证从事实验动物生产和应用的,由市科学技术行政部门责令其停止违法活动,予以通报;由工商行政管理部门依法处理;对责任人员由其所在单位或者上级主管部门给予行政处分。

第三十七条 实验动物管理工作人员玩忽职守,滥用职权,徇私舞弊的,由其所在单位或者上级主管部门给予行政处分;构成犯罪的,依法追究刑事责任。

第八章 附 则

第三十八条 本条例自2005年1月1日起施行。

中关村科技园区管理委员会主要职责、内设机构和人员编制规定

北京市人民政府办公厅关于印发《中关村科技园区管理委员会主要职责、内设机构和人员编制规定》的通知

京政办发[2004]13号

各区、县人民政府,市政府各委、办、局,各市属机构:

《中关村科技园区管理委员会主要职责、内设机构和人员编制规定》已经市政府批准,现予印发。

北京市人民政府办公厅

二〇〇四年三月二十六日

根据《北京市人民政府办公厅关于印发(中关村科技园区管理体制改革方案)的通知》(京政办发[2003]63号),中关村科技园区管理委员会(简称中关村管委会)是负责对中关村科技园区(包括海淀园、丰台园、昌平园、电子城、亦庄园、德胜园、健翔园,以下简称园区)发展建设进行综合指导的市政府派出机构。

一、职责调整

(一)划出的职责

1. 将园区海淀园企业的党群工作及应由海淀区政府承担的海淀园的管理职责交给海淀区。

2. 将园区服务中心(“一站式”办公大厅)的管理职责交给海淀区。

(二) 下放的职责

将受理投诉工作下放给各园的专门管理机构承担。

(三) 加强的职责

1. 加强有关园区发展和改革方面的调研、拟定政策、组织协调、提供服务等职能。

2. 加强推进园区投融资、产权、人才、中介等市场要素和体系建设的职能。

3. 加强知识产权保护和提供世界贸易组织事务相关服务的职能。

二、主要职责

根据上述职责调整,中关村管委会的主要职责是:

(一) 贯彻落实国家有关法律法规和政策,研究提出园区的发展战略和规划,组织研究园区相关改革方案,促进可持续发展。

(二) 研究拟定园区发展和管理的相关政策,参与起草相关地方性法规、规章草案。

(三) 参与组织编制园区有关空间规划和产业规划。

(四) 协调整合各类创新资源,开展高新技术研发及其成果产业化、投融资、人才资源、中介组织、知识产权保护、数字园区建设等方面的促进和服务工作。

(五) 配合协调有关机构为园区企业提供世界贸易组织事务方面的服务,促进园区企业开展国际贸易。

(六) 承担园区外事、宣传、联络和留学人员创业服务等工作。

(七) 负责管理市财政拨付的园区发展专项资金,并协助有关部门监督专项资金的使用。

(八) 指导各园的工作,承担建设中关村科技园区领导小组及其办公室的日常工作,负责园区企业家咨询委员会及园区内各类协会组织的联系工作。

(九) 承办市政府交办的其他事项。

三、内设机构

根据上述职责,中关村管委会设11个职能处室。

(一) 办公室

负责本机关的政务工作;负责公文处理、信息、议案、建议、提案和信访、档案、保密工作,以及重要会议、活动的组织工作;负责重要文件和会议决定事项的督查工作;负责机关联络接待、服务保障、安全保卫等工作。

(二) 产业发展促进处

参与研究和制订园区产业规划和政策,督促落实发展高新技术企业的各项政策;参与重大高新技术成果产业化项目的认定;协调园区技术研发,重大高新技术企业项目的引进和扶持工作;受国家有关部门委托,负责组织园区企业科研项目和专项资金的申报工作;负责协调园区对外经贸工作。

(三) 规划建设协调处

研究制订园区发展规划并协调组织实施;参与组织编制园区的空间规划、土地利用规划和生态规划等工作;负责园区重大建设项目信息的收集和分析。

(四) 投融资促进处

负责研究提出园区投融资体系建设方案;研究分析园区投融资发展状况,并提出政策建议,搭建园区投融资政策平台;推动园区企业的股权交易和上市融资工作;组织协调投融资机构为园区产业发展提供支持,发展适合园区企业的多种融资方式,促进科技与金融的结合。

（五）人才资源处（人事处）

研究提出园区人才资源发展战略规划和人才市场体系建设的建议；研究拟定园区吸引人才的有关政策，并协调组织实施；负责园区有关留学人员创业的服务工作；负责本机关及所属单位的干部、人事及机构编制管理工作。

（六）中介服务体系建设处

研究提出园区行业协会、中介组织的发展规划，组织制定有关政策；促进园区中介组织发展、信用体系建设等工作。

（七）信息化工作处

组织研究提出园区信息化建设规划并协调推进实施；负责园区信息统计数据的综合分析利用；负责协调建立统一的园区信息管理与服务体系、预测预导系统、经济运行和企业评测系统；负责管理园区的网站建设，推进园区电子政务和数字园区建设工作。

（八）国际交流合作处

负责园区的国际交流与合作工作；负责园区派遣人员因公临时出国（境）和邀请外国经贸科技人员来华事项的审批工作；负责园区驻海外联络处的建设、联络和管理工作。

（九）研究室（世界贸易组织事务与知识产权工作处）

负责园区体制和机制创新及其配套改革措施的研究工作；组织研究园区发展建设中的重要问题，并提出相关对策、建议；负责协调园区知识产权促进和保护工作；配合协调有关机构为园区企业提供有关世界贸易组织事务方面的服务；组织起草贯彻落实《中关村科技园区条例》的有关配套政策，并监督实施。

（十）宣传处

负责园区宣传工作，制定园区宣传方案并组织实施；组织园区新闻发布会；组织园区重要活动、重要工作的新闻报道工作。

（十一）财务处

负责园区发展专项资金预算编制和管理工作；协助有关部门监督专项资金的管理使用；负责园区的建设与发展专项资金的内部审计工作；负责本机关的财务工作。

机关党委。负责本机关及所属单位的党群工作。

纪检、监察机构，按有关规定派驻。

四、人员编制

中关村管委会机关行政编制为65名。其中：主任1名，副主任4名；处级领导职数26名。

北京市保护知识产权专项行动实施方案

关于印发《北京市保护知识产权专项行动实施方案》的通知

京政办发[2004]60号

各区、县人民政府,市政府各委、办、局,各市属机构:

《北京市保护知识产权专项行动实施方案》已经市政府同意,现印发给你们,请结合实际,认真贯彻执行。

北京市人民政府办公厅

二〇〇四年十二月十七日

北京作为首都,知识产权资源非常丰富,保护知识产权工作十分重要。为了有效遏制侵犯商标权、著作权、专利权等行为,增强全社会知识产权保护意识,规范市场经济秩序,根据《国务院办公厅关于印发保护知识产权专项行动方案的通知》(国办发[2004]67号)精神,结合本市实际情况,制定本方案。

一、指导思想

以邓小平理论和"三个代表"重要思想为指导,树立科学的发展观和正确的政绩观,正确认识和处理保护知识产权与优化投资环境、促进科技进步、推动经济发展的关系,坚持"履行承诺、适应国情、完善制度、积极保护"的工作方针,不断完善知识产权保护机制,努力开创保护知识产权工作的新局面。

二、工作目标和重点

这次专项行动的目标是:首都市场经济秩序得到有效规范;各种侵犯知识产权行为得到有效遏制;保护知识产权的能力和水平明显提高;全社会的知识产权保护和创新意识明显增强,促进科技创新,营造发展高新技术产业的良好环境;有效保护奥运知识产权,进一步树立本市保护知识产权的良好形象。

专项行动要以保护商标权、著作权、专利权为重点内容,把打击制售盗版制品作为重中之重,以货物进出口、各类展会和商品批发市场、定牌加工、印刷复制为重点环节,以假冒商标、侵权盗版比较集中的繁华商业区、公共场所、人行通道为重点地区,以知识产权权利人反响强烈、情节严重、影响恶劣的案件为突破口,以点带面,全面推进。特别要严厉打击侵权商品供应商和生产者,加强源头治理。

专项行动的重点地区和重点领域:

重点地区:北京商务中心区、朝阳区三里屯地区,海淀区中关村地区,丰台区大红门地区,西城区动物园地区，市级商业中心及城乡结合部地区。

重点领域：食品、药品、电子软件、音像制品、服装、化妆品、图书、建材装饰产品。

三、工作任务

（一）切实保护注册商标专用权

工商行政管理部门要着力规范注册商标许可、使用行为，积极开展“无假冒商标示范场（店）”的认定和监管工作，有效保护商标所有人的合法权益。严厉查处商标及其他商业标识侵权案件，重点查办在食品、药品等关系人民群众身体健康和生命安全的商品以及奥林匹克标志上发生的商标违法案件，侵犯著名商标、驰名商标、证明商标、集体商标专用权案件，以及擅自使用知名商品特有名称、包装、装潢案件，并会同有关部门查处非法印制及购买使用假包装、假标识、假商标的案件。

（二）切实保护著作权

新闻出版、版权、文化行政主管部门要按照各自职责，依法规范著作权产品生产、使用和交易，营造良好的著作权保护社会环境。要会同工商、公安部门整顿和规范存在侵权隐患的图书、音像制品、软件交易市场。重点打击盗版教材教辅、盗版软件、非法复制和销售音像制品、经营走私盗版音像制品以及网上侵犯著作权等行为，加强对软件预装、商业性复制使用和互联网传播的监管，加强对经营性场所使用背景音乐的执法检查。积极开展“版权保护示范店”的认定和监管工作。推动政府机关使用正版软件工作，确保在2004年底前完成。充分发挥社会反盗维权组织和权利人组织的作用，不断完善社会监管体系。

城市管理综合行政执法部门要会同新闻出版、版权、文化行政主管部门以及公安部门加大执法检查力度，坚决取缔分布在车站、人行通道、居民小区、娱乐场所和商厦附近销售盗版图书、音像制品、软件的无照游商。

（三）切实保护专利权

专利行政主管部门要加大对假冒、冒充专利行为的查处力度；加强专利行政执法能力建设，推动专利地方性法规的研究和制定工作；进一步加强商品流通领域的专利保护，加大对展会的专利执法检查，做好本市“无冒充专利商场”的认定和监管工作。严厉打击食品、药品等关系人民群众生命财产安全领域的专利违法行为，严厉查处冒充政府知识产权部门、国际知识产权组织或其他合法组织欺骗公众、牟取非法利益的行为，着力查办侵犯核心关键技术专利权的案件和具有较大影响的案件。

（四）强化知识产权海关保护

海关要全面贯彻落实《知识产权海关保护条例》，进一步健全相关规章制度，充分运用信息技术和风险分析技术，加强风险布控等边境措施，提高查获出口侵权货物的效率。要针对本市进出口环节知识产权侵权案件的构成特点和区域分布规律，在重点口岸依法加大对进出口假冒和盗版产品的打击力度，遏制假冒和盗版产品的国际流通。

（五）强化对出口商品交易会、商品批发市场、定牌加工和印刷复制环节的知识产权保护

商务部门和贸促会要会同有关部门进一步完善出口商品交易会知识产权保护的各项制度，指导参展单位做好知识产权保护工作，防止参展单位展示、销售侵权产品，防止境外不法组织和个人通过展会组织造假和出口。

工商行政管理部门要加强对服装、电子等各类商品批发市场的监管，要求市场主办单位完善管理制度，引导进场经营者合法经营，加强自律，防止侵权产品进场交易。对侵权严重的市场要责令限期整改，屡禁不止的要依法予以取缔。

工商、质监、出入境检验检疫、海关、商务等部门要针对利用定牌加工侵犯他人知识产权现象，加大监管力度，严厉打击商标侵权行为。

新闻出版、版权、公安、工商、质监等部门要密切配合，加强对印刷复制各类出版物、印刷品、光盘、计算机软件及包装装潢、商标标识企业的监督检查，依法规范其经营行为，完善管理制度，阻断非法侵权产品的印刷复制渠道，严厉查处非法印刷复制行为，取缔无证照经营地下印刷复制窝点。

（六）加大对假冒商标、侵权盗版活动集中和重点地区的综合治理力度

各区县政府要全面掌握本地的知识产权保护状况，对当地假冒商标、侵权盗版活动相对集中和涉外场所较多的地区，采取有力措施、疏堵结合，进行彻底整治，并严防反弹。被列为重点地区的，当地政府要切实加强领导，制订重点地区治理工作方案，扎扎实实地开展专项行动。各有关行政执法部门要整合执法力量，把执法资源向重点地区倾斜，支持当地政府遏制和防堵侵权活动。

各区县政府要在重点地区因地制宜地设置“打击假冒盗版，保护知识产权”的宣传牌，统一公示有关行政执法部门的举报电话；要广泛动员居委会、村委会，加强对辖区出租房屋使用情况的了解和监督，对违法犯罪分子使用出租房屋制售以及储藏假冒商标、侵权盗版商品，居委会、村委会要及时发现和举报。

（七）严厉查处一批重大侵权案件

对知识产权权利人和国内外市场反响强烈、情节严重、影响恶劣的侵权案件，要一查到底。相关行政执法部门要通力合作，提高办案效率，并加强与公安机关、检察院、法院的工作衔接，依法及时移送涉嫌刑事犯罪的侵权案件。公安机关要充分发挥职能作用，严厉查处涉嫌构成犯罪的侵权案件。各地区和各有关部门要结合实际，针对侵犯知识产权突出问题，查处一批大案要案。

四、工作要求

（一）加强组织领导，强化地方政府责任

市政府决定，在保护知识产权专项行动期间，在市整顿和规范市场经济秩序领导小组的统一领导下，由市整顿和规范市场经济秩序领导小组办公室（以下简称市整顿和规范市场经济秩序办公室）和有关部门组成办公室，负责具体组织协调工作，并向市政府及全国整规办报告重要信息和工作总结。充分发挥市知识产权办公会议办公室的作用。市知识产权局、市新闻出版局、市工商局、市城管执法局、北京海关、市商务局、市公安局等部门按照各自职责，分工负责专项整治。

各区县政府要按照“全市统一领导，地方政府负责，部门指导协调，各方联合行动”的工作格局，把保护知识产权工作列入重要议事日程，层层落实责任，及时掌握情况，加强检查督促，并严格实行责任追究制度。

（二）整合执法资源，形成统一、协调、高效的保护知识产权执法协作机制

相关行政主管部门要在各级政府统一领导下，坚持依法行政，各司其职，切实加强执法能力建设。要有效整合各部门的执法资源，分工负责，密切配合，杜绝各自为政、推诿扯皮。要探索区域联合执法的有效途径，加强地区之间的案件信息沟通、异地移送、调查取证，防止地方保护，使侵犯知识产权的违法犯罪分子无处藏身。要加强行政执法与刑事司法的衔接，杜绝以罚代刑。对侵权商品生产线在外地的，市整顿和规范市场经济秩序办公室要积极与当地相关部门协调处理。

（三）加大宣传力度，增强全社会的知识产权保护意识

各有关部门和各区县政府要把保护知识产权列入本部门和本地区宣传工作的重点，积极宣传这次专项行动，曝光查处的大、要案件；要继续搞好一年一度的“知识产权宣传周”，普及基本知识，宣传我国保护知识产权工作取得的成效和经验以及出现的先进典型；要加强知识产权保护法律法规宣传，把保护知识产权列入“四五”普法工作的重点内容，通过在各类媒体开设专栏和在繁华街道树立宣传牌等各种形式，在全社会广泛地宣传保护知识产权方面的法律法规和方针政策，提高保护知识产权法律意识。要充分发挥律师、公证员等法律服务工作者的作用，增强依法保护知识产权的能力。

（四）规范知识产权中介服务机构的行为，充分发挥行业协会的作用

工商、版权、专利等有关行政主管部门要明确知识产权中介服务机构的设立标准，加强对从业人员执业行为的监督管理，提高代理服务水平。要充分发挥行业协会在保护知识产权中的积极作用，通过完善行业规则，引导和约束企业行为，促进诚实守信，切实维护企业权利。

五、工作步骤与时间安排

本市知识产权保护专项行动分三个阶段进行：

（一）动员部署（2004 年 11 月）

各区县政府和各有关部门要深入动员，统一思想，并结合本地和本部门实际制订具体的保护知识产权专项行动实施方案。

在此期间，各有关部门的法制机构要将与本部门保护知识产权工作相关的法律、法规、规章、规范性文件以及司法解释进行整理和汇编，统一下发给各基层执法单位，提高执法人员专业水平。

（二）组织实施（2004 年 12 月至 2005 年 6 月）

各区县政府和各有关部门要全面开展专项行动。在此期间查获的、依法应予销毁处理的假冒商标、侵权盗版商品应有组织地进行公开销毁，并邀请中外记者做好相关的新闻宣传工作。

各有关部门要按照各自职责加强对知识产权保护专项行动的抽查和督查，定期将工作进展情况以及知识产权权利人对专项行动的评价情况报市整顿和规范市场经济秩序办公室，重要情况立即报送，及时汇总。

（三）总结验收（2005 年 7 月至 8 月）

各区县政府和各有关部门做好保护知识产权专项工作总结验收，并将总结验收报告送市整顿和规范市场经济秩序办公室汇总后报市政府和全国整规办。

保护知识产权是一项长期工作，各区县政府、各有关部门和市知识产权办公会议办公室一定要树立长期作战的思想，扎扎实实地做好工作，努力探索建立保护知识产权的长效工作机制。

关于印发《北京市科学技术委员会实施行政许可公示规定》的通知

京科政发[2004]404 号

（2004 年 7 月 6 日）

第一条 为规范市科委行政许可公示的范围和内容，根据《中华人民共和国行政许可法》，制定本规定。

第二条 市科委有关业务部门是行政许可办理机构。行政许可办理机构负责实施行政许可公示事宜。

第三条 行政许可公示应当遵循合法、准确、及时的原则。行政许可的实施和结果，除涉及国家秘密、商业秘密或者个人隐私的外，应当公开。

第四条 行政许可公示主要包括以下八类:

(一) 申请行政许可信息公示;

(二) 行政许可听证公示;

(三) 行政许可决定公示;

(四) 行政许可变更公示;

(五) 行政许可延续公示;

(六) 行政许可监督检查结果公示;

(七) 行政许可注销公示;

(八) 委托实施行政许可公示。

第五条 行政许可办理机构应当在批准设定行政许可之日起十个工作日内,将申请行政许可所需的相关信息予以公示:

(一) 行政许可事项的名称;

(二) 实施该项行政许可的依据;

(三) 申请行政许可所需资格、标准或条件;

(四) 行政许可事项的数量;

(五) 实施行政许可的程序;

(六) 实施行政许可的期限;

(七) 行政许可是否收费以及收费的依据和标准;

(八) 需要提交的申请材料明细;

(九) 申请书示范文本;

(十) 提出行政许可申请的方式;

(十一) 受理行政许可申请的机构名称、通信地址、电子邮件地址、联系电话、传真、监督电话等。

第六条 市科委法制部门是行政许可听证的组织机构。听证组织机构应当在举行行政许可听证会七个工作日前将以下内容予以公示:

(一) 听证事项名称;

(二) 举行听证的时间、地点;

(三) 听证参加人(行政许可申请的审查人员、行政许可申请人、利害关系人)的登记和选择办法。

第七条 行政许可办理机构应当在做出行政许可决定之日起两个工作日内将以下内容予以公示:

(一) 准予行政许可的事项名称;

(二) 准予行政许可的理由和依据;

(三) 准予行政许可的决定;

(四) 对需要颁发行政许可证件的,应当在公示中载明证件名称和编号、持证人名称、有效期等。

第八条 对于被许可人要求变更行政许可事项的,行政许可办理机构应当在批准变更之日起两个工作日内将以下内容予以公示:

(一) 准予变更行政许可的事项名称;

(二) 准予变更行政许可的理由和依据;

(三) 准予变更行政许可的决定。

第九条 对于被许可人要求延续行政许可有效期的，行政许可办理机构应当在批准延续之日起两个工作日内将以下内容予以公示：

（一）准予延续行政许可的事项名称；

（二）准予延续行政许可的理由和依据；

（三）准予延续行政许可的决定。

第十条 行政许可办理机构依法对被许可人从事行政许可事项的活动进行监督检查的，应当在做出处理决定之日起两个工作日内将以下内容予以公示：

（一）被许可人的姓名或者名称、地址；

（二）监督检查的事项和依据；

（三）监督检查的处理结果；

（四）不服监督检查的处理结果，被许可人申请行政复议或者提起行政诉讼的途径和期限。

第十一条 对于注销行政许可的，行政许可办理机构应当在注销行政许可之日起两个工作日内将以下内容予以公示：

（一）注销行政许可的事项名称；

（二）使行政许可失去效力的特定事实；

（三）注销行政许可的决定；

（四）市科委或上级行政机关接受陈述或申辩的机构及其联系电话；

（五）申请行政复议的期限和机关；

（六）提起行政诉讼的期限。

第十二条 市科委需要委托其他行政机关实施行政许可的，行政许可办理机构应在批准委托实施行政许可之日起两个工作日内将以下内容予以公示：

（一）委托实施行政许可的事项名称；

（二）委托实施行政许可的目的和依据；

（三）受委托行政机关的名称、地址、联系电话、传真、电子邮件地址等。

第十三条 当公民、法人和其他组织要求行政许可办理机构对公示内容予以说明、解释的，行政许可办理机构应当说明、解释，并提供准确的信息。

第十四条 市科委行政审批事项参照本规定执行。

第十五条 市科委在办公楼一层大厅、市科委网站（www. bjkw. gov. cn）上发布行政许可公示信息。

第十六条 本规定自2004年7月1日起实施。

北京市农业技术推广奖奖励办法

关于印发《北京市农业技术推广奖奖励办法》的通知

京政农发[2004]19号

郊区各区县人民政府,市农委系统各局、有关科研院所、高等学校:

为贯彻落实《北京市实施(中华人民共和国农业技术推广法)办法》有关规定,充分调动广大农业科技人员的积极性和创造性,北京市于1990年设立市农业技术推广奖。15年来该奖项共评定383项奖励成果,获奖的农业科技人员2600多人(次),其中70%以上为基层推广人员,极大调动了科技人员的积极性。该奖项1996年被核定为以市政府名义表彰奖励的常设奖项之一。

我们组织有关部门和专家对1995年颁布的《北京市农业技术推广奖实施办法》进行了修订,在此基础上制定出《北京市农业技术推广奖奖励办法》,现正式颁布实施,请遵照执行。

附件:1. 北京市农业技术推广奖奖励办法

2. 北京市农业技术推广奖申报书(略)

北京市农村工作委员会

二〇〇四年四月二十二日

第一章 总 则

第一条 为调动广大农业科技人员的积极性和创造性,加速农业科技成果转化和产业化,促进农业优质、高产、高效、安全生态和可持续发展,根据《北京市实施(中华人民共和国农业技术推广法)办法》第四条"市人民政府和郊区区县人民政府设立农业技术推广奖"的规定,制定本办法。

第二条 根据《中共北京市委、北京市人民政府印发(关于以中共北京市委、北京市人民政府名义表彰奖励工作的管理规定)的通知》(京发[1996]21号)文件精神,北京市农业技术推广奖(以下简称推广奖)作为以市政府名义表彰奖励的奖项之一,用于奖励在本市行政区域内农业技术推广、农业科技成果转化和产业化工作中做出突出成绩的个人。

第二章 奖励范围、标准和条件

第三条 奖励范围。

推广奖以奖励国家级、市(部)级和区(县)级农业示范推广计划项目为主,兼顾其他取得显著经济、社会和生态效益的项目。

第四条 奖励标准。

推广奖设一、二、三等奖。

一等奖:

1. 总体技术居国内先进和本市领先水平,其中推广或创新的核心技术达国内领先水平,并有长远发展前景;

2. 组织管理科学规范,推广方式和方法先进;

3. 技术推广规模很大、覆盖面很广,在本市或本区县应用非常广泛,经济效益、生态效益或社会效益特别显著,对全市有重大示范带动作用。

二等奖:

1. 总体技术水平达本市先进,其中推广或创新的核心技术居国内先进水平,并有长远发展前景;

2. 组织管理科学规范,推广方式和方法较先进;

3. 技术推广规模大、覆盖面广,经济效益、生态效益或社会效益显著,对全市有较大示范带动作用。

三等奖:

1. 总体技术较当地现有技术先进,并有一定发展前景;

2. 组织管理较规范,推广方式和方法有所改进;

3. 技术推广规模较大、有一定的覆盖面,经济效益、生态效益或社会效益明显,对当地有较大示范带动作用。

第五条 申报条件。

1. 申报推广奖的科技成果必须同时具备下述条件

(1) 该项科技成果在本地区推广前或推广过程中进行了必要的试验、示范工作,为进一步推广应用提供了科学的依据;

(2) 已在生产中有了相当面积(规模)的推广应用,并经两年以上的检验证明是有效的;

(3) 该项科技成果完成时间距申报截止时间在一年之内;

(4) 推广或创新技术中的有关物化新成果必须符合有关规定;

(5) 生产的农产品质量达到有关标准;

(6) 无重复报奖内容;

(7) 成果无争议。

2. 申报推广奖的科技成果必须通过项目验收或者成果评估

凡申报农业技术推广奖的计划内项目,必须经过计划下达部门组织的验收,并提供验收意见;非计划内项目,必须通过成果评估。成果评估包括市和区(县)级有关主管部门组织的科技成果鉴定,结题项目的评审、评估等,并提供鉴定(评审或评估)意见。鉴定(评审或评估)专家组应由5名以上副高级以上专家组成,专家组要对项目的技术水平、推广前景、推广规模及社会经济效益进行科学的评价。项目验收或者成果评估必须是在申报截止日期之前一年内形成的。

第六条 主要完成人。

1. 一、二、三等奖项目主要完成人最多分别申报15人、12人和10人。

2. 主要完成人必须是参加本项目实际工作三分之一以上时间,对项目的设计、技术创新、示范推广、培训和开发等方面做出重大贡献者。

3. 第一完成单位为市级及市级以上单位的，主要完成人中区（县）及以下基层技术人员比例不得低于40%，乡镇农技人员和农民技术员所占比例不得低于20%。

第一完成单位为区（县）级单位的，主要完成人中乡镇农技人员和农民技术员比例不得低于40%。

4. 一个人同一年内不得作为两个（含）以上报奖项目的主要完成人。

5. 项目完成人不能作为本项目的验收或评估小组成员。

第三章　评审机构及职责

第七条　推广奖设立两级评审机构。

推广奖的评审机构包括推广奖评审委员会及其专业评审组。

受市政府委托，市农委设立北京市农业技术推广奖评审委员会办公室，具体负责推广奖的组织评审和日常管理工作。

1. 由推广奖评审委员会办公室聘请有关方面专家组成推广奖评审委员会，负责评审工作；

2. 评审委员会下分若干专业评审组，分别挂靠市有关业务主管部门，负责本专业申请奖励项目的初评工作。

推广奖评审委员会办公室建立推广奖评审专家库，入库专家应具有副高级以上专业技术职务。每年根据申报项目的数量和专业结构从专家库中抽出一定数量的专家组成评审委员会及其专业评审组。

第四章　申报程序与申报材料

第八条　申报程序。

中央所属单位申报的项目，由相应的高等院校、科研院所统一审核推荐；

市级单位申报的项目，由市农口业务主管部门统一审核推荐；

区（县）申报的项目，由区（县）农委统一审核推荐。

上述组织推荐单位统称“推荐部门”。

协作项目由其第一完成单位通过其上级主管部门推荐。

第九条　申报材料。

申报推广奖需同时提交以下材料：

（1）北京市农业技术推广奖申报书；

（2）项目工作总结、技术总结；

（3）计划内项目的合同书或计划任务书复印件；

（4）其他附件（包括项目主要实施区县或乡镇的工作及技术总结，项目实施过程中形成的行业标准、地方标准、技术操作规程，项目的实施方案，其他有关资料等）。

以上材料，除完成人、鉴定委员签字等外，均须用A4纸打印，并按上述顺序装订成册，一式3份，另报申报书15份。

推荐部门在统一上报项目材料的同时，须按照规定的格式分专业报送年度申报项目汇总表和软盘。

第十条　申报截止时间：每年3月31日，逾期不予受理。

第五章　审查及评审

第十一条　形式审查。

评审委员会办公室对申报项目进行形式审查。对不符合规定的,可以要求上报单位在规定的时间内补正;逾期不补正或者经补正仍不符合要求的,视为撤回。

第十二条　初评。

通过形式审查的申报项目,由各专业评审组进行初评。申报一等奖的项目,由专业评审组组织主要完成人进行答辩。

初评以无记名投票方式表决,三分之二以上(含)委员到会有效,初评结果须由到会委员的二分之一以上多数通过。

专业评审组初评结果为缓评或不予授奖的,视为最终结果。

第十三条　评审。

推广奖的评审实行比例控制,原则上每年获奖项目中一等奖不超过15%,二等奖不超过35%。

评审委员会对初评为一、二等奖的项目进行评审,对初评为三等奖的项目进行复核。

评审以无记名投票方式表决,三分之二以上(含)委员到会有效。表决结果须有三分之二以上(含)到会委员同意通过。

第十四条　初评和评审实行回避制。

专业评审组或评审委员会的专家作为申报推广奖项目主要完成人的,在专业评审组或评审委员会对该项目进行评议时应回避。

第十五条　推广奖评审委员会对评审结果进行公告。待异议处理完毕后,报市政府批准并颁奖。

第十六条　市政府对获奖个人颁发奖励证书和奖金。奖励经费由市财政列支。一、二、三等奖奖金分别为10000元、5000元、3000元。奖金应按项目主要完成人贡献大小发放。

第六章　异议处理及获奖成果追踪

第十七条　推广奖实行异议制度。任何单位或者个人可以自评审结果公布之日起30日内(以材料寄出时间为准)向评审委员会办公室提出书面异议(异议书采用统一的格式),同时必须提供相关的证明材料。单位提出异议的,应在异议材料上加盖公章;个人提出异议的,需写明工作单位、签署真实姓名。逾期提出或者不符合要求的异议不予受理。

评审等级不属于异议范围。

第十八条　如发现获奖项目有弄虚作假行为,即撤销其获奖资格,追回奖励证书和奖金,并通报批评。

第七章　附　　则

第十九条　本办法自公布之日起实施,1995年北京市人民政府农林办公室发布的《北京市农业技术推广奖实施办法》同时废止。

第二十条　本办法由北京市农村工作委员会负责解释。

统计资料

STATISTICAL DATA

北京地区2004年度科技活动汇总表

表1 北京地区科技活动人员情况

	单位数（个）	有科技活动单位数	科技活动人员（人）	科学家工程师	R&D人员折合全时人员
总计	15661	6561	301202	234764	151867
一、按执行部门分组					
科研院所	353	353	78527	58612	51339
高等院校	71	69	45093	37617	23603
企业	14743	5942	165823	129186	73467
工业企业	8475	2423	89387	69026	41940
大中型工业企业	496	231	33800	24479	18144
其他	494	197	11759	9349	3458
二、按隶属关系分组					
中央	1701	992	156352	121746	86779
地方	13960	5569	144850	113018	65087
三、按国民经济行业分组					
农、林、牧、渔业	166	102	2661	1658	910
采矿业	80	14	3291	2423	1573
制造业	8261	2383	83012	64196	39323
电力、燃气及水的生产和供应业	134	26	3084	2407	1049
建筑业	140	59	6210	4442	1077
交通运输、仓储和邮政业	45	21	2555	1804	956
信息传输、计算机服务和软件业	5719	3219	59748	47279	27085
批发和零售业	0	0	0	0	0
住宿和餐饮业	0	0	0	0	0
金融业	1	1	95	79	62
房地产业	0	0	0	0	0
租赁和商务服务业	21	21	1620	1503	543
科学研究、技术服务和地质勘查业	692	563	88599	66917	54007
水利、环境和公共设施管理业	20	10	175	126	58
居民服务和其他服务业	0	0	0	0	0
教育	58	53	32072	27985	15753
卫生、社会保障和社会福利业	319	84	17599	13529	9378
文化、体育和娱乐业	3	3	374	327	69
公共管理和社会组织	2	2	107	89	26
国际组织	0	0	0	0	0

1. 数据来源：国家科技部《独立科技机构及有关科技活动单位统计调查》、国家教委《普通高等学校科技统计年报》、国家统计局《工业企业科技活动情况》

2. 说明：执行部门中的科研院所指国有市级以上未转制科研院所，高等院校中含医学院校附属医院，其他指政府部门内设的非独立研究机构、综合技术服务业（包括气象、地震、测绘、环保等）、社会团体、体育、文化艺术等有R&D活动的事业单位。转制科研院所分为企业和非企业两类，转为企业或进入企业集团的科研院所按企业汇总，转为非企业的科研院所按其他汇总

表 2 北京地区科技活动经费情况

	科技活动经费筹集额（万元）		科技活动经费支出（万元）				
		政府资金		R&D 经费内部支出	基础研究	应用研究	试验发展
总　　计	6020625	2723464	5529699	3169064	401181	899870	1581829
一、按执行部门分组							
科研院所	2584592	2058865	2443189	1551784	208062	373332	744301
高等院校	612870	360240	481194	282867	87642	144357	44947
企　业	2670465	215412	2469911	1295425	101742	371161	
工业企业	1653717	133019	1598924	934703	52505	246698	599407
大中型工业企业	697366	34123	641970	412199	40325		
其　他	152698	88947	135405	38988	3735	11021	17293
二、按隶属关系分组							
中　央	3958301	2522909	3653187	2108043	301929	571060	983810
地　方	2062323	200554	1876511	1061022	99253	328810	
三、按资金来源分组							
政府资金				1609210			
企业资金				1162912			
国外资金				156001			
其他资金				240938			
四、按国民经济行业分组							
农、林、牧、渔业	23456	6475	16373	5874			
采矿业	75608	3629	88503	44354			
制造业	1532647	119552	1463818	876722			
电力、燃气及水的生产和供应业	45470	9841	46611	13634			
建筑业	72795	5182	71137	9783			
交通运输、仓储和邮政业	87194	21143	75907	19857			
信息传输、计算机服务和软件业	732309	39191	611902	279836			
批发和零售业	0	0	0	0			
住宿和餐饮业	0	0	0	0			
金融业	3418	0	5386	3531			
房地产业	0	0	0	0			
租赁和商务服务业	23482	4538	19910	12999			
科学研究、技术服务和地质勘查业	2781737	2140176	2619519	1610878			
水利、环境和公共设施管理业	1369	393	1235	494			
居民服务和其他服务业	0	0	0	0			
教育	459737	100469	365215	242723			
卫生、社会保障和社会福利业	174776	267653	139898	47072			
文化、体育和娱乐业	6099	4690	4017	1078			
公共管理和社会组织	536	536	275	235			
国际组织	0	0	0	0			

指标解释：R&D 经费内部支出 = R&D 经常费支出 + R&D 基本建设费

R&D 经常费支出 = 基础研究支出 + 应用研究支出 + 试验发展支出

表 3 北京地区科技项目(课题)情况

	项目(课题)数(项)	项目参加人员折合全时当量(人年)		项目(课题)实际经费支出(万元)
			科学家工程师	
总 计	62686	184093	154495	2909428
一、按执行部门分组				
科研院所	16061	48881	40651	1260793
高等院校	27753	25930	24790	298228
企 业	17608	104811	85346	1313732
工业企业	7981	43937	36043	856293
大中型工业企业	1739	18867	15779	306609
其 他	1264	4471	3708	36676
二、按活动类型分组				
基础研究	13468	17966	16265	253685
应用研究	18607	39652	35375	604513
试验发展	16743	78388	65303	1472356
研究与试验发展成果应用	8258	43381	33778	404555
科技服务	5610	10587	8716	174320
三、按国民经济行业分组				
农、林、牧、渔业	1797	3567	2742	52570
采矿业	587	2398	1765	75472
制造业	7572	41506	34239	805270
电力、燃气及水的生产和供应业	588	1808	1607	23700
建筑业	434	1296	991	9637
交通运输、仓储和邮政业	590	1784	1450	31090
信息传输、计算机服务和软件业	9187	57427	46386	438511
批发和零售业	0	0	0	0
住宿和餐饮业	0	0	0	0
金融业	63	112	82	1851
房地产业 1	7	5	58	
租赁和商务服务业	131	590	526	9917
科学研究、技术服务和地质勘查业	38398	65113	57526	1381562
水利、环境和公共设施管理业 878	1168	963	19438	
居民服务和其他服务业	9	17	13	116
教育	199	302	255	2346
卫生、社会保障和社会福利业	1355	4914	4058	30226
文化、体育和娱乐业	165	464	400	4561
公共管理和社会组织	732	1632	1495	23101
国际组织	0	0	0	0

表4 北京地区科技成果情况

	专利申请数（件）	发明专利	拥有发明专利数（件）	发表科技论文（篇）	出版科技著作（种）
总　计	9591	6206	10275	99311	6359
一、按执行部门分组					
科研院所	1704	1393	2157	33439	1557
高等院校	2123	1728	3188	57477	4572
企　业	5712	3053	4888	4769	105
工业企业	4658	2382	4117	2814	46
大中型工业企业	1377	544	987	0	0
其　他	52	32	42	3626	125
二、按国民经济行业分组					
农、林、牧、渔业	11	2	8	98	16
采矿业	35	19	152	741	13
制造业	4573	2346	3950	1982	33
电力、燃气及水的生产和供应业	50	17	15	91	0
建筑业	30	8	94	589	31
交通运输、仓储和邮政业	18	5	12	477	4
信息传输、计算机服务和软件业	937	627	629	380	11
批发和零售业	0	0	0	0	0
住宿和餐饮业	0	0	0	0	0
金融业	15	11	2	0	0
房地产业	0	0	0	0	0
租赁和商务服务业	3	0	0	0	0
科学研究、技术服务和地质勘查业	1772	1425	2207	35161	1599
水利、环境和公共设施管理业	0	0	0	47	0
居民服务和其他服务业	0	0	0	0	0
教育	2121	1730	3184	53210	4465
卫生、社会保障和社会福利业	26	16	22	6502	180
文化、体育和娱乐业	0	0	0	22	4
公共管理和社会组织	0	0	0	11	3
国际组织	0	0	0	0	0

北京地区2004年度科研院所汇总表

表1 科研院所科技活动人员情况

	单位数（个）	有科技活动单位数	科技活动人员（人）	科学家工程师	R&D人员折合全时人员
总　计	270	270	40111	32314	29879
一、按执行部门分组					
科研院所	270	270	40111	32314	29879
高等院校					
企　业					
其　他					
二、按隶属关系分组					
中　央	223	223	36011	29147	27934
地　方	47	47	4100	3167	1945
三、按服务的国民经济行业分组					
农、林、牧、渔业	23	23	3028	2493	1994
采矿业	1	1	226	214	0
制造业	18	18	2625	1935	1452
电力、燃气及水的生产和供应业	2	2	830	791	361
建筑业	3	3	157	117	50
交通运输、仓储和邮政业	6	6	1128	958	312
信息传输、计算机服务和软件业	6	6	828	664	302
批发和零售业					
住宿和餐饮业					
金融业					
房地产业					
租赁和商务服务业					
科学研究、技术服务和地质勘查业	116	116	18377	15777	19369
水利、环境和公共设施管理业	10	10	1501	1201	952
居民服务和其他服务业	1	1	17	7	12
教育	5	5	615	484	199
卫生、社会保障和社会福利业	35	35	7728	5382	3850
文化、体育和娱乐业	14	14	667	543	96
公共管理和社会组织	29	29	2350	1724	910
国际组织	1	1	34	24	20

注：科研院所指政府部门属独立科研院所（民口）

表2 科研院所科技活动经费情况

	科技活动经费筹集额（万元）	政府资金	科技活动经费支出（万元）	R&D经费内部支出	基础研究	应用研究	试验发展
总　　计	1276430	932013	1283383	672345	187921	238599	167935
一、按执行部门分组							
科研院所	1276430	932013	1283383	672345	187921	238599	167935
高等院校							
企　业							
其　他							
二、按隶属关系分组							
中　央	1192029	872834	1193330	641558	187001	228313	
地　方	84401	59179	90053	30787	920	10286	16272
三、按资金来源							
政府资金				574301			
企业资金				23024			
国外资金				14218			
其他资金				60801			
四、按国民经济行业分组							
农、林、牧、渔业	102321	82493	102739	44371	4163	10841	24602
采矿业	6554	236	7845	0	0	0	0
制造业	79565	49001	74920	32894	1628	8039	18626
电力、燃气及水的生产和供应业	25262	14786	21944	7064	126	753	5473
建筑业	7047	1110	6259	1261	0	235	1026
交通运输、仓储和邮政业	33786	11225	30832	9686	0	2063	6836
信息传输、计算机服务和软件业	53135	14726	31184	8808	0		
批发和零售业							
住宿和餐饮业							
金融业							
房地产业							
租赁和商务服务业							
科学研究、技术服务和地质勘查业	748626	602054	698640	474052	171849	183256	55646
水利、环境和公共设施管理业	48043	31637	38901	21748	1138	10075	8421
居民服务和其他服务业496	455	473	123	0	31	92	
教育	10989	7448	10500	3066	0	322	2743
卫生、社会保障和社会福利业	86225	69376	188817	48206	7358	20699	19336
文化、体育和娱乐业	23423	19278	19890	2303	1614	14	673
公共管理和社会组织	48897	26128	46646	18271	19	806	17120
国际组织	2060	2060	3796	493	26	3	295

表3 科研院所科技项目(课题)情况

	项目(课题)数	项目参加人员折合全时当量		项目(课题)实际经费支出
	(项)	(人年)	科学家工程师	(万元)
总　计	14314	25018	21315	454049
一、按执行部门分组				
科研院所	14314	25018	21315	454049
高等院校				
企　业				
其　他				
二、按活动类型分组				
基础研究	3796	5774	5041	107309
应用研究	4415	7382	6334	158589
试验发展	2644	5956	5009	98831
研究与试验发展成果应用	856	1693	1313	26736
科技服务	2603	4213	3618	62584
三、按服务的国民经济行业分组				
农、林、牧、渔业	1456	2384	1890	43269
采矿业	63	241	224	5116
制造业	681	1421	1226	38303
电力、燃气及水的生产和供应业	65	114	85	3899
建筑业	51	103	92	1690
交通运输、仓储和邮政业	306	692	485	13798
信息传输、计算机服务和软件业	812	1128	950	38022
批发和零售业	5	9	8	87
住宿和餐饮业				
金融业	46	52	48	556
房地产业	1	7	5	58
租赁和商务服务业	57	111	99	951
科学研究、技术服务和地质勘查业	7910	12183	10635	240427
水利、环境和公共设施管理业	788	964	794	17765
居民服务和其他服务业	7	14	10	96
教育	190	288	241	2183
卫生、社会保障和社会福利业	1042	3499	2896	25804
文化、体育和娱乐业	191	499	427	4342
公共管理和社会组织	643	1309	1202	17684
国际组织				

表4 科研院所科技成果情况

	专利申请数（件）	发明专利	拥有发明专利数（件）	发表科技论文（篇）	出版科技著作（种）
总　　计	1555	1299	2020	30675	1308
一、按执行部门分组					
科研院所	1555	1299	2020	30675	1308
高等院校					
企　业					
其　他					
二、按隶属关系分组					
中　央	1522	1280	1969	27797	1161
地　方	33	19	51	2878	147
三、按国民经济行业分组					
农、林、牧、渔业	122	90	104	2105	113
采矿业	0	0	0	200	5
制造业	109	98	344	862	31
电力、燃气及水的生产和供应业	14	5	16	516	35
建筑业	2	0	5	19	0
交通运输、仓储和邮政业	13	6	3	508	4
信息传输、计算机服务和软件业	4	4	13	242	0
批发和零售业					
住宿和餐饮业					
金融业					
房地产业					
租赁和商务服务业					
科学研究、技术服务和地质勘查业	1155	988	1378	18387	780
水利、环境和公共设施管理业	90	77	61	900	31
居民服务和其他服务业	1	1	1	2	0
教育	1	0	0	397	43
卫生、社会保障和社会福利业	39	28	90	4484	134
文化、体育和娱乐业	0	0	0	189	15
公共管理和社会组织	5	2	5	1841	115
国际组织	0	0	0	23	2

北京地区2004年度转制科研院所汇总表

表1 转制科研院所科技活动人员情况

	单位数（个）	有科技活动单位数（个）	科技活动人员（人）	科学家工程师	R&D人员折合全时人员
总　计	126	126	22198	16379	7881
一、按转制方向分组					
转为企业或进入企业集团	110	110	20608	15266	7510
工业企业	72	72	13954	9973	5680
非工业企业	38	38	6654	5293	1830
转为非企业单位	16	16	1590	1113	371
其中：并入高校	1	1	40	26	34
二、按隶属关系分组					
中　央	76	76	19725	14787	7211
地　方	50	50	2473	1592	670
三、按国民经济行业分组					
农、林、牧、渔业					
采矿业	5	5	2678	1992	1212
制造业	70	70	11297	7778	4230
电力、燃气及水的生产和供应业	4	4	1075	929	416
建筑业	8	8	2423	2050	456
交通运输、仓储和邮政业	5	5	1949	1455	772
信息传输、计算机服务和软件业	8	8	955	737	298
批发和零售业	1	1	9	7	4
住宿和餐饮业					
金融业	1	1	95	79	62
房地产业					
租赁和商务服务业	1	1	73	65	18
科学研究、技术服务和地质勘查业	20	20	1407	1161	388
水利、环境和公共设施管理业 1	1	49	13	7	
居民服务和其他服务业					
教育					
卫生、社会保障和社会福利业	1	1	146	76	0
文化、体育和娱乐业	1	1	42	37	18
公共管理和社会组织					
国际组织					

表2 转制科研院所科技活动经费情况

	科技活动经费筹集额（万元）	政府资金	科技活动经费支出（万元）	R&D经费内部支出	基础研究	应用研究	试验发展
总　计	577636	128092	565029	199883	3153	28971	150609
一、按转制方向分组							
转为企业或进入企业集团	522252	106176	518382	184725	3032	22901	142544
工业企业	325624	69180	326388	138824	1691	17636	
非工业企业	196629	36996	191993	45901	1341	5266	33245
转为非企业单位	55384	21916	46647	15158	121	6070	8065
其中:并入高校	838	82	914	726	0	0	726
二、按隶属关系分组							
中　央	546241	118434	524752	192279	3099	28646	144035
地　方	31395	9658	40276	7604	55	325	6575
三、按资金来源							
政府资金				63018			
企业资金				109734			
国外资金				102			
其他资金				27029			
四、按国民经济行业分组							
农、林、牧、渔业							
采矿业	66385	4660	82615	41516	33	13330	25334
制造业	242705	65086	232159	88925	1658	4558	75404
电力、燃气及水的生产和供应业	31819	4751	30362	11585	0	0	11294
建筑业	71487	5990	61567	8024	0	570	7334
交通运输、仓储和邮政业	83415	21158	74565	18266	0	283	15767
信息传输、计算机服务和软件业	29049	11032	25265	7878	110	5482	1540
批发和零售业	245	230	161	43	0	0	43
住宿和餐饮业							
金融业	3418	0	5386	3531	0	0	3531
房地产业							
租赁和商务服务业	566	471	554	250	0	0	250
科学研究、技术服务和地质勘查业	44913	12810	49283	19063	1352	4374	9687
水利、环境和公共设施管理业	845	404	442	51	0	0	51
居民服务和其他服务业							
教育							
卫生、社会保障和社会福利业	527	237	1058	0	0	0	0
文化、体育和娱乐业	2261	1264	1612	751	0	376	376
公共管理和社会组织							
国际组织							

表3 转制科研院所科技项目(课题)情况

	项目(课题)数(项)	项目参加人员折合全时当量(人年)	科学家工程师	项目(课题)实际经费支出(万元)
总　计	3462	10587	7860	182198
一、按转制方向分组				
转为企业或进入企业集团	3274	10123	7495	170360
工业企业	2329	7420	5319	144788
非工业企业	945	2703	2176	25572
转为非企业单位 188	464	365	11838	
其中:并入高校	21	39	26	679
二、按活动类型分组				
基础研究	31	84	69	1788
应用研究	297	811	659	22348
试验发展	1606	6014	4349	92040
研究与试验发展成果应用	654	1727	1227	34367
科技服务	874	1951	1555	31655
三、按服务的国民经济行业分组				
农、林、牧、渔业	3	3	3	20
采矿业	497	1552	1280	61041
制造业	1674	5272	3489	76756
电力、燃气及水的生产和供应业	261	828	722	9644
建筑业	234	560	426	4008
交通运输、仓储和邮政业	228	787	695	7674
信息传输、计算机服务和软件业	105	170	372	9020
批发和零售业	5	4	3	37
住宿和餐饮业				
金融业	15	57	32	1275
房地产业				
租赁和商务服务业	1	2	2	20
科学研究、技术服务和地质勘查业	350	846	660	10940
水利、环境和公共设施管理业	42	98	81	662
居民服务和其他服务业				
教育	2	8	8	41
卫生、社会保障和社会福利业	6	31	27	154
文化、体育和娱乐业	18	32	30	564
公共管理和社会组织	21	37	29	341
国际组织				

表4 转制科研院所科技成果情况

	专利申请数（件）	发明专利申请数	拥有发明专利数（件）	发表科技论文（篇）	出版科技著作（种）
总　计	685	516	1703	4323	96
一、按转制方向分组　转为企业或进入企业集团	680	512	1698	4079	87
工业企业	619	486	1588	2785	46
非工业企业	61	26	110	1294	41
转为非企业单位5	4	5	244	9	
其中:并入高校	0	0	1	14	0
二、按隶属关系分组					
中　央	647	502	1638	4071	86
地　方	38	14	65	252	10
三、按国民经济行业分组					
农、林、牧、渔业					
采矿业	33	19	150	777	15
制造业	569	457	1446	1932	34
电力、燃气及水的生产和供应业	19	10	0	164	0
建筑业	22	3	89	526	30
交通运输、仓储和邮政业	11	4	11	497	5
信息传输、计算机服务和软件业	5	4	5	101	0
批发和零售业	0	0	0	13	0
住宿和餐饮业					
金融业	15	11	2	0	0
房地产业					
租赁和商务服务业	1	0	0	4	0
科学研究、技术服务和地质勘查业	10	8	0	287	11
水利、环境和公共设施管理业	0	0	0	4	0
居民服务和其他服务业					
教育					
卫生、社会保障和社会福利业	0	0	0	5	0
文化、体育和娱乐业	0	0	0	13	1
公共管理和社会组织					
国际组织					

北京地区2004年度高等院校汇总表

表1 高等院校科技活动人员情况

	单位数（个）	有科技活动单位数	科技活动人员（人）	科学家工程师	R&D人员折合全时人员
总　计	71	69	45093	37617	23603
一、按执行部门分组					
科研院校					
高等院校	71	69	45093	37617	23603
企　业					
其　他					
二、按隶属关系分组					
中　央	36	35	31310	26188	16398
地　方	35	34	13783	11429	7205
三、按国民经济行业分组					
农、林、牧、渔业					
采矿业					
制造业					
电力、燃气及水的生产和供应业					
建筑业					
交通运输、仓储和邮政业					
信息传输、计算机服务和软件业					
批发和零售业					
住宿和餐饮业					
金融业					
房地产业					
租赁和商务服务业					
科学研究、技术服务和地质勘查业					
水利、环境和公共设施管理业					
居民服务和其他服务业					
教育	53	51	31716	27640	15638
卫生、社会保障和社会福利业	18	18	13377	9977	7965
文化、体育和娱乐业					
公共管理和社会组织					
国际组织					

表2 高等院校科技活动经费情况

	科技活动经费筹集额（万元）	政府资金	科技活动经费支出（万元）	R&D 经费内部支出	基础研究	应用研究	试验发展
总　　计	612870	360240	481194	282867	87642	144357	44947
一、按执行部门分组							
科研院所							
高等院校	612870	360240	481194	282867	87642	144357	44947
企　业							
其　他							
二、按隶属关系分组							
中　央	549657	316980	425533	253440	82945	128138	
地　方	63213	43260	55661	29427	4697	16218	7788
三、按资金来源							
政府资金				162673			
企业资金				92014			
国外资金				7213			
其他资金				20966			
四、按国民经济行业分组							
农、林、牧、渔业							
采矿业							
制造业							
电力、燃气及水的生产和供应业							
建筑业							
交通运输、仓储和邮政业							
信息传输、计算机服务和软件业							
批发和零售业							
住宿和餐饮业							
金融业							
房地产业							
租赁和商务服务业							
科学研究、技术服务和地质勘查业							
水利、环境和公共设施管理业							
居民服务和其他服务业							
教育	596474	346329	469253	278729			
卫生、社会保障和社会福利业	16396	13911	11941	4138			
文化、体育和娱乐业							
公共管理和社会组织							
国际组织							

表3 高等院校科技项目(课题)情况

	项目(课题)数(项)	项目参加人员折合全时当量(人年)	科学家工程师	项目(课题)实际经费支出(万元)
总　计	27753	25930	24790	298228
一、按执行部门分组				
科研院所				
高等院校	27753	25930	24790	298228
企　业				
其　他				
二、按活动类型分组				
基础研究	8954	8523	8295	71962
应用研究	10610	11937	11415	117697
试验发展	5642	3514	3426	34628
研究与试验发展成果应用	1086	932	768	39611
科技服务	1461	1024	886	34329
三、按国民经济行业分组				
农、林、牧、渔业				
采矿业				
制造业				
电力、燃气及水的生产和供应业				
建筑业				
交通运输、仓储和邮政业				
信息传输、计算机服务和软件业				
批发和零售业				
住宿和餐饮业				
金融业				
房地产业				
租赁和商务服务业				
科学研究、技术服务和地质勘查业	27753	25930	24790	298228
水利、环境和公共设施管理业				
居民服务和其他服务业				
教育				
卫生、社会保障和社会福利业				
文化、体育和娱乐业				
公共管理和社会组织				
国际组织				

表4　高等院校科技成果情况

	专利申请数（件）	发明专利申请数	拥有发明专利数（件）	发表科技论文（篇）	出版科技著作（种）
总　计	2123	1728	3188	57477	4572
一、按执行部门分组					
科研院所					
高等院校	2123	1728	3188	57477	4572
企　业					
其　他					
1. 按隶属关系分组					
中　央	–	–	–	–	–
地　方	–	–	–	–	–
二、按国民经济行业分组					
农、林、牧、渔业					
采矿业					
制造业					
电力、燃气及水的生产和供应业					
建筑业					
交通运输、仓储和邮政业					
信息传输、计算机服务和软件业					
批发和零售业					
住宿和餐饮业					
金融业					
房地产业					
租赁和商务服务业					
科学研究、技术服务和地质勘查业					
水利、环境和公共设施管理业					
居民服务和其他服务业					
教育	2112	1721	3181	52902	4450
卫生、社会保障和社会福利业	11	7	7	4575	122
文化、体育和娱乐业					
公共管理和社会组织					
国际组织					

北京地区2004年度大中型工业企业汇总表

表1 大中型工业企业科技活动人员情况

	企业数（个）	有科技活动企业数	科技活动人员（人）	科学家工程师	R&D人员折合全时人员
总　　计	496	231	33800	24479	18144
一、按登记注册类型分组					
国　有	84	46	3890	2841	2087
集　体	16	3	31	19	4
股份合作	9	1	85	74	69
联　营	4	0	0	0	0
有限责任公司	120	64	10688	7269	6009
股份有限公司	63	53	11283	8796	5964
私　营	32	11	1298	1075	830
其他内资	0	0	0	0	0
港澳台商投资	43	14	2327	1577	1282
外商投资	125	39	4198	2828	1899
二、按隶属关系分组					
中　央	81	50	10957	8008	5728
地　方	415	181	22843	16471	12416
三、按国民经济行业分组					
农、林、牧、渔业					
采矿业	10	3	682	456	348
制造业	464	218	30514	21998	16868
电力、燃气及水的生产和供应业	22	10	2604	2025	927
建筑业					
交通运输、仓储和邮政业					
信息传输、计算机服务和软件业					
批发和零售业					
住宿和餐饮业					
金融业					
房地产业					
租赁和商务服务业					
科学研究、技术服务和地质勘查业					
水利、环境和公共设施管理业					
居民服务和其他服务业					
教育					
卫生、社会保障和社会福利业					
文化、体育和娱乐业					
公共管理和社会组织					
国际组织					

表2 大中型工业企业科技活动经费情况

	科技活动经费筹集额（万元）	政府资金	科技活动经费支出（万元）	R&D 经费内部支出	基础研究	应用研究	试验发展
总 计	697365	34122	641970	412198	40325	162408	
一、按登记注册类型分组							
国 有	57201	11254	58386	24759			
集 体	302	0	302	218			
股份合作	350	0	400	350			
联 营	0	0	0	0			
有限责任公司	104132	5667	107864	79972			
股份有限公司	206419	13716	194691	92586			
私 营	11313	257	11257	5193			
其他内资	0	0	0	0			
港澳台商投资	169233	262	170475	141832			
外商投资	148415	2966	98595	67289			
二、按隶属关系分组							
中 央	143979	15474	152228	68645			
地 方	553387	18649	48974	1343553			
三、按资金来源							
政府资金				18500			
企业资金				382041			
国外资金				7146			
其他资金				4513			
四、按国民经济行业分组							
农、林、牧、渔业							
采矿业	5077	0	5497	2784			
制造业	659669	26373	602654	400082			
电力、燃气及水的生产和供应业	32622	7750	33821	9332			
建筑业							
交通运输、仓储和邮政业							
信息传输、计算机服务和软件业							
批发和零售业							
住宿和餐饮业							
金融业							
房地产业							
租赁和商务服务业							
科学研究、技术服务和地质勘查业							
水利、环境和公共设施管理业							
居民服务和其他服务业							
教育							
卫生、社会保障和社会福利业							
文化、体育和娱乐业							
公共管理和社会组织							
国际组织							

表3 大中型工业企业科技项目(课题)情况

	项目(课题)数(项)	项目参加人员折合全时当量(人年)		项目(课题)实际经费支出(万元)
			科学家工程师	
总　计	1739	18868	15778	306609
一、按执行部门分组				
科研院所				
高等院校				
企　业	1739	18868	15778	306609
其　他				
二、按活动类型分组				
基础研究	78	631	618	36138
应用研究	387	5040	4604	94167
试验发展	973	10086	8305	133135
研究与试验发展成果应用	301	3111	2251	43169
科技服务	0	0	0	0
三、按国民经济行业分组				
农、林、牧、渔业				
采矿业	21	598	186	3206
制造业	1478	17318	14709	293889
电力、燃气及水的生产和供应业	240	953	885	9514
建筑业				
交通运输、仓储和邮政业				
信息传输、计算机服务和软件业				
批发和零售业				
住宿和餐饮业				
金融业				
房地产业				
租赁和商务服务业				
科学研究、技术服务和地质勘查业				
水利、环境和公共设施管理业				
居民服务和其他服务业				
教育				
卫生、社会保障和社会福利业				
文化、体育和娱乐业				
公共管理和社会组织				
国际组织				

表4　大中型工业企业科技成果情况

	专利申请数（件）	发明专利	拥有发明专利数（件）	发表科技论文（篇）	出版科技著作（种）
总　　计	1377	544	987	–	–
一、按登记注册类型分组					
国　有	55	8	19	–	–
集　体	0	0	0	–	–
股份合作	10	3	7	–	–
联　营	0	0	0	–	–
有限责任公司	215	55	193	–	–
股份有限公司	480	194	595	–	–
私　营	37	7	6	–	–
其他内资	0	0	0	–	–
港澳台商投资	461	190	107	–	–
外商投资	119	87	60	–	–
二、按隶属关系分组					
中　央	129	65	230	–	–
地　方	1248	479	757	–	–
三、按国民经济行业分组					
农、林、牧、渔业					
采矿业	0	0	0	–	–
制造业	1336	535	977	–	–
电力、燃气及水的生产和供应业	41	9	10	–	–
建筑业					
交通运输、仓储和邮政业					
信息传输、计算机服务和软件业					
批发和零售业					
住宿和餐饮业					
金融业					
房地产业					
租赁和商务服务业					
科学研究、技术服务和地质勘查业					
水利、环境和公共设施管理业					
居民服务和其他服务业					
教育					
卫生、社会保障和社会福利业					
文化、体育和娱乐业					
公共管理和社会组织					
国际组织					

2004年中关村科技园区主要经济指标一览表

经济指标	合计	海淀园	丰台园	昌平园	电子城	亦庄园	德胜园	健翔园
企业个数(个)	13957	10011	1429	1302	584	341	221	69
当年新入园企业数(个)	4337	3187	365	285	211	105	115	69
年末从业人员(人)	557213	347782	70781	59643	57833	12134	7558	1482
其中:科技活动人员	178859	130203	16420	14903	12109	2259	2628	337
其中:研究与发展人员	111593	81820	8854	10621	6535	1826	1677	260
总收入(亿元)	3692	2088.44	453.73	311.56	346.30	460.83	23.78	7.45
技术收入	562	420.74	53.25	52.84	15.21	13.47	5.96	0.77
新产品收入	1355	833.58	65.24	168.63	143.05	140.82	0.92	2.77
园区GDP(亿元)	761	502.00	62.00	50.00	66.70	77.00	3.20	
其中:工业	361	160.13	46.88	27.00	61.00	64.96	0.65	
出口创汇(亿美元)	54	14.14	2.40	5.60	7.52	23.70	0.19	0.03
上缴税额(亿元)	142	88.83	12.42	11.35	16.78	11.29	0.88	0.20
利润总额(亿元)	257	128.50	29.60	18.60	25.10	53.60	0.80	0.40
年末资产(亿元)	6437	4037.65	763.36	394.67	686.49	496.45	45.62	13.12
科技活动经费支出(亿元)	229	172.91	16.17	11.01	20.20	4.19	3.87	0.52
R&D经费支出(亿元)	173	137.58	8.72	8.50	12.27	3.42	2.50	0.41
专利申请数(项)	5469	3559	256	467	915	128	138	6
专利授权数(项)	2608	1785	355	225	164	15	59	5

资料来源:中关村科技园区管理委员会

2002—2004年中关村科技园区10大行业一览表

2002年

行业名称	企业数(个)	总收入(亿元)	上缴税费(亿元)	出口创汇(亿美元)
园区总量	9673	2404.80	99.60	28.80
电子及通信设备制造业	1125	888.17	28.82	18.11
仪器仪表及文化办公机械制造业	594	225.09	7.98	3.50
专用设备制造业	467	60.08	2.59	0.12
医药、生物制品制造业	301	65.91	5.87	0.31
化学原料和制品制造业	220	36.49	1.73	0.87
电器机械及器材制造业	181	37.51	1.43	0.53
软件业	1232	213.44	17.80	0.83

（续表）

行业名称	企业数(个)	总收入(亿元)	上缴税费(亿元)	出口创汇(亿美元)
计算机服务业	1256	199.58	8.17	0.97
电信和其他信息传输服务业	289	74.28	2.98	0.00
专业技术服务业	455	40.89	2.10	0.31

2003 年

行业名称	企业数(个)	总收入(亿元)	上缴税费(亿元)	出口创汇(亿美元)
园区总量	12030	2886.4	120.1	32.9
电子及通信设备制造业	325	871.95	24.4	19.02
专用设备制造业	289	83.06	3.97	1.48
仪器仪表及文化办公机械制造业	185	69.82	4.79	1.32
医药、生物制品制造业	173	82.84	8.31	0.09
电器机械及器材制造业	131	73.57	3.97	1.55
专业技术服务业	4185	456.8	19.24	3.2
软件业	2459	202.03	18.32	0.65
计算机服务业	1482	343.63	9.42	1.26
科技交流和推广服务业	566	54.28	1.9	0.21
电信和其他信息传输服务业	413	100.31	4.45	0.01

2004 年

行业名称	企业数(个)	总收入(亿元)	上缴税费(亿元)	出口创汇(亿美元)
园区总量	13957	3692.08	141.75	53.59
电子及通信设备制造业	1270	1089.26	28.32	28.40
专用设备制造业	801	150.03	6.45	2.86
仪器仪表及文化办公机械制造业	663	134.96	5.83	2.39
医药、生物制品制造业	343	92.45	6.46	0.11
电器机械及器材制造业	342	104.33	4.30	1.23
专业技术服务业	1109	181.87	7.90	1.98
软件业	3299	258.62	21.68	1.18
计算机服务业	1662	428.30	12.99	1.83
科技交流和推广服务业	824	97.09	3.31	3.93
电信和其他信息传输服务业	544	76.22	3.10	0.01

资料来源：中关村科技园区管理委员会

2004年北京地区国家科学技术奖获奖成果

经国务院批准,2004年度国家科技奖励授予"辛道路的指标理论与在非线性哈密顿系统中的应用"等28项成果为国家自然科学奖二等奖;授予"高性能炭/炭航空制动材料的制备技术"等2项成果为国家技术发明奖一等奖;授予"结构照明型三维成像仪器及关键技术研究"等26项成果为国家技术发明奖二等奖;授予"'星光'数字多媒体芯片"等16项成果为国家科学技术进步奖一等奖;授予"北方早熟高产优质春玉米杂交种龙单13的选育与推广"等228项成果为国家科学技术进步奖二等奖;授予瑞士医药专家丹尼尔·魏思乐、美国物理学专家肯·金特、意大利环保专家科拉多·科利尼、美国信息管理专家张汝京、日本工业设计专家荣久庵宪司等5人中华人民共和国国际科学技术合作奖。北京地区共有62项荣获2004年度国家科学技术奖励,其中:国家自然科学奖13项(二等奖),占国家自然科学奖获奖总数的46%;国家技术发明奖6项(二等奖),占国家技术发明奖获奖总数的30%;国家科学技术进步奖43项(一等奖6项,二等奖37项),占国家科学技术进步奖获奖总数的23.2%。

国家自然科学奖二等奖

序号	项目编号	项目名称	主要完成人	主要完成单位
1	Z-101-2-02	扩充未来光管猜想及相关问题的解决	周向宇	中国科学院数学与系统科学研究院
2	Z-101-2-03	张量函数表示理论与材料本构方程不变性研究	郑泉水、黄克智	清华大学
3	Z-102-2-01	2—5GeV能区正负电子湮没产生强子反应截面(R值)的精确测量	赵政国、黄光顺、胡海明、陈江川、吕军光	中国科学院高能物理研究所
4	Z-102-2-02	原子尺度的薄膜/纳米结构生长动力学:理论和实验	王恩哥、薛其坤、贾金锋、刘邦贵、张青哲	中国科学院物理研究所
5	Z-102-2-03	高温超导体磁通动力学研究	闻海虎、李世亮、杨万里	中国科学院物理研究所
6	Z-103-2-04	若干新型光功能材料的基础研究和应用探索	姚建年、樊美公、付红兵、叶　成、沈玉全	中国科学院化学研究所
7	Z-103-2-05	核酸化学及以核酸为靶的药物研究	张礼和、张亮仁、方家椿、周德敏、杨振军	北京大学
8	Z-104-2-01	东亚季风气候—生态系统对全球变化的响应	符淙斌、季劲钧、温　刚、严中伟、延晓冬	中国科学院大气物理研究所
9	Z-104-2-02	数字地表模型的多维动态构模研究	陈　军、李志林、朱　庆、蒋　捷、王东华	国家基础地理信息中心
10	Z-105-2-04	中国陆地生态系统生产力和碳循环的研究	方精云、李克让、曹明奎、朴世龙、贺金生	北京大学
11	Z-107-2-02	半导体纳米结构物理性质的理论研究	夏建白、李树深、常　凯、朱邦芬	中国科学院半导体研究所
12	Z-107-2-03	视觉计算理论与算法研究	马颂德、谭铁牛、胡占义、蒋田仔、卢汉清	中国科学院自动化研究所
13	Z-108-2-02	若干低维材料的拉曼光谱学研究	张树霖、顾镇南、蔡生民、施祖进	北京大学

国家技术发明奖二等奖

序号	项目编号	项目名称	主要完成人	主要完成单位
1	F-212-2-01	新型鞋靴材料与模压工艺设备	张建春、郝新敏、梁高勇、严自力、周国泰、郭玉海	中国人民解放军总后勤部军需装备研究所
2	F-214-2-01	陶瓷胶态成型新工艺	黄　勇、杨金龙、谢志鹏、马利国、马　天、周龙捷	清华大学
3	F-214-2-02	具有抗菌、净化空气及产生负离子的功能材料	金宗哲、梁金生、王　静、冀志江、颜学武、范　为	中国建筑材料科学研究院
4	F-215-2-01	镧钼等热阴极材料及制备技术	周美玲、张久兴、王金淑、聂祚仁、左铁镛、周文元	北京工业大学
5	F-223-2-01	一种电动车辆动力系统关键技术产品及其应用	孙逢春、张承宁、王建群、杜　炬、孙立清、宋　强	北京理工大学
6	F-254-2-01	基于索普卡(SOPCA)网络结构的索普卡电脑	张尧学、周悦芝、徐　虹、陈　勐、彭玉坤、王　勇	清华大学

国家科学技术进步奖一等奖

序号	项目编号	项目名称	主要完成人	主要完成单位
1	J-253-1-01	“星光”数字多媒体芯片	邓中翰、张　辉、杨晓东、金兆玮、张韵东、朱　军、俞　青	北京中星微电子有限公司
2	J-210-1-01	罗布泊地区钾盐资源开发利用研究	王弭力、刘成林、王福同、宋松山、焦鹏程、韩蔚田、李　浩、樊卫东、杨智琛、辛恒广、李廷祺、冯金星、陈永志、王新民、李长华	中国地质科学院矿产资源研究所、新疆维吾尔自治区地质矿产勘查开发局、新疆维吾尔自治区地质矿产勘查开发局第三地质大队、中国地质大学(北京)、中国地质科学院水文地质环境地质研究所、新疆罗布泊钾盐科技开发有限责任公司、化工部长沙设计研究院
3	J-215-1-01	低碳铁素体/珠光体钢的超细晶强韧化与控制技术	翁宇庆、王国栋、董　瀚、孙祖庆、杨忠民、刘清友、康永林、田志凌、李殿中、张丕军、王全礼、张晓刚、陈邦文、王中丙、宋立秋	钢铁研究总院、北京科技大学、东北大学、中国科学院金属研究所、宝山钢铁股份有限公司、首钢总公司、武汉钢铁(集团)公司、鞍山钢铁集团公司、广州珠江钢铁有限责任公司、攀枝花钢铁(集团)公司
4	J-218-1-01	秦山600MWe核电站设计与建造	叶奇蓁、闵元佑、倪武英、俞忠德、田树全、章宗耀、李晓明、刘明涛、厉成德、张森如、李永江、王寿君、吴　杰、王惠祥、刘明昌	核工业第二研究设计院、中国核动力研究设计院、核电秦山联营有限公司、华东电力设计院、中国核工业中原建设公司、上海石化安装检修工程公司、上海电气(集团)总公司、哈尔滨动力设备股份有限公司

（续表）

序号	项目编号	项目名称	主要完成人	主要完成单位
5	J-219-1-01	多业务统一网络平台（China Uninet）	刘韵洁、田文科、李晓明、肖京鸣、程火明、陈新明、马道杰、钱蓓力、宋丽梅、张智江、匡　威、朱占军、成　洁、王　峰、姜培华	中国联合通信有限公司
6	J-223-1-01	新一代空中交通服务平台、关键技术及其应用	张　军、吕小平、朱衍波、张学军、罗喜伶、潘　磊、张　涛、苑　喆、顾　明、胡宇滢、薛　瑞、谭锡荆、祝　贺、杜　冰、吴　限	北京航空航天大学、民航数据通信有限责任公司、北京民航天宇科技发展有限公司、中国国际航空公司、中国民用航空总局航空安全技术中心

国家科学技术进步奖二等奖

序号	项目编号	项目名称	主要完成人	主要完成单位
1	J-202-2-01	人工林木材性质及其生物形成与功能性改良的研究	江泽慧、鲍甫成、姜笑梅、吕建雄、傅　峰、秦特夫、叶克林、彭镇华、阮锡根、张守攻	中国林业科学研究院木材工业研究所、中国林业科学研究院林业研究所、南京林业大学、安徽农业大学、华中农业大学、上海市计算技术研究所
2	J-202-2-05	森林资源精准监测广义3S技术研究	冯仲科、余新晓、赵春江、蒋理兴、张晓丽、孟宪宇、马　超、赵保卫、胡　涌、景海涛	北京林业大学
3	J-203-2-01	鸡毒支原体病疫苗、诊断试剂和综合防治技术的研究与应用	宁宜宝、冀锡霖、李嘉爱、陈洪科、郭俊卿、高和义、王卓明、蔡祈英、陈榕瑞	中国兽医药品监察所、广东省生物药厂、河南省兽医防治站
4	J-210-2-02	煤矿区土地生态环境损害的综合治理技术	胡振琪、郭达志、姜光杰、徐雪林、龚乃勤、张吉瑞、王安民、吴　侃、盛业华、单卫东	中国矿业大学（北京校区）、中国矿业大学、平顶山煤业（集团）有限责任公司、国土资源部土地整理中心、皖北煤电集团有限责任公司、徐州贾汪区国土资源局、潞安矿业（集团）有限责任公司
5	J-210-2-05	大、中型油气田成藏定量模式研究	金之钧、王宜林、庞雄奇、曾溅辉、张善文、查　明、刘洛夫、方朝亮、吕延防、王志章	石油大学（北京）、中国石油天然气股份公司新疆油田分公司、中国石化胜利油田有限公司、石油大学（华东）、大庆石油学院
6	J-210-2-07	中国主要成矿区带矿产资源远景评价	陈毓川、叶天竺、张洪涛、朱裕生、王保良、肖克炎、周家寰、王全明、叶锦华、梅燕雄	中国地质科学院矿产资源研究所

（续表）

序号	项目编号	项目名称	主要完成人	主要完成单位
7	J－210－2－08	全国及省市地区高精度高分辨率似大地水准面的技术研究及实施应用工程	陈俊勇、李建成、宁津生、晁定波、张燕平、郭春喜、张　骥、罗志才、杨沾吉、章　磊	国家基础地理信息中心、武汉大学、国家测绘局大地测量数据处理中心、深圳市规划与国土资源局、江苏省测绘局、海南测绘局、大连市勘察测绘研究院
8	J－211－2－01	制浆和碱回收过程优化控制系统的研究与应用	杨化庭、刘载文、张远峰、苏维均、朱元春、李凤遂、陈宏亮、郭星臻、刘忠侠、丁熙元	北京工商大学、山东（临清）银河纸业集团有限公司、山东华泰（纸业）集团有限公司、大宇制纸有限公司
9	J－213－2－04	多产异构烷烃的催化裂化工艺（MIP）工业应用	许友好、徐　惠、郝希仁、张久顺、马伯文、赵　升、龙　军、袁裕铭、张瑞驰、陆磐谷	中国石油化工股份有限公司石油化工科学研究院、中国石油化工股份有限公司上海高桥分公司、中国石化集团洛阳石油化工工程公司
10	J－213－2－07	高黏度、易自聚等特殊物系精馏新技术的研究开发与应用	李群生、张泽廷、陈标华、雷志刚、仲崇立、张卫东、王宝华、严国均、贺正龙、李剑秋	北京化工大学、中国石化上海石油化工股份有限公司化工研究所、云南云维股份有限公司、湖南省湘维有限公司
11	J－214－2－01	混凝土耐久性关键技术研究及工程应用	姚　燕、胡曙光、田　培、李金玉、刘克忠、刘光华、王武祥、何积铨、丁　威、张利俊	中国建筑材料科学研究院、中国水利水电科学研究院、武汉理工大学、北京科技大学、中国建筑科学研究院、同济大学、苏州混凝土水泥制品研究院
12	J－214－2－04	锂离子二次电池正极材料钴酸锂的合成	其　鲁、尹天一、晨　晖、安　平	中信国安盟固利电源技术有限公司、北京大学
13	J－215－2－02	氧气底吹熔炼—鼓风炉还原炼铅（SKS）新工艺及工业化装置开发研究	蒋继穆、王忠实、王根银、杨安国、王建铭、高常春、孙中森、李东波、何德明、张　煌	中国有色工程设计研究总院、水口山有色金属有限责任公司、河南豫光金铅集团有限责任公司、安徽科威金属材料股份有限公司
14	J－215－2－06	铝电解过程智能控制系统及推广应用	冷正旭、李　劼、赵庆云、李晋宏、刘　钢、陈志南、李金鹏、刘永刚、胡长平、吴智明	中国铝业公司、中南大学、北方工业大学、中国有色金属工业技术开发交流中心
15	J－217－2－03	基于场协同理论的传热强化技术及其应用	过增元、程　林、李志信、孙奉仲、孟继安、田茂诚、陈泽敬、张冠敏、胡桅林、杜文静	清华大学、山东大学
16	J－217－2－08	高速率电力线载波技术在电力系统低压配电网中应用的研究	李祥珍、赵丙镇、许广政、王丽平、王英男、赵庆杞、刘家亮、陈　力、沈志民、李伯洵	中国电力科学研究院、沈阳供电公司

（续表）

序号	项目编号	项目名称	主要完成人	主要完成单位
17	J-219-2-02	移动智能网技术	廖建新、陈俊亮、王　晶、王　纯、李　炜、张　磊、朱晓民、张乐剑、王玉龙、唐　洲	北京邮电大学、杭州东信北邮信息技术有限公司
18	J-219-2-03	SCDMA 综合无线接入系统	陈　卫、林　波、孟令华、蒋伯峰、郭书昌、薛胜利、李日光、袁　进、周炎钧、温　斌	北京信威通信技术股份有限公司、西安大唐电信有限公司、大庆石油管理局通信公司
19	J-220-2-03	基于混合匹配的指纹识别系统与应用	田　捷、杨　鑫、何晖光、吕　科、何余良、詹　宇、陈新建、李　亮、蒋田仔、王阳生	中国科学院自动化研究所、北京数字指通软件技术有限公司
20	J-220-2-04	新一代大型全组件式 GIS 软件平台 SuperMap	钟耳顺、宋关福、王尔琪、吴秋华、陈俊华、滕寿威、李绍俊、王康弘、曾志明、张立立	中国科学院地理科学与资源研究所、北京超图地理信息技术有限公司
21	J-222-2-03	西北地区水资源合理配置和承载能力研究	王　浩、陈敏建、何希吾、秦大庸、汪党献、唐克旺、尹明万、王　芳、王　研、甘　泓	中国水利水电科学研究院、中国科学院地理科学与资源研究所、中国地质科学院水文地质环境地质研究所
22	J-230-2-02	激光功率能量计量标准装置与新型激光测量仪器系列研究	于　靖、马　冲、孙之旭、姚和军、金玉奇、刘付兵、关有光、樊其明、徐　涛、杨　洁	中国计量科学研究院
23	J-231-2-02	无机高分子絮凝剂及高效絮凝技术	汤鸿霄、曲久辉、栾兆坤、李大鹏、高宝玉、李志国、孙成彦、王东升、刘会娟、雷鹏举	中国科学院生态环境研究中心
24	J-233-2-03	稀土铁共生矿矿工吸入钍尘对矿工健康影响与防治措施系列研究	陈兴安、肖慧娟、程永娥、董智华、杨英杰、龙升长、冯国栋、包向春、邓云晖、冯志良	中国疾病预防控制中心辐射防护与核安全医学所、包钢白云鄂博铁矿职工医院
25	J-233-2-04	IgA 肾病凝血纤溶与细胞外基质代谢异常的分子机制及干预	陈香美、蔡广研、师锁柱、吴　杰、林洪丽、邱　强、王建中、刘文虎、汤　力、魏日胞	中国人民解放军总医院
26	J-233-2-08	机械通气技术的实验研究与临床应用	刘又宁、陈良安、解立新、马迎民、张　波、胡　红、赵采凡、徐长智、李玉柱、方向群	中国人民解放军总医院、中国航天时代电子公司导航与控制设备设计制造中心
27	J-233-2-10	O^6-甲基鸟嘌呤-DNA-甲基转移酶与肿瘤预见性化疗新策略	章扬培、吴祖泽、任会明、孙　燕、左焕琮、孙耘田、贾延军、李满文、高建华、武　未	中国人民解放军军事医学科学院野战输血研究所、中国人民解放军军事医学科学院放射医学研究所、中国医学科学院肿瘤医院、中日友好医院、北京鲁银利华医药科技发展有限公司、北京高博药物化学技术开发有限公司、北京世纪华宇生物技术有限公司

（续表）

序号	项目编号	项目名称	主要完成人	主要完成单位
28	J－235－2－04	可控球形热场介入式微波治疗肿瘤技术及肝癌治疗疗效	董宝玮、梁　萍、于晓玲、曾宪其、王培江、彭见曙、于德江、苏　莉、程志刚、张　晶	中国人民解放军总医院、中国航天工业总公司第二研究院 207 所、北京工业大学
29	J－235－2－05	我国生物技术药物的质控标准、标准品的研究和制定	王军志、饶春明、张　翊、丁锡申、刘长暖、高　凯、韩春梅、李永红、林建伟、刘　兰	中国药品生物制品检定所、兰州生物制品研究所、本元正阳基因技术股份有限公司、上海实业医大生物技术有限公司、珠海亿胜生物制药有限公司、成都地奥九泓制药公司
30	J－252－2－01	米非司酮用于紧急避孕、黄体期避孕及催经的研究	肖碧莲、吴尚纯、翁梨驹、程利南、贺昌海、赵　珩、雷贞武、曹晓明、梅庆明、倪凤贤	国家计划生育委员会科学技术研究所、首都医科大学附属北京朝阳医院、上海市计划生育技术指导所、上海市计划生育科学研究所、四川生殖卫生学院、天津市计划生育研究所、广东省计划生育科学技术研究所
31	J－252－2－03	提高婴幼儿重症先天性心脏病外科疗效的临床与基础系列研究	刘迎龙、沈向东、于存涛、杜　茗、王　强、闫　军、李守军、王　旭、张宏家、苏俊武	中国医学科学院阜外心血管病医院
32	J－252－2－09	宫腔镜的临床应用与基础研究	夏恩兰、段　华、黄晓武、郑　杰、于　丹、张　丹、段惠兰、张　玫	首都医科大学附属复兴医院、北京市宫腔镜诊治中心
33	J－253－2－03	风云二号 01 批空间环境监测器及其探测结果	朱光武、林华安、梁金宝、王世金、翟应应、黄红锦、张　微、孙越强、李保权、沈思忠	中国科学院空间科学与应用研究中心
34	J－254－2－02	基础设施信息网络管理系统生产平台技术	李　未、吕卫锋、周　刚、周　冰、夏寅贲、徐　莹、周　珊、高　欣、康建初、郎昕培	北京航空航天大学
35	J－254－2－03	联想深腾 1800 大规模计算机系统	祝明发、肖利民、杜晓黎、陆卫东、贺志强、孙育宁、程菊生、郝沁汾、刘　军、吴雪丽	联想（北京）有限公司
36	J－254－2－07	超大容量光盘数据库应用信息系统	裴　京、徐端颐、徐海峥、潘龙法、熊剑平、郑　蘋、过　渡、王　琳、凡叔军、高　昆	清华大学、清华同方光盘股份有限公司
37	J－210－2－06	秦皇岛 32－6 海上大型油田建设工程	王恒岐、王　涛、姚德彬、杨公什、肖启梁、姚成存、侯金林、刘培林、黄业华、曹　静	中国海洋石油有限公司、海洋石油工程股份有限公司

资料来源：国家科学技术奖励公报（2004 年）

2004年北京市科学技术奖获奖成果

2004年北京市科学技术奖申报推荐项目共646项，根据《北京市科学技术奖励办法》及《北京市科学技术奖励办法实施细则》，评选出2004年度北京市科学技术奖获奖项目291项，其中一等奖34项，二等奖140项，三等奖117项。获奖成果中市属单位获奖124项，占总数的42.6%，比上年减少8.7个百分点；中央属单位获奖167项，占总数的57.4%，比上年提高8.7个百分点。

申报单位属性	申报总数	获奖总数	一等奖	二等奖	三等奖	获奖比例
中央属大专院校	91	53	8	31	14	58.24%
中央属研究院所	171	91	14	46	31	53.21%
其他中央在京单位	50	23	3	11	9	46.00%
北京市属大专院校	19	12		6	6	63.15%
北京市各总公司	78	29	2	10	17	37.17%
北京市各主管局	155	53	3	24	26	34.19%
北京市各区县	40	9	1	4	4	22.5%
北京市属研究院所	42	21	3	8	10	50.00%
总计	646	291	34	140	117	45.04%

北京市科学技术奖一等奖

序号	获奖编号	项目名称	主要完成人	主要完成单位
1	2004农-1-001	先进对地观测技术农业应用系统	王长耀、唐华俊、牛 铮、张文健、赵春江、周清波、王 汶、张庆员、姜小光、尹连旺、刘 佳、刘海启	中国科学院遥感应用研究所、中国农业科学院农业自然资源和农业区划研究所、中国气象局国家卫星气象中心、北京农业信息技术研究中心
2	2004农-1-002	作物硫钙营养研究与应用	周 卫、李书田、林 葆、魏 丹、刘光荣、朱 平、李早东、孙克刚、高义民、戴万宏、周艺敏、廖 星	中国农业科学院土壤肥料研究所、黑龙江省农业科学院土壤肥料研究所、江西省农业科学院土壤肥料研究所、吉林省农业科学院农业环境与资源研究中心、山东省烟台市土壤肥料工作站、河南省农业科学院土壤肥料研究所、西北农林科技大学、天津市农业科学院土壤肥料研究所、中国农业科学院油料作物研究所

（续表）

序号	获奖编号	项目名称	主要完成人	主要完成单位
3	2004 农-1-003	棉花枯萎病和黄萎病菌生物学及抗病种质的创新与利用	简桂良、冯　洁、邹亚飞、郑传临、盛明东、陈其煐、马　存、石磊岩、孙文姬、文　学、丁之铨	中国农业科学院植物保护研究所
4	2004 农-1-004	裸露坡面植被恢复综合技术研究	韩烈保、徐国钢、周德培、赵　平、白史且、辜再元、于政惕、苏德荣、张俊云、解亚林、张勇捷、王英宇	北京林业大学、深圳市万信达环境绿化建设有限公司、西南交通大学、北京三丰环保绿化有限公司、四川省草原研究所、北京绿之源生态科技有限公司、北京华星绿原生态绿化技术有限公司、云南生态技术有限公司、武汉东海机械研发制造厂、北京市高速公路绿化公司、深圳市天地环境绿化技术开发有限公司
5	2004 农-1-005	鸡新城疫、传染性支气管炎、减蛋综合症、传染性脑脊髓炎四联油佐剂灭活疫苗的研究	姜北宇、刘月焕、景小冬、郑世兰、姚　颖、白丽萍	北京市农林科学院畜牧兽医研究所
6	2004 医-1-001	微创神经外科技术平台的建立及临床应用	赵继宗、张懋植、王　硕、徐宇伦、赵元立、王　嵘、王德江、张　东、王　磊、隋大立、周大彪、韩小弟	首都医科大学附属北京天坛医院
7	2004 医-1-002	严重急性呼吸综合征(SARS)的临床与基础系列研究	王　辰、赵春惠、李兴旺、夏成青、郭利民、丁惠国、徐作军、庞宝森、肖　白、刘顺爱、吴　昊、童朝辉	首都医科大学附属北京朝阳医院、首都医科大学附属北京佑安医院、北京地坛医院、北京协和医院
8	2004 医-1-003	子宫内膜异位症的基础与临床研究	郎景和、李亚里、朴允尚、沈　铿、王雁玲、刘珠凤、孙大为、冷金花、朱　兰、程国钧、谭先杰、郭丽娜	中国医学科学院北京协和医院、中国人民解放军总医院、中国科学院动物研究所
9	2004 药-1-001	痢疾基因工程菌苗及其黏膜保护作用	高杰英、牟兆钦、邢　丽、曾关富、李　红、陈志华、徐晓平、孔祥英、石辛甫、张亚东、宋树珍、涂光里	军事医学科学院微生物流行病研究所
10	2004 药-1-002	治疗急性缺血性脑卒中的一类创新药丁基苯酞的研究	冯亦璞、杨靖华、蔡东晨、李建青、崔丽英、李舜伟、杨峻山、罗淑荣、刘玉玲、郭玉璞、牛占旗、苏亚伦	中国医学科学院中国协和医科大学药物研究所、石家庄制药集团有限公司、中国医学科学院中国协和医科大学北京协和医院

（续表）

序号	获奖编号	项目名称	主要完成人	主要完成单位
11	2004 电 -1 -001	视频编码关键技术研究及其对 MPEG -4 国际标准的贡献	高　文、赵德斌、吴　枫、吕　岩、马思伟、孙晓艳、季向阳、王　强	中国科学院计算技术研究所、哈尔滨工业大学
12	2004 电 -1 -002	高性能栅长 27 纳米 CMOS 器件及关键工艺技术研究	徐秋霞、钱　鹤、韩郑生、刘　明、陈宝钦、叶甜春、夏　洋、赵玉印、侯瑞兵、李俊峰、周小茵、高文芳	中国科学院微电子研究所
13	2004 电 -1 -003	电网能量管理和培训仿真一体化系统	张伯明、孙宏斌、吴文传、邓佑满、田　田、相年德、严　正、汤　磊、王　鹏、邵立冬、莫维仁、郭庆来	清华大学
14	2004 电 -1 -004	地面数字多媒体/电视广播传输系统	杨知行、杨　林、龚　克、潘长勇、董　弘、吴佑寿、王兴军、门爱东、张文涵、吕　柏、杨海云、刘　琴	清华大学
15	2004 计 -1 -001	面向领域的软件生产平台 SoftProLine	怀进鹏、张文燚、刘旭东、李先贤、龙　翔、杜宗霞、李　扬、傅纪东、刘　悟、彭环珂、陈征平、葛　声	北京航空航天大学
16	2004 计 -1 -002	农业智能系统平台(PAID)研究与应用	赵春江、吴华瑞、杨宝祝、李爱平、孙　想、王之岭、杨信廷、秦向阳、顾静秋、王开义、郝　鹏、乔晓军	国家农业信息化工程技术研究中心、北京农业信息技术研究中心
17	2004 计 -1 -003	基于 Linux 的桌面应用环境和办公套件	韩乃平、郑忠源、金友兵、刘明宝、胡青华、张学锋、张　昀、李祥凯、左家平、程　林、尹宝林	北京中科红旗软件技术有限公司、中软网络技术股份有限公司、北京红旗中文贰仟软件技术有限公司、北京软件产业促进中心、北京共创开源软件有限公司、北京航空航天大学计算机学院
18	2004 工 -1 -001	川东北飞仙关组鲕滩优质储层成因、有效预测技术研究与实践	赵文智、陈更生、魏国齐、曹　宏、杨　威、张　健、张宝民、张　林、谢继容、李宏兵、杨　雨、吴世祥	中国石油勘探开发研究院地质所、西南油气田分公司勘探开发研究院
19	2004 工 -1 -002	鄂尔多斯盆地上古复杂低渗气藏成藏与勘探技术研究	马新华、杨　华、陈孟晋、付金华、孙粉锦、刘锐娥、席胜利、孙六一、蔺　洁、李天熙、刘新社、罗　霞	中国石油勘探开发研究院廊坊分院、中国石油勘探开发研究院鄂尔多斯分院、中国石油长庆油田分公司研究院

（续表）

序号	获奖编号	项目名称	主要完成人	主要完成单位
20	2004 工－1－003	吉林油田英坨地区油藏评价及产能建设技术	袁士义、梁春秀、宋新民、胡永乐、王月莲、尹　旭、田昌炳、王　峰、陈丙春、韩永庆、李亚洲、张永清	中国石油勘探开发研究院开发所、中油股份公司吉林油田分公司
21	2004 工－1－004	220 吨/时全烧高炉煤气的高温高压电站锅炉	杨天助、钱　凯、曹子栋、赵剑云、赵长白、胡子泉、居思洋、沈一平、沈月芬、黄毅新、张继文、滑铁钢	首钢总公司、西安交通大学、杭州锅炉厂、上海威钢能源有限公司、马鞍山钢铁股份有限公司热电厂
22	2004 工－1－005	苯和丙烯液相烷基化催化剂 YSBH－1 的研究与工业应用	陈标华、杨清雨、曹　钢、华　炜、李成岳、许　光、李纪索、赵西明、张力峰、张佩君、郑朝晖、潘金杯	北京燕化石油化工股份有限公司化学品事业部、北京化工大学
23	2004 工－1－006	条形药包爆破机理及在大爆破中的应用研究	龚　敏、王德胜、郝树华、徐景海、陈绍潘、焦永斌、杜金科、于亚伦、初君学、安　钢、黄佳强、崔景青	北京科技大学、首钢矿业公司
24	2004 城－1－001	无水砂卵石地层盾构隧道施工关键技术研究	翟来生、张顶立、汪　波、孔　恒、周秀普、宋克志、郭玉海、黄　俊、郑　青、王占生、王全贤、袁大军	北京市政建设集团有限责任公司、北京交通大学
25	2004 城－1－002	转体法施工的曲线斜拉桥关键技术研究	徐升桥、陈仲相、彭岚平、陈国立、肖佳鹏、刘银祥、刘永锋、李英平、柳学发、韩　光、刘春彦、张皓月	北京市首都公路发展有限责任公司、铁道专业设计院、中铁大桥局集团有限公司
26	2004 材－1－001	6 英寸重掺砷硅单晶及抛光片	屠海令、周旗钢、王　敬、方　锋、万关良、张果虎、常　青、李铁柱、刘　斌、戴小林、闫志瑞、张　松	国泰半导体材料有限公司、有研半导体材料股份有限公司、北京有色金属研究总院
27	2004 材－1－002	Bi 系高温超导线材的研制及产业化技术攻关	韩征和、刘　庆、张劲松、刘　伟、易汉平、刘梦林、汪国振、刘　莉、陈兴品、李明亚、宋秀华、顾　晨	清华大学、北京英纳超导技术有限公司
28	2004 基－1－001	动态序列图像理解	谭铁牛、胡卫明、王蕴红、王　亮、马　力	中国科学院自动化研究所

（续表）

序号	获奖编号	项目名称	主要完成人	主要完成单位
29	2004 基－1－002	二元协同纳米界面材料的构筑及其超双疏、超双亲性质	江　雷、翟　锦、宋延林、王国杰、李玉良	中国科学院化学研究所
30	2004 基－1－003	稀土富过渡金属族金属三元系相图、化合物晶体结构和磁性能研究	梁敬魁、饶光辉、唐为华、刘泉林、陈　怡	中国科学院物理研究所
31	2004 基－1－004	新型成像雷达对地观测机理与地物识别研究	郭华东、邵　芸、王　超、廖静娟、王长林、李　震、董　庆、李新武、韩春明、范湘涛、刘　浩、王心源	中国科学院遥感应用研究所
32	2004 基－1－005	非线性优化的计算方法和理论	袁亚湘	中国科学院数学与系统科学研究院
33	2004 基－1－006	电子显微学基础和纳米结构研究	彭练矛、陈　清、薛增泉、吴全德、顾镇南	北京大学、中国科学院物理研究所
34	2004 软－1－001	21 世纪初期首都水资源可持续利用规划研究	吴季松、户作亮、陈林涛、郭孟卓、冉连起、林　超、石玉波、张　彤、王立卿、康德勇、颜　勇	水利部水资源司、北京市水利局、水利部海河水利委员会

北京市科学技术奖二等奖

序号	获奖编号	项目名称	主要完成人	主要完成单位
1	2004 农－2－001	“京”字号系列早熟葡萄品种育种与推广	李绍华、杨美容、黎盛臣、范培格、张映祝、王利军、吴本宏、程红焱、钟静一	中国科学院植物研究所
2	2004 农－2－002	高产小麦品种中麦 9 号的选育与应用	石社民、马志强、肖世和、张秀英、李登春、张秋芝、祖茂堂、朱　光、于　兵	中国农业科学院作物育种栽培研究所
3	2004 农－2－003	高产菊粉酶酵母与菊粉高果糖浆制备技术	王建华、王明华、张　帆、滕　达、秦玉昌、刘艳艳、姚　怡、丁　强、何　平	中国农业科学院饲料研究所
4	2004 农－2－004	农业科技基础数据信息系统建设与共享服务	梅方权、孟宪学、李思经、周国民、于迎建、潘淑春、熊本海、聂凤英、邵长磊	中国农业科学院科技文献信息中心、中国农业科学院畜牧所、中国水产科学研究院信息中心、中国农业科学院灌溉所、四川农科院情报研究所、中国农业科学院植保所、中国农业科学院农业经济研究所

（续表）

序号	获奖编号	项目名称	主要完成人	主要完成单位
5	2004 农－2－005	畜禽饲料营养知识咨询及配方网络远程优化系统	熊本海、罗清尧、庞之洪、张宏福、吕健强、陈继兰、侯水生、杨　琳、卢庆萍	中国农业科学院畜牧研究所
6	2004 农－2－006	小尾寒羊优良种质资源的遗传研究与利用	储明星、李　宁、赵兴波、牟玉莲、程金华、王吉振、过　玮、李碧侠、邓　峥	中国农业科学院畜牧研究所
7	2004 农－2－007	高效微生物饲料添加剂及其应用技术研究	佟建明、萨仁娜、王云山、张　琪、单之玮、朱锡明、陈　杰、谷春涛、彭爱铭	中国农业科学院畜牧研究所、鞍山天胜旺科技开发有限公司
8	2004 农－2－008	紫花苜蓿“中苜一号”新品种选育及推广应用	杨青川、舒文华、李　聪、孙　彦、李　华、康俊梅、郭文山、吕会刚、郝吉国	中国农业科学院畜牧研究所、北京农学院、河北省畜牧水产局、河北省中捷友谊农场畜牧局
9	2004 农－2－009	优质、抗病、丰产甜（辣）椒新品种中椒 6 号和中椒 7 号的育成	张宝玺、郭家珍、杨桂梅、田如燕、冯兰香、徐　光、黄三文、堵玫珍、杨　军	中国农业科学院蔬菜花卉研究所
10	2004 农－2－010	中国地方猪种遗传距离测定	王志刚、张　沅、张桂香、孙飞舟、李　奎、曹红鹤、李拥军、赵小丽、孙　军	全国畜牧兽医总站畜禽牧草种质资源保存利用中心、中国农业大学动物科技学院、华中农业大学动物科技学院、中国农业科学院畜牧研究所
11	2004 农－2－011	人工配制海水工厂化水产养殖系统设计及养殖配套技术	苏建通、孙向军、张　欣、徐绍刚、王跃智、李文通、高　伟、孙砚胜、王海兰	北京市水产科学研究所
12	2004 农－2－012	北京地区沙尘天气的监测、预报、预警系统研究	谢　璞、王迎春、周晓平、张小玲、程丛兰、张明英、刘伟东、徐晓峰、李青春	中国气象局北京城市气象研究所、北京市气象台、北京市气候中心
13	2004 农－2－013	野生动物血液细胞学图谱的研究	杨明海、赵　京、普天春、卢　岩、罗　毅、夏茂华、龚光建、刘金鹏、张成林	北京动物园
14	2004 农－2－014	森林精准监测与信息集成研究	冯仲科、余新晓、赵春江、蒋理兴、张晓丽、孟宪宇、马　超、赵保卫、肖华茵	北京林业大学
15	2004 农－2－015	蛋鸡全阶段可利用必需氨基酸需要及理想蛋白模式	计　成、罗绪刚、齐广海、马秋刚、石满仓、田河山、蒋　辉、贺高峰、王艳萍	中国农业大学、中国农业科学院畜牧研究所、中国农业科学院饲料研究所、北京市俸伯鸡场

（续表）

序号	获奖编号	项目名称	主要完成人	主要完成单位
16	2004 农 -2-016	绒山羊绒毛生长机理及舍饲半舍饲营养调控技术研究	贾志海、卢德勋、朱晓萍、富俊才、孔祥浩、郭宝林、刘少卿、彭玉麟、那达木德	中国农业大学
17	2004 农 -2-017	葛根有效成分提取的产业化关键技术	李全宏、宋桃森、田彩琴、张晓晟、付才力、胡光辉、芮玉奎、张碧林、倪元颖	中国农业大学、湖南省张家界九天食品有限公司
18	2004 农 -2-018	土壤/植株动态测试优化推荐施肥技术的建立和应用	张福锁、陈新平、申建波、江荣风、王兴仁、曹一平、贾小红、同延安、吕世华	中国农业大学
19	2004 农 -2-019	麋鹿重引进	王宗祎、夏经世、杨戎生、张林源、博伊德、温华军、李鹏飞、王宝祥、陈　耘	北京麋鹿生态实验中心、湖北石首麋鹿国家级自然保护区
20	2004 农 -2-020	便携式数字化农业信息技术产品	赵春江、陈立平、王纪华、孟志军、王　秀、刘学馨、杜小鸿、郭新宇、马智宏	北京农业信息技术研究中心、北京派得伟业信息技术有限公司
21	2004 农 -2-021	天敌昆虫工厂化生产及生防技术研究	张　帆、郭建英、罗　晨、张君明、王素琴、张芝利、万方浩、耿小丽、黄宁兴	北京市农林科学院植物保护环境保护研究所、中国农业科学院生物防治研究所
22	2004 农 -2-022	主要蔬菜品种纯度、真实性快速鉴定技术	郑晓鹰、宋顺华、李　丽、李秀清、邢宝田、王文琪、吴　萍、刘庞源、刘　玲	北京市农林科学院蔬菜研究中心
23	2004 农 -2-023	白灵菇和杏鲍菇优良新品种选育及关键栽培技术研究	陈文良、刘　宇、孔传广、何玉宁、王丽珍、孟莉莉、孔繁建、田兆丰、林秀敏	北京市农林科学院植物保护环境保护研究所
24	2004 医 -2-001	2001 年中国 0—6 岁残疾儿童抽样调查	薄绍晔、张习坦、刘　民、张致祥、纳　新、郭韶华、乌正赉、杨晓玲、颜　华	中国残疾人联合会康复部
25	2004 医 -2-002	蜱媒传染病分子流行病学及其宿主动物生态调查研究	曹务春、郭天宇、张泮河、郝永建、吴晓明、李建民、杨　红、赵秋敏、张习坦	军事医学科学院微生物流行病研究所
26	2004 医 -2-003	成体干细胞分化的可塑性研究	裴雪涛、张　杰、郑　敏、杜　楠、侯玲玲、王冬梅、李艳华、高艳红、岳　文	军事医学科学院野战输血研究所

（续表）

序号	获奖编号	项目名称	主要完成人	主要完成单位
27	2004医－2－004	呼吸系感染性疾病的诊疗及合理使用抗菌药物的系列研究	刘又宁、王　睿、佘丹阳、方向群、裴　斐、方　翼、柴　栋、陈　迁、陈良安	中国人民解放军总医院
28	2004医－2－005	创、烧伤后内/外毒素在脓毒症发病中的作用及机制研究	姚咏明、盛志勇、施志国、李红云、方文慧、林洪远、陆家齐、于　燕、董　宁	中国人民解放军第304医院
29	2004医－2－006	严重创伤后氨基酸代谢的基础与应用研究	黎君友、吕　艺、盛志勇、赖业馥、孙　丹、胡　森、晋　桦、郭振荣、赵　有	中国人民解放军第304医院
30	2004医－2－007	非ST段抬高性急性冠脉综合征的基础和临床研究	刘朝中、黄从春、魏　璇、罗惠兰、谈维洁、孙津津、朴龙松、齐自荣、王文清	中国人民解放军空军总医院
31	2004医－2－008	依托彩色多普勒超声对学龄儿童正常肾脏血流及相关参数的研究	郑　敏、郭书文、杨　敏、李春梅、韩秀婕	中日友好医院
32	2004医－2－009	髋臼骨折基础及临床研究	吴新宝、王满宜、朱士文、曹奇勇、吴宏华、荣国威	北京积水潭医院、北京市创伤骨科研究所
33	2004医－2－010	突发事件对医护人员、患者、民众心理状态的影响及对策的研究	张　建、时　勘、华　琦、高　晶、杨　莘、吴　昊、王向群、黄　蔚、刘朝晖	首都医科大学宣武医院、中国科学院心理研究所、首都医科大学附属佑安医院、北京大学第六医院
34	2004医－2－011	嗅觉转导机制及嗅功能障碍的相关研究	魏永祥、韩德民、周　兵、张　罗、刘　铭、羡　慕、刘小超、李国辉、王　鸿	首都医科大学附属北京同仁医院、北京市耳鼻咽喉科研究所
35	2004医－2－012	阿片肽及其受体拮抗剂与颅脑创伤实验和临床应用研究	王忠诚、只达石、江基尧、朱　诚、李　立、罗其中、赵元立、刘阿力、杨树源	首都医科大学附属北京天坛医院、天津环湖医院、上海第二医科大学仁济医院、上海市神经外科研究所、天津医科大学总医院、重庆医科大学附属第一医院、中南大学湘雅医院
36	2004医－2－013	中国人群心血管病危险因素和10年心血管病发病危险的前瞻性队列研究	吴兆苏、赵　冬、王　薇、刘　静、曾哲淳、姚崇华、吴桂贤、王文化、刘　军	北京心肺血管疾病研究所流行病研究室、北京大学首钢医院、天津市神经病学研究所、沈阳华泰医院、哈尔滨医科大学附属第一医院、大庆市第一医院、上海市心血管病研究所、成都国光电气总公司医院、宁夏医学院附属医院

（续表）

序号	获奖编号	项目名称	主要完成人	主要完成单位
37	2004 医-2-014	反生理治疗——经上腔静脉逆行灌注脑保护的基础与临床研究	董培青、江朝光、管玉龙、齐弘伟、杨璟、何美玲、任发成、万彩红、杨传瑞	首都医科大学附属北京安贞医院、中国人民解放军总医院
38	2004 医-2-015	鼻息肉发病机制和综合治疗研究	韩德民、张罗、周兵、张伟、王鸿、王向东、刘华超、刘铭、葛文彤	北京市耳鼻咽喉科研究所、首都医科大学附属同仁医院
39	2004 医-2-016	一种快速检测 CpG 胞嘧啶甲基化的方法	邓大君、周静	北京市肿瘤防治研究所暨北京大学临床肿瘤学院
40	2004 医-2-017	肿瘤细胞的 VEGF 自分泌及噬菌体肽库中 VEGF 受体阻断剂的筛选	寿成超、田学军、雷和田、安平、张建芝、靳更林、宋述梅、张华、刘晓颖	北京市肿瘤防治研究所暨北京大学临床肿瘤学院
41	2004 医-2-018	一种新型用于视网膜移植供体材料制备技术的建立	李根林、王津津、王钢、王景昭、陆文秀、段欣荣、霍震	首都医科大学附属北京同仁医院
42	2004 医-2-019	北京市传染性非典型肺炎临床诊断数据库的建立和初步应用	韩德民、武阳丰、王广发、陈博文、林江涛、王仲、王月香、黄慈波、李兴旺	北京市卫生局
43	2004 医-2-020	气体信号分子一氧化碳体系与低氧性肺动脉高压发病机制研究	杜军保、唐朝枢、石云、汪立、宫丽敏、李晓惠、金红芳、田宏、赵斌	北京大学第一医院、北京积水潭医院
44	2004 医-2-021	基底膜带相关遗传性皮肤病基因突变研究	朱学骏、陈喜雪、吴艳、姜薇、杨勇、马彦	北京大学第一医院
45	2004 医-2-022	颌骨骨折及下颌骨缺损重建的坚强内固定	张益、孙勇刚、张震康、俞光岩、章魁华、张建国、何冬梅、刘林、潘瑾	北京大学口腔医院
46	2004 医-2-023	艾滋病性病预防与计划生育服务相结合的评价研究	刘民、张孔来、梁万年、曾宪嘉、潘利	北京大学公共卫生学院、中国协和医科大学基础医学院、首都医科大学公共卫生与家庭医学学院
47	2004 医-2-024	以核酸分子识别为基础新型 HIV 抑制剂的研究	杨铭、王保怀、徐志栋、王敏、朱树梅、肖苏龙、于晓琳	北京大学天然药物及仿生药物国家重点实验室、北京大学化学与分子工程学院
48	2004 医-2-025	流行病学与统计学结合进行因果探讨的理论方法与研究	李立明、胡永华、耿直、郑忠国、姜庆五、方积乾、曹卫华、蒋建成、金华	北京大学公共卫生学院、北京大学数学科学学院、复旦大学公共卫生学院、中山大学公共卫生学院

（续表）

序号	获奖编号	项目名称	主要完成人	主要完成单位
49	2004 医 -2-026	旋毛虫新基因 Ts87 及功能的研究	诸欣平、杨　静、杨雅平、黄　松、周　蕾、丁　利	首都医科大学基础医学院
50	2004 医 -2-027	SARS 冠状病毒感染恒河猴等动物的模型建立	秦　川、魏　强、王健伟、高　虹、蒋　虹、朱　华、涂新明、张兵林、丛吉吉	中国医学科学院实验动物研究所、中国疾病预防控制中心病毒病预防控制所、中国医学科学院基础医学研究所、中国医学科学院北京协和医院、中国医学科学院医学生物学研究所
51	2004 医 -2-028	特发性脊柱侧凸的系列研究及临床应用	邱贵兴、翁习生、仉建国、王以朋、沈建雄、叶启彬、李书纲、吴志宏、林　进	中国医学科学院北京协和医院
52	2004 医 -2-029	食管癌变的分子机理研究	刘芝华、骆爱萍、丁　芳、支会英、张卫华、陆佳韵、周　津、王秀琴、吴　旻	中国医学科学院肿瘤研究所
53	2004 医 -2-030	背部超长动脉(斜方肌)筋膜皮瓣的研究与临床应用	王佳琦、戚可名、郑行跃、刘珍君、陈　建	中国医学科学院整形外科医院
54	2004 医 -2-031	疑难先心病外科治疗的临床和基础系列研究	吴清玉、沈向东、李守军、王　旭、黄志雄、杨秀滨、郭宏伟、王小启、楚军民	中国医学科学院阜外心血管病医院
55	2004 医 -2-032	肺动脉血栓栓塞症诊断与治疗的研究	程显声、吴清玉、刘秀杰、戴汝平、阮英茆、何建国、刘玉清、刘蕴忠、张海涛	中国医学科学院阜外心血管病医院
56	2004 中 -2-001	补肾活血法治疗帕金森病临床及实验研究	杨明会、窦永起、刘　毅、张锦明、张海燕、齐增飞、郝秀华	中国人民解放军总医院
57	2004 中 -2-002	中西医结合治疗 SARS 的临床研究	刘保延、翁维良、谢雁鸣、胡镜清、汪卫东、王融冰、张燕萍、李秀惠、唐旭东	中国中医研究院、中国中医研究院广安门医院、北京地坛医院、中国中医研究院西苑医院、北京佑安医院、北京友谊医院、中国人民解放军第302医院、广东省中医院、北京大学数学科学学院、解放军总医院医学统计教研室、中国人民大学统计学院、中国中医研究院中医药信息研究所、北京天坛医院、北京市中西医结合医院、中国中医研究院望京医院

（续表）

序号	获奖编号	项目名称	主要完成人	主要完成单位
58	2004 中－2－003	国内失传中医善本古籍的抢救回归与发掘研究	马继兴、郑金生、肖永芝、万　芳、王咪咪、马　健	中国中医研究院中国医史文献研究所
59	2004 中－2－004	中药制剂中大孔树脂等有害物质残留量测定方法及15种制剂质量控制方法的研究	常增荣、郇国庆、杜　勇、杜小伟、王京辉、张小茜	北京市药品检验所
60	2004 中－2－005	中西医结合治疗SARS疗效分析	王融冰、刘军民、江宇泳、吴云忠、王晓静、徐秀坤、刘建英、项晓培、陈一凡	北京地坛医院
61	2004 中－2－006	建立心气虚病证模型及其证候时相性、功能性和相关组织结构基础研究	王硕仁、赵明镜、秦　英、朱陵群、郭自强、郭书文、王振涛、李　敏、崔　巍	北京中医药大学
62	2004 药－2－001	肽类药物研究开发技术平台的构建及应用	刘克良、梁远军、吴　萍、郄建坤、许笑宇、韩　寒、张永祥、梅兴国、丁振阊	中国人民解放军军事医学科学院毒物药物研究所
63	2004 药－2－002	一种低成本的普及型小腿假肢	乔新生、姬文平、许晓鸣、侯　平	中国残疾人用品开发供应总站
64	2004 药－2－003	非典型性肺炎冠状病毒基因组测序及ELISA诊断试剂盒的研究	文　洁、祝庆余、秦鄂德、吴清发、牟　峰、杨　玲、陈唯军、方健秋、杨保安	中国科学院北京基因组研究所、中国人民解放军军事医学科学院微生物流行病研究所、北京华大吉比爱生物技术有限公司
65	2004 药－2－004	前列地尔注射液	刘红星、谭元菊、安　峥、张　扬、肖　萱、刘玉静、杨青松、张伟强、谢锦西	北京泰德制药有限公司
66	2004 电－2－001	大功率宽频段短波同相水平天线	周国材、潘家任、冼　寿、韩纪锁、黄济民、唐万生	中广电广播电影电视设计研究院、北京中天广大通信技术有限公司
67	2004 电－2－002	微阵列芯片扫描仪的研制	黄国亮、王宪华、程　京、周玉祥、宋小波、陈　鑫、高泰山、陈任远、于海通	清华大学、北京博奥生物芯片有限责任公司
68	2004 电－2－003	低压三电平变频调速系统	赵争鸣、庄　荣、孟　朔、张延安、刘建政、杨　志、孙晓瑛、骆　皓、张海涛	清华大学、南京电力自动化设备总厂
69	2004 电－2－004	第二代居民身份证专用芯片(THR9904)及模块	陈弘毅、王志华、赵维健、吴行军、葛元庆、徐　磊、关白玉、黄金煌、付煜峰	清华大学、北京清华同方微电子有限公司

（续表）

序号	获奖编号	项目名称	主要完成人	主要完成单位
70	2004电－2－005	微缺陷和微裂纹激光测试技术的研究	尤　政、李颖鹏、任大海、苏　琨、陈非凡、陈　军、李　建、林　闽、杨　韧	清华大学
71	2004电－2－006	中国1:100万分钟雨强电子地图研究	侯光明、郭　巧、李存金、闫绪娴、王俊鹏、刘建昌	北京理工大学
72	2004电－2－007	第三代移动通信网管系统研究开发	邱雪松、詹志强、孟洛明、李文璟、陈兴渝、芮兰兰、熊　翱、亓　峰、雷　振	北京邮电大学、北京市天元网络技术有限公司
73	2004电－2－008	合成绝缘子带电检测技术与装置的研究	李成榕、程养春、巩学海、袁亦超、邓　春、丁立健、王景春、王　伟、屠幼萍	华北电力大学、华北电力科学研究院有限责任公司
74	2004电－2－009	压电石英加速度计和倾斜仪	张福学、田文杰、张　伟、路峻岭	北京信息工程学院
75	2004电－2－010	BC3196大规模数/模混合集成电路通用测试系统研发及产业化	张　东、沈　冲、张　岩、杨新涛、陈剑晟、张生文、赵铁铮、孔　杰、崔　萌	北京自动测试技术研究所
76	2004电－2－011	电力设备外绝缘用持久性就地成型防污闪复合涂料（PRTV）的开发应用研究	陈　原、姚文军、张章奎、沈燕生、牛　磊、王　恒、龚延兴、王国春、巩学海	华北电力科学研究院有限责任公司、河北硅谷化工研究院
77	2004电－2－012	航空集装货物/车辆安全检查系统	康克军、高文焕、李荐民、陈志强、唐传祥、李君利、张　丽、苏建军、李元景	清华同方威视技术股份有限公司、清华大学
78	2004电－2－013	海尔数字电视系统级信源解码芯片（Hi2010）	徐加全、阳艳春、李洪广、刘　波、温金桃、秦红州、游　洋、田　辉、闫雪松	北京海尔集成电路设计有限公司
79	2004电－2－014	CSI－200E数字式综合测量控制装置	陶惠良、林海鹰、任雁铭、徐　刚、李　哲、叶艳军、黄　靖、裴建立、晋阳珺	北京四方继保自动化股份有限公司
80	2004电－2－015	基于闪烁存储器的智能卡集成电路	魏少军、杨延辉	大唐微电子技术有限公司、清华大学
81	2004计－2－001	多机器人协调、控制与仿生关键技术	谭　民、王　硕、徐　德、侯增广、梁自泽、曹志强、景奉水	中国科学院自动化研究所
82	2004计－2－002	多道心理测试系统	李学恩、张吉华、王艳军、李泽飞、宋立波、董松樵、伟利国、丁　丙、杨承勋	中国科学院自动化研究所、北京新科永创科技有限公司

（续表）

序号	获奖编号	项目名称	主要完成人	主要完成单位
83	2004 计-2-003	公开密钥基础设施关键技术	冯登国、荆继武、向　继、张立武、高　能、林璟锵、戴英侠、叶顶锋、庄　湧	中国科学院软件研究所、中国科学院研究生院
84	2004 计-2-004	基于国际/国家标准的安全操作系统	孙玉芳、石文昌、梁洪亮、张相锋、赵庆松、单智勇、孙　波	中国科学院软件研究所、北京中科红旗软件技术有限公司
85	2004 计-2-005	（南水北调）大型工程仿真系统研究	杨方廷、韩　军、纪良雄、姚宏伟、涂　颖、赵龙军、侯立华、张　伦、谭炳卿	中国航天科工集团公司北京仿真中心
86	2004 计-2-006	高可扩展海量存储网络系统	舒继武、郑纬民、王鼎兴、田金兰、李必刚、姚　骏、付长冬、温冬婵、严　瑞	清华大学
87	2004 计-2-007	北大燕穹海量网络信息的收集、组织与服务平台	李晓明、闫宏飞、谢正茂、彭　波、陈　华、龚笔宏、孟　涛、张志刚、王继民	北京大学
88	2004 计-2-008	真三维虚拟旅游与景区规划设计系统	刘先林、宫辉力、赵文吉、董培南、左建章、别红霞、李小娟、刘丽丽、张　晶	首都师范大学、国家旅游局信息中心、中国测绘科学研究院、北京邮电大学
89	2004 计-2-009	SEP 数字纸张技术及其应用系统	王东临、姜海峰、何迪培、刘昌伟、王树严、楼永植、刘雄邦、杨　名、王　治	北京书生科技有限公司、北京书生电子技术有限公司、北京书生数字技术有限公司、北京书生国际信息技术有限公司
90	2004 计-2-010	Hopen 智能手机应用开发平台	钟锡昌、高　悦、仇海青、周林涛、张　轶、吴　迪、苏晓峰、李秋静、凌泽军	北京凯思昊鹏软件工程技术有限公司
91	2004 工-2-001	全自动换筒高速卷绕头	钟向军、王　敏、李素敏、王　勋、巢天华、李学庆、吴昌木、宁　波、丁程源	中国纺织科学研究院、北京中丽制机化纤工程技术有限公司
92	2004 工-2-002	BL1500 系列螺旋溜槽的研制	刘惠中、张一敏、杨俊平、张林辉、谢信滨、刘玉江、高锁山、郭俊萍、安春植	北京矿冶研究总院、武汉科技大学、北京中亚九龙科技发展有限公司
93	2004 工-2-003	多功能氧化铝粉回收车的研制	何定源、顾洪枢、石　峰、周景琦、张创奇、牛庆仁、刘松林、白文斌、兰　涛	北京矿冶研究总院、青铜峡铝业集团有限公司
94	2004 工-2-004	BKJ-1030 磁铁矿精选用筒式磁选机研制	谢　强、董恩海、赵瑞敏、李　峰、李京秋、李庆鹏、夏建雄、黄国保、刘国富	北京矿冶研究总院、鲁中冶金矿业集团公司选矿厂、大冶有色金属公司铜录山铜铁矿、武钢矿业公司大冶铁矿厂

（续表）

序号	获奖编号	项目名称	主要完成人	主要完成单位
95	2004工－2－005	鄂尔多斯盆地碳酸盐岩油气成藏研究	李　剑、胡国艺、单秀琴、陈孟晋、刘德来、李志生、谢增业、严启团、罗　霞	中国石油勘探开发研究院廊坊分院
96	2004工－2－006	哈萨克斯坦肯基亚克油田盐下特低孔渗碳酸盐岩油藏高产带地震预测研究	郑晓东、卞德智、徐安娜、李　薇、杨志方、李勇根、刘　颖、方甲中、姚逢昌	中国石油勘探开发研究院物探技术所、中国石油天然气勘探开发公司研究中心
97	2004工－2－007	含油气系统模拟分析技术研究及在油气资源评价中的应用	贾承造、赵文智、赵政璋、吴国干、张庆春、郭秋麟、赵贤正、李先奇、刘德来	中国石油勘探开发研究院
98	2004工－2－008	准噶尔盆地前陆冲断带构造特征及油气勘探方向	何登发、张义杰、石　昕、杜社宽、周　路、贾希玉、张朝军、张立平、贾进斗	中国石油勘探开发研究院实验中心、新疆油田勘探开发研究院
99	2004工－2－009	新型高效食品生物防腐剂纳他霉素的研究和开发	李　东、黄　欣、宋奇健、杜连祥、路福平、黄　威、陈　婕、亓　珊、李颖辉	北京市营养源研究所、北京东方瑞德生物技术有限公司、天津科技大学
100	2004工－2－010	绿色环保技术（彩棉）的研究与产品开发	穆爱勤、张　镁、高长新、漆小瑾、杨国斌、徐佩芳、郭　顺、张承泽	北京纺织控股有限责任公司技术中心、北京纺织科学研究所、北京光华纺织集团、北京铜牛针织集团有限责任公司、北京京棉纺织集团有限责任公司
101	2004工－2－011	首钢优质长材基地集成技术应用	王　毅、刘满囤、李永东、黄　豹、张功焰、齐振亚、许晓东、洪　鹄、赵建时	首钢总公司
102	2004工－2－012	优质C/D级中厚钢板的研制开发	刘春明、王　莉、闫智平、姜中行、李永东、李本海、车金萍、金永春、王国连	首钢技术研究院、北京首钢股份有限公司、北京首钢新钢有限责任公司
103	2004工－2－013	大豆功能性浓缩蛋白及功能因子生产技术	袁其朋、赵会英、郑国钧、高惠玲、东惠茹、张　怀、胡丽娜、陈珊珊、聂　晶	北京化工大学、北京康阳食品科技服务中心
104	2004工－2－014	现代试井分析技术研究	廖新维、沈平平、王晓冬、宁正福、张同义、项　忱、刘立明、程时清、李　菊	石油大学（北京）、中国石油勘探开发研究院、中国地质大学（北京）
105	2004工－2－015	首都地区地下水资源和环境调查评价	吕晓俭、谢振华、王翊虹、张少才、陈鸿汉、林　健、陈志宏、任志远、孙　颖	北京市地质调查研究院、河北省地质调查院、中国地质大学（北京）

（续表）

序号	获奖编号	项目名称	主要完成人	主要完成单位
106	2004 工-2-016	全位置智能焊接机器人	蒋力培、陈　强、焦向东、薛　龙、李明利、马宏泽、孙振国、董晋曦	北京石油化工学院
107	2004 城-2-001	差分 GPS 属性记录器研制	程鹏飞、李夕银、张　莉、蔡艳辉	中国测绘科学研究院
108	2004 城-2-002	新版国标《地铁设计规范》制定与应用	施仲衡、周庆瑞、郑晓薇、于松伟、李国庆、俞加康、周新六、毛宇丰、马丽兰	北京城建设计研究总院、上海市隧道工程轨道交通设计研究院、北京全路通信信号研究设计院、铁道第二勘察设计院、上海铁路城市轨道交通设计研究院、广州市地下铁道设计研究院
109	2004 城-2-003	高层住宅全现浇剪力墙饰面清水混凝土施工技术	田广平、刘　源、叶　梅、杨建平、刘锡洁、李万成、周春雨、王进鑫、韩文秀	中建一局三公司
110	2004 城-2-004	加泥式土压平衡盾构机的研制及其配套技术的研究	张国京、张　海、汪　挺、林汉明、宋振华、戴燕超、李春富、王世高、陈宏志	北京市市政工程研究院、上海市隧道工程轨道交通设计研究院、北京市政建设集团有限责任公司第四工程处、北京市市政中燕工程机械制造有限公司、北京市政建设集团有限责任公司
111	2004 城-2-005	小型低温空气源热泵型空调机组	王瑞祥、李俊明、李德英、赵秀敏、王金玲、邵宗义、于　丹、李树栋、解国珍	北京建筑工程学院、清华大学热能工程系
112	2004 城-2-006	低温空气源热泵机组	范　新、郑兴旺、孔维利、赵　濂、刘福成、吴建胜、李　喆、周　鹏、刘建丽	清华同方人工环境有限公司
113	2004 城-2-007	斜靠式系杆拱桥综合施工技术	褚人猛、潘寿东、杜　彬、朱　赤、孔文亚、楼　敏、龚奇丰、虞海龙、廖生权	中铁十六局集团有限公司
114	2004 城-2-008	东直门站深基坑及大型暗挖地下方厅施工技术	惠丽萍、李瑞华、崔志杰、黄立新、李树荣、杜　彬、陈　建、胡方田、郝文朝	中铁十六局集团有限公司、北京城建设计研究总院有限责任公司
115	2004 环-2-001	小区优质供水和污水回用集成技术开发与应用	曲久辉、杨　敏、刘俊新、栾兆坤、刘会娟、张　昱、李　琳、雷鹏举、齐　嵘	中国科学院生态环境研究中心

（续表）

序号	获奖编号	项目名称	主要完成人	主要完成单位
116	2004 环－2－002	贫困山区经济社会可持续发展能力建设与研究——以河南新县为案例	卞有生、李春生、柳英昆、阎育梅、孙长虹、杨明忠、刘一凡、刘桂中、武江津	北京市环境保护科学研究院、新县环境保护技术推广中心
117	2004 环－2－003	绿色水处理药剂聚天门冬氨酸及应用	谭天伟、曹　辉、方　莉、李立仁、王树文	北京化工大学、北京天音艾实华科技有限公司
118	2004 环－2－004	高效节能低污染高温空气燃烧系统	吴道洪、朱金宝、杨　彬、朱红一、谢善清、陶荣伟、李文华、侯中华、王汝芳	北京神雾热能技术有限公司、南京钢铁集团公司中板厂、新兴铸管股份公司新兴铸管厂(2672 厂)
119	2004 市－2－001	城市交通智能综合管理和控制系统	王飞跃、宫晓燕、王知学、王宝利、刘小明、朱凤华、高海军、李振龙、李润梅	中国科学院自动化研究所
120	2004 市－2－002	工业危险品公路运输安全管理系统技术研究	吴宗之、高进东、刘　茂、孙　猛、魏利军、多英全、于立见、朱　坦、马世海	国家安全生产监督管理局安全科学技术研究中心、南开大学
121	2004 市－2－003	地铁 GCW 型光传输系统研制和综合应用试验	袁国材、武　鹏、陈　耿、赵岩青、朱福才、方　薇、孙建璞、张　军、许　哲	北京地铁运营有限责任公司通信信号公司、武汉迈力特光通信有限责任公司
122	2004 市－2－004	交通运输系统的建模与优化方法研究	高自友、孙会君、张立平	北京交通大学
123	2004 市－2－005	城市典型公共场所环境安全隐患评价技术及控制对策研究	丁　辉、姜传胜、汪　彤、姚　斌、任文堂、陈虹桥、李元洲、吴芳谷、杨　铸	北京市劳动保护科学研究所
124	2004 材－2－001	微波流态化技术生产海洋多糖及其衍生物	宋宝珍、苏志国、甘耀焜、仰振球、范红权、郑　宁、欧阳藩、马向东、刘菊花	中国科学院过程工程研究所、北京健尔康生物技术开发有限公司
125	2004 材－2－002	金属原位统计分布分析技术	王海舟、陈吉文、杨志军、杨新生、高宏斌、贾云海、袁良经、李美玲、常丽莉	钢铁研究总院
126	2004 材－2－003	应用晶粒形貌控制技术研制高性能铁氧体各向异性轧制磁粉	要继忠、廖有良、舒　扬、徐文生、滕阳民、贾成科、张文浩、朱　红	北矿磁材科技股份有限公司
127	2004 材－2－004	部分合金化 CuSn10 扩散粉末制备工艺的研究	汪礼敏、万新梁、张景怀、班安平、李占荣、白　洁、李　辉、王小红、康志君	北京恒源粉末合金厂、北京有色金属研究总院
128	2004 材－2－005	工业矿物原料微细改性及高纯化技术	盖国胜、徐盛明、孙恒虎、王福海、张　军、陈贤树、杨玉芬、徐福舟、杨树满	清华大学、北京园海正粉体技术有限公司、辽宁海城福海高档滑石公司

（续表）

序号	获奖编号	项目名称	主要完成人	主要完成单位
129	2004 材 -2 -006	高性能印刷胶辊弹性体复合材料的制备及挤出缠绕法生产技术	张立群、刘 力、冯予星、张新明、杨云和、方 兴、田 明、胡伟康、赵铁岩	北京化工大学、北京北化新橡科技发展有限公司
130	2004 材 -2 -007	材料化学设计与计算机工艺设计及其在先进陶瓷研制中的应用	王习东、李文超、张 梅、包 宏、高立春、张海军、甄 强、张 辉、刘国华	北京科技大学
131	2004 基 -2 -001	北京同步辐射生物大分子晶体学光束线与实验站建设及应用	冼鼎昌、刘 鹏、董宇辉、盛伟繁、胡天斗、闫永廉、陈文远、高雪官、张卫平	中国科学院高能物理研究所
132	2004 基 -2 -002	中国新生代重要植物类群演化和古环境定量重建	李承森、王宇飞、孙启高、耿宝印、杨 健	中国科学院植物研究所
133	2004 基 -2 -003	非线性系统神经模糊稳定自适应控制与鲁棒控制的理论与方法	孙富春、孙增圻、马晓军、刘华平	清华大学
134	2004 基 -2 -004	准一维半导体纳米线材料研究	俞大鹏、冯孙齐、徐 军、王晶晶、张洪洲、邢英杰、白志刚、张 晔、常永勤	北京大学
135	2004 基 -2 -005	有限群表示论	鲁自群、朱一心、吕克伟、王立中、石生明	首都师范大学
136	2004 基 -2 -006	生物力学对器官和组织研究	曾衍钧、乔爱科、廖东华、杨 坚、许传青、常小飞、于纪东、尹海娥、王 青	北京工业大学
137	2004 软 -2 -001	西藏自治区农牧业特色产业发展研究	唐华俊、邱建军、魏顺义、周旭英、屈宝香、陶 陶、甘寿文、李建平、庄银正	中国农业科学院农业自然资源和农业区划研究所
138	2004 软 -2 -002	昌平文化定位对区域经济发展及卫星城建设的影响	于 泓、孙久文、刘 敌、傅晓东、韩茂莉、王玉兰、马 顺	北京市昌平区科学技术委员会、中国人民大学区域经济与城市管理研究所
139	2004 软 -2 -003	北京发展汽车用钢技术与市场研究报告——首钢产品战略调整研究系列之一	李友佳、李晓星、姜尚清、代云红、孙 梅、陈 卓、赵少平、徐国兴、金永春	首钢技术研究院
140	2004 软 -2 -004	核科学数据信息化管理与网上共享系统的研究	郭之虞、陈佳洱、樊铁栓、刘文龙、叶卫国、刘廷进、陈金象、冯玉清、宋翔翔	北京大学

北京市科学技术奖三等奖

序号	获奖编号	项目名称	主要完成人	主要完成单位
1	2004农-3-001	干旱与霜冻灾害综合防御技术研究	李玉中、孙忠富、王道龙、王庆锁、李凤民、郭　尚	中国农业科学院农业气象研究所、兰州大学、山西省农科院棉花研究所、中国农业科学院植物保护研究所、西北农林科技大学
2	2004农-3-002	矮脚黄羽肉鸡新品系选育及配套研究	李　东、文　杰、郑麦青、陈继兰、赵桂苹、李小华	中国农业科学院畜牧研究所
3	2004农-3-003	农业企业生产经营管理信息化技术应用网络平台	刘世洪、龙路刚、王立方、崔运鹏、孟宪学、冯建刚	中国农业科学院科技文献信息中心、威海农友软件有限公司、江苏省农业科学院农业现代化研究所、甘肃亚盛实业(集团)股份有限公司
4	2004农-3-004	京白梨贮藏保鲜技术研究	张　永、高同雨、生吉萍、伏　芳、刘卫强、刘法英	北京市门头沟区核桃试验站
5	2004农-3-005	北京市农产品市场行情分析系统的开发与应用	程贤禄、阎晓军、赵友森、孟和平、王维瑞、高晓红	北京市农业局信息中心
6	2004农-3-006	改进牛冷冻精液生产工艺的研究与应用	张晓霞、韩广文、刘　玉、张海涛、王振刚、陈志芬	北京奶牛中心
7	2004农-3-007	乳品加工高新技术研究与功能性产品开发	吕加平、于景华、丁玉振、贾士乾、李　文、张列兵	北京三元食品股份有限公司、中国农业机械化科学研究院
8	2004农-3-008	气候资源在农业中的应用与开发——北京地区细网格农业气候资源推算及利用研究	郭文利、王晓云、赵新平、王志华、唐　广、吴春艳	北京市气候中心
9	2004农-3-009	北京市风景名胜区生物多样性保护研究	郭晓梅、王志农、王清春、赵欣如、郭　佳、崔国发	北京市园林科学研究所、北京林业大学自然保护区研究中心、北京师范大学
10	2004农-3-010	花卉高产栽培及花期调控技术引进、研究及示范	张启翔、潘会堂、王四清、罗　宁、黄维谦、于　强	北京林业大学、中国林木种子公司、中国林业国际合作集团公司
11	2004农-3-011	一种培育高蛋白质、高赖氨酸玉米的新方法	敖光明、于静娟、朱登云、赵　倩、许启凤、刘俊起	中国农业大学
12	2004农-3-012	红小豆新品种选育及标准化生产技术推广	金文林、刘长安、濮绍京、李　华、赵　波、周　敏	北京农学院、北京凯达恒业农业技术开发有限公司
13	2004农-3-013	可调控缓释尿素肥料的研究与开发	徐秋明、李亚星、刘宝存、曹　兵、李鸿雁、张宜霞	北京市农林科学院植物营养与资源研究所
14	2004农-3-014	半喂入联合收割机研制	韩增德、王泽群、甘帮兴、郝新明、邵合勇、崔志英	中国农业机械化科学研究院、石油地球物理勘探局装备制造厂

（续表）

序号	获奖编号	项目名称	主要完成人	主要完成单位
15	2004 医 -3 -001	肿瘤及其转移调控的基础研究	陆应麟、李春海、葛学铭、张金强、范文红、王　涛	军事医学科学院基础医学研究所、军事医学科学院附属医院
16	2004 医 -3 -002	造血干细胞及其相关的间充质干细胞和胚胎干细胞的基础与应用研究	毛　宁、张　毅、郭子宽、周　生、张明伟、刘　兵	军事医学科学院基础医学研究所
17	2004 医 -3 -003	激光诱发荧光光谱诊断早期肺癌的基础和临床初步研究	王　伟、李　辉、李家择、虞积耀、郑梦利、尚立群	中国人民解放军海军总医院、北京理工大学
18	2004 医 -3 -004	成人呼吸道合胞病毒感染对肺癌发生发展影响的研究	陈杭薇、尤兰华、钱桂生、辛庆红、杜玉国、李继成	北京军区总医院、第三军医大学新桥医院
19	2004 医 -3 -005	粪尿分集式生态卫生厕所在中国应用与推广可行性研究	王俊起、刘家义、孙凤英、王友斌、吴良有、潘顺昌	中国疾病预防控制中心环境与健康相关产品安全所
20	2004 医 -3 -006	颈椎间盘退变机制的研究	彭宝淦、侯树勋、贾连顺、施　杞、王拥军、吴闻文	中国人民解放军第 304 医院、第二军医大学附属长征医院、上海中医药大学
21	2004 医 -3 -007	一种引起脑炎、无名热的新病毒——Colti 病毒的发现	陶三菊、徐普庭、陈伯权、杨冬荣、王焕琴、徐丽宏	中国疾病预防控制中心病毒病预防控制所
22	2004 医 -3 -008	肺癌危险度与室内氡关系研究	王作元、鲁　宾、王陇德、陆　丝、张守志、包易思	中国疾病预防控制中心辐射防护与核安全医学所、美国国立癌症研究所
23	2004 医 -3 -009	严重急性呼吸综合征(SARS)的临床病理及应用研究	赵景民、周光德、孙艳玲、杨建法、王德文、李文淑	中国人民解放军第 302 医院、军事医学科学院放射医学研究所
24	2004 医 -3 -010	认知电位冲突性负波——N270 的发现及大脑认知冲突处理系统的皮层同定	王玉平、李莉萍、张　熙、崔莉莉、毛　薇、田书娟	首都医科大学宣武医院
25	2004 医 -3 -011	经冠状动脉消融肥厚心肌治疗肥厚型梗阻性心肌病的综合研究	吴学思、姜腾勇、贾长琪、吕　强、张　崟、韩智红	首都医科大学附属北京安贞医院心内科
26	2004 医 -3 -012	DeBakeyIII 型夹层动脉瘤的治疗策略和优选手术方法的临床研究成果总结	孙衍庆、张宏家、董培清、侯晓彤、谢进生、刘愚勇	首都医科大学附属北京安贞医院

（续表）

序号	获奖编号	项目名称	主要完成人	主要完成单位
27	2004医-3-013	腮腺对机体硝酸盐代谢的影响	王松灵、夏登胜、邓大君、李　钧、张　昕、孙　涛	首都医科大学附属北京口腔医院、北京市肿瘤防治研究所
28	2004医-3-014	神经干细胞移植治疗大鼠中枢神经系统损伤的体内外研究	安沂华、刘　暌、王红云、高之宪、程小燕、闫长祥	北京市神经外科研究所
29	2004医-3-015	北京公共健康安全体系资源调查、现状及其应急体系和机制建设研究	高　星、金大鹏、曹务春、罗会英、梁万年、娄　云	北京市预防医学研究中心、北京市卫生局、军事医学科学院、中国疾病预防控制中心、首都医科大学、北京急救中心、中华人民共和国北京出入境检验检疫局
30	2004医-3-016	复兴社区卫生服务模式的建立和效果效益评价	杜雪平、梁万年、席修明、周海虹、路孝琴、郭爱民	首都医科大学附属复兴医院、首都医科大学公共卫生与家庭医学学院
31	2004医-3-017	UroplakinII基因和启动子在人膀胱癌中的研究	郭应禄、朱宏建、张智清、辛殿祺、席志军、叶雄俊	北京大学第一医院、中国疾病预防控制中心病毒病预防控制所
32	2004中-3-001	椎间盘源性腰腿痛诊治规范化临床研究	蒋位庄、周　卫、张禄堂、张世民、章永东、李　星	中国中医研究院骨伤科研究所
33	2004中-3-002	痰瘀同治方对冠心病心绞痛血管内皮损伤保护作用的研究	韩学杰、沈绍功、张立石、高　峰、傅妤娟、鞠大宏	中国中医研究院基础理论研究所、中国中医研究院望京医院、北京中医药大学东直门医院
34	2004中-3-003	不同侧头皮电针治疗中风的SPECT研究和临床观察	王　凡、贾少微、王丽平、郭长春、周　炜、李建媛	北京中医药大学附属护国寺中医医院、北京大学深圳医院
35	2004中-3-004	解毒祛湿、益气养阴法治疗SARS的临床研究	张允岭、张晓梅、姜良铎、周平安、谭湘恒、金跃文	北京中医药大学东方医院、北京丰台铁营医院、北京丰台南苑医院、北京博爱医院
36	2004中-3-005	电针合谷和三阴交穴增强药物流产作用的研究	朱　江、张露芬、马良宵、贺稚平、程　凯、袁　红	北京中医药大学
37	2004药-3-001	衰老生物学指标和模型的研究及其在医药学研究中的应用	李电东、蔡年生、宋　旭、王　真、邓洪斌、刘琼岩	中国医学科学院 中国协和医科大学、医药生物技术研究所
38	2004药-3-002	海洛因来源的检验和鉴定技术研究	石学军、袁增平、张大明、孙　伟、汪聪慧、张新威	北京市刑事科学技术研究所
39	2004药-3-003	重组人白介素-11的研制和应用	徐明波、陈　遥、吴彦卓、王勇波、卢安京、李亚军	北京双鹭药业股份有限公司

（续表）

序号	获奖编号	项目名称	主要完成人	主要完成单位
40	2004电-3-001	广播电台数字音频录音、制作和自动化播出系统	朱　峰、刘　澎、姬海啸、苏　强、李清斌、王建军	中央人民广播电台、杭州联汇数字科技有限公司、中国科学院声学研究所
41	2004电-3-002	华为ETS系列无线固定终端	苏立清、吴世敏、王银锋、范永生、方　飞、杨春旭	华为技术有限公司北京研究所
42	2004电-3-003	数字音频广播(DAB)激励器及接收机	冯传瑾、董在望、温仲文、龙　平、张江辉、张　峰	北京北广电子集团有限责任公司、清华大学
43	2004电-3-004	UV-2100型双光束紫外可见分光光度计	赵　林、张爱民、李　源、阮海洋	北京瑞利分析仪器公司
44	2004电-3-005	华北电网有限公司供电生产管理信息系统	邵允临、许凌峰、朱益强、王国春、康健民、沈玉娟	华北电网有限公司、浙江大学快威科技集团有限公司、华北电力科学研究院
45	2004电-3-006	循环冷却水系统中凝汽器铜管腐蚀在线监测技术的研究与应用	张秀丽、安洪光、谢生源、王应高、莫　逆、郑丽群	华北电力科学研究院有限责任公司、中国科学院金属研究所、北京大唐下花园电厂
46	2004电-3-007	AO/DI应用研究	蒋念玲、王福乐、孟树森、高　兰、李　虹、马泽芳	中国网通集团研究院
47	2004计-3-001	数字水印在版权保护和多媒体安全中的应用	谭铁牛、王阳生、王蕴红、刘瑞祯	中国科学院自动化研究所
48	2004计-3-002	网上虚拟展览软件开发及应用示范	彭　洁、吴远彬、张　旭、刘　敏、包献华、张　莞	北京万方数据股份有限公司
49	2004计-3-003	北京邮政报刊集中订销网络系统	孙莲春、向和平、张建辉、赵岫枫、郑卫军、张艳玲	北京市邮政科学研究所、北京市邮政管理局公众服务处
50	2004计-3-004	多字体印刷藏文(混排汉英)文档识别系统	丁晓青、彭良瑞、王　华、刘长松、方　驰、于洪志	清华大学、西北民族大学
51	2004计-3-005	计算机信息系统在农村管理中的应用	熊文武、张文华、方书广、郄　蕙、万　敏、陈纪山	北京市农村合作经济经营管理站、广东金宇恒科技有限公司
52	2004计-3-006	计算机电磁防护设备	房非拉、胡贤英、王桂英	北京安方电磁屏蔽技术开发中心
53	2004计-3-007	BI-Pilot企业级通用商业智能开发平台	李　东、彭建峻、陈　波	博易智软(北京)技术有限公司
54	2004计-3-008	清华同方eBuilder	郑名扬、夏　亮、王树岭、王忠诚、王　为、李树秋	清华同方股份有限公司
55	2004计-3-009	统一的身份认证和访问控制系统	杨仁超、李志录	北京格方网络技术有限公司

（续表）

序号	获奖编号	项目名称	主要完成人	主要完成单位
56	2004计-3-010	HSPM001综合保护测控装置	左　新、武书龙、李　征、陈洪茹、赵云飞、陈华明	北京和利时系统工程股份有限公司
57	2004工-3-001	盲文复印机	王树彬	中国康复研究中心中国康复工程研究所
58	2004工-3-002	俄罗斯有关核动力规范与ASME规范及RCC-M规范对比分析	张树军、李治国、孟　蕾、杜爱玲、吴清可、赵元龙	机械科学研究院
59	2004工-3-003	XX艇反应堆冷却剂主泵可靠性研究	刘振领、郑从伟、顾唯明、戴积林、陈锦业、张燕宏	机械科学研究院
60	2004工-3-004	气垫船围裙试验振动平台系统	王敬永、李　辉、刘桂香、温　茜、李晓涛、朱晓民	北京机械工业自动化研究所
61	2004工-3-005	TS-65型耐温抗盐聚合物的研究	欧阳坚、杨怀军、孙广华、李玉萍、朱卓岩、徐伟生	中国石油勘探开发研究院油田化学所、中国大港油田公司采油工艺所
62	2004工-3-006	基于石油及流通领域、电子商务、ERP用途的物资分类与编码在线应用系统	古学进、皮声洪、高　雪、王文革、李　伟、赵明清	中国石油勘探开发研究院计算机应用技术研究所
63	2004工-3-007	西气东输管道工程遥感技术的应用	张友焱、王冰怀、陈希吾、张一民、邹立群、吴培红	中国石油勘探开发研究院遥感所、中国石油天然气管道工程有限公司
64	2004工-3-008	遥感及GIS技术在中国西部塔里木盆地库车地区油气勘探的应用及环境影响评估	于五一、董文彤、郭建军、刘　扬、齐小平、邹立群	中国石油勘探开发研究院测井与遥感技术所
65	2004工-3-009	在用压力容器氢鼓包检验、修复补焊与预防措施的试验研究	卢洪亚、丁介仁、王旭辉、赵兵银、王晓雷、赵德湛	中国通用机械工程总公司、国家质量监督检验检疫总局特种设备安全监察局、保定市锅炉压力容器和特种设备监督检验所、保定市燃气总公司
66	2004工-3-010	超强多功能阻聚剂BL-628	刘宽胜、罗炳仁、孙双印、曲天煜、张清元、高志礼	北京斯伯乐科技发展有限公司
67	2004工-3-011	35kV级24脉波城市轨道交通用成套牵引整流设备	王百升、高　萍、孙根会、丁春立、何宝振、宋钦刚	北京变压器厂有限公司
68	2004工-3-012	首钢连铸小方坯结晶器铜管长寿技术研究	齐德志、蔡宝春、刘建辉、王吉航、李本海、许晓东	首钢技术研究院、烟台首钢东星(集团)结晶器有限公司、首钢第二炼钢厂、首钢第三炼钢厂

（续表）

序号	获奖编号	项目名称	主要完成人	主要完成单位
69	2004 工 -3 -013	磁铁矿磨选工艺技术升级	郝树华、徐景海、曹青少、卞春富、蒋文利、周宏强	首钢矿业公司
70	2004 工 -3 -014	XK - 500F 型带肋钢筋轧辊月牙槽数控加工机床	叶佩青、汪劲松、杨育平、段广洪、徐康宁、王立平	清华大学、南通迪宇机械有限公司
71	2004 工 -3 -015	高速线材轧机网络监测诊断系统	高立新、陶荣伟、魏厚培、雷　迅、徐才发、周凤星	北京工业大学、武汉钢铁有限责任公司大型轧钢厂
72	2004 工 -3 -016	基于网络的制造系统智能监控技术	费仁元、王　民、杨建武、杨文通、吴季茂、徐洪安	北京工业大学
73	2004 工 -3 -017	高陡边坡窄台阶控制爆破研究	杨　军、黄风雷、钟冬望、陈鹏万、胡　刚、吕淑然	北京理工大学
74	2004 工 -3 -018	具有智能图像分析的光机电一体化火化机烟尘排放控制系统	王为真、徐小力、张凤山、张祖刚、韩肇庆、李乔松	北京机械工业学院、北京市八宝山殡仪馆
75	2004 工 -3 -019	铁道车辆车轮轮辋超声数字成像探伤系统	魏　兴、刘长海、张玉云、车丕堂、徐振民、鄂　刚	北京铁路局车辆处、北京双河理声自动化检测技术有限公司
76	2004 工 -3 -020	真空循环熏蒸技术及设备的研究	魏传忠、汪万春、武国栋、段　刚、夏　杨、李建光	中华人民共和国北京出入境检验检疫局
77	2004 城 -3 -001	大面积清水饰面混凝土施工综合技术的开发与应用	张金序、王祥明、肖晋辉、万蒙义、周鹏华、胡　鏖	中国建筑第三工程局(北京)
78	2004 城 -3 -002	高舒适度低能耗健康建筑技术在锋尚国际公寓工程中的研究与应用	张在东、田　原、杨玉萍、刘月莉、罗继杰、江良明	北京锋尚房地产开发有限公司、北京威斯顿建筑设计有限公司、北京建工集团有限责任公司总承包二部、中国建筑科学研究院建筑物理研究所、中国人民解放军空军工程设计研究局、北京锦绣大地房地产开发有限公司
79	2004 城 -3 -003	空间膜结构设计施工及成套技术研究	蔡兴东、林远征、李中立、孟庆宇、王基盛、袁英战	北京市建筑工程研究院
80	2004 城 -3 -004	预应力斜拉悬臂桁架空间钢结构综合施工技术	李　东、韩　朋、游大江、张　伟、高玉兰、张海峰	北京市机械施工公司
81	2004 城 -3 -005	瑞雷波及高频电磁波技术在北京地区基础工程及工程勘察中的应用研究	钟　和、谢昭晖、陈昌彦、凡友华、吴学方、沈小克	北京市勘察设计研究院

（续表）

序号	获奖编号	项目名称	主要完成人	主要完成单位
82	2004 城 -3 -006	城市轨道交通高架结构综合设计技术研究	冯爱军、尹　骁、张晓林、朱悦明、延　波、任　静	北京城建设计研究总院、铁道部科学研究院、铁道专业设计院
83	2004 城 -3 -007	“绿色施工”的研究与实践	戴龙文、李洪海、马　昕、赵国恒、高华杰、杨永波	中建一局建设发展公司
84	2004 城 -3 -008	采暖、空调系统计算机辅助设计的应用	万水娥、贺克瑾、马晓钧、孙敏生、王福林、燕　达	北京市建筑设计研究院
85	2004 城 -3 -009	体育建筑设计规范（JGJ 31 -2003，J 265 -2003）	马国馨、单可民、曹　越、孙东远、项端祈、马晓钧	北京市建筑设计研究院
86	2004 城 -3 -010	钢 -混凝土组合梁疲劳性能的试验研究	聂建国、崔玉萍、范　良、杨党旗、彭国荣、李建军	北京市市政工程研究院、清华大学
87	2004 城 -3 -011	沥青混凝土低噪声路面技术研究与示范工程	张　汎、刘彦林、胡达平、徐　民、庄树春、李　东	北京市市政工程总公司、北京市劳动保护科学研究所、北京市市政工程设计研究总院、北京市环境保护局、北京市政建设集团有限责任公司、北京路新沥青混凝土公司
88	2004 城 -3 -012	中华人民共和国行业标准《城市热力网设计规范》CJJ34 -2002	尹光宇、段洁仪、冯继蓓、何方渝、赵海涌、郭幼农	北京市煤气热力工程设计院有限公司、天津市热电设计院
89	2004 城 -3 -013	桥梁桩基承台及大悬臂板的内力分析和试验研究	王　健、刘能文、张连普、刘庆仁、王毅娟、张　恺	北京建筑工程学院、北京市市政工程设计研究总院研究所
90	2004 城 -3 -014	北京市基础地理信息地图系统	冯学兵、陈　倬、刘　鹏、李兆平、罗晓燕、袁燕岩	北京市测绘设计研究院
91	2004 城 -3 -015	水源热泵机组	范　新、郑兴旺、赵　濂、刘文池、刘　凯、王武平	清华同方人工环境有限公司
92	2004 环 -3 -001	ZW 轻板自动化生产线	杨文海、王　民、徐跃生、吴美潮	北京市紫微星实业总公司
93	2004 环 -3 -002	旋风分离器减阻技术与工业应用	王连泽、彦启森、周　律、王建军、刘成文、李文东	清华大学
94	2004 环 -3 -003	小麦粉和人发一级国家标准物质中稀土含量定值研究	卢国呈、王耐芬、刘虎生、尹　明、张淑贞、蔡绍勤	北京大学公共卫生学院、国家地质实验测试中心、中科院生态环境研究中心、北京有色金属研究总院、中国原子能研究院
95	2004 环 -3 -004	北京市农用车及运输用拖拉机尾气排放现状及对策研究	潘继维、张　欣、王振岐、孙　烈、何　涛、王丽洁	北京市农业机械监理总站、北京交通大学

（续表）

序号	获奖编号	项目名称	主要完成人	主要完成单位
96	2004 环-3-005	北京市大气中的 PM10 的微区形貌及有害元素组成分析	邵龙义、时宗波、李　红、贺桃娥、吕森林、李金娟	中国矿业大学（北京校区）
97	2004 环-3-006	移动式污泥无害化处理装置	汪浩洁、罗　敏、李立明、黄志达、齐京军、魏祝明	清华同方股份有限公司
98	2004 市-3-001	查询应答器系统	杨志杰、钱路路、赵海东、郑　升、王喜军、徐　宁	铁道科学研究院通信信号研究所、沈阳铁路局电务处
99	2004 市-3-002	GCU-100HBC 铁路货车超偏载检测装置	李世林、姜会增、周用贵、程　伟、陈福平、屈文安	北京华横新技术开发公司
100	2004 市-3-003	城市道路交通系统畅通可靠性评价及优化理论研究	陈艳艳、刘小明、曲国胜、荣　建、邵长桥、梁　颖	北京工业大学
101	2004 市-3-004	车道宽度的研究	叶远春、李　东、张　仁、刘　勇、徐维红、龙　莉	北京市市政工程设计研究总院
102	2004 市-3-005	铁路机车轴承齿轮故障监控装置	唐德尧、邓恩书、谭自力、王定晓、宋辛辉、吴拥军	北京内燃机务段、北京唐智科技发展有限公司
103	2004 市-3-006	交通违章高分辨率电子监管系统	张永忠、李正熙、宋　浩、孙德辉、胡敦利、王　捷	北方工业大学
104	2004 材-3-001	一种抗氧化、耐高温腐蚀（1200℃）镍基合金的研制及应用	卢亚轩、刘万生、马惠萍、李殿国、周　波、颜晓峰	钢铁研究总院
105	2004 材-3-002	高性能长效钢铝两用散热器新型内防腐涂料	林乐耘、赵月红、崔大为、高　发、高峰明、王晓华	北京有色金属研究总院
106	2004 材-3-003	多层反射塑料复合彩虹膜研究及产业化	王佩璋、王　澜、刘万蝉、楼正文、叶志殷	北京工商大学、浙江省义乌市万鹤包装材料有限公司
107	2004 软-3-001	中国服务业发展战略研究	李善同、华而诚、王慧炯、杨伟民、许宪春、侯永志	国务院发展研究中心发展战略和区域经济研究部
108	2004 软-3-002	国际劳工标准对我国经济社会发展影响	刘铁民、耿　凤、张华俊、刘功智、张兴凯、钟茂华	国家安全生产监督管理局安全科学技术研究中心
109	2004 软-3-003	城市污水处理工艺与国产设备总体评价	刘长风、牟国超、楼上游、马士勋、邵彦青、王　涛	机械科学研究院、中国通用机械工程总公司
110	2004 软-3-004	可持续发展条件下资源资产理论与实践研究	姜文来、杨瑞珍、罗其友、陶　陶、唐　曲、李建平	中国农业科学院农业自然资源和农业区划研究所
111	2004 软-3-005	西部农村科技传播与普及体系研究	陈印军、杨瑞珍、尹昌斌、王　喆、张燕卿、于双民	中国农业科学院农业自然资源和农业区划研究所

（续表）

序号	获奖编号	项目名称	主要完成人	主要完成单位
112	2004软-3-006	旅游景点(区)容量测算与旅游客源预测研究	温子吉、方泽华、于临溏、牛亚菲、鲍　红、康永莉	北京市旅游局规划统计处、中科院地理科学与资源研究所
113	2004软-3-007	中国典型城市现代化管理与北京市提升现代化管理水平实证研究	李金林、汪　涛、周立云、缪国平、费　翔、周　丽	北京理工大学、北京市政府研究室
114	2004软-3-008	北京现代化进程评价研究	张纪斯、马立平、王　军、林　寅、王宏燕、张修身	北京科学学研究中心、北京北方经济技术咨询公司、首都经济贸易大学
115	2004软-3-009	北京先行经济指数研究	于秀琴、邢志宏、丁文斌、王　敏	北京市统计局
116	2004软-3-010	首都创新服务体系示范工程——北京共享实验条件服务体系建设	丁　辉、董高应、陈舜琮、张　静	北京科学仪器装备协作服务中心
117	2004软-3-011	篮球教学训练优化控制模式的应用研究	王守恒、钟添发、郑　钢、薛正武、张　凡、胡晓钢	首都体育学院

资料来源：北京市科学技术奖励公报(2004)

1985—2004年北京地区专利申请一览表

单位：件

项　目 日　期　(年)	发明	实用新型	外观设计	合计
1985	754	720	66	1540
1986	535	1091	66	1692
1987	523	1796	106	2425
1988	702	2494	146	3342
1989	742	2408	194	3344
1990	830	3214	240	4284
1991	1023	3324	277	4624
1992	1340	4493	483	6316
1993	1483	4931	558	6972
1994	1506	4666	680	6852
1995	1252	4372	738	6362
1996	1441	4255	899	6595
1997	1677	3668	968	6313

（续表）

项目 日期（年）	发明	实用新型	外观设计	合计
1998	1754	3444	1123	6321
1999	2062	4045	1616	7723
2000	3409	4984	1951	10344
2001	4984	5114	2076	12174
2002	5785	5920	2137	13842
2003	7833	6665	2505	17003
2004	8608	6321	3473	18402

资料来源：北京市知识产权局

1985—2004年北京地区专利授权一览表

单位：件

项目 日期（年）	发明	实用新型	外观设计	合计
1985—1986	43	408	40	491
1987	102	630	44	776
1988	169	1147	60	1376
1989	207	1497	85	1789
1990	216	1932	120	2268
1991	263	1917	189	2369
1992	312	2724	229	3265
1993	530	4780	496	5806
1994	368	3245	301	3914
1995	328	3169	528	4025
1996	246	2563	486	3295
1997	281	2340	706	3327
1998	309	2522	969	3800
1999	573	3948	1308	5829
2000	1074	3463	1368	5905
2001	946	3600	1700	6246
2002	1061	3721	1563	6345
2003	2261	4244	1743	8248
2004	3216	3956	1833	9005

资料来源：北京市知识产权局

2004年北京技术市场交易一览表

项　　目	2003年	2004年	比上年增长(%)
合同数(项)	32173	35549	10.49
流向本市	15971	16706	4.60
流向外省市	15837	18473	16.64
技术出口	365	370	1.37
成交总额(亿元)	265.49	425.00	60.08
流向本市	119.48	220.19	84.28
流向外省市	132.47	165.75	25.12
技术出口	13.53	39.06	188.70
其中技术交易额(亿元)	226.81	387.48	70.84
实现合同数(项*次)	20189	21345	5.73
实现成交总额(亿元)	119.87	242.39	102.21
其中实现技术交易额(亿元)	113.90	237.08	108.15
技术卖方机构(个)	4066	4608	13.33
技术买方机构(个)	21774	22554	3.58

资料来源:北京技术市场管理办公室

附 录

APPENDIX

北京市科技管理机构

建设中关村科技园区领导小组及其办公室

The Leading Group and Its Offices for Constructing Zhongguancun Science Parks

建设中关村科技园区领导小组的主要职责是研究和决定园区建设发展、制度创新的重大事项。领导小组办公室主要负责贯彻落实市委、市政府和建设中关村科技园区领导小组决定的重大事项；听取和讨论企业家咨询委员会的意见、建议和报告；组织、协调推进园区有关制度创新、空间规划和产业规划、重大产业化项目等工作。

组　长：	王岐山	北京市市长
	徐冠华	科技部部长
	周　济	教育部部长
成　员：	马颂德	科技部副部长
	赵沁平	教育部副部长
		国家发改委(成员待定)
	张少春	财政部部长助理
	仇保兴	建设部副部长
	陈　健	商务部部长助理
	张　勤	国家知识产权局副局长
	沈仁干	国家版权局副局长
	屠光绍	中国证监会副主席
	杨柏龄	中国科学院副院长
	邬贺铨	中国工程院副院长
	陈佳洱	国家自然科学基金委员会主任
	范伯元	北京市副市长
	陆　昊	北京市副市长
	许智宏	北京大学校长
	顾秉林	清华大学校长
	柳传志	企业家咨询委员会主任委员
	邓中翰	企业家咨询委员会执行副主任委员

领导小组下设办公室，办公室主任由范伯元兼任。

北京市科学技术委员会

Beijing Municipal Science and Technology Commission

北京市科学技术委员会是北京市政府管理全市科技工作的综合部门，主要职责是：

(一) 贯彻落实国家有关科技工作的法律、法规以及战略、方针、政策；组织制定本市科技发展和科技促进经济与社会发展的战略、政策;研究起草有关科技方面的地方性法规、规章草案并组织实施。

（二）组织编制本市科技发展中长期规划、年度计划;研究确定本市科技发展的布局和优先发展领域;推动本市科技创新体系和科技服务体系的建设。

（三）组织制定全市应用基础性研究、高新技术发展以及重大科技成果应用研究的政策措施;负责组织制定重大应用基础性研究计划、高新技术研究发展计划、科技攻关计划、科技创新工程及社会发展科技计划,并指导实施。

（四）负责高新技术产业化发展工作;推动科技成果转化和应用技术的开发与推广;制定本市高新技术产业、科技企业发展的相关政策,推动高新技术产业、科技企业的发展;负责重大专项科技和重大科技产业工程的组织实施;推动农村科技工作,指导农业重大科技产业的示范工程。

（五）负责研究多渠道增加科技投入的措施;优化科技资源的配置;负责归口管理科学事业费、科技"三项费"和科技专项经费等有关经费的预算、决算及监督管理。

（六）研究制定本市科技体制改革的政策和措施;推动建立适应社会主义市场经济和科技自身发展规律的科技创新体制和科技创新机制;研究制定建立新型研究开发机构的政策;负责科研机构的资质管理;负责指导科研院所转制工作。

（七）负责本市技术市场及科技奖励、科技保密工作;配合有关部门负责与科技相关的知识产权的保护工作;制定科学技术普及规划和重点科普活动年度计划,推动全市科普工作;促进科技咨询、招标、评估等社会中介组织的发展。

（八）负责组织申报本市可持续发展实验区的工作,支持和指导可持续发展实验区的建设和发展。

（九）根据国家的方针、政策,研究制定本市科技合作与交流的政策;负责本市科技外事工作;负责与香港特别行政区、澳门特别行政区、台湾地区的科技合作与交流;会同有关部门组织技术出口和技术引进工作。

（十）研究科技人才资源的合理配置,提出充分发挥科技人员积极性、创造科技人才成长良好环境的相关政策;负责本市推荐两院院士的工作。

（十一）负责本市科技信息、科技统计和科技期刊管理工作。

（十二）指导协调本市各区、县和各部门的科技管理工作。

（十三）承办市政府交办的其他事项。

主　　任：马　林

副 主 任：刘振刚　杨伟光　朱宝风　曹凤国（兼）　田小平（兼）　俞慈声（3月免）

纪检组长：许焕岗

委　　员：王丽水　郑吉春　李石柱

地　　址：北京市西城区西直门南大街16号

邮　　编：100035

电　　话：66153389

网　　址：www.bjkw.gov.cn

内部机构设置：

办公室

负责本机关政务工作;负责公文处理、信息、议案、建议、提案和信访、档案、保密等工作,以及重要会议的组织工作;负责重要文件和会议决定事项的督查工作;负责组织起草有关重要文稿;负责机关的财务、资产管理,安全保卫工作;负责全市科技保密工作;承办科教方面的有关工作。

电　话：66153395

政策法规与体制改革处

组织起草有关科技方面的地方性法规、规章草案；研究制定科技体制改革的总体规划和政策措施；配合有关部门研究提出加强有关科技知识产权保护的政策；负责本市科研院所的转制工作；负责审核科研机构的组建和调整；对本部门制定的规范性文件进行合法性审核；负责行政执法监督工作；调查研究有关法律、法规、规章和政策的执行情况；承办本机关的行政复议、行政赔偿案件和行政诉讼的应诉代理工作；组织行政处罚听证工作。

电　话：66153406

发展计划处

研究提出本市科技发展的布局和优先发展领域，推动本市高新技术产业发展和科技创新体系、科技服务体系的建设；组织制定本市科技发展中长期规划，编制年度计划；提出科技计划的协调、综合平衡和经费配置的建议；协调重大新技术攻关项目的实施；研究提出本市国家工程研究中心、重点实验室、高新技术实验室的建设规划；组织编制、修订科技项目管理办法；研究制定本市关于科技成果的政策和办法；负责科技统计、科技信息工作；配合有关部门组织技术出口和技术引进工作。

电　话：66153416

条件财务处

负责市级科学事业费、科技"三项费"、科技专项经费和科技发展基金预算、决算及监督管理；负责筹措调度科技资金；推动科技经费的财务改革和财务会计制度的实施工作；研究科研条件保障方面的工作；负责指导管理单位的财务审计工作；负责制定直属单位基本建设计划并组织实施；负责直属单位国有资产的监管工作；负责试验动物的管理工作。

电　话：66153407

高新技术产业化处

负责本市高新技术企业的认证工作；制定高新技术和产业化发展的规划、措施并组织实施；研究制定本市高新技术产业发展的相关政策；负责技术创新服务体系的建设；指导"火炬计划"项目实施。

电　话：66153439

信息技术处

研究制定并组织实施促进本市信息技术、软件设计和光机电一体化领域发展的科技政策及有关计划；负责相关领域科研项目的选题、论证、定题以及重大科技攻关项目的组织实施与协调工作；制定传统产业科技发展战略、规划和措施，并组织实施，推动传统产业的科技体制改革；负责相关领域的重点实验室、高技术实验室、工程研究中心、科研中试基地的建设、发展工作；组织有关部门研究制定北京制造业技术领域的科技规划；负责先进技术及产业化的研究工作。

电　话：66153447

生物医药与新材料处

研究制定促进本市生物技术、医疗医药技术、新材料领域发展的科技计划、政策，并组织实施；负责相关领域科研工作和重大科技项目的选题、论证、定题以及重大攻关项目的实施；推动相关领域的产业化建设；负责相关领域的重点实验室、高新技术实验室、工程研究中心、科研中试基地的建设和发展工作；承办生物工程和新医药产业方面的有关工作。

电　话：66153451

农村科技发展处

指导协调农业方面的科技工作；组织实施农业科研、科技成果开发、推广应用和重大科技项目的选题、论证、定题工作；组织实施农村重大科技成果推广应用示范工程；指导农业科技领域的创新示范工作；推动乡镇企业科技进步；指导本市“星火计划”和科技扶贫、科技兴区（县）工作；负责相关领域的重点实验室、高技术实验室、工程研究中心、科研中试基地的建设和发展工作。

电　话：66153402

社会发展处

研究制定促进社会发展的科技政策及有关计划并组织实施；负责全市科普和城市发展、环保方面科研及重大科技项目的选题论证和定题工作；配合有关部门编制社会发展规划和年度计划；促进环保科技产业化的发展工作；负责相关领域的重点实验室、高技术实验室、工程研究中心、科研中试基地的建设、发展工作；承办可持续发展实验区方面的有关工作。

电　话：66153392

软科学处

负责本市软科学研究工作；负责本市科技信息、科技咨询和科技期刊的管理工作；负责组织协调本市各情报所及华北地区情报网络工作；负责市政府专家顾问团的选聘和日常工作；组织市政府专家顾问团对首都经济建设、城市建设、城市管理等方面的重大科技项目和课题进行咨询论证。

电　话：66153431

国际科技合作处

负责管理本市科技外事工作；起草有关科技外事工作的地方性法规、规章草案；组织实施与外国政府、地区间的科技合作与交流；负责在京举办双边国际性科技学术会议、出国举办科技展览会以及因公派遣临时出国科技人员考察和邀请国外人员来华进行科技活动的有关工作；负责对香港特别行政区、澳门特别行政区、台湾地区科技合作与交流工作。

电　话：66153430

人事教育处

负责本机关及直属事业单位干部队伍建设规划及部署的落实；负责本机关的人事管理工作；指导直属单位的人事管理工作；负责本市自然科学研究系列专业技术职务任职资格评定工作；负责本市科研单位培养研究生的管理和科技新星计划的实施工作。

电　话：66153409

机关党委

负责本机关及直属单位的党群工作。

电　话：66153410

纪检组

维护党的章程和其他党内法规，协助市科委党组加强党风建设，检查党的路线、方针、政策和决议的执行情况。负责贯彻落实市委、市政府、市科委关于加强党风建设的决定，完成市委、市政府关于反腐败的各项任务。受理党员的控告和申诉，受理对市科委党员、党员领导干部及违反党内纪律的控告和检举。检查党员和党员领导干部违反党的章程和其他党内法规的案件。负责市科委对党员党风廉政建设和遵守纪律的教育，做好党的纪检工作方针、政策和法律法规的宣传工作。组织和指导市科委纪检系统干部的培训工作。按干部管理权限负责对直属单位党组织领导干部的考察工作。承办市纪委、市科委党组交办的其他工作。

电　话：66153442

监察处

负责贯彻落实国家行政监察法规及市政府有关行政监察工作的决定，检查市科委遵守和执行法律、法规及市政府的决定、命令中的问题。受理市科委机关公务员及市科委任命的直属单位党政领导班子不服行政机关给予行政处分决定的申诉，以及法律行政法规规定的由监察处受理的申诉。

调查处理市科委机关公务员及市科委任命的其他人员违反行政纪律的行为。负责对市科委机关公务员及由市科委任命的直属单位其他人员遵守行政法规的教育，做好行政监察工作方针、政策和法律法规的宣传工作。按干部管理权限负责对市科委领导干部的考察工作。承办市监察局和市科委交办的其他工作。

电　话：66153442

中关村科技园区管理委员会

Administrative Committee of Zhongguancun Science Park

中关村科技园区管理委员会的主要职责是：

（一）贯彻落实国家有关法律法规和政策，研究提出园区的发展战略和规划，组织研究园区相关改革方案，促进可持续发展。

（二）研究拟定园区发展和管理的相关政策，参与起草相关地方性法规、规章草案。

（三）参与组织编制园区有关空间规划和产业规划。

（四）协调整合各类创新资源，开展高新技术研发及其成果产业化、投融资、人才资源、中介组织、知识产权保护、数字园区建设等方面的促进和服务工作。

（五）配合协调有关机构为园区企业提供世界贸易组织事务方面的服务，促进园区企业开展国际贸易。

（六）承担园区外事、宣传、联络和留学人员创业服务等工作。

（七）负责管理市财政拨付的园区发展专项资金，并协助有关部门监督专项资金的使用。

（八）指导各园的工作，承担建设中关村科技园区领导小组及其办公室的日常工作，负责园区企业家咨询委员会及园区内各类协会组织的联系工作。

（九）承办市政府交办的其他事项。

主　任：范伯元（兼）

副主任：戴　卫（常务）　任冉齐　夏颖奇　郭　洪

委　员：赵慕兰

地　址：北京市海淀区苏州街36号

邮　编：100080

电　话：82690500

传　真：82690506

网　址：www.zgc.gov.cn

内部机构设置：

办公室

负责本机关的政务工作；负责公文处理、信息、议案、建议、提案和信访、档案、保密工作，以及重要会议、活动的组织工作；负责重要文件和会议决定事项的督查工作；负责机关联络接待、服务保障、安全保卫等工作。

电　话：82690500

产业发展促进处

参与研究和制定园区产业规划和政策，督促落实发展高新技术企业的各项政策；参与重大高新技术成果产业化项目的认定；协调园区技术研发，重大高新技术企业项目的引进和扶持工作；受国家有关部门委托，负责组织园区企业科研项目和专项资金的申报工作；负责协调园区对外经贸工作。

电　话：82690520

规划建设协调处

研究制定园区发展规划并协调组织实施；参与组织编制园区的空间规划、土地利用规划和生态规划等工作；负责园区重大建设项目信息的收集和分析。

电　话：82690677

投融资促进处

负责研究提出园区投融资体系建设方案；研究分析园区投融资发展状况，并提出政策建议，搭建园区投融资政策平台；推动园区企业的股权交易和上市融资工作；组织协调投融资机构为园区产业发展提供支持，发展适合园区企业的多种融资方式，促进科技与金融的结合。

电　话：82690614

人才资源处(人事处)

研究提出园区人才资源发展战略规划和人才市场体系建设的建议；研究拟定园区吸引人才的有关政策，并协调组织实施；负责园区有关留学人员创业的服务工作；负责本机关及所属单位的干部、人事及机构编制管理工作。

电　话：82690613

中介服务体系建设处

研究提出园区行业协会、中介组织的发展规划，组织制定有关政策；促进园区中介组织发展、信用体系建设等工作。

电　话：82690608

信息化工作处

组织研究提出园区信息化建设规划并协调推进实施；负责园区信息统计数据的综合分析利用；负责协调建立统一的园区信息管理与服务体系、预测预导系统、经济运行和企业评测系统；负责管理园区的网站建设，推进园区电子政务和数字园区建设工作。

电　话：82691721

国际交流合作处

负责园区的国际交流与合作工作；负责园区派遣人员因公临时出国(境)和邀请外国经贸科技人员来华事项的审批工作；负责园区驻海外联络处的建设、联络和管理工作。

电　话：82690609

研究室(世界贸易组织事务与知识产权工作处)

负责园区体制和机制创新及其配套改革措施的研究工作；组织研究园区发展建设中的重要问题，并提出相关对策、建议；负责协调园区知识产权促进和保护工作；配合协调有关机构为园区企业提供有关世界贸易组织事务方面的服务；组织起草贯彻落实《中关村科技园区条例》的有关配套政策，并监督实施。

电　话：82690514

宣传处

负责园区宣传工作，制定园区宣传方案并组织实施；组织园区新闻发布会；组织园区重要活动、重要工作的新闻报道工作。

电话：82690510

财务处

负责园区发展专项资金预算编制和管理工作;协助有关部门监督专项资金的管理使用;负责园区的建设与发展专项资金的内部审计工作;负责本机关的财务工作。

电　话: 82690616

机关党委

负责本机关及所属单位的党群工作。

电　话: 82690418

纪检、监察机构按有关规定派驻。

北京市知识产权局

Beijing Intellectual Property Office

北京市知识产权局是主管全市专利工作和统筹协调涉外知识产权事宜的市政府直属机构。主要职能是:

(一) 统筹协调本市涉外知识产权事宜;负责本市专利工作的对外联络、国际合作与交流活动。

(二) 组织研究本市知识产权方面的重大问题;协调建立本市知识产权保护和创新体系。

(三) 组织制定本市专利工作发展规划、年度计划和专利信息网络规划;研究起草本市专利管理的地方性法规、规章草案和政策、措施,并组织实施。

(四) 组织开展《中华人民共和国专利法》及相关法规的宣传普及工作;制定本市有关知识产权的宣传教育与培训工作规划。

(五) 负责本市专利行政执法工作,依法处理专利纠纷和查处冒充专利行为;协调本市知识产权综合执法工作。

(六) 建立并完善本市专利工作体系。

(七) 负责规范并管理专利技术市场;管理专利权转让合同、专利实施许可合同和专利申请权转让合同备案工作;负责北京地区专利代理机构的审核报批及年检工作。

(八) 管理和监督专利申请资金及专利实施资金;组织和推动重大专利技术的实施。

(九) 联络和协调知识产权各主管部门的相关工作。

(十) 承办市政府交办的其他事项。

局　长:刘东威

副局长:周　砚　李鸿杰

地　址:北京市西城区德胜门东大街 8 号东联大厦二层

邮　编:100009

电　话: 84080089

网　址:www. bjipo. gov. cn

内部机构设置:

办公室

负责本单位政务工作;负责公文处理、档案、保密、议案、建议、提案工作;负责重要文件和会议决定事项的督查工作;负责人事、财务、审计、纪检监察、安全保卫、外事接待和党群等工作;统筹协调本市涉外知识产权事宜;参与知识产权方面的涉外谈判;负责本市专利工作对外联络、国际合作与交流活动。

电　　话：84080089

电子邮箱：bangs@ bjipo. gov. cn

条法处

组织研究本市有关知识产权的地方性法规和规章草案；起草本市有关专利的地方性法规、规章草案；对本部门制定的规范性文件进行合法性审核；组织实施专利纠纷案例、涉外案例的报告制度；承办本单位行政赔偿案件和行政诉讼的应诉代理工作；组织行政处罚听证工作；负责专利法执法监督工作；负责培训本市专利执法人员；负责专利防伪标志的审查、监制工作。

电　　话：84080090

电子邮箱：tiaofachu@ bjipo. gov. cn

知识产权协调处（北京市知识产权办公会议办公室）

负责组织拟定本市知识产权发展规划与战略；协调建立知识产权保护和创新体系；协调有关部门查处侵犯知识产权的重大案件；指导本市知识产权方面社会团体的有关工作。

电　　话：84080092

电子邮箱：xietiaochu@ bjipo. gov. cn

专利管理处

负责研究制定本市专利工作的发展规划和年度计划，并组织实施；组织建立和健全专利工作体系；指导并协调本市各部门专利管理工作；管理和监督专利申请资金；负责专利方面的宣传、教育及培训工作；负责北京地区专利代理机构的审核、报批及年检工作；负责专利服务人员的资格认定工作；指导本市专利方面社会团体的有关工作。

电　　话：84080096

电子邮箱：guanlichu@ bjipo. gov. cn

专利执法处

负责制定本市专利执法的规划、计划；依法处理专利纠纷；打击和查处冒充专利行为；为涉及专利权案件的有关部门或当事人提供咨询、鉴定意见或技术判定；负责进出口贸易中专利认定工作及涉嫌侵权的专利技术或产品的调查和处理。

电　　话：84080098

电子邮箱：zhifachu@ bjipo. gov. cn

专利实施处

负责制定本市促进专利技术开发与实施发展规划和措施办法，并组织实施；负责重大专利技术的实施工作，管理和监督专利实施资金；负责管理本市专利技术市场；负责专利技术合同的认定、登记、备案工作；负责有关经济活动中涉及专利管理等工作；配合相关部门，对以专利权为主要内容的无形资产进行评估。

电　　话：84080080

电子邮箱：shishichu@ bjipo. gov. cn

北京市科学技术协会

Beijing Association for Science and Technology

北京市科学技术协会是北京地区科学技术工作者的群众组织，由全市性学会、协会、研究会、区县科协、企事业单位科协和高校科协组成，是中国科学技术协会的地方组织。北京市科协成立于1963年7月，现拥有市级学会、协会、研究会142个，区县科协18个，企业科协172个，高校科协8

个,共有以科学家、工程师为主体的会员30多万人。北京市科协在中国共产党的领导下,团结和组织科学技术工作者,广泛开展"学术交流"、"科学普及"、"咨询服务"、"科学技术季谈会"、"金桥工程"、"科技周"等多种活动。北京市科协为促进科学技术的繁荣和发展,促进科学技术的普及和推广,促进科技与经济的结合,促进科学技术人才的成长和提高做出了贡献。

北京市科协第六届委员会主席、副主席

主　　席:陈佳洱

副 主 席:(按姓氏笔画为序)

马国馨　方智远　王力军　王阳元　田小平　刘培温　许达哲　张开逊

张丽英　荣国威　贺慧玲　倪维斗　陶铁男　高佐之　曹凤国

党委书记:田小平

秘 书 长:罗忠仁

地　　址:北京市朝阳区育慧里4号

邮　　编:100101

电　　话:84635008

传　　真:84655007

网　　址:www. bast. net. cn

内部机构设置:

办公室

负责公文处理、信息、档案、机要、保密、来信来访、安全保卫工作,以及重大活动和重要会议的组织协调工作;负责重大决定事项的督查工作;负责征集并上报科技工作者建议。

电　　话:84655007

电子邮箱:bastbgsh@ bjkp. gov. cn

计划财务部

负责编制机关行政事业费及有关专项经费的预、决算;负责机关财务及固定资产管理;负责对直属事业单位的财务工作进行指导、监督、审计;负责本系统综合统计工作。

电　　话:84634998

电子邮箱:bastjcch@ bjkp. gov. cn

人事部

负责本机关干部队伍建设工作;负责本机关的人事管理工作;指导直属单位人事管理工作;负责离(退)休人员的管理和服务工作。

电　　话:84644971

电子邮箱:bastrsch@ bjkp. gov. cn

调研宣传部

负责组织市科协系统重大问题的调查研究;承办上级有关部门交办的调研课题;负责有关重要文件、报告和讲话的起草;会同有关部门提出和拟定北京市科协发展战略,拟定有关规章制度;参与北京市有关法规的拟定工作;指导、协调本机关的法律事务;负责《北京科协》的编辑;负责市科协重大活动的宣传和新闻报道工作;负责有关学会期刊的业务指导。

电　　话:84644973

电子邮箱:bastxxbu@ bjkp. gov. cn

学会部

负责对市科协所主管的学会、科技类社会团体进行监督管理；指导北京市科协系统的学术活动；组织协调北京市科协系统综合性、多学科、多领域的重点学术研讨活动；负责与所属市级学会的联系及业务指导；指导市级学会开展继续教育工作。

电　　话：84644977

电子邮箱：bastxhbu@ bjkp. gov. cn

科普部(基层部)

贯彻落实国家有关科普工作的方针、政策，制定市科协系统科普工作规划；组织开展全市性的科普工作，推广科普工作经验；负责联系、指导区县科协、企业科协、高校科协的工作；指导基层科协在社区、企业、农村、学校开展科普活动；指导基层科普场馆及设施的规划、建设与管理工作；协同市政府有关部门做好表彰奖励科普工作先进集体和优秀个人的工作。

电　　话：84634995

电子邮箱：bastkpbu@ bjkp. gov. cn

机关党委

负责本机关及所属事业单位的党群工作。

电　　话：84634972

电子邮箱：bastjgdw@ bjkp. gov. cn

北京市18区县科学技术委员会

Science and technology commissions of 18 districts and counties under the jurisdiction of Beijing municipality

单位名称	负责人	电　话	地　址	邮　编	网　址
东城区科学技术委员会	彭　湘	84039292	东城区交道口菊儿胡同33号B座103、104室	100009	www. dchst. com
西城区科学技术委员会	边群英	88064346	西城区二龙路27号	100032	www. bjxch. gov. cn
崇文区科学技术委员会	暴　剑	67110312	崇文区幸福大街32号	100061	www. cwkw. gov. cn
宣武区科学技术委员会	王国建	83976130	宣武区广安门南街68号	100054	www. bjxw. gov. cn
朝阳区科学技术委员会	吉广平	67310709	朝阳区松榆里43号楼	100021	www. bjchy. gov. cn
海淀区科学技术委员会	王鲁豫	62325613	海淀区北四环中路281号	100083	www. hdkw. gov. cn
丰台区科学技术委员会	陈　鹏	83656411	丰台区文体路2号3号楼304室	100071	www. ftti. gov. cn
石景山区科学技术委员会	李　艳	68863652	石景山区八角西街40号	100043	sjskw. bjsjs. gov. cn
顺义区科学技术委员会	李国震	69460334	顺义区光明南街	101300	www. bjshykw. com. cn
昌平区科学技术委员会	于　泓	69742863	昌平区府学路科技中心大楼	102200	www. bjchp. gov. cn
门头沟区科学技术委员会	张　永	69843260	门头沟区新桥大街40号	102300	mtgkw. nczx. cn
通州区科学技术委员会	季志会	69546592	通州区玉带河大街30号	101100	www. bjtzst. gov. cn
房山区科学技术委员会	张海鹏	89350219	房山区良乡政通路1号	102488	www. bjfsh. gov. cn
大兴区科学技术委员会	王自学	69244954	大兴区兴政街31号	102600	www. dxkw. gov. cn
延庆县科学技术委员会	王小川	69142014	延庆县城绿韵广场	102100	kewei. bjyq. gov. cn
怀柔区科学技术委员会	周怀明	69624893	怀柔城区湖光小区24号	101400	www. bjhr. gov. cn
平谷区科学技术委员会	陈占国	69963273	平谷区府前西街	101200	pgkw. bjpg. gov. cn
密云县科学技术委员会	吴志强	69042047	密云县西滨河路2号	101500	www. mykw. gov. cn

北京市科技服务机构

北京市高新技术成果转化服务中心

北京市高新技术成果转化服务中心是北京市政府成立的为北京市高新技术企业和北京市高新技术成果转化项目提供“一站式”服务的机构,为全额拨款事业单位。其主要职责是负责协调和落实北京市支持高新技术产业发展的有关优惠政策,促进高新技术成果在北京地区产业化。中心主要业务是受认定小组委托,承担北京市高新技术成果转化项目的受理、组织评审和对外公布工作,并负责高新技术成果转化项目和重大高新技术成果转化项目、科技中介机构、孵化基地、风险投资机构享受财政专项资金的受理、汇总和资金转拨工作。

地　　址:北京市朝阳区安翔北里甲 11 号创业大厦
邮　　编:100101
电　　话:64874216
传　　真:64878783

北京高技术创业服务中心

北京高技术创业服务中心是北京市科委直属的具有独立法人资格的事业单位,成立于 1989 年,是北京市最早的科技企业孵化器。地处中关村科技园区,紧邻京昌高速公路与北四环路,交通便利,环境优越。中心现有孵化场地 8300 平方米,面向国内外各类中小型科技企业,可提供办公科研用房、项目评估、年度审计、政策咨询、投融资咨询、法律咨询、成果鉴定、国内外人才培训、火炬计划项目申报、科技型中小企业创新基金项目推荐受理、国家科技重大项目及国家重点新产品评估监理等服务。

地　　址:北京市朝阳区安翔北里甲 11 号创业大厦
邮　　编:100101
电　　话:64853169
传　　真:64873536
网　　址:www. bjcy. net. cn
电子邮箱:chyzhx@ mail. bsti. ac. cn

北京工业设计促进中心

北京工业设计促进中心 1995 年 5 月成立,英文名称为 Beijing Industrial Design Center(简称 BIDC),是隶属于北京市科委的事业单位,也是国内最早成立、最具专业能力的知识型服务机构。2002 年始在北京生产力促进中心首都经济创新服务体系中从事工业设计,主要是利用工业设计的方法协助企业提高产品附加值和生产力。

地　　址:北京市海淀区北三环中路 31 号生产力大楼 B 座 912 室

邮　编：100029
电　话：82002055
传　真：82004066
网　址：www. bjidesign. com
电子邮箱：bidc@ bjidesign. com

北京技术市场管理办公室

北京技术市场管理办公室于1990年5月经北京市政府批准成立，在市科委的领导下，具体负责技术市场的管理、监督工作。主要职责是：

（一）负责宣传贯彻和组织实施有关技术市场的法律、法规和政策，组织调查研究并制定相应规章制度。

（二）负责对技术市场发展与技术交易活动实行规划管理与协调指导，负责技术市场表彰奖励工作。

（三）负责管理技术合同认定登记工作，管理技术合同登记机构并办理设立、撤销事宜，审核认定重大技术合同。

（四）负责审核技术交易中介服务机构和技术经纪人的资格，培训、考核技术市场经营管理人员。

（五）负责管理技术市场发展资金。

（六）负责技术市场统计和分析，发布技术市场信息。

（七）会同有关部门检查技术交易活动，依法处罚违法行为，调解技术合同纠纷，参与技术合同纠纷的仲裁。

（八）会同市财税部门落实技术市场财税优惠政策。

（九）会同有关部门开展国内外技术转移和技术市场的研究与交流。

（十）负责联系北京技术市场协会。

地　址：北京市西城区西直门南大街16号
邮　编：100035
电　话：66112558
传　真：66161862
网　址：www. cbtm. net. cn

北京市科学技术奖励工作办公室

北京市科学技术奖励工作办公室是由北京市机构编制委员会正式批准成立的、北京市科委直属事业法人单位，经费由财政拨款。其业务范围包括：承办北京地区科技奖励工作及授奖活动的有关技术性、服务和辅助性的工作；负责科技奖励的统计、数据分析工作；开展北京地区获奖成果的国际交流工作；负责北京地区社会力量设奖的审批和管理工作；北京市科委交办的科技成果的管理工作及承办政府部门交办的其他工作。

地　址：北京市西城区西直门南大街16号北楼一层西侧
邮　编：100035
电　话：66186832

传　　真：66187932
网　　址：www. bjjlb. org. cn

北京技术交易促进中心

北京技术交易促进中心是直属于北京市科委的事业单位。该中心主要是通过组织实施“提升技术交易参与者的交易能力、通畅技术交易的渠道与环节、建立健全技术交易服务体系”等各类促进业务活动，有效带动北京地区技术交易规模的扩大和质量提高，从而促进科技成果产业化和科技与金融的高效结合。中心“依托政府、面向社会、立足科技、促进交易”，通过集成与整合技术交易资源，构建权威的技术交易信息网络平台和规范运作的技术交易创新服务联盟，以“创新、敬业、诚信、协作”的精神竭诚为海内外技术交易客户的技术转移、技术融投资提供全面专业的服务。

地　　址：北京市海淀区苏州街甲49号
邮　　编：100080
电　　话：62578706
传　　真：62571175
网　　址：www. ctmnet. com. cn
电子邮箱：webmaster@ chinatis. com

北京市可持续发展科技促进中心

北京市可持续发展科技促进中心（SDPST）是北京市科委直属的具有独立法人资格的事业单位，其主要工作是：

（一）可持续发展实验区申报、推荐、管理。

（二）可持续发展实验区项目预选、推荐、示范、辐射及推广。

（三）可持续发展工作研究、可持续发展科普宣传。

（四）配合社会发展处进行社会发展领域（生态环境、能源、减灾防灾、资源利用、社区、社会安全、城乡建设、公用事业、文教体育、城市管理）科技项目（重大项目以外）的评估、项目监督等。

（五）社会发展领域相关调查、工作研究。

（六）科普工作联席会议办公室日常工作、联席会议通过计划、项目的具体落实。

（七）科普工作研究。

（八）组织各种类型的科普活动，联络区县科普工作联席会议办公室共同开展工作。

（九）组织国内外可持续发展实验区考察活动、科普考察活动。

（十）配合社发处开展其他相关工作（会议、展览、培训、科技周等）。

地　　址：北京市西城区西直门南大街16号北楼3层
邮　　编：100035
电　　话：66122492
传　　真：66122448
电子邮箱：sdpst@ 163. com

北京市科委农村发展中心

北京市科委农村发展中心主要开展农村科技项目申报、论证评审，农村科技信息成果、郊区资源以及科技政策的发布、宣传，农村科技发展课题研究，农村科技培训以及农村科技人才的引进等工作。

地　　址：北京市宣武区陶然亭路55号
邮　　编：100054
电　　话：63521511
传　　真：83522832
网　　址：www.nczx.cn
电子邮箱：nczx@nczx.com.cn

北京市科委人才交流中心

北京市科委人才交流中心是北京市科委直属的全民事业单位，成立于1995年，是专门从事人才交流、人才培训、人事代理、人才推荐等人力资源开发的综合性社会服务机构。

地　　址：北京市海淀区北三环中路31号生产力大楼9层
邮　　编：100088
电　　话：82004542
传　　真：82002310
网　　址：www.bjkjrc.com.cn
电子邮箱：webmaster@bjkjrc.com.cn

北京软件产业促进中心

北京软件产业促进中心(BITPC)隶属北京市科委，是市政府为推动"首都二四八重大创新工程"，推进北京软件产业发展而创建的一个创新服务平台。该中心作为北京软件产业基地建设协调会议的日常办事机构，承担北京IT产业的战略规划研究、重大问题协调、支撑体系建设、重点项目策划、种子资金管理、动态信息发布、国际交流、管理软件企业认定和软件产品登记等工作。

地　　址：北京市海淀区北四环中路238号柏彦大厦12层
邮　　编：100083
电　　话：82331717
传　　真：82332323
网　　址：www.bsw.gov.cn
电子邮箱：zhangp@bsw.gov.cn

北京生产力促进中心

北京生产力促进中心是由北京市科委组建并支持的不以盈利为目的的社会化科技服务机构。它致力于发展传播先进生产力，提升中小企业竞争能力，促进传统产业升级，集成首都生产力促进资源,推进北京生产力促进服务体系建设。该中心面向政府和企业两个主体提供服务。

(一)面向政府的主要服务内容

研究生产力发展的理论、模式及趋势,为宏观决策提供咨询服务;组织实施政府指导性的科技开发计划;对区县生产力促进中心进行资质认证,对地方政府提供区域和产业发展研究;承担政府委托交办的其他事宜。

(二)面向中小企业的服务内容

充分利用现代信息技术,帮助中小企业进行信息化建设,提升企业生产经营管理水平,提高市场竞争力;利用现代技术,帮助企业提高研发及技术创新能力,引入关键共性技术和先进适用技术,改造传统产业;开拓中小企业融资渠道,为中小企业进行中介服务;为中小企业提供企业辅导、生产管理、人力资源管理、财务管理、市场营销、质量管理等咨询服务,帮助企业提高现代管理水平;利用首都大型仪器设备协作网、工程技术中心、重点实验室,为中小企业提供仪器设备资源、工程技术资源、实验条件资源等方面的共享服务,仪器改造和升级服务,使首都资源利用效率最大化;为中小企业开拓国际合作渠道,组织企业出国考察、培训和展览展销,引进海外先进技术和管理人才。

地　　址:北京市海淀区北三环中路31号生产力大楼B座8层

邮　　编:100088

电　　话:82003608

传　　真:82003613

网　　址:www.bjpc.org.cn

电子邮箱:bjpc@bjpc.org.cn

北京生物技术和新医药产业促进中心

北京生物技术和新医药产业促进中心成立于1996年6月24日,主要任务是面向北京生物工程和新医药产业提供专业化服务。中心始终以发展北京生物工程和新医药产业为己任,密切与政府有关部门、科研机构、知名学府、制药企业及相关组织和学术团体的关系,充分发挥首都科技优势,大力促进产业进行广泛国际交流。该中心下设项目培育与投资管理部、战略研究部、行政与信息环境部、财务部。

地　　址:北京市海淀区学院路38号北京大学医学部会议中心一层南侧

邮　　编:100083

电　　话:82802488

传　　真:82802515

网　　址:www.newlife.org.cn

电子邮箱:public@newlife.org.cn

北京新材料发展中心

北京新材料发展中心隶属北京市科委,主要负责制定北京新材料领域规划、政策,进行发展战略研究;负责北京市新材料科技项目组织评估、论证和管理;组织北京新材料领域重大活动;参与北京新材料基地各园区的建设、新材料领域专业孵化器建设等;举办领域内研讨、展览、会议等交流活动;主办《新材料产业》月刊和新材料产业信息网站。

地　　址:北京市海淀区学院路30号方兴大厦5层

邮　　编：100083
电　　话：62341509
传　　真：62333998
网　　址：www. materials. net. cn
电子邮箱：infor@ materials. net. cn

北京市实验动物管理办公室

北京市实验动物管理办公室是经市人民政府批准成立、隶属于北京市科委的独立法人单位，其前身为北京市实验动物管理委员会办公室，负责本市行政区域内实验动物管理的协调工作。其主要职责是：

（一）受市科委委托，根据《实验动物管理条例》和《北京市实验动物管理条例》及其配套规章的规定，进行行政执法。

（二）负责北京地区实验动物许可证管理工作。

（三）负责北京地区实验动物及其相关产品的质量管理和从业人员的考核及岗位证书发放工作。

（四）受市科委委托，负责北京地区实验动物质量监督员队伍、实验动物质量检测机构、实验动物从业人员培训机构和实验动物屏障设施培训基地的管理工作。

（五）受科技部委托，负责全国实验动物许可证的备案管理工作、承担全国实验动物科学研究项目管理和全国实验动物信息网北京镜像站的管理工作。

（六）负责北京市实验动物管理委员会及其专家委员会的日常工作。

（七）根据实验动物科学发展要求，向市科委和科技部提出工作建议，并承担部分研究课题。

（八）组织并完成上级领导交给的其他任务。

地　　址：北京市海淀区西三环北路27号
邮　　编：100089
电　　话：68722982
传　　真：68722983
网　　址：www. Baola. org（北京）
电子邮箱：68722982@ sohu. com

北京科学仪器装备协作中心

北京科学仪器装备协作中心成立于1996年10月，上级主管部门是北京市科委。其主要职能是：

（一）协助政府和主管部门制定和实施北京地区仪器装备的购置计划，并进行相关决策咨询。

（二）北京地区仪器装备协作共用的组织、协调和管理。

（三）仪器装备的开发、改造、更新、维修和技术服务，促进北京地区科研条件的发展升级。

（四）构建北京地区科研条件体系，构建数字化、网络化、专业化的服务平台。

（五）开展与仪器装备相关的国际合作，推动仪器装备领域的国际交流。

地　　址：北京市海淀区西三环北路27号北科大厦
邮　　编：100089

电　　话：88412122
网　　址：www. kytj. com/index. asp
电子邮箱：master@ kytj. com

北京市自然科学基金委员会办公室

北京市自然科学基金委员会的宗旨是根据北京市科技、经济和社会发展的需要，加强和发展相应的基础性研究，发现和培养人才，以促进北京市科学技术进步，持续不断地支持首都经济和社会发展。北京市自然科学基金委员会的主要任务是根据国家科学技术发展方针、政策，结合首都经济和科技发展的需要，编制、发布项目指南；有效地运用自然科学基金资助手段，指导协调北京市基础性研究工作；组织推动重大和重点研究项目；促进研究成果向实用转化；支持有条件的青年科技人员承担项目，促进科技队伍的成长；组织和推动相应的国际合作和学术交流。北京市自然科学基金委员会实行科学基金制。主要机制是自由申请与定向引导相结合，同行评议，公平竞争，择优支持，辅以"指南"引导，严格选题，突出重点，追踪成效。

地　　址：北京市西城区西直门南大街 16 号
邮　　编：100035
电　　话：66161522
传　　真：66157137
网　　址：210. 76. 125. 39/zrjjh/zrjj
电子邮箱：nkyxxs@ public. bta. net. cn

北京软件产品质量检测检验中心

北京软件产品质量检测检验中心是经北京市编办批准，2002 年 7 月成立的拥有国际先进技术及设备的大型软件质量检测检验中心。中心坐落于中关村软件园孵化器大楼内，是北京市科委和北京市质量技术监督局联合建立的非营利性的专业软件测试机构，是北京市为规范软件产品市场秩序，帮助企业提高软件开发能力和质量保证能力，加速我国软件产品进入国际软件市场的重要技术支柱。北京软件产品质量检测检验中心为企业提供软件测试、咨询与培训服务，包括对软件产品的评测认证和对企业的测试外包服务。中心还开展软件测试技术研究，测试工具开发、软件测试规范、标准制定等业务。同时，北京软件产品质量检测检验中心还是北京软件产业基地公共技术支撑体系的管理运营实体，具体负责"三库四平台"的技术服务。

地　　址：北京市中关村软件园孵化器 3A 座
邮　　编：100094
电　　话：82825511
传　　真：82826408
网　　址：www. bsw. net. cn

北京科技协作中心

北京科技协作中心是市科委领导下的事业单位，是首都科技集团常设办事机构。首都科技集团理事会由中国科学院、中国工程院、中国机械科学研究院、中国医学（协和医学）科学院等在京科研院所和北京大学、清华大学等高等院校组成，是一个大型综合科技联合体，拥有两院院士近200位，拥有一大批国家级重点试验室、工程中心和质检中心，承担大量国家重点项目。以首都科技集团理事单位的强大科技实力为依托，北京科技协作中心围绕首都经济的发展，以多种形式的中介协作服务来促进科技创新和成果转化，促进科技与经济的结合，促进高新技术产业的发展，促进首都科技资源优势转化为经济发展优势。中心主要开展技术合同认证服务；组织科技成果推介及项目对接活动；组织项目技术评估和规划论证；组织科技示范工程及协调重大项目实施；提供科技政策咨询、投融资咨询和管理咨询服务；开展国际科技交流和技术贸易；为科技企业的市场开拓提供综合服务。

地　　址:北京市西城区西直门南大街16号西楼10层
邮　　编:100035
电　　话:66517145
传　　真:66518005
电子邮箱: bjxzzx@263. net

北京市科技金融促进会

北京市科技金融促进会是由北京市科委和在京部分金融、投资机构及科技企业联合发起，于1995年经北京市社会团体管理办公室注册登记成立的社会团体。其宗旨是:根据北京市科技、经济和社会发展需要，促进北京地区科技与金融的结合，多渠道筹集科技资金，推动科技成果商品化、产业化、国际化，优化资金效益，以促进科技进步。主要任务是:组织开展科技与金融结合的政策调研和理论研讨；汇集和传递科技与金融结合工作信息；开展国际合作与交流，组织举办国内外科技与金融结合的会议、讲学、考察、培训等有关活动；进行科技与金融对接的咨询服务，探索科技与金融结合的方向、模式和措施，交流经验；为北京市政府提出相关的政策建议；同时，通过信用评价体系平台的建设，为会员在融资、担保、投资、政府资金支持、商业往来以及宣传推广等方面提供快捷优惠的有服务。本会依托国家科技型中小企业技术创新基金、国家火炬计划、国家级重点新产品、北京市科技成果转化项目、北京科技孵化器及孵化项目等雄厚的科技资源和北京市近万家高新技术企业的地区优势，联通银行、国内外投资公司、担保公司、科技中介机构等，在科技产业与金融界之间、企业与政府之间构建桥梁和纽带，促进北京地区高新技术产业在规模化发展中的融、投资业务，推动首都科技经济的可持续发展。

地　　址: 北京市朝阳区安翔北里甲11号北京创业大厦C座220室
邮　　编: 100101
电　　话: 64853161
传　　真: 64853151
电子邮箱: bjtf@ bjtf. cn

中关村知识产权促进局

中关村知识产权局是北京市知识产权局的派出机构，面向中关村国家知识产权示范园区开展全方位的知识产权服务。主要提供国内外知识产权信息服务、专利技术转移服务和知识产权法律服务。

地　　址: 北京市海淀区知春路23号量子银座3层309室

邮　　编：100083
电　　话：82356351
传　　真：82356351

国家知识产权局北京专利代办处

国家知识产权局北京专利代办处是国家知识产权局设在中关村科技园区的派出机构，由北京市知识产权局代管。其主要职责是：受国家知识产权局委托，做好专利申请文件的受理和收费工作以及相关的咨询服务。

地　　址：北京市海淀区知春路23号量子银座3层309室
邮　　编：100083
电　　话：82356391
传　　真：82356357

北京市知识产权服务中心

北京市知识产权服务中心是经市政府批准成立的具有独立法人资格的事业单位，其上级主管机关是北京市知识产权局，主要职责是开展专利信息服务，专利技术的分析评估，知识产权诉讼代理和法律咨询服务等。

地　　址：北京市西城区西直门南大街16号1102室
邮　　编：100035
电　　话：66187220
传　　真：66160108
网　　址：www.bjip.org.cn

北京市专利技术开发服务中心

北京市专利技术开发服务中心是经市政府批准成立的具有独立法人资格的事业单位，其上级主管机关是北京市知识产权局，主要职责是提供专利开发服务，促进专利技术应用，建立专利专题数据库检索平台，专利权质押等。

地　　址：北京市西城区西直门南大街16号1107室
邮　　编：100035
电　　话：66127117
传　　真：66125223

北京国际科技协作中心

北京国际科技协作中心是由市政府批准建立的，市科协直接领导开展对外科技交流的事业机构。主要任务是举办国际科技会议和科技展览会；接待来华进行科技交流的团体和个人；派遣科技人员出国进修、考察和参加国际会议；邀请国外专家和学者来华进行专业性科技交流和培训；对外进行科技咨询和信息交流，为国内厂家从事技术转让、技术开发、投资合资活动提供服务；组织国际科技协作项目；组织国内外技术经济合作业务；派遣农业考察团及农业研修生出国考察学习国外农业科学技术；长期举办日语学习。

地　　址：北京市朝阳区育慧里4号
邮　　编：100101
电　　话：84644978
传　　真：84630170
电子邮箱：bastgjbu@bjkp.gov.cn

北京青少年科技活动中心

北京青少年科技活动中心主要是协调指导市级学会、区县科协的青少年科技工作，组织和管理市科协所属青少年团体，组织北京青少年科技教育、科技竞赛和科学普及等活动，丰富青少年科技知识，开展青少年国际科技交流活动，发现和培养有科技特殊专长的青少年人才，对科技辅导员进行培训，不断提高科技教育和科技活动的水平。

地　　址：北京市朝阳区育慧里4号
邮　　编：100101
电　　话：84634991
传　　真：84634991
电子邮箱：bastqsnbu@bjkp.gov.cn

北京科技活动中心、北京市科协服务管理部

北京科技活动中心1998年4月成立并投入使用，主要为北京科技界开展学术交流、科技展览、技术咨询、技术协作、科技培训、科技工作者联谊及会议等服务。服务管理部主要负责市科协机关及部分直属事业单位后勤保障工作，为职工生活提供服务，如机关交通、通讯、办公文具用品、机关办公设备、职工住房、职工餐饮、职工医疗保健、职工福利用品等。

地　　址：北京市朝阳区育慧里4号
邮　　编：100101
电　　话：84635012
传　　真：84635012
电子邮箱：basthdzx@bjkp.gov.cn

北京科技咨询中心

北京科技咨询中心1991年7月成立，是市科协直属事业单位，具有独立的法人地位。该中心主要承接政府和有关部门的咨询业务；承接技术改造、技术引进项目和工程建设项目的可行性研究与评估；提供技术转让、技术开发、技术咨询、技术服务；组织协作攻关与产品开发；组织国内外科技展览与技术交流；开展专业技术与科技管理培训；创办高新技术实体，并进行经营与管理。

地　　址：北京市崇文区永外西革新里98号
邮　　编：100077
电　　话：67235945

传　　真：67235953
电子邮箱：bstcc@ bstcc. com. cn

北京科普发展中心

北京科普发展中心是经市政府批准，市科协领导的事业单位，2002 年 11 月正式成立。中心主要开展科普宣传、科普文化交流和科普培训；举办科普展览和各类科普文化活动；对科普展进行研发、制作和推广；承接国际、国内大型会议及文化交流，研讨活动的策划、组织、实施；开发制作展板、展具；引进、开发、制作科普互动性展示器材、展品及各种教具；举办科普人才培训；制作科普图书、科普资料等。

地　　址：北京市朝阳区育慧里 4 号
邮　　编：100101
电　　话：84644969
传　　真：84644969
电子邮箱：bjkpzx@ bjkp. gov. cn

北京市科学技术进修学院

北京市科学技术进修学院于 1981 年经市政府批准成立，是一所全民所有制高等学院，主要培养中、高级科技管理人才，开展文秘、对外贸易、英语、财务会计、法律、计算机软件、计算机应用、信息管理、电子商务等大专、本科学历教育，相关继续教育，同时开展相关培训，科技开发，中介服务等。

地　　址：北京市大兴区圣和巷 7 号
邮　　编：102600
电　　话：69249686
传　　真：69249686
电子邮箱：bastjxxy@ bjkp. gov. cn

北京农村致富技术学校

北京农村致富技术学校 1993 年 9 月经市政府批准成立的，是由市科协主办的一所面向北京郊区农村传授科学技术，培养农村专业技术人才的学校。主要培养农村乡土科技人才，开展种植、养殖、加工、企业管理等市场经济知识及相关专业的技术培训、推广、服务。

地　　址：北京市大兴区圣和巷 7 号
邮　　编：102600
电　　话：69249686
传　　真：69249686
电子邮箱：bastjxxy@ bjkp. gov. cn

北京市科协学会联合办公室

北京市科协学会联合办公室是经市政府批准成立的，隶属市科协的事业单位。主要负责管理市属12个学会(协会、研究会)的财务、统计报表、年审等各项日常工作，以沟通信息，推动各学会广泛开展活动。

地　　址：北京市崇文区永外西革新里98号
邮　　编：100077
电　　话：67235026
传　　真：67235026
电子邮箱：bastxjlb@bjkp.gov.cn

北京电脑天地学校

北京电脑天地学校于1985年经市政府批准成立，是全国计算机等级考试的定点培训单位和考核站；是北京市人事局、劳动局指定的计算机文字录入处理员等级考试的定点培训单位和第一考核站；是市财政局指定的会计电算化培训单位。主要开展人才培训、等级考核、技术咨询、软件开发、维修服务，对外交流等业务。

地　　址：北京市崇文区永外西革新里98号
邮　　编：100077
电　　话：67235031
传　　真：67235031
电子邮箱：bastdnxx@bjkp.gov.cn

北京市科协信息中心

北京市科协信息中心于2004年10月经市政府批准成立，是隶属市科协的事业单位。主要负责市科协信息网络及计算机硬件设备的技术保障，应用系统软件的开发、维护；负责为全市的科普事业发展提供信息服务。

地　　址：北京市朝阳区育慧里4号
邮　　编：100101
电　　话：84649879
传　　真：84649879
电子邮箱：bjkx01@bjkp.gov.cn

北京市高新技术企业协会组织

北京中关村外商投资企业协会

北京中关村外商投资企业协会成立于1990年,现有1000多家外商企业会员。10多年来,协会以服务企业为宗旨,在维护会员企业的合法权益、宣传贯彻我国外商投资企业的各项政策法规、增进会员之间的相互了解与合作,及时向政府部门反映会员企业的意见和要求,积极协助解决企业困难等方面,做了大量有益的工作,深得广大会员企业的欢迎和政府部门的认可。

地　　址:北京市海淀区中关村南大街3号海淀科技大厦1305室
邮　　编:100081
电　　话:68915795
传　　真:68915726
网　　址:www.zgcfia.com.cn
电子邮箱:zgcfia@zgc.com.cn

北京中关村IT专业人士协会

ZITPA(Beijing Zhongguancun IT Professionals Association)成立于2000年,是由北京地区IT专业人士组成的群众性社会团体,属于非营利独立法人单位。协会成立的宗旨是团结信息技术领域的专业人士和企业,促进IT专业人士之间、IT专业人士及企业与政府之间以及与其他专业组织之间的交流与合作,维护IT专业人士的合法权益,促进中关村科技园区乃至整个北京地区IT产业的发展。

地　　址:北京市海淀区北四环中路238号柏彦大厦12层
邮　　编:100080
电　　话:82331717-857
传　　真:82331717-851
网　　址:www.zitpa.org
电子邮箱:zitpa@ict.ac.cn

北京中关村生物工程和新医药企业协会

北京中关村生物工程和新医药企业协会成立于2000年10月21日,是由北京北大未名生物工程集团、北京生物技术和新医药产业促进中心等14家企业、机构共同发起成立的非营利性社会团体法人,是包括中关村科技园区内外生物工程和新医药企业的行业协会性组织,现共有会员企业50家。

地　　址:北京海淀区学院路38号北京大学医学部会议中心南一层
邮　　编:100083

电　　话：82802488－822
传　　真：82802515
网　　址：www. zhongguancun. org. cn
电子邮箱：sunying@ newlife. org. cn

北京创业孵育协会

北京创业孵育协会成立于2000年6月，是一所由社会各界自愿联合发起成立的非营利性社会团体法人。协会以科技企业孵化机构为主，还吸纳了风险投资、科技中介服务、咨询机构等单位，总会员数为98家，其中注册为正式会员的67家。协会宗旨是加强各孵化器同科研机构、中介机构、风险投资机构等的联系，协调各方面的工作、举办各种培训、提供信息服务等，推动首都高新技术产业的发展。

地　　址：北京市朝阳区安翔北里甲11号创业大厦104室
邮　　编：100101
电　　话：64874568
传　　真：64873536
网　　址：www. bjventure. net. cn
电子邮箱：bbia@ bbia. org. cn

北京创业投资协会

北京创业投资协会是1999年11月25日由北京科技成果推广服务中心与北京控股有限责任公司联合成立的，北京市科学技术委员会进行业务指导，是经北京市社会团体管理机关核准注册登记的非营利性社会团体法人，是以创业投资机构和创业投资家为基本会员的行业自律、行业服务组织。该协会以“服务创业、引领投资”为基本宗旨，最大限度地团结相关专业机构、创业投资家、创新成果发明家、金融专家与相关中介服务组织，为北京的经济发展服务，为中国的创业投资事业做贡献。

地　　址：北京市海淀区知春路28号泛亚大厦15层1595室
邮　　编：100088
电　　话：62572150
传　　真：62572151
网　　址：www. vcab. org
电子邮箱：public@ vcab. org

北京软件行业协会

北京软件行业协会成立于1986年10月21日，是经主管部门批准注册、有着历史影响和广泛会员基础的软件产业社团组织。协会本着为会员服务，促产业发展的宗旨，为行业提供市场调研、信息交流、行业自律、维护权益等服务。协会在为北京软件产业发展做出贡献的同时，也致力于将自身打造成一个国际化的产业协会。

地　　址：北京市海淀区知春路23号13号楼1305室

邮　　编：100083
电　　话：82358631
传　　真：82358691
网　　址：www. bsia. org. cn
电子邮箱：lis@ bsia. org

北京科技咨询业协会

北京科技咨询业协会成立于1994年，是由北京地区专业咨询机构和高等院校联合发起，具有社团法人资格的社会团体，主管单位为北京市科学技术委员会。协会已拥有会员单位300余家，业务范围涉及决策咨询、工程咨询、技术咨询、管理咨询、信息咨询、投资咨询、市场调查等多个领域，具有广泛的代表性和较高的服务水准。协会的宗旨是：遵照建立社会主义市场经济体制的规律，充分发挥首都的科技智力和信息优势，积极探索咨询业的发展途径，培育和规范咨询业市场，实行行业自我管理，维护咨询业的合法权益，向政府反映会员的意愿和建议，为促进北京地区咨询产业发展做贡献。

地　　址：北京市北三环中路31号生产力大楼11层1112室
邮　　编：100088
电　　话：82006045
传　　真：82006043
网　　址：www. bjca. org
电子邮箱：bjca@ bjpc. org. cn

北京技术市场协会

北京技术市场协会成立于1992年，是北京地区科研院所、高等院校、民营科技机构、各类企业、技术中介机构、技术经纪组织、社会团体等单位和个人的自愿联合组织，以推动北京技术市场的繁荣发展为己任、不以营利为目的的具有法人资格的行业性社会团体，现有单位会员300多家、个人会员100多人。

地　　址：北京海淀区苏州街丙78号
邮　　编：100080
电　　话：82621687
传　　真：82621902
网　　址：www. cbtm. net. cn
电子邮箱：wangqi@ cbtm. net. cn

北京中关村人力资源经理协会

北京中关村人力资源经理协会成立于2002年，是一支来自科技园区高新技术企业人力资源总监、经理组成的优秀专业人才队伍，是推动园区企业人力资源管理专业化、科学化的职业发展团队，是园区内外企业人力资源工作者进行经验、信息、商务交流的良好平台，是快速提升专业素质和业务水平的学习型组织。

地　　址：北京市海淀区阜成路58号新洲商务大厦602室
邮　　编：100036
电　　话：88116820－650
传　　真：88116820－627
网　　址：www.zgchr.org
电子邮箱：mym@zgchr.org.cn

北京中关村不动产商会

中关村写字楼商会成立于2002年，是由相关房地产开发机构、投资机构、物业管理机构、销售机构、中介及其他服务机构及与本行业相关的单位或组织自愿联合发起成立，经北京市社会团体管理办公室依法核准登记的非营利性社会团体法人。本团体的宗旨：遵守国家有关法律法规，加强行业自律，提升行业整体形象，推动行业及区域经济的发展。

地　　址：北京市海淀区中关村广场丹棱街3号中国电子大厦703室
邮　　编：100080
电　　话：58752676
传　　真：58752677
网　　址：www.zgcestate.org.cn
电子邮箱：zgcestate@sina.com

北京中关村科技园区昌平园高新技术企业协会

北京中关村科技园区昌平园高新技术企业协会成立于2002年，由中关村科技园区昌平园内的高新技术企业，相关单位、机构、人士自愿联合发起成立，是经北京市昌平区社会团体管理办公室依法核准登记的非营利性社会团体法人。高企协以为会员服务和维护会员合法权益为宗旨，以促进昌平园高新技术产业和会员单位大发展为目标，通过加强协会自身建设，开展丰富多彩的活动，承担更多的服务性、技术性培训职能，发挥桥梁纽带作用。

地　　址：北京市昌平区科技园超前路9号
邮　　编：102200
电　　话：89701437
传　　真：89701436
网　　址：www.zgc－cp.gov.cn
电子邮箱：cpyqy@263.net

北京经济技术开发区企业协会

北京经济技术开发区企业协会成立于1994年1月，是经北京市社会团体管理办公室核准、登记的社会团体法人。协会由开发区企业、企业家共同发起，自愿联合成立的民间社会团体，实行会员制。北京经济技术开发区国际商会、北京经济技术开发区贸促支会，是中国国际商会、中国国际贸易促进委员会北京分会的基层组织，目前实行三会合署办公，常设机构为企业协会秘书处。

地　　址：北京经济技术开发区万源街4号

邮　　编：100176
电　　话：67881126
传　　真：67881435
网　　址：www.bda.gov.cn
电子邮箱：0qs_0018@sina.com

北京中关村企业信用促进会

北京中关村企业信用促进会于2003年7月由中关村园区各高新技术企业、有关中介机构、社团组织等单位自愿发起成立，旨在规范企业的信用行为，为会员融资、担保、投资和商业交易提供更加便捷的服务，打造"信用中关村"品牌，推进园区信用体系的建设。

地　　址：北京海淀区北四环西路67号大地科技大厦903室
邮　　编：100080
电　　话：82888208
传　　真：82886657
网　　址：www.ecpa.org.cn
电子邮箱：zgcxch@yahoo.com.cn

北京中关村电子产品贸易商会

北京中关村电子产品贸易商会成立于2003年，由海龙、硅谷、中发、中关成及华旗资讯等单位联络了包括汉王、八亿时空、金山、沐泽、连邦、太平洋等35家企业共同发起，海龙集团董事长鲁瑞清为商会会长。该商会将与中国IT产业共同茁壮成长，为中关村电子产品流通企业创造更好的发展环境，争取更多权益与福利。

地　　址：北京海淀区中关村大街1号海龙大厦18层
邮　　编：100080
电　　话：82660133
传　　真：82663999
网　　址：218.107.135.222/shanghui
电子邮箱：guoxu@hilon.com.cn

中关村科技园区（一区七园）

海淀园

中关村科技园区海淀园的前身是全国第一个国家级高新技术产业开发区，它以北大、清华、中科院等著名高校和研究机构为依托，规划占地面积217平方千米，闻名中外的"中关村电子一条街"是它的发祥地。目前，在园企业总数突破1万余家，经济总量在全国53个国家级高新区名列前茅。联想、方正、同方等一批高新技术企业群体不断发展壮大,并开始在国际市场中占有一席之地。2004 年 4 月 30 日,中关村科技园区海淀园管委会重新挂牌成立,标志着海淀先进生产力的发展进入了新的生产关系平台,标志着中关村高新技术产业的发展进入了新的历史阶段。面对技术创新日趋活跃、区域竞争日趋激烈的新形势,面对我国全面建设小康社会、首都实施"新北京、新奥运"战略的新机遇,海淀园管委会必将乘势而上,奋发有为,转变发展方式,推进"二次创业",充分将科技资源优势转化为产业优势,在国际市场上打响中关村品牌,在国际竞争中以"中关村创造"塑造"中关村制造",为推进历史性新跨越、建设现代化新海淀,为早日实现世界一流科技园区的宏伟目标而不断努力奋斗!

地　　址:北京市海淀区中关村南大街 3 号
邮　　编:100081
电　　话:68915118
传　　真:68915214
网　　址:www.zhongguancun.com.cn

丰台园

中关村科技园区丰台园于 1991 年 11 月由北京市人民政府批准成立,1994 年 4 月被批准为国家级高新区,1996 年丰台园成为全国首批向 APEC 开放的科技工业园之一。丰台园拥有规划范围为 5 平方千米的产业基地和全长 12 千米的国际孵化大道。产业基地分三期开发建设,一期 1.24 平方千米,二期 1.65 平方千米,三期 2.11 平方千米。国际孵化大道孵化面积达 20 多万平方米,在孵企业 800 多家,直接就业人数达 8000 多人。全区聚集了中央 60 多家应用技术科研院所和院校,科技人员 7 万多人,其中中外知名专家千余人。科研、测试和生产设备齐全,专业繁多,包括航空航天、冶金化工、仪器仪表、机械制造、工业自动化、医疗医药、生物工程等技术领域,是技术创新和发展高新技术产业的重要科技基础。园区现有科技项目 2000 项,国家行业标准项目 11 个,创新项目获奖数达 68 个,其中国家级 15 个、省部级 40 个。有入驻企业 2700 余家,技工贸收入 500 万元以上企业 442 家,千万元企业 240 家,亿元企业 60 家,10 亿元企业 12 家,形成了以电子信息、生物医药、先进制造业和新材料产业为主导的三大产业格局,涌现出北京贝尔、燕化高新、北方天鸟、四环科宝等一批优秀企业,培育出一批创新的人才,成为促进区域经济发展的重要力量。

地　　址:北京市丰台区科兴路 1 号
邮　　编:100070
电　　话:63713737
传　　真:63715608
网　　址:www.zgc-ft.gov.cn

昌平园

中关村科技园区昌平园是国家级科技园区,其前身是 1991 年 11 月 25 日成立的北京市新技术产业开发试验区昌平园。1999 年,经北京市人民政府批准,被纳入中关村建设工程,成为中关村科技园区的"五园"之一。目前,园区核心区基础建设基本完成,形成了以生物工程与新医药、环保产业、电子信息、新材料和先进制造业为主体的生产研发基地。入园企业 1300 余家,有瑞士诺华、日本丰田、富士通、先锋等一批国际知名企业及中国电子信息产业集团、三九药业、中科三环、中信国安、北京控股、三一电子、云南红塔、烟台万华、安泰钢研等国内知名企业。中关村科技园区生命科学园的开发建设已初具规模;4 家功能齐全的科技企业孵化器相继建成并投入使用;有十几家投资公司和中介服务机构为企业提供金融、法律、保险、审计、人力资源等多方面的服务。

地　　址:北京市昌平区超前路9 号
邮　　编:102200
电　　话:89744527
传　　真:69745549
网　　址:www. zgc - cp. gov. cn
电子邮箱:whzhu@ zgc. gov. cn

电子城科技园

中关村科技园区电子城科技园是经国家科技部和北京市人民政府正式批准建立的,以发展电子信息产业为主体的,多功能、综合性的高新技术科技园区。园区位于酒仙桥、望京地区,占地10. 5 平方千米,是国家"一五"期间重点投资、集中建设的电子工业基地。现区域内已有电子骨干企业 365 家,三资企业 79 家,国家级电子科研院所 4 家,大中型涉外旅游饭店 5 家,中高级电子院校5 所。现园区已培育了一批大型电子骨干企业,形成了以通信、计算机(软件)、显示器、彩色显像管、显示管、数字视听、新型元器件等为主的高新技术产业群,并正在向数字化、信息化和网络化方向发展,初步建成了以电子信息产业为主体的、综合性的电子高科技园区。

地　　址:北京市朝阳区酒仙桥路甲 12 号
邮　　编:100016
电　　话:64315565
传　　真:64366367
网　　址:www. bez. com. cn

亦庄科技园

中关村科技园区亦庄科技园位于国家级经济技术开发区——北京经济技术开发区内。区内设有外商投资服务中心、银行、保险、税务、工商、进出口公司、海关、商检、保税仓库等部门,实行一个窗口办公的特区式服务,为外商提供了良好的投资环境。现开发区已有美国通用电器、英国联合利华、瑞士 ABB、德国拜耳、美国 AT&T、法国罗纳普朗克·乐安、德国德迈制药集团、日本 SMC 及世界名牌可口可乐、日本资生堂等 19 个国家和地区的一批国际跨国公司、世界著名企业入驻。

地　　址:北京市丰台区北京经济技术开发区万源街 4 号
邮　　编:100176
电　　话:67881380
传　　真:67881476
网　　址:www. bda. gov. cn

德胜科技园

中关村科技园区德胜科技园2001年6月经国家科技部批准成立,2002年5月24日正式开园。该园规划区面积约6平方千米,分东、西两区:东区位于德胜门外大街以西、新外大街以东,北二环与北三环之间,面积约1.5平方千米;西区东起西直门北大街,西至三里河路,与海淀区相邻,面积约1.4平方千米。园区及周边分布着中国有色金属研究院、北京自动化研究所、北京工业卫生研究所、中国航空规划设计院、北京煤炭设计院、华北电力院等国家级科研设计单位,具有雄厚的技术转化潜力和产、学、研结合潜力,为科技企业提供了良好的创业环境。德胜科技园是西城区“十五”期间重点建设开发的六个功能街区之一。“以诚信立园,靠创新兴园”是德胜科技园的建园宗旨。“盘活存量,用好增量,控制住宅,滚动推进”是德胜科技园的总体发展方针。园区将成为国内外知名高科技企业和上市公司的办公、研发和经营总部密集区,高新技术与产品专业展示和营销集散地,高质量的科技创新与产业发展中介服务市场,高新技术中小企业的创业孵化基地。

地　　址:北京市西城区西直门南小街20号社保大厦
邮　　编:100035
电　　话:66206290
传　　真:66206290
网　　址:www.zgc-ds.gov.cn

健翔科技园

中关村科技园区健翔园2003年7月8日经国家科技部批准,正式开园。该园规划面积约4.2平方千米,辖区范围是:东至北辰西路,西至八达岭高速公路,南至北三环路,北至科荟西路(其中北土城西路以北为政策区)。园区拥有包括中科院属下12个研究所在内的有众多国家级研究院所,承担了300多项国家“十五”攻关计划、“863”计划、“973”计划等科研项目,有十几个国家重点实验室,30多个研究中心。在健翔园内,有中科院院士44人,工程院院士5人,第三世界科学院院士5人,以及其他众多高素质的人才。园内有创业大厦、劳动大厦、华亭嘉园、风林绿洲、摩根大厦及中国国际科技会展中心等,科技会展及商务资源十分丰富。健翔园定位于原创技术孵化、转化和为国际科技交流与高科技商务活动提供服务,特别是充分利用其完备的商务和会展设施,延伸CBD的功能,汇合科技与商务,发展科技经纪、科技会展、科技营销、科技信息咨询、投融资中介服务和科技人才交流等科技商务服务。

地　　址:北京市朝阳区大屯路西奥中心B座22层
邮　　编:100101
电　　话:64862731
传　　真:64862732
网　　址:www.jxsp.gov.cn

北京科技企业孵化器一览表

机构名称	地址	邮编	电话 传真	电子邮箱	网址
北京高技术创业服务中心	北京市朝阳区安翔北里甲11号	100101	64853169 64873536	cyzx@ bjcy. net. cn	www. bjcy. net. cn
中关村科技园区丰台园创业服务中心	北京市丰台区科兴路9号	100070	63747737 63739269	bjibi@ bjibi. org. cn	www. bjibi. org. cn
中关村科技园区海淀园创业服务中心	北京市海淀区上地信息路26号	100085	82898748 62984933	chuangye@ ospp. com	www. ospp. com
北京北医联合生物工程有限公司	北京市海淀区学院路38号	100083	82801730 62050175	bmuupc@ sun. bjmu. edu. cn	www. bio - incubator. com
北京北航天汇科技孵化器有限公司	北京市海淀区北四环中路238号柏彦大厦401B	100083	82316255 82338204	bbi@ bbi. com. cn	www. bbi. com. cn
北京八六三信息安全科技发展有限公司	北京市石景山区石景山路40号信安大厦	100043	68812133 68812468	xuem@ bjisip. com	www. bjisip. com
北京望京科技创业园创业服务中心	北京市朝阳区望京新兴产业区利泽中园106号楼	100102	64392019 64392410	wjpioneer@ 263. net	www. wangjing. gov. cn
北京理工创新高科技孵化器有限公司	北京市海淀区中关村南大街9号	100081	68910009 68467056	liuqiucai@ 126. com	
清华科技园孵化器有限公司	北京市海淀区清华大学学研大厦A308	100084	62772742 62780883	incubator@ thsp. com. cn	www. incubator. com. cn
北京北内制造业高新技术孵化基地有限公司	北京市朝阳区广渠门外大街8号优士阁A座	100022	58613206 58613207	bjzzy@ bjzzy. com. cn	www. bjzzy. com. cn
北京诺飞科技孵化器有限公司	北京市经济技术开发区同济中路7号	100176	67865231 67865231	nfkj@ public3. bta. net. cn	www. nfkj. com. cn
北京科大方兴科技孵化器有限责任公司	北京市海淀区学院路30号方兴大厦	100083	82384145 62332975	office@ fxti. com	www. fxti. com
北京中关村国际孵化有限公司	北京市海淀区上地信息路2号创业园D座	100085	82895166 62974804	scottzwx@ sohu. com	www. incubase2000. com
北京科方创业科技企业孵化器有限公司	北京市2653信箱科方孵化大楼2509室	100084	62654985 62654985	office@ co-found. com. cn	www. co-found. com. cn
北京新建材孵化器有限公司	北京市海淀区西三旗东建材城西路16号	100096	82917247 82926299	swf@ bnbm. com. cn	
北京市京海科技企业孵化器有限公司	北京市海淀区紫竹院路广源大厦409室	100081	68415893 68726798	yfch@ jhfhq. com. cn	www. jhfhq. com. cn
北京首特科技孵化器有限责任公司	北京市石景山区古城大街特钢公司办公楼	100043	88919877 88982103	stilxh@ shoute. com	www. shoute. com
北京泰思特测试技术公司	北京市海淀区北三环中路31号	100088	82001752 82001751	hawh@ bjtest. com. cn	www. bjtest. com. cn
北京崇熙科技孵化器有限公司	北京市朝阳区十里河旌凯大厦A座216	100021	67324731 67324731	cx - ibiw@ 163. com	

（续表）

机构名称	地址	邮编	电话 传真	电子邮箱	网址
北京赛欧科园科技孵化中心	北京市丰台区科学城海鹰路5号	100070	83681497 63819180	soky@ bjibi. org. cn	www. bjsoky. com
北京海银科医药技术有限公司	北京市海淀区复兴路83号东9楼	100856	66808451 68214721	postmaster @ hi – inc. com. cn	
北京中关村软件园孵化服务有限公司	北京市海淀区中关村软件园3号楼	100094	82825187 82825186	zgcspi@ zgcspi. com	www. zgcspi. com
北京奥宇科技企业孵化器有限责任公司	北京市大兴区工业开发区金苑路2号	102628	51184548 60214741	aykjfhq@ 263. net	www. chinaoyu. com
北京天竺空港科技企业孵化器有限公司	北京市天竺空港工业区A区蓝天大厦	101312	80489519 80489575	wangbaiz@ sohu. com	
北京硅普京南科技企业孵化器有限公司	北京市丰台区东高地四营门北路2号	100076	68757488 68754791	seyvice@ gotoic. com	www. gotoic. com
北京利玛自动化技术公司	北京市西城区德胜门外教场口1号	100011	82023789 62048934	duanshq@ riamb. ac. cn	www. lmfhq. com
北京康华伟业科技孵化器有限公司	北京市西城区德胜门外大街11号	100088	62021146 62021044	match – 1981@ sina. com	www. bjkh. com. cn
北京北方车辆新技术孵化器	北京市969信箱61分箱	100072	83803119 83803119	wu131@ 126. com	
北京华商置业有限公司	北京市大兴工业开发区科苑路18号	102600	61271941 61271943	msx7060@ 126. com	www. coneland. com
中关村兴业高科技孵化器股份有限公司	北京市昌平区科技园创新路9号	102200	89717676 89717999	hhm_1128@ sohu. com	
汇龙森国际企业孵化(北京)有限公司	北京经济技术开发区中和街14号	100176	51029900 67878798	hls666@ huilongsen. com	www. huilongsen. com
北京集成电路设计园有限责任公司	北京市海淀区知春路27号量子芯座	100083	82357175 82357178	zy@ bjicpark. com	www. bjicpark. com
北京中关村京蒙高科企业孵化器有限公司	北京市海淀区上地信息产业基地北区京蒙高科大厦	100085	62962901 82783861	dreaming123123 @ sohu. com	www. newwest. cn
北京普天德胜科技孵化器有限公司	北京市西城区新街口外大街28号B座	100088	82052111 82051695	ptdsh@ ptdsh. com	www. ptdsh. com
北京北达燕园科技孵化器有限公司	北京市海淀区中关村北大街116号	100080	58874006 58874005	yd_0806@ sina. com	www. beidaincubator. com
北京控股高科技孵化器有限公司	北京市昌平区白浮泉路10号北控科技大厦	102200	89760000 89760001	zheng_bl@ yahoo. com. cn	www. beht. com. cn
北京中自科技产业孵化器有限公司	北京市海淀区中关村东路95号	100080	62541938 62541938	yong. ge@ mail. ia. ac. cn	www. caspark. com. cn
北京华海基业科技孵化器有限公司	北京市石景山区石景山路22号长城大厦	100043	68666236 68666207	jwtd123@ sohu. com	
北京金兰巢科技孵化器有限公司	北京市东城区菊儿胡同33号	100009	84043560 64013887	fhq@ banjiu. com	www. banjiu. com

资料来源：北京科技企业孵化器2005年度报告

北京市大学科技园一览表

机构名称	地址	邮编	电话 传真	电子邮箱	网址
清华大学国家大学科技园	北京市海淀区清华科技园创新大厦A座	100084	62785888 62772777	thsp@ thsp. com. cn	www. thsp. com. cn
北京大学国家大学科技园	北京市海淀路52号太平洋大厦17层	100080	82667840 82667188	pkusp@ pkusp. com. cn	www. pkusp. com. cn
北京航空航天大学国家大学科技园	北京市海淀区学院路35号世宁大厦	100083	82332860 82338231	buaa@ buaa. com. cn	www. buaa. com. cn
北京理工大学国家大学科技园	北京市海淀区北三环西路66号国际教育交流大厦	100081	68911533 68470073	bitsp@ sohu. com	www. bitsp. com. cn
北京邮电大学国家大学科技园	北京市海淀区西土城路10号178信箱	100876	62282009 62281498	72757@ 163. com	www. info – valley. com. cn
北师大－中医药大学国家大学科技园	北京市海淀区新街口外大街19号科技楼	100875	58802046 58806051	kjy@ bnu. edu. cn	park. bnu. edu. cn
北京化工大学国家大学科技园	北京市朝阳区北三环东路15号133信箱	100029	64435482 88587749	sp@ mail. buct. edu. cn	www. buct. edu. cn
北京科技大学科技园	北京市海淀区学院路30号方兴大厦	100083	62332627 62332975	fxti@ fxti. com	202 · 204 · 49 · 252/ ustbcn/index. asp
北京工业大学科技园	北京市朝阳区平乐园100号	100022	67392781 67392753	zhangxl@ bjut. edu. cn	
北京交通大学科技园	北京市海淀区高粱斜街44号科教楼	100044	51686173 62217584	jdkjy@ center. njtu. edu. cn	
中国农业大学科技园	北京市海淀区清华东路17号133信箱	100083	62736706 62736902	hujy@ cau. edu. cn	www. cau. edu. cn
华北电力大学科技园	北京市德外朱辛庄华北电力大学56号信箱	102206	80798501 80793105	cyjt2000@ 163. com	www. ncepubj. edu. cn
中国人民大学文化科技园	北京市海淀区中关村大街59号	100872	62514333 62514321	pengyi@ ruc. edu. cn	
首都师范大学科技园	北京市海淀区西三环北路105号	100037	68902938 68981337	kyc@ mail. cnu. edu. cn	

资料来源：北京科技企业孵化器2005年度报告

北京地区生产力促进机构一览表

机构名称	地址	邮编	电话 传真	电子邮箱	网址
北京生产力促进中心	北京市海淀区北三环中路31号B座8层	100088	82003608 82003613	bjpc@ bjpc. org. cn	www. bjpc. org. cn
北京软件与信息服务业促进中心*	北京市海淀区北四环中路238号柏彦大厦12层	100083	82331717 82332323	webmaster @ bsw. gov. cn	www. softdriver. org. cn
北京市丰台区技术创新与生产力促进中心*	北京市丰台区北大街甲13号	100071	63894698 63894700	ftkqb @ pbllic. bta net. cn	www. ftti. gov. cn
中机生产力促进中心*	北京市海淀区首体南路2号	100044	88301804 88300825	info@ pcmi. com. cn	www. pcmi. com. cn
中技协生产力促进中心*	北京市宣武区南滨河路23号立恒名苑3座2103室	100055	63268422 63268467	ch6834@ sina. com. cn	www. fortunewise. com
建筑行业生产力促进中心*	北京市朝阳区北三环东路30号	100013	84272233 84272233	webmaster@ cabr. com. cn	www. cabr. ac. cn
建筑材料行业生产力促进中心*	北京市朝阳区管庄东里1号	100024	65750569 65750569	scl@ cbmamail. com. cn	www. pcbmi. com
冶金行业生产力促进中心*	北京市东城区东四西大街46号	100711	86868693 65131970	mippc@ vip. sina. com	www. mippc. net. cn
服装行业生产力促进中心*	北京市朝阳区建国路99号26层	100020	65816688 -8120 65813521	ncppc @ public. bta. net. cn	
兵器工业生产力促进中心*	北京市海淀区车道沟10号科技1号楼805室	100089	68962094 68962196	webmaster @ techinfo. gov. cn	www. techinfo. gov. cn
新材料行业生产力促进中心*	北京市海淀区中关村南大街2号数码大厦B座702室	100068	82512798 82512803	office@ techcn. com	www. matinvest. com. cn
北京市东城区生产力促进中心	北京市东城区交道口菊儿胡同33号B座103室	100009	84039292 84039191	scl@ dchst. com	www. dchst. com
北京市西城区生产力促进中心	北京市西城区月坛北街甲1-4	100037	68010703 68010702 -280	bjxchppc@ 126. com	www. bjxchppc. gov. cn
中关村科技园区海淀园生产力促进中心	北京市海淀区中关村南大街3号海淀科技大厦1107室	100081	68915785 68915785	marketing@ zhongguan-cun. com. cn	www. zhongguancun. com. cn

（续表）

机构名称	地址	邮编	电话 传真	电子邮箱	网址
北京市石景山区生产力促进中心	北京市石景山区八角西街40号	100043	68863638 88910825	sjskw@ 263. net. cn	www. hingespace. com
北京市顺义区科委生产力促进中心	北京市顺义区光明南街	101300	69460334 69449340	kw@ bjshy. gov. cn	www. kw. bjshy. gov. cn
北京轻工生产力促进中心	北京市朝阳区大北窑厂坡村甲3号	100022	67767835 67709369	yqkjc@ 263. net	
中轻生产力促进中心	北京市西城区月坛北小街6号	100037	68055492 68032464	cfj@ 2911. net	
冶金自动化生产力促进中心	北京市西四环南路72号	100071	63898782 63851580	arim@ public. bta. net. cn	www. arim. com
有色金属行业生产力促进中心	北京市西城区复兴路乙12号	100814	63971828 63979551	postmaster@ cnitdc. com	www. cnitdc. com
有色金属信息生产力促进中心	北京市西城区西直门大街西章胡同9号	100035	62229243	ysxxscl@ vit. sina. com	
热处理生产力促进中心	北京市海淀区学清路18号	100083	62954651 62954651	webmaster@ ht. org. cn	www. ht. org. cn
国青生产力促进中心	北京市西城区西安门大街22号院6号楼	100017	83086547 83087154	gw@ zgg. org. cn	www. zgg. org. cn
混凝土砌块建筑技术生产力促进中心	北京市丰台区路口139号611室	100071	63833230 83820225	sihui@ sihui8. com	www. sihui8. com
纺织行业生产力促进中心	北京市朝阳区朝阳门外延静里中街3号	100025	65010838 65010837	kfb@ cta. com. cn	www. cta. com. cn
农业机械生产力促进中心	北京市西城区德胜门外北沙滩1号	100083	64882238 64876802	gongczx @ caama. org. cn	www. caams. org. cn
皮革制鞋行业生产力促进中心	北京市朝阳区将台西路18号	100016	64337789 64337789	clfppc@ yahoo. com. cn	
中农乡镇企业生产力促进中心	北京市朝阳区麦子店18号楼	100026	64195053 64195044	cte@ cte. gov. cn	www. cte. gov. cn
化工行业生产力促进中心*	北京市朝阳区亚运村安慧里4区16楼	100723	84885721 84885052	jli77@ sina. com	www. cippc. org. cn

（续表）

机构名称	地址	邮编	电话 传真	电子邮箱	网址
化工新材料生产力促进中心	北京市朝阳区安外安华里5区18楼	100011	64261738 64261738	acmljf@ 163. com	
医药行业生产力促进中心	北京市西城区复兴门内大街45号118信箱	100801	66095654 66095677	wangxh@ sohu. com	
模糊控制技术生产力促进中心	北京市海淀区学清路18号	100083	62620648 62920623		
CALS技术生产力促进中心	北京市安外小关东里14号	100029	64918414 64918420	zhaoml@ adr. org. cn	www. adr. org. cn
中商流通生产力促进中心	北京市海淀区曙光花园智业园A座19D	100089	88470441 88470304	lph@ mil – cainfo. org. cn	www. dppc. org
航天生产力促进中心	北京市1408信箱	100037	68371036 68371729	jmly@ vip. sina. com	www. chinatoptech. com
北京工业控制技术生产力促进中心	北京市2729信箱	100080	68379335 62543110	xueli0410 @ hotmail. com	
北京博远万达电子商务与现代物流生产力促进中心	北京市海淀区紫竹院化工大学图书馆605室	100071	88587210 88587046	mareeg@ 163. com	
北京通州区生产力促进中心	北京市通州区玉带河大街30号	101100	68543252 69546592	tkq@ public3. bta. net. cn	
机械工业自动化生产力促进中心	北京市西城区德胜门外教场口1号	100011	62032255 –8000 82078262		
高分子材料生产力促进中心	北京市朝阳区北三环东路14号	100013	64216131 –2586 64228661	wenwenyi@ brici. ac. cn	
精细化学品行业生产力促进中心	北京市朝阳区安定门外安华里五区18楼504室	100055	64262348 63345804	cnprc@ 263. net	
造纸工业生产力促进中心	北京市朝阳区光华路12号	100020	65817476 65815677	kb@ piric. com. cn	
交通行业电子商务与现代物流生产力促进中心	北京市海淀区西土城路8号ITS中心楼一层	100088	62355027 62016944	weifeng@ itsc. com. cn	www. cltc. com. cn
汽车行业电子商务生产力促进中心	北京市宣武区莲花池东路102号天莲大厦4层	100055	63345599 –8012 63345804	yangying@ catarc. com. cn	www. autope. com. cn

（续表）

机构名称	地址	邮编	电话 传真	电子邮箱	网址
清洁汽车行业生产力促进中心	北京市宣武区莲花池东路102号	100055	63345090 63345804		
中农生产力促进中心	北京市昌平区霍营农垦管理干部学院	102208	81702428 81702428		www. cacetc. org
航空工业生产力促进中心	北京市朝阳区京顺路7号	100028	64663322 －2256 84482202		

注：加“＊”为国家级示范中心

资料来源：北京生产力促进中心年度报告（2004）

北京地区国家重点实验室一览表

序号	名　　称	依托单位	主管部门	组建时间（年）
1	视觉与听觉信息处理国家重点实验室	北京大学	教育部	1984
2	人工微结构和介观物理国家重点实验室	北京大学	教育部	1985
3	天然药物及仿生药物国家重点实验室	北京大学	教育部	1985
4	摩擦学国家重点实验室	清华大学	教育部	1986
5	蛋白质工程及植物基因工程国家重点实验室	北京大学	教育部	1987
6	农业生物技术国家重点实验室	中国农业大学	教育部	1987
7	智能技术与系统国家重点实验室	清华大学	教育部	1987
8	化学工程国家重点联合实验室	清华大学、天津大学、华东理工大学、浙江大学	教育部	1987
9	集成光电子学联合国家重点实验室	清华大学、吉林大学、中国科学院半导体研究所	教育部	1987
10	电力系统及发电设备控制和仿真国家重点实验室	清华大学	教育部	1991
11	新金属材料国家重点实验室	北京科技大学	教育部	1991
12	程控交换技术与通信网国家重点实验室	北京邮电大学	教育部	1991
13	微波与数字通信技术国家重点实验室	清华大学	教育部	1991
14	稀土材料化学及应用国家重点实验室	北京大学	教育部	1991

（续表）

序号	名　　称	依托单位	主管部门	组建时间（年）
15	新型陶瓷与精细工艺国家重点实验室	清华大学	教育部	1991
16	汽车安全与节能国家重点实验室	清华大学	教育部	1991
17	文字信息处理国家重点实验室	北京大学	教育部	1991
18	环境模拟与污染控制国家重点联合实验室	清华大学、中国科学院生态环境研究中心、北京大学、北京师范大学	教育部	1991
19	湍流与复杂系统研究国家重点实验室	北京大学	教育部	1991
20	重质油加工国家重点实验室	石油大学	教育部	1991
21	植物生理学与生物化学国家重点实验室	中国农业大学、浙江大学	教育部	2001
22	模式识别国家重点实验室	中国科学院自动化研究所	中国科学院	1984
23	表面物理国家重点实验室	中国科学院物理研究所、中国科学院半导体所	中国科学院	1984
24	资源与环境信息系统国家重点实验室	中国科学院地理研究所	中国科学院	1985
25	声场声信息国家重点实验室	中国科学院声学研究所	中国科学院	1987
26	分子动态与稳态结构国家重点实验室	中国科学院化学研究所、北京大学	中国科学院	1988
27	生物膜与膜生物工程国家重点实验室	中国科学院动物所、清华大学、北京大学	中国科学院	1988
28	超导国家重点实验室	中国科学院物理所	中国科学院	1988
29	半导体超晶格国家重点实验室	中国科学院半导体研究所	中国科学院	1988
30	生物大分子国家重点实验室	中国科学院生物物理研究所	中国科学院	1988
31	信息安全国家重点实验室	中国科技大学研究生院	中国科学院	1989
32	大气科学和地球流体力学数值模拟国家重点实验室	中国科学院大气物理研究所	中国科学院	1990
33	磁学和磁性材料国家重点实验室	中国科学院物理所	中国科学院	1991
34	科学与工程计算国家重点实验室	中国科学院计算数学与工程计算所	中国科学院	1991
35	植物细胞与染色体工程国家重点实验室	中国科学院遗传所	中国科学院	1991
36	农业虫害鼠害综合治理研究国家重点实验室	中国科学院动物所	中国科学院	1991
37	微生物资源国家重点实验室	中国科学院微生物所	中国科学院	1991
38	生化工程国家重点实验室	中国科学院过程工程研究所	中国科学院	1991
39	大气边界层物理和大气化学国家重点实验室	中国科学院大气所	中国科学院	1991
40	非线性力学国家重点实验室	中国科学院力学所	中国科学院	1999
41	植物基因组学国家重点实验室	中国科学院遗传所、微生物所	中国科学院	2003
42	遥感科学国家重点实验室	中国科学院遥感所、北师大	中国科学院	2003
43	分子肿瘤学国家重点实验室	中国医学科学院肿瘤所	卫生部	1986
44	病毒基因工程国家重点实验室	预防医科院病毒所	卫生部	1987

（续表）

序号	名　　称	依托单位	主管部门	组建时间（年）
45	医学分子生物学国家重点实验室	中国科学院基础所	卫生部	1991
46	软件开发环境国家重点实验室	北京航空航天大学	国防科工委	1991
47	爆炸灾害预防控制国家重点实验室	北京理工大学	国防科工委	1991
48	计划生育生殖生物学国家重点实验室	中国科学院动物所	国家计生委	1991
49	植物病虫害生物学国家重点实验室	中国农科院植保所	农业部	1989
50	地震动力学国家重点实验室	中国地震局地质研究所	中国地震局	2003

资料来源：北京地区基础研究发展报告（2004）

北京市重点实验室一览表

序号	名　　称	依托单位	主管部门	组建时间（年）
1	医学物理和工程实验室	北京大学	北京市教育委员会 北京市科学技术委员会	2001
2	空间信息集成与3S工程应用实验室	北京大学	北京市教育委员会 北京市科学技术委员会	2001
3	绿色反应工程与工艺实验室	清华大学	北京市教育委员会 北京市科学技术委员会	2001
4	精细陶瓷实验室	清华大学	北京市教育委员会 北京市科学技术委员会	2001
5	3E能源实验室	清华大学	北京市教育委员会 北京市科学技术委员会	2001
6	城市轨道交通自动化与控制实验室	北京交通大学	北京市教育委员会 北京市科学技术委员会	2001
7	通讯与信息系统实验室	北京交通大学	北京市教育委员会 北京市科学技术委员会	2001
8	现代信息科学与网络技术实验室	北京交通大学	北京市教育委员会 北京市科学技术委员会	2001
9	特种功能材料与薄膜技术实验室	北京航空航天大学	北京市教育委员会 北京市科学技术委员会	2001
10	数字化设计与制造实验室	北京航空航天大学	北京市教育委员会 北京市科学技术委员会	2001

（续表）

序号	名称	依托单位	主管部门	组建时间（年）
11	网络技术实验室	北京航空航天大学	北京市教育委员会 北京市科学技术委员会	2001
12	粉体技术研究开发实验室	北京航空航天大学	北京市教育委员会 北京市科学技术委员会	2001
13	清洁车辆实验室	北京理工大学	北京市教育委员会 北京市科学技术委员会	2001
14	智能信息技术实验室	北京理工大学	北京市教育委员会 北京市科学技术委员会	2001
15	环境科学工程实验室	北京理工大学	北京市教育委员会 北京市科学技术委员会	2001
16	自动控制系统实验室	北京理工大学	北京市教育委员会 北京市科学技术委员会	2001
17	先进粉末冶金材料技术实验室	北京科技大学	北京市教育委员会 北京市科学技术委员会	2001
18	腐蚀、磨蚀与表面技术实验室	北京科技大学	北京市教育委员会 北京市科学技术委员会	2001
19	新型高分子材料制造与加工实验室	北京化工大学	北京市教育委员会 北京市科学技术委员会	2001
20	生物加工过程实验室	北京化工大学	北京市教育委员会 北京市科学技术委员会	2001
21	智能通信软件与多媒体实验室	北京邮电大学	北京市教育委员会 北京市科学技术委员会	2001
22	地球探测与信息技术实验室	石油大学（北京）	北京市教育委员会 北京市科学技术委员会	2001
23	作物遗传改良实验室	中国农业大学	北京市教育委员会 北京市科学技术委员会	2001
24	草业科学实验室	中国农业大学	北京市教育委员会 北京市科学技术委员会	2001
25	果树逆境生理与分子生物学实验室	中国农业大学	北京市教育委员会 北京市科学技术委员会	2001
26	木材科学与工程实验室	北京林业大学	北京市教育委员会 北京市科学技术委员会	2001
27	癌发生及预防分子机理实验室	中国协和医科大学	北京市教育委员会 北京市科学技术委员会	2001
28	中医内科学实验室	北京中医药大学	北京市教育委员会 北京市科学技术委员会	2001

（续表）

序号	名　称	依托单位	主管部门	组建时间（年）
29	中药基础与新药研究实验室	北京中医药大学	北京市教育委员会 北京市科学技术委员会	2001
30	生物资源开发与生物工业实验室	北京师范大学	北京市教育委员会 北京市科学技术委员会	2001
31	环境遥感与数字城市实验室	北京师范大学	北京市教育委员会 北京市科学技术委员会	2001
32	应用实验心理实验室	北京师范大学	北京市教育委员会 北京市科学技术委员会	2001
33	基因工程药物与生物技术实验室	北京师范大学	北京市教育委员会 北京市科学技术委员会	2001
34	应用光学实验室	北京师范大学	北京市教育委员会 北京市科学技术委员会	2001
35	刑事科学技术实验室	中国人民公安大学	北京市教育委员会 北京市科学技术委员会	2001
36	水资源与环境工程实验室	中国地质大学（北京）	北京市教育委员会 北京市科学技术委员会	2001
37	国土资源信息研究开发实验室	中国地质大学（北京）	北京市教育委员会 北京市科学技术委员会	2001
38	岩石混凝土破坏力学实验室	中国矿业大学（北京）	北京市教育委员会 北京市科学技术委员会	2001
39	交通工程实验室	北京工业大学	北京市教育委员会 北京市科学技术委员会	2001
40	先进制造技术实验室	北京工业大学	北京市教育委员会 北京市科学技术委员会	2001
41	多媒体与智能软件技术实验室	北京工业大学	北京市教育委员会 北京市科学技术委员会	2001
42	工程抗震与结构诊治实验室	北京工业大学	北京市教育委员会 北京市科学技术委员会	2001
43	传热与能源利用实验室（与清华大学共建）	北京工业大学	北京市教育委员会 北京市科学技术委员会	2001
44	水质科学与水环境恢复工程实验室	北京工业大学	北京市教育委员会 北京市科学技术委员会	2001
45	现场总线技术及自动化实验室	北方工业大学	北京市教育委员会 北京市科学技术委员会	2001
46	植物资源研究开发实验室	北京工商大学	北京市教育委员会 北京市科学技术委员会	2001

（续表）

序号	名　　称	依托单位	主管部门	组建时间（年）
47	服装材料研究开发与评价实验室	北京服装学院	北京市教育委员会 北京市科学技术委员会	2001
48	供热、供燃气、通风及空调工程实验室	北京建筑工程学院	北京市教育委员会 北京市科学技术委员会	2001
49	传感器实验室	北京信息工程学院	北京市教育委员会 北京市科学技术委员会	2001
50	机电系统测控实验室	北京机械工业学院	北京市教育委员会 北京市科学技术委员会	2001
51	农业应用新技术实验室	北京农学院	北京市教育委员会 北京市科学技术委员会	2001
52	神经再生修复研究实验室	首都医科大学	北京市教育委员会 北京市科学技术委员会	2001
53	肝脏保护与再生调节实验室	首都医科大学	北京市教育委员会 北京市科学技术委员会	2001
54	纳米光电子学实验室	首都师范大学	北京市教育委员会 北京市科学技术委员会	2001
55	学习与认知实验室	首都师范大学	北京市教育委员会 北京市科学技术委员会	2001
56	资源环境与地理信息系统实验室	首都师范大学	北京市教育委员会 北京市科学技术委员会	2001
57	生物活性物质与功能食品实验室	北京联合大学	北京市教育委员会 北京市科学技术委员会	2001
58	运动机能评定与技术诊断实验室	北京体育大学 首都体育学院	北京市教育委员会 北京市科学技术委员会	2001
59	物流系统与技术实验室	北京物资学院	北京市教育委员会 北京市科学技术委员会	2001
60	印刷包装材料与技术实验室	北京印刷学院	北京市教育委员会 北京市科学技术委员会	2004
61	光机电装备技术实验室	北京石油化工学院	北京市教育委员会 北京市科学技术委员会	2004
62	高电压与电磁兼容实验室	华北电力大学	北京市教育委员会 北京市科学技术委员会	2004
63	能源的安全与清洁利用实验室	华北电力大学	北京市教育委员会 北京市科学技术委员会	2004

资料来源：北京地区基础研究发展报告（2004）

北京地区国家重大科学工程、野外科学观测台站一览表

重大科学工程

序号	名　　称	依托单位	主管部门	组建时间（年）
1	遥感卫星地面站	遥感卫星地面站	中国科学院	1986
2	H1－13串列式静电加速器	中国原子能科学研究院	中国科学院	1987
3	太阳磁场望远镜	中国科学院北京天文台	中国科学院	1987
4	北京正负电子对撞机	中国科学院高能物理研究所	中国科学院	1988
5	2.16米光学望远镜	中国科学院北京天文台	中国科学院	1989
6	5兆瓦核供热实验堆	清华大学核能研究院	教育部	1989
7	大天区面积多目标光纤光谱天文望远镜（LAMOST）	中国科学院国家天文台	中国科学院	正在建设
8	国家农作物基因资源工程	农业部、中国农科院	农业部	正在建设
9	高性能计算机工程			正在建设

野外科学观测台站

序号	名　　称	依托单位	主管部门	组建时间（年）
1	北京国家地球观象台	中国地震局地球物理研究所	中国地震局	正在建设
2	房山人卫激光站	中国测绘科学研究院	国家测绘局	正在建设

资料来源：北京地区基础研究发展报告（2003）

北京地区国家工程技术研究中心一览表

中心名称 依托单位	组建时间（年）	通讯地址 邮　编	电　话 传　真	网　址 电子邮箱
国家高性能计算机工程技术研究中心（中科院计算所、曙光天演信息发展有限公司）	1996	北京市海淀区科学院南路6号 （100080）	62659372 62657255	www.nrchpc.ac.cn huangzhi@ict.ac.cn
国家并行计算机工程技术研究中心（中科院计算所、江南计算技术研究所）	1992	北京市海淀区科学院南路6号北楼501室 （100080）	62570431	
国家数据通信工程技术研究中心（邮电部数据通信技术研究所）	1992	北京市海淀区学院路40号 （100083）	62302207 62301726	

（续表）

中心名称 依托单位	组建时间 （年）	通讯地址 邮编	电话 传真	网址 电子邮箱
国家遥感应用工程技术研究中心 （中科院遥感应用研究所）	1996	北京市朝阳区安外大屯路甲20号 （100101）	64889552 64889206	www. ncg. ac. cn info@ ncg. ac. cn
国家专用集成电路设计工程技术研究中心 （中科院自动化研究所）	1992	北京市海淀区中关村东路95号 （100080）	62554297	www. ia. ac. cn
国家新药开发工程技术研究中心 （中国医学科学院药物研究所）	1996	北京市宣武区先农坛街1号 （100050）	63036794 63017757	www. imm. ac. cn
国家医用加速器工程技术研究中心 （北京医疗器械研究所）	1994	北京市昌平区科技园区创新路21号 （102200）	80102091	
国家同位素工程技术研究中心 （中国原子能科学研究院）	1993	北京市275信箱32分箱 （102413）	69357243 69357195	
国家生物防护装备工程技术研究中心 （解放军军事医学科学院）	2003	北京市海淀区太平路27号 （100039）	66930120	
国家非晶微晶合金工程技术研究中心 （钢铁研究总院）	1996	北京市海淀区学院南路76号 （100081）	62182220 62182220	www. amorphous. com. cn nacinfo@ atmcn. com
国家玻璃深加工工程技术研究中心 （中国建筑材料科学研究院）	1999	北京市朝阳区管庄东里1号 （100024）	51167361 65759588	glass@ public. bta. net. cn
国家磁性材料工程技术研究中心 （北矿磁材科技股份有限公司）	1992	北京市丰台区右安门外草桥28号 （100067）	67537184 67583947	
国家通用工程塑料工程技术研究中心 （北京市化学工业研究院）	1991	北京市海淀区成府街2653信箱 （100084）	62572212 62567814	www. bciri. com. cn
国家纤维增强模塑料工程技术研究中心 （北京玻璃钢研究设计院）	1992	北京261信箱 （102101）	61162414 61162500	www. bj – frp. com
国家碳纤维工程技术研究中心 （北京化工大学、吉化公司）	1992	北京化工大学34信箱 （100029）	64435913	
国家有色金属复合材料工程技术研究中心 （北京有色金属研究总院）	1992	北京市新街口外大街2号 （100088）	82241220 62355099	www. grinm. com
国家CAD支撑软件工程技术研究中心 （清华大学、华中科技大学）	1997	北京市清华大学软件学院 （100084）	62792101 62791049	

（续表）

中心名称 依托单位	组建时间 （年）	通讯地址 邮　编	电　话 传　真	网　址 电子邮箱
国家服装设计与加工工程技术研究中心 （中国服装集团公司）	1993	北京市朝阳区建国路99号中服大厦27层 （100020）	61558458 61558498	
国家工业控制机及系统工程技术研究中心（北京） （中国航天工业总公司502研究所）	1993	北京2729信箱37分箱 （100080）	62523971 62543110	
国家合成纤维工程技术研究中心 （中国纺织科学研究院）	1992	北京市朝阳区延静里中街3号 （100025）	65015397	
国家计算机集成制造系统工程技术研究中心 （清华大学）	1992	北京市清华大学自动化系转CIMS工程中心 （100084）	62783197 62770351	
国家固体激光工程技术研究中心 （电子工业部第十一研究所）	1992	北京市朝阳区酒仙桥路4号 （100015）	64362761 -501 64385744	jiangminglee@163.com
国家特种泵阀工程技术研究中心 （中国航天工业总公司第十一研究所）	1991	北京市丰台区南大红门路1号（北京9200信箱11分箱） （100076）	68382112 68382214	www.nercspv.com office@nercspv.com
国家冶金自动化工程技术研究中心 （冶金自动化研究设计院）	1992	北京市西四环南路72号 （100071）	63812255 63812143	www.arim.com arim@arim.com
国家淡水渔业工程技术研究中心北京中心 （北京市水产科学研究所）	1999	北京市丰台区角门路18号 （100075）	67586098 67583480	www.bjfishery.com
国家昌平综合农业工程技术研究中心 （中国农业科学院）	1991	北京市海淀区中关村南大街12号 （100081）	68975179 68975104	zonghe@mail.caas.net.cn
国家节水灌溉（北京）工程技术研究中心 （中国水利水电科学研究院、中国灌溉排水发展中心）	1998	北京市海淀区车公庄西路20号 （100044）	68711077 68711076	www.nceib.iwhr.com nceib@iwhr.com
国家农业机械工程技术研究中心 （中国农业机械化科学研究院）	1999	北京市德胜门外北沙滩1号 （100083）	64882238 64877326	www.caams.org.cn
国家肉类加工工程技术研究中心 （中国肉类食品综合研究中心）	1997	北京市丰台区永定门外洋桥70号 （100068）	67223366 67254800	www.cmrc.com.cn cmrc@public.bta.net.cn
国家蔬菜工程技术研究中心 （北京市农林科学院蔬菜研究中心）	1992	北京市海淀区西郊板井村（北京2443信箱） （100089）	51503032 88446286	www.bvrc.com.cn bvrc@bvrc.com.cn

（续表）

中心名称 依托单位	组建时间 （年）	通讯地址 邮编	电话 传真	网址 电子邮箱
国家饲料工程技术研究中心 （中国农业大学、国家农业部饲料工业中心、中国农业科学院饲料研究所）	2000	北京市海淀区圆明园西路2号 （100094）	62891456 62893688	
国家农业信息化工程技术研究中心 （北京市农林科学院）	2002	北京市海淀西郊板井村 （100089）	88436740	
国家智能交通工程技术研究中心 （交通部公路科学研究所）	1990	北京市海淀区土城路8号 （100088）	62079526 62045674	www. itsc. com. cn webmaster@ itsc. com. cn
国家城市环境污染控制工程技术研究中心 （北京市环境保护科学研究院）	1994	北京市阜外大街北营房59号 （100037）	88362334 68314675	
国家工业建筑诊断与改造工程技术研究中心 （冶金工业部建筑研究总院）	1993	北京市海淀区土城路33号 （100088）	82227370 82227369	www. nerc－drib. com webmaster @ nerc－drib. com
国家建筑工程技术研究中心 （中国建筑科学研究院）	1993	北京市朝阳区北三环东路30号 （100013）	84272233 84272233	www. cabr. ac. cn webmaster@ cabr. com. cn
国家金属矿产资源综合利用工程技术研究中心（北京） （北京矿冶研究总院）	1995	北京市西城区文兴街1号 （100044）	88399109 68321362	
国家水煤浆工程技术研究中心 （华煤水煤浆技术联合中心）	1992	北京市朝阳区青年沟路5号 （100013）	84261743 84261742	www. chinacwm. com
国家新能源工程技术研究中心 （北京市太阳能研究所）	1992	北京市朝阳区北苑路大羊坊10号 （100012）	84936273 84926326	www. beijingsunpu. com. cn
国家住宅与居住环境工程技术研究中心 （中国建筑技术研究院）	1993	北京市海淀区车公庄大街19号 （100044）	68302799 68368024	
国家铁路智能运输工程技术研究中心 （铁道科学研究院）	2000	北京市海淀区大柳树路2号 （100081）	51849016 51849176	
国家生化工程技术研究中心（北京） （中国科学院过程工程研究所）	1996	北京市海淀区中关村北二条1号 （100080）	62550875 62561813	www. ipe. ac. cn

资料来源：北京地区国家工程技术研究中心年度报告

北京市专利代理机构一览表

序号	机构名称	邮编	地址	负责人	电话
1	北京国林贸专利代理有限公司	100022	北京市朝阳区建国门外大街24号华侨村1-2-3	李桂玲	65150103
2	北京路浩知识产权代理有限公司(涉外)	100088	北京市海淀区知春路6号锦秋知春花园3座2402室	谢顺星	82357887
3	北京中创阳光知识产权代理有限责任公司	100088	北京市海淀区花园路13号道隆商务会馆112室	尹振启	62063602
4	北京中建联合知识产权代理事务所	100044	北京市西城区车公庄大街19号	朱丽岩	68393504
5	北京律诚同业知识产权代理有限公司(涉外)	100083	北京市海淀区知春路23号量子银座306室	梁　挥	82358359
6	北京邦信阳专利商标代理有限公司(涉外)	100027	北京市朝阳区霄云路36号国航大厦9层	张秋生	84475588
7	北京市中实友知识产权代理有限责任公司(涉外)	100011	北京市西城区安德路112号楼0119室	张少宏	62366429
8	北京金富邦专利事务所有限责任公司	100029	北京市朝阳区小关街53号	孙伯庆	64249828
9	北京英特普罗知识产权代理有限公司(涉外)	100832	北京市西城区金融街23号平安大厦702室	胡　棋	66215588
10	北京中交科专利代理有限责任公司	100088	北京市海淀区西土城路8号东楼205室	张丽萍	64912277-2425
11	北京德琦知识产权代理有限公司(涉外)	100083	北京市海淀区花园东路10号高德大厦816室	宋志强	82037788
12	北京中原华和知识产权代理有限责任公司(涉外)	100101	北京市朝阳区北辰东路8号汇宾大厦A座909室	寿　宁	64993855
13	中科专利商标代理有限责任公司(涉外)	100083	北京市海淀区王庄路1号清华同方科技大厦B座15层	廖玉珍	62613753
14	北京振安创业专利代理有限责任公司	100083	北京市海淀区花园东路30号花园商务会馆6402室	祁纯阳	82029709
15	中国国际贸易促进委员会专利商标事务所(涉外)	100037	北京市西城区阜成门外大街2号万通新世界广场8层	李　勇	68516688
16	北京知本村知识产权代理事务所	100053	北京市宣武区牛街东里一区8号楼1603室	周自清	83519726

（续表）

序号	机构名称	邮编	地址	负责人	电话
17	北京贝腾特专利事务所	100036	北京市复兴路63号9楼2门四层243室	杨玉荣	88015283
18	北京北新智诚知识产权代理有限公司(涉外)	100035	北京市西城区西直门南大街16号	张爱群	66160610
19	北京市柳沈律师事务所(涉外)	100101	北京市朝阳区北辰东路8号汇宾大厦A0601室	沈尧曾	64993490
20	北京太兆天元知识产权代理有限责任公司	100053	北京市宣武区南线阁街10号基业大厦8层	张　韬	63516994
21	北京万慧达知识产权代理有限公司(涉外)	100873	北京市海淀区中关村南大街1号友谊宾馆颐园写字楼226室	白　刚	68948018
22	北京天昊联合知识产权代理有限公司(涉外)	100031	北京市西城区西长安街88号首都时代广场718室	张天舒	83913598
23	北京恒信悦达知识产权代理有限公司(涉外)	100088	北京市海淀区西土城路31号1号楼配楼301室	白淑贤	82228535
24	北京晓泉专利事务所	102500	北京市房山区燕山岗南路1号	黎宗坚	69342614
25	北京永创新实专利事务所	100083	北京市海淀区学院路37号	周长琪	82338110
26	北京三友知识产权代理有限公司(涉外)	100088	北京市海淀区北三环中路40号	李　强	62360216
27	北京海虹嘉诚知识产权代理有限公司(涉外)	100083	北京市海淀区北四环中路281号	张　涛	82384870
28	北京华科联合专利事务所	100044	北京市西城区西直门外南路5号华审宾馆2303室	王　为	68314404
29	小松专利事务所	100051	北京市宣武区前门西大街8号楼1002室	陈祚龄	63172986
30	北京金隅智林专利事务所	100041	北京市石景山区西福村1号(建材科研院内)	李战平	68871856
31	北京同汇友专利事务所	102600	北京市大兴区黄村镇兴丰北大街5号	高云瑞	69242225
32	北京金之桥知识产权代理有限公司(涉外)	100080	北京市海淀区知春路49号希格玛公寓A座108室	林建军	88096308
33	北京三高永信知识产权代理有限责任公司(涉外)	100088	北京市海淀区学院路蓟门东里12楼1单元201室	何文彬	62042352
34	北京科龙寰宇知识产权代理有限责任公司(涉外)	100088	北京市海淀区蓟门里和景园1-3-303室	孙皓晨	82021063

（续表）

序号	机构名称	邮编	地址	负责人	电话
35	北京君尚知识产权代理事务所（涉外）	100871	北京市海淀区北京大学逸夫二楼3147室	余长江	62751284
36	北京清亦华知识产权代理事务所	100084	北京市海淀区清华园清华大学照澜院商业楼301室	廖元秋	62792171
37	北京思海天达知识产权代理有限公司	100022	北京市朝阳区平乐园100号	张　慧	67392381
38	北京英赛嘉华知识产权代理有限责任公司（涉外）	100081	北京市海淀区中关村南大街甲27号中扬大厦501室	王达佐	68936622
39	北京同立钧成知识产权代理有限公司（涉外）	100083	北京市海淀区花园路13号道隆商务会馆	刘　芳	62063648
40	北京科大华谊专利代理事务所	100083	北京市海淀区学院路30号	范光前	62332206
41	北京纽乐康知识产权代理事务所	100037	北京市西城区万明园13号楼507室	田　磊	68031348
42	北京轻创专利事务所	100009	北京市东城区菊儿胡同7号	崔圣伦	64010612
43	北京申翔知识产权代理有限公司（涉外）	100035	北京市西城区西直门南小街国英1号大厦0429室	周春发	58561176
44	北京三幸商标专利事务所（涉外）	100101	北京市朝阳区亚运村汇园国际公寓G座0708室	刘激扬	84974350
45	北京思创毕升专利事务所	100013	北京市朝阳区北三环东路14号（北京1442信箱专利办）	韦庆文	64201667
46	中原信达知识产权代理有限责任公司（涉外）	100020	北京市西城区金融街19号富凯大厦B座11层	穆德骏	66576688
47	北京邦大专利事务所	100045	北京市西城区月坛南街18号2楼	魏殿绅	68589998
48	北京元中知识产权代理有限责任公司（涉外）	100029	北京市西城区北三环中路甲29号2号楼尊邸1103室	汪诚芝	82023296
49	北京华进专利事务所	100600	北京市朝阳区东直门外大街23号6层602D	吴鸿维	85321919
50	北京金信联合知识产权代理有限公司（涉外）	100045	北京市西城区三里河东路5号中商大厦502室	张晓晨	68052891
51	北京法苑专利事务所	100088	北京市海淀区西土城路3号北楼112室	陈俊由	82026098
52	北京集佳知识产权代理有限公司（涉外）	100004	北京市朝阳区建外大街22号赛特广场7层	于泽辉	85115888

（续表）

序号	机构名称	邮编	地址	负责人	电话
53	北京市汇泽知识产权代理有限公司(涉外)	100088	北京市海淀区蓟门桥蓟门里小区和景园1号楼11层	赵 军	82026215
54	北京亚沛专利事务所	100086	北京市海淀区知春路111号理想大厦809室	王亚轩	82665269
55	北京万科园知识产权代理有限责任公司(涉外)	100088	北京市海淀区北三环中路77号(北京电影制片厂院内)	张亚军	82076997
56	北京慧泉知识产权代理有限公司(涉外)	100088	北京市海淀区蓟门里和景园1号楼1单元302室	王顺荣	82023315
57	北京科兴园专利事务所	100016	北京市朝阳区酒仙桥路13号	王 蕴	64355266
58	中国商标专利事务所有限公司(涉外)	100045	北京市西城区月坛南街14号月新大厦	李彦章	68570096
59	北京市广友专利事务所	100088	北京市海淀区北三环西路11号高德写字楼206室	王埜璇	82090980
60	北京博圣通专利事务所	100083	北京市海淀区北四环中路229号海泰大厦1706室	黄 薇	82884000
61	北京天平专利商标代理有限公司(涉外)	100020	北京市朝阳区朝外大街22号泛利大厦611室	王 怡	65883010
62	北京康信知识产权代理有限责任公司(涉外)	100032	北京市西城区二龙路甲33号新龙大厦2516室	余 刚	66057140
63	北京双收知识产权代理有限公司	100088	北京市海淀区北太平庄黄亭子小区2号楼1门503室	吴忠仁	82045614
64	北京诺孚尔知识产权代理有限责任公司	100089	北京市海淀区北洼西里颐安嘉园14栋	白 帆	68430973
65	北京银龙知识产权代理有限公司(涉外)	100029	北京市朝阳区裕民路12号中国国际科技会展中心A1210号	郝庆芬	82252547
66	北京市合德专利事务所	100088	北京市海淀区北三环中路77号-90号信箱	李本源	82047900
67	北京纪凯知识产权代理有限公司(涉外)	100031	北京市西城区宣武门西大街甲129号金隅大厦602室	赵蓉民	66411409
68	北京众合诚成知识产权代理有限公司(涉外)	100044	北京市西城区车公庄大街甲4号物华大厦A座1707室	李光松	68003961
69	北京市中咨律师事务所(涉外)	100037	北京市海淀区三里河路甲11号中国建材大厦C座5层	赵玉林	88082288
70	北京中安信知识产权代理事务所(涉外)	100083	北京市海淀区花园北路44号贯通大厦B314室	张小娟	62351159

（续表）

序号	机构名称	邮编	地址	负责人	电话
71	北京中恒高博知识产权代理有限公司	100083	北京市海淀区花园东路30号花园饭店5号楼5403室	王鸿源	82076158
72	北京三聚阳光知识产权代理有限公司	100088	北京市西城区新街口外大街2号正业写字楼305室	张　杰	62382785
73	北京科迪生专利代理有限责任公司	100080	北京市海淀区中关村816楼1202室	刘秀娟	62629214
74	北京维澳专利代理有限公司（涉外）	100004	北京市朝阳区建国门外大街22号赛特广场M层30112	翟向红	65598871
75	北京中北商标专利事务所有限公司（涉外）	100045	北京市西城区月坛北街2号月坛大厦16层1号	袁世寳	68081365
76	北京连城创新专利代理有限公司	100086	北京市海淀区北三环西路48号1号楼B座6B	刘伍堂	62146667
77	北京市商泰律师事务所（涉外）	100020	北京市朝阳区朝外大街10号昆泰大厦1219室	郭　华	65995719
78	北京市金杜律师事务所（涉外）	100020	北京市朝阳区光华路1号嘉里中心北楼30层	王俊峰	65612299
79	北京正理专利代理有限公司（涉外）	100044	北京市西城区车公庄大街甲4号物华大厦A座1505室	毛燕生	62031386
80	北京东方亿思知识产权代理有限责任公司（涉外）	100738	北京市东城区东长安街1号东方广场东方经贸城东2座1602室	高卢麟	85189318
81	北京金硕果知识产权代理事务所	100088	北京市海淀区西土城路13号蓟门文体招待所	张　玫	82624886
82	北京凯特来知识产权代理有限公司	100081	北京市海淀区四道口路11号银辰大厦902室	郑立明	62197221
83	北京市尚公律师事务所	100006	北京市西城区东长安街10号长安大厦3层	李尚公	6528888
84	北京安信方达知识产权代理有限公司（涉外）	100083	北京市海淀区学清路16号学知轩1015室	郑　霞	82755508
85	北京高默克知识产权代理有限公司（涉外）	100045	北京市西城区月坛北街2号月坛大厦303室	黄坤益	68083081
86	北京奥博通达专利事务所	100044	北京市西城区西直门外南路19号	刘　俊	68364546
87	北京挺立专利事务所	100045	北京市西城区月坛北街26号恒华国际商务中心第3座4层403室	叶树明	58565088
88	北京尔海知识产权代理有限责任公司	100088	北京市海淀区西土城路8号院内写字楼3层315室	姜丽辉	62358991
89	北京元源知识产权代理有限公司	100045	北京市西城区月坛南街32号银岛商务楼508室	童晓琳	68521919

（续表）

序号	机构名称	邮编	地址	负责人	电话
90	北京嘉和天工知识产权代理事务所	100022	北京市朝阳区广渠门外大街8号优士阁B座811室	甘　玲	58612598
91	北京派特恩知识产权代理事务所	100101	北京市朝阳区安翔里1号院48号楼4单元302室	傅玉琴	64851293
92	北京安博达知识产权代理有限公司(涉外)	100088	北京市海淀区蓟门里小区和景园1号楼3单元102室	徐国文	62379723
93	北京富天民宏济专利事务所	100036	北京市海淀区阜成路甲75号院北平房	刘寿椿	68467420
94	北京中博世达专利商标代理有限公司	100088	北京市海淀区蓟门里小区东10号楼1门0102室	申　健	62366545
95	北京同恒源知识产权代理有限公司(涉外)	100029	北京市朝阳区惠新西街15号210室	倪　骏	64920852
96	北京市浩天知识产权代理事务所	100004	北京市朝阳区光华路7号汉威大厦11B3室	阎娬斌	65612460
97	北京林达刘知识产权代理事务所(涉外)	100084	北京市海淀区清华大学学研大厦B座903室	刘新宇	62790522
98	北京环球华进知识产权代理有限责任公司(涉外)	100101	北京市朝阳区北辰东路8号北京国际会议中心写字楼7021室	胡荣瑜	84972316
99	北京中誉威圣知识产权代理有限公司(涉外)	100005	北京市东城区建国门内大街7号光华长安大厦1座616室	曹来禧	65171299
100	北京泛华伟业知识产权代理有限公司	100080	北京市海淀区中关村北二条13号5号楼305室	王凤华	62522482
101	北京明和龙知识产权代理有限公司(涉外)	100081	北京市海淀区魏公村街1号韦伯豪家园6号楼1单元604室	郁玉成	88570772
102	北京中海智圣专利商标代理事务所	100088	北京市海淀区西土城路3号北楼507室	曾永珠	62057858
103	北京润平知识产权代理有限公司(涉外)	100080	北京市海淀区志新东路5号万泉庄园酒店6－32	周建秋	62056204
104	北京北翔知识产权代理有限公司(涉外)	100083	北京市海淀区学院路35号世宁大厦908室	李雒英	82311199
105	北京铭硕知识产权代理有限公司(涉外)	100085	北京市海淀区上地信息路2号创业园D栋401室	韩明星	82893246
106	北京律盟知识产权代理有限责任公司(涉外)	100738	北京市西城区东长安街一号东方经贸城西一办公楼9层8单元	王允方	85187141
107	北京瑞成兴业知识产权代理事务所	100088	北京市海淀区北三环中路57号远望楼北楼235室	王建军	82025963

（续表）

序号	机构名称	邮编	地址	负责人	电话
108	北京信慧永光知识产权代理有限责任公司(涉外)	100083	北京市海淀区知春路9号坤讯大厦1106室	王维玉	82335586
109	北京同达信恒知识产权代理有限公司	100088	北京市海淀区学院南路34号505室	黄志华	62213033
110	北京雷鸣知识产权代理有限公司	100009	北京市东城区沙滩南巷47号201室	韩筱青	86690422

资料来源:北京市知识产权局

北京市技术合同登记机构一览表

序号	登记处名称	邮编	地址	电话
1	北京技术交易促进中心技术合同登记处	100080	北京市海淀区苏州街甲49号	62577125
2	北京市科学技术协会技术合同登记处	100077	北京市崇文区永外西革新里98号	67235944
3	北京市经委经济技术市场发展中心技术合同登记处	100009	北京市东城区鼓楼东大街48号	64019720
4	北京市职工技术协会技术合同登记处	100052	北京市宣武区虎坊路13号	83551557
5	北京市知识产权局技术合同登记处	100009	北京市西城区德胜门东大街8号东联大厦	84080080
6	中国航空工业科学技术总公司技术合同登记处	100025	北京市朝阳区西大望路甲2号6层	65016246－8015
7	核工业科技开发咨询中心技术合同登记处	100045	北京市西城区月坛南街36号	68513190
8	中国科学院信息咨询中心技术合同登记处	100080	北京市海淀区北四环西路33号6D	62568696
9	中国科学技术咨询服务中心技术合同登记处	100081	北京市海淀区学院南路86号	62184929
10	中国电子工业科学技术交流中心技术合同登记处	100088	北京市西城区新街口外大街8号	62383340
11	冶金科技发展中心技术合同登记处	100711	北京市东城区东四西大街46号	65263673－138
12	朝阳区科学技术协会技术合同登记处	100021	北京市朝阳区松榆里43号楼	67312860

（续表）

序号	登记处名称	邮编	地址	电话
13	北京市首都城市规划委员会技术合同登记处	100045	北京市西城区南礼士路	68023961
14	顺义区科学技术委员会技术合同登记处	101300	北京市顺义区光明南街	69444902
15	东城区科学技术委员会技术合同登记处	100009	北京市东城区菊儿胡同33号	84039292
16	西城区科学技术委员会技术合同登记处	100032	北京市西城区二龙路27号	88064982
17	海淀区科学技术委员会技术合同登记处	100083	北京市海淀区北四环中路281号	62325612
18	崇文区科学技术委员会技术合同登记处	100061	北京市崇文区天坛东里5号区东普大厦	67050606
19	北京市经济技术合作办公室技术合同登记处	100020	北京市朝阳区中纺街乙30号9层	65014090
20	石景山科学技术委员会技术合同登记处	100043	北京市石景山八角中里科技馆	68863623－2073
21	中关村科技园区昌平园管理委员会技术合同登记处	102200	北京市昌平区超前路9号	89701437
22	通州区科学技术委员会技术合同登记处	101100	北京市通州区玉带河大街30号	69530429
23	房山区科学技术委员会技术合同登记处	102488	北京市房山区良乡通路1号	89350223
24	宣武区科学技术委员会技术合同登记处	100054	北京市宣武区陶然亭路54号	63525291
25	中关村科技园区丰台园管理委员会技术合同登记处	100070	北京市丰台区科兴路9号	63740110
26	北京市科技协作中心技术合同登记处	100035	北京市西城区西直门南大街16号	66517146
27	中关村科技园区海淀园数字园区管理服务中心技术合同登记处	100081	北京市海淀区中关村南大街3号	68915790
28	北京市科学技术研究院技术合同登记处	100044	北京市西城区西外南路19号	68343152
29	大兴区科学技术委员会技术合同登记处	102600	北京市大兴区黄村兴政街31号	69243835
30	丰台区科学技术委员会技术合同登记处	100071	北京市丰台区北大街甲13号	63894698
31	北京电子城科技园区管理委员会技术合同登记处	100016	北京市朝阳区酒仙桥路12号	64318757
32	北京产权交易所技术合同登记处	100083	北京市海淀区知春路23号量子银座	82357451－8907

（续表）

序号	登记处名称	邮编	地址	电话
33	北京市昌平区科学技术委员会技术合同登记处	102200	北京市昌平区东关二条	89741341
34	北京市版权服务中心技术合同登记处	100083	北京市海淀区知春路23号量子银座	82357081
35	密云县科学技术委员会技术合同登记处	101500	北京市密云县西滨河路东	69042047

资料来源:北京技术市场年度工作报告(2005)

在京中国科学院院士一览表

数学物理学部

序　号	姓　名	工　作　单　位
1	丁伟岳	北京大学数学科学学院、中国科学院数学与系统科学研究院
2	丁夏畦	中国科学院数学与系统科学研究院
3	万哲先	中国科学院数学与系统科学研究院
4	于　敏	中国工程物理研究院
5	于　渌	中国科学院理论物理研究所
6	马大猷	中国科学院声学研究所
7	马志明	中国科学院数学与系统科学研究院
8	文　兰	北京大学数学科学学院
9	方守贤	中国科学院高能物理研究所
10	王　元	中国科学院数学与系统科学研究院
11	王乃彦	中国原子能科学研究院、北京师范大学低能核物理研究所
12	王梓坤	北京师范大学数学系
13	王绶琯	中国科学院国家天文台
14	甘子钊	北京大学物理学院
15	田　刚	北京大学数学科学学院、美国麻省理工学院

（续表）

序号	姓名	工作单位
16	白以龙	中国科学院力学研究所
17	石钟慈	中国科学院数学与系统科学研究院
18	艾国祥	中国科学院国家天文台
19	邝宇平	清华大学物理系
20	吕　敏	中国人民解放军总装备部
21	庄逢甘	中国航天科技集团公司
22	朱光亚	中国人民解放军总装备部科学技术委员会
23	朱邦芬	清华大学物理系
24	严加安	中国科学院数学与系统科学研究院
25	何泽慧	中国科学院高能物理研究所
26	何祚庥	中国科学院理论物理研究所
27	吴文俊	中国科学院数学与系统科学研究院
28	应崇福	中国科学院声学研究所
29	张　杰	中国科学院物理研究所、中国科学院基础科学局
30	张仁和	中国科学院声学研究所
31	张宗烨	中国科学院高能物理研究所
32	张恭庆	北京大学数学科学学院
33	张涵信	北京航空航天大学 CFD 实验室、中国空气动力研究与发展中心
34	张焕乔	中国原子能科学研究院
35	张殿琳	中国科学院物理研究所
36	李方华	中国科学院物理研究所
37	李邦河	中国科学院数学与系统科学研究院
38	李荫远	中国科学院物理研究所
39	李家明	清华大学原子分子纳米科学研究中心、中国科学院物理研究所
40	李家春	中国科学院力学研究所
41	李惕碚	中国科学院高能物理研究所、清华大学物理系
42	杨　乐	中国科学院数学与系统科学研究院
43	杨应昌	北京大学物理学院
44	杨国桢	中国科学院物理研究所北京物质科学研究基地

（续表）

序　号	姓　名	工　作　单　位
45	汪承灏	中国科学院声学研究所
46	苏肇冰	中国科学院理论物理研究所
47	陆启铿	中国科学院数学与系统科学研究院
48	陈木法	北京师范大学数学系
49	陈式刚	北京应用物理与计算数学研究所
50	陈希孺	中国科学院研究生院数学系
51	陈佳洱	国家自然科学基金委员会、北京大学物理学院
52	陈建生	中国科学院国家天文台
53	陈难先	清华大学凝聚态物理中心
54	冼鼎昌	中国科学院高能物理研究所
55	周光召	中国科学技术协会
56	周毓麟	北京应用物理与计算数学研究所
57	林　群	中国科学院数学与系统科学研究院
58	欧阳钟灿	中国科学院理论物理研究所
59	范海福	中国科学院物理研究所
60	郑厚植	中国科学院半导体研究所
61	姜伯驹	北京大学数学科学学院
62	段学复	北京大学数学科学学院
63	洪朝生	中国科学院理化技术研究所
64	贺贤土	北京应用物理与计算数学研究所
65	赵光达	北京大学物理学院
66	赵忠贤	中国科学院物理研究所
67	郝柏林	中国科学院理论物理研究所、复旦大学理论生命科学研究中心
68	席泽宗	中国科学院自然科学史研究所
69	徐叙瑢	北京交通大学光电子技术研究所
70	谈镐生	中国科学院力学研究所
71	郭尚平	中国石油勘探开发研究院
72	郭柏灵	北京应用物理与计算数学研究所
73	钱学森	中国人民解放军总装备部科学技术委员会

（续表）

序　号	姓　名	工　作　单　位
74	崔尔杰	北京空气动力研究所
75	章　综	中国科学院物理研究所
76	黄　昆	中国科学院半导体研究所
77	黄祖洽	北京师范大学低能核物理研究所
78	黄胜年	中国原子能科学研究所
79	彭桓武	中国科学院理论物理研究所
80	程开甲	中国人民解放军总装备部科学技术委员会
81	童秉纲	中国科学院研究生院
82	谢家麟	中国科学院高能物理研究所
83	解思深	中国科学院物理研究所
84	戴元本	中国科学院理论物理研究所

注:表内人名按姓氏笔画排序,下同

化学部

序　号	姓　名	工　作　单　位
1	王　夔	北京大学医学部
2	王方定	中国原子能科学研究院
3	王佛松	中国科学院
4	冯新德	北京大学化学与分子工程学院
5	白春礼	中国科学院
6	刘元方	北京大学化学与分子工程学院
7	刘若庄	北京师范大学化学系
8	朱起鹤	中国科学院化学研究所
9	朱道本	国家自然科学基金委员会、中国科学院化学研究所
10	江　龙	中国科学院化学研究所
11	何鸣元	石油化工科学研究院、华东师范大学化学系
12	佟振合	中国科学院理化技术研究所

（续表）

序　号	姓　名	工　作　单　位
13	吴征铠	中国核工业集团公司
14	张　滂	北京大学化学与分子工程学院
15	张礼和	北京大学药学院
16	张存浩	国家自然科学基金委员会
17	张青莲	北京大学化学与分子工程学院
18	李静海	中国科学院过程工程研究所
19	汪家鼎	清华大学化工系
20	汪德熙	中国原子能科学研究院
21	闵恩泽	石油化工科学研究院
22	陆婉珍	石油化工科学研究院
23	陈冠荣	国有资产管理委员会
24	陈家镛	中国科学院过程工程研究所
25	周同惠	中国医学科学院药物研究所
26	周其凤	国务院学位委员会办公室、北京大学化学与分子工程学院
27	侯祥麟	中国石油天然气集团公司
28	费维扬	清华大学化学工程系
29	赵玉芬	清华大学化学系、厦门大学化学化工学院
30	唐有祺	北京大学化学与分子工程学院
31	唐敖庆	国家自然科学基金委员会
32	徐光宪	北京大学化学与分子工程学院
33	徐晓白	中国科学院生态环境研究中心
34	郭慕孙	中国科学院过程工程研究所
35	梁树权	中国科学院化学研究所
36	梁晓天	中国医学科学院药物研究所
37	梁敬魁	中国科学院物理研究所
38	黄　量	中国医学科学院药物研究所
39	黄志镗	中国科学院化学研究所
40	黄春辉	北京大学化学与分子工程学院
41	程津培	科学技术部、南开大学

（续表）

序　号	姓　名	工　作　单　位
42	蒋丽金	中国科学院化学研究所
43	黎乐民	北京大学化学与分子工程学院

生命科学和医学学部

序　号	姓　名	工　作　单　位
1	方荣祥	中国科学院微生物研究所
2	王文采	中国科学院植物研究所
3	王世真	北京协和医院
4	王志珍	中国科学院生物物理研究所
5	王志新	中国科学院生物物理研究所
6	贝时璋	中国科学院生物物理研究所
7	田　波	中国科学院微生物研究所
8	石元春	中国农业大学资环学院
9	刘以训	中国科学院动物研究所
10	匡廷云	中国科学院植物研究所
11	孙曼霁	军事医学科学院毒物药物研究所
12	孙儒泳	北京师范大学生命科学学院
13	庄巧生	中国农业科学院作物育种栽培研究所
14	朱作言	北京大学生命科学院
15	许智宏	北京大学
16	阳含熙	中国科学院人与生物圈国家委员会
17	吴　旻	中国医学科学院肿瘤研究所
18	吴阶平	中国医学科学院
19	吴祖泽	军事医学科学院
20	吴常信	中国农业大学动物科技学院
21	张广学	中国科学院动物研究所
22	张树政	中国科学院微生物研究所

（续表）

序　号	姓　名	工　作　单　位
23	张新时	中国科学院植物研究所
24	李季伦	中国农业大学生物学院
25	李家洋	中国科学院遗传与发育生物学研究所
26	李振声	中国科学院遗传与发育生物学研究所
27	杨福愉	中国科学院生物物理研究所
28	沈　岩	中国医学科学院基础医学研究所
29	邱式邦	中国农业科学院农业环境与持续发展研究所
30	邹承鲁	中国科学院生物物理研究所
31	陆士新	中国医学科学院肿瘤研究所
32	陈　霖	中国科学院研究生院、中国科学院生物物理研究所
33	陈文新	中国农业大学生物学院
34	陈可冀	中国中医研究院西苑医院
35	陈宜瑜	国家自然科学基金委员会
36	陈慰峰	北京大学医学部免疫学系
37	郑光美	北京师范大学生命科学学院
38	郑儒永	中国科学院微生物研究所
39	娄成后	中国农业大学生物学院
40	洪德元	中国科学院植物研究所系统与进化植物学开放研究实验室
41	贺福初	军事医学科学院
42	钦俊德	中国科学院动物研究所
43	饶子和	中国科学院生物物理研究所、清华大学
44	唐守正	中国林业科学研究院资源信息研究所
45	梁栋材	中国科学院生物物理研究所
46	梁植权	中国医学科学院基础医学研究所
47	强伯勤	中国医学科学院基础医学研究所
48	曾　毅	中国疾病预防控制中心疾病预防控制所
49	蒋有绪	中国林业科学研究院森林生态环境与保护研究所
50	韩启德	全国人大常务委员会、北京大学

（续表）

序　号	姓　名	工　作　单　位
51	韩济生	北京大学神经科学研究所
52	翟中和	北京大学生命科学学院
53	薛社普	中国医学科学院基础医学研究所
54	魏江春	中国科学院微生物研究所

地学部

序　号	姓　名	工　作　单　位
1	丁国瑜	中国地震局科学技术委员会
2	马　瑾	中国地震局地质研究所
3	马宗晋	中国地震局地质研究所
4	丑纪范	中国气象局培训中心
5	王鸿祯	中国地质大学（北京）
6	邓起东	中国地震局地质研究所
7	叶大年	中国科学院地质与地球物理研究所
8	叶连俊	中国科学院地质与地球物理研究所
9	叶笃正	中国科学院大气物理研究所
10	田在艺	中国石油勘探开发研究院
11	石耀霖	中国科学院研究生院
12	任纪舜	中国地质科学院地质研究所
13	刘东生	中国科学院地质与地球物理研究所
14	刘光鼎	中国科学院地质与地球物理研究所
15	刘昌明	中国科学院地理科学与资源研究所、北京师范大学资源环境学院
16	刘振兴	中国科学院空间科学与应用研究中心
17	刘嘉麒	中国科学院地质与地球物理研究所
18	孙　枢	中国科学院地质与地球物理研究所
19	孙鸿烈	中国科学院地理科学与资源研究所
20	孙殿卿	中国地质科学院地质力学研究所

（续表）

序 号	姓 名	工 作 单 位
21	朱日祥	中国科学院地质与地球物理研究所
22	许志琴	中国地质科学院地质研究所
23	吴传钧	中国科学院地理科学与资源研究所
24	吴汝康	中国科学院古脊椎动物与古人类研究所
25	吴国雄	中国科学院大气物理研究所
26	吴新智	中国科学院古脊椎动物与古人类研究所
27	宋叔和	中国地质科学院矿产资源研究所
28	张本仁	中国地质大学（北京）地球化学室
29	张弥曼	中国科学院古脊椎动物与古人类研究所
30	李小文	中国科学院遥感应用研究所、北京师范大学地理学与遥感科学学院
31	李廷栋	中国地质科学院、国土资源部咨询研究中心
32	李崇银	中国科学院大气物理研究所
33	李德生	中国石油勘探开发研究院
34	杨　起	中国地质大学（北京）能源与环境教研室
35	杨遵仪	中国地质大学（北京）
36	汪集旸	中国科学院地质与地球物理研究所
37	沈其韩	中国地质科学院地质研究所
38	肖序常	中国地质科学院地质研究所
39	陆大道	中国科学院地理科学与资源研究所
40	陈　颙	中国地震局
41	陈永龄	国家测绘局科学技术委员会
42	陈庆宣	中国地质科学院地质力学研究所
43	陈运泰	中国地震局地球物理研究所
44	陈述彭	中国科学院地理科学与资源研究所、中国科学院遥感应用研究所
45	陈俊勇	国家测绘局
46	陈梦熊	国土资源部咨询研究中心
46	周秀骥	中国气象科学研究院
48	於崇文	中国地质大学（北京）地球化学研究所
49	欧阳自远	中国科学院国家天文台、中国科学院地球化学研究所

（续表）

序　号	姓　名	工　作　单　位
50	郑　度	中国科学院地理科学与资源研究所
51	侯仁之	北京大学环境学院
52	姚振兴	中国科学院地质与地球物理研究所
53	赵柏林	北京大学物理学院大气科学系
54	赵鹏大	中国地质大学
55	钟大赉	中国科学院地质与地球物理研究所
56	徐冠华	科学技术部
57	涂传诒	北京大学地球与空间科学学院
58	秦大河	中国气象局
59	贾承造	中国石油天然气股份有限公司
60	贾福海	国土资源部咨询研究中心
61	陶诗言	中国科学院大气物理研究所
62	巢纪平	国家海洋环境预报中心
63	符淙斌	中国科学院大气物理研究所
64	黄荣辉	中国科学院大气物理研究所
65	曾庆存	中国科学院大气物理研究所
66	曾融生	中国地震局地球物理研究所
67	童庆禧	中国科学院遥感应用研究所
68	董申保	北京大学地球与空间科学学院
69	谢学锦	中国地质科学院地球物理地球化学勘查研究所
70	翟裕生	中国地质大学（北京）地学院
71	滕吉文	中国科学院地质与地球物理研究所
72	戴金星	中国石油勘探开发研究院

信息技术科学部

序　号	姓　名	工　作　单　位
1	王　圩	中国科学院半导体研究所
2	王　选	北京大学计算机科学技术研究所

（续表）

序　号	姓　名	工　作　单　位
3	王　越	北京理工大学
4	王大珩	中国科学院
5	王占国	中国科学院半导体研究所
6	王守武	中国科学院半导体研究所、中国科学院微电子中心
7	王守觉	中国科学院半导体研究所
8	王阳元	北京大学微电子学研究所
9	王启明	中国科学院半导体研究所
10	叶培大	北京邮电大学
11	吴全德	北京大学信息科学技术学院
12	吴宏鑫	中国空间技术研究院
13	吴德馨	中国科学院微电子研究所
14	宋　健	中国工程院
15	张　钹	清华大学计算机系
16	张效祥	中国人民解放军总参谋部第五十八研究所
17	李　未	北京航空航天大学
18	李启虎	中国科学院声学研究所
19	李志坚	清华大学微电子学研究所
20	李衍达	清华大学信息科学技术学院
21	杨芙清	北京大学信息科学技术学院
22	杨嘉墀	中国空间技术研究院
23	陆元九	中国航天科技集团公司科学技术委员会
24	陆汝钤	中国科学院数学与系统科学研究院
25	陈俊亮	北京邮电大学程控交换技术与通信网国家实验室
26	陈翰馥	中国科学院数学与系统科学研究院
27	周炳琨	清华大学电子工程系
28	周巢尘	中国科学院软件研究所
29	林惠民	中国科学院软件研究所
30	罗沛霖	信息产业部
31	侯朝焕	中国科学院声学研究所

（续表）

序　号	姓　名	工　作　单　位
32	唐稚松	中国科学院软件研究所
33	夏建白	中国科学院半导体研究所
34	夏培肃	中国科学院计算技术研究所
35	秦国刚	北京大学物理学院
36	郭　雷	中国科学院数学与系统科学研究院
37	高庆狮	北京科技大学智能、语言与计算机科学研究所
38	梁思礼	中国航天科技集团公司科学技术委员会
39	黄　琳	北京大学力学与工程科学系
40	黄纬禄	中国航天科工集团公司
41	董韫美	中国科学院软件研究所
42	简水生	北京交通大学光波技术研究所
43	戴汝为	中国科学院自动化研究所

科学技术部

序　号	姓　名	工　作　单　位
1	丁舜年	国有资产监督管理委员会机关离退休干部局
2	王大中	清华大学
3	王希季	中国空间技术研究院
4	王补宣	清华大学热能工程与热物理研究所
5	王崇愚	清华大学物理系、钢铁研究总院
6	王淀佐	北京有色金属研究总院、中国工程院
7	卢　强	清华大学电机工程系
8	卢肇钧	铁道科学研究院
9	叶培建	中国空间技术研究院
10	任新民	中国航天科技集团公司
11	刘宝镛	中国运载火箭技术研究院
12	孙家栋	中国航天科技集团公司

（续表）

序　号	姓　名	工　作　单　位
13	师昌绪	国家自然科学基金委员会、中国科学院
14	庄逢辰	装备指挥技术学院试验工程系
15	朱　静	清华大学材料科学与工程研究院
16	朱森元	中国运载火箭技术研究院
17	过增元	清华大学工程力学系
18	严陆光	中国科学院电工研究所
19	余梦伦	中国运载火箭技术研究院
20	吴良镛	清华大学建筑与城市研究所
21	吴承康	中国科学院力学研究所
22	宋家树	中国工程物理研究院北京工作部
23	张　泽	北京工业大学、中国科学院物理研究所
24	张光斗	清华大学
25	张兴钤	北京应用物理与计算数学研究所
26	张沛霖	中国核工业集团公司
27	张楚汉	清华大学水利水电工程系
28	李济生	中国人民解放军总装备部科学技术委员会
29	李敏华	中国科学院力学研究所
30	杨　卫	清华大学工程力学系
31	汪闻韶	中国水利水电科学研究院岩土工程研究所
32	沈珠江	清华大学水利水电工程系
33	肖纪美	北京科技大学材料物理系
34	邵象华	钢铁研究总院
35	闵桂荣	中国空间技术研究院
36	陈创天	中国科学院理化技术研究所
37	陈能宽	中国工程物理研究院
38	周　远	中国科学院理化技术研究所
39	周干峙	建设部
40	周孝信	中国电力科学研究院
41	周国治	北京科技大学冶金物化教研室

（续表）

序　号	姓　名	工　作　单　位
42	周锡元	北京工业大学工程抗震与结构诊治北京市重点实验室、中国建筑科学研究院工程抗震研究所
43	林秉南	中国水利水电科学研究院
44	欧阳予	中国核工业集团公司科学技术委员、江苏核电有限公司
45	范守善	清华大学物理系
46	郑哲敏	中国科学院力学研究所
47	俞鸿儒	中国科学院力学研究所
48	柯　俊	北京科技大学
49	柳百新	清华大学材料系
50	胡文瑞	中国科学院力学研究所
51	胡聿贤	中国地震局地球物理研究所
52	胡海昌	中国空间技术研究院总体设计部
53	赵仁恺	中国核工业集团公司科学技术委员会
54	徐建中	中国科学院工程热物理研究所
55	徐性初	国家机械工业联合会专家委
56	徐采栋	九三学社中央委员会
57	郭可信	中国科学院物理研究所电镜重点实验室
58	顾秉林	清华大学
59	顾诵芬	中国航空工业第一集团公司科学技术委员会
60	高玉臣	北京交通大学工程力学研究所
61	高镇同	北京航空航天大学固体力学研究所
62	屠守锷	中国航天科技集团公司
63	曹春晓	中国航空工业第一集团公司北京航空材料研究院
64	梁守槃	中国航天科技集团公司
65	黄克智	清华大学工程力学系
66	温诗铸	清华大学精密仪器与机械学系
67	葛昌纯	北京科技大学材料科学与工程学院特陶中心
68	谢光选	中国运载火箭技术研究院
69	路甬祥	中国科学院

（续表）

序 号	姓 名	工 作 单 位
70	雷天觉	机械科学研究院
71	蔡其巩	钢铁研究总院
72	蔡睿贤	中国科学院工程热物理研究所
73	潘际銮	清华大学机械系
74	潘家铮	国家电网公司
75	颜鸣皋	中国航空工业第一集团公司北京航空材料研究院
76	魏寿昆	中国科技大学

在京中国工程院院士一览表

机械与运载工程学部

序 号	姓 名	工 作 单 位
1	丁衡高	中国人民解放军总装备部
2	于本水	中国航天科工集团第二研究院
3	王永志	中国人民解放军总装备部
4	王哲荣	中国北方车辆研究所
5	冯培德	中国航空工业第一集团公司
6	龙乐豪	中国运载火箭技术研究院
7	关 桥	北京航空制造工程研究所
8	刘大响	中国航空工业第一集团公司
9	刘兴洲	中国航天科工集团公司第三研究院第三十一研究所
10	朵英贤	北京理工大学
11	张彦仲	中国航空工业第二集团公司
12	张福泽	北京航空工程技术研究中心
13	李椿萱	北京航空航天大学

（续表）

序　号	姓　名	工　作　单　位
14	杜庆华	清华大学
15	汪顺亭	中国船舶重工集团七零七所、北京理工大学
16	闵桂荣	中国空间技术研究院
17	陆元九	中国航天科技集团公司
18	陈先霖	北京科技大学
19	陈懋章	北京航空航天大学
20	周　济	教育部
21	姚福生	北京航空航天大学机械工程及自动化学院
22	柳百成	清华大学
23	胡正寰	北京科技大学
24	钟群鹏	北京航空航天大学
25	徐滨士	中国人民解放军装甲兵工程学院
26	钱学森	中国人民解放军总装备部
27	顾国彪	中国科学院电工研究所
28	顾诵芬	中国航空工业第一集团公司
29	高金吉	北京化工大学机电工程学院
30	屠善澄	中国空间技术研究院
31	崔国良	中国航天科技集团公司
32	戚发轫	中国航天科技集团公司第五研究院
33	黄瑞松	中国航天科工集团第三研究院
34	曾广商	中国运载火箭技术研究院第十八研究所
35	路甬祥	中国科学院
36	管　德	中国民用航空总局

注:表内人名按姓氏笔画排序,下同

信息与电子工程学部

序　号	姓　名	工　作　单　位
1	毛二可	北京理工大学
2	王　选	北京大学计算机科学技术研究所
3	王　越	北京理工大学
4	王大珩	中国科学院高技术研究与发展局
5	王小谟	电子科学研究院
6	韦　钰	教育部
7	叶铭汉	中国科学院高能物理研究所
8	刘先林	中国测绘科学研究院
9	孙家广	清华大学
10	朱高峰	信息产业部
11	许祖彦	中国科学院物理研究所
12	邬贺铨	电信科学技术研究院
13	何新贵	北京大学信息科学技术学院
14	何德全	信息产业部电子科技委中国电子学会
15	吴　澄	清华大学
16	吴佑寿	清华大学
17	宋　健	政协全国委员会
18	张钟华	中国计量科学研究院
19	张履谦	中国航天科技集团公司科学技术委员会
20	李三立	清华大学
21	李伯虎	中国航天科工集团公司第二研究院科学技术委员会
22	李国杰	中国科学院计算技术研究所
23	李德毅	中国人民解放军总参谋部第六十一研究所
24	汪成为	中国人民解放军总装备部科学技术委员会
25	沈昌祥	海军计算技术研究所

（续表）

序　号	姓　名	工　作　单　位
26	陆建勋	中国船舶重工集团第七研究院
27	陈良惠	中国科学院半导体研究所
28	陈俊亮	北京邮电大学
29	陈敬熊	中国航天科工集团第二研究院二十三所
30	陈德仁	中国航天科工集团第二研究院
31	周　炯	北京邮电大学
32	周立伟	北京理工大学
33	周仲义	中国人民解放军总参谋部
34	周寿桓	中国电子科技集团公司第11研究所
35	林永年	中国人民解放军总参谋部第五十一研究所
36	罗沛霖	信息产业部电子科学技术委员会
37	金国藩	清华大学
38	金怡濂	中国人民解放军总参谋部第五十八研究所
39	俞大光	中国工程物理研究院
40	姚骏恩	北京航空航天大学理学院
41	姜景山	中国科学院空间科学与应用研究中心
42	胡光镇	中国人民解放军总参谋部第五十八研究所
43	胡启恒	中国科学院
44	赵伊君	中国国防科技信息中心
45	钟　山	中国航天科工集团第二研究院
46	倪光南	中国科学院计算技术研究所
47	郭桂蓉	中国人民解放军总装备部
48	梁骏吾	中国科学院半导体研究所
49	童　铠	中国空间技术研究院
50	童志鹏	信息产业部电子科学研究院
51	蔡吉人	北京电子技术研究所
52	魏正耀	中国人民解放军总参谋部第五十八研究所

化工、冶金与材料工程学部

序号	姓名	工作单位
1	干　勇	钢铁研究总院
2	才鸿年	中国兵器装备集团公司
3	毛炳权	中国石油化工集团公司北京化工研究院
4	王淀佐	中国工程院、北京有色金属研究总院
5	王震西	北京中科三环高技术股份有限公司
6	左铁镛	北京工业大学
7	刘伯里	北京师范大学
8	孙传尧	北京矿冶研究总院
9	师昌绪	国家自然科学基金委员会
10	朱　永	清华大学
11	吴慰祖	中国人民解放军总参谋部第五十五研究所
12	张国成	北京有色金属研究总院
13	时铭显	石油大学
14	李大东	中国石油化工集团公司石油化工科学研究院
15	李东英	原国家有色金属工业局
16	李正邦	钢铁研究总院
17	李龙土	清华大学
18	李恒德	清华大学
19	杨启业	中国石化工程建设公司
20	汪旭光	北京矿冶研究总院
21	汪燮卿	中国石油化工集团公司石油化工科学研究院
22	沈德忠	中材集团人工晶体研究院
23	邱定蕃	北京矿冶研究总院
24	邵象华	钢铁研究总院
25	闵恩泽	中国石油化工集团公司石油化工科学研究院

（续表）

序　号	姓　名	工　作　单　位
26	陈立泉	中国科学院物理研究所
27	陈国良	北京科技大学
28	陈蕴博	北京机电研究所
29	金　涌	清华大学
30	侯芙生	中国石油化工集团公司
31	侯祥麟	中国石油天然气集团公司
32	徐匡迪	全国政协、中国工程院
33	徐更光	北京理工大学
34	徐承恩	中国石化工程建设公司
35	徐端夫	中国科学院化学研究所
36	殷瑞钰	钢铁研究总院
37	袁晴棠	中国石油化工集团公司
38	顾真安	中国建筑材料科学研究院
39	曹湘洪	中国石油化工集团公司
40	舒兴田	中国石油化工集团公司石油化工科学研究院

能源与矿业工程学部

序　号	姓　名	工　作　单　位
1	于润沧	中国有色工程设计研究总院
2	毛用泽	中国人民解放军总装备部防化研究院
3	王　浚	北京航空航天大学
4	王思敬	中国科学院地质与地球物理研究所
5	刘广志	国土资源部咨询研究中心
6	朱光亚	中国人民解放军总装备部科技委
7	朱建士	北京应用物理与计算数学研究所
8	汤德全	煤炭科学研究总院
9	许绍燮	中国地震局地球物理研究所

（续表）

序　号	姓　名	工　作　单　位
10	阮可强	中国原子能科学研究院
11	张光斗	清华大学
12	杜祥琬	中国工程院、中国工程物理研究院
13	杨奇逊	华北电力大学
14	杨裕生	中国人民解放军总装备部防化研究院
15	沈忠厚	石油大学
16	苏义脑	中国石油勘探开发研究院
17	邱中建	中国石油天然气集团公司
18	陈森玉	中国科学院高能物理研究所
19	陈毓川	中国地质科学院
20	周永茂	中国中原对外工程公司
21	范维唐	中国煤炭工业协会
22	郑绵平	中国地质科学院矿产资源研究所
23	洪伯潜	煤炭科学研究总院
24	胡见义	石油勘探开发科学研究院
25	胡思得	中国工程物理研究院
26	赵仁恺	中国核工业集团公司科学技术委员会
27	赵文津	中国地质科学院
28	倪维斗	清华大学
29	唐西生	中国人民解放军第二炮兵装备研究院
30	徐旭常	清华大学
31	钱绍钧	中国人民解放军总装备部科学技术委员会
32	钱皋韵	中国核工业集团公司科学技术委员会
33	彭士禄	中国核工业集团公司
34	曾恒一	中国海洋石油总公司
35	蒋洪德	中国科学院工程热物理研究所
36	谢和平	中国矿业大学
37	韩大匡	中国石油勘探开发研究院
38	韩英铎	清华大学

（续表）

序　号	姓　名	工　作　单　位
39	韩德馨	中国矿业大学
40	翟光明	中国石油天然气集团公司
41	裴荣富	中国地质科学研究院矿产资源研究所
42	潘自强	中国核工业集团公司科技委

土木、水利与建筑工程学部

序　号	姓　名	工　作　单　位
1	马国馨	北京市建筑设计研究院
2	王梦恕	北方交通大学土木工程学院
3	王瑞珠	中国城市规划设计研究院
4	冯叔瑜	铁道部科学研究院
5	卢耀如	中国地质科学院
6	龙驭球	清华大学
7	关肇邺	清华大学
8	刘济舟	交通部
9	朱伯芳	中国水利水电科学研究院
10	江　亿	清华大学
11	吴良镛	清华大学
12	张在明	北京市勘察设计研究院
13	李　玶	中国地震局地质研究所
14	李道增	清华大学
15	杨秀敏	中国人民解放军总参谋部工程兵第四设计研究院
16	沙庆林	交通部公路科学研究所
17	邹德慈	中国城市规划设计研究院
18	陈志恺	水利部中国水利水电科学研究院
19	陈厚群	中国水利水电科学研究院
20	陈肇元	清华大学

（续表）

序　号	姓　名	工　作　单　位
21	周　镜	铁道科学研究院
22	周干峙	建设部
23	孟兆祯	北京林业大学园林学院
24	郑哲敏	中国科学院力学研究所
25	施仲衡	中国地铁工程咨询公司
26	徐乾清	水利部
27	钱七虎	中国人民解放军总参军事科学技术委员会
28	钱正英	全国政协
28	崔俊芝	中国科学院数学与系统研究院
30	梁应辰	交通部三峡办公室
31	黄熙龄	中国建筑科学研究院
32	傅熹年	中国建筑设计研究院
33	韩其为	中国水利水电科学研究院
34	潘家铮	国家电网公司

农业、轻纺与环境工程学部

序　号	姓　名	工　作　单　位
1	方智远	中国农业科学院蔬菜花卉研究所
2	王　涛	中国林业科学研究院
3	王文兴	中国环境科学研究院
4	冯宗炜	中国科学院生态环境研究中心
5	卢良恕	中国农业科学院
6	石元春	中国农业大学
7	石玉林	中国科学院地理科学与资源研究所
8	任阵海	中国环境科学研究院
9	关君蔚	北京林业大学
10	刘更另	中国农业科学院

（续表）

序　号	姓　名	工　作　单　位
11	刘鸿亮	中国环境科学研究院
12	孙九林	中国科学院地理科学与资源研究所
13	朱之悌	北京林业大学
14	汤鸿霄	中国科学院生态环境研究中心
15	许健民	中国气象局国家卫星气象中心
16	张　懿	中国科学院过程工程研究所
17	张子仪	中国农业科学院畜牧研究所
18	李文华	中国科学院地理科学与资源研究所
19	李泽椿	中国气象局国家气象中心
20	汪懋华	中国农业大学
21	沈国舫	北京林业大学
22	陈俊愉	北京林业大学
23	陈联寿	中国气象科学研究院
24	周国泰	中国人民解放军总后勤部军需装备研究所
25	季国标	国务院国有资产监督管理委员会
26	范云六	中国农业科学院生物技术研究所
27	金鉴明	国家环境保护总局
28	段镇基	中国皮革和制鞋工业研究所
29	唐孝炎	北京大学
30	郭予元	中国农业科学院植物保护研究所
31	钱　易	清华大学
32	顾夏声	清华大学
33	梅自强	中国纺织科学研究院
34	曾士迈	中国农业大学
35	曾德超	中国农业大学
36	董玉琛	中国农业科学院作物品种资源研究所
37	戴景瑞	中国农业大学农学与生物技术学院
38	魏复盛	中国环境监测总站

医药卫生工程学部

序　号	姓　名	工　作　单　位
1	于德泉	中国医学科学院药物研究所
2	巴德年	中国医学科学院
3	王士雯	中国人民解放军总医院老年心血管病研究所
4	王永炎	中国中医研究院
5	王忠诚	北京天坛医院北京市神经外科研究所
6	王琳芳	中国医学科学院基础医学研究所
7	王澍寰	北京积水潭医院
8	卢世璧	中国人民解放军总医院骨科研究所
9	史轶蘩	中国医科院中国协和医科大学北京协和医院
10	刘　耀	公安部物证鉴定中心
11	刘玉清	中国医学科学院心血管病研究所阜外心血管病医院
12	刘彤华	中国医科院中国协和医科大学北京协和医院
13	刘耕陶	中国医学科学院药物研究所
14	刘德培	中国协和医科大学基础医学院
15	孙　燕	中国医学科学院协和医科大学肿瘤医院
16	庄　辉	北京大学医学部基础医学院微生物学系
17	朱晓东	中国医学科学院心血管病研究所阜外心血管病医院
18	何凤生	中国疾病预防控制中心职业卫生与中毒控制所
19	吴阶平	中国医学科学院
20	吴德昌	军事医学科学院放射医学研究所
21	张金哲	北京儿童医院
22	李连达	中国中医研究院西苑医院
23	沈　渔	北京大学精神卫生研究所
24	沈倍奋	军事医学科学院基础医学研究所
25	肖培根	中国医学科学院药用植物研究所

（续表）

序　号	姓　名	工　作　单　位
26	肖碧莲	国家计划生育委员会科学技术研究所
27	陆道培	北京大学人民医院－北京大学血液病研究所
28	陈冀胜	中国人民解放军防化研究院
29	侯云德	中国医学科学院病毒学研究所
30	俞永新	中国药品生物制品检定所
31	俞梦孙	空军航空医学研究所
32	洪　涛	中国疾病预防控制中心病毒病预防控制所
33	胡亚美	北京儿童医院
34	赵　铠	北京生物制品研究所
35	桑国卫	中国药品生物制品检定所
36	秦伯益	军事医学科学院毒物药物研究所
37	翁心植	首医大附属北京朝阳医院北京市呼吸病研究所
38	郭应禄	北京大学泌尿外科研究所
39	高守一	中国疾病预防控制中心传染病预防控制所
40	高润霖	中国医学科学院心血管病研究所阜外心血管病医院
41	盛志勇	中国人民解放军第304 医院
42	黄志强	中国人民解放军总医院
43	黄翠芬	军事医学科学院生物工程研究所
44	程书钧	中国医学科学院协和医科大学肿瘤研究所（医院）
45	程莘农	中国中医研究院针灸研究所
46	甄永苏	中国医学科学院医药生物技术研究所

工程管理学部

序　号	姓　名	工　作　单　位
1	王礼恒	中国航天科技集团公司
2	刘源张	中国科学院数学与系统科学研究院
3	李京文	北京工业大学经济与管理学院

（续表）

序　号	姓　名	工　作　单　位
4	徐寿波	北京交通大学
5	傅志寰	中华人民共和国铁道部

第八届北京市政府专家顾问团一览表

顾问单位负责人

姓　名	性别	出生年份	工作单位	专业领域	职称
鲁志强	男	1944	国务院发展研究中心	技术经济	研究员
何　岩	男	1959	中国科学院	水环境研究	研究员
白玉良	男	1954	中国工程院学部工作部	科技管理	教授
秦其明	男	1942	中国社科院	农业经济	研究员
刘福垣	男	1944	国家计委宏观经济研究院	发展战略	研究员
王　元	男	1954	中国科技促进发展研究中心	经济学	研究员
许越先	男	1940	中国农业科学院	农业水资源	研究员
迟惠生	男	1941	北京大学	信息处理	教授
何建坤	男	1945	清华大学	管理与工程	教授
袁　卫	男	1950	中国人民大学	统计学、风险管理与保险	教授
郑师渠	男	1946	北京师范大学	近代思想文化史	教授
沈士团	男	1940	北京航空航天大学	无线电遥控摇测	教授
匡镜明	男	1943	北京理工大学	通讯工程	教授
谭向勇	男	1957	中国农业大学	农业市场与经济	教授

政策研究组

姓　名	性别	出生年份	工作单位	专业领域	职称
张富珍	男	1931	中国国际税收研究会	税收、财政	教授
董光器	男	1935	北京市城市规划设计研究院	城市规划	高级规划师
王善迈	男	1937	北京师范大学经济学院	经济、教育体制	教授

（续表）

姓　名	性别	出生年份	工作单位	专业领域	职称
周一星	男	1941	北京大学城市与环境学系	城市规划	教授
王思斌	男	1949	北京大学社会学系	社会学理论	教授
储祥银	男	1952	对外经贸大学国际经贸学院	国际贸易	教授
秦　富	男	1964	中国农业大学经济管理学院	农业经济	教授
韩伯棠	男	1947	北京理工大学管理与经济学院	管理科学	教授

金融组

姓　名	性别	出生年份	工作单位	专业领域	职称
吴敬琏	男	1929	国务院发展研究中心	市场经济	研究员
萧灼基	男	1933	北京大学经济学院	宏观经济、金融市场	教授
宋逢明	男	1946	清华大学经济管理学院国际贸易与金融系	金融学	教授
马庆泉	男	1949	中国证券业协会	资本市场理论与实践	教授
戴根有	男	1950	中国人民银行货币政策司	货币政策、金融运行	研究员
李　扬	男	1951	中国社会科学院财贸经济研究所	金融、财政	研究员
刘曼红	女	1955	维欣风险投资公司	投资	教授
吴晓求	男	1959	中国人民大学财政金融学院	金融、证券、资本市场	教授

宏观经济政策组

姓　名	性别	出生年份	工作单位	专业领域	职称
李泊溪	女	1935	国务院发展研究中心原发展部	发展战略投资	研究员
黄　序	女	1955	北京市社科院城市所	城市经济	副研究员
杨瑞龙	男	1957	中国人民大学研究生院	宏观经济	教授
剧锦文	男	1959	中国社会科学院经济所	资本市场	副研究员
李国平	男	1961	北京大学城市与环境学系	区域经济、区域规划	副教授
张军扩	男	1961	国务院发展研究中心市场所	宏观经济	研究员
潘功胜	男	1963	中国工商银行总行人事部	金融政策	副研究员

教育发展组

（续表）

姓　名	性别	出生年份	工作单位	专业领域	职称
周韫玉	女	1937	原北京市成人教育学院	教育	教授
阎立钦	男	1941	中央教育科学研究所	教育学	教授
龚正行	男	1941	北京市第八中学	教育	高级教师
卓　立	男	1944	北京市东城区史家胡同小学	学校管理	中学高级
劳凯声	男	1948	北京师范大学教育系	教育政策分析	教授
陈学飞	男	1949	北京大学教育学院	比较教育研究	教授
张　力	男	1955	教育部教育发展研究中心	教育宏观政策研究	研究员
雷　庆	男	1964	北京航空航天大学高等教育研究所	教育管理	研究员

商业发展组

姓　名	性别	出生年份	工作单位	专业领域	职称
陈　淮	男	1952	国务院发展研究中心市场经济研究所	战略与政策研究	研究员
范剑平	男	1957	国家计委经济研究所	收入分配与消费	研究员
姚力鸣	男	1958	国家内贸局商业经济研究中心	商业经济	副研究员
王琪延	男	1959	中国人民大学成人高等教育学院	社会学	教授
林增成	男	1939	北京市商业委员会	商业研究	高级经济师

经贸发展组

姓　名	性别	出生年份	工作单位	专业领域	职称
薛荣久	男	1936	对外经济贸易大学世贸组织研究中心	世界贸易组织	教授
李慧芬	女	1940	中国机电产品进出口商会	贸易	教授
周世俭	男	1943	中国五矿化工进出口商会	WTO 中美经济关系	研究员
王传丽	女	1946	中国政法大学国际经济法系	国际经济法	教授
文　魁	男	1949	首都经济贸易大学	经济理论	教授
张小济	男	1950	国务院发展研究中心对外经济研究部	对外经济政策研究	研究员
冯　雷	男	1954	中国社会科学院财贸经济研究所对外经贸研究室	国际贸易	研究员
王子先	男	1963	中华人民共和国对外贸易经济合作部政研室	政策研究	

技术监督组

（续表）

姓　名	性别	出生年份	工作单位	专业领域	职称
刘文华	男	1932	中国人民大学法学院	法学	教授
刘欣荣	女	1937	北京电力科学院	热工自控流量计量	教授级高工
姚世全	男	1937	国家质量技术监督局	标准化	教授级高工
彭明晨	男	1941	首都医科大学宣武医院医疗设备室	医学仪器设备应用质量	教授级高工
薛明德	男	1943	清华大学工程力学系	压力容器	教授
宣　湘	男	1948	国家质量技术监督局	标准化质量监督	高工

文化艺术组

姓　名	性别	出生年份	工作单位	专业领域	职称
马玉田	男	1936	北京市文联	文艺理论	研究员
周溥雄	男	1938	北京紫禁城影业公司	影视艺术	高级编辑
刘锦云	男	1938	北京人民艺术剧院	戏剧创作	一级编剧
赵金九	男	1939	原北京市文联	文学编辑	
高起祥	男	1940	北京市社会科学院	文化学	研究员
王玉珍	女	1948	北京京剧院	戏剧表演与管理	一级演员
宋大川	男	1956	北京市文物局文物所	文博	副研究员
尹　鸿	男	1961	清华大学传播系	影视评论	教授

法律法规组

姓　名	性别	出生年份	工作单位	专业领域	职称
应松年	男	1937	国家行政学院法学部	行政法	教授
张耀宗	男	1937	市政府法制办	政府法制	律师
吴志攀	男	1956	北京大学法学院	金融法	教授
陈　文	男	1957	北京市中伦金通律师事务所	房地产法	高级律师
王利明	男	1960	中国人民大学法律系	民商法	教授
盛建明	男	1965	对外经济贸易大学法学院	国际贸易法	副教授

计划生育组

（续表）

姓　名	性别	出生年份	工作单位	专业领域	职称
陈宝英	女	1940	北京市妇产医院	妇产科	主任医师
曹　坚	男	1944	北京协和医院泌尿科	泌尿男科	教授
顾宝昌	男	1945	中国人口信息研究中心	社会人口学	研究员
左文莉	女	1946	北京医科大学第一医院妇产科	计划生育	教授
席小平	男	1952	中国人口报社	新闻	主任编辑
赵白鸽	女	1952	国家计划生育委员会科技司	计划生育	研究员
郭志刚	男	1954	中国人民大学人口研究所	人口学	教授

医疗卫生组

姓　名	性别	出生年份	工作单位	专业领域	职称
胡亚美	女	1923	北京儿童医院	儿科学	院士
王忠诚	男	1925	北京市神经外科研究所	神经外科	院士
张正华	男	1937	北京宣武医院	医院管理	研究员
董志伟	男	1938	中国医科院肿瘤医院肿瘤所	肿瘤控制	教授
汤　健	男	1938	北京大学医学部基础研究所	心血管	教授
王汝宽	男	1941	中国医科院医学信息研究所	医学情报	教授
戴建平	男	1946	北京天坛医院	神经放射	主任医师
韩德民	男	1951	北京市耳鼻喉科研究所	耳鼻咽喉	教授
李立明	男	1956	北京大学医学部公共卫生医院	公共卫生	教授

外事组

姓　名	性别	出生年份	工作单位	专业领域	职称
李德标	男	1929	中国驻尼泊尔大使馆	对外交往	原大使
李宝城	男	1931	中国驻意大利大使馆	对外交往	原大使
王庆余	男	1932	中国驻荷兰大使馆	对外交往	原大使
林　真	男	1935	中国驻以色列大使馆	对外交往	原大使
张庭延	男	1936	外交部亚洲司	对外交往	原副司长
陈宝鎏	女	1939	外交学会	对外交往	原副会长
华黎明	男	1937	中国驻荷兰大使馆	外交外事	
徐贻聪	男	1936	中国驻阿根廷大使馆	外交外事	
王延义	男	1935	中国驻奥地利大使馆	外交对事	

人力资源管理组

（续表）

姓 名	性别	出生年份	工作单位	专业领域	职称
张旭明	男	1936	北京市人民代表大会常务委员会内务司法委员会	地方立法	一级警监
王通讯	男	1945	中国人事科学研究院人事与人才科学研究所	劳动、人事	研究员
王振清	男	1951	北京市高级人民法院	行政法学	研究员
董克用	男	1953	中国人民大学劳动人事学院	劳动、人事	教授

社会公共安全组

姓 名	性别	出生年份	工作单位	专业领域	职称
高光斗	男	1938	北京市刑事科学技术研究所	现场勘察	教授级高工
杨雅彬	女	1939	中国社会科学院社会学研究所	社会学	研究员
王 煜	男	1947	北京市社会科学院社会学所	社会学	副研究员
沈志工	男	1949	公安部科技局	科技管理	研究员
李 强	男	1950	清华大学人文社会科学院	社会问题	教授
何家弘	男	1953	中国人民大学法学院	法学	教授
王智民	男	1956	公安部第四研究所	公安理论	副研究员
姜 伟	男	1957	最高人民检察院公诉厅	法学研究	教授

城市规划组

姓 名	性别	出生年份	工作单位	专业领域	职称
吴良镛	男	1922	清华大学建筑学院	建筑设计	两院院士
宣祥鎏	男	1929	首都规划建设委员会	城市规划	高级规划师
刘 力	男	1939	北京市建筑设计研究院	建筑设计	高级建筑师
窦以德	男	1940	中国建筑学会	建筑设计	教授级高级建筑师
朱嘉广	男	1945	北京市城市规划设计研究院	城市规划	教授级高级工程师
陈晓丽	女	1946	建设部	城市规划	高级规划师
李晓江	男	1955	中国城市规划设计研究院	城市交通规划	教授级高级规划师
崔 愷	男	1957	建设部建筑设计院	建筑设计	教授级高级建筑师
杨开忠	男	1962	北京大学城市与环境学系	区域经济	教授
尹 稚	男	1963	清华大学建筑学院、北京清华城市规划设计研究院	城市规划与设计	教授

城市雕塑组

（续表）

姓　名	性别	出生年份	工作单位	专业领域	职称
刘　迅	男	1923	北京国际艺苑有限公司	油画	
赵师愈	男	1927	首都城市雕塑委员会	城市规划	高级建筑师
程允贤	男	1928	中国美术协会	雕塑	一级美术师
王克庆	男	1933	全国城市雕塑建设指导委员会	雕塑与规划	研究员
曹春生	男	1937	中央美术学院雕塑系	雕塑	教授
秦　璞	男	1956	中央美术学院雕塑艺术创作研究所	环境艺术设计	副研究员
隋建国	男	1956	中央美术学院雕塑系	雕塑	副教授
赵　萌	男	1957	清华大学美术学院雕塑系	雕塑	副教授
王　中	男	1965	中央美术学院雕塑系	雕塑	副教授
王　晖	女	1969	北京华特建筑设计顾问公司设计部	景观设计	建筑师

城市综合交通组

姓　名	性别	出生年份	工作单位	专业领域	职称
施仲衡	男	1930	中国地铁工程咨询公司	地下铁道	院士
范励修	男	1932	北京市市政工程设计研究总院	道路交通	教授级高工
崔玖江	男	1934	第二炮兵工程设计研究院	隧道、地下工程	教授级高工
崔凤霞	女	1937	北京市规划委员会	规划、设计	高工
王梦恕	男	1938	北方交通大学隧道中心	地下工程	院士
全永燊	男	1941	北京市城市规划设计研究院	交通规划	教授级高工
陆化普	男	1957	清华大学交通研究所	交通规划	副教授
刘小明	男	1964	北京工业大学	交通工程	教授

城市建设组

姓　名	性别	出生年份	工作单位	专业领域	职称
杨嗣信	男	1931	北京市建工集团	施工技术	教授级高工
何建安	男	1931	建设部监理司	土木建筑	教授级高工
张庆维	男	1935	北京市建材工业集团	建筑材料	教授级高工
林　寿	男	1937	北京市建委	施工技术	教授级高工
马国馨	男	1942	北京建筑设计院	建筑设计	院士
王有为	男	1945	中国建筑科学研究院	建筑结构	教授级高工
赖　明	男	1946	建设部科技司	结构工程	教授级高工

城市燃气组

（续表）

姓　名	性别	出生年份	工作单位	专业领域	职称
傅忠诚	男	1933	北京建筑工程学院	燃气应用与节能	教授
周昌熙	男	1937	中国城市煤气协会	供热、供燃气	高工
王祥星	男	1938	北京市燃气协会	燃气、热力；规划、设计	高工
王云龙	男	1939	中国城市燃气协会	燃气与供热	高工

城市供热组

姓　名	性别	出生年份	工作单位	专业领域	职称
曾享麟	男	1928	北京市公用局	集中供热	高工
吴元炜	男	1935	中国建筑科学研究院	供热	研究员
温洪璋	男	1935	北京房地产协会	房地产	高级经济师
张瑞武	男	1936	清华大学环境系	自动化	教授
罗　挺	男	1939	华北电力集团公司科技委	火力发电	教授级高工
王希麟	男	1949	清华大学工程热物理研究所	工程热物理供热	教授
江　亿	男	1952	清华大学热能系	集中供热	院士

城市供水节水组

姓　名	性别	出生年份	工作单位	专业领域	职称
宋序彤	男	1939	建设部城市建设研究院	给排水	教授级高工
冯一谦	男	1939	北京市自来水集团有限责任公司	给排水	高工
杨汝均	男	1941	中国国际工程咨询公司社会事业项目部	给排水与环境工程	副研究员
曲久辉	男	1957	中国科学院生态环境研究中心工程中心	水与废气处理	研究员

城市环境卫生组

姓　名	性别	出生年份	工作单位	专业领域	职称
付崇兰	男	1940	中国社会科学院城市发展与环境研究中心	城市发展	研究员
王　琪	男	1957	中国环境科学研究院固体废物污染控制技术研究所	固体废物处理处置	高工
王　伟	男	1960	清华大学环境科学与工程系	固废处理	教授
王凯军	男	1960	北京市环境保护科学研究院	环境工程	研究员

（续表）

姓　名	性别	出生年份	工作单位	专业领域	职称
王伟中	男	1962	中国21世纪议程管理中心	环境保护、水资源	研究员
李国学	男	1962	中国农业大学资源和环境学院生态和环境科学系	环境工程	教授
徐文龙	男	1963	国家建设部环境卫生研究所	城市垃圾处理	高工
方建华	男	1963	中国科学院工程热物理研究所	热能工程、废气物燃烧	副研究员

城市环境保护组

姓　名	性别	出生年份	工作单位	专业领域	职称
江小珂	女	1929	北京市环境基金会	化工环境	高工
刘鸿亮	男	1932	中国环科院学术委会	环境工程	院士
唐孝炎	女	1932	北京大学环境科学中心	环境科学	院士
钱　易	女	1937	清华大学环境工程系国家重点实验室	水污染防治	院士
郝吉明	男	1946	清华大学环境科学研究院	环境工程	教授

城市公共交通组

姓　名	性别	出生年份	工作单位	专业领域	职称
彭一苇	男	1934	北京理工大学计算机系	计算机	教授
申金升	男	1966	北方交通大学系统工程研究所	交通系统工程	教授
宋　健	男	1957	清华大学汽车工程学院	汽车工程	教授
孙逢春	男	1958	北京理工大学车辆工程学院	车辆工程	教授

防灾减灾组

姓　名	性别	出生年份	工作单位	专业领域	职称
周锡元	男	1938	中国建筑科学研究院工程抗震研究所	地震工程	院士
王昂生	男	1939	中国科学院大气物理研究所	大气科学	研究员
吴正华	男	1940	北京市气象科学研究所	气象灾害	教授级高工
郑大玮	男	1944	中国农业大学资源与环境学院	农业减灾	教授
金　磊	男	1957	北京市建筑设计研究院信息所	城市减灾	高工
史培军	男	1959	北京师范大学	资源与环境	教授
恽耀南	男	1938	北京气象学会、北京减灾协会	气象业务管理	高级工程师

园林绿化组

（续表）

姓　名	性别	出生年份	工作单位	专业领域	职称
孟兆祯	男	1932	北京林业大学	风景园林、规划设计	院士
冯钟平	男	1936	北京清华大学建筑学院	建筑、城市园林设计	教授
张治明	男	1938	中国科学院植物研究所植物园	植物学	研究员

科技发展组

姓　名	性别	出生年份	工作单位	专业领域	职称
郎志正	男	1935	北京理工大学	经济管理	教授
郭励宏	男	1944	国务院发展研究中心技术经济部	技术经济	研究员
齐　让	男	1950	科技部发展计划司	科技管理	高工
吴贵生	男	1947	清华大学经管学院	技术经济	教授
王德禄	男	1956	长城企业战略研究所	发展战略、创新政策	研究员
周　寰	男	1942	信息产业部电信科学技术研究院	科技管理	高工
金国钧	男	1938	凯奇公司北京视听网络技术实验室	宽带技术	教授
唐五湘	男	1960	北京机械工业学院工商管理分院	技术经济及管理	教授
赵　弘	男	1960	北京市社会科学院	经济学	研究员
郭炳江	男		香港新鸿基地产集团	房地产	副主席

科技政策与法规组

姓　名	性别	出生年份	工作单位	专业领域	职称
朱传柏	男	1943	科技部政策体改司	科技管理	高工
范晓峰	男	1945	全国人大教委科技室	科技政策	高工
李新男	男	1951	中国科技评估中心	科技政策	副研究员
朱苏力	男	1955	北京大学法学院	司法制度	教授
方　新	女	1956	中科院政策与管理所	科技政策	研究员
王立华	男	1963	北京市天元律师事务所	知识产权	副教授

软件组

（续表）

姓　名	性别	出生年份	工作单位	专业领域	职称
杨芙清	女	1932	北京大学软件工程研究所	计算机软件	院士
殷志鹤	男	1935	北京软件行业协会	软件与网络	教授级高工
倪光南	男	1939	中国科学院计算所	计算机	院士
陈　冲	男	1944	信息产业部电子信息产品管理司	计算机软件	高工
王　珊	女	1944	中国人民大学信息学院	计算机	教授
孙家广	男	1946	清华大学计算机科学与技术系	软件及应用	院士
孙玉芳	男	1947	中国科学院软件研究所	计算机软件	研究员
怀进鹏	男	1962	北京航空航天大学计算机系	计算机软件	教授
李明树	男	1966	中国科学院软件研究所	计算机	研究员
雷　军	男	1969	北京金山软件有限公司	软件	
邓寿鹏	男	1935	国务院发展研究中心	电子	研究员

生物工程与新医药组

姓　名	性别	出生年份	工作单位	专业领域	职称
陈可冀	男	1930	中国中医研究院西苑医院	中西医结合	院士
张礼和	男	1937	北京大学药学院	药物化学	教授
王永炎	男	1938	中国中医研究院	中医内科	院士
桑国卫	男	1941	中国药品生物制品检定所、国家药品监督管理局	临床药理	研究员
祁国明	男	1945	卫生部科技教育司	流行病学	研究员
赵达生	男	1945	军事医学科学院	生物医药	研究员
韩启德	男	1945	北京大学医学部	病理生理	院士
王志新	男	1953	中国科学院生物物理所	分子生物学	院士
林瑞超	男	1954	中国药品生物制品检定所	中药新药	教授
刘　谦	男	1956	科技部中国生物工程开发中心	生物技术	研究员
贺福初	男	1962	军事医学科学院放射医学研究所	生物工程	研究员
古斯塔夫	男	1941	瑞典卡洛琳斯卡大学生物技术中心	生物化学	教授
Nahed K. Ahmed	女		美国 Aventis Pharmaceuticals 公司	生物医药	副总裁

新材料组

（续表）

姓　名	性别	出生年份	工作单位	专业领域	职称
金日光	男	1933	北京化工大学校学术委员会	材料科学	教授
左铁镛	男	1936	北京工业大学	材料科学	院士
石力开	男	1937	北京有色金属研究总院	金属材料	教授级高工
王占国	男	1938	中国科学院半导体研究所半导体材料科学研究室	半导体材料	院士
王震西	男	1942	中国科学院三环高技术股份有限公司	新材料	院士
奚廷斐	男	1948	国家药品监督管理局中检所医疗器械质量监督检验中心	生物材料	研究员
吴　锋	男	1951	北京理工大学化工与材料学院中心	功能材料	教授
谢建新	男	1958	北京科技大学材料科学与工程学院	新材料制备与加工	教授
潘　峰	男	1963	清华大学材料科学与工程学院	材料科学与工程	教授
江　雷	男	1965	中国科学院化学研究所	纳米材料	研究员

科技普及组

姓　名	性别	出生年份	工作单位	专业领域	职称
顾方舟	男	1926	中国医学科学院	病毒学	研究员
袁士畴	男	1935	北京农学会常务	农业科技	研究员
李象益	男	1938	中国科学技术馆	科普	教授
葛　霆	男	1942	中国科学技术协会信息中心	科普教育	教授级高工
饶成刚	男	1954	北京自然博物馆	古生物学	副研究员

国际科技合作组

姓　名	性别	出生年份	工作单位	专业领域	职称
吴贻康	男	1930	中国国际科技合作协会	国际科技合作	教授级高工
刘铁铎	男	1946	国家外国专家局信息中心	管理、无线电	副研究员
金　炬	男	1962	国家科技部国际合作司	国际科技合作	高工

信息化组

（续表）

姓　名	性别	出生年份	工作单位	专业领域	职称
庄梓新	男	1936	北京网络多媒体实验室	计算机机、测控技术	研究员
曲成义	男	1937	航天科技集团 710 研究所	信息网络	研究员
陆首群	男	1937	首都信息发展公司	信息网络	教授
王安耕	男	1940	中国国际信托投资公司	信息网络	教授级高工
陈德泉	男	1941	中国科学院政策与管理科学研究所	信息系统安全	教授
陈　静	男	1944	中国人民银行支付与科技司	电子商务	教授级高工
王建章	男	1946	信息产业部综合规划司	通讯设备	高工
陈晓宁	男	1946	中国广电信息网络中心	信息服务业	高工
李　琦	女	1955	北京大学遥感与 GIS 所	空间信息、科学与工程	教授
高　文	男	1956	中国科学院研究生院	计算机应用	教授
李　明	男	1964	国务院发展研究中心情报中心	信息网络、信息经济	副研究员

工业经济组

姓　名	性别	出生年份	工作单位	专业领域	职称
李致洁	男	1937	中国科学院科技促进经济基金会	企业管理	研究员
林毅夫	男	1952	北京大学中国经济研究中心	经济学	教授
刘世锦	男	1955	国务院发展研究中心产业经济研究部	产业经济	研究员
邓洪波	男	1962	北京市国际贸易研究所	产业经济	副研究员
魏后凯	男	1963	中国社会科学院工业经济研究所	区域经济	研究员
康荣平	男	1949	全球并购研究中心	企业成长与战略国际比较	

电子信息组

姓　名	性别	出生年份	工作单位	专业领域	职称
钱宗珏	男	1930	北京光通信高技术实验室	通信	教授
董大为	男	1932	700 厂	电子专用设备	教授级高工
王贻良	男	1936	清华大学电子工程系	数字电视	教授
张海门	男	1939	中国电子质量管理协会	质量管理	教授级高工
冯玉林	男	1942	中国科学院软件研究所	软件	研究员

（续表）

姓　名	性别	出生年份	工作单位	专业领域	职称
周明陶	男	1944	北京希望电脑公司	电子技术	高工
郑敏政	男	1944	信息产业部电子信息产品管理司	微电子	高工
杨元庆	男	1964	联想电脑公司	计算机	高工

都市工业组

姓　名	性别	出生年份	工作单位	专业领域	职称
廉　洁	男	1936	中国印刷总公司	印刷技术	高工
高陇桥	男	1936	北京电子部12研究所	电子陶瓷	教授
廖正品	男	1940	中国塑料加工工业协会	塑料工程	高工
吴慧莉	女	1944	中国纺织科学研究院	染整	高工
韩作樑	男	56	中国家用电器研究所	家用电器	研究员
沈海祥	男	1945	中国印刷科学技术研究所	电子出版	高工
杨纪朝	男	1954	国家纺织工业局规划发展司	纺织	高工
刘长虹	男	1961	中国轻工总会调研室	行业经济	高级经济师
王　庆	男	1963	中国付帐设计师协会	服装设计	
黄圣明	男	1939	中国食品工业协会	食品发酵	高工
罗云波	男	1958	中国农业大学	基因工程	教授

传统工业组

姓　名	性别	出生年份	工作单位	专业领域	职称
周兆英	男	1937	清华大学微纳米技术中心委员会	微纳米技术	教授
陈绪和	男	1943	国际竹藤组织	木材加工	研究员
朱明凯	男	1944	中国仪器仪表行业协会	行业管理	高工
陈全世	男	1945	清华大学汽车研究所	汽车工程	教授
徐国政	男	1946	清华大学电机系	输变电技术	教授
王子镐	男	1947	北京化工大学	化学工程	教授
杨学桐	男	1949	国家机械局行业发展司	机床制造	高工
徐永模	男	1956	中国建筑材料科学研究院	建筑材料	研究员
陈　林	男	1956	国家机械工业局规划发展司	规划与决策	高工
白　颐	女	1958	国家石油与化学工业局规划院	化学工程	高工
佘远斌	男	1963	北京工业大学环境与能源工程学院	应用化学	教授

农业经济组

（续表）

姓　名	性别	出生年份	工作单位	专业领域	职称
秦其明	男	1942	中国社科院	农业经济	研究员
张晓山	男	1947	中国社科院农村发展研究所	农村经济	研究员
张路雄	男	1949	中国体制改革研究会	农村经济	副研究员
史际春	男	1952	中国人民大学法学院	经济法	教授
孟福增	男	1954	农业银行北京分行	农村金融	高级经济师
谭向勇	男	1957	中国农业大学	农业市场与政策	教授
王济民	男	1964	中国农科院农业经济研究所	畜牧经济	副研究员
唐　忠	男	1964	中国人民大学农业经济系	农业经济	教授

山区建设组

姓　名	性别	出生年份	工作单位	专业领域	职称
李永芳	男	1937	市政协区县联委会	林果	高级经济师
李志民	男	1941	中国农业大学经济管理学院	农村经济	教授
王有年	男	1951	北京农学院	果林技术	教授
孙久文	男	1956	中国人民大学区域经济研究所区域经济教研室	区域经济、规划	教授
李胜利	男	1965	中国农业大学动物科技学院	动物营养	副教授

乡镇企业管理组

姓　名	性别	出生年份	工作单位	专业领域	职称
曹永康	男	1935	中国建材科学院	建材	高工
许惠渊	男	1944	中国农业大学乡镇企业研究所	农业经济	教授
张同录	男	1950	北京科技大学校办产业处	管理	副研究员
吕　薇	女	1956	国务院发展研究中心技术经济部	技术经济	研究员
赵瑾璐	女	1957	北京理工大学人文社科学院	宏观经济	教授

畜牧组

姓　名	性别	出生年份	工作单位	专业领域	职称
吴常信	男	1935	中国农业大学动物科技学院	畜牧学	院士
张　沅	男	1943	中国农业大学动物科技学院	遗传育种	教授

（续表）

姓　名	性别	出生年份	工作单位	专业领域	职称
贾志海	男	1951	中国农业大学动物科技学院	养羊学	教授
刘玉满	男	1955	中国社会科学院农村发展研究所	畜牧经济	研究员
王爱国	男	1956	中国农业大学动物科技学院	育种	副教授
赵德明	男	1958	中国农业大学动物医学院	兽医	教授
张仲秋	男	1958	中国兽医药品监察所	兽医兽药	研究员
杨　宁	男	1964	中国农业大学动物科技学院	家禽生产	教授

粮食及经济作物组

姓　名	性别	出生年份	工作单位	专业领域	职称
李鸿祥	男	1936	北京市农林科学院作物所	小麦栽培	研究员
田中玉	男	1943	北京市品种审定委员会	栽培	高级农艺师
韩建国	男	1958	中国农业大学草地研究所	草业科学	教授
胡跃高	男	1959	中国农业大学作物学院	牧草产业化	副教授
兰　进	女	1960	中国医学科学院药用植物研究所	药用植物	副研究员
胡小松	男	1961	中国农业大学食品学院	农产品贮藏与加工	教授
赵久然	男	1962	北京市农林科学院玉米研究中心	作物育种、栽培	研究员

蔬菜组

姓　名	性别	出生年份	工作单位	专业领域	职称
钱传范	女	1930	中国农业大学基础学院应用化学系	农药残留处理	教授
李明远	男	1937	北京市农林科学院植保环保所	蔬菜植保	研究员
刘宜生	男	1940	中国农业科学院蔬菜花卉研究所	蔬菜栽培	研究员
陈殿奎	男	1942	北京市农林科学院蔬菜研究中心	蔬菜栽培	研究员
李　武	男	1954	北京市农林科学院蔬菜研究中心	蔬菜采后处理	副研究员

林果组

姓　名	性别	出生年份	工作单位	专业领域	职称
王礼先	男	1934	北京林业大学水土保持学院	生态林业工程	教授
王汝谦	男	1937	中国农业科学院	果树	研究员

（续表）

姓 名	性别	出生年份	工作单位	专业领域	职称
江泽慧	女	1938	中国林业科学研究院	林业工程	教授
尹伟伦	男	1945	北京林业大学	林学	教授
雷加富	男	1949	国家林业局植树造林司	造林绿化	高级经济师
杨忠岐	男	1952	中国林科院森林保护研究所	生物防治	研究员
张启翔	男	1956	北京林业大学园林学院	园林	教授
刘 勇	男	1961	北京林业大学资源与环境学院	林木种苗、森林培育	教授
王贵禧	男	1962	中国林业科学研究院林业研究所	经济林	研究员
韩振海	男	1963	中国农业大学园艺学院	果树	教授

水资源组

姓 名	性别	出生年份	工作单位	专业领域	职称
张光斗	男	1912	清华大学	水利水电	院士
六振达	男	1927	北京市水利局	农田水利	教授级高工
贺伟程	男	1933	水利电力科研院水资源所	水资源	教授级高工
侯景岩	男	1936	北京市地矿总公司	水文地质及工程地质	教授级高工
段巧甫	女	1938	水利部水土保持司	水土保持	教授级高工
吴季松	男	1944	水利部水资源司	水资源	教授
孙保平	男	1956	北京市林业大学水土保持学院	水土保持及荒漠化防治	教授
张建云	男	1957	水利部水文局	水资源及水环境	教授

资料来源：北京市政府专家顾问团办公室

入选2004年度北京市科技新星计划人员一览表

A 类

序 号	姓 名	工 作 单 位
1	王铁军	安泰科技股份有限公司
2	王文蜀	北大世佳科技开发有限公司
3	彭 静	北京大学

（续表）

序　号	姓　名	工　作　单　位
4	古　英	北京大学
5	郭洪祝	北京大学
6	郭丽宏	北京大学口腔医学院
7	李　涛	北京大学人民医院
8	许丽丽	北京东方通科技发展有限责任公司
9	郭　航	北京工业大学
10	宋雪梅	北京工业大学
11	陈小武	北京航空航天大学
12	范文宏	北京航空航天大学
13	卫　敏	北京化工大学
14	吴友平	北京化工大学
15	何新波	北京科技大学
16	于　浩	北京科技大学
17	梁荣奇	北京农业生物技术研究中心
18	王　成	北京农业信息技术研究中心
19	刘　辉	北京三元农业有限公司
20	张俊波	北京师范大学
21	张峻峰	北京市农科院农业科技信息研究所
22	赵晓燕	北京市农科院蔬菜研究中心
23	王清禄	北京数字方舟信息技术有限公司
24	李向日	北京同仁堂股份有限公司科研所
25	郭俊超	北京协和医院
26	马建民	北京协和医院
27	黎　明	北京协和医院
28	刘云龙	北京信诺光维科技发展有限公司
29	陶小峰	北京邮电大学
30	张　杰	北京邮电大学
31	罗　琳	北京友谊通元水产技术开发中心
32	王　超	北京友谊医院

（续表）

序 号	姓 名	工 作 单 位
33	熊晓东	北京有色金属研究总院
34	杨志民	北京有色金属研究总院
35	张　晶	北京佑安医院
36	张　壮	北京中医药大学
37	刘　兵	军事医学科学院基础医学研究所
38	岳　文	军事医学科学院野战输血研究所
39	张彭义	清华大学
40	岑　松	清华大学
41	王　凌	清华大学
42	吴行军	清华同方微电子有限公司
43	余长春	石油大学（北京）
44	陈　凌	宣武医院
45	刘力松	宣武医院
46	曲胜春	中国科学院半导体研究所
47	黄泽春	中国科学院地理科学与资源研究所
48	杨　超	中国科学院过程工程研究所
49	张志颖	中国科学院理化技术研究所
50	魏　俊	中国科学院软件研究所
51	周群芳	中国科学院生态环境研究中心
52	宫晓燕	中国科学院自动化研究所
53	李道亮	中国农业大学
54	赵冬梅	中国农业大学
55	赵兴波	中国农业大学
56	郭建英	中国农业科学院农业环境与持续发展研究所
57	刘伟东	中国气象局北京城市气象研究所
58	蔡广研	中国人民解放军总医院
59	荆志成	中国医学科学院阜外心血管病医院
60	魏建和	中国医学科学院药用植物研究所
61	王　真	中国医学科学院医药生物技术研究所
62	李　杰	中国中医研究院广安门医院

B 类 （续表）

序 号	姓 名	工 作 单 位
63	张 鑫	北京朝阳医院
64	王亚娟	北京儿童医院
65	郭 福	北京工业大学
66	宋晓艳	北京工业大学
67	马雪梅	北京工业大学
68	段桂江	北京航空航天大学
69	张学军	北京化工大学
70	靳其兵	北京化工大学
71	姜春岩	北京积水潭医院
72	滕 枫	北京交通大学
73	孙 涛	北京口腔医院
74	孙永馨	北京老年病医疗研究中心
75	王绍辉	北京农学院
76	陈湘宁	北京农学院
77	秦向阳	北京农业信息技术研究中心
78	赵雁林	北京市结核病胸部肿瘤研究所
79	刘 彤	北京市科学技术情报研究所
80	刘艳菊	北京市理化分析测试中心
81	罗长寿	北京市农科院农业科技信息研究所
82	左海涛	北京市农林科学院北京草业与环境研究发展中心
83	齐建勋	北京市农林科学院林业果树研究所
84	刘 伟	北京市农林科学院蔬菜研究中心
85	徐福洲	北京市农林科学院畜牧兽医研究所
86	范弘伟	北京市农林科学院玉米研究中心
87	滕海涛	北京市农林科学院玉米研究中心
88	张 凯	北京市神经外科研究所
89	蔺 洁	北京市心肺血管疾病研究所
90	张新媛	北京市眼科研究所
91	张先杰	北京天坛医院
92	陈立云	北京天坛医院
93	鲜军舫	北京同仁医院
94	尤 红	北京友谊医院
95	杨红珍	北京自然博物馆
96	朱汝南	首都儿科研究所
97	张 岩	首都师范大学
98	艾立坤	首都医科大学
99	张鸿祺	宣武医院
100	张海增	中国医学科学院肿瘤医院

资料来源：北京市科学技术委员会人事处

2004年国内、国际十大科技新闻

国　内

一、中国最快超级计算机跻身世界十强，“曙光4000A”运算速度峰值可达每秒11万亿次

今年的全球超级计算机500强名单，中国曙光计算机公司研制的超级计算机“曙光4000A”排名第十。这是中国超级计算机首次跻身世界十强。曙光公司为上海超级计算中心研制的“曙光4000A”，采用了美国芯片制造商AMD公司制造的2 560枚Opteron芯片，运算速度峰值可达每秒11万亿次。“曙光4000A”除中央处理器和Linux平台系统外，其他部件都使用了自己的技术。这也是此次500强排名中唯一跻身前十名的非美国和日本研发的超级计算机。“曙光4000A”已在上海超级计算中心正式启动，这标志着我国已成为世界上继美、日之后第三个跨越10万亿次计算机研发和应用的国家。

二、我国自主研制的SARS灭活疫苗Ⅰ期临床试验顺利完成

12月初，中国自行研制的非典病毒灭活疫苗Ⅰ期临床试验已全部完成，经临床观察和实验室检测显示，受试者产生了明显抗体，所有受试者都没有出现异常反应，疫苗的安全性得到证实。Ⅰ期临床试验的完成，标志着SARS疫苗研究的难关已经基本攻克，为进一步研究创造了有利条件。这是我国SARS科技攻关取得的一项标志性重大成果，也是世界上第一个完成Ⅰ期临床试验的SARS疫苗。原则上，该疫苗只有全部完成了Ⅰ期、Ⅱ期、Ⅲ期临床试验后，才能商业化应用。

三、中国探月工程今年正式启动

月球探测工程将分为“绕”、“落”、“回”三个阶段实施。第一期工程通过发射月球探测卫星，获取月球表面三维影像，分析月球表面有用元素含量和物质类型的分布特点，探测月壤厚度和探测地月空间的环境。第二期工程发射月球探测器登陆月球。第三期工程实现月面巡视勘察与采样返回。现第一期工程已经论证完毕。第一颗月球探测卫星已完成方案设计，开始进行初样设计。紫外敏感器、卫星专用天线等一批关键技术项目获得突破性进展。我国科学家正在对第二期和第三期工程进行论证，争取在2010年和2020年实现后两步。

四、CERNET2正式开通，中国有了下一代互联网

12月25日，中国下一代互联网示范工程核心网CERNET2主干网正式开通，这是世界上规模最大的纯IPv6互联网。此举标志着我国下一代互联网建设全面拉开序幕，在世界下一代互联网发

展上取得先机。CERNET2 即第二代中国教育和科研计算机网,是“中国下一代互联网示范工程 CNGI”中最大的核心网和唯一学术网,它以 2.5—10Gbps 速率连接全国 20 个主要城市的 CERNET2 主干网的核心节点,为全国高校和科研单位提供 1—10Gbps 的高速 IPv6 接入服务,并通过中国下一代互联网交换中心 CNGI-6IX,高速连接全球的下一代互联网。

五、世界首颗中国标准 3G 手机核心芯片问世

该 3G 芯片今年 4 月流片成功,7 月成功实现了终端与大唐基站的通话和传输速率测试。目前在实验网上使用的手机硬件已经准备好,接下来将进行高层软件的整合和调试,有望年底推出稳定的平台,明年 6 月份完成商品化生产。这是为 TD-SCDMA 标准量身制作的 3G 手机核心芯片。该芯片的研制成功,打破了长期以来手机芯片核心技术被国外垄断的技术壁垒,使我国 3G 手机核心技术迈入国际领先行列。

六、中国加入伽利略计划,这是我国目前最大的对外科技合作项目

10 月,中欧双方就中国参加伽利略计划开发阶段的行政和技术安排达成一致,签署协议。中欧伽利略计划合作是中国目前最大的对外科技合作项目,为此将投资 2 亿欧元。中国是参与伽利略计划的第一个非欧盟成员国。伽利略计划是由欧盟委员会和欧洲空间局共同发起并组织实施的欧洲民用卫星导航计划,旨在建立欧洲自主、独立的民用全球卫星导航定位系统。与美国的全球卫星定位系统(GPS)相比,伽利略系统具有更佳的覆盖率和更高的精确度。该系统将启用 30 颗导航卫星及相关的地面设施,总投资约 35 亿欧元,预计在 2008 年部署完成。

七、联想以 12.5 亿美元收购 IBM 电脑业务,成为全球第三大电脑公司

12 月初,联想集团正式宣布以 12.5 亿美元收购 IBM 的全球电脑业务,其中包括笔记本和台式机业务,收购资产涉及 160 个国家和地区,IBM 电脑事业部近万名员工也随之划归联想集团名下。新联想集团的总部将设在纽约,主要运营中心则设在北京与美国的罗利。这是中国 IT 产业迄今为止最大一笔海外收购。通过此次收购,联想一举跻身世界 500 强企业,年销售收入狂增 4 倍达到 120 亿美元,并成为仅次于戴尔与惠普的全球第三大电脑公司。这也是中国民营企业首次进入世界 500 强企业排名。

八、我国第一组实用超导电缆系统并网运行

我国第一组超导电缆系统正式并网仪式在云南省昆明普吉变电站举行,这标志着继美国、丹麦之后,我国成为世界上第三个将超导电缆投入电网运行的国家,从长远上也将对解决我国“西电东送”等长距离大容量输电问题起到积极作用。发展具有产业化前景的超导电缆技术,是国家“十五”期间“863 计划”新材料领域超导材料与技术专项的重点课题之一,该课题由北京云电英纳超导电缆有限公司承担。

九、中外科学家携手揭秘鸡基因，绘制出红原鸡、乌鸡、肉鸡、蛋鸡遗传差异图谱

12 月 9 日，中国科学院宣布，国际鸡基因组计划取得重大成果：利用经济、快速、高效的测序方法——“鸟枪法”，我国科学家不仅和国际同行共同绘制出以红原鸡为对象的鸡基因框架图谱，而且领衔绘制出了乌鸡、肉鸡、蛋鸡等四种不同鸡种之间的遗传差异图谱。这一成果的完成对我国农业和生命科学研究具有重大的意义。我国是鸡肉产量的大国，但在鸡的优质品种上却是小国。鸡基因组计划的完成会使我国在鸡的新品种培育上实现跨越式发展。

十、中国在北极第一个考察站——黄河站建成并投入使用

7 月，中国北极黄河站的建成，揭开了我国极地科学考察事业的新篇章，为我国极地科学工作者开展北极科学考察创造了良好的条件。极地科学考察，是人类探索自然奥秘、探求新的发展条件的重要领域，是一项功在当代、利在千秋的伟大事业。20 多年来，我国成功组织了 20 次南极考察和两次北极考察，取得了许多具有国际先进水平的科研成果，建成了中国南极长城站和中国南极中山站。这三个科学考察站，既为我国开展极地科学考察提供了重要平台，又为我国进行对外科学交流打开了重要窗口。

国 际

一、勇气号和机遇号火星车成功登陆火星并找到火星曾经有水的确凿证据

美国勇气号火星车和机遇号火星车今年 1 月相继成功登陆火星。在为期近一年的探测中，他们已先后找到火星上曾经有过水的有力证据，如黄钾铁矾。不过，美国宇航局喷气推进实验室 12 月中旬发表声明说，前不久勇气号在火星“哥伦比亚”山脉的岩床中发现了针铁矿，为火星历史上曾存在过水的理论找到了最确凿证据。科学家指出，勇气号有关针铁矿的发现具有格外重要的意义，因为这种矿物只在有水存在的情况下形成，无论水处于气态、液态还是固态。另据介绍，机遇号在火星另一面探测时，其表面曾数次出现霜。机遇号还观察到火星壮观的云层。这些结果表明，火星上存在着不同的季节。

二、科学家制成“第六态”物质，可产生下一代超导体

美国科学家 2004 年 1 月 30 日表示，他们研制成费米子凝聚态的物质——“第六态”物质。这种新物质可能导致产生下一代超导体，并用于发电和制造磁悬浮列车等。人们过去已知的物质五种形态分别是气态、固态、液态、等离子态和玻色—爱因斯坦凝聚态。研究工作的带头人是在美国家标准技术研究院与科罗拉多大学合作实验室工作的物理学家金秀兰。她曾与克内尔和维曼因制成玻色—爱因斯坦凝聚态物质而获 2001 年诺贝尔物理学奖。

三、日本理化学研究所8月24日宣布，发现了用传统物理学理论无法解释的比通常原子核密度大10倍的新原子核

研究小组的科学家利用日本高能加速器进行试验，把称为K介子的基本粒子打入含有2个质子和2个中子的氦原子核中。结果发现了一个质子飞出，K介子紧密连接另一个质子和2个中子，K介子与质子和中子紧紧连接后，原子核呈现高于通常原子核10倍的密度。这一新物理现象的发现，打破了物理学中“原子核密度一定不变”的定律，对从密度变化角度揭开质量起源具有重要意义。

四、2 000多家IT企业宣布支持AMD64位计算技术，共同推动AMD64成为新一代计算标准

从2004年年初开始，包括微软、IBM、惠普、SUN、联想等顶尖IT企业在内的2 000多家计算机软硬件厂商、OEM厂商宣布支持AMD64位计算技术，共同推动AMD64成为新一代计算标准。随着越来越多的服务器厂商和PC厂商纷纷加入到64位计算阵营中，计算领域正在发生一场意义深远的变革。作为32位计算模式发展的必然趋势，64位计算以其更快的速度、更大的内存及带宽，以及增强型防病毒功能等优势为众多用户青睐，而以往许多在32位运算模式下无法实现的计算需求在64位的计算环境中变得游刃有余。

五、日本科学家发明储存电磁波立方体，为制造可储光“光池”奠定了技术基础

根据日本《朝日新闻》1月7日报道，日本信州大学、大阪大学和筑波物质材料研究所联合研究小组开发出一种由掺有二氧化钛粒子的环氧树脂制成的、充满空洞的立方体，该立方体能够神奇地把电磁波储存起来。专家认为，利用这一技术将来不仅能够用来储存电磁波，将其转变成电能，还可制造出能够储蓄光的“光池”。该研究小组同时还表示，下一步他们将致力研究白天储存光能夜间释放使用的“光池”，用空中电磁波作电源的手机等实用技术。

六、美X—43A极速飞机成功试飞并创下时速11 365千米世界新纪录

美国宇航局研制的X—43A极速喷气式飞机在今年3月和11月成功地进行了两次试飞。这种采用了冲压发动机的极速飞机在第二次试飞时，最高时速达到了11 365千米，创下飞机时速的世界新纪录。美国国防部拟最早在2025年为美军装备使用这种发动机的高超音速轰炸机，能在2小时内从美国本土飞抵全球任何目标。此次飞行是一个重要的里程碑，向未来以更可靠、安全和耗资较少的方式，向太空发射大型助推工具迈出一大步，并有助于促进商业航空技术的发展。

七、美国成功发射“引力探测器B”，验证爱因斯坦广义相对论

经过45年酝酿和开发，耗资7亿美元的美国“引力探测器B”卫星4月20日下午从加州范登堡空军基地成功升空，它的使命是用以前所未有的精度对爱因斯坦1916年提出的广义相对论进行验证。“引力探测器B”将对广义相对论的两项重要预测进行验证。具体说，就是时间和空间不仅

会因地球等大质量物体的存在而弯曲,大质量物体的旋转还会拖动周围时空结构发生扭曲。这两项预测分别被称为“短程线效应”和“惯性系拖曳效应”。美国宇航局的一份新闻公报认为,该卫星的探测结果将会帮助科学家加深对宇宙基本结构的理解,更清楚地看到物理世界与引力理论之间的联系。

八、科学家得到人类基因组图谱精确版

国际人类基因组序列协会授权《自然》杂志10月21日刊登题为“人类成功绘制染色体基因组序列”的特色文章,标志着这项在人类科技发展史上具有里程碑历史意义的人类重大科技工程进入了一个新的历史阶段,意味着科学家得到人类基因组图谱精确版。最新公布的人类基因组序列包含99%%人类染色体基因组,错误率为十万分之一,远远超过了该项目的预期指标。另外,此次更为精确的计算表明,人类基因数量实际在2万到2.5万之间,明显少于此前估计的2.7—4万这个数据。最新图谱的绘制说明,科学家对人类“生命之书”的认识更加精确。

九、英美科学家揭开太阳表面针状体形成之谜

针状体是太阳表面的高温等离子流体,是太阳表面普遍存在的一种现象,它们像针一样以每秒大约20公里的速度“扎”向太阳大气。自从太阳针状体于1877年被发现以来,一直没有人能解释这种现象形成的机制。据7月29日出版的《自然》报道,英国谢菲尔德大学和美国洛克希德·马丁太阳和天体物理学实验室的科学家在报告中说,他们对新建的设于加那利群岛的瑞典太阳望远镜新拍摄到的图像进行分析,并结合计算机模拟,发现了针状体形成的原理,揭开了长期困扰天体物理学家的一个奥秘。

十、我国自主研制的SARS灭活疫苗Ⅰ期临床试验已经顺利完成,取得了阶段性的重大进展

12月初,中国自行研制的非典病毒灭活疫苗Ⅰ期临床试验已全部完成,经临床观察和实验室检测显示,受试者产生了明显抗体,所有受试者都没有出现异常反应,疫苗的安全性得到证实。Ⅰ期临床试验的完成,标志着SARS疫苗研究的难关已经基本攻克,为进一步研究创造了有利条件。这是我国SARS科技攻关取得的一项标志性重大成果,也是世界上第一个完成Ⅰ期临床试验的SARS疫苗。原则上,该疫苗只有全部完成了Ⅰ期、Ⅱ期、Ⅲ期临床试验后,才能商业化应用。

索 引

INDEX

说　明

1. 本索引采取主题索引也称内容分析索引法编制，索引词以《北京科技年鉴》正文出现的专业名词、名词词组、机构名称及表格名称为主。

2. 特载的内容不在索引标引之内。

3. 本索引按汉语拼音音序排列。汉字的HS2标目（索引词）按首字的音序、音调依次排列，首字相同时，则以第二字排序，以此类推。以阿拉伯数字打头的索引词，排在最前面，以英文字母打头的索引词，列于其次。

4. 本索引的文字部分为标目，即所要查找的内容，标目之后的数字，表示该标目所在正文中的页码（地址页）。

C

Q

R

S

T

W

X